한국사를 바꾼 리더십

한국사를 바꾼 리더십

초판 1쇄 : 2014년 11월 20일

지은이 : 황원갑
펴낸이 : 박경미
펴낸곳 : 도서출판 황금물고기

등록일자 : 2003년 12월 5일
등록번호 : 제 2013-000213호
주소 : 서울시 마포구 모래내로 83, 3층(성산동, 한올빌딩)
전화 : 02 · 326 · 3336
팩스 : 02 · 325 · 3339
E-mail : baumbook@hanmail.net

ISBN 978 - 89 - 94154 - 33 - 6   03910

한국사를 바꾼 리더십

황원갑 지음

황금물고기

이 책은 방일영문화재단의 지원을 받아 연구 · 저술되었습니다.

부국강병과 국리민복의 탁월한 리더십

21세기로 넘어서서 어느덧 해가 열네 차례나 바뀌었건만 지난 세기에 비해 나아진 것이 별로 없는 듯하다. 돌아가는 나라 안팎의 형편이 갈수록 어지럽다. 많은 사람이 현실은 물론 미래까지 불안하다고 하니 바야흐로 난국을 넘어 국난의 위기라 하겠다. 모름지기 위정자는 비상한 시기에 비상한 리더십을 발휘해야 마땅하지 않겠는가. 국가의 궁극적인 존재 의의는 부국강병과 국리민복이다. 국가지도자에게는 부국강병과 국리민복을 이룰 탁월하고 강력한 리더십이 필요하다.

역사는 교훈을 준다. 역사에서 교훈을 얻지 못하고 역사의 교훈을 망각하는 민족에게 발전은 없다. 우리가 또다시 난국을 맞은 것도 귀중한 역사의 교훈을 망각한 데에서 비롯된 자업자득이라고 하겠다. 리더십이 없는 지도자, 역사의 교훈을 망각하고 역사에서 교훈을 얻지 못하는 지도자, 자신의 치부를 감추고 국민을 기만하는 지도자를 가진 국가와 민족의 미래는 어둡다.

우리나라는 오랜 역사를 이어온 만큼 슬기롭고 리더십이 뛰어났던 위대한 제왕과 영웅호걸이 많았다. 그들의 출중하고 탁월했던 리더십을 거울삼아 이 난국을 슬기롭게 극복할 수 있는 교훈을 찾아보자.

우리 역사에서 최초의 리더는 두말할 나위도 없이 단군왕검이다. 단군과 고조선의 역사를 부인하는 사람은 조상과 민족사를 부정하는 사람이다. 인류사가 시작된 이래 부모 없는 자식이 없었고, 조상 없는 후손이 없었다. 5천 년 역사를 이어온 우리 한민족은 오랜 옛날부터 단군왕검을 개국시조로 받들어왔으며, 단군왕검이 세운 고조선을 우리 겨레가 세운 최초의 나라로 내세우는데 민족적 공감대를 형성해왔다. 단군왕검이야말로 우리 역사상 최초의 영도자요, 고조선의 건국 또한 단군왕검의 위대한 리더십이 있었기에 가능했다.

단군왕검은 특정한 개인을 가리키는 고유명사라기보다는, 종교지도자의 명칭인 단군과 정치지도자의 명칭인 왕검을 아울러 일컫는 칭호였다. 우리가 흔히 말하는 단군왕검은 보통 사람들보다는 훨씬 뛰어난 통솔력으로 무리를 이끌고 고조선을 건국한 최초의 제왕을 가리킨다.

고조선이 망한 뒤 그 유민은 만주와 한반도 곳곳에 흩어져 이른바 열국시대(列國時代)를 이루었다. 고조선의 뒤를 이어 일어난 가장 강력한 나라가 고구려였다. 고구려의 시조 동명성왕(東明聖王) - 추모왕(鄒牟王)은 탁월한 통솔력, 출중한 무술로 대제국 고구려를 건국한 일세의 영걸이었다. 그는 북부여에서 졸본부여로 망명해 고구려를 건국하고, 고조선의 유민을 다시 모으고, 선조들의 옛 땅을 되찾고자 했다. 그는 어려서부터 비범했는데, 특히 활을 잘 쏘았다. 2천 년 전 고대에는 무술이 뛰어나고 총명해야만 무리의 우두머리가 될 수 있었다. 동명성왕은 그 두 가지를 모두 갖추었고, 비상하게 탁월한 리더십이 있었으므로 고구려를 건국할 수 있었다. 뒷날 고구려가 중국의 여러 나라와 맞서 동북아시아의 패권을 다툴 만큼 강력한 대제국으로 성장할 수 있었던 것은 오로지 동명성왕의 출중한 리더십이 원동력이 되었다고 해도 지나친 말이 아니다.

고구려 제19대 임금 광개토태왕(廣開土太王)은 민족사상 최대의 강역을 개척하고 부국강병을 이끈 탁월한 제왕이다. 그는 375년에 고국양왕(故國壤王)의 맏아들로 태어나 391년에 18세의 어린 나이로 즉위하여 413년에 아까운 나이 39세로 세상을 뜰 때까지 재위 22년 동안 탁월한 경륜과 출중한 리더십으로 부국강병의 대업을 펼쳤다.

광개토태왕은 뛰어난 전략과 전술로 백제·왜·동부여·비려·후연·거란·숙신 등을 정벌하여 고구려 사상최대의 판도를 개척한 정복군주로 알기 쉽지만, 그는 쉴 새 없이 전쟁을 통해서 영토만 넓힌 호전적 제왕은 아니었다. 그는 밖으로는 수많은 외적을 굴복시켜 국위를 천하에 떨쳤고, 안으로는 백성들이 편안히 생업에 종사하고 자유로운 신앙생활을 통해 정신적 평화를 찾을 수 있게 함으로써 부국강병과 국리민복을 이룩한 비상한 영주였다. 이러한 광개토태왕의 위대한 업적은 단순히 고구려를 빛낸 제왕으로 그치는 것이 아니라 출중한 리더십, 탁월한 리더십, 비상한 리더십으로 우리 민족사를 바꾼 절세의 영걸이라는 사실을 분명히 증명해준다.

온조대왕(溫祚大王)은 부여족을 이끌고 고구려에서 남하하여 새 나라를 건국한 백제의 시조다. 백제의 시조에 관해서는 여러 이설이 있지만, 권력투쟁을 거쳤든, 다른 어떤 숨겨진 과정을 거쳤든 온조왕이 백제의 시조로 역사에 기록된 까닭은 그의 리더십이 그만큼 출중했다는 반증이다.

신라의 시조 박혁거세이사금(朴赫居世尼師今)도 출중하고 탁월한 리더십을 발휘하여 신라를 건국했다.

서기 42년부터 661년까지 520년 동안이나 사직을 유지하여 고구려·신라·백제와 더불어 사국시대를 이루었던 금관가야의 시조 김수로대왕(金首露大王)도 남달리 탁월한 리더십을 지녔기에 가락국을 건국하고 6가야 연맹의 맹주가 될 수 있었다.

신라의 진흥태왕(眞興太王)은 탁월한 통치력으로 신라의 도약기를 이룩한 '준비된 제왕'이었다. 나라가 제대로 성장·발전하고 국운이 융성하기 위해서는 무엇보다도 국민의 힘을 하나로 결집시키는 지도자의 리더십이 가장 절실하다. 그 옛날 고구려·백제·신라가 한반도의 주도권을 두고 세력을 다툴 때 삼국에는 모두 걸출한 제왕이 등장해 자기 나라의 성세를 과시했다. 고구려는 광개토태왕이 우리 역사상 가장 광대한 영토를 개척했고, 백제는 근초고대왕(近肖古大王)이 최전성기를 구가했다. 또한 신라는 진흥태왕이 일어나 고구려·백제에 비해 상대적으로 후발주자라는 불리한 여건을 딛고 신라의 중흥을 이끌었으며, 마침내 그의 위대한 치적을 바탕으로 뒷날 삼한통일의 대업을 이룰 수 있었다.

이들이 이처럼 웅지의 대업을 펼칠 수 있었던 것은 무엇보다도 천부적으로 뛰어난 리더십을 타고났기 때문이었다. 이들 개국시조를 비롯한 제왕들은 지용을 겸비한 출중한 장수였을 뿐만 아니라, 탁월한 정치·경제·군사적 감각을 지닌 최고경영자이기도 했다. 이늘의 군사적·정치적 성공에는 특유의 비상한 리더십이 뒷받침되었다는 사실은 불문가지라고 하겠다.

차대왕을 몰아내고 신대왕을 세운 고구려 최초의 국상 명림답부(明臨答夫), 신라 최초의 출장입상한 영웅 석우로(昔于老), 지증마립간(智證麻立干) 시절 신라의 도약기를 이끌었던 김이사부(金異斯夫), 신라 화랑의 대부 김문노(金文努), 수나라 백만 대군을 물리친 을지문덕(乙支文德), 당나라의 수차에 걸친 침략을 물리친 연개소문(淵蓋蘇文), 신라의 대표적 명장 김유신(金庾信), 백제 최후의 영웅 계백(階伯), 청해진을 세우고 동양 삼국의 제해권을 장악했던 장보고(張保皐)도 저마다 리더십이 탁월하고 출중한 영걸이었다.

한편, 우리 역사를 되돌아보면 2인자로 있다가 제왕이 된 사람도 있으니 고려 태조 왕건(王建)이 그 대표적 인물이다. 왕건이 역성혁명에 성공하여 당대의 영웅인 궁예왕(弓裔王)을 내쫓고 고려를 개국하고, 나아가 후삼국통일의 위업을 성취할 수 있었던 것은 무엇보다도 그의 리더십이 출중했기 때문이다. 왕건이 고려를 창업한 것은 단순히 군부의 몇몇 실력자를 포섭하여 일으킨 '성공한 쿠데타' 덕분만은 결코 아니었다. 또 그가 신라의 항복을 받고, 역시 당대의 영걸이던 견훤왕(甄萱王)의 후백제를 멸망시켜 삼한재통일을 이룰 수 있었던 것은 인품과 자질이 천부적으로 뛰어나기도 했지만, 많은 사람의 마음을 사로잡고 지지를 이끌어낼 수 있는 탁월한 리더십이 뒷받침되었기에 가능했다.

왕권 확립으로 고려조의 기반을 닦은 광종(光宗), 거란의 대군을 물리친 서희(徐熙)와 강감찬(姜邯贊), 삼별초의 항쟁을 이끈 배중손(裵仲孫), 고려 최후의 기둥 최영(崔瑩)도 출중한 리더십의 영걸이었다.

고려조에 이어 조선왕조가 서고 태조에서 태종까지 건국의 토대가 굳건히 다져진 뒤에 세종대왕이 왕위에 올랐다. 세종대왕은 인품과 자질이 빼어나게 훌륭하기도 했지만 그 어떤 제왕에 못지않게 공평무사한 참모들을 거느리고 탁월한 리더십으로 국정을 수행했다. 세종대왕은 역사상 그 어떤 왕조의 어느 제왕보다도 비상한 리더십으로 성공적인 개혁을 이룩했다. 그는 '개혁'이니 '인적 청산'이니 '정계 개편'이니 하는 따위의 소리는 입 밖에도 내지 않았다. 그 대신 사서(史書)와 경전을 읽고 또 읽어 그 속에서 이상적인 제도를 연구한 뒤, 이를 현실의 문제와 결부시켜 관련 규정을 보완하거나 제도를 개정하여 바로잡아 나갔다. 그리고 웬만한 사항은 대신들의 반대가 있더라도 자신의 의지대로 실천해 나갔다. 이런 것이 바로 세종대왕만이 보여줄 수 있었던 탁월한 리더십이었다.

세종대왕의 업적은 한 사람의 제왕이 이룩한 업적이라고 믿기 어려울 정도로 많다. 그런데 그 가운데 한글 창제를 비롯한 상당수는 대왕이 몸소 관여한 것이니 더욱 놀랍다.

조선 초기의 명재상 황희(黃喜), 임진왜란이란 미증유의 국난을 극복한 유성룡(柳成龍)과 이순신(李舜臣), 최초의 의병장 곽재우(郭再祐), 조선조 최후의 명군 정조(正祖), 동학농민군 지도자 전봉준(全琫準), 항일독립전쟁의 영웅 홍범도(洪範圖) 등도 리더십이 탁월한 지도자였다.

우리는 21세기라는 새로운 격변의 시대, 격동의 시대를 맞이하여 우리 역사를 앞장서 이끌어온 제왕과 영웅호걸들의 인간상과 위업을 다시 한 번 돌아보지 않을 수 없게 되었다.

현대를 가리켜 무한경쟁시대라고 한다. 이는 정치뿐만 아니라 경제와 사회와 문화 등 다른 여러 분야도 마찬가지요, 국내만이 아니라 국제관계 또한 그렇다. 오늘날 나라 안팎의 정세, 특히 또다시 빠진 경제적 위기에 비추어볼 때 비상한 리더십을 갖춘 탁월한 최고경영자였던 제왕과 영웅호걸들의 존재가 더 한층 절실하다. 이들은 단순한 제왕이나 영웅호걸의 차원을 넘어 참으로 위기관리 능력이 뛰어났던 출중한 경영자요 리더였기 때문이다.

우리가 역사를 배우는 이유는 역사는 단순히 흘러간 과거사가 아니라 현재진행이요, 미래를 비추는 거울이기 때문이다. 그래서 역사에서 현재를 살고 미래를 내다보는 교훈을 얻으라는 것이다. 동서고금의 어떤 민족, 어떤 국가의 역사를 막론하고 역사는 통렬한 교훈을 준다. 역사의 교훈이란 무엇인가. 잘못된 것을 바로잡고 다시는 그 잘못을 되풀이하지 않는 것이다.

무력전이든 경제전이든 전쟁은 승리를 전제로 한다. 승리 하지 못하면 패배요, 패배는 곧 죽음을 뜻한다. 그런 뜻에서 보면 오늘날의 기업경영도 규모의 대소를 막론하고 전쟁이나 마찬가지라고 할 수 있다. 경영의 성공이 곧 승전이요 실패가 곧 패전인 것이다. 따라서 우리 역사의 걸출한 발자취를 남긴 제왕과 영웅호걸들이 우리에게 남겨준 정신적 유산은 한두 가지가 아니다.

그들은 무엇보다도 출중한 위기관리 능력으로써 유비무환(有備無患)의 중요성을 일깨워주었다. 또한 백성들을 친자식처럼 아끼고 사랑하는 한편, 군율은 엄하게 시행하고, 솔선수범하는 리더십의 중요성을 일깨워주었다.

이 책에 소개한 38명은 시대 순으로 엮었음을 밝히고, 필자가 수십 년 동안 사료를 찾고 발품을 팔며 역사를 공부한 결실임을 알린다. 20대부터 80대까지 누구나 재미있고 쉽게 읽으면서 역사의 교훈을 배울 수 있도록 노력했지만 그래도 미진한 점이 많다. 독자들의 평가에 맡길 뿐이다.

끝으로 출판을 지원해주신 조선일보 방일영문화재단과, 어려운 여건에도 출판을 맡아준 황금물고기 출판사 박연 사장에게 감사 드린다.

2014년 10월

平海居士 黃源甲

■ 차례

제1부 고대

제3부 조선시대

제1부

고대

단군왕검

고조선 건국한 민족 최초의 지도자

천손족(天孫族) - 환웅족(桓雄族)이 동쪽 태백산 기슭에서 험난하고 멀고 오랜 대장정의 막을 내린 것은 지금으로부터 4천 500년 전이었다. 머나먼 서쪽에서 태백산에 이르는 동안 수많은 종족을 강력한 청동제 무기로 제압해온 환웅족은 이곳에서 곰족과 범족을 복속시킨 뒤 주변을 정리하고 새로운 지배체제를 확립했다. 새로운 군장 환웅은 이렇게 선포했다.

"나는 하느님 환인천제(桓因天帝)의 아들로서 하늘에서 너희 어리석은 인간들을 일깨워주고, 보다 잘 살게 만들어주려고 내려왔노라. 그러므로 너희들은 이제부터 나를 환웅천왕이라고 부르라."

그리고 또 이렇게 명령했다.

"이제부터 이곳 태백산에서 가장 크고 높은 박달나무를 하느님에게 제사지내는 신단수(神檀樹)라고 부른다. 그곳은 우리의 성역(聖域)이니라!"

환웅천왕의 직계 씨족은 신단수 밑을 신시(神市)라는 거주구역으로 삼고 그곳도 성역으로 선포했다. 그리고 그 주변은 무술이 뛰어난 건장한 전사들로 하여금 밤낮으로 지키게 했다.

환웅천왕은 또 종족간의 분쟁을 해소하고 통합을 위한다는 명목으로 곰족 족장의 딸 웅녀(熊女)를 아내로 삼았다. 환웅천왕과 웅녀가 혼인을 한 결과 아들 하나가 태어났으니 곧 단군왕검(檀君王儉)이다.

단군왕검은 날 때부터 천자(天子)의 기상을 타고나 영걸스럽기 그지없었다. 자라면서 무술과 담력이 보통 사람들보다 훨씬 뛰어나고, 여러 사람을 이끌어나갈 우두머리의 자질도 비상한지라 아버지 환웅천왕이 세상을 떠나자 그 뒤를 이어 칸 - 군장의 자리에 올랐다.

새로운 천왕 단군은 죽은 아버지 환웅천왕을 위해 거대한 무덤을 만들었으니 그것이 곧 오늘날 고인돌이라고 부르는 거석무덤이다. 고인돌 하나의 무게는 80톤에 이르렀는데, 그것을 운반하는 데는 힘센 장정 500명 이상을 한꺼번에 동원했다. 단군왕검은 아버지 환웅천왕의 장례가 끝나자 이렇게 선포했다.

"이제부터 나라 이름을 조선(朝鮮)이라고 한다! 이제부터는 환족·웅족·호족 모두 같은 나라 사람이니 절대로 서로 싸우거나 죽여서는 안 되느니라!"

이렇게 하여 우리 한민족 최초의 나라 고조선이 건국되었다. 단군왕검이란 제사장인 단군, 통치자인 왕검의 칭호를 한데 붙여 이른 것이다. 그러므로 우리 민족의 성스러운 시조 단군왕검을 두고 그 무슨 곰의 자식이니 하는 망발의 소리를 해서는 안 된다. 웅녀가 『삼국유사』 건국설화가 전하는 대로 곰이 아니라 사람이라는 사실은 두말할 나위도 없다. 『삼국유사』에 나오는 곰 한 마리와 범 한 마리도 당연히 동물인 곰과 범이 아니었다. 곰을 숭상하는 부족과 범을 숭상하는 부족을 가리켰다.

곰이나 범은 무리생활을 하지 않으므로 제 새끼가 아니면 같은 굴에서 살지 않는다. 하물며 곰과 범이 한 굴 안에 들어갔다면 힘이 약한 곰은 범의 먹이가 되기 십상이다. 이는 곰족과 범족이 다 같이 동굴 속에서 혈거생활을 하고 있었다는 이야기로 해석해야 한다. 쑥과 마늘도 그렇다. 범은 육식성 동물이기 때문에 쑥과 마늘만 먹고 100일 동안 견디라는 것은 굶어죽으라는 소리와 같다. 또 마늘은 곰에게 상극이다. 신화의 기록을 고지식하게 그대로 해석해서는 안 된다.

이는 환웅천왕이 아직도 석기시대에 머물고 있는 곰족과 범족의 우두머리로 하여금 야만적 본성과 미개한 생활습관을 버리고, 새로운 신시시대의 백성으로 살아갈 수 있도록 교화시키기 위해 동굴 속에서 수행하는 중에 쑥을 태워 그 연기로 해충을 쫓고, 혹시 질병이 생기면 해독과 강정의 약효가 있는 마늘을 먹도록 했다고 해석하는 것이 타당하다.

그러면 웅녀가 더불어 혼인할 사내가 없으므로 늘 신단수 밑에서 아이를 갖게 해달라고 빌었다는 대목은 어떻게 해석해야 좋을까. 웅녀가 곰 부족 족장이나 제사장의 딸이라고 볼 때 혼인할 사내가 없었다는 것은 말이 안 된다. 웅녀의 자태가 총각들이 두 번 다시 돌아보지 않을 정도의 추녀는 아니었을 것이다. 웅녀는 새로운 지배자인 환웅천왕의 배필이 되기를 원했고, 또 자신은 물론 자기 부족의 신분 상승과 안전을 도모했을 것이다. 이에 웅녀의 지극한 정성에 감동한 환웅이 아내로 맞아들여 단군왕검을 낳았던 것이다.

따라서 우리 한민족의 조상은 단군왕검 한 사람이라고 볼 수는 없다. 단군왕검의 아버지 환웅천왕의 환웅족이 서방에서 동방으로 찾아와 태백산 신단수 밑에 신시를 건설하고, 그 아들 단군왕검이 조선을 개국하기 이전부터 선주민인 곰족과 범족이 이 땅에 살고 있었기 때문이다. 고조선이란 나라이름도 그렇다. 사실 단군왕검이 세운 나라는 조선이지 고조선은 아니다. 고조선이라고 부르는 것은 나중의 기자조선(箕子朝鮮)이니 위만조선(衛滿朝鮮)이니, 또 훨씬 후대의 조선왕조와 구분하기 위해 앞에 옛 고(古)자를 붙인 것이다.

고조선사 연구가인 윤내현(尹乃鉉) 박사의 주장에 따르면 전성기의 고조선 영토는 대체로 오늘날 우리가 살고 있는 한반도와 지금은 중국의 영토가 되어 있는 만주 전체, 그리고 동쪽으로는 러시아 연해주 일대, 북쪽으로는 몽골 일부, 서쪽은 중국의 수도 북경 근처까지 이르렀다고 한다. 이것이 이른바 대고조선이다. 따라서 고조선은 청동기시대에 이미 광대한 영토의 대제국을 이룩한 자랑스러운 우리 민족의 첫 국가였다. 진시황(秦始皇)이 만리장성을 쌓은 이유가 흉노족을 막기 위함도 있지만, 사실은 흉노족보다 더 무서운 고조선을 막기 위해서였다는 설도 있다.

고조선의 중심부를 이룬 만주와 한반도 북부에 구석기시대 사람들이 살던 시기는 지금으로부터 70만~60만 년 전이었다. 이들이 신석기시대로 들어선 것은 1만~8천 년 전이었다. 이 무렵부터 음식과 잠자리를 찾아 떠돌아다니던 단계를 지나 농경 및 목축을 통한 정착단계로 접어들었다. 지배세력이 출현하여 노예제 계급사회가 시작된 것은 대체로 후기 신석기시대에서 청동기시대로 들어선 뒤였다.

고조선에 관한 가장 앞선 한국 측 사료는 고려시대의 저작인 일연(一然)의 『삼국유사(三國遺事)』가 있고, 그 다음으로 역시 고려 때에 이승휴(李承休)가 지은 『제왕운기(帝王韻紀)』가 있다. 그 다음으로는 조선시대에 편찬된 『세종실록』'지리지'와 『응제시 주(應製詩註)』가 있다. 그러나 조선시대의 기록은 『삼국유사』와 『제왕운기』의 내용을 베낀 것이나 마찬가지이므로, 『삼국유사』와 『제왕운기』의 기록을 살펴본다. 먼저 『삼국유사』'고조선' 조의 전문을 소개한다.

『위서(魏書)』에 이르기를, '2천 년 전에 단군왕검이라는 이가 있어 도읍을 아사달(阿斯達)에 정하고 나라를 창건하여 이름을 조선이라 하니 요(堯)와 같은 시대이다'라고 했다.

『고기(古記)』에 이르기를 '옛날 환인의 서자(庶子) 환웅이 늘 천하에 뜻을 두어 인간세상을 욕심냈다. 그 아버지가 아들의 뜻을 알고 아래로 삼위·태백의 땅을 내려다보니 인간들에게 크나큰 이익을 줌 직한지라 이에 천부인(天符印) 세 개를 주어 보내어 그곳을 다스리도록 했다.

환웅은 무리 3천 명을 거느리고 태백산 꼭대기 아래 내려와 그곳을 신시라 이르니 그를 환웅천왕이라 했다. 그는 바람을 맡은 어른, 비를 맡은 어른, 구름을 맡은 어른들을 거느리고 곡식·인명·질병·형벌·선악 등을 주관해 살펴보며, 무릇 인간살이의 360여 가지 일을 주관하여 세상에 살면서 합리적으로 진화시켰다.

때마침 곰 한 마리와 범 한 마리가 있어 같은 굴에 살면서 항상 신령스러운 환웅에게 기원하기를, 사람이 되고 싶다고 했다. 이때에 환웅신은 영험 있는 쑥 한 타래와 마늘 스무 개를 주면서 말하기를, "너희들은 이것을 먹고 백 일 동안 햇빛을 보지 않는다면 쉽사리 사람의 형상을 얻을 수 있으리라"고 했다.

곰과 범은 이것을 얻어먹고 3·7일을 조심하니 곰은 여자의 몸이 되었으나 호랑이는 조심하지 않아 사람의 몸이 되지 못했다. 웅녀는 더불어 혼인할 사람이 없으므로 매양 신단수 밑에서 아이를 배도록 해달라고 빌었다. 환웅은 잠시 사람으로 변해 그녀와 혼인하고 아들을 낳아 이름을 단군왕검이라 했다.

그는 당요(唐堯)가 제위에 오른 지 50년인 경인〔당요가 즉위한 첫해는 무진년인즉 50년은 정사년이요 경인년이 아니다. 사실 여부가 의심스럽다〕에 평양성(平壤城)〔지금의 서경(西京)이다〕에 도읍하고 비로소 조선이라 일컬었다. 또 도읍을 백악산 아사달에 옮겼는데 그곳을 또 궁(弓)〔궁을 방(方)으로도 쓴다〕홀산(忽山)이라고도 하고 금미달(今彌達)이라고도 한다.

나라를 다스린 지 1천 500년, 주 무왕(周武王)이 즉위한 기묘에 기자(箕子)를 조선에 봉하니 단군은 곧 장당경(藏唐京)으로 옮겼다가 뒤에 아사달로 돌아와 은거하며 산신이 되었다. 기간이 1천 908년이었다……

환인(하느님)의 아들 환웅이 하늘에서 내려왔다는 이야기는 하느님, 또는 태양을 조상신·수호신으로 섬기는 부족이 유랑생활을 마감하고 알맞은 지역을 선택하여 정착단계에 들어섰다는 사실을 뜻하는 것으로 보인다. 환웅이 신단수 아래 지상으로 내려올 때 기후와 관련이 깊은 풍백·운사·우사를 거느리고 왔다는 이야기나, 가장 먼저 곡식을 관장했다는 이야기는 농사와 목축을 중심으로 정착하여 마을사회를 이루어 떠돌이 생활을 청산했다는 의미로 해석된다.

또한 무리 3천 명을 이끌고 왔다는 대목도 중요하다. 석기시대가 채 끝나지 않은 약 5천 년 전에 청동기를 사용하는 부족의 인구가 3천 명에 이르렀다면 매우 강력한, 어쩌면 당시 동아시아에서는 가장 강력한 세력이었을 것이다.

하느님의 아들을 자처하는 환웅이 우두머리로서 해(태양신)를 수호신으로 숭배하는 이 종족의 이름은 환족(桓族), 또는 단족(檀族)이라고 불러도 좋을 것이다. 이들이 하늘에서 신단수 아래 지상으로 내려왔다는 것은 말 그대로 우주선을 타고 하늘에서 떨어졌다는 뜻이 아니라 높은 산맥을 타넘어 하느님에게 제사 올리는 신성한 나무를 중심으로 자리 잡았다고 풀이된다.

단군왕검이 고조선을 건국한 해는 정확히 언제일까. 『삼국유사』에 따르면 3개의 연대가 나온다. 서기로 환산할 때 정사년은 서기전 2284년, 경인년은 2311년, 무진년은 2333년이다. 우리가 현재 단군기원(단기)으로 삼는 해가 바로 무진년이다.

그런데 웅녀는 고조선을 건국한 단군왕검의 어머니였고, 따라서 우리 민족사의 지평을 열어준 위대한 여성이었음에도 불구하고 어찌하여 그 동안 웅녀의 존재는 단군신화를 구성하는 조연의 한 사람에 불과했을 뿐, 5천 년 동안이나 무시당해오다시피 했을까. 그 이유는 단순하다. 그동안 사내들이 무리의 우두머리 자리를 차지하고 사내들을 중심으로 역사가 이어져왔기 때문이다. 고조선이라는 고대국가의 출현과 더불어 모계사회가 부계사회로 전환됨에 따라 여자는 더 이상 가족의 중심도, 씨족의 우두머리도 아니었던 것이다.

우리가 『삼국유사』를 귀중하게 여기고 그 저자 일연선사를 존경하는 이유는 『삼국사기』는 단 한 줄도 전해주지 않는 단군왕검과 고조선의 개국사화를 전해주기 때문이다.

일연선사는 『삼국유사』 '고조선' 조를 이렇게 끝맺었다.

당나라 '배구전(裵矩傳)'에 이르기를 '고려(고구려)는 본시 고죽국(孤竹國)인데, 주(周)나라가 기자(箕子)를 봉함으로써 조선이라 했고, 한(漢)나라가 나누어 세 개의 군을 설치했는데 현토(玄菟)·낙랑(樂浪)·대방(帶方)이라 불렀다……

고조선은 지배자의 이름에 따라 단군조선·기자조선·위만조선 등 3조선으로 구분하는데, 일연선사는 기자조선에 대해서 중국 측 기록이 너무나 터무니없다고 여겼음인지 이렇게 간단히 언급하고 넘어갔다. 기자는 원래 상(商:殷)나라의 왕족인데 주나라의 지배를 거부하고 조선으로 망명했고, 이를 들은 주 무왕이 기자를 조선에 봉했다고 한다. 주나라가 조선이 자기네 지배 영역도 아닌 엄연한 독립국가임에도 불구하고 기자를 조선의 왕으로 봉했다니 참으로 중국인들은 옛날부터 황당무계한 역사 날조와 왜곡 전문가들이라고 하겠다. 사실 기자의 상나라는 중국 한족(漢族)이 아니라 우리 한민족(韓民族)과 사촌 관계라고 할 수 있는 동이족(東夷族)이 세운 나라였다.

기자의 동래 이후 서기전 323년에 조선이 연(燕)나라와 마찰을 빚을 때까지 기자조선의 역사는 전혀 알려진 바가 없다. 서기전 221년에 진시황이 중국을 통일한 뒤 만리장성을 쌓자 기자의 후예라고 전하는 조선왕 부(否)는 진나라에 복속했는데 얼마 뒤에 죽었다. 부의 아들 준(準)이 즉위했지만 준은 서기전 194년에 한나라에서 망명해 온 위만(魏滿)에게 왕위를 찬탈 당해 기자조선은 망했다고 한다.

일연선사는 『삼국유사』 '고조선' 조에 이어 두 번째로 '위만조선' 조를 실었는데, 분량이 '고조선' 조의 거의 2배에 이르는 것을 보면 위만의 역사적 비중을 매우 높게 여긴 듯하다.

이번에는 위만조선에 대해 살펴본다. 서기전 206년에 진나라가 망하고 한 고조(漢高祖) 유방(劉邦)이 중국을 통일했다. 이때 한나라의 건국공신 노관(盧綰)은 연왕(燕王)으로 책봉돼 옛 연나라 땅, 지금의 요서지방을 다스리게 되었다. 그러나 얼마 안 가 한 황실이 제후들을 숙청하기 시작하자 노관은 신변의 위협을 느껴 북쪽 흉노 땅으로 달아나버렸다. 그러자 지도자를 잃은 연나라는 큰 혼란에 빠졌다.

이때 위만은 1천여 명을 이끌고 패수(浿水)를 건너 조선으로 망명했다. 여기에 나오는 패수는 뒷날 사대주의 사학자와 친일 식민사학자들이 말하는 오늘의 평양 대동강도 아니고, 청천강과 압록강도 아니라 고조선이 처음 세워진 자리였던 요서의 대릉하로 비정된다. 물론 당시 기자조선의 도읍지인 왕검성(王儉城)도 오늘의 평양이 아니라 요하 서쪽 대릉하 인근에 있었다.

위만은 조선왕 준에게 찾아가 변경의 수비를 자청하니 이에 준왕이 좋다 하고 위만에게 서쪽 변경의 100여 리 땅을 떼어주었다. 그런데 이 위만은 속에 구렁이가 열 마리도 더 들어앉은 야심가였다. 위만은 조선 땅에서 근거를 마련하자 세력을 기른 다음 전격적으로 반란을 일으켜 나라를 빼앗고 조선왕을 자칭했다. 이때가 서기전 193년. 준왕은 배를 타고 한반도 남쪽 진한(辰韓)으로 망명했다.

그 뒤 위만은 한으로부터 병력과 물자의 원조를 얻어 세력을 더욱 키워나갔다. 인근의 진번과 임둔 등을 복속시키고, 흉노와도 손잡을 기미를 보이니 한나라로서도 이를 그대로 방치할 수 없는 지경에 이르게 되었다.

위만의 손자 우거왕(右渠王) 때에 중국은 한 무제(武帝, 기원전 140~87년 재위)가 중국 사상 최강의 무력으로 영토를 확장할 무렵이었다. 그런 무제에게도 강력한 전투력을 지닌 조선과 흉노는 매우 두려운 존재였다. 만일 동쪽의 조선이 북쪽의 흉노와 손잡고 한나라에 대항한다면? 그보다 더 골치 아픈 일도 없었다.

한 무제는 처음에는 외교적 방법을 동원했다. 무제는 서기전 109년에 섭하(涉河)를 조선에 사신으로 파견, 공갈협박과 회유를 번갈아가며 복종을 권했으나 우거왕은 한마디로 이를 거부했다. 우리나라도 동방을 지배하는 대제국인데 무엇이 아쉬워서 너희 한나라에 복종하겠느냐는 것이었다. 섭하는 귀국길에 자신을 전송하러 나온 조선의 비왕(裨王) 장(長)을 암살하고 패수를 건너 달아났다. 국왕 밑에 국왕이 있을 수는 없는 노릇이니 흉노의 좌현왕·우현왕처럼 비왕을 거느린 조선왕은 보통 왕이 아니라 황제와 다름없는 천자였다. 그래서 고조선을 제국으로 보는 것이다. 좌우간 섭하는 빈손으로 돌아가면 무제에게 목이 달아날까봐 그런 비열한 암수를 썼던 것이다. 무제가 섭하를 칭찬하고 요동동부도위로 임명하자 우거왕은 군사를 보내 섭하를 죽여 버렸다.

무제는 이 사건을 구실로 조선정벌군을 일으켰다. 바야흐로 조선과 중국의 본격적인 전쟁의 막이 올랐다. 이 조한전쟁(朝漢戰爭)은 역사책이 기록한 최초의 한(韓)민족과 한(漢)민족 간의 대규모 전쟁이었다. 조한전쟁의 전개 과정을 보자.

서기전 109년 가을에 무제의 명을 받은 누선장군(樓船將軍) 양복(楊僕)은 제나라 땅, 즉 산동반도에서 수군으로 발해만을 건너 왕검성으로 쳐들어갔고, 좌장군 순체(荀彘)는 육군을 이끌고 패수를 건너 요동으로 쳐들어갔는데, 동원된 군사는 5만 명에 이르렀다.

먼저 왕검성에 이른 것은 양복의 군대였다. 우거왕이 살펴보니 양복이 거느린 군사가 7천 명에 불과한지라 성문을 열고 나가 맹공을 퍼부었다. 이에 한군이 대패했다. 양복은 군사들을 거의 다 잃고 험한 산중으로 달아나 가까스로 제 목숨 하나만 건졌다. 좌장군 순체도 패수의 서쪽을 지키는 조선군을 공격했으나 숱한 군사만 잃고 후퇴할 수밖에 없었다. 그렇게 해서 전쟁은 교착상태에 빠졌다.

누선장군과 좌장군이 단 한 차례의 작은 승리도 거두지 못하자 한 무제는 이번에는 화전(和戰) 양면책을 구사했다. 양복과 순체 두 장군이 대군을 거느린 채 멀찌감치 왕검성을 포위하고 있는 가운데 위산(衛山)을 왕검성으로 보내 화평을 교섭토록 했던 것이다. 우거왕은 강화대표로 태자 장(長)을 내보냈다. 태자가 1만여 명의 군사를 이끌고 패수를 건너 강화회담에 임하려고 했다. 그러자 위산과 순체는 태자의 호위군사에게 무장을 해제하라고 요구했고, 이에 노한 태자는 패수를 건너지 않고 왕검성으로 돌아가 버렸다.

이로써 화의는 결렬되었다. 위산이 돌아가 보고하자 무제는 위산의 목을 베었다. 다시 전투가 이어졌다. 순체와 양복은 왕검성에 이르러 서북과 남쪽을 나누어 포위하고 공격했다. 하지만 조선군이 굳세게 성을 지켜 몇 달이 지나도 싸움이 끝나지 않았다. 그러자 한군 내부에서 분열이 일어났다. 순체가 강공을 주장한 반면 양복은 포위한 채 조선군이 저절로 지치기를 기다리자고 주장하며 서로 양보하지 않았던 것이다. 그러자 무제는 제남태수 공손수(公孫遂)를 파견, 총지휘를 맡게 했다. 공손수가 전선에 이르자 순체는 양복이 조선과 내통하고 있다고 모함했고, 공손수는 이 말을 믿고 양복을 체포한 뒤 수륙 양군을 통합했다. 이런 사실을 보고받은 무제는 제멋대로 군제(軍制)를 바꿨다고 이번에는 공손수의 목을 베어 죽여 버렸다.

포위가 계속되고 전쟁이 좀처럼 끝나지 않자 왕검성 안에서도 주화파와 주전파로 국론이 양분됐다. 외환(外患)에 내우(內憂)까지 겹친 것이다. 조선상(朝鮮相) 노인(路人)과 상(相) 한도(韓陶), 니계(尼谿)의 상(相) 참(參), 장군 왕겹(王唊) 등 반역자들이 항복을 주장했으나 우거왕은 듣지 않았다. 역적들은 성을 몰래 빠져나가 한군에게 투항했는데, 노인은 도중에 죽었다. 그렇게 포위당한 채 해가 바뀌어 서기전 108년 여름이었다. 주화파로 성내에 잠입한 니계상 참이 자객을 시켜 우거왕을 죽이고 한군에게 항복했다.

하지만 우거왕이 죽은 뒤에도 왕검성은 완강히 항거했다. 우거의 대신 성기(成己)가 반격전을 펴자 순체는 앞서 투항한 태자 장(長)과 노인의 아들 최(最)에게 성내의 백성들로 하여금 성기를 죽이도록 사주했다. 이렇게 하여 왕검성은 함락되고 위만조선은 3대 87년 만에 막을 내리고 말았다. 한 무제는 평정한 조선 지역에 진번·임둔·낙랑·현도 등 4군을 설치했는데, 그 지역은 당연히 한반도가 아니라 고조선이 있던 요서 대릉하 유역이었다.

고조선 이야기를 하는 김에 두 가지만 더 짚고 넘어가기로 한다.

사마천(司馬遷)의 『사기(史記)』를 보면 조한전쟁이 끝난 뒤에 승전국인 한나라의 장군 순체는 참형을 당했고, 양복은 죽임은 면했지만 서인이 됐다. 위산과 공손수는 전쟁 중에 이미 목이 달아났다. 반면 항복한 조선의 태자와 대신 등 반역자들은 모두 제후로 봉함을 받았는데, 그 지역이 모두 고조선제국의 영향력이 미쳤던 발해만 연안과 산동반도였다.

그러면 고조선의 유민들은 모두 어디로 갔을까. 우리나라와 중국의 모든 사서를 통틀어 '고조선의 유민'에 관해 언급한 기록은 『삼국사기(三國史記)』 「신라본기」 '시조 혁거세거서간' 조밖에 없다. 박혁거세가 등장하기 직전의 상황인데 이르기를, '이에 앞서 조선의 유민들이 산골짜기 사이에 나누어 살면서 6촌을 이루었다'는 대목이다.

물론 고조선의 유민이 전부 한반도 남쪽으로 망명하여 신라만 건국한 것은 아니다. 또 서라벌 6촌을 이루던 고조선의 유민이 위만조선의 유민을 가리킨 것인지도 분명하지 않다. 그 이전 기자조선이나 단군조선의 유민일 수도 있기 때문이다.

그러나 위만조선의 멸망을 계기로 3조선의 시대는 완전히 막이 내리고 이후 만주와 한반도에는 열국시대(列國時代)가 시작되었다. 위만조선이 망한 지 겨우 49년이 지난 서기전 59년에 해모수(解慕漱)가 북부여를 건국함으로써 열국시대의 막이 오른 것이다. 박혁거세거서간(朴赫居世居西干)이 신라를 건국한 것은 그 2년 뒤였다.

우리 한민족 최초의 나라 조선을 건국한 국조 단군왕검, 그의 고조선 건국은 시대를 뛰어넘는 비상한 리더십이 있기에 가능했다.

박혁거세거서간

진한 6촌 통합한 신라 시조

『삼국유사』 '기이' 편 신라시조 혁거세왕 조는 이렇게 전한다.

서기전 69년 3월 초하루. 서라벌 6부의 족장들이 각기 자제들을 거느리고 알천(閼川)의 언덕 위에 모여서 이렇게 의논했다.

"우리는 위로 백성을 다스릴 임금이 없으므로 백성들이 모두 방종해서 제멋대로 놀고 있으니 어찌 덕 있는 사람을 찾아 임금으로 삼아 나라를 세우고 도읍을 정하지 않을 것이랴!"

이에 높은 곳에 올라 남쪽을 바라보니 양산(陽山) 밑 나정(蘿井) 곁에 이상한 기운이 번개처럼 비치는데 백마 한 마리가 꿇어앉아 절하는 시늉을 하고 있었다. 그곳을 찾아가 살펴보니 보라색(또는 푸른색) 큰 알 한 개가 있는데, 말은 사람을 보고는 길게 울다가 하늘로 올라가버렸다.

그 알을 깨고 보니 사내아이가 나왔는데 형용이 단정하고 아름다웠다. 놀랍고 이상하여 아이를 동천에서 목욕시켰더니 몸에서 광채가 나고, 새와 짐승이 따라서 춤추며, 천지가 진동하고 해와 달이 청명해지므로 그 일로 말미암아 그를 혁거세왕(赫居世王)이라고 이름 했다. (아마 우리말일 것이다. 또는 불구내왕이라고 하니 밝게 세상을 다스린다는 뜻이다).

해설자(저자)는 말한다. "이는 서술성모가 낳은 바니, 그러므로 중국 사람들이 선도성모를 찬양한 말에 현인을 낳아 건국했다는 말이 있음이 이것이다." 계룡이 상서를 나타내어 알영(閼英)을 낳았다는 이야기 또한 서술성모의 현신을 말한 것이 아닐까.

위호는 거슬한이라고 했다. (또는 거서간이라고도 하니 이는 그가 처음 말할 때에 스스로 알지거서간(閼智居西干)이라고 하고, 단번에 일어섰다고 하여 그렇게 부른 것인데 이로부터 임금의 존칭이 되었다.) 그 당시 사람들은 서로 다투어 치하하여 말하기를, "이제 천자가 이미 하늘에서 내려왔으니 마땅히 덕 있는 여자 임금을 찾아서 배필을 삼아야 할 것이오." 라고 하였다.

이날 사량리 알영정(아리영정)에 계룡이 나타나서 왼쪽 옆구리로부터 계집아이를 낳았는데(또는 용이 나타나서 죽었는데 그 배를 갈라서 계집아이를 얻었다고 한다) 자색은 뛰어나게 고우나 입술이 닭의 부리와 같았다. 월성(月城) 북천에 가서 목욕시키니 부리가 떨어졌다. 그 때문에 그 내를 발천이라고 한다.

남산 서쪽에 있는 산기슭(지금 창림사)에 궁실을 짓고 두 성스러운 아이를 받들어 길렀다. 사내아이는 알에서 나왔으며 그 알은 박과 같았다. 향인들은 바가지를 박이라고 하므로 그 성을 박(朴)이라고 했다. 계집아이는 그가 나온 우물 이름 알영으로써 이름을 지었다.

두 성인(聖人)의 나이가 열세 살이 되자 오봉 원년 갑자에 남자는 왕이 되고 여자로 왕후를 삼았다. 나라 이름을 서라벌, 또는 서벌(지금 세간에서 경[京]자를 훈독하여 서벌[서울]이라고 하는 것도 이 때문이다)이라 하고, 또는 사라, 또는 사로라고도 했다. 처음에 왕(후)이 계정에서 탄생했으므로 나라 이름을 계림(鷄林)이라고도 하니 이는 계룡이 상서를 나타냈기 때문이다. 일설에는 탈해왕(脫解王) 때에 김알지(金閼

智)를 얻었을 때에 닭이 숲속에서 울었으므로 이에 국호를 고쳐 계림이라 했다고 하는데, 후세에 와서 드디어 신라로 국호로 정했다.

나라를 다스린 지 61년 만에 왕은 하늘로 올라가고 7일 뒤에 그 몸이 땅에 흩어져 떨어졌는데, 왕후도 또한 세상을 떠났다고 한다. 나라사람들이 합장하려고 하니 큰 뱀이 나타나서 방해하기에 머리와 사지를 각각 장사지내 오릉(五陵)을 만들고, 또 한 사릉(蛇陵)이라고도 했으니 담엄사 북쪽 왕릉이 바로 그것이다. 태자 남해왕(南解王)이 왕위를 계승했다.

신라가 건국되기 전에 경주 지역에는 고조선의 유민들이 알천양산촌 · 돌산고허촌 · 자산진지촌 · 무산대수촌 · 금산가리촌 · 명활산고야촌 등 '진한 6부'를 이루고 있었다. 박혁거세거서간이 즉위하면서 나라 이름으로 삼은 것은 서나벌이었다. 사로국(斯盧國)은 서나벌이 건국되기 이전에 이 지역에 이미 존재하던 한(韓)의 거수국이었다. 사로국은 진한의 여섯 부족이 모인 나라였다. 그리고 그 여섯 마을에는 각각 촌장(부족장)이 있었는데, 이 여섯 명의 촌장이 박혁거세를 받들어 거서간, 곧 임금으로 모셨던 것이다.

박혁거세거서간이 신라를 건국할 무렵인 서기전 1세기에 한반도와 만주 지역은 이미 청동기시대를 지나 철기시대로 접어들어 있었다.

따라서 박혁거세거서간이 어느 날 갑자기 큰 알에서 나왔다는 탄생설화를 그대로 믿을 수는 없다. 돌산고허촌장 소벌을 비롯하여 여섯 촌장이 알에서 나온 아이를 길렀는데, 나이 10여 세가 되자 '뛰어나게 숙성하여' 임금으로 삼았다는 것은 무엇을 뜻하는 것일까.

필자의 생각으로는 박혁거세가 13세에 즉위하여 신라를 건국했다는 기록은 박혁거세를 우두머리로 한 그의 일족이 13년 동안 돌산고허촌을 거점으로 세력을 다지다가 여섯 부족을 모두 장악하여 신라를 건국했다고 본다.

최근의 사학계에서는 신라는 민족적 구성이 고구려와 백제와는 다르다고 보는 의견이 우세하다. 고구려와 백제는 부여에서 나왔고, 부여는 고조선을 이었다는 것이고, 신라는 북방 기마민족이 남하했다는 것이다. 하지만, 박씨든 김씨든 신라의 지배층은 북방 유목민족이 남하했다고 인정하더라도 그 백성들, 곧 본래부터 경주 지역에 있던 사로국의 여섯 부족이 조선의 유민이라는 사실에는 변함이 없다.

지금으로부터 2천여 년 전, 이곳 진한 땅에는 고조선 망국의 유민들이 여섯 개의 마을을 이루고 살고 있었다. 이 여섯 마을의 촌장 또한 모두가 하늘에서 내려온 신인(神人)이라고 하는데, 곧 오늘날 경주 이씨의 시조인 알천양산촌(閼川楊山村)의 알평(謁平), 경주 최씨 시조인 돌산고허촌(突山高墟村)의 소벌도리(蘇伐都利), 경주 손씨 시조인 무산대수촌(茂山大樹村)의 구례마(俱禮馬, 또는 구(仇)), 경주 정씨 시조인 자산진지촌(觜山珍支村, 또는 간진촌(干珍村))의 지백호(智伯虎), 경주 배씨 시조인 금산가리촌(金山加利村)의 지타(祗沱 : 只他), 경주 설씨 시조인 명활산고야촌(明活山高耶村)의 호진(虎珍) 등이다. 이들 6명의 시조를 기리는 사당이 나정에서 200미터쯤 위쪽에 있는 양산재이다.

서기전 69년 어느 날 고허촌장 소벌도리가 남산에 올라 서쪽 양산촌을 바라보니 하늘에서 오색찬란한 빛이 나정을 비추고, 샘 옆에는 백마 한 필이 그 빛을 향해 절을 하고 있었다. 이를 기이하게 여긴 소벌도리가 샘으로 가까이 다가가 보니 인기척에 놀란 백마는 하늘로 날아가 버리고 말이 있던 자리에는 붉은 알 하나가 빛나고 있었다. 그리고 그 알 속에서 용모가 단정한 아이가 태어났다.

이처럼 신비롭게 태어난 아이는 점점 자라면서 유달리 총명하고 영특하였다. 서기전 57년 아이가 열세 살이 되던 해에 진한의 6부 촌장은 여섯 부를 합쳐 새 나라 서라벌을 세우고 그 아이를 받들어 임금으로 모시니 그가 곧 박혁거세거서간이었다.

이것이 신라 시조 박혁거세거서간의 탄생과 건국 설화이다.

박혁거세거서간의 탄생과 건국설화를 전하는 기록으로는 『삼국사기』와 『삼국유사』가 있다. 『삼국사기』 '신라본기' 혁거세거서간 조의 기록을 살펴본다.

시조 혁거세거서간의 성은 박씨요 이름은 혁거세다. 전한 효선제(孝宣帝) 오봉(五鳳) 원년 갑자(서기전 57년) 4월 병진(정월 15일이라고도 한다)에 왕위에 오르니 왕호는 거서간이요, 이때 나이는 열세 살이며, 나라 이름은 서나벌(徐那伐)이었다.

이보다 앞서 조선의 유민들이 산골 속에 나뉘어 살며 여섯 마을을 만들었다. 1은 알천양산촌, 2는 돌산고허촌, 3은 자산진지촌, 4는 무산대수촌, 5는 금산가리촌, 6은 명활산고야촌이라 하였다. 이것이 진한(辰韓) 6부로 되었다.

고허촌장 소벌공이 양산 기슭을 바라보니 나정 우물가 숲 사이에 말이 꿇어앉아 울므로 즉시 가서 보매 갑자기 말은 사라지고 다만 큰 알이 있었다. 이것을 쪼개니 그 속에서 어린아이가 나오므로 이를 거두어 길렀다. 그의 나이 10여 세가 되매 뛰어나게 숙성하여 6부 사람들은 그의 출생이 신기하고 이상하므로 떠받들어 높이더니, 이때에 이르러 그를 세워 임금을 삼았다. 진한 사람들이 포(匏)를 '박'이라고 하는데, 처음의 큰 알이 박과 같았으므로 그의 성을 박이라 하였다. 거서간은 진한 말로 임금이다. (또는 귀인을 부르는 칭호라고도 한다.)

박혁거세가 알을 깨고 나왔다는 난생설화는 부여의 시조 동명왕(東明王), 고구려의 시조 동명성왕(東明聖王), 가야의 시조 김수로왕(金首露王)의 탄생설화와 서사구조가 같다. 지금은 이런 비과학적인 이야기를 그대로 믿는 사람은 없지만, 이는 고대국가가 그들의 건국시조를 신성화, 신격화하기 위한 수식적 장치로 이해하면 된다.

박혁거세가 『삼국유사』에서는 서기전 69년에 출생했다고 하고, 『삼국사기』에서는 서기전 57년에 13세로 즉위했다고 했는데, 서기전 69년에 태어났으면 서기전 57년에 13세가 되므로 양쪽 기록이 일치한다. 그런데 2천 년 전 고대에 불과 13세의 소년이 왕위를 물려받은 것도 아니고 새로운 나라를 건국했다는 기록은 어떻게 해석해야 좋을까. 또 『삼국사기』와 『삼국유사』는 박혁거세의 성씨 박이 그가 태어난 알이 박(바가지)과 같이 생겼다고 해서 박이라 했다고 전한다. 그리고 『삼국사기』는 왕호 거서간이 진한말로 임금이란 뜻이라고 설명했다. 『삼국유사』는 이보다 좀 더 자세히 설명하기를, 혁거세란 이름은 알을 깨고 나온 뒤 목욕을 시키자 몸에서 광채가 나고, 새와 짐승들이 춤추며, 천지가 진동하고, 해와 달이 맑고 밝았으므로 이름을 혁거세라고 했다고 전한다. 또 왕호 거슬한(거서간)은 불구내왕이라고도 하는데 광명으로 세상을 다스린다는 뜻이라고 설명했다.

그런데 그 다음에 한 가지 주목할 만한 구절이 나온다. '혹은 거서간이라고도 했는데, 맨 처음 입을 열어 자신을 일컬어 말하기를, "알지거서간"이라고 하고는 단번에 일어섰다. 그의 말에 따라 이렇게 불렀으니 이로부터 임금의 존칭이 되었다'는 대목이 그것이다.

혁거세나 불구내는 모두 빛나다, 밝다는 뜻이다. 그러면 박혁거세가 자신을 가리켜 '알지거서간'이라고 한 말은 무슨 의미일까. 알지라면 경주(신라) 김씨의 시조 김알지(金閼智)를 가리키지 않은가. 김알지가 계림에서 금빛 나는 상자 속에서 '발견'된 것은 서기전 65년인 탈해이사금(脫解尼師今) 9년의 일이다. 그런데 『삼국유사』에는 알지라는 이름이 혁거세의 옛 사적과 같아서 알지라고 이름을 지었으며, 알지는 우리말로 '어린아이'를 뜻한다고 했다. 이를 좀 더 쉽게 설명하자면 박혁거세는 처음에 사람들 앞에 나서서 자신을 가리켜 '나는 어린아이 임금'이라고 했다는 말이다.

그런데 근래 일부 사학자의 연구에 따르면 알지는 곧 알타이와 같은 말이고, 알타이는 북방 유목민족의 말로 금(金)을 가리킨다고 했다. 경주 김씨 시조 김알지, 또는 그 일족이 자신의 성씨를 김씨라고 한 까닭도 금을 좋아했기 때문이라는 것이다. 근래 일부 학자는 거서간이 몽골의 영웅서사시에 등장하는 케세르칸(Keser Qan)과 연관시키기도 한다. 언어학적 유사성과 더불어 의미도 비슷하기 때문이라는 것이다. 또한 이도학의『한국고대사, 그 의문과 진실』은 서기전 58년 동흉노의 쿠세키(Kuseki : 姑夕)가 대군을 이끌고 반란을 일으켰다가 중아아시아에서 지취를 감추었는데, 1년 뒤인 서기전 57년에 거서간이 서라벌에서 신라를 건국한 것과 연관시키는 학자도 있다고 소개했다. 듣고 보면 거서간과 케세르칸이나 쿠세키가 음성적으로 비슷한 것은 사실이다. 또 신라 초기의 왕호 거서간이나 마립간, 관직명인 각간의 간은 몽골의 칭기즈칸의 칸과 같이 부족의 우두머리, 곧 족장이나 왕을 가리키는 뜻이라고 한다.

서라벌(신라)의 발상지는 한반도의 동남부에 위치한 오늘의 경주다. 박혁거세가 서라벌을 세우기 전에 그 지역에는 진한의 6부가 있었고, 그들은 (고)조선의 유민이라고 했다. 그러면 고조선의 유민이 어떻게 하여 경주분지의 산간에서 여섯 개의 마을을 이루게 되었을까.

중국의 사서『사기』·『삼국지』등에 따르면 위만조선의 성립과 멸망을 전후하여 위만과 한의 세력에게 쫓겨 고조선의 마지막 임금인 준왕(準王)과 재상인 조선상(朝鮮相) 역계경(歷谿卿)을 비롯한 수많은 유민이 남하했다고 한다. 역계경이 거느리고 망명한 호수가 2천여 호라고 한다. 2천 호라면 1만여 명으로 추산된다. 물론 이들 조선의 유민이 여러 해를 두고 남쪽으로 망명하여 진한 땅에 정착했으니 그 호구는 훨씬 늘어나 여섯 개의 마을, 또는 부족을 이루게 되었을 것이다.

그러나『후한서』'동이열전'에 따르면 한반도 남부에는 한(韓)이라는 나라가 있고, 그 안에는 마한·진한·변한(변진)이 있는데, 마한은 54국, 진한과 변한에는 각각 12국 등 모두 78국이 있었다고 한다. 또『삼국지』'오환선비동이전'에 따르면 이들 78국 가운데 오늘의 경상남북도 지역이었던 진한과 변한 24국 가운데 사로국(斯盧國)이 있었다. 사로국은 사라(斯羅)나 서라벌 또는 서나벌과 마찬가지로 지중마립간 4년에 신라로 국호를 개칭하기 전의 나라이름이다.

『후한서』는 또 이들 한의 78국 가운데 변한과 진한 지역의 12개국은 진왕(辰王), 곧 대왕의 통치를 받았다고 했다. 한국고대사, 특히 고조선사 연구에 획기적인 업적을 남긴 윤내현 박사의 연구에 따르면 나머지 66국은 신라·백제·가야의 건국과 더불어 그 나라의 영토로 편입된 것으로 추정하고 있다.

윤내현 박사는 이에 따라 '신라 지역은 원래 한의 78개 거수국 가운데 하나인 사로국으로서 진왕의 통치를 받았으나 오래지 않아 독립국으로 출발하여 그 영역이 확장하였다'고 보았다.

또 한 가지 근래 제기되고 있는 고대사의 논쟁 가운데 하나가 신라가 과연 고구려보다도 먼저 건국되었는가 하는 점이다. 『삼국사기』에 따르면 신라는 서기전 57년, 고구려는 서기전 37년, 백제는 서기전 18년으로 신라가 고구려보다 20년이나 앞서 건국된 것으로 되어 있어서 고조선과 부여를 이어 건국한 고구려보다 먼저 건국했다는 기록을 불신해온 것이 사실이다. 이에 대해서도 윤내현 박사는 『한국열국사연구』에서 이렇게 주장했다.

여기서 유의해야 할 것은 고구려나 신라는 한반도와 만주에 등장했던 가장 이른 국가가 아니라는 점이다. 한반도와 만주에는 고구려나 신라에 앞서 고조선이라는 국가가 있었다. 그러나 지금까지는 고조선에 대한 연구가 부족하여 고조선이 한반도와 만주 전 지역을 통치한 국가였다는 사실을 알지 못하였다. 고구려나 신라를 그들이 자리한 지역에 처음으로 등장한 나라였다고 믿은 것이다. 그러한 시각에서 고구려의 건국이 신라보다 앞서야 한다고 생각했던 것이다. 그러나 고구려나 신라는 그 지역에 처음으로 등장했던 나라가 아니라 고조선이 분열되면서 일어난 나라들이었다.

이어서 윤내현 박사는 신라가 건국된 경주 지역은 고조선시대에는 고조선의 거수국인 한에 속해 있다가, 서기전 1세기경에 고조선이 붕괴되자 한이 독립하였고, 한이 강력한 통치체제를 갖추지 못함에 따라 신라가 건국되었다고 보았다. 그러므로 신라가 고구려보다 늦게 건국되었다고 볼 이유가 없다는 것이다.

또한 『삼국유사』에 따르면 신라가 건국되기 전에 경주 지역에 있었던 여섯 마을은 '진한의 여섯 부'였다고 되어 있다. 그러므로 이들 고조선의 유민들이 곧 신라를 건국한 주인공이었다.

그러니까 '조선의 유민들'이라고 해서 만주와 한반도 북부에서 남쪽 경주 지방으로 남하한 이주민 또는 망명 세력이 아니라 이들은 고조선 때부터 정착해오며 고조선 단군왕검의 통치를 받던 고조선 백성이었던 것이다.

박혁거세가 건국한 나라는 처음부터 신라가 아니었다. 『삼국사기』 '신라본기' 지증마립간(智證麻立干) 4년 조에 이렇게 나온다.

군신이 아뢰기를, "시조가 창업한 이래로 나라 이름이 일정하지 않아 혹은 사라라 하고, 혹은 사로라 하며, 혹은 신라라고도 하는데 신들의 생각으로는 신(新)은 덕업이 날로 새롭다는 뜻이요, 라(羅)는 사방을 망라한다는 뜻이니 그것으로 국호를 삼는 것이 마땅할 듯합니다."라고 하였다.

사실 박혁거세거서간이 즉위하면서 나라 이름으로 삼은 것은 서나벌이었다. 그리고 사로국은 서나벌이 건국되기 이전에 이 지역에 이미 존재하던 한의 거수국이었다. 사로국은 진한의 여섯 부족이 모인 나라였다. 그리고 그 여섯 마을에는 각각 촌장이 있었는데, 이 여섯 명의 촌장이 박혁거세를 받들어 거서간, 곧 임금으로 모셨던 것이다.

또한 박혁거세거서간이 신라를 건국할 무렵인 서기전 1세기에 한반도와 만주 지역은 이미 청동기시대를 지나 철기시대로 접어들어 있었다. 『삼국사기』 '신라본기' 혁거세거서간 17년 조를 보면 거서간이 여섯 부를 순행했다는 기록이 나온다. 그러니까 신라 건국 이후에도 '진한 6부'는 그대로 있었다는 말이다. 그리고 신라가 나라의 토대를 점점 굳혀감에 따라 주변의 소국들이 스스로 귀부해오기도 하여 신라의 영토는 갈수록 넓어졌다. 이를테면 재위 17년, 서기전 39년 정월에 변한이 나라를 바쳐 항복해왔다는 기록이 대표적이다.

혁거세거서간은 이처럼 국가의 기틀을 굳게 다지는 한편, 재위 21년에는 서라벌에 도성인 금성(金城)을 쌓고, 다시 5년 뒤에는 궁실을 지어 왕가의 위엄을 과시했다. 그리고 재위 38년에는 신라가 당당한 독립국임을 알리기 위해 마한에 호공을 사신으로 보냈다. 이때 마한 왕이 진한과 변한의 여러 나라가 조공을 바치지 않는다고 화를 냈는데, 이는 마한의 세력이 신라의 급성장과 반대로 급격히 쇠약해지고 있다는 반증일 것이다.

호공이 사신으로 다녀온 지 1년 뒤인 서기전 19년에 마한 왕이 갑자기 죽은 것도 왕국의 몰락을 재촉했을 것이다. 이 기회를 노려 마한을 정벌하자는 주장이 나왔으나 혁거세거서간은 "다른 사람의 불행을 우리의 행복으로 여기는 것은 어진 사람이 할 짓이 아니라"고 이를 물리쳤다. 그 대신 혁거세거서간은 마한에 사신을 보내 조문했다. 이는 어쩌면 그 무렵 마한의 북쪽 오늘의 한강 하류 서울 부근에 고구려에서 망명, 남하한 비류(沸流)와 온조(溫祚) 형제의 백제가 등장함으로써 무모한 전쟁을 피하려는 전략적 선택이었을 것이다. 또한 이러한 결정에 따라 주변 소국들의 흡수 합병의 속도도 더 빨라졌다고 본다.

한편, 동옥저는 신라의 독립을 축하하기 위해 사신에게 말 20필을 보내기도 했다. 그 밖에는 재위 40년부터 재위 60년까지 20년 동안은 별다른 기사가 없으니 아마도 내치에 주력한 듯하다. 그리고 재위 60년에 이상한 기록이 나타난다.

가을 9월에 용 두 마리가 금성 우물 속에 나타났다. 우레와 비가 심하고 성의 남문에 벼락이 떨어졌다.

왕조시대에 용은 곧 제왕을 뜻했다. 두 마리 용이 나타났다는 것은 혁거세 거서간이 아닌 사람이 거서간을 자처하고 나섰다는 뜻이 아닐까. 그 해에 박혁거세거서간은 72세의 고령이었으니 누군가가 그가 빨리 죽기를 기다렸던 것은 아닌지도 모르는 일이다. 과연 박혁거세거서간은 그 이듬해 3월에 죽어 담엄사 북쪽에 장사지내고 사릉(蛇陵)이라고 했다. '뱀의 능묘'라니, 이는 또 무슨 까닭인가. 『삼국유사』에도 이상한 기록이 나온다.

나라를 다스린 지 61년 만에 왕이 하늘로 올라갔는데 7일 뒤에 유해가 땅에 흩어져 떨어졌으며 왕후도 역시 죽었다고 한다. 나라 사람들이 합장을 하려고 했더니 어디선가 큰 뱀이 나와서 못 하도록 방해를 하므로 다섯 동강난 몸을 다섯 능에 각각 장사하고 이름을 사릉이라 하니……

근래 어떤 연구자는 이런 기록으로 미루어볼 때 박혁거세거서간 말년에 반란이 일어나 혁거세거서간 내외가 함께 살해되고, 7일 만에 다섯 토막이 난 시체를 찾았으며, 반란군(큰 뱀) 때문에 장사도 제대로 치르지 못해 능을 다섯 개나 만들었다고 추리하기도 했다. 하지만, 박혁거세거서간의 아들인 제2대 남해차차웅(南海次次雄) 3년 정월에 시조묘를 세웠다는 기록으로 볼 때 반란설은 신빙성이 떨어진다고 보겠다.

박혁거세거서간과 왕후 알영의 능인 사릉은 경주시 탑정동의 거대한 다섯 개의 구릉과 같은 오릉(五陵)이다.

동명성왕

출중한 통솔력, 탁월한 무술의 고구려 시조

고구려의 시조 동명성왕(東明聖王)의 이름은 추모(鄒牟)다. 그는 북부여에서 졸본부여로 망명해 고구려를 건국하고, 고조선의 유민을 다시 모으고 선조들의 옛 땅을 되찾고자 했던 당대 으뜸가는 영걸이었다.

그는 어려서부터 비범했는데, 특히 활을 잘 쏘았다. 2천 년 전 고대에는 무술이 뛰어나고 총명해야만 무리의 우두머리가 될 수 있었으니 동명성왕은 그 두 가지를 모두 갖추었고, 비상하게 탁월한 리더십이 있었으므로 고구려를 건국할 수 있었다. 뒷날 고구려가 중국의 여러 나라와 맞서 동북아의 패권을 다툴 만큼 강력한 대제국으로 성장할 수 있었던 것은 오로지 동명성왕의 출중한 리더십이 원동력이 되었다고 해도 지나친 말이 아니다. 『삼국사기』 '잡지' 제사 편 고구려 조에 다음과 같은 기록이 나온다.

『고기』에 이르기를, 동명왕(東明王) 14년 가을 8월에 왕의 어머니 유화(柳花)가 동부여에서 세상을 떠나므로 그 나라의 왕 금와(金蛙)가 태후의 예절을 갖춰 장사지내고 드디어 신묘(神廟)를 세웠다. 태조왕(太祖王) 69년 겨울 10월에 왕이 부여에 가서 태후사당에 제사를 지냈고, 신대왕(新大王) 4년 가을 9월에 왕이 졸본으로 가서 시조사당에 제사를 지냈다. 고국천왕(故國川王) 원년 가을 9월과 동천왕(東川王) 2년 봄 2월과 중천왕(中川王) 13년 가을 9월과 고국원왕(故國原王) 2년 봄 2월과 안장왕(安臧王) 3년 여름 4월과 평원왕(平原王) 2년 봄 2월과 건무왕(建武王 : 榮留王) 2년 여름 4월에도 모두 전례와 같이 시조사당에 가서 제사를 지냈으며, 고국원왕 9년 봄 3월에 국사(國社)를 세웠다.

『삼국사기』는 이에 앞서 중국의 사서에 실린 기록도 다음과 같이 차례로 소개하고 있다.

『후한서』에 이르기를, 고구려는 귀신과 사직과 영성(零星)에 제사지내기를 좋아하여 10월에 하늘에 제사지내는 큰 모임을 동맹(東盟)이라고 하며, 그 나라 동쪽에 큰 굴이 있는데 이름을 수신(隧神)이라 한다. 역시 10월에 그 신을 맞이하여 제사를 지낸다.

『북사』에 이르기를, 고구려는 해마다 10월에 하늘에 제사지내며 함부로 만든 신당이 많다. 두 개의 신묘가 있는데, 하나는 부여신(夫餘神)이라 하여 나무를 조각하여 부인의 상을 만들었고, 다른 하나는 고등신(高登神)인데 이가 바로 시조 부여신의 아들이라고 한다. 이 두 곳에 모두 관서를 설치하고 사람을 보내 수호했는데, 대체로 하백(河伯)의 딸과 주몽(朱蒙)을 가리키는 것이다.

『예기』에 이르기를 '천자는 천지에 제사를 올리고, 제후는 사직에 제사를 지낸다(天子祭天地 諸侯祭社稷)'고 했다. 이와 같은 기준으로 볼 때 대왕이 친히 천지신명에게 제사를 올린 고구려는 중국의 제후국도 아니요 변방의 소국도 아니라, 천하의 중심국이란 자부심과 긍지를 가진 당당한 제국, 천손(天孫)

의 나라였다.

동북아시아를 호령하던 대제국 고구려의 시조 추모성왕의 파란만장했던 한 삶을 김부식(金富軾)의 『삼국사기』, 일연(一然)의 『삼국유사』, 이규보(李奎報)의 『동명왕편』, 이승휴(李承休)의 『제왕운기』, 그리고 『한단고기』 및 중국의 여러 사서에 실린 기록들을 통해 되살려본다.

고구려 시조의 이름은 주몽이 아니라 추모가 맞다. 왜냐하면 이는 고구려 사람들 스스로 그들의 시조 이름을 주몽이 아니라 추모로 불렀기 때문이다. 고구려의 황성이었던 만주 집안에 있는 영락태왕(永樂太王), 시호 국강상광개토경평안호태왕(國岡上廣開土境平安好太王)의 훈적비 첫머리에 이렇게 새겨져 있다.

예전에 시조 추모왕께서 나라를 세우실 때에 북부여로부터 나오셨는데, 천제의 아들이고, 어머니는 하백의 딸이었다. 알을 깨고 세상에 나오셨는데, 나실 때부터 성스러운 덕이 있었다(惟昔始祖鄒牟王之創基也 出自北夫餘 天帝之子 母河伯女娘 剖卵降世 生而有聖).

또 대사자(大使者) 모두루(牟頭婁)의 묘지명에도 시조 추모성왕은 '본래 북부여에서 나왔는데, 하백의 외손이며 일월신의 아들이다(元出北夫餘 河泊之孫 日月之子)' 라고 했다. 이처럼 고구려 사람들 자신이 새긴 기록을 믿지 않고 그로부터 700년이나 뒤에 쓰여진 『삼국사기』나 중국의 기록을 더 믿을 것인가.

추모성왕은 어떻게 태어나게 되었는가. 그는 요즘 말로 하면 미혼모의 아들이었다. 그 사연은 이렇다. 지금으로부터 2천여 년 전 송화강 줄기 어느 연안에 수신(水神)인 하백을 자처한 사람이 살고 있었다. 그에게는 유화(柳花)·훤화(萱花)·위화(葦花)라는 딸 셋이 있었다. 어느 해 여름날 세 자매는 더위에 못 이겨 강으로 물놀이를 나갔다. 처녀들은 아무도 보는 사람이 없었으므로 물가에 옷을 벗어 놓고 미역을 감았다. 그런데 난데없이 웬 시커먼 사내 하나가 강가에 나타나더니 떡 버티고 선 채 능글맞게 웃으며 처녀들을 내려다보는 것이었다. 처녀들은 갑자기 나타난 사내 때문에 기절하도록 놀라 저마다 비명을 지르며 물속으로 몸을 감추었다.

그 젊은이는 머리에 오우관(烏羽冠)이란 까마귀 깃털을 꽂은 관모를 썼으며, 허리에는 장검을 찼고, 어깨에는 힘센 사람이라야 쏠 수 있는 강궁인 단궁(檀弓)을 메고 있었다. 어느 모로 보나 비범한 인물인 듯싶은 젊은이는 아니나 다를까 자신이 천제의 아들인 천왕랑(天王郞) 해모수(解慕漱)라고 자기 소개를 하더니 강물로 뛰어들어 아가씨들을 희롱하며 놀았다.

그러고 나서 세 자매를 자신이 거처하는 이궁(離宮)인가 별궁(別宮)인가 하는 집으로 초대했다. 세 자매는 마치 무엇에 홀린 듯했다. 젊은이가 자칭 천제의 아들이요 천왕랑이라는 바람에 감히 거절을 못 했는지, 아니면 그가 한눈에 반할 만큼 잘 생기고 씩씩한 멋쟁이였기 때문인지 어쨌거나 처녀들은 옷을 찾아 입고 그를 따라갔다. 한참 동안 강줄기를 따라 상류로 거슬러 올라가보니 구리로 만든 궁실(宮室)이 나타났다. 그 집에서 젊은이가 대접하는 갖가지 맛있는 음식과 술을 마시다 보니 어느새 날이 저물었다. 그만 집으로 돌아가야겠노라고 자리에서 일어서자 자칭 해모수가 앞을 가로막으면서 못 가게 했다. 오늘은 여기서 자고 내일 돌아가라는 것이었다.

그제야 해모수의 엉큼한 속셈을 눈치 챈 세 자매가 깜짝 놀라 한결 같이 비명을 지르며 마구 달아나기에 바빴다. 일석삼조는 천제의 아들이라도 힘들었는지 두 아우는 천만다행으로 문밖으로 달아나는데 성공했지만 맏이 유화만은 꼼짝없이 붙잡혀 그날 밤 해모수에게 정조를 빼앗기고 말았다.

한편, 캄캄한 밤중에 허둥지둥 엎어지고 자빠지며 집으로 도망쳐 돌아간 두 동생 훤화와 위화는 울며불며 아버지 하백에게 자초지종을 일러바쳤다. 하백이 두 딸의 말을 듣자 화가 머리끝까지 치밀어 올라 부하들을 이끌고 자칭 해모수라는 자의 집으로 쳐들어갔다. 하백이 부하들을 시켜 집을 포위한 뒤 이렇게 고함쳤다.

"이 천하에 흉악한 날강도 놈아! 어서 내 딸을 내놓고 이리 나와 내 칼을 받아라!"

그러자 궁실의 문이 열리며 해모수가 나타나더니 능글맞게 웃으며 이렇게 대답했다.

"장인어른, 어서 오십시오! 사위 해모수의 절을 받으소서!"

하백이 기가 막혀 온몸을 부르르 떨다가 냅다 고함쳤다.

"이놈아! 너처럼 어디서 굴러먹다 왔는지도 모르는 놈이 무슨 얼어 죽을 사위란 말이냐? 당치도 않구나! 먼저 내 딸을 내놓고 모가지를 바쳐라!"

그리하여 두 사람은 대판 싸움을 벌였는데, 나이든 하백이 젊은 용사의 적수가 되지 못했다. 강약이 부동이라, 기력과 무술이 못 미쳐 패배를 인정한 하백은 마침내 잔치를 베풀고 두 사람의 사이를 인정할 수밖에 없었다.

그런데 정말 비극은 그 다음에 시작되었다. 자칭 해모수라는 바람둥이가 결혼하면 3년간 처가에 봉사해야 하는 부여족의 미풍양속도, 점점 배가 불러오는 유화도 헌신짝처럼 팽개쳐버린 채 어디론가 유유히 사라지고 말았던 것이다. 뭐, 천제의 자손은 서민과 혼인할 수 없다나 하는 말 같지도 않은 평계를 대면서였으니 딸을 버린 하백은 기가 막혔고 몸을 버린 유화는 눈앞이 캄캄했다. 화를 참지 못한 하백은 유화의 입술을 석 자나 잡아 늘리고 태백산 (백두산) 남쪽 우발수로 내쫓아버렸다.

처녀가 아이를 배자 사내는 달아나버리고 아비는 집에서 쫓아내니 유화는 더 이상 살고 싶은 마음이 없었다. 그래서 짧지만 한 많은 이승살이를 스스로 끝내려고 우발수 깊은 물에 풍덩 몸을 던졌는데, 죽는 것도 뜻대로 되지 않았다. 지나가던 어부가 유화를 물에서 건져 올려 동부여의 금와왕(金蛙王)에게 바쳤던 것이다.

금와왕이 어찌된 일이냐고 묻기에 유화가 할 수 없이 자칭 해모수라는 바람둥이와 사통하여 임신을 하고 부모에게 쫓겨난 사정을 이야기했다. 금와왕이 이야기를 듣고 자세히 살펴보니 비록 버림받은 여자라고는 하나 자태가 그지없이 빼어나게 아름답기에 자신의 후궁으로 삼을 욕심이 생겨 자신의 궁궐로 데리고 가서 방 하나를 주고 머물게 했다.

그리하여 유화가 달이 차서 서기전 58년 음력 5월 5일 단오에 마침내 사내아이를 낳았는데, 골격이 튼튼하고 외모가 영특하게 생겼으며 나면서부터 이내 말을 할 줄 알았다. 금와가 이 말을 듣고 두려워하고 미워하여 죽이려고 했다. 하지만 구가(狗加)·저가(猪加)·우가(牛加)·마가(馬加) 같은 여러 대가(大加)가 한결 같이 천제의 아들인 해모수의 혈육이라는 이 기이한 아이를 죽여서는 안 된다고 반대하므로 어쩌지 못하고 유화에게 돌려주면서 길러도 좋다고 허락했다.

그런데 또 다른 사서에는 추모성왕 또한 신라의 시조 박혁거세거서간(朴赫居世居西干), 가락국의 시조 김수로대왕(金首露大王)과 마찬가지로 신령스러운 알을 깨고 세상에 나왔다는 기록이 있다. 알이란 둥근 것이요 하얗게 빛나는 것이니 곧 하늘의 해를 상징하는 것이다. 해모수의 성씨 해(解) 또한 하늘에서 가장 밝게 빛나는 해를 가리키는 것이요 그 알이 하늘에서 지상으로 내려온 것은 하늘의 자손으로 세상을 다스리고자 내려왔다는 천손사상에서 비롯된 것이다.

유화와 해모수를 사칭한 바람둥이 사이에서 태어난 아이는 무럭무럭 잘 자라났는데 어려서부터 활을 매우 좋아했고 잘 쏘았다. 파리가 귀찮게 굴어서 잠을 잘 수 없다면서 어머니 유화부인에게 활을 만들어달라고 하여 유화가 조그만 장난감 활을 만들어주자 그것으로 파리를 쏘는데 백발백중이었다. 그리고 나이 일곱 살이 되자 스스로 활과 화살을 만들어 대궐 안팎으로 돌아다니며 보이는 대로 쏘는데 역시 백발백중의 신기였다. 마침내 신궁이 나타났다는 소문이 퍼지고 그는 추모라는 이름으로 불리게 되었다. 이는 부여말로

'활 잘 쏘는 이', '우두머리'라는 뜻이었다. 이 추모를 한문자로 적을 때 주몽으로 쓴 것이다.

추모가 그처럼 어려서부터 비상하게 빼어난 재주를 보이자 그는 이내 주위의 주목을 받게 되었다. 그때 금와왕에게는 일곱 아들이 있었는데 무엇을 하고 놀아도 추모의 발밑에도 미치지 못했다. 맏아들 대소(帶素)가 부왕에게 "저 과부의 자식 추모를 빨리 죽여 후환을 없애버립시다!"하고 졸랐다. 하지만, 금와왕이 여러 부족의 우두머리인 5가를 무시하고 독재를 할 만큼 왕권을 확립하지 못했으므로 자기 마음대로 죽일 수 없었기에 추모에게 왕궁의 마구간에서 말먹이는 천한 일을 시켰다. 그때 추모의 나이 열아홉 살이었다.

하루는 어머니 유화부인이 추모에게, "애야, 장차 왕자들이 너를 해코자할 터이니 미리부터 방도를 마련해둠이 좋지 않겠느냐?"하고 일렀다. 추모가 어머니의 말씀이 옳다 하고 다른 여러 말은 잘 먹여 살찌게 하고 오로지 준마 한 필만은 바늘로 혀 밑을 찔러서 비쩍 마르게 만들었다. 금와왕이 마구간을 둘러보고 추모에게 말을 잘 돌보았다며 칭찬한 뒤 상으로 가장 여윈 그 말을 주었다.

그해 10월 제천대회(祭天大會)에서 추모가 그 말을 타고 사냥대회에 참가했는데 금와왕은 추모가 혹시 많은 짐승을 잡아 자기 아들들의 기를 죽일까 걱정되어 화살을 한 대밖에 주지 않았다. 하지만 말은 타고난 준마요 탄 사람은 하늘이 내린 신궁인지라 말달리고 짐승을 몰아 쏘면 쏘는 대로 명중시키니 추모 혼자서 화살 한 대로 잡은 짐승이 일곱 왕자가 잡은 짐승을 다 합한 것보다도 많았다. 대소가 참을 수 없는 질투와 분노로 또다시 아우들과 합세하여 추모를 기어코 죽여 없애려고 달려들었다. 어머니 유화부인이 이를 알고 추모로 하여금 한시바삐 먼 곳으로 도망치도록 재촉했다.

그해에 추모는 스물한 살. 그 전해에 예씨부인(禮氏夫人)에게 장가들어 어른이 되었으며, 그때 아내는 임신 중이었다. 후궁 아닌 후궁으로 대궐 한구석에서 오로지 아들 하나만 바라보고 늙어가는 홀어머니 유화부인과 아직도 신혼이나 마찬가지인 아내 예씨, 그리고 아내의 뱃속에 든 자식을 남겨두고 떠나는 발길이 차마 떨어지지 않았겠지만 추모로서는 일단 목숨부터 구하는 것이 무엇보다도 시급했다.

마침내 추모는 평소 따르던 오이(烏伊)·마리(摩離)·협보(陜父) 세 명의 심복을 거느리고 동부여의 도성을 빠져나와 남쪽으로 도망치기 시작했다. 추모가 도망친 사실을 안 금와왕과 대소 부자가 군사들을 풀어 그 뒤를 추격토록 했다.

여기서부터는 『삼국사기』 '고구려본기'와 백운(白雲) 이규보(李奎報)의 문집 『동국이상국집』 가운데 '동명왕편'의 내용을 참고한다. 이규보는 '동명왕편'을 짓게 된 동기에 대해서, '이름 없는 남녀의 입에도 자주 오르내리며, 『구삼국사』에도 기록된 동명왕의 신이(神異)한 일들을 김부식이 『삼국사기』에서 매우 간략하게 줄여버린 것을 통탄하여, 이를 시로 지어 천하 사람들로 하여금 우리나라의 근본이 성인(聖人)의 나라임을 알게 하고자 한다'고 밝혔다는 점을 여기에 덧붙여 소개한다.

추모 일행이 동부여 군사들의 추격을 받으며 달아나다가 그만 엄호수(엄체수·개사수·엄리대수라고도 하며, 지금 압록강 동북쪽이라고 한다 ; 필자)라는 큰 강물에 앞길이 가로막히고 말았다. 강을 건너려고 했지만 배도 없었고 다리도 없었다. 벌써 저 멀리 추격군의 말발굽 소리가 들려왔다. 추모가 채찍으로 하늘을 가리켜 탄식하며 이렇게 소리쳤다.

"나는 천제의 손자요 하백의 외손인데 지금 난을 피해 이곳에 이르렀나이다! 천지신명은 이 가엽고 외로운 사람을 버리지 마소서!"

그렇게 소리쳐 기도한 뒤 활을 들어 강물을 치니 갑자기 수많은 자라가 수면 위로 떠올라 머리와 꼬리를 이어 다리를 만들어주는 것이었다. 추모 일행이 건너자 조금 뒤 추격병들이 뒤따라 건너려다가 자라들이 흩어지므로 모두 물에 빠져 죽었다. 그런데, 이 이야기는 어쩌면 추모가 금와왕의 군사들에게 쫓겨 위험한 지경에 빠졌을 때에 강의 신을 자처하던 어머니 유화부인의 친정아버지, 곧 추모의 외할아버지 하백의 부족으로부터 도움을 받은 사실이 이런 식으로 신화화된 것이 아닐까.

일행이 발길을 재촉해 모둔곡을 지나가다가 세 사람을 만났는데 한 사람은 삼베옷을 입은 재사(再思)요, 또 한 사람은 장삼을 입은 무골(武骨)이요, 나머지 한 사람은 수초로 만든 옷을 입은 묵거(默居)였다. 추모는 이들이 성이 없었으므로 재사에게는 극씨(克氏), 무골에게는 중실씨(仲室氏), 묵거에게는 소실씨(少室氏)라는 성을 각각 내려주고 모두에게 일렀다.

"내가 바야흐로 천명을 받아 나라를 창건하고자 하는데 마침 어진 인물 세 명을 만났으니 이 어찌 천우신조라고 아니 하랴!"

그들을 수하에 거두어들이고 다시 길을 떠나 마침내 졸본천 홀승홀성에 이르렀다. 졸본은 곧 홀본이요 홀승홀이니 이는 오늘의 길림성 환인이다. 돌이켜보건대 추모가 동부여에서 도망칠 때 거느리고 왔다는 오이·마리·협보 세 명은 동부여에서부터 추모를 따르던 지지세력의 우두머리들이요, 모둔곡에서 거두어들인 재사·무골·묵거 세 명은 망명 도중에 포섭한 추종세력의 우두머리였던 것으로 보인다. 이들은 모두 추모가 졸본부여에서 새나라 고구려를 건국하는 데에 핵심세력으로서 중요한 역할을 맡은 개국공신이다.

하지만 동부여에서 쫓겨 온 젊은 망명객에 불과한 추모가 이들 소수의 추종세력만 거느리고 고구려 건국이라는 역사적 위업을 이룩했다고 보기는 어렵다. 당시 졸본부여 땅에는 소서노(召西努)라는 여걸이 있어서 추모의 건국사업을 적극적으로 돕게 된다.

그렇게 졸본부여에 다다른 추모의 망명 집단은 오늘의 혼강인 비류수 강가에 집을 짓고 마을을 만드는 등 근거지를 마련한 뒤 새로운 나라를 세워 국호를 고구려라고 하고, 나라 이름을 따라 왕성(王姓)을 고씨(高氏)라고 했다. 『삼국사기』'고구려본기' 시조 동명성왕 조에는 이 대목에서 '주몽이 졸본부여에 이르렀더니 왕이 아들이 없었는데 주몽을 보매 보통 사람이 아님을 알고 그의 딸로써 아내를 삼게 하였고, 왕이 죽으매 주몽이 왕위를 이었다는 말도 있다'고 덧붙였다. 그리고 이때에 주몽의 나이 22세라고 했다.

『삼국사기』'백제본기'시조 온조왕 조에는 '주몽이 북부여로부터 난을 피해 졸본부여에 이르자 부여왕에게는 아들이 없고 다만 딸만 셋이 있었다. 주몽을 보자 비상한 인물임을 알고 둘째딸을 그에게 시집보냈다. 얼마 뒤에 부여왕이 세상을 떠나므로 주몽이 왕위를 이었다. 그리하여 아들 둘을 낳으니 맏이는 비류(沸流)라 하고 둘째는 온조(溫祚)라 했다'고 하여 추모가 새로 얻은 부인이 졸본부여 임금의 둘째딸이라고 좀더 자세히 나온다.

그러나 추모성왕의 고구려 건국이 이처럼 오로지 새장가를 잘 간 덕분에 식은 죽 먹듯이 손쉽게 이루어졌으리라고 볼 수는 없다. 다른 나라 임금과 왕자들에게 미움을 받아 죽을 고비를 넘기고 간신히 도망쳐온 불과 21세의 젊은이가 아무 밑천도 없이 그저 인물 하나만 잘난 탓에 아들 없는 졸본부여 왕의 사위가 되고 왕이 죽자 뒤를 이어 즉위하여 아무렇지도 않게 국호를 고구려로 바꾸고 시조가 되었다는 것은 아무리 2천여 년 전의 일이라고는 하지만 너무나 단순하고 동화 같은 이야기가 아닌가.

또 한 가지, 추모가 동부여에서 금와왕 부자의 핍박을 피하여 남쪽으로 망명했는데, 광개토태왕훈적비와 모두루묘지명 등에는 추모왕이 북부여에서 왔다고 기록하여 서로 다르니, 이는 아마도 고구려 당시에는 동부여로 부르지 않고 처음에 해모수가 건국한 북부여의 이름을 그대로 썼기 때문으로 추정된다.

『삼국사기』에서 말한 졸본부여의 공주라는 여자는 사실은 소서노로서 그곳의 유력자 연타발(延陀勃)의 딸이었다. 소서노는 처음에 우태(優台)라는 사람에게 시집가 비류와 온조 두 아들을 두었으나 우태가 죽어 과부가 되자 친정으로 돌아와 있었다. 추모와 소서노가 처음 만났을 때 추모는 21세, 소서노는 29세. 나이도 8세 연상이요, 게다가 두 아들까지 딸린 과부였지만 추모가 소서노를 만난 것은 가뭄에 단비를 만난 격이었다.

소서노의 아버지 연타발은 졸본부여의 유력한 호족이었을 뿐만 아니라 으뜸가는 부자였기 때문이었다. 추모로서는 연타발 부녀의 영향력과 재산이 절실히 필요했다. 동서고금을 막론하고 아무리 절세의 영웅이라도 대업을 이루기 위해서는 많은 인재와 재물이 필요한 법인데, 추모는 그 두 가지를 모두 갖춘 소서노라는 보물샘을 발견한 셈이었다. 비록 연상의 여인이지만 소서노의 미모도 보통은 넘었을 것이고, 또 추모라는 젊은이가 씩씩하게 잘 생긴데다가 리더십도 출중하고, 배짱도 두둑한데다가, 백발백중하는 신기의 활솜씨까지 갖춘 불세출의 영웅이니 소서노는 첫눈에 완전히 반해버리고 말았을 것이다. 이렇게 해서 추모는 소서노에게 새장가를 들었고, 그녀의 전 남편의 아들 둘도 친자식처럼 귀여워했을 것이다.

추모는 한 해 동안 재물을 풀어 사람들을 모으고 궁실을 짓고 성벽을 쌓는 등 건국사업에 전심전력한 끝에 마침내 새나라 고구려의 건국을 만천하에 선포했으니 그때가 기원전 37년 10월이라고 전한다. 대왕으로 즉위한 추모는 해모수의 후손이므로 자신의 성씨가 해씨였지만 고씨로 창씨하여 왕성으로 삼았다. 추모라는 걸출한 젊은 영웅이 나타나 졸본부여 땅에서 일어나 고구려를 세웠다는 소문은 발 없는 말을 타고 사방으로 퍼져나가 여러 씨족과 부족이 찾아와 신민으로서 보호받기를 자청하여 백성들은 점점 늘어갔다. 따라서 고구려의 인재와 군사들도 늘어갔다.

추모대왕은 건국 직후부터 자신이 오래 전부터 품어오고 키워오던 원대한 꿈을 실천에 옮기기 시작했다. 그 꿈이란 단군왕검의 조선과 해모수의 부여를 잇는 대국을 건설하는 것이었다. 이를 위해서는 무엇보다도 조상의 옛 땅을 되찾아야만 했다. 조선의 유민이 여기저기 뿔뿔이 흩어져 세운 수십 개의 나라를 다시 하나의 대제국으로 아우르는 것이 추모대왕의 꿈이었다. 선조의 고토를 회복하는 '다물', 그것이야말로 고구려의 건국이념이었던 것이다.

대왕은 안으로는 관직을 정비하여 나라의 기틀을 다지고 백성들이 생업에 전념하여 헐벗고 굶주리지 않도록 하는 한편, 젊고 날랜 무사들을 뽑아 실전과 다름없는 맹렬한 훈련을 통해 하나같이 일당백의 강병으로 거듭나게 했다. 그렇게 강한 군사력을 갖춘 대왕은 나라 주변의 위협이 되는 말갈족들을 멀리 쫓아버린 다음, 소국들을 상대로 하나하나 정복전을 펼치기 시작했다.

즉위 첫해에 가장 먼저 군사를 이끌고 간 곳이 비류수 상류의 비류국이었다. 그 나라는 다 같은 단군조선의 유민이 세운 나라로서 송양(松讓)이란 임금이 다스리고 있었다. 송양왕 또한 국경의 경계와 방어를 허술히 하지 않았을 것이고, 따라서 인근 졸본부여 땅에 새로 들어선 고구려의 임금이 사전에 아무 통보도 없이 군사를 거느리고 자기 나라 국경을 넘었다는 보고를 받았을 것이다. 어쨌든 두 나라 임금의 만남은 불가피한 숙명이었다.

그리하여 활쏘기 재주를 겨루게 되었는데, 송양왕이 어찌 절세의 신궁 추모대왕의 적수가 될 수 있으랴. 송양이 마침내 무릎을 꿇고 고구려의 신민이 되기로 맹세했다. 그는 나라를 정리한 뒤 이듬해 6월에 약속대로 졸본성으로 찾아와 영토와 백성을 바치고 항복했다. 대왕은 비류국을 다물도(多勿都)로 개칭한 뒤 송양으로 하여금 다물후로 봉해 그 땅을 그대로 다스리게 했다. 『삼국사기』는 비류국 정복 기사의 끝에 '고구려 말에 고토를 회복한 것을 다물이라고 하기 때문에 그 지방의 명칭으로 삼은 것'이라고 덧붙였다. 민족주의 사학자들 가운데는 이 다물이 곧 추모성왕의 연호라고 주장하기도 한다. 고구려가 건원칭제한 사실은 『삼국사기』와 『삼국유사』 곳곳에 남아 있다. 다만 고구려가 중국과 다른 점은 호칭을 황제가 아니라 성왕·대왕·태왕 등으로 불렀다는 사실이다.

비류국을 정복하여 건국이념인 '다물사업'에 힘찬 첫발을 내디딘 추모대왕은 즉위 4년째인 서기전 34년 7월에 도성인 졸본성과 궁궐의 신축을 완공하여 황실과 국가의 권위를 드높인 데에 이어 재위 6년 10월에는 오이와 부분노(扶芬奴) 두 장수를 보내 태백산 동남쪽의 행인국을 정복하고 그 땅을 영토로 삼았으며, 재위 10년 11월에는 장수 부위염(扶尉厭)을 보내 북옥저를 쳐서 없애고 그 땅을 영토로 편입시키는 등 쉴 새 없이 국토를 확장하고 백성을 늘려 힘차게 부국강병의 길을 달렸다. 그리하여 건국 10년쯤 되자 고구려는 더는 신생 약소국이 아니라 추모대왕의 목숨을 위협해 망명길에 오르게 했던 나라, 어머니 유화부인과 본처 예씨부인을 두고 도망쳤던 동부여와 맞먹을 정도의 강국으로 우뚝 서기에 이르렀다.

한편 동부여에 두고 온 추모성왕의 어머니 유화부인과 아내 예씨부인은 그동안 어떻게 지내고 있었을까. 그토록 미워하던 추모가 도망쳐버리자 혹시 금와왕과 대소 형제의 화풀이 대상이 되어 박해받고 멸시당하며 지내지는 않았을까. 그러나 그들 고부가 학대당했다는 기록은 없다. 하지만 궁성에서는 쫓겨났을 것이다. 어쩌면 금와왕 생존 시까지는 왕실에서 이들 고부의 생계를 지원해주었을 가능성이 높다. 이는 나중에 유화부인이 세상을 떠나자 금와왕이 태후의 예절로써 후히 장사지내주었다는 기록을 근거로 추측한 것이다. 하지만 가장인 추모가 망명하자 집안에는 두 명의 과부만 남게 되었다. 추모의 홀어머니 유화도 과부, 추모의 부인 예씨도 졸지에 생과부가 되어버렸기 때문이었다.

유화부인이 손자를 본 것은 아들이 망명한 지 반년쯤 지난 서기전 37년 초였다. 추모가 달아나기 한 해 전에 혼인한 예씨가 그때 임신 중이었다는 사실은 이미 밝힌 바와 같다. 손자가 태어날 당시 유화부인의 나이는 40세 전후로 추정된다. 그리고 『삼국사기』에 따르면 추모대왕 재위 14년(서기전 24년) 8월에 동부여에서 파란만장했던 한 삶을 마치고 세상을 떠났다고 했으니 그때 나이 55세 전후였을 것이다. 요즘은 한창 나이지만 2천여 년 전에 55세라면 이미 고령의 할머니였다. 손자 유리(類利 : 孺留)가 태어났을 때 유화부인은 시어머니요 할머니로서 즐거운 마음으로 해산을 도왔을 것이고, 아이가 무럭무럭 자라나 개구쟁이가 되고, 다시 장가들 나이인 15세의 의젓한 총각으로 자라는 모습을 흐뭇하게 지켜보았을 것이다.

『삼국사기』 '고구려본기' 동명성왕 19년 조에는, '여름 4월에 왕의 아들 유리가 부여로부터 그 어머니와 함께 도망하여 돌아오니 왕이 기뻐하여 태자로 삼았다'고 했다. 그리고 그해 9월에 추모대왕이 40세 한창 나이로 세상을 떠서 용산(龍山)에 장사지내고 묘호를 동명성왕이라고 했다고 썼다.

그것은 유화부인 사후 5년 뒤의 일이고, 추모대왕의 어머니요 고구려의 국모인 유화부인은 꿈에도 그리던 아들의 모습을 한 번 더 보지 못하고 세상을 떠난 것이 천추의 한으로 남았을 것이다. 어찌 어머니로서 자식이 보고 싶지 않았을까. 더구나 인편을 통해 아들이 새 나라를 세우고 대왕이 되어 천하 사방을 호령한다는 소식을 들었을 때, 그 장한 아들의 모습을 죽기 전에 단 한 번만이라도 보고 싶지 않았으랴. 하지만 유화부인은 그 마지막 소원을 이루지 못한 채 눈을 감고 말았던 것이다.

추모대왕이 비록 창업과 국력신장의 대업으로 분주한 까닭에 동부여에 남겨두고 온 어머니와 아내를 고구려로 모셔오지는 못했지만 단 한시도 잊고 있었던 것은 아니었다. 짐작컨대 나라를 세운 이후에 수시로 사자들을 보내 안부를 주고받았으며, 또한 동부여의 왕실에도 모후와 예씨부인, 그리고 아비 없이 자라고 있는 아들의 안전을 부탁했을 것이다. 그런 이유로 유화부인이 세상을 떠나자 전에는 그토록 핍박하고 목숨까지 위협하던 금와왕이었지만 마치 자신의 모친상을 당한 듯 태후의 예를 갖춰 정중하게 장사지내고 신묘까지 세워주었다고 한 것이 아니겠는가. 사신을 통해 이런 사실을 전해들은 추모대왕이 그해 10월에 금와왕에게 사신을 보내 고마운 뜻을 전하고 아울러 졸본지방에서 나는 귀한 토산물을 선물로 보냈다는 기록도 그런 친선관계를 전해주는 증거라고 할 수 있을 것이다.

그런데 우리는 추모대왕이 고구려를 건국하는 데에는 졸본부여에서 새 아내로 맞은 연상의 여인 소서노의 조력이 매우 컸다는 사실을 알고 있다. 또한 소서노에게 전 남편과의 사이에서 낳은 아들 비류와 온조 두 형제가 있다는 사실도 기억한다. 추모대왕이 동부여에 있는 본부인 예씨와 친아들 유리를 빨리 데려오지 못한 데에는 아마도 자신의 건국사업의 기반이 된 졸본지역의 기존세력인 연타발과 소서노의 계루부를 의식했기 때문인 것으로 추측된다.

소서노가 추모를 도와 고구려를 건국하고, 뒷날 두 아들을 데리고 남쪽으로 내려가 백제를 창건하는 등 우리 고대사에 빛나는 자취를 남긴 비상한 여걸이었으니, 추모대왕 생시에 자신의 소생으로 태자로 삼고 대왕 붕어 후에는 그 아들로 제위를 잇게 하여 태후로서 자신과 부족의 안전을 도모하였으리라는 점은 충분히 가능한 것이다.

하지만 『삼국사기』 '백제본기' 시조 온조왕 조에 소개되는 이설에 따르면 사정은 소서노의 의도와는 전혀 다르게 돌아가게 된다. 즉, 추모대왕이 동부여에서 친아들 유리가 어머니 예씨부인을 모시고 오자 기다렸다는 듯이 유리를 태자로 책봉했으며, 비단 그것으로 그친 것이 아니라 본부인 예씨는 황후로, 그때까지 황후 노릇을 하던 소서노는 소후로 강등하고 말았던 것이다. 의붓자식보다 친자식을 후계자로 삼는 것도 그렇고, 제2부인 대신 본부인을 황후로 삼는 것도 당연한 일이기는 하지만, 막상 배신당한 입장이 되면 누군들 즐겨 좇으랴. 졸지에 소후로 강등당한 소서노와 더부살이 혹 같은 신세로 전락한 비류·온조 형제는 기가 막혔을 것이고, 또 생명의 위협까지 느꼈을 것이다. 대왕이 붕어하고 태자 유리가 뒤를 이어 제위에 오르면 정권안보를 위해 숙청을 단행, 더부살이들은 모조리 목을 치거나 멀리 내치지 않는다는 보장이 없기 때문이었다. 그래서 소서노는 두 아들을 데리고 고구려를 떠나 남쪽으로 내려가게 된 것이다.

고구려는 추모대왕이 스스로 천제의 아들, 하백의 외손이라고 말한 것으로도 알 수 있듯이 천손국이라는 자부심이 대단히 컸다. 그러한 천손사상이 또한 백성들의 정신무장을 튼튼히 하고 결속력을 뒷받침했다. 그래서 그들은 추모대왕이 세상을 떠난 뒤에는 그에게 성왕, 곧 '성스러운 대왕'이란 묘호를 바치고 신상을 만들어 신묘에 모시며 고등신이라는 칭호의 시조신으로 받들었다. 또한 추모성왕 – 시조신의 어머니 유화부인도 여신상을 만들어 신묘에 모시고 부여신이라고 부르며 자자손손 받들어 모셨다.

고구려의 시조 동명성왕 추모는 비상한 리더십, 출중한 무술, 탁월한 인품으로 백성들의 신망을 얻어 자랑스러운 대제국 고구려를 건국하고, 우리 역사의 여명기를 밝혔던 불세출의 영웅이었다.

온조대왕

부여족 이끌고 남하, 백제 건국한 시조

온조왕(溫祚王)은 백제의 시조다. 『삼국사기』'백제본기' 첫머리도 시조 온조왕 조부터 시작되고 있다. 그러나 백제의 시조는 온조왕이 아니라는 이설들도 『삼국사기』와 『삼국유사』, 그리고 중국과 일본의 사서들은 전해주고 있다. 그렇다면 백제의 시조는 과연 누구인가. 몇 가지 이설을 소개하기에 앞서서 필자의 의견부터 말하자면 백제의 시조는 '결국' 온조왕이다.

역사는 '결국' 승자의 기록이기 때문이다. 고구려에서 갈라져 나온 부여족 일파가 남하하여 백제를 건국했을 때, 어쩌면 여러 이설처럼 처음부터 온조가 왕위에 오르지 못했을 수도 있다. 하지만 권력투쟁을 거쳤든, 다른 어떤 숨겨진 과정을 거쳤든 결국은 온조왕이 백제의 시조로 역사에 기록되지 않았는가. 이는 온조왕의 리더십이 그만큼 출중했다는 반증이다. 그의 자질이 탁월하고 리더십이 출중했던 까닭에 모든 이설에도 불구하고 결국 백제 시조는 온조왕으로 공인된 것이 아니겠는가.

그러면 몇 가지 이설을 살펴보자. 먼저 온조의 형인 비류(沸流)라는 설과,

비류와 온조의 어머니인 소서노(召西奴 : 召西努)라는 설이 있다. 특히 소서노는 백제뿐만 아니라 그에 앞서서 고구려 건국에도 큰 역할을 했다고 한다. 『삼국사기』 '백제본기' 시조 온조왕 조는 이렇게 시작된다.

백제의 시조는 온조왕이며, 그의 아버지는 추모(鄒牟)이다. 혹은 주몽(朱蒙)이라고도 한다. 주몽이 북부여로부터 난을 피해 졸본부여에 이르자, 부여왕에게는 아들이 없고 다만 딸만 셋이 있었다. 주몽을 보자 비상한 인물임을 알고 둘째딸을 그에게 시집보냈다. 얼마 뒤에 부여왕이 세상을 떠나므로 주몽이 왕위를 이었다. 그리하여 아들 둘을 낳으니 맏이는 비류라 하고 둘째는 온조라 했다. (중략)
그러더니 주몽이 북부여에서 낳은 아들이 오자 태자로 삼으니 비류와 온조는 태자에게 용납되지 않을 것을 두려워하여 마침내 오간(烏干)·마려(馬黎) 등 열 명의 신하와 함께 남쪽으로 가니 따르는 백성이 많았다. 그들은 드디어 한산(漢山)에 이르러 부아악(負兒嶽)에 올라 살 만한 땅을 살펴보았다. 비류가 바닷가로 가서 살려고 하니 열 명의 신하가 간하기를, "이 하남(河南) 땅은 북쪽으로 한수(漢水)를 두르고, 동쪽으로 높은 산악에 의지했으며, 남쪽은 비옥한 들이 보이고, 서쪽은 큰 바다로 막혀 있습니다. 이 같은 천혜의 땅은 다시 얻기 어려우니 이곳에 도읍을 정하는 것이 좋지 않겠습니까?"
그러나 비류는 이를 듣지 않고 백성을 나누어 미추홀(彌鄒忽)로 가서 살았다. 온조는 하남위례성(河南慰禮城)에 도읍을 정하고 열 명의 신하로 하여금 보좌하게 하고 국호를 십제(十濟)라고 하였다. 이때가 전한 성제 홍가 3년(기원전 18년)이었다. 비류는 미추홀의 땅이 습기가 많고 물이 짜서 편히 살 수 없었기 때문에 위례성으로 돌아와 보니 온조는 도읍을 막 정했으며, 백성이 편히 살고 있으므로 마침내 부끄러워 뉘우치며 죽었다. 그러자 그의 백성도 모두 위례성으로 돌아왔다. 그 뒤 계속 백성이 즐겨 따르므로 나라 이름을 고쳐서 백제(百濟)라고 했다.

이 기록만 놓고 본다면 건국 초기의 백제는 처음 국호가 십제였으며, 비류와 온조의 아버지는 고구려 시조 추모(주몽), 어머니는 추모의 두 번째 부인인 졸본부여왕의 둘째 공주요, 백제는 처음에 비류왕과 온조왕의 두 나라로 잠시 분립했다가 비류왕이 자살함으로써 다시 합쳐졌다는 말이 된다. 그러나 이 기록 다음에 덧붙인 이야기를 살펴보면 문제는 매우 복잡해진다. 그 대목도 소개한다.

또는 말하기를 시조는 비류왕이고, 그 부친은 우태(優台)로 북부여왕 해부루(解扶婁)의 서손이며, 모친은 소서노로 졸본 사람 연타발(延陀勃)의 딸이다. 그가 처음에 우태에게 시집가서 두 아들을 낳으니 맏이가 비류요 다음이 온조였다. 우태가 죽자 그는 졸본에서 과부로 살았다. 뒤에 주몽이 부여에 용납되지 못해 전한 건소 2년(기원전 37년) 봄 2월에 남쪽으로 도망쳐 졸본에 이르러 도읍을 정하고 나라 이름을 고구려라 하고 소서노에게 장가들어 그녀를 왕비로 삼았던 것이다.

그녀는 나라를 세우고 왕업을 여는 데에 자못 내조가 컸으므로 주몽이 매우 총애했고, 또한 비류와 온조도 자기 아들처럼 대했다. 그러나 주몽이 부여에서 낳은 예씨(禮氏)의 아들 유류(儒留)가 오자 그를 태자로 삼아 왕위를 잇게 하기에 이르렀다. 이에 비류가 아우 온조에게 말했다.

"처음에 대왕이 부여의 난을 피해 도망쳐 이곳에 이르자 우리 어머니가 가산을 기울여 도와서 나라의 기틀을 이루었으니 그 공로가 얼마나 컸느냐? 이제 대왕이 돌아가면 나라가 유류에게 넘어가리라. 그러므로 우리가 여기 헛되이 있으면서 불안하게 사느니 차라리 어머니를 모시고 남쪽으로 내려가 좋은 땅을 찾아 따로 나라를 세우는 것이 좋지 않겠느냐?"

하고 모친과 아우와 더불어 무리를 거느리고 패수(浿水)와 대수(帶水)를 건너 미추홀에 이르러 여기서 살게 되었다.

『북사』와 『수서』에서는 모두 이렇게 말했다. '동명왕(東明王)의 후손에 구태(仇台)

가 있었는데 인애와 신의가 두터웠다. 처음에 나라를 대방(帶方)의 옛 땅에 세우니 한나라 요동태수 공손탁(公孫度)이 그의 딸을 구태에게 시집보냈으므로 마침내 동이(東夷)의 강국이 되었다.' 어느 것이 옳은지 알 수가 없다.

우리 고대사는 대부분의 기록이 내우외환으로 망실되고 그나마 남아 있는 것도 이처럼 불분명하고 불확실하기가 마치 미궁과도 같아서 정확한 복원이 거의 불가능한 실정이다. 하지만 『삼국사기』에 실린 위의 기록만으로도 최소한 몇 가지 추론은 가능하다.

첫째, 백제의 뿌리는 고구려와 마찬가지로 고조선을 이은 부여에서 나왔다는 점이다. 이는 백제의 왕성(王姓)이 부여씨(扶餘氏)라는 사실로도 증명되고, 또 472년 개로왕(蓋鹵王)이 북위에 보낸 국서에서 "저희는 본래 고구려와 함께 부여에서 나왔습니다."라고 한 대목을 보아도 알 수 있다.

둘째, 초기의 한때에 불과했든 오랜 기간을 지속했든 비류왕과 온조왕을 시조로 하는 두 개의 백제가 존재했다는 점이다.

셋째, 이들 형제의 어머니 소서노가 추모대왕(동명성왕 : 고주몽)을 도와 고구려를 함께 건국했으며, 뒷날 두 아들을 데리고 남하하여 백제를 세운 우리 고대사 최초의 여걸이라는 사실이다.

백제사의 경우 신라·고구려에 비해 사료가 상대적으로 빈약한 까닭에 시조가 누군가 하는 것부터 문제가 되고 있다. 이는 고구려의 시조 동명성왕과 신라의 시조 박혁거세거서간이 탄생부터 신화적인 요소를 지녔음에도 불구하고 이설이 없는 사실과는 매우 대조적이다. 다시 말해서 백제 시조는 온조가 되었든 비류가 되었든 하늘에서 내려오지도 않았고, 알을 깨고 나오지도 않은 엄연한 '사람의 아들'인데도 여러 이설이 존재한다는 점이다.

또한 비류와 온조가 고구려를 떠나 건넜다는 패수와 대수가 지금 무슨 강인지, 대방의 옛 땅은 어디인지, 한산 부아악과 하남위례성과 미추홀이 어디인지 수많은 이설과 논쟁이 끊이지 않고 있는 것이다. 지금까지는 많은 사람이 비류가 정말로 자살을 했고, 그래서 백제의 시조는 온조라는 이야기가 정설인 줄 알고 있었으나, 근래 들어 비류왕은 자살한 것이 아니라 온조와 분립한 채 독자적 왕국을 수백 년이나 유지했다는 주장도 나오고 있다.

사실 상식적으로 생각해도 미추홀이 습기가 많고 물이 짜서 살기 힘든 곳이라면 도읍을 옮기면 그만이지 그것이 과연 자살까지 감행할 정도로 부끄럽고 후회스러운 일이었던가. 비류가 그처럼 나약한 인간이라면 처음부터 어머니를 모시고 수많은 백성을 거느린 채 신천지를 개척하러 나서지도 않았을 것이며, 또한 애초부터 한 나라의 임금 될 자격도 없는 용렬한 인간이라고 해야 마땅할 것이다.

그러면 비류와 온조의 아버지는 추모성왕인가, 아니면 우태인가. 또는 동명의 후예 구태인가. 아니면 비류와 온조의 아버지는 각각 달랐는가. 이제부터 온조가 백제를 건국하게 된 과정을 되살려본다.

일세의 영걸 추모의 고구려 건국에 가장 큰 힘이 되어준 사람이 소서노와 그녀의 아버지 연타발이었다. 추모에게는 이미 동부여에서 혼인하여 자신이 도망쳐 나올 때에 임신한 본부인 예씨가 있었지만 연씨 부녀의 재산과 영향력이 절실히 필요했으므로 연상의 여인 소서노를 기꺼이 두 번째 부인으로 맞이했다. 그리고 그녀의 전 남편 소생인 비류와 온조 두 형제도 친자식처럼 대했다. 당시 소서노가 30세의 과부였고, 그녀가 16세 무렵에 시집갔다고 본다면 그때 비류는 많아야 12세, 온조는 10세 안팎의 소년이었을 것이다.

동명성왕 19년(서기전 19년). 대왕은 아직도 40세의 장년, 하지만 소서노는 어느덧 48세로 노령의 문턱을 넘고 있었다. 소서노는 대왕에게 맏아들 비류를 태자로 세워달라고 졸라대기 시작했다. 하지만 대왕은 들은 척도 않았다. 이미 애정이 식어버렸던 것이다. 그러면 그럴수록 소서노도 더욱 애가 타 기를 쓰고 졸라댔다. 그러자 대왕은 그해 4월에 동부여에 있던 본부인과 친아들을 불러 각각 황후와 태자로 책봉하는 것으로 답변에 대신했다.

사랑에 속아 몸도 주고 돈도 주고 결국에는 배신당한 연상의 여인 소서노, 비극적 운명의 여인 소서노의 그지없이 뼈저리고 살 떨리는 절망감을 그 누가 알아주랴.

『삼국사기』는 유리가 어머니 예씨부인을 모시고 옥지(屋智) · 구추(句鄒) · 도조(都祖) 등을 거느리고 졸본으로 찾아왔다고 했으나, 아마도 사람을 보내 불러왔다는 것이 좀 더 상식적일 것이다. 그리고 그동안 고구려로 불러올 수는 없었다 하더라도 18년간이나 아무 소식도 없이 지나지는 않았을 것이다. 적어도 어머니 유화부인(柳花夫人)이 세상을 떠난 재위 14년(서기전 24년)부터는 수시로 사람을 보내 안부를 주고받았으며, 두 모자가 어떻게 살고 있는지 알고 있지 않았을까.

따라서 추모대왕이 그제야 유리를 부른 까닭은 소서노의 성화가 귀찮기도 했지만 이를 계기로 하루바삐 자신의 적자를 태자로 책봉하여 후계문제를 매듭짓기 위해서였을 것이다. 또 어쩌면 그해 9월에 대왕이 만40세 한창 나이로 세상을 뜨고 유리가 왕위를 이은 사실로 미루어볼 때, 그 무렵 대왕은 무슨 중병에 걸려 자신의 생명이 얼마 남지 않은 것을 예상하고 있었는지도 모른다.

그렇게 해서 졸지에 배반당한 소서노의 설움과, 하루아침에 더부살이 신세로 전락해버린 비류와 온조 두 형제의 쓰라린 가슴은 어떠했으랴. 배신의 아픔도 그렇지만 더욱 급한 것은 살 길을 찾아야만 했다. 아직은 대왕이 살아 있으니 당장 죽이지는 않겠지만, 뒷날 대왕이 돌아가고 유리가 뒤를 이으면 소서노와 두 아들의 목숨은 어찌될 것인가.

결국 소서노는 두 아들을 데리고 대왕에게 찾아가 새로운 땅을 개척하고자 고구려를 떠나겠다고 했다. 소서노 모자의 말을 들은 대왕은 말리기는커녕 뒷날의 화근이 스스로 사라져주는 것이 대견하고 기특했던지 많은 재물을 여

행경비로 내려주기까지 했다.

서기전 19년 8월. 그렇게 해서 소서노는 마침내 회한만 남긴 채 졸본 땅을 영영 등지게 되었다. 비류와 온조 두 아들과 오간·마려·을음(乙音)·해루(解婁)·흘우(屹于) 등 열 명의 심복과 그 일족, 그리고 전부터 졸본 땅에서 살던 수많은 백성이 소서노의 뒤를 따랐다. 추측컨대 소서노의 나이가 그해에 만 48세였고, 그녀가 추모대왕을 만난 30세 이전에 과부가 된 사실로 미루어 추산하면 당시 비류와 온조의 나이는 각각 30~25세 전후였을 것이다.

그렇게 졸본을 떠나고 고구려 국경을 지난 소서노 일족은 남쪽으로 발길을 돌려 고난의 행군을 시작했다. 사서에서는 남쪽으로 내려가 패수와 대수를 건너 한산에 이르렀다고 했는데, 그러나 또 다른 기록은 그들이 대방의 옛 땅에 처음 나라를 세웠다고 전해주고 있다. 뿐만 아니라 '열 명의 신하가 보좌하여' 처음에 나라 이름을 십제라고 했고, '백가가 바다를 건너(百家濟海)' 나라를 세웠기에 국호를 백제라 했다고도 한다. 그때가 서기전 18년 9월이라고 하니, 이는 망명길에 오른 지 13개월 만의 일이었다.

소서노가 수백 명의 망명 집단을 이끌고 고구려를 떠나 온갖 고초를 겪으며 13개월 동안이나 신천지를 찾아 헤매다가 마침내 정착한 곳은 대방의 옛 땅이었다. 재물을 풀어 주변의 소규모 부족민 수천 명을 끌어들이고 집을 짓고 목책을 세우는 등 어느 정도 도읍의 기틀을 갖추자 소서노는 맏아들 비류를 세워 임금으로 삼고 나라 이름을 십제라고 선포했다.

이들이 처음으로 근거지를 삼은 곳은 그 옛날 조선의 준왕(準王)이 위만(衛滿)에게 나라를 빼앗기고 바다로 도망쳐 남쪽으로 내려와서 세운 마한 땅이었다. 마한 왕에게 재물을 바치고 땅을 얻어 변방의 소국을 자처하고 지내려 했던 것이다. 그런데 하루도 편한 날이 없었다. 말갈과 낙랑과 동예 등 주변의 강적들이 신생 약소국 십제를 얕잡아보고 걸핏하면 쳐들어와 노략질을 하는 바람에 견딜 수가 없었다. 당시 십제의 군사력이라고 해봐야 기껏 1천 명

안팎이었을 것이니 하루가 멀다 하고 강적들이 쳐들어와 재물을 약탈하고 집을 불사르고 사람들을 마구 잡아가니 어찌 견딜 수 있었겠는가.

『삼국사기』에 따르면 온조왕은 건국 원년 5월에 동명왕(東明王)의 사당을 세웠다고 했다. 그러나 여기에서 말한 동명왕은 고구려 시조 동명성왕이 아니라 부여의 시조요, 비류와 온조의 친아버지 우태의 선조인 동명왕을 가리킨다. 또한 이듬해 2월에는 족부(族父) 을음을 우보(右輔)로 삼아 군사 관계 업무를 전담토록 했다고 했는데, 이는 아마도 비류왕의 사적일 것으로 추측된다.

소서노는 비류왕과 온조, 그리고 을음을 비롯한 오간·마려·해루 등 열 명의 대신과 의논한 끝에 보다 안전한 남쪽으로 도읍을 옮기기로 작정했다. 그리하여 십제는 건국하자마자 다시 남부여대하여 배를 타고 연안을 따라 황해를 남하하기 시작했다. 비류왕과 온조 형제의 틈이 벌어진 것도 그 무렵부터였을 것이다. 그 이유는 무엇일까. 어쩌면 형왕 비류에게 자신의 여생의 여력을 몽땅 쏟아 새 나라를 세우는데 온갖 힘을 기울이는 어머니에게 아우 온조가 시기를 하고 불만을 품었는지도 모른다. 아니면 나라를 세우고도 10년이 가깝도록 정착을 못한 채 강적만 만나면 허겁지겁 보따리를 꾸려 남쪽으로 도망만 치는 소서노와 비류의 소극적이며 온건한 정책에 보다 젊고 혈기 넘치는 온조가 강경파의 우두머리가 되어 반기를 들고 나섰는지도 모른다.

그들이 대방의 옛 땅을 떠나 바다를 남하하여 배를 댄 곳은 미추홀이었다. 미추홀이 지금 어디인지 확실히 비정할 수는 없지만, 그동안 정설처럼 굳어져왔던 인천은 아니라고 본다. 왜냐하면 인천은 조수간만의 차가 너무 커서 2천 년 전에는 수십 명씩 태운 비교적 큰 배들이 쉽사리 접안하지 못했으리라는 주장이 설득력이 높기 때문이다. 또한『삼국사기』는 '미추홀이 지금(고려시대) 인주(仁州)요, 위례성은 어딘지 모르겠다.' 고 한 반면, 『삼국유사』는 '위례성은 지금의 직산'이라고 명기했기 때문이다. 따라서 필자는 여러 이설 가운데 재야사학자 김성호씨가 주장한 직산과 가장 가까운 안성천 하류 아산

설을 취하기로 한다.

미추홀에 상륙한 소서노는 두 아들과 신하들을 보내 새로운 도읍지를 찾아보라고 했다. 비류왕은 온조와 신하들을 데리고 안성천을 따라 거슬러 오르다가 상류의 용인 부아산에 올라 사방을 살펴보았다. 그때 나이든 중신들은 소서노를 모시고 미추홀에 남아 있었고, 비교적 젊은 신하들이 비류왕 형제를 수행했는데 미리 약속이라도 한 듯이 입을 모아 비류왕에게 이렇게 아뢰었다.

"대왕 폐하. 살펴보건대 이 하남의 땅이 북쪽으로는 큰물을 두르고 동쪽으로는 높은 뫼들에 의지했고 남쪽으로는 기름진 들판이 펼쳐졌으며 서쪽은 바다가 막고 있으니 이는 하늘이 내린 다시 구하기 어려운 요지인 듯하옵니다. 원컨대 여기에 도읍을 정하심이 마땅한 줄 아뢰옵니다!"

비류왕이 한참을 생각하다가 이렇게 말했다.

"우리가 처음 고구려를 떠나 남쪽으로 내려와 나라를 세우고 십 년 동안이나 강적의 핍박을 받은 것은 내륙에 자리 잡았기 때문이었소. 그래서 숱한 싸움을 치르며 여기까지 쫓겨 내려온 게 아니오? 이제 우리는 무모한 싸움을 피하고 백성들이 편히 살게 하면서 힘을 길러야 할 것이오! 따라서 이제는 바닷가에 도읍을 정하는 것이 마땅하다고 생각하오. 바닷가에 자리 잡으면 세 가지 이로운 점이 있소. 첫째, 바다에서는 고기를 잡고 뭍에 올라와선 농사를 지어 식량난을 해결할 수 있다는 점이오. 둘째, 바다를 끼고 있으면 군사의 이동이 쉬워 해외로 뻗어나가기 쉽다는 점이오. 셋째, 또다시 감당하기 힘든 강적의 공격을 받으면 재빨리 배를 타고 바다로 피하기 쉽다는 점이오……"

그러자 온조가 강력히 반대했다.

"말도 안돼! 임금이란 사람이 도망칠 생각부터 하다니! 짐승도 힘이 없으면 다른 짐승에게 잡아먹히고 나라도 힘이 없으면 다른 나라에게 먹히는 법이오! 자꾸만 싸워서 백전연마의 강병을 길러야만 살아남는 법이오! 험한 산에 의지해 성책을 두르고 들판에는 백성들이 살게 하여 적이 오면 싸워 물리치면 될게 아니오? 형님은 어찌 지친 백성들을 이끌고 또다시 도망칠 궁리부터 먼저 한단 말이오?"

두 형제는 대판 싸우고 부아산에서 내려왔다. 신하들이 입을 다물고 그 뒤를 따랐는데 대부분 온조와 같은 생각을 지닌 소장 강경파였으므로 비류왕에 대해 불만이 많았다. 그런 까닭에 싸움은 미추홀로 돌아간 다음에도 재개되었다.

어머니 소서노는 비록 예전의 패기를 잃지 않았다고 하지만 이미 60고개를 바라보는 노파였다. 그녀는 이번에도 많이 비류의 편을 들었다. 소서노와 비류왕을 중심으로 한 온건 노장파와 온조를 축으로 삼은 강경 소장파의 틈은 점점 벌어져갔고, 마침내 태어난 지 10년밖에 안 되는 나라, 그나마 작고 힘 약한 십제는 두 쪽으로 갈라지고 말았다. 온조가 자신의 추종세력을 이끌고 내륙으로 들어가 버렸던 것이다.

우태와 추모에게 두 차례 시집갔다가 첫 번째는 과부가 되고, 두 번째는 쫓겨나다시피 하여 모두 실패한 기구한 운명의 여인 소서노, 하지만 그녀의 비극은 거기에서 그친 것이 아니었다. 또 다른 엄청난 비극의 씨앗을 오랜 옛적에 자신의 자궁에서 배태하고 있었으니, 그것은 곧 비류와 온조 두 형제의 불화와 반목과 대립이었다. 비류도 내 뱃속에서 나온 자식, 온조도 내 배를 아프게 하고 태어난 아들이니 그 누구도 파멸당해서는 안 되는 일이었다.

국모 소서노는 바닷가 미추홀과 내륙의 위례성을 오가며 꾸짖고 타이르고 눈물로 설득해보았지만 이미 틈새가 벌어질 대로 벌어진 양 진영은 어느 쪽도 고집을 꺾기는커녕 나중에는 타협조차 하려고 들지 않았다. 추종하는 무리를 이끌고 위례성에 분립해 스스로 임금을 자처한 온조는 다시는 어머니와 형의 밑으로 돌아가지 않겠노라고 선언했다.

마침내 소서노는 최후의 비장한 결심을 하기에 이르렀다. 작은아들 온조를 강제로 끌고서라도 미추홀로 데려와 두 형제를 화해시켜야겠다고 결심했던 것이다. 싸울아비들을 이끌고 위례성으로 쳐들어갈까. 하지만 정면대결을 벌인다면 쌍방의 희생자만 늘어날 것이고, 또한 꼭 성공한다는 보장도 없었다. 그렇다면 기습을 하는 수밖에 없겠구나! 야음을 틈타 소리 없이 재빨리 침입하여 온조를 감싸고도는 강경파 가운데 심복 몇 놈만 죽여 없앤다면 나머지는 모두 항복을 하고, 온조도 어쩔 수 없이 따라오리라……. 소서노는 그렇게 생각하며 회심의 미소를 지었을지도 모른다. 그동안 몇 차례 왕래하며 위례성 안팎의 지형은 눈에 익혀두었으니 내 몸소 장사들을 뽑아서 이끌고 가리라.

『삼국유사』에서 '위례성은 지금 직산'이라고 했고, 이에 따라 김성호씨 등도 위례성이라고 주장하는 그 위례성은 현재 충남 천안시 입장면 호당리와 북면 납안리에 걸쳐 있는 위례산(574m) 정상부에 있는 고성이다. 『동국여지승람』에는 '위례성은 성거산(聖居山 ; 600m)에 있고 흙으로 쌓았으며, 둘레가 1천 690자, 높이가 8자, 우물이 하나 있다'고 나와 있다. 그러나 실제로 위례성은 성거산 맞은편 위례산에 있다. 위례산 정상 약간 못미처 토성과 석성 일부가 있고, 성터 한가운데는 기록과 같이 용샘이라는 옛 우물도 남아 있다. 위례산 바로 밑의 호당리 마을에는 온조왕이 밤이면 용이 되어 이 우물로 들어가 부여 백마강으로 가서 국정을 보다가 날이 새면 다시 이 우물을 통해 위례성으로 돌아와 북쪽의 적군을 막았다는 전설이 이어져 내려오고 있다. 뿐만 아니라 오랜 옛날부터 이 마을에서 해마다 음력 정초에 지내는 동제(洞祭)의 제문에는 '온조구국(溫祚舊國)'이니 '예성유허(禮城遺墟)'니 하는 구절도 있다.

지금으로부터 약 2천 년 전, 정확히는 서기 6년 음력 2월의 어느 날 밤이었다. 남장을 한 60대 여인이 범같이 날쌔고 곰같이 억센 다섯 명의 장수를 이끌고 미추홀을 떠나 들판을 가로질러 이 위례산 밑에 다다랐다. 그들은 재빨리 산길을 올라 위례성으로 잠입하는데 성공했다. 이 여섯 명의 정체는 국모 소서노와 그녀가 이끄는 다섯 명의 특공결사대였다.

성안에 잠입한 6명의 결사대는 소서노의 지휘에 따라 온조의 심복들을 찾아 칼을 휘두르기 시작했다. 좁은 성안은 이내 비명과 절규, 경고의 외침과 신음이 울려 퍼지는 아수라장으로 변하고 말았다. 어둠 속에서 난전이 벌어졌다. 머리와 팔 다리가 떨어지고 살이 갈라질 때마다 피가 분수처럼 솟구쳤다. 소서노 일행은 무서운 투지로 맹공을 퍼부었지만 역시 중과부적 역부족이었다. 예상보다도 위례성의 위기대처 능력이 뛰어났던 것이다. 결과적으로 소서노의 기습삭전은 실패로 돌아가고 어둠 속의 난전이 끝났을 때 여섯 명의 결사대는 모두 어육이 되어버렸다.

『삼국사기』 '백제본기' 온조왕 13년 조의 다음과 같은 짧은 기록은 국모를 시해한 이 참극을 은폐한 기록이라는 것이 김성호씨 등의 주장이다.

봄 2월에 왕도에서 노파가 사내로 변하고 다섯 호랑이가 입성하니 61세의 왕모가 사망했다. (春二月 王都老嫗化爲男 五虎入城 王母薨 年六十一歲)

비극의 해 서기 6년인 온조왕 13년이란 실은 비류왕의 재위 연대인 동시에 온조가 분립한 첫해를 가리키는 것으로 보아야 옳을 듯하다. 단재 신채호도 『조선상고사』에서 '온조왕 13년은 곧 소서노 여왕의 치세 마지막 해요 그 이듬해가 온조왕의 원년'이라고 주장했다.

그로부터 며칠 동안 불안한 긴장감 속에서 양측은 대치를 계속했다. 하지만 무슨 까닭인지 미추홀의 비류왕은 공격해오지 않았다. 그렇다고 해서 국모의 시신을 찾으러 사람을 보내지도 않았다. 온조왕도 굳이 반격하려 하지 않았다. 온조는 어머니의 시신을 성 밑에 가매장한 뒤 자신의 신민들에게 이 사건에 관해 엄한 함구령을 내렸다. 그리고 3개월 뒤인 그해 5월에 신하들에게 이렇게 말했다.

"우리나라 동쪽에는 낙랑이 있고 북쪽에는 말갈이 있어 자주 침범하므로 하루도 편한 날이 없소. 더군다나 요즘에는 요상한 일이 자꾸 일어나고 국모까지 돌아가시니 형세 자못 불안하여 장차 도읍을 옮기고자 하오. 내가 전에 보아두었던 한수 이남은 땅이 기름지니 그리로 옮겨 길이 태평을 도모함이 마땅하리라."

그리하여 7월에 한산(漢山) 밑에 성책을 세우고 사람들을 이주시킨 뒤, 8월에는 마한왕에게 사신을 보내 천도를 알리고, 9월에는 성곽을 쌓기 시작하여 이듬해 정월에 정식으로 천도를 단행했다. 그러니까 직산 위례성에서 하남위례성, 곧 한성으로 천도하는데 거의 1년이 걸린 셈이었다.

그러면 미추홀의 비류왕은 어떻게 되었을까. 김성호씨는 비류백제는 그때 다시 남하하여 고마나루(熊津 : 공주)의 마한을 공략하여 근거지로 삼은 뒤, 서기 396년 고구려의 광개토태왕에게 멸망당할 때까지 413년간 사직을 유지했다고 주장했다. 또 한편 온조왕의 백제도 비류왕의 백제가 망한 80년 뒤인 475년에 고구려 장수대왕의 대대적인 침공을 받아 웅진으로 남천했다가 다시 부여로 천도해 의자왕 때에 망했다는 것이다.

또 이런 이설을 내세우는 이도 있다. 비류는 산동반도 미추홀에서 건국했으나 강적의 침범이 잦자 온조를 한반도에 파견했다. 온조는 신민들을 나누어 바다를 건너 한반도 정착에 성공했다. 비류백제는 강적들에게 밀려 요서지방으로 북상했고, 온조백제는 분립에 성공하여 비류백제의 통제를 거부하고 본국 노릇을 하기 시작했다.

그 뒤 비류백제는 멸망하여 일부는 왜 열도를 개척하고 일부는 온조백제와 합류했다. 이런 사실이 400년 뒤인 근초고왕(近肖古王) 재위 30년(375년)에 박사 고흥(高興)이 최초의 백제사인『서기(書記)』를 편찬할 때에 양 백제사를 뒤섞어놓는 바람에 오늘날과 같은 혼란이 빚어졌다는 것이다.

역사의 수수께끼, 특히 백제사의 의문은 한두 가지가 아닌데, 어쨌든『삼국사기』는 하남위례성으로 천도한 이후 온조왕의 사적을 이렇게 전해준다.

온조왕이 하남 위례성으로 도읍을 옮긴 뒤에도 낙랑과 말갈의 침범이 그치지 않았다. 당시 백제의 국경이 북쪽은 패하에 이르고, 남쪽은 웅천에 이르고, 서쪽은 바다에 이르고, 동쪽은 주양에 이르렀다고 하는데, 천도한지 4년 뒤인 재위 17년(서기전 2년) 봄에 낙랑이 쳐들어와 위례성을 불태웠다고 했다. 여기에서 낙랑은 요서에 있던 이른바 한사군의 하나인 낙랑군이 아니라 오늘의 평양에 있던 낙랑국이다. 온조왕은 4월에 국모 소서노의 사당을 세워 제사를 지냈다.

그 이듬해 10월에는 말갈족이 쳐들어와 온조왕이 친히 군사를 거느리고 칠중하에서 싸워 말갈족의 족장 소모(素牟)를 생포해 마한왕에게 보내고 남은 무리는 모두 생매장해 죽여 버렸다. 그리고 대승한 여세를 몰아 계속 낙랑의 우두산성을 공격하려 했지만 음력 11월이라 큰 눈이 내리는 바람에 회군했다.

또한 재위 22년(4년) 9월에도 친히 기병 1천 명을 이끌고 사냥을 하다가 말갈족을 만나 크게 이기고 사로잡은 말갈족을 모두 장수들에게 나누어주었다.

점점 군사력에 자신을 얻은 온조왕은 그 2년 뒤에 웅천에 성책을 만들었는데, 마한왕이 사신을 보내 이렇게 힐책했다.

"왕이 처음에 강을 건너와 발붙일 곳이 없기에 내가 동북쪽 100리의 땅을 내주어 편히 살게 했으니, 그것만으로도 왕에 대한 후한 대접이라고 할 수 있소. 이에 대해 보답함이 마땅할 터인데도 왕은 이제 나라가 튼튼해지고 백성이 늘어나니, 감히 대적할 자가 없다고 생각하여 성과 못(해자)을 크게 설치하여 우리의 땅을 침범하니 그것이 합당한 일이오?"

이에 온조는 아직도 마한과 맞설 만한 힘이 부족하다고 판단하여 웅천책을 헐어버렸다.

재위 25년(7년) 2월에 왕궁의 우물이 갑자기 넘치고, 한성의 민가에서 말이 소를 낳았는데 머리는 하나요 몸통이 둘이나 되는 이변이 일어났다. 온조왕이 왕실의 일관(日官)에게 이를 풀이하라 하니 일관이 이렇게 아뢰었다.

"우물이 갑자기 넘침은 대왕께서 크게 일어나실 조짐이요, 소가 머리 하나에 몸을 두 개 가짐은 대왕께서 이웃나라를 병합하실 징조이옵니다."

온조왕이 이 말을 듣고 크게 기뻐하며 마침내 진한과 마한을 병합할 결심을 굳히게 되었다. 은밀히 준비를 갖춘 온조왕은 이듬해 7월에 신하들에게 말했다.

"마한이 점차 쇠약해져 상하가 서로 배반하니 그 형세가 오래 가지 못하겠다. 혹시라도 마한이 다른 나라에 먹히기라도 한다면, 이는 우리 백제국에게 입술이 없어지면 이가 시린 것과 같은 불리함을 가져오리라. 그때 가서 후회한들 무슨 소용이 있으랴! 남보다 먼저 이를 취해 후환의 싹을 미리 잘라버리고자 하노라!"

그리고 그해 10월에 군사를 이끌고 사냥 가는 척하다가 급격히 마한을 몰아쳐 그 도읍을 함락시켰다. 이어서 다음해에는 끝까지 저항하던 마한의 원산과 금현 두 성의 항복을 받아내 결국 마한을 멸망시키고 병합에 성공했다. 재위 28년에 온조왕은 맏아들 다루(多婁)를 태자로 책봉하여 군무를 맡겼다. 또 31년(13년)에는 국내를 남부와 북부로 나누고, 2년 뒤에는 동부와 서부를 설치하여 중부와 더불어 행정구역을 5부로 확정했다. 온조왕은 그렇게 나라의 기틀을 다져나갔던 것이다.

그런데 재위 34년(16년) 10월에 마한의 유장 주근(周勤)이 우곡성에 웅거하여 광복운동을 벌이므로 온조왕은 이에 분노하여 친히 군사 5천 명을 이끌고 가서 맹공을 퍼부었다. 이에 세불리를 절감한 주근은 스스로 목매 죽었다. 주근이 자살하고 반란이 진압되었음에도 온조왕의 분노는 풀리지 않았는지 그는 주근의 시체를 두 토막으로 베고, 그의 처자도 모두 베어 죽였다.

사서의 기록을 일일이 소개할 수는 없고, 온조왕은 재위 38년(20년) 봄 2월에 큰 제단을 만들고 몸소 천지신명에게 제사를 베푸니, 이는 곧 자신이 고구려의 대왕과 마찬가지로 천명을 받아 나라와 백성을 다스리는 천자의 반열에 올라섰다는 자신감의 발로였다. 왜냐 하면 고대의 왕국에서 천자는 하늘에 제사지내고 국왕은 사직에만 제사지낸다고 했기 때문이다. 재위 41년(23년)

에는 졸본부여에서 망명할 때부터 시종해온 우보 을음이 죽었으므로 역시 망명동지였던 해루를 우보로 임명했다. 당시 해루는 나이 70이 넘었어도 기력이 쇠하지 않아 수상에 임명한 것이었다.

이렇게 백제를 건국하고, 동분서주하며 불철주야로 나라의 기틀을 다진 온조내왕은 재위 46년(28년) 음력 2월에 세상을 떴으니, 사서의 기록을 근거로 추산하건대 그때 나이 75세 안팎이었다.

온조대왕은 과감한 결단성이 있고, 탁월한 통솔력을 지닌 인물로 추정된다. 백제 건국 초기에 어머니 소서노와 형 비류에 맞서 분립한 사건부터 그의 강경한 성품을 말해준다고 할 수 있다. 출중한 리더십에 강력한 카리스마까지 지녔을 것이다. 그런 까닭에 때로는 과격하고 잔인하다는 평가도 받았을 것이다. 이를테면 마한왕의 힐책을 잊지 않고 있다가 전광석화처럼 기습작전을 펼쳐 멸망시킨 것과, 마한의 유장 주근이 자살했음에도 그 시체의 허리를 베고, 그것도 모자라 처자식까지 모두 베어 죽인 것 등이 그렇다.

하지만 지금으로부터 2천 년 전 그 당시는 강한 무력이 곧 정의요, 남보다 뛰어난 용기와 지혜가 곧 생존방식의 전부가 아니었던가. 따라서 오늘의 윤리나 도덕적 기준으로 당대 인물을 비난할 수는 없는 노릇이다.

김수로대왕

철제무기와 선진문물로 가야 건국한 시조

가야(伽倻)는 고구려 · 신라 · 백제와 더불어 1세기 초부터 6세기까지 한반도 남부에서 존재하며 삼국시대 아닌 사국시대를 이루던 나라였다. 한때는 신라 · 백제와 군사적으로 대등하게 맞섰고, 나중에는 왜 열도까지 진출하여 신천지를 개척한 강성한 나라였다. 그럼에도 불구하고 발해(渤海)와 더불어 최근까지 우리 민족사에서 정당한 평가와 대우를 받지 못 하고 푸대접을 당해온 까닭이 무엇일까.

사료의 부족도 큰 원인이지만 그보다 더 큰 이유는 사대주의 유학자요 자칭 '신라의 후예'였던 김부식(金富軾)의 편협한 역사관에서 비롯되었던 것이다. 김부식이 신라사를 중심으로 하고 고구려와 백제의 역사는 곁가지 삼아 『삼국사기』를 편찬했기 때문이다. 따라서 가야와 발해의 역사는 자연히 뒷전으로 밀려날 수밖에 없었다. 그리고 이러한 역사관, 곧 고조선 이후 고려 이전의 역사는 신라 · 고구려 · 백제 삼국이 주역이라는 인식이 뿌리깊이 박혀 지금까지 이어져 내려왔던 것이다.

서기 42년부터 661년까지 520년 동안이나 사직을 유지해온 금관가야의 시조 김수로왕(金首露王)에 대해 알아보자. 모름지기 한 나라를 창업하기 위해서는 천시와 지리도 따라야 하지만 무엇보다도 창업자의 자질, 리더십이 비상하게 출중해야 한다는 것이 역사의 교훈이다. 김수로왕의 탄강이나 건국사화도 단군왕검(檀君王儉)의 탄생과 고조선 건국, 박혁거세거서간(朴赫居世居西干)의 탄강과 신라 건국, 추모대왕(鄒牟大王 : 東明聖王)의 탄강과 고구려 건국처럼 신화적인 이야기로 전해져 내려오고 있지만, 이는 모두 자신들의 시조를 신격화한 결과고, 김수로왕도 남달리 탁월한 리더십을 지녔기에 가락국을 건국하고 6가야 연맹의 맹주가 될 수 있었다.

경남 김해시 서상동 왕릉공원의 김수로왕의 능묘는 사적 제73호로 지정되어 있다. 또 가까운 구산동 구지봉(龜旨峰) 동북쪽 기슭의 수로왕비릉은 가락국 시조 김수로왕의 황후 허황옥(許黃玉)의 능묘로서 역시 사적 제74호로 지정되어 있다. 조선 인조 때에 수축된 이 수로왕비릉 바로 아래에는 허황후가 고국인 아유타국(阿踰陀國)에서 가지고 왔다는 파사석탑(婆娑石塔)이 파사각 안에 모셔져 있다.

김수로왕이 하늘에서 내려왔다는 구지봉은 수로대왕 탄강설화의 현장인 동시에 국문학사의 첫머리를 빛낸 고대가요 '구지가(龜旨歌)'의 고향이기도 하다. 구지봉은 마치 거북의 머리 모양과 비슷하게 생겼다고 해서 구수봉(龜首峰)이라고도 부른다. 구지봉 건너편 허황후릉이 있는 널찍한 곳이 거북의 몸통이요, 그 거북이 서쪽으로 고개를 쳐든 듯이 솟아오른 이곳이 머리라는 것이다.

『삼국유사』에 따르면 수로대왕이 구지봉에 탄강하여 가락국을 세우기 전에 이 지역은 아홉 명의 간(干)이 각 부족을 다스리고 있었다고 하고, 또 가락국이 일어나기 전에 이곳에는 변한(弁韓)의 구야국(狗邪國)이 있었다고도 한다. 이곳 김해의 수로왕릉과 허황후릉은 구지봉과 더불어 가락국 개국신화가 서린 역사의 현장인 동시에 800만 명이 넘는 전국의 김해 김씨·김해 허씨·양천 허씨·인천 이씨 등의 시조가 탄강한 성지이기도 하다.

가락국 – 가야는 한반도 남부에서 무려 500여 년 동안이나 존재했으나 이른바 정사(正史)에서는 푸대접을 받아왔으며, 아직까지 정확한 실체가 규명되지 않고 있는 신비의 고대왕국이다.

김수로왕과 허황옥 공주의 국제결혼은 2천 년 전 당시 동아시아에서는 크나큰 역사적 사건이었을 것이다. 김수로대왕의 탄강과 가락국 건국, 인도의 아유타국에서 하느님의 계시에 따라 무려 2만 5천 리라는 세계 역사상 최장의 혼인항해 끝에 가락국에 다다라 마침내 김수로왕의 왕비가 되었다는 허황옥 공주의 이야기를 되짚어보자.

『삼국유사』에 따르면 김수로왕은 하늘에서 내려왔으며, 허황후는 머나먼 아유타국에서 배를 타고 왔다고 되어 있다. 그렇다면 하늘에서 내려온 수로왕은 어떻게 해서 김씨 성을 쓰게 되었을까. 또한 허 황후의 본국이라는 아유타국은 인도에 실재했던 고대왕국이었으며, 그 나라의 왕성(王姓)은 정말로 허씨였을까.

우리 역사의 시대 구분에서 삼국시대 대신 '열국시대론'을 주장하는 대표적 역사학자 윤내현(尹乃鉉) 박사의 연구에 따르면 가야가 건국되기 전의 그 지역은 삼한(변한)의 영토였고, 그 전에는 고조선의 영역이었다고 한다. 따라서 가야는 고조선과 삼한을 계승한 열국의 하나였으며, 고조선이 이미 상당한 수준의 국가 단계적 사회였음을 고려한다면 가야 또한 상당한 수준의 성숙하고 발전한 사회조직을 바탕으로 건국된 고대국가였을 것이다.

그러나 가야가 이웃한 신라·백제·고구려처럼 강력한 중앙집권적 왕국으로 성장하지 못하고 일부는 왜 열도로 건너가고 일부는 신라에 병합되어 한국사의 주류에서 미아가 되어버린 가장 큰 이유는 가야연맹이 시종일관 분열되어 있었던 탓이다. 맹주인 가락국 – 본가야를 중심으로 통합하여 중앙집권적 고대국가로 발전했다면 이른바 삼국시대는 당연히 사국시대가 되었을 것이고, 따라서 김부식과 일연의 저서도 『삼국사기』와 『삼국유사』가 아닌 『사국사기』와 『사국유사』가 되었을 것이다.

가야에 관한 기본사료는 『삼국유사』 기이편(紀異篇)의 '가락국기(駕洛國記)'와 '5기야', 왕력편(王曆篇)의 '가락', 탑상편(塔像篇)의 '금관성의 파사 석탑' 등이다. 가락은 가야의 옛 이름이며, '가락국기'는 일연의 주석에 따르면 고려 문종 때(1047~1082년)에 성명 미상인 지방 장관이며 문인인 금관지주사(金冠知州事)가 지은 책이다. 오늘의 김해지방인 금관주의 민간전승 설화를 모아 편찬한 것으로 추정되는 이 책의 내용 일부를 일연이 『삼국유사』를 편찬할 때에 뼈대만 간추려 수록한 것으로서 현재 가야사 연구의 가장 중요한 기본사료가 되고 있다. 『삼국유사』 가락국기는 이렇게 시작된다.

천지개벽 후에 이 땅에는 아직 나라의 칭호도 없고 군신의 칭호도 없었다. 여기에 있다는 것이 아도간(我刀干)·여도간(汝刀干)·피도간(彼刀干)·오도간(五刀干)·유수간(留水干)·유천간(留天干)·신천간(神天干)·오천간(五天干)·신귀간(神鬼干) 등 9간이 있었으니 이들이 족장이 되어 백성을 통솔하였으며, 호수는 무릇 1만 호에 7만 5천 명이었다. 모두가 저마다 산과 들에 모여 살면서 우물을 파서 마시고 밭을 갈아먹었다.

후한(後漢) 세조(世祖) 광무제(光武帝) 건무(建武) 18년 임인 3월 계욕일에 북쪽 구지봉에서 무엇을 부르는 수상한 소리가 나 200~300명 되는 무리가 여기에 모였더니 사람 목소리 같은 소리가 나는데 형체는 감추고 소리만 내어 말하기를, "거기에 누가 있는고?" 하였다. 9간이 대답하기를, "우리가 있습니다" 하니 또 묻기를, "내가 있는 곳이 어디메뇨?" 하여 "구지올시다" 하고 대답하였다.

또 말하기를, "하느님이 내게 명하시기를 이곳에다 나라를 새롭게 세우고 임금이 되라고 하셨도다. 그리하여 여기에 내려온 것이니라. 너희들은 모름지기 봉우리 꼭

대기의 흙 한 줌씩을 쥐고 이렇게 노래를 부르라.

거북아 거북아!

머리를 내밀어라.

만약 아니 내밀면

불에 구워 먹겠다.

(龜何龜何 首其現也

若不現也 燔灼而喫也)

하고 노래하며 춤추면 그것이 곧 대왕을 맞이하며 즐겁게 뛰노는 것이니라." 하였다. 9간이 그 말대로 모두 즐겨 노래 부르고 춤추었다. 얼마 안 되어 쳐다보니 보랏빛 노끈이 하늘로부터 드리워 땅에 닿아 있었고, 노끈 끝을 찾아보니 붉은 보자기로 싼 금합(金盒)이 있었다. 그것을 열어보니 둥글기가 해와 같은 황금 알 여섯 개가 있었다. 여러 사람이 모두 놀랍고도 기뻐서 수없이 절을 하다가 조금 뒤에 다시 알을 싸서 아도간의 집으로 돌아와 탁자 위에 두고는 각각 흩어졌다.

그 뒤 12일이 지난 다음 날 샐 무렵에 무리가 다시 모여 금합을 열었더니 알 여섯 개가 사내아이로 화했는데 용모가 모두 빼어났다. 이내 평상 위에 앉으니 사람들이 축하하는 절을 올리고 정성을 다해 공경했다. 그들은 나날이 장성하여 10여 주야를 지났다. 키가 9척이매 은나라 천을(天乙 : 湯王)과 같았고, 얼굴이 용안이매 한나라 고조(高祖)라 할 수 있었고, 눈썹이 여덟 가지 빛깔이매 당나라 요(堯)임금과 같았고, 눈동자가 겹으로 되었으매 우나라 순(舜)임금과 같았다.

그달 보름에 왕위에 오르니 처음으로 나타났다고 하여 이름을 수로(首露) 또는 수릉(首陵)이라고 하고, 나라 이름을 대가락(大駕洛)이라고 하였으며 또는 가야국(伽耶國)이라고도 일컬었으니, 곧 여섯 가야의 하나이다. 남은 다섯 사람은 각각 돌아가 다섯 가야의 우두머리가 되었다.

이 기록에서 수로왕이 구지봉에 내려와 가락국을 세웠다는 후한 건무 18년은 서기 42년으로서 신라는 제3대 유리왕(儒理王) 19년이요, 고구려는 제3대 대무신왕(大武神王) 25년이며, 백제는 제2대 다루왕(多婁王) 15년이다.

수로왕은 과연 하늘에서 내려왔고, 알에서 깨어났을까. 수로왕뿐만 아니라 그 이전에도 신라 시조 박혁거세거서간과 고구려 시조 추모대왕 등이 알을 깨고 나왔다고 했다. 또한 고조선의 시조인 단군왕검의 아버지인 환웅천왕(桓雄天王)도 하느님, 곧 환인천제(桓因天帝)의 아들로서 하늘에서 내려왔으며, 북부여의 시조 해모수천왕랑(解慕漱天王郎), 경주 김씨 시조 김알지(金閼智) 등도 하늘에서 내려왔다고 옛 사서들은 전해주고 있다.

물론 사람이 여자의 몸에서 태어나지 어찌 하늘에서 내려오고, 알이나 박통을 깨고 세상에 나올 수 있으랴. 이는 오로지 자기 부족의 시조나 건국의 시조를 자신들의 숭배 대상인 하늘이나 태양과 동일시하고 신성시하여 신격화하려는 고대의 신앙의식이 반영된 것이다. 잘 알다시피 우리 조상들에게는 하늘과 태양으로 상징되는 하느님의 자손, 곧 천손족(天孫族)이라는 민족적 자부심 · 자긍심과 일체감이 있지 않았던가.

수로왕은 그렇게 하늘에서 내려온 알에서 깨어나 가락국을 세웠는데, 그 이전에는 고조선의 옛 땅이요 변한의 옛 땅이며 신라의 남쪽인 오늘의 낙동강 하구 이곳 김해지방에는 그 어떤 나라도 없었다. 낙동강이라는 이름도 뒷날 '가락국의 동쪽을 흐르는 강'이란 뜻에서 비롯된 것이다. 아직도 청동기 시대에 머물고 있던 이 땅에는 그저 아도간이니 여도간이니 하는 촌장(족장)들이 우두머리 노릇을 하는 아홉 개의 부족이 이곳저곳에 무리지어 촌락을 이루며 살고 있었다. 간(干)은 칸, 한(汗)이라고도 하는데, 이는 고대 동북아시아 여러 민족이 통치자를 일컫는 칭호였다. 『삼국유사』에서는 이들의 호구가 모두 1만 호에 7만 5천 명이라고 했으니 한 사람의 간(칸)이 평균 8천 300여 명의 촌락(부족)을 다스린 셈이 된다.

이때에 먼 북쪽에서부터 철기로 무장한 강력한 무리가 마치 하늘에서 떨어지듯이 이 땅에 나타났으니 그들이 바로 김수로를 우두머리로 한 가야(가락) 세력이었다. 김수로 일족을 중심으로 한 이 철제무기와 선진문물을 지닌 세력의 정체는 무엇이었을까.

『삼국사기』 박혁거세거서간 즉위년 조에는 '조선의 유민들이 산곡에 나누어 거주하며 6촌을 이루었다'는 구절이 있고, 『삼국유사』 가락국기에도 '천지개벽 후 이 땅에는 아직 나라의 이름도, 군신의 칭호도 없었고, 다만 9간이 각각 족장이 되어 백성들을 거느렸다'는 비슷한 대목이 있다.

또 『수서』 신라국 조에는 '위나라 장수 관구검이 고구려를 격파하자 옥저로 달아났다가 그 뒤 다시 귀국했는데, 남아 있던 자들이 마침내 신라가 되었다'고 했다. 일부 학자는 당시 신라의 박씨정권을 타도하고 왕실교체를 이룬 이 고구려인들이 곧 석탈해의 세력이라고 보고 있다.

특히 이도학씨는 신라왕가의 박·석·김 교체는 강력한 선진문물을 지닌 정복세력의 남하를 증명하는 것이고, 박혁거세의 거서간이란 왕호가 몽골의 지도자 케세르칸이나 동흉노의 쿠세키와 비슷하다고 했다. 특히 쿠세키는 한나라에 반란을 일으켰다가 실패하여 중앙아시아에서 자취를 감춘 때가 서기전 58년인데 박혁거세가 신라를 건국한 해가 그 이듬해인 서기전 57년이라는 점을 지적했다. 또한 변한·진한의 귀틀집이 바이칼호 서부와 알타이지방, 예니세이강 유역에 분포하고 있었으며, 신라의 적석목곽분과 신라·가야의 금관·환두대도 등이 중앙아시아와 시베리아 초원지대의 기마 유목민족인 스키타이족과 같다고 주장했다.

한편, 강평원씨는 김수로의 세력이 선비족 모용씨의 공격을 받아 옥저·동예를 거쳐 동해안을 따라 해로로 남하한 부여족의 일파로 추정했고, 장한식씨는 신라김씨와 가락김씨 왕가가 342년 고구려를 침공한 선비족 모용씨의 군대 중 낙오한 무리라면서, 법흥왕의 본성은 모(慕·募·牟), 이름은 진(秦)이었는데 김원종(金原宗)이라고 창씨개명한 것이라고 주장했다. 그런데 『삼국유사』 왕력 편의 '가락국' 조에 이런 기록이 있다.

> 수로왕은 임인 3월 알에서 깨어났는데 그 달에 즉위했다. 158년을 다스렸다. 금빛 나는 알에서 나왔으므로 성을 김씨라 했다.

한편『삼국사기』 '열전' 김유신(金庾信) 편의 첫머리는 이렇게 시작된다.

> 김유신은 서울(서라벌) 사람이다. 12대 선조 수로왕은 어떤 사람인지 알 수 없다. 그는 후한 건무 18년 임인에 구봉(龜峰)에 올라 가락의 9촌을 바라보고 마침내 그 땅에 이르러 나라를 세우고 이름을 가야라 했는데 뒤에 금관국이라고 고쳤다. 그 자손이 계승하여 9대 손 구해(仇亥) 또는 구차휴(仇次休)에 이르렀다. 구해는 유신에게 증조가 된다. 신라 사람들이 스스로 소호금천씨(少昊金天氏)의 후손이라고 했으므로 성을 김이라 했는데, 유신의 비문에도 또한 헌원(軒轅 : 黃帝)의 후예요, 소호의 자손이라 했으니 남가야(南加耶)의 시조 수로왕은 신라와 성이 같다.

김알지를 시조로 하는 경주 김씨나 김수로왕을 시조로 하는 김해 김씨가 모두 중국의 전설상 인물인 황제 헌원의 아들 소호금천씨의 후손이라는 말이다. 그동안 사학계에서는 중국의 삼황오제(三皇五帝) 이야기는 전설에 불과하고, 이른바 신라의 삼국통일 이후에 제작된 이 비석의 내용도 모화사상에 따라 윤색된 것이라고 간주해왔다. 그러나 최근의 연구 결과 신라(경주) 김씨나 가락(김해) 김씨가 모두 '문무대왕릉비문'의 기록이 전하는 것처럼 소호금천의 후손이라는 설이 사실일 가능성이 높다고 보는 추세다.

한편 김대성씨는 중국 고대 청동기에 새겨진 금문(金文)의 해독을 통해 한국 고대사를 재해석한 그의 책『금문의 비밀』을 통해 이렇게 주장했다.

진나라 시황제(始皇帝)는 소호금천계 전욱고양의 후예로서 마지막 단군인 백익의 후손이다. 진이 망하자 시황제의 아들 부소(扶蘇) 일파가 두 갈래로 나뉘었다. 한 무리는 한반도 남부 울산지역으로 내려온 박씨집단이고, 다른 한 무리는 감숙성지방으로 도망쳐 흉노족의 일파가 되어 진나라 재기를 노렸다. 부소의 후예 휴도왕(休屠王)이 반란을 일으켰으나 한 무제에게 소탕되어 휴도왕은 죽고 그의 부인 알씨(閼氏)와 두 아들 일제(日磾)와 윤(倫)은 사로잡혔다. 무제는 이들에게 김씨성을 하사했다. 김일제는 무제의 신임을 받아 투후(秺侯)라는 제후의 벼슬에 오른다. 그 뒤 김일제의 4대손 성한왕(星漢王)의 이모부 왕망(王莽)이 쿠데타를 일으켜 전한을 무너뜨리고 신국(新國)을 세웠지만 15년 만에 망했다. 성한왕을 비롯한 잔여 세력은 뿔뿔이 흩어져 오늘의 한반도 남부지역까지 도망친다. 성한왕은 김알지로서 경주 김씨의 시조로, 김윤의 4대손 탕(湯)은 김수로로서 김해 김씨의 시조로 거듭 태어났다. 1796년(정조 20년) 경주에서 발굴된 문무대왕릉비의 비문에 나오는 '투후제천지윤(秺侯祭天之胤)'이 곧 문무왕이 김일제의 후예란 말이니 신라 김씨의 조상은 고조선의 창업자 신농의 직계후손이다.

기원 42년께 김수로 집단이 북쪽에서 남하해 그때까지 석기와 청동기를 병행하던 이 지역을 평정하고 가락국을 세웠던 것이다. 그리고 이들 김수로 집단의 지도층 일부는 다소의 시차는 있지만 각자의 무리를 이끌고 가락국 인근을 개척하여 5가야를 세웠으며, 이들이 가락국(본가야 : 금관가야) 김수로왕을 가야연맹의 맹주를 받들었던 것으로 보인다.

『삼국유사』에 따르면 김수로왕은 12일 만에 알에서 깨어났고, 부화(?)한 지 10여 일 만에 9척 장신으로 급장성하여 왕위에 올랐다고 했다. 그리고 건국 6년째에 아유타국에서 온 허황옥 공주를 황후로 맞았다고 했다. 보통 사람의 나이로 계산하면 불과 여섯 살짜리가 임금 노릇도 하고 장가도 들었다는 말인데, 어찌 신령스러운 고대국가 제왕의 사적을 평범한 인간의 나이로 설명할 수 있겠는가. 『삼국유사』 가락국기는 허황옥 공주와 김수로왕의 역사적인 국제결혼 사연을 이렇게 전한다.

건무 24년 무신(48년) 7월 27일에 9간 등이 조회 끝에 이렇게 아뢰었다. "대왕께서 하늘로부터 내려오신 이래로 아직 좋은 배필을 얻지 못하셨으니 저희의 여식들 가운데서 가장 빼어난 아이를 뽑아서 대궐로 들여 배필로 삼도록 하시기 바라옵니다." 왕이 말하기를, "내가 여기에 내려온 것은 하늘의 명을 받았기 때문이니 나의 짝이 되어 왕후가 되는 것도 하늘의 명이 있으리니 그대들은 걱정하지 말라." 하고 유천간을 시켜 경쾌한 배와 좋은 말을 이끌고 망산도(望山島)에 가서 기다리게 하고, 또 신귀간을 시켜 승점(乘岾)으로 가도록 했다. 그러자 갑자기 바다 서남쪽 구석에서 붉은 비단 돛을 달고 붉은 깃발을 펼친 배가 북쪽으로 향해 오는 것이었다. 유천간 등이 먼저 섬 위에서 횃불을 올리니 그 배에서 사람들이 앞다투어 육지로 내리더니 재빨리 달려왔다. 신귀간이 이것을 보고 대궐로 달려와 이 사실을 왕에게 말했다. 왕이 듣고 기뻐하면서 곧 9간 등에게 시켜 화려하게 꾸민 배를 보내 이들을 대궐로 맞아들이려고 했다. 그러자 배에 타고 있던 왕후가 말했다. "나는 너희들과 본래 전혀 모르는 사이인데 어찌 함부로 따라갈 수 있겠느냐?" 유천간 일행이 돌아가 왕후의 말을 그대로 전하니 왕이 그 말을 옳게 여겨 신하들을 거느리고 행차하여 대궐에서부터 서남쪽으로 60보쯤 떨어진 산기슭에 장막을 쳐서 행궁을 삼고 왕후를 기다렸다.
왕후도 산 바깥의 별포(別浦) 나루터에 배를 매고 상륙하여 높은 언덕에서 쉬었는데, 입고 있던 비단 바지를 벗어서 폐백으로 삼아 산신령에게 바쳤다. 이 밖에 그 나라의 신하로서 따라온 후행이 두 명이었는데 이름은 신보(申輔)와 조광(趙匡)이고, 그들의 아내 이름은 각각 모정(慕貞)과 모량(慕良)이었다. 따로 노비가 모두 20명이요 가져온 비단과 피륙, 의복과금은보화들은 이루 다 기록할 수가 없었다. 왕후가 점점 행궁으로 다가오자 왕이 나와서 그녀를 맞아 함께 장막으로 들어가니 후행 이하 여러 사람은 뜰아래에서 임금을 뵙고 곧 물러났다. 왕은 신하를 시켜 후행 부부를 불러 이르기를, "후행들은 방 하나씩 주어 쉬게 하고 그 아래 노비들은 방 하나에 대여섯 명씩 머물게 하라." 그리고 그들에게 진수성찬을 내리고, 화려한 자리에서 자게 하며, 의복과 비단과 보화들도 주었다. 그리고 군사들에게 그들을 지켜주도록 했다. 이에 왕이 왕후와 함께 침석에 드니 왕후가 조용히 왕에게 말했다. "저는 아유타국의 공주로서 성은 허요, 이름은 황옥이며, 나이는 열여섯이옵니다. 본국에 있을 때인 올해 5월에 부왕과 모후께서 저에게 '우리가 어젯밤 꿈에 하느님을 만났는데 하느님께서는 가락국의 시조 수로는 하늘이 내려 보내 왕위에 오르게 하였는바 신령스럽고 거룩한 이는 오직 그 사람뿐이다. 그런데 그가 새로 그 나라에 군림하여 아직 배필을 정하지 못했으니 그대들은 모름지기 공주를 보내 그의 배필을 삼게 하라 하시고 하늘로 올라가셨다. 꿈을 깬 뒤에도 하느님 말씀이 오히려 귀에 쟁쟁하구나. 너는 여기서 빨리 우리 부부를 하직하고 그에게 가거라.' 하고 말씀하셨습니다. 저는 바다를 건너 멀리 남해에 가서 찾기도 했고 방향을 바꾸어 멀리 동해로도 가보았습니다. 그러다가 이제 보잘것없는 얼굴로 외람되게 용안을 뵙게 된 것이옵니다."

왕이 대답하기를, "짐은 나면서부터 자못 현명하여 이미 공주가 먼 곳에서부터 올 것을 알고 있었다오. 그래서 신하들이 왕비를 들이라고 청했으나 듣지 않았던 거요. 이제 현숙한 그대가 스스로 찾아왔으니 이 사람에게는 매우 다행한 일이오!" 하고 마침내 동침하여 이틀 밤과 하루 낮을 지냈다. 이에 공주가 타고 온 배를 돌려보내는데 뱃사공 열여섯 명에게 각각 쌀 열 섬과 베 서른 필을 주어 본국으로 돌아가게 했다. (중략)

하루는 왕이 신하들에게 말했다. "9간이 여러 관리의 으뜸이지만 그 직위와 명칭이 모두 미천한 사람들의 이름이요, 결코 존귀한 관직의 칭호가 아니니 만약 외국에 전해지면 반드시 웃음거리가 되리라" 하고는 아도를 고쳐 아궁(我躬)으로, 여도를 여해(汝諧)로, 피도를 피장(彼藏)으로, 오도를 오상(五常)으로 고치고, 유수와 유천은 아래 글자만 고쳐 유공(留功)과 유덕(留德)이라 하고, 신천은 신도(神道)로, 오천은 오능(五能)이라 하였으며, 신귀는 음은 그대로 두고 뜻만 고쳐 신귀(臣貴)로 했다. 그리고 계림(신라)의 직제를 채용하여 각간(角干)·아질간(阿叱干)·급간(級干)의 등급을 두고 그 아래 관리들은 주(周)나라의 제도와 한(漢)나라의 법도에 따라 나누어 정했으니 이는 옛것을 고치고 새것을 취하여 관직을 설치한 것이었다. 이로부터 나라를 다스리고 집안을 정돈하여 백성들을 자식처럼 사랑하니 명령이 요란스럽지 않아도 위엄이 있었고 정치는 가혹하지 않아도 잘 다스려졌다. 더구나 왕이 왕후와 함께 하는 삶을 비유하면 마치 천지·일월·음양과도 같아서 왕후의 내조야말로 우임금의 왕후가 하나라를 보좌하고 요임금의 딸들이 순임금의 가문을 일으킨 것과 같다고 하겠다.

이 해에 아들 낳을 꿈을 꾸고 태자 거등공(居登公)을 낳았다. 후한 영제(靈帝) 중평(中平) 6년 기사(189년) 3월 1일에 왕후가 세상을 떠나니 나이가 157세였다. 나라 사람들이 마치 땅이 무너진 것처럼 슬퍼하고 구지봉 동쪽 언덕에 장사지냈다. 그녀가 백성을 자식처럼 사랑한 은혜를 기리기 위해 왕후가 처음 도착하여 닻을 내린 도두촌(渡頭村)을 주포촌(主浦村)이라 하고, 비단 바지를 벗었던 높은 산언덕을 비단고개 – 능현(綾峴)이라 하고, 붉은 기를 휘날리며 들어온 바닷가를 기출변(旗出邊)이라고 했다.

후행으로 온 천부경(泉府卿) 신보와 종정감(宗正監) 조광 등은 이 나라에 도착한 지 30년 만에 각각 딸 둘씩을 낳았으며, 부부들이 모두 1, 2년 뒤에 세상을 떠났다. 그 밖의 노비들은 온 지 7, 8년이 되도록 이곳에서 자식을 낳지 못 하고 다만 고향을 그리는 시름만 품고 지내다가 모두 고향 쪽에 머리를 두고 죽었다. 그들이 묵었던 객관은 텅 비어버렸다.

왕후가 떠난 뒤 왕은 매양 독수공방의 외로움을 노래하며 비탄에 잠겨 있다가 10년이 지난 헌제(獻帝) 건안(建安) 4년 기묘(199년) 3월 23일에 세상을 떠나니 나이 158세였다. 나라 사람들이 마치 부모를 잃은 듯 슬퍼하기를 왕후가 돌아갈 때보다 더했다. 그리하여 대궐의 동북쪽 평지에 높이 한 길, 둘레 300보의 빈궁을 만들어 장사지내고 수릉왕묘(首陵王廟)라고 불렀다. 왕의 맏아들 거등왕부터 9대손 구형왕(仇衡王)까지 이 왕묘에 배향하고 해마다 정월 3일과 7일, 5월 5일, 8월 5일과 15일에 성대하고 정결한 제사를 베풀었는데 대대로 끊이지 않고 이어졌다.

그러고 나서『삼국유사』가락국기는 신라 제30대 법민왕(法敏王), 즉 문무왕(文武王)이 661년 가락국 시조 수로왕이 자신에게는 15대조가 되니 신라 종묘에 합사해 제사를 계속하라는 조서를 내린 사실, 수로왕릉의 영검, 거등왕부터 구형왕까지 간략한 왕력, 가락국 멸망 뒤의 사적 등을 기록했다. 문무왕이 내린 조서의 내용은 이렇다.

가야국 시조의 9대손 구형왕이 우리나라에 항복할 때 거느리고 온 아들 세종(世宗)의 아들이 솔우공(率友公)이요, 그 아들 서운(庶云) 잡간의 딸 문명왕후(文明王后)께서 나를 낳으셨다. 때문에 시조 수로왕은 나에게는 15대조가 된다. 그 나라는 이미 없어졌지만 그 묘는 아직 남아 있으니 종묘에 합사하여 제사를 계속하도록 하라.

문무왕은 태종무열왕(太宗武烈王) 김춘추(金春秋)의 아들로서 경주 김씨이다. 그런데 그가 김해 김씨 수로왕이 자신의 15대조라고 하는 것은 가야의 마지막 임금 구형왕의 증손 서운의 딸이 자신의 어머니이기 때문이라고 했다. 서운은『삼국사기』에 나오는 김서현으로 김유신의 부친이며 김유신의 비문에는 또는 소연이라고 나오는 사람이다. 솔우공은 졸지공(卒支公)이라고도 하고, 세종과 구형왕은『삼국사기』에는 각각 노종(奴宗)과 구해왕(仇亥王)으로 기록되어 있다. 문무왕의 어머니 문명왕후는 김서현과 만명부인(萬明夫人)의 둘째딸이며 김유신의 누이동생이다.

가야의 항복 이후 김수로왕과 허황옥 황후의 김해 김씨 핏줄은 구해왕의 손자인 김서현이 진흥왕의 이복동생인 숙흘종(肅訖宗)의 딸 만명부인과 사통하여 김유신을 낳고, 그들 사이의 둘째딸이며 김유신의 누이동생인 김문희

(金文姬 ; 문명왕후)가 김춘추와 눈이 맞아 김법민을 낳음으로써 경주 김씨와 섞이게 되는 것이다.

이야기는 다시 허 황후로 돌아간다. 앞부분에서도 말했지만 허황옥 공주가 과연 인도의 아유타국에서 가락국까지 장장 2만 5천 리에 이르는 먼 길을 배를 타고 왔으며, 정말로 2천 년 선 당시 인도에 허씨 성을 쓰는 왕국이 존재했을까 하는 의문을 풀어보자.

근래 학자들의 연구 결과 가야나 가라는 고대 인도어인 드리비다어로 물고기를 가리키는 말이라고 한다. 그리고 가락국의 문장인 태양과 두 마리 물고기가 마주보고 있는 쌍어문양이 인도 갠지스강 중류에 있던 아유타국 – 아요디아(Ayodhia)의 문장과 같다고 한다. 김해 수로왕릉인 납릉(納陵) 정문에는 두 마리의 물고기가 마주보고 있는 쌍어문이 단청으로 그려져 있고, 또 능의 중수기념비에는 풍차 모양의 태양문양이 새겨져 있다. 쌍어문에 얽힌 허 황후의 출신 비밀을 풀어보고자 현지를 답사한 일부 학자는 이러한 문양들이 지금도 인도 동북부의 아요디아시에서 그림 또는 조각으로 여전히 건물을 장식하고 있다고 전한다.

그리고 허황후는 아유타국에서 가락국으로 바로 온 것이 아니라 중국을 거쳐 김해지역으로 건너왔다고 한다. 허황후의 시호 보주태후의 보주는 지금 중국 사천성 안악의 지명이라는 것이다.

김수로왕이 우수한 철기문화를 바탕으로 신라·백제와 대등한 국력을 배양하고, 관직을 정비한 데 이어 왜 열도를 개척하며, 중국 등 해외와 교역할 수 있었던 뒤에는 멀리 인도와 중국을 거쳐 선진문물을 지니고 찾아온 허황옥을 비롯한 아요디아 세력의 조력이 매우 컸다고 볼 수 있는 것이다.

어쨌든 김수로대왕 또한 탁월한 리더십으로 김해지역에 진출하여 새로운 왕국 가락국을 건국했던 것이다.

석탈해이사금

박씨에 이어 신라 석씨왕조 개창

신라에서 석씨왕조를 연 제4대 임금 석탈해이사금(昔脫解尼師今)도 알을 깨고 세상에 나온 신비로운 전설의 주인공이다. 그는 본래 왜국에서 동북쪽으로 1천 리 떨어진 용성국의 왕자였다. 용성국은 정명국 · 완하국 · 화하국 · 다파나국이라고도 하며 함달파라는 왕이 다스리고 있었다.

함달파왕이 이웃나라 적녀국의 공주를 배필로 맞았는데 오래도록 자식을 낳지 못했다. 그래서 아들을 낳게 해주십사 하고 매일 기도를 올린 끝에 마침내 왕비의 배가 불렀으니 시집온 지 7년 만이었다. 그렇게 해서 뭔가 낳긴 낳았는데 사람이 아니라 커다란 알이었다.

"아니, 세상에 이럴 수가! 새도 아니고, 뱀도 아닌 사람이 알을 낳다니, 이 무슨 상서롭지 못한 괴변인고? 여봐라! 빨리 이 재수 없는 것을 멀리 내다버려라!"

왕명에 따라 알은 커다란 궤짝에 넣어지고 배에 태워져 바다에 띄워졌다. 왕비는 그래도 제 뱃속에서 나온 것이라 불쌍하게 생각하여 비단으로 알과 함께 많은 금은보화를 싸서 배에 실었다. 그 배는 파도에 밀려 서남쪽으로 흘러갔다. 그 사이에 궤짝에 들었던 알이 부화하여 그 속에서 용모가 걸출하고 괴이하게 생긴 사내아이 하나가 나왔다. 그러자 어디선가 붉은 용이 나타나 아이와 배를 보호해 주었다.

배는 파도를 타고 흘러가다가 마침내 가락국(금관가야) 해변에 이르렀다. 김수로대왕이 보고를 받자 신하와 백성을 거느리고 바닷가로 나가 북을 울리고 환호성을 올리며 반겨 맞았다. 하지만 무슨 까닭인지 배는 뭍에 오르려하지 않고 다시 바다로 나가 해변을 따라 동쪽으로 가다가 다시 북쪽으로 올라가 마침내 신라 동쪽 하서지촌 아진포에 닿았다. 그때가 혁거세거서간 39년, 서기 19년이라고 『삼국유사』는 전한다.

그때 아진포에는 의선이란 노파가 살고 있었는데, 그녀의 외아들은 혁거세거서간의 선원(수군)으로 나가고 집에 없었다. 노파는 그날 마침 바닷가에 있다가 까치들이 몰려들어 요란스럽게 짖어대는 수상한 배를 발견했다. 노파가 배를 저어 가까이 다가가 보니, 배위에는 길이 20척, 너비 13척의 궤짝이 하나 있는데, 까치들이 그 궤짝을 둘러싸고 요란스럽게 짖어대고 있었다. 의선 노파는 자신의 배에 그 배를 묶어 뭍으로 끌어왔다. 그리고 궤짝을 열어보니 영걸스럽게 생긴 사내아이 하나가 숱한 보물과 함께 들어 있었다. 보물도 보물이지만, 노파는 이 아이는 하늘이 보내준 자식이라고 기뻐하며 집으로 데리고 가서 양자로 삼았다. 노파는 이렇게 중얼거렸다.

"아이고 하느님, 삼신님, 고맙습니데이! 혼자서 늙어가기 심심하던 차에 이렇게 똘똘한 얼라를 보내줘서 참말로 고맙심더!"

그렇게 의선 노파의 양자가 된 아이는 무럭무럭 자라났고, 커서는 고기잡이로 양모를 봉양하는데, 조금도 힘들거나 귀찮아하는 기색이 없었다. 동명성왕·박혁거세·김수로·김알지 등 고대에 알에서 깨어났다는 영웅호걸이 모두 마찬가지였지만 이 괴소년도 자라면 자랄수록 점점 비범하고 비상한 모습을 드러냈다. 몇 해 지나지 않아 아이는 구척장신의 범 같고 곰 같은 장사로 성장했다. 체격만 당당한 것이 아니라 머리도 총명했다.

아진포에서 가장 유식한 노인 하나가 이렇게 말하면서 소년의 이름을 지어주었다.

"니도 인자부터는 이름이 있어야 사람 행세를 하지 않겠노? 그런데 성씨가 뭔지 모르니 성은 석씨로 하는 기 안 좋겠나? 까치 땜에 궤짝을 열게 됐으니 까치 작(鵲) 자에서 새 조(鳥) 자를 빼고 석(昔)씨라꼬, 이름은 알을 벗고 궤짝을 풀고 나왔으니 벗을 탈(脫) 자, 풀 해(解) 자 탈해라꼬 하는 기 좋겠구마!"

"하모요! 지도 억수로 좋습니데이! 그럼 인자부터 지 이름을 석탈해라꼬 불러주이소! 이렇게 좋을 수가!"

그러던 어느 날 양모가 탈해를 앞에 앉혀놓고 이렇게 타일렀다.

"탈해야. 이 할미, 아니 에미 말을 잘 들어보거래이. 내사 마 가만히 생각해보니 니가 이렇게 갯가에서 썩어서는 안 될 거 같은 기라. 몸집도 엄청 크지, 머리도 되게 좋제, 니가 어디 예삿사람이가? 니는 앞으로 크게 될 사람인 기라. 그러니까 이제부턴 괴기잡이는 그만두고 학문을 익히도록 하거래이. 그래서 공명을 세우고 큰 인물이 되거래이. 잘 알겠노?"

"어무이가 하라는 대로 하겠심더! 지가 언제 한 번이라도 시키는 대로 안 하는 걸 봤는교?"

그렇게 하여 석탈해는 그날부터 열심히 학문을 닦고, 또 한편으로는 무술도 익혀 문무겸전한 인재로 거듭나게 되었다. 청년 석탈해는 양모와 작별하고 고향이나 마찬가지인 아진포를 떠났다. 어디를 향했는가. 물어보나마나 당연히 서라벌이었다. 예나 이제나 출세를 하려면 서울로 가야하지 않은가.

그때 탈해는 혼자가 아니었다. 종 두 명을 거느리고 갔다고 『삼국유사』는 전한다. 그는 토함산에 올라가 돌집을 짓고 7일 동안 머물며 서라벌의 지형과 지세를 살폈다. 낮에는 성안으로 들어가 지리를 익히고, 밤에는 돌집으로 돌아와 잠을 잤다. 그렇게 정찰을 하다가 마침내 마음에 쏙 드는 집 한 채를 점찍어두고는 공작에 착수했다. 그 집은 뒷날 신라의 황궁인 월성이 들어서는 자리로서 당시에는 박혁거세거간 당시부터 조정의 유력한 대신인 호공(瓠公)이 살고 있었다. 탈해는 아무도 보지 않는 밤에 몰래 그 집 옆에 숫돌과 숯을 파묻었다. 그리고 환한 대낮에 호공의 집으로 찾아가 고래고래 악을 쓰기 시작했다.

"아이고 억울하고 분통해라! 도둑놈들아! 집 내놔라! 내 집 내놔라!"

대문 밖에서 어느 놈이 방자하게 악을 쓰며 울부짖자 마침내 호공이 나와 보았다. 그리고 탈해의 생떼를 듣고 가만히 지켜보다가 이렇게 물었다.

"보래이, 젊은이! 이 집이 느그 집이라꼬? 니 돌았나? 난데없이 어데서 나타나 강아지 풀 뜯어 묵는 소리를 하고 있노?"

그러자 탈해가 머리를 빳빳이 치켜들고 이렇게 대들었다.

"이 집이 본래 우리 할배가 살던 집인데 영감은 언제부터 우리 집을 빼앗아서 살고 있는교? 참말로 얄궂데이! 억수로 모질데이!"

"이눔 시키! 니 말 다 했나? 멀쩡하게 생긴 눔이 엉뚱하게 남의 집에 찾아와서 지 할배가 살던 집이라꼬 생떼를 쓰니 이거 영판 미친놈 아이가?"

"하이고, 억울해라! 그럼 관가에 가서 한 번 따져볼끼가?"

"그래, 가자!"

그렇게 해서 두 사람은 관가로 찾아갔다. 이야기를 듣고 난 관리가 탈해에게 물었다.

"호공 어르신네 저택이 본래 너거 할배가 살던 집이라꼬? 무신 증거라도 있나?"

"증거가 있으니까 내가 이렇게 집을 찾으러 왔제! 그 집 동쪽 담 밑을 파보소. 우리 할배가 쓰던 숫돌과 숯이 있을 기요. 우리 집안이 본래 유서 깊은 대장장이 집안 아닌교?"

모두 다시 호공의 집으로 가서 담 밑을 파보니 과연 숫돌과 오래된 숯이 나오는 것이었다. 그렇게 사기를 쳐서 탈해는 호공의 집을 빼앗아 살았다는 것이 사서의 전언인데, 이 기록을 그대로 믿을 수는 없다. 호공이 누구인가. 혁거세거서간 때에 마한에 사신으로 가서 조공을 바치지 않는다고 핏대를 올리는 마한 왕을 찍 소리 못하게 만들고 온 배포 크고 명철한 나라의 중신이 아닌가. 그런 인물이 머리에 피도 안 마른 새파란 석탈해의 사기협잡에 넘어가 순순히 저택을 빼앗겼다는 것을 어찌 믿을 수 있겠는가. 말이 안 되는 소리인 것이다!

이는 석탈해를 보고 장래성이 있다고 판단한 호공이 인재를 기르는 차원에서 석탈해를 거두어들여 후견인 노릇을 했다는 이야기로 해석하는 것이 마땅하다. 실제로 뒷날 석탈해가 임금이 된 뒤에 호공을 수상인 대보로 임명하여 신세를 갚은 것만 봐도 잘 알 수 있다. 알을 까고 나온 돌연변이(?) 석탈해, 본국에서 용납되지 않아 위험한 바닷길을 무릅쓰고 가락국을 거쳐 신라로 망명했던 석탈해는 그렇게 두각을 나타내고 신라의 상류층에 편입, 역사의 무대에 화려하게 등장할 수 있었던 것이다.

그러면 기구한 과거를 지닌 풍운아 석탈해가 어떻게 하여 남해차차웅(南解次次雄)의 사위가 되고, 정권을 장악하고, 나중에는 처남인 노례이사금(유리왕)을 핍박하여 왕국의 주인이 될 수 있었던가.

석탈해가 철을 다루는 대장장이 집단의 우두머리였다는 주장도 있다. 신석기와 청동기를 병용하던 2천 년 전 한반도 남부에서 그의 신분이 급상승하여 서라벌 중앙 정치무대에서 각광받게 된 이유도 철을 다루는 야장(冶匠)이었기에 가능했다는 해석이다. 어쨌거나 석탈해는 대망의 사나이, 야망의 화신이었다. 그의 목표는 단순히 입신출세해서 대신이나 장수가 되는 것이 아니었다. 부자가 되는 것도 아니었다. 어여쁜 아내와 혼인해 좋은 집에서 잘 먹고 잘 입고 잘 사는 것도 아니었다. 그의 꿈은 오로지 한 나라의 주인이 되는 원대한 데 있었다.

그가 군사를 거느린 뒤에 처음으로 눈길을 돌린 곳은 가락국이었다. 『삼국유사』 '가락국기'에는 석탈해와 김수로대왕의 대결 장면이 나온다. 두 사내 모두 구척장신인 고대의 용사였으니 싸움은 당연히 볼만했다. 『삼국유사』 '제4대 탈해왕' 조에는 이렇게 쓰여 있다.

뒤에 탈해 신령의 명령이 있어 "내 뼈를 조심해서 묻으라."고 하였다. 그의 해골 둘레가 3척 2촌이요, 몸뚱이 뼈 길이가 9척 7촌이요, 이가 한 덩어리로 엉겨 있으며, 뼈마디가 모두 연결되어 있었으니, 이른바 천하에 적수가 없을 장사의 뼈였다.

'가락국기'에는 탈해가 느닷없이 수로왕을 찾아간 것으로 기술되어 있다. 수로왕이 가락국을 세우고 임금으로 즉위한 지 2년째인 서기 44년 어느 날 석탈해가 가락국으로 찾아와 '반갑다는 듯이' 인사를 하더니 불쑥 이렇게 도전을 한 것으로 나온다.

"내 오늘 가락국 임금 자리를 빼앗을라꼬 일부러 찾아왔다 아이가!"

김수로왕이 듣고 보니 이렇게 정신 나간 놈이 또 없었다. 몸집은 비록 자신과 비슷한 구척장신의 당당한 거인이었지만 말하는 품세가 영 배워먹지 못한 촌놈에 불과했다. 수로왕도 젊은이였지만 너무나 기가 막혀 낄낄낄 한참을 웃다가 이렇게 대꾸했다.

"내 오래 살지는 않았지만 오늘 참말로 괴상한 인간을 다 본데이! 니는 도대체 정체가 뭐꼬? 왕위를 내놓으라꼬? 니가 '깜'이나 된다고 생각하나? 봐라, 말뼈다구 같은 화상아! 하늘이 짐에게 명하여 대왕 자리에 오르게 한 것은 앞으로 나라를 안정시키며, 백성을 편케 하라는 명령인 기라! 그러니 그 지상명령을 저버리고 내 어찌 너같이 괴상한 자에게 대위를 순순히 넘겨줄 수 있겠노? 안 그렇나? 문디 자석, 잘 들어보거래이! 그래서 결론은 나라와 백성을 너에게 맡길 수 없다 그기다. 인자 알겠제?"

그러자 석탈해가 고개를 들어 하늘을 쳐다보며 와하하하하! 하고 한바탕 웃더니 이렇게 제안했다.

"홍, 큰소리는! 내가 깜이 되는지 안 되는지는 두고 보면 알끼구마! 순순히 말로 해서는 안 통하니 그렇다면 실력으로 겨루어볼 수밖에! 자, 한 번 화끈하게 붙어보자!"

역사 기록은 이때 두 사람이 이렇게 술법으로 겨루었다고 전한다.

탈해가 매로 화하매 (수로)왕은 독수리로 변했다. 탈해가 다시 참새로 변하니 왕은 새매로 화했다. 그러고 나자 탈해가 순식간에 본래의 몸으로 돌아오니 왕도 역시 본래의 모습으로 돌아왔다. 탈해가 그제야 항복하면서 말했다.

"지금 술법으로 겨루는 판에서 매에게는 독수리로, 참새에게는 새매로 변했지만, 내가 죽음을 면한 것은 그야말로 대왕이 살육을 싫어하는 어진 마음을 베푼 덕분이 아니겠는교? 우해해해해! 아무래도 내가 대왕을 상대로 임금 자리를 다투는 것이 잘못이구마! 그럼 또 봅시다. 나 갑니데이!"

그렇게 패배를 인정한 탈해는 부하들을 이끌고 서둘러 싸움터를 벗어나 나루터로 향했다. 수로왕이 수군과 전선 500척을 동원하여 후환을 없애려고 추격토록 했지만 탈해는 이미 신라 땅으로 달아난 뒤였다. 그 당시 석탈해는 신라에서 군사를 이끌고 바닷길을 따라 가락국 침공을 감행했던 것이다. 그때 김수로왕과 석탈해는 서로의 영웅다운 풍모에 깊은 인상을 받았던 것으로 보인다. 왜냐하면 그로부터 훨씬 뒤 석탈해의 아들 석구추가 김수로대왕의 막내딸 지진내례를 아내로 맞아 두 집안이 사돈이 된 사실이 이런 점을 여실히 증명해주는 것이다.

이 기사는 석탈해가 바다를 건너와 처음에는 금관국 해변에 이르렀다가 신라 해안으로 달아났다는 이야기와 상통하는 것이다. 그때 신라는 박혁거세거서간이 죽고 아들 남해차차웅이 왕위에 있었다. 건국 초기의 어수선함이 가시지 않고 국내 정정이 불안한 탓에 남해차차웅은 적재적소에 배치해 국정을 안정시킬 인재가 절실히 필요했다. 이때 유력한 대신 호공이 추천한 사람이 바로 석탈해라는 망명자였다.

남해차차웅이 불러서 만나보니 석탈해는 문무겸전한 비범한 인재였다. 일을 시켜보니 그렇게 시원시원할 수가 없었다. 비록 외모는 다소 괴이하게 생겼지만 힘이 곧 법인 고대에 보기만 해도 장수감인 구척장신에 머리까지 잘 돌아가는 석탈해에게 남해왕은 한눈에 반하고 말았다. 남해왕은 석탈해에게 당장 자신의 맏딸 아효를 주어 사위로 삼았다.

대왕의 사위가 되었으니 석탈해의 출세 길은 시원하게 뚫린 고속도로를 달리는 것과 마찬가지였다. 그해가 남해왕 재위 5년(서기 8년)이었다. 그리고 2년 뒤에는 최고 벼슬인 대보(大輔)에 임명되었다. 일개 망명객에 불과했던 석탈해가 일약 신라의 재상이 되어 정치와 군사의 실권자가 된 것이다. 석탈해가 군사를 이끌고 가락국을 공격한 것도 남해왕의 사위가 되고, 또 대보가 된 다음이었다. 비록 김수로왕에게 패퇴했지만, 그가 가락국을 친 것은 가야연맹의 건국이 신라의 안전에 해가 된다고 판단했기 때문이다.

석탈해는 남해왕 7년에 대보가 되어 왕위에 오를 때까지 50년 동안을 대보로서 신라의 정권을 좌지우지했다. 그가 마음만 먹었다면 남해왕에 이어 바로 즉위할 수도 있었을 것이다. 그러나 아직 때가 이르지 않았다고 판단했음인지. 서기 24년 9월에 남해왕이 죽었을 때도 태자 노례(유례이사금 : 유리왕)에게 대위를 양보하는 미덕(?)을 발휘했다. 『삼국사기』 '신라본기'에 따르면 노례이사금이 처음에는 대보 탈해가 '덕망'이 있다고 해서 왕위를 그에게 사양했다는 것이다. 덕망이라기보다는 아마도 탈해의 권력이 왕권을 능가하니 두려웠다는 것이 맞는 표현일 것이다. 정치란 2천 년 전이나 오늘날이나 별 다를 바 없다. 사람이 다르고 상황이 다소 틀릴 뿐이다.

그러자 탈해가 말하기를, "임금이란 자리를 우찌 보통 사람이 감당할 수 있겠는교? 이 사람이 듣기에 똑똑한 사람은 이가 많다고 합디더." 하고는 서로 떡을 깨물어보았는데, 유례의 잇자국(잇금)이 더 많기에 유례에게 왕위가 돌아갔다는 것이다. 임금과 이사금이란 왕호는 이 잇금에서 비롯된 것인데, 물론 이것은 탈해가 신민들에게 욕을 먹지 않으려고 벌인 쇼였다. 이렇게 즉위한 노례이사금의 재위 34년 내내 매부인 탈해는 대보 자리를 굳건히 지키며 자신의 토대를 반석처럼 다졌다.

유례이사금은 죽기 전에 이렇게 유언했다고 역사책은 전한다.

"탈해는 신분이 국척(國戚)이요, 지위가 재상에 이르러 여러 번 공명을 세웠다. 나의 두 아들은 재주가 그보다 훨씬 떨어지니 나 죽거든 탈해가 왕위에 오르거래이. 알겠나? 내 유언을 꼭 지켜야 한데이?"

그랬다! 그 유언을 지키지 않고 똑똑치 못한 노례이사금의 두 아들이 대권을 넘보았다면 한바탕 무서운 피바람이 몰아쳤을 것이다. 왜냐? 그때 석탈해의 나이 이미 62세여서 더는 양보하거나 기다릴 수 없었기 때문이다. 그렇게해서 박씨왕조는 혁거세서간, 남해차차웅, 유례이사금 3대로 일단정지하고, 석씨왕조가 막을 올리게 되었던 것이다.

석탈해는 그렇게 이사금 자리에 즉위한 다음, 망명 초에 자신을 적극 후원해준 호공을 대보에 임명하여 국정을 맡겼다. (사실 호공이 그때까지 살아 있었는지는 의문스럽다.) 그러나 마한부흥군의 항복을 받아들인 것을 계기로 백제와 등지게 되어 재위 내내 치열한 싸움을 벌였다. 또 가야·왜와도 자주 싸웠다. 특기할 사항은 재위 9년(65년) 3월에 계림에 나타난 김알지(金閼智)를 거두어 길렀다는 점이다. 이 김알지가 경주 김씨와 신라 김씨왕조의 시조가 된다.

탈해이사금은 재위 24년(80년) 8월에 죽었는데, 그의 자손으로 이사금에 오른 사람이 벌휴 · 내해 · 조분 · 점해 · 유례 · 기림 · 흘해 등 일곱 명이다. 탈해이사금의 후손들이 현재도 있을까. 필자가 취재해보니 월성 석씨가 있다. 이들은 탈해이사금의 23세손으로 고려조에서 시랑(侍郎) 벼슬을 지낸 석재홍을 시조 1세로 모시고 있다

탈해이사금은 이름 없는 망명객의 신분으로 오로지 자신의 비상한 능력만으로 신라에서 왕위에 오른 탁월한 리더십의 주인공이었다.

태조대왕

국력신장기 고구려의 중흥조

 고구려의 제6대 임금 태조대왕(太祖大王)은 고구려를 중국의 주변국이 아니라 동북아시아의 강대국으로 급성장시킨 중흥조이다. 그의 묘호(廟號)가 개국시조가 아님에도 불구하고 태조대왕이 된 것도 고구려를 동북아시아의 종주국으로 우뚝 서게 만든 위대한 업적을 남겼기 때문이다. 『삼국사기』'고구려본기'를 보면 역대 고구려 임금 28명 가운데 유일하게 태조대왕 한 사람에게만 '대왕'이란 칭호를 붙였을 뿐만 아니라, 그를 '국조왕(國祖王)'이라고도 한 것을 보아도 잘 알 수 있다. 다시 말해서 후대 사람들이 태조대왕을 고구려의 시조와 같이 받들어 모셨다는 뜻이다.

 태조대왕은 기록에 따르면 불과 7세의 어린 나이에 즉위하여 93년 동안이나 재위한 것으로 나온다. 그 기나긴 재위 기간 중에 태조대왕은 주변의 여러 나라를 아울러 고조선의 고토를 거의 다 회복하였고, 당시 중국대륙을 지배하던 후한(동한)과 혈전을 벌여 군사적 우위를 차지했다. 이러한 업적은 단순히 제위에 오래 있었다고 해서 이룰 수 있는 일은 아니었으니, 이 또한 태조대왕의 리더십이 탁월하고 비상했다는 반증이 아니겠는가.

하지만 불과 7세의 어린 나이로 즉위했던 만큼 태조대왕이 처음부터 비상한 자질을 발휘한 것은 아니었다. 처음에는 어머니인 부여태후(夫餘太后)가 섭정을 했는데, 이 부여태후 또한 우리 고대사를 빛낸 출중한 여걸의 한 사람이었다. 『삼국사기』 '고구려본기' 태조대왕 즉위 조에 이렇게 나온다.

> 태조대왕의 이름은 궁(宮)이요, 아명은 어수(於漱)다. 유리왕(琉璃王)의 아들 고추가(古鄒加) 재사(再思)의 아들이요, 어머니 태후는 부여 사람이다.
> 모본왕(慕本王)이 죽으매 태자가 어질지 못하여 나라를 맡길 수 없으므로 나라 사람들이 궁을 맞아다가 모본왕을 계승시켜 왕으로 세웠다. 왕이 나면서부터 눈을 뜨고 볼 수 있었으며, 어려서도 숙성하였다. 그러나 나이 7세이므로 태후가 발을 드리우고 정사를 처리하였다.

한편 『삼국사기』 태조대왕 조 끝부분에는 『해동고기』라는 책을 인용한 다음과 같은 기록이 실려 있다. 『해동고기』라는 책은 지금은 전해오지 않는다.

> 『해동고기』에 따르면, '고구려 국조왕 고궁(高宮)이 후한 건무(建武) 29년 계사(계축의 잘못, 서기 53년)에 왕위에 오르니 이때 나이가 7세라 그 어머니가 정사를 대리하였다. 효환제(孝桓帝) 본초(本初) 원년 병술(서기 146년)에 이르러 동복아우 수성(遂成)에게 왕위를 내어주니 이때 궁의 나이가 100세요, 왕위에 있은 지 94년이다. 이 해는 건광(建光) 원년이요, 궁이 왕위에 있은 지 69년이다'라고 하였으니, 『한서』에 기록된 바가 『고기』와 틀려 서로 맞지 않으니 아마도 『한서』의 기록이 틀린 듯하다.

이제부터 고구려에서 개국시조와 같은 존경을 받았던 태조대왕, 무려 119

세나 장수했던 태조대왕, 오래 재위한 만큼 위대한 업적을 남겼던 태조대왕의 치세를 다시 살펴본다.

고구려는 시조 추모성왕이 나라를 세운 이후 제2대 유리명왕(琉璃明王)을 거쳐 제3대 대무신왕(大武神王)에 이르기까지 약 100년간은 주변의 소국들을 정복·흡수·통합하여 국가의 기초를 굳건히 다지고 국력을 기르는 데에 전심전력한 창업기라고 할 수 있었다.

그리고 태조대왕 이후 본격적으로 국력신장기에 돌입하여 주변국의 통합을 마무리한 뒤, 중국의 후한과 맞서 동북아시아의 종주국, 곧 천하의 주인 자리를 두고 치열한 혈전을 벌이기 시작했다.

하지만 그때까지 고구려가 순풍에 돛단 듯 탄탄대로만 달려온 것은 아니었다. 그 사이에 대왕이 태자를 죽이고, 신하가 임금을 죽이고, 국인(國人)들이 제왕을 선택하는 비정상적인 상황이 여러 차례 벌어진 것도 사실이다.

대무신왕이 맏아들이지만 서자였던 호동(好童)을 자살하게 만든 뒤 적자 해우(解憂 : 解愛婁)를 태자로 책봉한 사실은 이미 잘 알려진 사실이다. 그러나 서기 44년 10월 대무신왕이 재위 26년 만에 붕어하자 대위는 해우가 아닌 유리명왕의 다섯째 아들이요 대무신왕의 아우인 해색주(解色朱)에게 돌아갔다.

『삼국사기』는 '대무신왕이 세상을 떠나자 태자가 어려서 정사를 맡아볼 수가 없었으므로 국인들이 그를 추대하여 왕으로 세웠다'고 했다. 이렇게 즉위한 민중왕(閔中王)은 불과 4년 뒤에 세상을 떠나고 서기 48년에 해우가 즉위하니 곧 모본왕(慕本王)이다. 하지만 모본왕 또한 재위 5년을 넘기지 못하고 신하에게 시해당하고 만다.

『삼국사기』 '모본왕' 즉위 조에 따르면 '그는 사람됨이 사납고 어질지 못하여 국사를 돌보지 않으므로 백성들이 그를 원망했다'고 했으며, 재위 4년 조에는 '왕은 날로 포악하여 앉을 때면 언제나 사람을 깔고 앉고, 누울 때도 사람을 베고 누웠으며, 그 사람이 혹시 움직이면 죽이는 데에 용서할 줄 몰랐고, 신하 중에 간하는 사람이 있으면 그를 활로 쏘아 죽였다'고 했다.

그래서 재위 6년째인 서기 53년 11월에 두로(杜魯)가 모본왕을 죽였다고 전한다. 두로는 모본 사람으로서 왕의 근신인데 자기도 언제 그런 식으로 비명에 죽을지 몰라 자신의 신세를 한탄하며 울음을 터뜨렸다. 그때 누군가가 그 모습을 보고 이런 말로 사주했다.

"사나이 대장부가 어찌 아녀자처럼 그리 쉽게 우는가? 옛사람이 말하기를 나를 위무하면 임금이요 나를 학대하면 원수라고 했다네. 지금 임금은 포악하게 사람을 마구 죽이니 이는 백성들의 원수요 결코 임금다운 임금이라고 할 수가 없지 않겠는가? 그러므로 그대가 그를 죽여 없앤다면 이야말로 백성들의 원수를 죽여 없애는 장한 일이라 하지 않겠는가!"

두로가 그 말을 옳게 모본왕을 칼로 찔러 죽여 버렸다. 그렇게 해서 그 뒤를 이은 임금이 바로 태조대왕이다. 『후한서』는 태조대왕이 태어날 때에 이미 눈을 뜨고 나와 세상을 볼 수 있다고 했으며, 『삼국사기』는 어려서부터 기골이 준수했으나, 국인들이 모본왕의 태자 익(翊)을 제쳐놓고 그를 추대하여 제위에 오를 때에는 나이가 일곱 살에 불과했으므로 어머니 부여태후가 정사를 보살폈다고 했다.

이를 분석해보건대 부여태후의 세력이 모본왕의 시해를 배후에서 조종했고, 당시 어린아이에 불과한 태조대왕으로 하여금 제위를 잇게 한 다음 부여태후가 우리나라 역사상 최초로 수렴청정을 했다는 이야기에 다름 아니다. 따라서 이름이 알려지지 않은 이 부여태후 또한 웅녀(熊女)·유화부인(柳花夫人)·소서노(召西努)에 이어 우리나라 고대사에서 빼놓을 수 없는 비상한 여걸이라고 하겠다.

부여태후는 정권을 장악한 이후 내정을 안정시킨 뒤 밖으로 눈을 돌려 시조 추모성왕의 건국이념이며 개국 이래의 숙원인 다물, 즉 고조선의 멸망 이후 잃어버린 옛땅을 다물리는 데에 국력을 쏟았다. 서기 55년에는 요서지방에 10개의 성을 쌓아 후한의 침범에 대비했고, 이듬해에는 오늘의 함경도 지방에 있던 동옥저를 멸망시켜 동쪽 국경을 동해까지 넓혔다. 또 남쪽 국경은 살수까지 이르렀다. 태조대왕이 장성하여 국정을 맡은 이후인 재위 16년(68년)에는 압록강 하구에 있던 것으로 추정되는 동부여의 후예 갈사왕 도두(都頭)가 항복해왔고, 재위 20년(72년)에는 관나부의 패자 달고(達賈)를 보내 조나(藻那)를, 22년에는 환나부의 패자 설유(薛儒)를 보내 주나(朱那)를 쳐서 복속시켰다.

또 재위 53년(105년)과 59년, 66년에는 군사를 보내 요동을 공략했다. 고구려가 강성해진 국력을 바탕으로 걸핏하면 쳐들어와 사람들을 잡아가고 영토를 넓히려 하자 불안에 못이긴 한나라는 대대적인 반격에 나섰다. 태조대왕 69년(121년) 봄에 한나라는 유주자사와 현도태수 · 요동태수 등이 대군을 거느리고 대대적으로 고구려를 침략했다.

이에 태조대왕은 아우 수성으로 하여금 군사를 이끌고 이를 막게 한 뒤 자신이 몸소 대군을 거느리고 뒤따라가 한나라 군사를 크게 쳐서 무찔렀다. 당시 한나라는 각지에서 농민들이 봉기하고 황실은 외척과 환관의 대립이 극에 달해 망국의 내리막길로 굴러 떨어지고 있었다. 서기 107년부터 시작된 농민봉기는 80년간 100여 차례에 걸쳐 거듭되다가 184년에 마침내 유명한 '황건적의 난' 으로 발전하여 한나라의 멸망으로 이어지게 된 것이다.

그렇게 태조대왕은 한나라 군사를 물리친 다음에도 요동과 부여에 잇달아 출병, 새롭게 동북아시아의 패자로 등장한 고구려의 위세를 사방에 떨쳤다. 이처럼 태조대왕의 재위 시 고구려는 고조선의 고토를 대부분 회복하고, 더는 중국의 주변국이 아니라 동북아시아의 종주국, 즉 천하의 주인 된 나라로 거듭났기에 태조대왕의 시호가 시조가 아님에도 불구하고 태조대왕, 또는 국조대왕으로 불리게 되었던 것이다. 그런 까닭에 비록 서서에는 나오지 않지만 독자적인 연호를 사용했으리라는 추정도 충분히 가능하다고 본다.

그런데 태조대왕은 거의 2천 년 전의 조상이었음에도 불구하고 비상하게 도 장수한 사람이었다. 그의 후손이며 광개토태왕(廣開土太王)의 아들인 장수 대왕(長壽大王)이 20세에 즉위하여 78년 2개월간 재위하고 97세까지 장수하여 징수대왕의 시호를 바치기도 했지만, 태조대왕은 『삼국사기』에 따르면 무려 119세를 살았던 것으로 나온다.

그런 까닭에 자신이 죽기를 눈이 빠지도록 기다리는(?) 아우 수성을 위해 나이 100세에 제위를 양위하고 별궁에 물러나 19년간이나 기나긴 여생을 보내다가 세상을 뜬 것이다. 이처럼 늙은 형을 몰아내다시피 하고 제위에 오른 수성이 곧 차대왕(次大王)인데, 즉위 당시 그의 나이도 이미 76세였다.

고구려의 제2건국자라고 할 수 있는 태조대왕이 119세, 차대왕이 96세, 신대왕이 97세, 그리고 유혈 쿠데타를 통해 집권한 독재자로서 연개소문(淵蓋蘇文)의 대선배 격인 명림답부(明臨答夫)가 113세까지 비상하게 장수했다는 기록을 그대로 믿어도 좋을까.

그래서 오래 전부터 『삼국사기』의 고구려 건국연대의 정확성에 문제가 있다는 주장이 제기되어온 것이다. 고구려의 건국연대가 200년이나 끌어내려졌다는 주장이다. 이를테면 광개토태왕릉비문에 따르면 광개토태왕이 시조 추모성왕의 19세손이라고 했는데, 『삼국사기』에는 13세손으로 되어 있으니 나머지 6세손 약 200년의 기록이 삭감 누락되었다는 주장이다.

명림답부

좌원대첩 이끈 고구려 최초의 국상

고구려 차대왕(次大王) 20년(165년). 새해가 시작되자마자 불길한 조짐이 일어났다. 정월 그믐날에 일식이 있었던 것이다. 백성들은 나라에 무슨 큰 변고가 일어날 것이라고 술렁거렸다. 과연, 그해 3월에는 대왕의 동복형인 태조대왕(太祖大王 : 國祖大王)이 별궁에서 세상을 떴는데 그때 나이가 119세였다. 그리고 그해 10월에 마침내 연나부(椽那部)의 조의선인(皂衣仙人) 명림답부(明臨答夫)가 차대왕의 학정과 백성들의 고통을 더 이상 두고 볼 수 없어 군사를 일으켜 차대왕을 죽여 버렸다.

거사에 성공한 명림답부는 그동안 숨어살던 태조대왕의 막내아우인 고백고(高伯固 : 高伯句)를 찾아내 왕위에 앉히니 그가 곧 신대왕(新大王)이다. 신대왕은 즉위 2년째인 서기 166년 정월에 명림답부를 국상(國相)으로 삼고 벼슬을 더해 패자(沛者)로 삼아 정치와 군사의 실권을 맡기고, 여기에 더해 양맥(梁貊) 지방의 통치까지 맡겼다.

고구려에서 국상이란 그때까지 대왕의 정무를 보필하는 가장 높은 벼슬인 좌보(左輔)와 우보(右輔)를 통폐합한 최고위 직이니, 이는 곧 뒷날 사람들이 말하는 '일인지하 만인지상'인 수상을 가리키는 것이다. 고구려에서 유혈 정변을 일으켜 새 임금을 내세운 사람이라면 봉상왕(烽上王)을 죽이고 미천왕(美川王)을 내세운 창조리(倉助利)가 있고, 영류왕(榮留王)을 죽이고 보장왕(寶藏王)을 내세운 연개소문(淵蓋蘇文)도 있지만, 명림답부는 이들에 앞서 폭군을 거세하고 새 임금을 세운 뒤 정권을 장악했던 것이다.

그러면 고구려·신라·백제를 통틀어 최초의 반정에 성공하고, 고구려 최초의 국상 자리에 앉아 출장입상(出將入相)하며 정권을 좌지우지했던 명림답부는 어떤 인물이었던가.

『삼국사기』'열전' 명림답부 편에 따르면 그는 신대왕이 세상을 뜨기 3개월 전인 179년 9월에 113세의 고령으로 죽었다고 했으니, 이를 역산해보면 그는 태조대왕 14년(66년)에 출생한 셈이 된다. 명림답부가 태어날 무렵은 태조대왕의 모후인 부여태후(夫餘太后)가 우리 역사상 최초의 수렴청정을 끝내고 21세의 대왕이 친정에 나선 지 얼마 안 되었을 때였다. 명림답부가 태어나기 전부터 그가 혁명을 일으킬 때까지 고구려의 사정을 살펴본다.

고구려는 시조 추모성왕이 나라를 세운 이후 제2대 유리명왕을 거쳐 제3대 대무신왕에 이르기까지 약 100년간은 주변의 소국들을 정복·흡수·통합하면서 국가의 기틀을 굳건히 다지고, 국력을 기르는 데에 전심전력한 창업기라고 할 수 있다. 그리고 제6대 태조대왕 이후 본격적으로 국력신장기에 접어들어 주변국의 통합을 마무리한 뒤, 중국의 후한과 맞서 동북아시아의 종주국, 곧 천하의 주인 자리를 차지하기 위해 치열한 투쟁을 벌이기 시작했다.

하지만 그 사이에 유리명왕이 태자 도절(都切)과 해명(解明)을 차례로 죽이고, 그 뒤 태자에 책봉되었다가 제위를 이은 대무신왕 또한 낙랑국 정복 직후 서자 호동왕자(好童王子)를 자살로 내모는 비극적 사건도 벌어졌다. 뿐만 아니라 신하가 대왕을 시해하는 비상한 일도 일어났으니, 그것은 서기 53년 11월에 모본 사람 두로(杜魯)가 모본왕(慕本王)을 죽인 사건이다. 고조선과 부여의 뒤를 이은 고구려는 천손족의 나라요, 임금은 천자, 곧 하늘의 아들이라는 사상이 백성들 사이에서도 뿌리깊이 박혀 있었으나, 폭군은 나라의 주인이 될 자격이 없다는 고조선과 부여 이래의 민본주의 사상 또한 연면히 이어져왔던 것이다.

그런데 모본왕은 『삼국사기』의 기록과 같이 정말로 폭군이었을까. 『삼국사기』는 모본왕이 재위 2년(49년) 봄에 장수를 보내 지금 중국의 수도 북경(北京) 지역인 한나라의 북평(北平)·어양(漁陽)·상곡(上谷)·태원(太原)을 공격하여 요동태수 채융(蔡彤)의 항복을 받아냈고, 같은 해 8월에는 사자를 보내 국내의 굶주린 백성들을 구제했다고 긍정적으로 기술했다. 다만, 채융의 항복을 받아낸 사실을 김부식은 사대주의 역사관에 따라 '요동태수 채융이 은혜와 신의로써 고구려 장수에게 대하므로 이에 다시 화친했다'고 얼버무렸다.

그런데 이런 모본왕이 무슨 영문인지 재위 4년(51년)부터 갑자기 포악한 임금으로 돌변해 2년 뒤에 두로의 칼에 죽었다고 한 것이다. 역사는 승자의 기록이니 피살당한 모본왕이 폭군으로 묘사된 것도 어쩔 수 없다고 할까. 그리고 두로는 비록 모본왕을 죽였으나 그가 임금을 죽인 죄로 죽임을 당했다는 기록도 없고, 반대로 그 공로로써 무슨 상을 받았다거나 높은 벼슬에 올랐다는 아무 기록도 없으니 그는 '부여태후 일파'의 사주를 받아 모본왕을 살해하는 임무만 완수하고 역사의 무대에서 사라져버린 것이다.

그러면 이번에는 태조대왕의 생부인 재사에 대해 알아보자. 『삼국사기』에는 재사가 유리명왕의 아들로서 고추가라고 했는데, 『삼국사기』의 기록에 따르면 태조대왕 즉위 시 생존한 것으로 나온다. 재사가 만일 유리명왕 재위 마지막 해인 서기 18년에 출생했다면 모본왕 사망 시 36세의 한창 나이였을 것이니 '늙어서 왕위를 아들에게 양보했다'는 기록은 신빙성이 전혀 없다. 36세의 아비가 자신이 늙었다고 불과 7세의 아들에게 대고구려의 제위를 양보했다는 말을 누가 믿겠는가. 그런데 태조대왕 80년(132년) 조에 이런 대목이 나온다.

가을 7월에 (태조대왕의 아우) 수성(遂成)이 왜산에서 사냥하여 측근들과 잔치를 베풀었다. 이에 관나부의 우태 미유(彌儒)와 환나부의 우태 어지류(於支留)와 비류나부의 조의 양신(陽神) 등이 가만히 수성에게 말했다. "처음에 모본왕이 죽었을 때 태자(익)가 불초하여 여러 신하가 왕자 재사를 세우려 했으나 재사가 늙어서 그 아들에게 양보한 것은, 형이 늙으면 아우에게 양위하게 하려 함이었소. 이제 왕은 이미 늙었는데 왕위를 사양할 의사가 없으니 공은 이 일을 도모함이 좋을 것이오." 그러자 수성이 말하기를, "맏아들이 반드시 왕위를 계승함은 천하의 떳떳한 도리이다. 왕이 이제 비록 늙었으나 맏아들이 있는데 어찌 감히 분에 넘치는 일을 바랄 수 있으랴." 하니 미유가 말했다. "아우가 어질면 형의 뒤를 잇는 일은 옛날에도 있었으니 공은 주저하지 마소서!" 이때에 좌보 패자 목도루(穆度婁)는 수성에게 다른 생각이 있음을 알고 병을 평계로 벼슬을 버렸다.

『삼국사기』의 기사를 분석해보면 태조대왕은 오로지 어머니 부여태후와 그의 외가인 부여 출신 세력의 힘으로 제위에 올랐으며, 부여태후가 남편인 재사를 제쳐두고 불과 7세의 아들을 제위에 앉히고 수렴청정을 하며 실질적인 고구려의 여왕 노릇을 했다는 풀이가 가능하다. 왕손인 남편까지 좌지우지한 이 태조대왕의 어머니가 바로 성명은 전해지지 않지만 부여 출신이라고 하여 부여태후라고 불리는 우리 고대사의 여걸 가운데 한 명이다.

태조대왕 재위 시에 고구려는 고조선의 영토 대부분을 회복하고, 더 이상 중국의 주변국이 아니라 동북아시아의 종주국, 곧 천하의 주인 된 나라로 거듭났기에 태조대왕의 시호가 개국시조가 아님에도 불구하고 태조대왕 또는 국조대왕으로 불리게 되었던 것이다. 우리나라는 물론 중국 역사를 포함하여 태조라는 왕호나 시호는 고구려의 태조대왕이 최초였다. 그런 이유로 비록 사서에는 보이지 않지만 태조대왕 재위 시에도 뒷날의 광개토태왕(廣開土太王)과 마찬가지로 황제를 칭하고 독자적인 연호를 세웠으리라는 것이 필자의 생각이다.

『삼국사기』를 보면 태조대왕은 거의 2천 년 전 사람이었음에도 불구하고 비상하게 오래 살았던 것으로 나온다. 그의 후손이며 광개토태왕의 아들인 장수대왕(長壽大王)이 20세에 즉위하여 78년 2개월간 재위하고 97세까지 오래 살았기에 장수대왕이란 시호를 바치기도 했지만, 태조대왕은 무려 119세까지 살았던 것으로 기록된 것이다.

그런 까닭에 자신이 죽기를 눈이 빠지도록 기다리는(?) 아우 수성을 위해 나이 100세에 양위하고 별궁에 물러나 또 다시 19년간이나 오랜 여생을 보내다가 세상을 떴던 것이다. 이처럼 늙은 형을 몰아내다시피 하고 제위에 오른 수성이 곧 차대왕인데, 즉위 당시 그의 나이도 이미 76세의 고령이었다. 그런데 태조대왕의 양위는 정상적이 아니라 수성의 협박 공갈에 못 이겨 마지못해 했던 행위로 추정된다. 왜냐하면 태조대왕에게는 자신의 사후 제위 후계 1순위인 태자 막근(莫勤)이 있었기 때문이다. 또한 이를 반증하는 기록이 '고구려본기' 태조대왕 86년(138년) 조에 이렇게 나온다.

가을 7월에 수성이 또 기구에 가서 사냥하다가 5일 만에 돌아왔다. 그의 아우 백고가 말하기를, "재앙과 복은 오는 문이 따로 있는 것이 아니라 다만 사람이 그것을 불러들이는 것입니다. 지금 형님은 임금의 아우라는 근친으로서 백관의 우두머리가 되었으니 지위가 이미 매우 높고 공로 또한 매우 크십니다. 마땅히 충의의 마음을 가지고 예절과 겸양으로써 욕심을 억제하여 위로는 왕의 덕을 따르고 아래로는 백성의 마음을 얻어야 합니다."라고 충고 했으나 수성은 듣지 않았다.

또 태조대왕 94년(146년) 조에도 비슷한 기록이 나온다.

가을 7월에 수성이 왜산 아래에서 사냥하면서 측근들에게 말했다. "대왕이 늙었으나 죽지 않고 나의 나이도 곧 늙게 되니 기다리고만 있을 수가 없구나! 그대들은 나를 위하여 계책을 꾸미기 바라노라!"

이렇게 전개된 상황은 마침내 태조대왕의 양위로 이어지게 된다. 그해 10월에 우보 고복장(高福章)이 태조대왕에게 이르기를, "수성이 반역하려고 획책하니 청컨대 빨리 처형하소서!"라고 했다. 하지만 이미 수성 일파의 공갈 협박에 못 이긴 태조대왕은 이렇게 대답했다. "내가 이미 늙었고 수성은 나라에 공로가 크므로 내가 그에게 양위하려는 것이니라." 그리고 12월에 제위를 내주고 별궁으로 물러나고 말았다.

마침내 고대하던 제위에 오른 차대왕은 자신의 즉위에 공이 큰 측근들을 중용한 반면, 바른 말로 간하는 충신들은 사정없이 숙청하는 등 살벌한 공포 정치를 펼쳤다. 즉위에 일등공신인 미유와 어지류를 좌보로 삼고 양신을 중 외대부로 삼는 등 중용하고, 자신을 죽이라고 충언했던 고복장은 처형해 버렸다. 그러자 자연히 민심이 이반되고 정국도 불안해질 수밖에 없었다. 예나 이제나 독재자들일수록 자신의 정권안보에 관해서는 신경이 날카롭기 마련 이다. 그 역시 권좌가 불안했기에 선제인 태조대왕의 태자요 자신의 친조카 인 막근에게 자객을 보내 암살해 버렸다. 그러자 막근의 아우인 막덕(莫德)은 다음은 자기 차례라고 생각하고 아예 자살하고 말았다.

명림답부는 이러한 때에 몸을 일으켜 우리 역사상 최초의 반정에 나섰던 것이다.

차대왕 재위 20년(165년) 3월 별궁에서 쓸쓸히 노년을 보내던 형 태조대왕
이 세상을 떴다. 그리고 7개월이 지난 그해 10월에 연나부의 조의선인 명림
답부가 군사를 일으켰다. 차대왕의 20년에 걸친 폭정을 종식시키기 위해서
였다. 명림답부에 의해 목숨이 끊어질 때에 차대왕도 96세였다니 천수를 누
릴 만큼 누린 셈이었다.

차대왕을 제거한 명림답부는 태조대왕의 두 아들이 모두 죽고 없기에 그의
막내아우인 백고를 모셔와 제위를 잇게 했다. 그가 신대왕. 그러나 신대왕도
제위에 오를 때에는 이미 77세의 고령이었다. 또 추산해보건대 명림답부도
군사를 일으켰을 때 그의 나이 99세였다. 왜냐하면 『삼국사기』에 따르면 그
가 죽은 것이 신대왕 15년(179년) 113세였다고 했으니 출생은 태조대왕 14년
(66년)이요, 혁명을 일으키던 차대왕 20년에는 99세가 되기 때문이다.

신대왕은 차대왕이 맏형 태조대왕의 제위를 넘볼 때에 목숨을 걸고 이에
반대했기에 지난 20년간 도성인 국내성에서 멀리 떨어진 깊은 산중에 숨어
살고 있었다. 혁명에 성공한 명림답부는 사람들을 풀어 백고를 찾아 궁궐로
모시고와 제위에 오르게 했다. 이렇게 집권한 명림답부는 신대왕으로 하여금
대대적인 사면령을 내리는 등 화합정책을 펼쳐 차대왕의 폭정으로 피폐해진
민심부터 어루만지도록 했다. 이에 따라 생업을 버린 채 산야로 뿔뿔이 흩어
져 도망쳤던 백성들도 제 고향 제 집으로 돌아와 차츰 안정을 되찾았다.

신대왕은 행정조직을 개편하여 좌보·우보제도를 없애고 국상을 신설하
여 초대 국상으로 자신의 즉위에 일등공신인 명림답부를 임명했다. 고구려
역사상 최초의 쿠데타를 일으켜 차대왕을 제거하고 신대왕을 추대한 뒤 고구
려 최초의 국상이 된 명림답부의 가장 큰 공적이라면 좌원대첩(坐原大捷)을
통해 후한(동한)을 굴복시킨 일이다.

『삼국사기』 '고구려본기' 신대왕 4년(168년) 조에 '한나라 현도군 태수 경
림(耿臨)이 침범해와 우리 군사 수백 명을 죽이므로 왕은 스스로 항복하여 현

도군에 복종할 것을 청했다'는 대목이 있다. 이는 참으로 허황하기 그지없는 사대주의 모화사상가 김부식다운 망발이다. 한창 기세를 뻗어가는 대제국 고구려가 다 망해가는 한나라, 그것도 황제의 친정(親征)이 아닌 일개 지방관인 태수가 쳐들어와 겨우 수백 명의 군사가 전사했다고 해서 항복을 자청하고, 한나라 자체도 아닌 현도군에 복종을 맹세했다는 것이 말이나 되는 소린가. 어찌하여 이런 망발이 비롯되었을까. 중국의 사서들은 하나같이 이른바 '춘추필법'이라고 하여 중국은 높이고 다른 나라는 깔보며, 중국이 패전한 치욕은 감추거나 얼버무리고, 주변국의 패전은 크게 부풀리는 못된 습관이 있음은 천하가 모두 잘 아는 사실이다. 당시 한나라의 사정은 고구려가 조금만 더 강한 힘으로 밀고 들어가면 나라가 거덜 날 위험한 처지에 빠져 있었다.

고구려가 점차 강성하여 요하를 건너 요서와 북경 지방은 물론 산동반도 일대까지 고구려 무사들의 용장(勇壯)한 말발굽 아래 무참하게 짓밟히는 사태가 쉴 새 없이 이어지자, 이러한 열세에서 조금이라도 벗어나보려고 틈만 나면 요서지방의 한나라 태수들이 고구려의 서쪽 변경을 노략질했던 것이다. 따라서 이 기록은 한의 현도태수 경림이 열세를 인정하고 고구려에 화해를 청한 역사적 사실을 『삼국지(三國志)』의 저자 진수(陳壽)가 왜곡하여 기술한 것을 김부식이 의도적이든 무의식적이든 그대로 베껴 쓴 것에 불과했다.

이와 같은 고구려의 강성에 위기를 느낀 후한은 당분간 고구려의 기세를 눌러놓은 뒤 국내 문제를 해결하고자 신대왕 8년(172년) 11월에 수만 대군을 동원해 쳐들어왔다. 당시 사정을 『삼국사기』 '고구려본기'는 이렇게 전한다.

한나라가 대군으로 우리나라(고구려)를 공격했다. 왕이 여러 신하에게 공격과 방어 어느 쪽이 유리한지 물으니 여러 사람이 의논하여 말하기를, "한나라는 군사의 수가 많은 것을 믿고 우리를 업신여기는데 만약 나가서 싸우지 않으면 적들은 우리를 비겁하다 하여 자주 올 것이요, 또한 우리나라는 산이 험하고 길이 좁으니 이야

말로 한 사람이 문을 지켜도 만 사람을 당하는 격입니다. 한나라 군사가 아무리 수가 많더라도 우리에게 어떻게 할 수 없을 것이니 청컨대 군사를 내어 막아 버리소서."하니 명림답부가 말했다.

"그렇지 않습니다. 한은 나라가 크고 백성이 많아 이제 강병으로써 멀리 쳐들어오니 그 기세를 당할 수 없을 뿐만 아니라, 군사가 많은 자는 싸워야 하고 군사가 적은 자는 지켜야 한다는 것은 병가(兵家)의 상식입니다. 이제 한나라 사람들이 천릿길에서 군량을 운반하매 오랫동안 지탱할 수 없을 것이니, 만약 우리가 구렁을 깊이 파고 보루를 높이 쌓고 곡식 한 톨 없이 들판을 비워놓고 기다리게 되면 적들은 반드시 열흘이나 한 달이 넘지 않아서 굶주리고 피곤하여 돌아갈 것입니다. 이때 우리가 강병으로써 친다면 필승할 것입니다."

왕이 그 말을 옳게 여겨서 성문을 닫고 굳게 지키니 한군이 치다가 이기지 못하고 장수와 사졸들이 굶주려서 퇴각하매 이때 명림답부가 수천 명의 기병을 거느리고 추격하여 좌원에서 교전하니 한나라 군사가 크게 패해 한 필의 말조차 돌아가지 못했다. 왕이 매우 기뻐하여 답부에게 좌원과 질산을 주어 그의 식읍으로 하였다.

한편 『삼국사기』 '열전' 명림답부 편도 좌원대첩의 내용이 이 기사와 거의 같은데, 다만 이때 한나라 대군을 이끌고 온 자가 현도태수 경림이라고 밝힌 점만 다르다.

이처럼 고구려의 국력 신장기를 이끈 당대의 영걸 명림답부는 신대왕 14년(178년) 9월에 113세로 세상을 떠났다. 신대왕은 친히 찾아가 조문하고 7일간 조회를 중지했으며, 예를 갖춰 질산에 장사지낸 뒤 20여 호를 묘지기로 두었다. 그리고 그해 12월에는 명림답부가 옹립했던 신대왕도 재위 15년 만에 죽으니 그의 나이 또한 당시로서는 고령인 97세였다고 사서는 전한다.

『삼국사기』에 따르면 명림답부 사후 그의 손자로 추측되는 명림어수(明臨於漱)가 동천왕(東川王) 4년(230년) 국상에 임명되었고, 역시 그의 후손으로 추정되는 명림홀도(明臨笏覩)가 중천왕(中川王) 9년(256년) 대왕의 사위인 부마도위가 되었다는 기록이 나온다. 또한 그의 출신 부족인 연나부는 여러 명의 왕비를 배출한 것으로 기록은 전한다.

명림답부는 훌륭한 리더십을 지닌 일세의 영걸이면서 훌륭한 인격자였다. 그가 강력한 독재자인 차대왕을 제거할 정도면 그보다 더 강력한 무력과 치밀한 계획을 갖고 있었을 것이다. 따라서 마음만 먹었다면 자신이 제위에 오를 수도 있었겠지만 그는 그렇게 하지 않았다. 새로운 임금을 내세워 충성을 다 바쳤던 것이다. 그러므로 명림답부를 가리켜 의로운 지도자라고 할 만하다.

석우로

신라 최초 출장입상한 영걸

서기 230년 3월 어느 날 신라 제10대 임금인 내해이사금(奈解尼師今)이 세상을 떴다. 그에게는 장남이며 태자인 석우로(昔于老)가 있었지만 그를 제쳐놓고 사촌이며 사위이기도 한 조분(助賁)에게 왕위를 물려준다는 유언을 하고 눈을 감았다.

석우로는 통솔력과 지략과 용맹이 뛰어나 태자 시절부터 여러 차례 군사를 이끌고 출전하여 많은 전공을 세우고 신라가 국력을 신장하는데 큰 역할을 했건만, 무슨 까닭에 당연히 차지해야 할 왕위를 빼앗겨버렸을까. 석우로는 신라사에서 최초로 출장입상(出將入相)한 탁월한 영걸이었지만, 그는 비열한 정치적 암수에 걸려 비극적 최후를 맞은 불행한 인물이기도 했다. 석우로는 무슨 까닭에 왕위를 빼앗기고 임금이 된 매부의 신하가 되어야만 했는가.

석우로는 신라에서 석씨 왕조를 연 제4대 임금 탈해이사금(脫解尼師今)의 5세손이다. 즉, 석탈해의 아들 각간(角干) 석구추(昔仇鄒)의 아들이 제9대 벌휴이사금(伐休尼師今)이요, 석벌휴의 둘째 아들 석이매(昔伊買)의 아들이 바로 우로의 아버지인 내해이사금이었다.

벌휴이사금은 탈해이사금의 손자이다. 그러나 그는 단순히 석탈해의 후손이기 때문에 왕위에 오른 것이 아니었다. 또 그때는 석탈해가 죽은 지 100년도 더 지난 뒤였으니 석씨 가문의 세력도 옛날 같지 않았다. 또한 벌휴는 석탈해의 적손도 아니었다. 그의 아버지 구추는 탈해이사금이 만년에 낳은 아들이라고 하지만, 누구의 소생인지도 모른다. 그런 구추의 아들 벌휴가 어찌하여 박씨 왕통을 제치고 대위를 차지할 수 있었을까. 『삼국사기』 '신라본기' 벌휴이사금 즉위 조는 이렇게 전한다.

벌휴(발휘 : 發暉)이사금이 왕위에 오르니 성은 석이요 탈해왕의 아들 구추 각간의 아들이다. 어머니의 성은 김씨니 지진례부인(只珍禮夫人)이다. 아달라(阿達羅)가 죽고 아들이 없으므로 국인(國人)들이 그를 왕으로 세웠다. 왕이 바람과 구름으로 점쳐 수해와 가뭄, 그 해의 풍년과 흉년을 미리 알았다. 또 사람의 정직하고 간사한 것을 알아맞히므로 사람들이 성인(聖人)이라고 하였다.

이 기사에서 추측할 수 있는 것은 석씨인 벌휴가 외가인 김씨 일족과 힘을 합쳐 후사 없이 죽은 제8대 임금 아달라이사금의 박씨 왕족을 제치고 왕위를 차지했다는 사실이다. 이후 석씨는 제10대 내해이사금, 제11대 조분이사금, 제12대 첨해이사금(沾解尼師今), 제14대 유례이사금(儒禮尼師今), 제15대 기림이사금(基臨尼師今), 제16대 흘해이사금(訖解尼師今)에 이르는, 서기 184년부터 356년까지 7대 왕 172년간에 걸쳐 신라 왕권을 장악하게 된다.

이 가운데에 신라(경주) 김씨 시조 김알지(金閼智)의 후손으로서 처음으로 왕위에 오른 미추이사금(味鄒尼師今)이 있었지만, 그도 석씨 왕가의 사위로서 왕위에 오를 수 있었다. 또한 석씨왕조의 마지막 임금인 흘해이사금은 연대상 약간 미심쩍은 구석이 있지만 본편의 주인공인 석우로의 아들로 나온다는 점이다.

신라 초기는 이처럼 박·석·김 3성이 얽혀 왕통과 가계가 매우 복잡하지만, 독자들의 이해를 돕기 위해 벌휴이사금 즉위 과정에 대해 좀 더 자세히 설명하기로 한다.

『삼국사기』는 아달라이사금이 후사 없이 죽었으므로 국인들이 벌휴를 왕으로 추대했다고 전한다. 아달라이사금의 왕비는 제6대 지마이사금(祗摩尼師今)의 딸인 내례부인(內禮夫人) 박씨이다. 이 내례부인이 남편이며 사촌오라비인 아달라이사금의 눈을 피해 벌휴의 둘째아들 이매와 몰래 상관하여 아이까지 낳았으니 그가 뒷날의 내해이사금이다. 아달라이사금은 자신이 아직도 멀쩡하게 살아 있는데 왕비가 간통하여 씨 다른 자식까지 낳았으니 분기충천하였을 것이다. 하지만 내례부인의 집안도 만만치 않았던 모양인지 처형을 당했다는 기록은 없다. 그러다가 마침내 아달라이사금이 후사 없이 죽자 벌휴가 왕위에 올랐던 것이다.

정확한 경위는 알 수 없지만 석씨인 벌휴가 왕위에 오를 수 있었던 데에는 외가인 김씨 집안의 도움이 컸던 것으로 추측된다. 이는 당시 신라 왕실에서 시조 혁거세거서간의 후손인 박씨의 세력이 약화된 반면, 김씨와 석씨의 권력이 그만큼 막강해졌다는 반증이다. 또한 일찍 죽은 둘째아들 이매와 통정하던 내례부인 박씨 일족의 도움도 있었을 것이다. 그렇게 해서 신라 왕조사에서 실질적인 석씨 왕조시대가 막을 올리게 되었다.

벌휴는 즉위한 뒤 장남 골정(骨正)을 태자로 삼았으나 골정이 재위 중에 죽고, 서기 196년 4월에 벌휴이사금이 죽자 둘째아들 이매의 아들인 내해가 왕위를 이었다. 그때 왕위계승의 우선순위는 골정의 아들 조분에게 있었지만 너무 어렸으므로 내해가 '국인'들의 추대에 의해 왕위에 올랐다는 것이다. 여기에서 말하는 국인이란 단순히 '나라사람'이란 뜻이 아니라 임금을 갈아

치우거나 내세울 정도로 강력한 정치적 권한을 가진 귀족들을 가리킨다.

『삼국사기』내해이사금 즉위 조를 보자.

내해이사금이 왕위에 오르니 그는 벌휴왕의 손자이다. 어머니는 내례부인이요, 왕
비는 석씨로서 조분왕의 누이이다. 용모와 풍채가 빼어나고 재주가 뛰어났다. 전
왕의 태자 골정과 둘째아들 이매가 일찍 죽고 태손(太孫)이 아직 어리므로 이에 이
매의 아들을 세우니 곧 내해이사금이다.

내해이사금은 큰아버지 골정의 딸이요, 조분이사금과 첨해이사금의 누이
이며, 사촌간인 석씨부인을 왕비로 맞아 맏아들 우로와 둘째아들 이음(利音 :
奈音), 딸 아이혜(阿爾兮) 등 2남 1녀를 두었다. 우로의 누이동생 아이혜는 뒷
날 조분이사금의 왕비가 되어 제14대 유례이사금을 낳게 된다.

석우로가 전쟁터에 나아가 처음으로 공을 세운 것은 내해이사금 14년(209년)
7월이었다. 그리고 그가 왜인들의 손에 죽임을 당한 것이 그로부터 40년 뒤인
첨해이사금 3년(249년) 4월이니, 이를 근거로 추산해보건대 그가 60대에 죽었
다면 그 무렵 20대, 70대에 죽었다면 30대 젊은 나이였을 것이다. 우로가 군
사를 이끌고 출전한 싸움은 가야를 구원하기 위한 전쟁이었다. 남해안에 있던
'포상팔국(浦上八國)', 즉 8개 부족국가가 연합하여 가라국(加羅國 : 가야)을 침
공하니 가라의 왕자가 신라로 달려와 급히 구원병을 청했기 때문이다.

이에 내해이사금이 두 아들, 곧 태자 우로와 둘째아들 이음으로 하여금 6
부의 군사를 이끌고 가서 가라를 구원토록 했다. 우로와 이음은 이 싸움에 출
전, 여덟 나라의 우두머리 장수들을 모두 죽이고 6천 명의 포로까지 잡아서
개선했다. 한편, 이음은 이에 앞서 내해이사금 12년(207년) 정월에 이벌찬으
로 임명되어 도성 서라벌과 지방의 군무를 관장하고 있었다. 가라는 구원병
을 보내준데 대한 보답으로 3년 뒤인 내해이사금 17년(212년) 3월에 왕자를

신라에 볼모로 보냈다. 그런데 내해이사금 23년(218년)에 군사적 재능이 출중하던 아우 이음이 죽었다. 전사했다는 기록이 없는 것으로 보아 아마도 병사(病死)한 것으로 추측된다.

우로가 역사의 무대에 등장하여 활약하기까지 신라는 어떤 길을 걸어왔는지 대강 살펴본다. 『삼국사기』에 따르면 신라는 서기전 57년에 양산 출신인 박혁거세가 고조선의 유민이 모여 살던 진한 6부를 통합하여 건국했다고 전한다. 커다란 박을 깨고 세상에 나왔다고 하여 박씨성을 쓰게 된 혁거세거서간은 17세 되던 재위 5년(기원전 53년) 고허촌 출신인 알영(閼英)을 왕비로 맞으면서 세력을 넓혀 이후 진한 지역 전역으로 영토를 확대했다. 31세 때에는 변한의 항복을 받았고, 33세 되던 재위 21년(기원전 37년)에는 서라벌에 금성을 쌓고 6년 뒤에 비로소 궁궐을 지었는데, 아마도 이때가 실질적인 신라 개국시기였을 것으로 추측된다.

한반도의 동남부를 장악한 신라는 이때부터 마한의 영향력에서 벗어났으며, 북쪽 낙랑국(樂浪國)과 충돌하게 된다. 여기에서 말하는 낙랑국이란 이른바 한사군(漢四郡)의 하나인 중국 요서 땅의 낙랑군(樂浪郡)이 아니라 오늘의 평양 지역에 있던 낙랑국이니, 바로 고구려 대무신왕(大武神王)의 아들 호동왕자(好童王子)와의 비련으로 유명한 낙랑공주의 나라를 가리킨다.

남해와 동해를 통한 왜구의 침범은 이미 개국 초기인 혁거세거서간 재위 8년(기원전 50년)부터 있었다고 『삼국사기』는 전한다. 한편, 고구려에서 남하한 부여족의 일파인 온조왕(溫祚王) 세력이 마한의 북쪽 변경에 백제를 세운 것은 서기전 18년이었다.

신라 시조 혁거세거서간은 서기 4년에 재위 61년 만에 죽고, 그의 아들 남해차차웅(南解次次雄)이 뒤를 이었다. 그러나 신라는 건국 초기부터 왕위계승이 불안정했다. 제2대 남해차차웅도 혁거세거서간의 아들이라고는 하지만 태자나 적장자라는 기록이 없고, 또 자연스럽게 왕위를 이은 것도 아니었다. 왕호도 제1대 임금 혁거세만이 거서간(居西干)이라 불렸고, 그의 아들이라는 남해왕은 차차웅(次次雄)이라고 하여 다르다. 또 제3대 유리왕부터 제18대 실성왕까지(『삼국유사』는 제16대 흘해왕까지)는 이사금(尼師今)이라고 불렸으며, 그 이후부터는 마립간(麻立干)이라고 불렸고, 제22대 지증왕(智證王) 때부터 이웃 나라들과 마찬가지로 임금의 칭호를 왕이라고 했다.

한편, 차차웅에 대해서는 『화랑세기(花郞世紀)』의 저자 김대문(金大問)이 이렇게 풀이했다고 『삼국사기』는 소개하고 있다.

방언으로는 무당이다. 사람들이 무당으로써 귀신을 섬기고 제사를 지내므로 이를 경외하더니 드디어 높은 어른을 일컬어 자충(차차웅)이라고 부르게 되었다.

하지만 혁거세왕과 남해왕 등 신라 초기의 임금들이 정치적 우두머리 외에 제사장 노릇까지 겸했다면 무슨 까닭에 유독 남해왕만 차차웅이란 칭호로 불렸는지도 의문이다. 한편 이사금이란 잇자국을 뜻한다고 한다. 김대문도 '이사금은 방언'이라고 했는데, 이는 남해차차웅이 태자 유리와 사위 탈해 가운데 나이가 많은 사람이 왕위를 이으라는 유언에 따라 탈해가 훌륭하고 지혜 많은 이는 이(齒)가 많다면서 떡을 깨물어 유리와 자기의 잇자국을 세어보니 유리의 잇자국이 많아 결국 유리가 왕위에 올랐다는 데서 연유한다.

하지만 이는 탈해가 자신이 왕위를 차지하기에는 명분이 약하다고 판단하여 유리를 옹립하면서 그의 체면을 세워주기 위해 꾸며낸 이야기로 보인다. 이 대목에서도 한 가지 덧붙이고 싶은 사실이 있다. 많은 사람이 김부식의 『삼국사기』를 사대주의 모화사상에 입각한 역사서라고 비난하고 있지만, 가끔 가다가 보면 주체적인 면모가 전혀 없는 것도 아니라는 점이다. 예를 들면 거서간이니 차차웅이니 마립간이니 하는 신라 초기의 왕호에 대하여 당나라 유학생 출신인 최치원(崔致遠)은 『제왕연대력』에서 이 같은 칭호가 신라 방언으로서 야비하다고 하여 모두 왕으로 고쳤지만, 김부식은 지증마립간 조에서 왕호를 방언으로 기록하는 것이 중국의 『좌전』이나 『한서』에서도 법(法)이란 뜻의 초나라 말인 '곡오도'와 천자라는 뜻의 흉노 말 '탱그리고도'를 그대로 기록했다면서 신라 사적을 기록하는데 신라 방언을 그대로 쓰는 것은 당연하다고 주장한 것이다.

남해차차웅은 즉위 직후 낙랑국의 침범을 받았고, 왜구의 침범도 잇달아 당한다. 그러나 그 무렵 석탈해라는 현명하고 용감한 인걸이 나타나자 남해차차웅은 그를 사위로 삼고 재상 격인 대보(大輔) 벼슬을 주어 정사를 맡긴다. 정권을 장악한 탈해는 장인인 남해차차웅이 죽고, 제3대 임금 유리이사금(儒理尼師今)도 죽자 그 뒤를 이어 제4대 임금으로 즉위하게 된다.

신라는 유리이사금 9년(32년) 봄에 6부의 명칭을 고치고 우두머리에게는 성씨를 하사하는 등 중앙집권제의 기틀을 다졌는데, 양산부(楊山部)는 양부(梁部)로 고치고 이씨(李氏)를, 고허부(高墟部)는 사량부(沙梁部)로 고치고 최씨(崔氏)를, 대수부(大樹部)는 점량부(漸梁部) 또는 모량부(牟梁部)로 고치고 손씨(孫氏)를, 간진부(干珍部)는 본피부(本彼部)로 고치고 정씨(鄭氏)를, 가리부(加利部)는 한기부(漢祇部)로 고치고 배씨(裵氏)를, 명활부(明活部)는 습비부(習比部)로 고치고 설씨(薛氏)라는 성씨를 각각 내렸다.

또 관직도 17등급으로 나누어 정부조직을 정비했는데, 1등급 이벌찬, 2등급 이척찬, 3등급 잡찬, 4등급 파진찬, 5등급 대아찬, 6등급 아찬, 7등급 일길찬, 8등급 사찬, 9등급 급벌찬, 10등급 대내마, 11등급 내마, 12등급 대사, 13등급 소사, 14등급 길사, 15등급 대오, 16등급 소오, 17등급 조위 등이다.

유리이사금의 두 아들을 제치고 왕위를 차지한 석탈해는 본래 왜국 땅 용성국의 왕자였다고 한다. 탈해는 유리이사금 때 군사를 이끌고 가야를 공격했지만 패전했다. 가야국은 김수로왕(金首露王)이 서기 42년에 변한의 9개국, 9간이 다스리던 부족국가를 통합하여 건국했다. 그 사이에 마한은 백제 온조왕 26년(서기 8년)에 백제의 대대적인 공격으로 도성이 함락당해 왕실은 고구려로 달아나 망해 버리고 없었다. 탈해이사금은 왜국 출신 호공(弧公)을 대보로 삼아 정사를 맡기고, 왜국과 친선관계를 수립했다.

그러나 마한부흥군의 장수 맹소의 항복을 받아들인 일로 백제와 관계가 악화되어 이로부터 양국의 전쟁이 비롯되기도 했다. 백제는 이후 끈질기게 신라를 공격했는데, 때로는 가야도 백제의 사주를 받아 신라를 공격했고, 또한 왜도 걸핏하면 바다를 건너와 노략질을 벌였다. 재위 내내 백제·가야·왜의 침공에 맞서 싸우면서도 탈해이사금은 국가기강 확립, 중앙집권제 강화정책 등을 강력히 추진해 전국을 주와 군으로 나누고 왕족들을 주주(州主)와 군주(郡主)로 파견해 다스리도록 했다. 탈해이사금이 80년 8월 99세의 고령으로 죽자 왕위는 다시 박씨인 파사이사금(波娑尼師今)에게 돌아갔다.

신라는 박·석·김 세 성씨에 의해 왕조가 이어졌는데, 모두 56명의 임금 가운데 박씨가 10명, 석씨가 8명, 나머지 38명이 김씨이다. 신라 천년사의 절반 이상을 지배한 김씨 왕조의 시조는 김알지로서 탈해이사금 9년(65년) 3월 금성 서쪽 계림에서 태어났다. 그 또한 박씨 시조 혁거세가 표주박처럼 생긴 큰 알에서 나왔고, 석씨 시조 탈해가 궤짝을 풀고 나온 것과 마찬가지로 비슷한 탄생신화를 지니고 있으니 하늘에서 내려온 금궤에서 나왔다는 것이다. 박혁거세·석탈해·김알지 등 신라 왕가의 시조들과 고구려의 시조 동명성왕(東明聖王), 가락국 시조 김수로왕 등이 모두 하늘에서 내려오고, 알에서 나왔다는 것은 시조의 탄생을 신격화·신비화·우상화하기 위한 후손들의 서술에 따른 것으로 보아야 한다.

파사이사금은 유리이사금의 차남으로서 후비 소생의 서자이다. 또는 유리이사금의 아들 나로의 아들이라는 설도 있는데 정확한 사실은 알 수 없다. 『삼국사기』는 탈해이사금이 죽자 신하들이 유리이사금의 태자 일성(逸聖)을 추대하려 했으나 누군가가 "일성이 비록 적자이지만 위엄과 총명이 파사에 미치지 못 한다"고 주장하므로 이에 따라 파사가 왕위에 오르게 되었다고 전한다. 파사는 검소한 생활을 하고 왕실의 경비를 절약하며 굶주린 백성을 구제했으므로 사람들의 존경과 찬사를 받았다. 그는 또 농업을 장려하고 군사력을 강화하여 백제와 가야의 거듭된 침공을 막아냈다.

파사이사금의 뒤를 이어 태자 지마가 왕위를 이었으며, 그는 대대적인 정부 조직 개편을 단행했는데, 그의 재위 시에도 남쪽의 가야와 왜가 계속 침범했고, 북쪽에서는 말갈족의 침공을 받았다. 지마이사금은 아들이 없고 딸만 하나 있었는데, 그녀가 나중 제8대 아달라이사금의 왕비요, 본편의 주인공 석우로의 생모가 되는 내례부인이다. 지마이사금이 죽자 전에 이복동생 파사에게 왕위를 빼앗겼던 유리이사금의 태자였던 일성이 왕위에 올랐다. 그는 그동안 왜국으로 망명했다가 조카 지마가 후사 없이 죽자 귀국해 마침내 자신의 권리이기도 했던 왕위를 차지했다. 일성이사금의 뒤를 이어 즉위한 이가 아달라이사금이다.

그 무렵 백제에서는 166년 개루왕(蓋婁王)이 죽고 초고왕(肖古王)이 즉위했는데, 그는 신라에 매우 적대적이어서 이후 양국 관계는 더욱 험악해지게 된다.

184년 아달라이사금이 죽고 석탈해의 후손인 벌휴가 즉위한다. 우로는 벌휴이사금 재위 6년(189년)에 이매의 아들 내해의 맏아들로 태어났다. 이야기는 다시 우로의 활약상으로 돌아간다.

부왕인 내해이사금 재위 시 우로는 태자로서, 또한 군사령관으로서 눈부신 활약을 보였으니, 포상팔국 - 남해안 8개 부족국가 연합군을 섬멸함으로써 남쪽 지역을 대부분 평정한 것이 바로 그 대표적인 경우였다. 하지만 230년 3월에 부왕 내해이사금이 재위 33년 11개월 만에 죽자 왕위는 어이없게도 매부인 조분에게 넘어가고 말았다. 자신의 혈통을 이은 적장자인 태자 우로가 있었음에도 내해이사금은 어찌하여 조분에게 왕위를 물려준다고 유언했을까. 우로의 활약으로 보아 그의 능력이나 자질이 부족하다고 판단했기 때문은 아닌 듯하니, 어쩌면 전에 자신이 태자요 친형인 골정의 아들 조분을 제치고 왕위를 차지한 사실에 대한 정신적 부담감이 작용했기 때문은 아니었을까. 『삼국사기』 조분이사금 즉위 조를 보자.

> 조분이사금이 왕위에 오르니 성은 석씨요, 벌휴이사금의 손자이다. 아버지는 골정 갈문왕(骨正葛文王)이요, 어머니는 김씨 옥모부인(玉帽夫人)이니 구도(仇道) 갈문왕의 딸이다. 왕비는 아이혜부인이니 내해왕의 딸이다. 전 임금이 죽을 적에 사위 조분으로 왕위를 잇게 하라고 유언했다. 왕은 키가 크며 외양이 훌륭하고 일에 닥치면 판단이 명석하므로 나라사람들이 경외하였다.

사정은 어쨌든 우로는 부왕의 유언에 따라 왕위에 오른 조분의 신하가 되었다. 우로는 조분왕 즉위 이듬해인 231년 7월에 이찬 벼슬에 대장군 직위를 맡아 군사를 이끌고 출전하여 오늘의 경북 김천 지방으로 비정되는 감문국을 토벌했고, 다시 2년 뒤인 조분왕 4년 7월에는 오늘의 영일만에서 왜구들의 침범을 철저하게 소탕했다. 두 달 동안에 걸쳐 벌어진 이 싸움에서 우로는 바람을 이용한 화공을 펼쳐 왜구의 함대를 불태워 적군을 전멸시키는 승리를 거두었으니, 이는 우로가 병법에 밝고 전략전술에 그만큼 탁월했다는 반증이다.

우로는 조분왕 15년(244년) 정월에 재상인 서불한에 올라 정치와 군사를 총괄하는 막강한 권력자가 되었다. 하지만 그는 자만하지 않고 임금을 충실히 보필했다. 그 이듬해 10월에 고구려가 북쪽 국경을 침범하므로 우로가 총사령관이 되어 군사를 이끌고 맞아 싸웠지만 이기지 못 하고 마두책으로 후퇴하여 방어에 전력을 다했다. 음력 10월이면 가을의 문턱을 넘어서 겨울로 들어서는 계절이다. 특히 밤에는 기온이 뚝 떨어져 매우 추웠다. 우로는 총사령관이라 하여 혼자 따뜻이 잠자지 않고 몸소 군영을 돌아다니며 모닥불을 피워 군사들을 위로하니 사졸들 모두가 감격했다고 『삼국사기』는 전한다. 우로의 리더십이 그만큼 탁월했다는 말이다.

조분이사금이 재위 18년 만인 247년 5월에 죽자 우로는 또 한 번 왕위에 오를 기회를 빼앗기게 된다. 이번에는 우로의 큰아버지 골정의 장남으로 옥모부인 김씨 소생인 첨해가 그 뒤를 이었던 것이다. 조분이사금이 죽을 당시 그에게는 두 왕자가 있었다. 장남은 뒷날 제14대 임금이 되는 유례요, 차남은 제15대 임금이 되는 기림의 아버지 걸숙(乞淑)이다. 그런데 이들은 모두 조분이사금의 정비 아이혜부인의 소생도 아닐 뿐만 아니라 어머니도 각각 달랐다. 즉 유례는 박내음(朴奈音)의 딸 박씨부인이요, 걸숙은 누구의 소생인지도 모른다.

『삼국사기』 유례이사금 즉위 조에는 박씨부인이 밤길을 가다가 별빛이 입 안으로 들어가 임신이 되어 유례를 낳았다고 했으니, 이는 유례의 출생이 사통(私通)에 의한 결과라는 뜻으로 풀이된다. 어쨌든 첨해가 내해왕의 태자였던 우로와 두 조카를 제치고 왕위에 오른 것은 그의 세력 또한 만만치 않았다는 사실을 일러준다. 신라 왕위가 아들이나 사위가 아닌 아우에 의해 계승된 것도 이것이 처음이다.

만일 조분이사금이 별 유언도 없이 죽었고, 또 그의 두 아들이 너무 어려서 왕위에 오르지 못 했다면 왕위는 전통에 따라 내해왕의 태자였으며 조분왕의 맏사위인 우로에게 돌아가는 것이 마땅했을 것인데, 왕위계승권과는 한참 거리가 멀었던 첨해가 왕위를 차지했다는 것은 그 과정에 무력이 개입했다는 반증이다. 따라서 첨해의 즉위에도 비정상적인 과정, 곧 골육상쟁 같은 정권 투쟁이 있었음을 짐작케 한다. 정적을 핍박하고 제거하기 위한 권모술수와 음모가 난무하는 행태는 이처럼 고대와 현대가 별 다름 없는 것이다.

그렇게 즉위한 첨해이사금은 조분이사금 때와는 달리 고구려와 왜에 대해 더 이상 강경책을 쓰지 않고 유화정책을 추진했다. 그러니 내해왕과 조분왕 2대에 걸쳐 정치 · 군사의 실권을 쥐고 백제 · 고구려 · 가야 · 왜 등과 피 흘리며 싸워온 우로는 매우 못마땅했을 것이다. 새 임금이 지금까지 적대관계였던 고구려와 왜에 저자세를 취하고 나오니 일선에서 사졸들의 피를 흘리며 싸워왔던 역전의 용장 우로로서는 불만스러웠을 것이다. 그러나 우로는 자신의 본분을 다해 첨해이사금 즉위 초 사량벌국이 배반하여 백제에 붙자 군사를 거느리고 가서 그들을 응징했다.

그런데 첨해이사금은 즉위 2년(248년) 정월에 이찬 장훤(長萱)을 우로와 같은 벼슬인 서불한에 임명하여 정사를 맡도록 했는데, 이는 우로의 힘을 두려워하여 견제하려고 취한 조치로 풀이된다. 그리고 우로가 왜인들에게 살해당한 것이 그 이듬해 4월이었다. 『삼국사기』 첨해왕 3년 조에 이렇게 나온다.

여름 4월에 왜인이 서불한 우로를 죽였다.

왜인들이 우로를 무슨 까닭에 어떻게 죽였다는 말은 단 한마디도 없고, 또 이에 대해 임금이나 신라조정이 무슨 조치를 취했다는 설명도 없다. 그런데, 『삼국사기』 '열전' 석우로 편에는 이 사건이 첨해왕 7년 때에 일어난 것으로 나오는데, 그 내용은 다음과 같다.

첨해왕 7년 계유에 왜국 사신 갈나고(葛那古)가 사신의 숙소에 있을 때에 우로가 주인으로서 그에게 농담으로 말하기를, "조만간에 너희 국왕을 소금 굽는 종으로 만들고 너희 왕비는 부엌데기로 만들겠다."고 했더니 왜왕이 이 말을 듣고 성을 내어 장군 우도주군(于道朱君)을 보내 우리를 치므로 왕이 서울을 떠나 유촌에 있었다. 우로가 말하기를, "오늘의 환란은 제가 말을 삼가지 못한데 기인한 것이니 제가 책임을 지겠습니다."하고 드디어 왜군에게 가서 말하기를, "전일에 한 말은 농담일 따름이었는데 이렇게 군사를 출동할 줄이야 어찌 알았으랴." 하니 왜인들이 대꾸도 하지 않고 그를 붙잡아 섶더미 위에 올려놓고 불태워 죽인 다음 가버렸다. 그때 우로의 아들은 어려서 걷지 못 했으므로 다른 사람이 그를 안아 말에 태워 돌아왔는데, 이 아이가 뒷날 흘해이사금이다.

그런데 이 기록에는 몇 가지 의문이 뒤따른다. 그 동안 우로가 조정에서는 재상으로, 전장에서는 대장군으로 숱한 공을 세웠는데, 이는 그의 사람됨이 결코 경박하지 않고 신중했다는 반증이다. 설혹 임금의 처사에 불만이 있고, 왜인들이 밉다는 생각을 가지고 있었다 해도 술김에 아무렇게나 입에서 나오는 대로 털어놓을 정도로 경솔한 인물은 아니었다는 말이다. 오히려 대소 정무나 군사 지휘에 있어서 리더십이 출중하고 치밀하고 후덕했던 우로가 나이까지 지긋하게 들어서 조정의 대표로서 사신을 접대하는 자리에서 그런 말을 술김이건 홧김이건 함부로 내뱉을 리가 없었을 것이다.

역사는 승자의 기록이니 어쩌면 우로의 위세와 명성에 위협을 느낀 첨해왕 일파가 왕권안보를 위해 꾸민 음모의 결과가 아니었을까. 그 결과 왜군을 이용한 차도살인(借刀殺人)의 흉계가 획책되고, 이에 따라 조정의 묵인 아래 우로가 왜군에 의해 목숨을 빼앗겼는지도 모른다. 더군다나 왕실의 어른이기도 하며 조정의 우두머리인 재상인 우로가 왜군에게 피살당한 치욕을 당하고도 첨해왕이나 신라 조정이 취한 조치는 아무 것도 없었다는 사실이 이를 강력히 뒷받침하는 정황증거라고 하겠다.

『삼국사기』 '열전' 은 석우로의 죽음 뒤에 그의 아내인 조분왕의 누이요 뒷날 흘해이사금의 어머니인 명원부인(命元夫人)의 복수에 대해 이렇게 전하고 있다.

미추왕 때에 왜국 대신이 예방을 왔는데 우로의 처가 국왕에게 왜국 사신을 사사로이 접대하겠노라고 청해 그가 만취하자 장사를 시켜 뜰에 내려다가 불에 태워 죽임으로써 전날의 원수를 갚았다. 왜인들이 분개해 금성을 침공했으나 이기지 못 하고 물러갔다.

김부식은 이이시 이렇게 사신의 평을 곁들였다.

우로가 당시 재상으로 정치와 군사를 장악하여 싸우면 반드시 이겼고, 혹 이기지 못 해도 패하지는 않았으니 그의 지략이 정녕 남보다 특출한 데가 있었던 것이다. 그러나 말 한 마디의 실수로 자신의 죽음을 가져왔을 뿐 아니라 두 나라 사이의 전쟁을 일으켰으며, 그의 아내가 원수를 갚은 것도 변괴라 할지언정 정당한 일은 아닌 바, 만약 그렇지 않았더라면 그의 공적도 기록될 만하다고 하겠다.

김부식의 평은 그의 역사관이나 여성관에 따른 것이니 그렇다고 치고, 어쨌든 석우로는 신라 초기 역사를 빛낸 비상한 영걸이었다. 그는 태자였지만 여러 차례 왕위를 빼앗긴 비운을 안은 채 묵묵히 충성스러운 신하가 되어 조정에서는 대신으로서 정무를 주관했고, 전쟁에 임해서는 탁월한 리더십과 출중한 용병술로 침략군을 물리침으로써 신라의 국력신장에 크게 기여하고 국가의 위상을 드높인, 신라 최초의 출장입상한 걸출한 명장이었다.

근초고대왕

백제사 최고의 영주

백제의 제13대 임금인 근초고대왕(近肖古大王)은 백제의 최전성기를 이룩한 영주(英主)였다. 고구려의 광개토태왕(廣開土太王)과 신라의 진흥태왕(眞興太王)이 각각 두 나라 역사상 최고의 영주로 꼽힌다면 백제사를 가장 화려하게 수놓은 제왕이 바로 근초고대왕이다. 『삼국사기』에 따르면 그는 제11대 임금인 비류왕(比流王)의 둘째아들로서 346년에 즉위했다고 한다. 그는 375년까지 29년 동안 왕위에 있으면서 백제의 부국강병을 출중한 자질과 탁월한 리더십으로 이끌었다.

근초고대왕은 즉위 직후 당시 가장 강력한 호족인 진씨(眞氏) 가문에서 왕비를 맞아들여 왕권의 안정과 더불어 지지 세력을 확대했다. 그리고 이를 바탕으로 내정의 안정을 통한 국리민복을 도모했다. 또한 지방통치조직을 만들어 지방관을 파견하고 사방으로 정복활동을 전개했다. 남쪽으로 영산강 유역을 중심으로 마한의 잔여 세력을 복속시키고, 낙동강 서쪽의 가야 세력을 영향권 안에 두었다. 또한 북쪽으로는 고구려의 평양성을 공격하여 고국원왕

(故國原王)을 죽이고 국위를 널리 떨쳤다.

　뿐만 아니라 대외 활동도 활발히 전개하여 고구려에 대항하기 위해 신라와 동맹 관계를 강화하는 한편, 중국의 동진(東晉)과도 외교 관계를 수립했다. 한편 요서(遼西) 지방으로 진출하여 백제군(百濟郡)을 설치하고, 대방(帶方)의 옛 땅까지 차지함으로써 본격적인 내륙 진출을 위한 군사적 · 상업적 거점을 확보했으며, 일본열도 방면으로도 활발히 진출했다. 이로써 백제는 서기전 18년에 건국한 이후 사상 최대의 영역을 확보하게 되었다. 이는 오로지 근초고대왕의 탁월하고 출중한 리더십으로 이루어진 위업이었다. 근초고대왕은 또 왜국에 선진 문화를 전파했다. 그리고 이러한 문화적 성장을 바탕으로 백제 최초의 국사책인 『서기(書記)』를 편찬하여 왕권의 위엄과 왕실의 신성성을 드높였다. 그런 이유로 근초고대왕 재위기를 가리켜 '백제 최고의 전성기'라고 말하는 것이다. 『삼국사기』 '백제본기' 근초고왕 즉위 조는 이렇게 전한다.

　근초고왕은 비류왕의 둘째 아들이다. 그는 체격이 크고 용모가 기이하였으며, 원대한 식견이 있었다. 계왕(契王)이 죽으니 왕위를 이었다.

　이 기록은 근초고왕의 모습이 영웅호걸의 기상을 보였으며, 또한 천부적으로 영명하여 제왕의 자질을 갖추었다는 반증이다. 이어서 재위 2년에는 이런 기록이 나온다.

　봄 정월에 천지신명에게 제사를 지냈다. 진정(眞淨)을 임명하여 조정좌평(朝廷佐平)을 삼았다. 정은 왕후의 친척으로 성질이 매우 흉악하고 어질지 못하며, 일에 대해서는 까다롭고 잔소리가 많았다. 권세를 믿고 제 마음대로 하니 백성들이 그를 미워했다.

근초고왕이 즉위하여 천지신명에게 제사지냈다는 말은 백제를 천하의 중심에 두고, 자신을 소국의 왕이 아니라 천자로 선포했다는 뜻이다. 새삼스러울 것도 없는 이야기이지만 백제도 고구려와 마찬가지로 중국의 여러 제국(帝國)과 당당히 맞선 천손족의 나라로서 천자를 자처했다는 점이다. 그러므로 비록 기록으로 남아 있지는 않지만 독자적인 연호도 사용했을 것이다. 『예기』에 이르기를 '천자는 천지에 제사를 올리고, 제후는 사직에 제사를 지낸다.'고 했으니 이와 같은 기준으로 보더라도 백제는 중국의 제후국도 아니요 변방의 소국도 아니라 천하의 중심국이라는 강한 자부심을 지니고 있었다는 사실을 잘 알 수가 있다.

또 다음과 같은 근초고왕 재위 24년(369년)의 기록도 이런 사실을 여실히 증명해주고 있다.

가을 9월에 고구려 왕 사유(斯由 ; 故國原王)가 보병과 기병 2만을 거느리고 치양(稚壤)에 와서 진을 치고 군사를 나누어 민가들을 약탈하므로 왕이 태자를 보내 군사를 데리고 지름길로 치양에 이르러 갑자기 쳐서 이를 깨뜨리고 적병 5천여 명의 머리를 얻었으며, 노획한 물품은 장병들에게 나누어주었다.

겨울 11월에 한수 남쪽에서 크게 군사를 사열하는데, 깃발들은 모두 황색을 사용하였다.

열병식에서 '모두 황색 깃발을 사용했다'고 강조한 기록은 근초고대왕이 천자, 곧 황제를 자처했다는 반증에 다름 아니다. 고대국가의 열병식은 큰 전쟁에서 승리한 것을 기념하기 위해 거행하기도 했고, 군의 전투력과 사기를 더욱 높이기 위한 훈련으로 실시하기도 했다. 또한 이는 당연히 군 최고 통수권자인 국왕의 위엄을 드높이기 위한 것이기도 했다. 이런 열병식에서 황색 깃발을 사용했다는 것은 국왕이 스스로를 천자, 즉 황제임을 나라 안팎에 널리 선포한 것과 같다. 왜냐하면 황색은 곧 황제를 상징하는 색깔이기 때문이다. 황색은 음양오행의 중심이며 최고 권위를 상징했다. 그런 까닭에 중국에서는 황색 옷은 천자만 입을 수 있었고, 제후는 감히 사용할 수 없었다.

따라서 백제가 황색 깃발을 사용한 것은 중국의 제국과 어깨를 나란히 하던 동북아의 강대국 고구려의 군대, 그 중에서도 국왕인 고국원왕이 직접 이끈 대군을 격파한 근초고대왕이었기에 가능했다.

그런데 『삼국사기』는 무슨 까닭에 근초고대왕 즉위 조에서 대왕에 관한 기록보다는 악당의 우두머리쯤 되는 진정에 대해 더 많은 분량을 떼어주었을까. 진정의 인물평과 함께 그를 조정좌평에 임명했다는 이야기를 보다 더 상세히 기술했을까. 조정좌평은 6좌평의 하나로서 형벌과 소송 등 사법을 맡은 장관직이다. 게다가 백제사 최고의 영주로 평가받는 근초고대왕이 비록 처족이기는 하지만 왕권에 도전할 정도로 포악한 그런 악질 권신에 대해 어떻게 처리했다는 기록도 전혀 없다.

이는 근초고대왕의 즉위 과정이 순탄치 못했다는 사실과 더불어 즉위 뒤에도 한동안은 유력한 권력자인 진씨 가문 때문에 자신의 뜻대로 정권을 오로지하지 못 했다는 사정을 말하는 것은 아닐까. 이를 더욱 뒷받침해주는 정황 증거가 재위 2년의 이 기록부터 20년 동안은 아무 기록도 없고, 그 다음에 재위 21년의 기록이 나오는 것만 보아도 잘 알 수 있다.

근초고대왕의 왕위 계승이 비정상적이며 순탄치 않았으리라는 점은 그의 가계에서도 나타난다. 『삼국사기』에 따르면 그는 전왕인 계왕(契王)의 적장자로서 왕위를 이은 것이 아니라 그 전 임금인 비류왕(比流王)의 아들이라고 했다. 그런데 비류왕은 41년간이나 재위했고, 그 이후 계왕이 3년간 재위한 뒤에 근초고왕이 즉위하여 30년 동안 나라를 다스린 것으로 나온다. 따라서 백제사 연구자들 사이에서는 근초고왕이 비류왕의 아들이라는 기록을 불신하는 사람도 많다. 즉위 이전에 피비린내 진동하는 궁중 쿠데타가 있었을 것이라는 의견이 정설처럼 굳어진 형편이다. 하지만 그런 유혈사태가 있었는지는 정확한 기록이 없다.

근초고대왕이 즉위할 무렵 한반도와 중국은 전운이 감돌고 있었다. 근초고왕이 즉위하던 346년은 고구려 고국원왕 16년, 신라 흘해왕(訖解王) 37년, 중국은 5호16국시대로 접어든 직후였다.

중국이 후한 멸망 이후 위·오·촉 삼국시대와 진·동진을 거쳐 5호16국의 난세로 접어들자 중국은 혼란에 휩싸이게 되었다. 특히 한 무제(漢武帝) 때 설치한 이른바 한사군(漢四郡)으로 불리던 동북 변경의 군현들은 중앙정권의 지배력이 약화됨에 따라 구심점을 잃고 새로운 정치질서를 모색하기에 이르렀다.

건국 초기부터 서쪽의 중국과 대립하며 국력을 길러오던 고구려가 이러한 호기를 놓칠 리가 없었다. 고구려는 제15대 임금 미천왕(美川王 ; 재위 300~331년) 때 420년이나 존속해오던 요서의 현도군과 낙랑군을 쳐서 빼앗고, 그 여세를 몰아 남쪽의 대방군까지 공략했다.

한편, 건국 이후 착실히 성장해온 백제는 제8대 임금 고이왕(古爾王 ; 재위 234~286년) 때 마한의 여러 소국을 합병하여 오늘의 경기도 전역과 강원도·충청도 일부까지 영토를 확대했으며, 영산강 유역까지 영향력을 확대했다. 그리고 기회를 엿보아 북쪽으로도 눈길을 돌려 한강과 임진강을 건너 예성강까지 진출했다. 또한 안으로는 관직과 복색 등을 제도화하여 중앙집권국가의 당당한 모습을 갖추기 시작했다. 이에 따라 백제의 대 고구려, 대 신라 관계는 군사적 대립을 피할 수 없게 되었다. 313년 고구려에 의해 중국의 군현이 완전히 사라져버릴 때 백제는 비류왕 10년. 비류왕은 고구려가 중국과의 전쟁으로 백제까지 대적할 여력이 없는 틈을 타서 대방의 옛 땅, 그 옛날 비류(沸流)와 온조(溫祚) 형제가 어머니 소서노(召西弩)를 모시고 처음으로 백제를 건국한 그 땅을 공략했다.

이를 계기로 백제는 고구려와 반목 대립하게 되었다. 백제는 고구려와의 대결을 위해 신라와는 화친을 모색하게 되고, 이런 대외정책은 비류왕부터 근초고왕 때까지 이어졌다. 뿐만 아니라 아직도 한반도 남쪽에서 잔명을 보존하고 있는 마한을 치고, 언제 변할지 모르는 신라를 경계하기 위해 바다 건너에 있는 분국(分國)인 왜와도 긴밀한 관계를 유지해야만 했다.

이것이 근초고왕 즉위 당시의 한반도와 만주의 사정이었다. 그러면 근초고왕이 즉위할 때까지 백제는 어떻게 성장해왔던가.

백제는 서기전 18년 온조왕(溫祚王)에 의해 건국되었다. 건국 초기에 마한의 속국처럼 지내던 백제는 온조왕 26년(서기 8년)에 마한을 공략하여 영토를 오늘의 전북 정읍까지 확대하였고, 온조왕 31~33년에는 전국을 동·서·남·북 4부로 나누어 행정조직을 확립했다. 또 제2대 다루왕(多婁王) 때는 남부의 주군에 대규모의 논을 만들어 쌀 생산을 크게 늘렸다. 이렇게 경제적 성장을 거듭하여 부국강병을 추진한 백제는 제8대 고이왕 때에는 안으로 관제와 법령을 정비하고, 밖으로는 잠재적 경쟁국이며 적국인 신라를 견제하는 한편, 바다 건너 중국 대륙으로도 세력을 확장하기에 이르렀다.

고이왕 13년(246년)에 중국 위나라의 유주자사 관구검(毌丘儉)이 낙랑태수·대방태수와 더불어 고구려를 침략했다. 고이왕은 위나라의 후방이 비어 있는 틈을 노려 좌장 진충(眞忠)을 보내 낙랑을 공략해 많은 포로를 잡아왔다. 낙랑은 현재의 난하 동쪽 유역이니 백제는 이 무렵에 현재 중국의 북경과 천진, 그 이남인 산동반도까지 진출했던 것이다.

그러나 백제의 대륙 진출이 순탄했던 것은 결코 아니었다. 고이왕 다음 제9대 책계왕(責稽王)과 제10대 분서왕(汾西王) 부자가 낙랑과 대방 땅에서 싸우다가 죽는 일이 벌어졌다. 책계왕은 재위 13년(298년) 9월에 한나라가 이끌고 온 맥(貊)의 군사를 막다가 전사했다. 여기에서 『삼국사기』가 말한 한나라는 위 · 오 · 촉 삼국시대 이전의 한나라가 아니라 5호16국의 하나인 흉노족이 세운 한나라를 가리킨다. 또, 맥족이란 당시 고구려에 복속하지 않고 낙랑 지역에서 살던 예맥족을 가리키는 듯하다. 책계왕을 이어 즉위한 분서왕도 대륙백제에서 영토 확장을 위해 심혈을 기울이다가 재위 7년(304년) 10월에 낙랑 태수가 보낸 자객에게 살해당했다.

대륙에서 영토를 확장하려다가 임금이 잇달아 죽는 비상사태를 당하자 분서왕의 뒤를 이은 제11대 임금 비류왕은 당분간 국내의 안정에 주력하기로 했다. 그런데 『삼국사기』에는 비류왕이 제6대 구수왕(仇首王)의 둘째아들이라고 했는데, 이를 그대로 믿을 수는 없다. 구수왕은 234년에 죽었고, 그 뒤로 고이왕이 52년, 책계왕이 12년, 분서왕이 6년 등 70년의 세월이 흘렀는데, 그렇다면 비류왕은 도대체 몇 살에 즉위했단 말인가. 더군다나 그의 재위 기간이 41년에 이르니 이를 그대로 믿는다면 비류왕은 130세도 더 살았다는 말인가! 따라서 백제사 연구자들 사이에서는 고이왕과 마찬가지로 비류왕도 유혈 쿠데타를 통해 왕권을 장악한 것으로 보는 의견이 지배적이다. 비류왕 즉위 조가 이런 사실에 대한 훌륭한 반증이 된다.

비류왕은 구수왕의 둘째아들이다. 그의 성격이 인자하여 사람을 사랑하며, 또한 힘이 세고 활을 잘 쏘았다. 오랫동안 '평민' 으로 살면서 좋은 명성을 널리 떨쳤다. 분서왕이 죽게 되매 비록 아들은 여럿 있었으나 모두 어려 왕으로 세울 수 없었기에 그가 신하와 백성들의 추대로 왕위에 올랐다.

중요한 사실은 비류왕이 즉위하기 전에는 왕족도 아니고 그렇다고 해서 그어떤 관직도 없는 평민이었다는 점이다. 성격이 너그럽다느니 백성의 평판이 좋았다느니 하는 소리는 의례적인 수사(修辭)에 불과한 것으로 보인다. 왕조시대, 그것도 고대에 국왕을 제쳐놓고 일개 평민이 백성들의 칭송을 한 몸에

받았다면 당장 역적으로 몰려 목숨이 열 개라도 모자랐을 것이다. 특히 눈여겨볼 대목은 분서왕이 죽은 뒤 아들이 여러 명이나 있었지만 모두 어려서 신하와 백성이 그를 임금으로 추대했다는 부분이다.

결국 이것은 무슨 소린가. 비류왕이 암암리에 세력을 기르며 기회를 엿보다가 분서왕이 죽자 유혈 구데타를 일으켜 분서왕의 가족을 모두 죽이고 왕좌를 차지했다는 뜻이다. 게다가 전 임금 두 명이 모두 대륙으로 건너가 영토 확장을 위해 싸우다 죽는 동안 본국인 한반도의 백제는 무주공산과 같아서 힘 있는 호족들이 정권을 좌지우지하고 있었으니 이런 추정도 무리는 아닐 것이다.

그렇게 왕위에 오른 비류왕은 대륙경영을 뒷전으로 미루고 내치에 주력했다. 신하들을 파견하여 백성들의 어려움을 해결해주려고 했고, 홀아비·과부·고아 등에게 곡식을 나누어주었다는 기록이 그것이다. 이런 사실을 보면 비류왕이 단순히 힘으로만 왕위를 강탈한 '성공한 쿠데타'의 주인공이라고는 볼 수 없다. 무술에도 능하고, 정치도 제대로 할 줄 알았으니 그래도 몰락한 왕손쯤은 되지 않았을까.

비류왕은 재위 41년째인 344년 10월에 죽었다. 그 뒤를 계왕이 이었는데, 그는 대륙백제를 경영하다가 낙랑태수가 보낸 자객에게 살해당한 분서왕의 장남이다. 『삼국사기』는 그가 '천성이 강직하고, 용맹이 있었으며, 말타기와 활쏘기에 능했다'고 평가했으나 이 또한 의례적인 수식어에 불과한 듯하다. 왜냐하면 즉위 조 이후 그에 관한 기사는 재위 3년(346년) 9월에 죽었다는 단 한 줄뿐이기 때문이다. 그나마 정확히 계산하면 1년 11개월 만이었다. 그 밖에는 아무 업적도, 가족관계에 관해서도 전혀 기록이 없는 것이다.

그리고 나서 그 뒤를 이어 근초고대왕이 즉위하는 것이다.

근초고대왕은 계왕이 죽어서 왕위를 이었는데, 즉위 이듬해 진정을 조정좌평에 임명했다는 기사에 이아 재위 21년 3월에 신라에 사신을 보냈다는 기록 사이에 20년에 이르는 기나긴 공백기가 있다. 이는 무슨 까닭인가. 이는 근초고왕이 즉위 무렵 본국이 아니라 대륙백제에 가 있었기 때문으로 추정된다. 당시 급변하는 동북아시아 정세에 따라 대륙백제의 사정도 급박하게 돌아가고 있었기 때문이다.

백제가 대륙경영을 했다는 사실이 『삼국사기』에는 단 한 줄도 나오지 않지만 중국과 일본 측 사서에는 그 편린이 보인다. 여기에서 백제의 대륙경영에 관해 짚고 넘어가자. 백제가 중국 대륙에 영토를 갖고 있었다는 사실을 모르고 있거나 아니면 아예 무시하는 것은 고려시대의 김부식과 『삼국사기』 편찬자들뿐 아니라 요즘 사학자들 가운데도 많다. 이런 자들이 사학자라니 참으로 한심하고 딱하다.

이들은 백제가 무슨 수로 바다를 건너 중국에 영토를 확보할 수 있었는지 도저히 믿지 못한 것이다. 이들은 백제가 중국의 요서지방과 산동반도를 비롯한 동부 해안지방에 진출하여 그곳을 다스린 강력한 해양국가였다는 사실을 꿈에도 모르고 있으니, 이는 그만큼 연구가 부족했다는 반증이다.

그렇다고 해서 전대의 학자 가운데 이런 사실을 밝혀낸 이가 전혀 없었던 것은 아니다. 조선시대의 신경준(申景濬)이 『증보문헌비고』에서 백제가 한때 요서와 월주를 차지했다고 썼고, 신채호(申采浩)도 『조선상고사』에서 백제가 요서·산동·강소·절강 등지를 차지했다고 썼으며, 정인보(鄭寅普)도 비슷한 주장을 했다. 중국의 사서 가운데 가장 먼저 이를 언급한 『송서』 '백제전'의 기록이다.

백제국은 본래 고려(고구려)와 더불어 요동의 동쪽 1천여 리에 함께 있었는데, 그 뒤에 고려(고구려)는 요동을 침략하여 소유하게 되었고, 백제는 요서를 침략하여 소유하게 되었는데, 백제가 다스리는 곳을 진평군(晉平郡) 진평현이라고 하였다.

그 다음으로 비슷한 기록이 나오는 사서가 『양서』 '백제전'이다.

그 나라는 본래 (고)구려와 더불어 요동의 동쪽에 있었는데, 진나라 때에 (고)구려가 이미 요동을 침략하여 소유하였고, 백제 또한 요서·진평 두 군(郡)의 땅에 웅거하면서 스스로 백제의 군을 설치하였다.

이와 비슷한 기록은 『자치통감』·『문헌통고』에도 보이고, 특히 『남제서』 '동남이열전' 백제전에는 백제가 북위의 대군을 섬멸한 전쟁기사까지 이렇게 나와서 이 대목을 읽을 때마다 통쾌한 기분이 든다. 이 기록은 백제가 남제에 보낸 국서의 한 대목이다.

이 해에 (북)위 오랑캐가 또다시 기병 수십만을 동원하여 백제를 공격하여 그 경계에 들어가니 모대(牟大 : 東城王)가 장군 사법명(沙法名)·찬수류(贊首流)·해례곤(解禮昆)·목간나(木干那)를 파견하여 무리를 거느리고 오랑캐군을 기습 공격하여 크게 격파하였다.

북위는 남북조시대 북조의 하나로 선비족 탁발씨(拓拔氏)의 나라이다. 같은 책에는 또 이런 기록도 나온다.

지난 경오년(490년)에는 험윤(玁狁)이 잘못을 뉘우치지 않고 군사를 일으켜 깊숙이 쳐들어왔습니다. 신(臣)은 사법명 등을 파견하여 군사를 거느리고 역습토록 하여 밤에 번개가 치듯 기습 공격하니 흉리(匈梨)는 당황하여 마치 바닷물이 끓듯 붕괴되었습니다. 이 기회를 타서 쫓아가 베니 시체가 들판을 붉게 물들였습니다. 이로써 그 예기가 꺾여 고래처럼 사납던 것이 그 흉포함을 감추었습니다. 이제 천하가 조용한 것은 실로 (사법)명 등의 전략에 의한 것이니 그 공훈을 찾아 마땅히 표창해야 할 것입니다.

여기에서 험윤이나 흉리는 북위를 가리킨다. 이러한 빛나는 백제의 역사를 김부식은『삼국사기』'백제본기' 동성왕 조에서, '(재위) 10년. 위나라가 군사를 보내 쳐들어왔으나 우리에게 패하였다'는 단 한 줄로 뭉개버렸던 것이다. 선비족은 중국 북방의 유목민족이다. 그들의 기병 수십만이 무슨 수로 바다를 건너 백제로 쳐들어왔다는 말인가. 육로로 백제를 공격하려면 고구려를 거쳐야 하는데, 고구려가 순순히 길을 빌려주었을까. 천만의 말씀이다! 게다가 당시 고구려의 임금은 광개토태왕의 뒤를 이은 장수대왕이었다.

윤내현 박사는『한국열국사연구』에서 '남북조시대에 백제가 영토로 삼고 다스렸던 중국 지역이 요서, 즉 오늘의 하북성 난하 유역에서 동부해안을 따라 산동성을 거쳐 강소성 남부까지 이르렀으며, 남쪽의 광서장족자치구 울림군 지역까지 근거지를 마련했을 가능성이 있다'고 말했다. 윤 박사는 같은 책에서 이렇게 설명했다.

백제가 중국의 동부 해안지역에 진출하여 그곳을 지배했다는 사실은 당시 백제의 국력을 알게 해주며, 백제가 해양활동을 활발히 한 국가였음을 말해주는 것이기도 하다. 중국의 동부 해안지역은 선사시대부터 황하 중류유역과는 구별되는 문화권으로서 한반도 및 만주와 밀접한 문화교류를 가지고 있었으며, 그곳에 거주했던 사람들은 황하 중류유역의 거주민들인 제하족(諸夏族)에 의하여 동이(東夷)라고 불렸다.
그리고 서한 무제는 위만조선(衛滿朝鮮)의 우거왕(右渠王)을 반대하고 서한으로 이주한 예군(薉君) 남여(南閭) 등 28만 명을 받아들여 지금의 발해만 서부연안 창주지구에 창해군(滄海郡)을 설치하여 그곳에 거주하도록 하였다. 따라서 중국 동부 해안지역에는 한민족이 많이 거주하고 있었다. 이러한 기초 위에서 백제의 중국 동부 해안지역 진출이 쉬웠던 것이다.

또 고구려와 백제가 멸망한 뒤에는 고구려 유민인 이정기(李正己) 일가가 산동성 지역에서 치청번진(淄靑藩鎭)을 경영하면서 당 황실에 대항하였다. 그 뒤를 이어 장보고(張保皐) 대사가 이 지역을 차지하고 해상권을 장악하였는데, 이러한 활동을 가능하게 했던 것도 그 전에 백제가 이 지역에 진출했던 것과 무관하지 않은 것이다.

참으로 명쾌한 논지이다.

『삼국사기』에 근초고왕의 즉위 이후 20년간 치적에 관한 기록이 전무한 이유도 계왕의 피살에 따라 혼란에 빠진 대륙백제를 안정시키고 영토 확장에 동분서주했기 때문으로 추측된다.

근초고왕이 재위 21년(366년)에 신라에 사신을 보내고, 그 이듬해에는 왜에 사신을 보냈으며, 다시 그 다음해에도 신라와 왜에 각각 사신을 보내 친선을 다진 것도 후방의 안전을 확보한 뒤에 대륙경영에 주력하기 위하 목적이 틀림없을 것이다.

반면 고구려와의 관계는 대륙 쪽에서나 한반도 쪽에서나 악화일로를 걸었다. 고구려와의 전쟁은 재위 24년(369년)부터 본격적으로 불붙기 시작했다. 그해 9월에 고국원왕이 몸소 기병 2만을 이끌고 오늘의 황해도 배천(白川)으로 비정되는 치양으로 쳐내려왔다. 급보를 받은 근초고왕은 태자 근구수(近仇首)에게 출전명령을 내렸다. 근구수는 부왕을 닮아 무술에 능하고 용병에도 출중했다. 이 치양전투에 관한 기록은 근초고왕 조보다 근구수왕 즉위 조에 훨씬 상세히 기록되어 있다.

근구수가 부왕의 명령을 받들어 군사를 거느리고 출전하여 고구려 군과 대치하였는데, 전에 백제에서 고구려로 달아났던 사기(斯紀)라는 자가 태자에게 찾아와 말하기를, "고구려 군사가 많으나 강한 부대는 붉은 깃발을 든 부대뿐이니 그 군사만 깨뜨리면 나머지는 저절로 무너질 것입니다."라고 했다. 태자가 그 말을 믿고 그대로 했더니 적군 5천 명을 죽이는 대승을 거둘 수 있었다.

근초고왕이 그해 11월에 황색 군기를 사용하여 한수 남쪽에서 크게 열병식을 거행한 것도 그 싸움의 대승을 기념하기 위한 것이었다.

치양전투에서 대패한 고구려군은 이를 설욕하고자 2년 뒤인 근초고왕 26년(371년)에 다시 대군을 동원하여 백제를 공격했다. 근초고왕은 이 보고를 받자 군사를 이끌고 나가 패하 강변에 군사를 매복시켰다가 기습 공격을 감행함으로써 또다시 대승을 거두었다. 그리고 그해 겨울에는 태자와 더불어 정예군 3만 명을 이끌고 고구려의 수도 평양성을 공격했다. 이 평양성전투에서 고구려는 국왕 고국원왕이 화살에 맞아 전사하는 치욕을 당했다. 그러나 평양성을 함락시키지는 못하고 곧바로 회군했다.

도읍을 위례성에서 한산으로 옮긴 것도 그해라고 『삼국사기』는 전한다. 그 이후에도 백제와 고구려의 싸움은 계속되었다. 재위 30년(375년) 7월에는 고국원왕의 뒤를 이어 왕위에 오른 소수림왕(小獸林王)이 군사를 보내 북쪽 변경의 수곡성을 함락시켰다. 근초고왕은 군사를 보내 반격을 가하려 했으나 그해에 큰 흉년이 들어 그만두었다.

그 어느 백제 제왕보다도 리더십이 탁월했던 근초고대왕은 그해 11월에 죽었다. 일세의 영걸 근초고왕은 대륙백제의 영토를 확장하고, 고구려와의 싸움을 승리로 이끄는 등 군사적으로도 큰 업적을 남겼지만, 문화적으로도 빛나는 큰 업적을 남겼다. 『삼국사기』는 당시까지 남아 있던 『고기(古記)』를 인용하여 근초고왕이 백제사상 처음으로 박사 고흥(高興)으로 하여금 백제사를 정리한 『서기(書記)』를 편찬했다고 전한다. 그러나 숱한 병화로 그 책 또한 실전되어 버렸으니 참으로 애석하다.

또한 비록 『삼국사기』에는 나오지 않지만 근초고대왕이 왜와 친선관계를 유지하며 많은 선진 문물을 전해주었다는 사실이 『일본서기』와 『고사기』에 전한다. 한일 간의 고대사 논쟁을 유발시킨 칠지도(七支刀)도 근초고왕 27년에 왜에 하사한 것이다. 일본 측에선 백제가 바친 것이라고 왜곡하고 있지만.

백제사상 최대 판도의 영토를 확장한 근초고대왕의 일대기를 마치면서, 이왕 백세사 이야기를 하는 김에 역사의 교훈을 되새기기 위해 리더십에 심각한 문제가 있어 백제를 멸망 직전의 위기에 빠뜨린 제26대 임금 성왕(聖王)을 소개하고자 한다.

우리는 역사를 통해 자질과 능력과 리더십이 부족한 지도자가 나라를 난국으로 이끌고, 마침내 멸망에 빠뜨리기도 했던 많은 경우를 알고 있다. 백제의 성왕이 관산성전투에서 패배하여 자신을 포함한 전군이 전멸당한 사실만 해도 그렇다.

성왕의 이름은 부여명농(扶餘明襛). 무령왕(武寧王)의 아들로서 523년에 즉위했다. 『삼국사기』는 성왕이 '지혜와 식견이 뛰어나고, 일을 처리함에 있어서 결단성이 있었다.'고 했지만, 관산성전투에서 패사한 정황만 두고 보면 그는 용병술이 모자라고 치밀함도 부족한 인물이었다.

성왕이 즉위할 무렵 백제·신라·고구려 삼국관계는 서로 치고받는 험악한 상황이었다. 특히 신라가 가야와 손잡고, 고구려는 계속해서 백제를 압박하고 있어 백제가 가장 불리한 형편이었다. 이에 성왕은 신라와 화친을 모색했다. 그리고 538년에는 도읍을 웅진(공주)에서 사비(부여)로 옮기고 국호를 남부여(南夫餘)라고 하는 등 개혁을 통한 국력의 회복을 꾀했다.

그런데 10년이 지난 548년에 고구려 군이 남침, 백제의 한강 이북 대 고구려 방어요새인 독산성을 포위했다. 성왕은 신라에 도움을 요청했고, 신라는 군사를 보내 이를 구해주었다. 3년 뒤인 551년에 성왕은 신라와 동맹을 맺고 연합군을 일으켜 고구려의 남쪽 변경을 공격했다. 그 보복전에서 백제는 고구려 남쪽의 6개 군을, 신라는 10개 군을 점령했다. 당시 백제가 차지한 6개 군은 한강 하류 오늘의 서울과 경기도 일대였고, 신라가 차지한 10개 군은 오늘의 남한강 상류 강원도와 충북 일대였다. 그러나 일은 거기에서 끝나지 않았다.

신라가 동맹을 배반했던 것이다. 신라군 총사령관 김거칠부(金居柒夫)는 내친 김에 백제가 천신만고 끝에 70년 만에 되찾은 옛 서울 한성지역의 6개 군마저 기습하여 차지해버렸다. 그러자 분노한 성왕은 절치부심하며 복수의 칼날을 갈았다. 성왕은 한성탈환이라는 눈앞의 성취에만 만족하여 신라의 음모를 전혀 눈치 채지 못하고 아무 대비책도 없이 방심하고 있다가 뒤통수를 맞은 격이었다.

그렇다고 해서 당시 신라의 군사행동을 비겁하고 비도덕적이라고 비난할수는 없다. 전쟁이란 본래 칼로 하는 정치가 아닌가. 동맹관계란 영원히 가지 않는다. 어제의 동지가 오늘의 적으로 돌변하는 것이 고대나 현대나 변함없는 국제정치의 냉혹한 실상이다. 내가 빼앗지 못하면 적국에게 빼앗기고, 승리 아니면 멸망뿐인 것이 전쟁이다.

따라서 오늘날에도 국정운영의 최고책임자든 기업경영의 총수든 자질이 부족하고 무능하면 국가와 회사에 손해만 끼치고, 그것도 모자라면 망하게 만들기 마련인 것이다.

와신상담하던 성왕은 재위 32년(554년)에 마침내 복수의 칼을 빼들었다. 그리하여 군사를 이끌고 오늘의 충북 옥천인 관산성을 공격했다. 성왕이 연합군인 대가야와 왜의 군사까지 거느리고 맹공을 퍼붓자 신라는 각간 김우덕(金于德)과 이찬 김탐지(金眈知)로 하여금 이를 막도록 했으나 백제군의 노도와 같은 기세를 당할 수 없어 서전에서 패퇴했다. 그러자 신라의 신주(新州 : 한산주) 군주(軍主) 김무력(金武力)이 군사를 이끌고 관산성을 구원하러 달려왔다. 김무력은 법흥왕(法興王) 때 신라에 항복한 금관가야의 왕자 출신으로 김유신(金庾信)의 할아버지이다.

　그 소식을 들은 성왕은 뒤에 위덕왕(威德王)이 되는 태자 부여창(扶餘昌)이 걱정되어 밤중에 보병과 기병 50명만 거느리고 달려갔다. 그것이 화근이었다. 그 첩보를 입수한 신라 삼년산군의 하급관리 고간(高干) 도도(都刀)가 구천(狗川)에 매복하고 있다가 전광석화처럼 기습공격을 가했던 것이다. 결국 이 관산성싸움에서 백제군은 임금이요 총사령관인 성왕 자신은 물론, 장관급인 좌평 4명, 장병 2만 9천 600명이 전멸당하고 말았다. 임금과 그가 거느린 군대가 전멸했으므로 백제는 개로왕(蓋鹵王)이 고구려의 장수왕에게 잡혀죽고 한성에서 웅진으로 천도한 이후 또다시 멸망의 위기에 빠지게 되었다.

　지금은 삼국시대와는 정치 · 군사 · 경제적 형편이 다르지만 백제가 서울에서 공주로, 공주에서 다시 부여로 남천(南遷)한 끝에 멸망당한 역사에서 교훈을 찾아야 한다. 백제는 한반도에서 가장 중요한 한강 하류를 고구려와 신라에게 차례로 빼앗기고 남천을 거듭한 끝에 망했던 것이다. 명칭이야 수도든 행정수도든 한강 이남으로의 남천은 백제 망국의 역사적 교훈을 망각한 위험한 발상이 아닐까.

광개토태왕

민족사 최대 강역 개척한 제왕

　고구려의 제19대 임금 광개토태왕(廣開土太王)의 성명은 고담덕(高談德)이다. 광개토태왕은 375년에 고국양왕(故國壤王)의 맏아들로 태어나 391년에 18세의 나이로 즉위하여 413년에 39세로 세상을 뜰 때까지 재위 22년 동안 탁월한 경륜과 출중한 리더십으로 부국강병의 대업을 펼쳐 한민족 사상 최대의 판도를 개척한 위대한 제왕이다.

　재위 당시의 칭호는 연호에 따라 영락태왕(永樂太王), 사후에 바쳐진 존호는 국강상광개토지경호태성왕(國岡上廣開土地境好太聖王), 또는 국강상광개토경평안호태왕(國岡上廣開土境平安好太王)이다. 성왕이나 태왕이란 당시 고구려가 중국의 황제라는 칭호처럼 자국의 제왕을 높여 부른 호칭이다. '국강상'은 능의 위치를, '광개토(지)경'은 빛나는 공적을, '평안호태왕'이나 '호태성왕'은 존경과 숭모의 뜻을 담은 것이다.

　광개토태왕이라고 하면 단순히 뛰어난 전략과 전술로 백제·왜·동부여·비려·후연·거란·숙신 등을 정벌하여 고구려 사상 최대의 판도를 개척한 정복군주로 알기 쉽지만, 그는 쉴 새 없이 전쟁을 통해서 영토만 넓힌 호전적인 제왕은 아니었다.

그는 밖으로는 남정북벌하며 수많은 외적을 굴복시켜 국위를 천하에 떨쳤지만, 안으로는 백성들이 편안히 생업에 종사하고 자유로운 신앙생활을 통해 징신적 평화를 찾을 수 있게 힘으로써 부국강병과 국리민복을 이룩한 우리 민족사상 가장 위대한 제왕이요 비상한 영주였다. 부국강병과 국리민복이란 인류사가 시작된 이래 동서고금을 막론하고 모든 나라가 추구하는 지상의 목표요 지고의 과제가 아닌가.

따라서 이러한 광개토태왕의 위대한 업적은 단순히 고구려를 빛낸 제왕으로 그치는 것이 아니라 출중한 리더십, 탁월한 리더십, 비상한 리더십으로 우리 민족사를 바꾼 비상한 영걸이라는 사실을 분명히 증명해준다. 지금은 중국 땅이 된 고구려의 황성 옛터 만주 길림성 집안시에 있는 광개토태왕릉비에 이런 구절이 새겨져 있다.

(태왕의) 은혜와 혜택은 하늘에까지 이르고, 위무(威武)는 사해에 떨치셨다. 또한 적들을 쓸어 없애 왕업을 평안하게 하시니 나라가 부강하고 백성이 번성하고 오곡이 풍성하게 익었다.

광개토태왕이 태어난 것은 소수림왕(小獸林王) 5년(375년)이다. 당시 그의 부친은 소수림왕의 아우였다. 소수림왕이 384년에 재위 14년 만에 후사 없이 죽자 그 뒤를 이어 즉위하니 그가 바로 고국양왕이다. 고국양왕은 즉위 3년째 되던 386년에 맏아들 담덕을 태자로 책봉했다. 그때 담덕의 나이 12세였다. 고구려에서 태자를 책봉하는 것은 성인으로 인정하는 15세 때가 보편적이지만 담덕은 나이에 비해 리더십, 특히 인품과 자질이 출중했으므로 그보다 일찍 태자로 책봉된 것으로 보인다.

『삼국사기』에는 광개토태왕이 나면서부터 체격이 장대하고 기상이 활달했다고 나온다. 또한 기록에 따르면 담덕은 태자 시절부터 군사를 거느리고 출전하여 백제·후연과 싸워 뛰어난 용병술을 보였다고 한다. 따라서 그의 탁월한 군사적 재능은 일찍부터 주변 여러 나라에 알려졌을 것이다.

광개토태왕은 391년 5월에 부왕 고국양왕이 재위 9년 만에 세상을 뜨자 18세의 나이에 제위에 올랐다. 그는 즉위와 함께 연호를 영락(永樂)이라고 선포하고 과감한 영토 확장 정책을 실현시켜나가기 시작했다. 능비에는 태왕이 즉위한 뒤 첫 전공이 영락 5년(395년) 비려(碑麗) 정벌부터 나오는데, 『삼국사기』에 따르면 즉위 당년 7월에 남쪽으로 백제를 공격하여 10개 성을 함락한 것으로 기록되어 있다.

또 9월에는 거란을 쳐서 남녀 500명을 포로로 잡고, 전에 그들에게 잡혀갔던 고구려 백성 1만 명을 데리고 돌아왔다고 한다. 뿐만 아니라 10월에는 다시 백제의 관미성을 쳐서 20일 만에 함락시켰다고 한다. 『삼국사기』의 이 기록은 광개토태왕릉비의 비문과 1년의 차이가 나지만, 고구려 사람들이 새긴 비문의 기록이 정확하다고 보아야 할 것이다. 이어서 영락 2년에도 백제가 남쪽 변경을 공격하자 장수를 보내 이를 막게 했고, 그 해에 평양에 아홉 개의 절을 창건했다고 한다. 즉위 직후부터 쉴 새 없이 남정북벌에 나선 광개토태왕이 무슨 여유가 있어서 갑자기(?) 도성이 아닌 평양성에 절을 한두 개도 아니고 아홉 개나 짓도록 했을까. 이는 광개토태왕이 오로지 전쟁밖에 모르는 임금이 아니라 백성들의 자유로운 신앙생활에도 자상하게 신경을 썼다는 반증이다. 그런 까닭에 그가 리더십이 뛰어난 위대한 제왕이라고 하는 것이다.

백제와의 싸움은 즉위년부터 영락 6년(396년)에 백제 아신왕(阿莘王)의 항복을 받아낸 이후까지 끈질기게 이어졌다. 광개토태왕이 신라와 화친한 것과는 반대로 백제를 철저하게 정벌한 데에는 그럴만한 까닭이 있었다. 백제가 광개토태왕의 할아버지 고국원왕(故國原王)을 죽인 구원이 있었기에 응징하기 위함이었다.

그 사건은 고국원왕 41년(371년) 10월에 일어났다. 백제 근초고왕(近肖古王)과 뒷날 근구수왕(近仇首王)이 되는 태자가 정예군 3만 명을 거느리고 고구려를 침공했을 때 고국원왕이 이에 맞서 싸우다가 평양성전투에서 화살에 맞아 죽었던 것이다. 고국원왕이 화살에 맞은 상처 때문에 죽고, 그 뒤를 이은 임금이 고국원왕의 맏아들이요 광개토태왕의 큰아버지인 소수림왕이었다. 소수림왕은 부왕의 원수를 갚기 위해 재위 5년부터 7년까지, 그 뒤를 이은 고국양왕도 재위 3년과 6년, 7년에 각각 백제와 싸웠으나 별 소득이 없었다.

아마도 광개토태왕은 어린 시절 백제를 정벌하려고 출전하는 고구려 군사들의 모습을 보며 언젠가 자신이 제위에 오르면 반드시 백제를 징치하겠다는 결심을 굳혔을지도 모른다. 그러나 광개토태왕이 오로지 탁월한 전략과 전술만 가지고 백제와 왜와 중국을 비롯한 주변 여러 나라를 제압하고 정벌하고 복속시켰던 것은 아니었다.

광개토태왕 자신의 출중한 군사적 재능과 비상한 리더십이 그가 이룩한 위업에 가장 큰 원동력이 되었음은 부인할 수 없는 사실이지만, 큰아버지 소수림왕과 아버지 고국양왕이 내치를 든든히 다져 놓았기에 이를 바탕으로 하여 즉위하자마자 정복전쟁을 통한 국력팽창에 나설 수 있었던 것이다.

소수림왕은 부왕의 복수를 위해 여러 차례 백제를 공격하기도 했지만 내치에도 많은 노력을 기울였다. 그는 중국 북부의 새로운 강자로 등장한 전진(前秦)과는 외교관계를 통해 우호적 관계를 유지하는 한편, 전진으로부터 불교를 받아들여 고구려는 물론 신라·백제를 포함해 삼국 가운데 가장 먼저 불교를 받아들임으로써 백성들로 하여금 종교를 통한 정신적 평온을 얻도록 했다.

또한 태학(太學)을 설립하여 인재를 양성했고, 율령을 제정하여 내부 체제를 한층 정비했다. 그의 아우로서 제위를 이은 고국양왕 또한 선대의 치욕을 씻기 위해 백제와 싸우는 한편, 내치에도 힘써 백성의 부담을 경감해주는 조세제도의 정비 등을 통해 인구와 생산력을 증가시켰다. 이러한 선대의 노력에 따른 국내 정치의 안정과 군사력의 증강이 태왕의 정복전쟁의 뒷받침이 되었던 것이다.

광개토태왕이 영락 1년(391년)에 즉위한 이후 가장 먼저 시작한 군사행동이 백제에 대한 공격이었다. 그는 즉위한 그해 7월에 친히 4만 대군을 이끌고 남정에 나서 한강 유역 백제의 북부 변경 10개 성을 단숨에 공취했다. 당시 백제의 임금은 진사왕(辰斯王)이었는데, 『삼국사기』에 따르면 그는 광개토태왕이 태자 때부터 용병술이 능했다는 말을 듣고 두려운 나머지 감히 나가서 맞서 싸우지 못했다고 한다. 그리고 그해 10월에 광개토태왕이 다시 군사를 거느리고 백제의 북쪽 변경의 중요한 요새인 관미성을 함락시킨 다음 달에 재위 8년 만에 죽고 말았다. 관미성 함락을 계기로 백제는 왕이 바뀌는 정변을 겪게 되지만 고구려와의 국력을 건 쟁투는 계속된다.

당시 동북아시아의 정세를 보면 중국은 전진이 망한 뒤 후진(後秦)·후연(後燕)·서진(西秦)·후량(後梁)이 차례로 일어나 중국 북서부에서 세력 확장에 열을 올리고, 남부에서는 동진(東晉)이 일어나 나름대로 영토 확대를 위해 혈안이 되어 있었다.

한편 한반도 남부에서는 근초고왕과 근구수왕 때에 사상 최대의 판도를 개척한 백제가 중심이 되어 가야와 왜와 연합하여 신라를 압박하며 북방의 강국 고구려에 맞서는 형편이었다. 한반도 동남부에서 서라벌을 중심으로 한 부족연합 형태의 신라는 그때까지 독자적으로는 백제에 대항할 능력이 없었다. 후발주자 신라는 생존을 위해 강대국 고구려에게 의지하기로 작정하고, 국가적 위기상황을 헤쳐 나가기 위해 고구려에 조공과 더불어 보호국을 자청했다.

392년 정월에 신라는 내물왕(奈勿王)의 조카로서 뒤에 귀국하여 왕위에 오르는 왕자 실성(實聖)을 고구려에 볼모로 보내며 화친조약을 맺었다. 당시 백제는 건국 이래 최성기를 구가하던 무렵이었으므로 신라는 이런 식으로 자구책을 강구할 수밖에 없었다. 고구려의 입장에서도 남쪽으로는 숙적 백제를 상대해야 하고, 북쪽과 서쪽으로도 중국 등 이민족 오랑캐들과 맞서야 하는 형편인데 신라가 제 발로 찾아와 복속하니 대환영이었다. 그렇게 하여 영락 2년에 신라의 구원 요청을 받아 광개토태왕은 남정에 나서게 되었던 것이다.

영락 3년 8월에 광개토태왕은 관미성 탈환을 위해 공격해온 백제군을 물리친 데에 이어, 그 이듬해 7월에도 백제가 공격해오자 5천 병력을 보내 수곡성을 빼앗고 국경 지역에 7개 성을 쌓았다. 또 그 이듬해인 영락 5년 8월에도 백제가 군사를 내어 쳐들어오자 몸소 정병 7천 명을 거느리고 출전하여 패수에서 백제군 8천 명을 죽이는 대승을 거두었다. 그리고 귀환 길에 그대로 군사를 이끌고 북상하여 거란족이 세운 비려국을 정벌했다.

영락 6년(396년) 봄에 백제가 대대적인 공격을 감행하자 광개토태왕은 이번에는 크게 혼을 내주리라 작정하고 대 함대를 거느리고 친정에 나서서 백제의 도성인 한성을 비롯하여 58개 성을 빼앗는 등 한강과 임진강 일대를 완전히 장악했다. 도성이 포위당하자 아신왕(阿莘王)은 남녀 1천 명, 세포 1천 필을 바치고 항복하는 한편 왕족과 대신 10명을 볼모로 바치는 치욕을 당했다.

이렇게 치욕을 당해 절치부심하던 아신왕은 이듬해 5월에 태자 전지(?支)를 왜에 보내 원병을 요청하고, 7월에는 대대적인 열병식을 벌이는 한편, 재위 7년(398년) 3월에는 고구려 공격의 전초기지인 쌍현성을 축조하고, 그 이듬해에는 왜로 하여금 신라를 공격토록 하는 양동작전을 펼쳤다. 다급한 신라는 다시 고구려에 구원을 요청했다. 태왕은 즉각 보병과 기병 5만 명을 보내 신라를 구원하니 백제의 기도는 결국 허사로 돌아갔다.

이후에도 광개토태왕의 남정북벌은 계속되어 영락 10년(400년)에는 보병과 기병 5만 명을 신라로 보내 왜군의 포위로 위기에 빠진 신라를 구원했고, 2

년 뒤에는 후연을 공격하여 신성과 남소성을 탈환했으며, 그 여세를 몰아 평주와 유주를 공격했다. 영락 16년(406년)에는 다시 후연을 공격했고, 그 이듬해에는 보병과 기병 5만 명을 이끌고 백제의 6개 성을 함락시켰다.

그로부터 얼마 지나지 않아 후연이 망하고 남연(南燕)과 북연(北燕)으로 나누어졌다. 고구려와 맞닿은 북연의 왕은 고운(高雲)인데, 그는 고구려 출신이었다. 고구려는 북연과 화친을 맺고 당분간 중국과의 싸움을 피할 수 있었다. 이처럼 서북 변경이 안정됨에 따라 광개토태왕은 영락 19년(409년)에 왕자 거련(巨連)을 태자로 책봉했다. 이 태자가 뒷날의 장수대왕(長壽大王)이다.

광개토태왕은 그 해에 평양성의 백성들을 독산성 등 새로 쌓은 성으로 이주시키고, 전에 백제를 정벌하여 확보한 환강 유역 지방을 순시하여 그곳 백성들을 위무했다. 한편 그 이듬해에는 동부여를 정벌하여 속국으로 삼았다.

이처럼 주변의 여러 나라를 쉴 새 없이 정벌하고 복속시켜 고구려 사상 최대의 판도를 개척하고, 대제국 고구려의 위상을 한껏 드높인 광개토태왕은 이번에는 내정의 안정으로 눈길을 돌렸다. 오랜 전쟁으로 고통 받고 지친 백성들의 마음을 어루만지고, 백성들로 하여금 생업에 전념하며 보다 편한 삶을 영위토록 노력했던 것이다.

광개토태왕은 재위 22년간 64개 성, 1천 400여 촌락을 공취하며 서쪽으로는 요하, 남쪽으로는 한강 유역, 북쪽으로는 숙신(肅慎), 동쪽으로는 옥저(沃沮)와 예(濊) 지역에 이르는, 단군왕검(檀君王儉)의 고조선 이래 최대의 영역을 개척했다.

그러나 광개토태왕은 전쟁만 잘한 제왕이 아니었다. 그는 고구려 사상 최강의 정예군을 육성한 탁월한 전략가이기도 했지만, 내정에도 힘써 행정과 군사제도를 비롯한 여러 가지 제도를 정비하고, 백성들이 마음 놓고 생업에 종사토록 했다. 또한 하늘과 조상신에게 제사지내는 나라의 사당과 종묘를 수리 정비하여 고유한 신앙체계를 정비했는가 하면, 전래된 지 얼마 되지 않은 불교를 통해 백성들이 정신적 안정을 찾도록 세심하게 배려할 줄도 알았다.

우리 역사상 세종대왕(世宗大王)과 더불어 가장 훌륭한 제왕으로 우러름을 받는 일세의 영걸 광개토태왕은 재위 22년째인 413년 10월에 세상을 하직했는데, 당시 그의 나이 아까운 39세였다.

39세라면 국가와 민족을 위해서 한창 일할 나이임에도 불구하고 무슨 까닭에 그렇게 일찍 세상을 떴는지는 알 수 없다. 이것은 필자의 추측에 불과하지만, 광개토태왕이 그처럼 젊은 나이에 세상을 뜬 것도 어쩌면 고구려의 시조 동명성왕(東明聖王)이 겨우 40세에 세상을 떠난 것처럼 갑작스럽게 병사(病死)한 것이 아닐까 생각해본다.

비상한 리더십, 출중하고 탁월한 리더십으로 대제국 고구려의 성세를 천하에 떨친 광개토태왕이 세상을 뜨자 뒤를 이어 즉위한 장수대왕은 그 이듬해인 414년에 부왕의 훈적을 기리는 세계 최대 규모의 거대한 석조 능비를 태왕릉 동쪽에 건립했으니 그것이 바로 오늘날 유명한 만주 길림성 집안시 대비가의 광개토태왕훈적비, 줄여서 호태왕비이다.

김이사부

신라 전성기를 이끈 영걸

　김이사부(金異斯夫)는 신라 제22대 임금 지증마립간(智證麻立干) 때부터 제24대 임금 진흥태왕(眞興太王) 때까지 탁월한 리더십으로 출장입상하며 신라 전성기의 부국강병책을 이끈 당대 으뜸가는 영걸이었다.

　이사부가 사서에 처음 등장하는 것은 『삼국사기』 '신라본기' 지증마립간 재위 6년(505년) 2월에 왕이 친히 나라 안의 지방조직을 주(州)와 군(郡)으로 나누고, 행정·군사 책임자로 군주(軍主)를 두었는데, 오늘의 강원도 삼척 지방인 실직주(悉直州)의 군주로 이사부를 임명했다는 기록이다.

　이로 미루어볼 때 이사부가 태어난 것은 그 이전 임금인 소지마립간(炤知麻立干 : 毗處王) 재위 시였을 것으로 보인다. 이사부가 한 지역의 책임자가 되었을 때 그의 나이가 최소한 20세는 넘었을 것이고, 만일 20세에 실직주 군주가 되었다면 그가 태어난 해를 역산하면 485년, 곧 소지마립간 7년에 해당되기 때문이다. 그가 태어날 무렵은 거의 해마다 북쪽에서는 고구려와 말갈이, 남쪽에서는 왜구가 침범하던 때였다. 그러나 백제와 가야와는 비교적 좋은 관계를 유지하고 있었다.

소지마립간은 자비마립간(慈悲麻立干)의 셋째아들로 태어나 479년 2월에 즉위하여 재위 21년 9개월 만인 500년 11월에 세상을 떴는데, 그에게는 정비 선혜부인(善兮夫人)과 후비 벽화부인(碧花夫人) 두 왕비가 있었다. 선혜부인은 뒷날 법흥왕(法興王) 김원종(金原宗)의 왕비가 되는 보도(保道)와 오도(吾道) 두 딸을 낳았고, 벽화부인은 아들 하나를 낳았다. 그러나 이 아들은 소지마립간의 뒤를 잇지 못 했고, 그 뒤에 어떻게 되었다는 기록도 없다. 『삼국사기』 '신라본기' 지증마립간 즉위 조를 보면 소지마립간이 '후사 없이 죽었으므로 내물이사금의 증손이며 소지마립간의 6촌 아우인 지증마립간이 왕위에 올랐다'고 했기 때문이다.

정비 선혜부인은 이벌찬 김내숙(金乃宿)의 딸로서 소지마립간 사이에서 보도를 낳고, 임금 몰래 묘심(妙心)이라는 중과 사통하여 오도를 낳았다. 오도에 대한 기록은 『삼국사기』에는 나오지 않고 김대문의 『화랑세기』에 자세히 나온다. 또한 선혜나 묘심, 오도의 이름은 나오지 않지만 『삼국유사』에 선혜부인과 묘심의 간통사건을 전해주는 기록이 실려 있다. 그 내용을 소개한다.

제21대 비처왕(소지왕) 즉위 10년(488년)에 왕이 천천정(天泉亭)에 행차했다. 이때 까마귀와 쥐가 와서 울더니 쥐가 사람처럼 말했다. "이 까마귀가 가는 곳을 살펴보시오." 왕이 무사에게 명해 뒤쫓게 했다. 무사가 남쪽으로 피촌(避村)에 이르러 돼지 두 마리가 싸우는 것을 한참 구경하다가 문득 까마귀가 날아간 곳을 잃어버리고 길가에서 헤매고 있었다. 그때 한 노인이 연못 속에서 나와 글을 올렸는데 겉봉에 이렇게 쓰여 있었다. '이것을 떼어보면 두 사람이 죽을 것이고, 떼어보지 않으면 한 사람이 죽을 것이다.' 무사가 돌아와서 왕에게 드리니 왕이 말했다.
"두 사람이 죽는 것보다는 떼어보지 않고 한 사람만 죽는 것이 낫겠구나." 그러자 일관(日官)이 아뢰었다. "두 사람이란 서민이요, 한 사람이란 임금입니다." 왕은 그 말을 옳게 여겨 겉봉을 떼어보니 속에 '금갑(琴匣)을 쏘라'고 쓰여 있었다. 왕은 곧 궁에 돌아가서 거문고갑을 쏘니 거기에는 내전에서 분향 수도하던 중이 궁주(왕비)와 몰래 간통하고 있었다. 두 사람은 사형을 당했다.

그 연못이 오늘의 경주 서출지(書出池)인데, 그러나 여기에서 두 사람을 처형했다는 것은 사실과 다르다. 『화랑세기』 제1세 풍월주 위화랑(魏花郎) 조에 따르면 '보도의 아우 오도는 선혜황후와 묘심이 사통하여 낳았다'고 했기 때문이다.

풍월주란 화랑 중의 화랑을 가리키는데, 제1세 풍월주였던 위화랑은 바로 벽화부인의 남동생으로서, 벽화부인이 소지마립간의 제2왕비가 되자 따라서 입궁하여 임금의 총애를 받았다.

벽화부인과 위화랑 남매의 부모는 오늘의 경북 영주인 날이(捺已) 사람 김파로(金波路)와 벽아부인(碧我夫人)이다. 벽화부인이 소지마립간의 둘째 왕비가 된 과정이 『삼국사기』 '신라본기' 소지마립간 22년 조에 이렇게 나온다.

가을 9월에 왕이 날이군으로 행차했다. 그 고을 사람 파로에게 벽화라는 딸이 있었는데, 나이는 16세로 나라 안에서 으뜸가는 미인이었다. 그녀의 아버지는 그녀에게 수놓은 비단옷을 입혀 수레에 태워 곱게 물들인 명주를 덮어서 왕에게 바쳤다. 왕은 음식을 바치는 것으로 생각하고 그것을 열어보니 단정한 소녀이므로 괴이하게 여겨 받아들이지 않았다. 그러나 대궐로 돌아오자 그리움을 참지 못해 여러 차례 미행하여 그의 집으로 찾아가서 상관했다.

돌아오는 길에 고타군을 지나다가 한 노파의 집에서 묵게 되었는데, 왕이 그 노파에게 물었다. "지금 세상 사람들이 이 나라 임금을 어떻게 생각하는가?" 노파가 대답했다. "많은 사람이 왕을 성인으로 여기고 있지만 저는 홀로 그것을 의심하고 있습니다. 왜냐하면 왕께서는 날이의 여인과 상관하여 여러 번이나 미복으로 왔다고 하니, 무릇 용이 고기의 옷을 입으면 어부에게 잡히기 때문입니다. 이제 왕은 만승천자의 자리에 있으면서 삼가고 자중하지 않으니, 이러고도 성인이라면 그 누가 성인이 아니겠습니까?"

왕은 그 말을 듣고 크게 부끄럽게 여겨 몰래 그 여인을 맞아다가 다른 방에 두었는데, 아들 한 명을 낳기에 이르렀다. 거울 11월에 왕이 세상을 떠났다.

입궁하여 두 달 만에 소지마립간이 죽으니 벽화는 겨우 16세밖에 안 되어 졸지에 과부가 되었다. 그렇다고 해서 수절을 한 것은 아니었다. 소지마립간이 죽고 그 뒤를 이어서 왕위에 오른 지증마립간의 태자, 나중에 법흥왕으로 등극하는 김원종을 섬겼던 것이다.

당시 원종에게는 소지마립간과 선혜왕후의 공주 보도가 태자비로 있었다. 그런데 더욱 복잡한 것은 태자 원종은 정비인 보도보다는 그녀의 동생인 오도를 더 총애하고 있었다는 점이다. 오도란 앞서 소개한 대로 선혜왕비가 증묘심과 간통하여 낳은 딸이니 보도와는 아비 다른 자매간이었다.

하지만 일은 거기에서 그치지 않고 더욱 꼬여만 갔으니, 정작 오도는 태자보다 벽화부인의 남동생 위화랑을 사모하여 정을 통하고 옥진(玉珍)이라는 딸까지 낳았다는 사실이다. 화가 난 원종은 오도를 총애하는 신하 아시(阿時)에게 주고, 벽화도 역시 총신 비량(比梁)에게 주어버렸다. 그리고 위화랑을 멀리했다. 그렇게 주변 정리를 끝내고 난 뒤에야 비로소 정비인 보도부인에게 사랑을 쏟기 시작했다.

벽화는 처음에 소지마립간의 후비가 되었다가, 다시 태자의 후비가 되었다가, 비량의 부인이 되었다. 요즘 세상에 세 차례나 시집을 갔다면 팔자가 사납다고 하겠지만, 당시 신라 왕실에선 성관계가 상상 이상으로 자유로웠고 근친혼까지 성행했지만 이를 오늘의 윤리나 도덕 기준에 맞춰 비난할 수는 없다.

벽화도 처음부터 법흥왕의 명에 따라 비량과 혼인한 것은 아니었다. 두 사람은 벽화가 법흥왕의 후비였을 때부터 눈이 맞아 사랑을 했는데, 그것도 남의 이목을 피해 대궐 안 벽화의 거처인 후궁 뒷간에서 만나 몰래 사랑을 나누었다. 하지만 세상에 비밀은 없는 법. 결국 그 사실을 알게 된 법흥왕이 벽화를 비량의 아내로 주었는데, 이는 비량이 자신이 매우 총애하는 신하였기 때문이다.

그래서 두 사람은 아들을 낳았는데 그가 바로 구리지(仇利知)이다. 구리지란 이름은 '구린내 나는 뒷간에서 정을 통해 낳은 아이'란 뜻이다. 이 구리지가 나중에 커서 위화랑과 오도 사이에서 태어난 금진(金珍)과 상관하여 두 아들 토함(吐含)과 사다함(斯多含), 딸 새달(塞達)을 낳았다. 사다함은 뒷날 제5세 풍월주로서 이사부가 총사령관이 되어 가야를 정벌할 때 따라가 큰 공을 세운 유명한 화랑이요, 새달은 제4세 풍월주 이화랑(二花郎)의 첩이 되었다.

이사부가 태어날 무렵 신라 왕실의 사정은 대충 이러했다.

『삼국사기』에는 김이사부의 가계에 대해 단지 내물왕의 4세손이라는 말밖에 없지만, 『화랑세기』에 따르면 이사부의 아버지는 아진종(阿珍宗)이며, 아진종은 내물왕의 손자인 습보공(習寶公)의 아들이라고 했다. 또 어머니는 보옥공주(寶玉公主)라고 했다.

이사부는 귀한 혈통을 타고난 데다 뛰어난 머리와 담력을 지녀 신라에서는 없어서는 안 될 인재로 성장했다. 지증마립간 6년(505년) 2월에 실직주 군주가 되었던 이사부가 우산국(于山國), 즉 울릉도정벌의 쾌거를 이룩하여 신라의 국위를 떨친 것은 그로부터 7년 뒤인 지증마립간 13년(512년) 6월이었다. 『삼국사기』의 기록에 따르면 이찬(伊?) 이사부가 하슬라주의 군주가 되어 우산국을 굴복시킨 것으로 나오니, 아마도 그는 실직주 군주에 이어 오늘의 강릉 지방인 하슬라주까지 신라의 영역으로 확보하여 그 군주를 역임한 것으로 보인다.

이사부의 벼슬인 이찬은 유리이사금 9년에 설치한 17관등에 따르면 제1등급 이벌찬에 이어 제2등급으로 이척찬이라고도 했다. 당시 신라에서는 제1위 이벌찬과 제2위 이찬에 이어 제3위 잡찬, 제4위 파진찬, 제5위 대아찬까지는 진골(眞骨)만이 등용될 수 있었다.

『삼국사기』 지증마립간 13년 조는 이렇게 전한다.

13년 여름 6월에 우산국이 귀순 복종하여 해마다 토산물을 바치기로 했다. 우산국은 명주(溟州)의 정동쪽 바다에 있는 섬으로 울릉도라고도 한다. 그 지방은 100리이며, 지세가 험준함을 믿고 복종하지 않았다. 이찬 이사부가 하슬라주의 군주가 되자 우산 사람들은 어리석고도 사나워 위세로는 굴복시킬 수 없으니 꾀로써 항복시킬 수 있다 하여 나무로 사자를 만들어 전선에 나누어 싣고 그 나라 해안에 이르러 거짓으로, "너희가 만약 항복하지 않으면 이 사나운 짐승을 놓아서 너희들을 밟아 죽이겠다!"고 하니 그 나라 사람들이 무서워서 곧 항복했다.

한편 『삼국유사』 '기이 편' 지철로왕(智哲老王 : 지증왕) 조도 이 사실을 이렇게 썼다.

또 아슬라주(명주) 동해안에 순풍으로 이틀 걸리는 곳에 우릉도(于陵島, 지금은 羽陵島라고 쓴다)가 있다. 주위가 2만 7천 130보나 된다. 섬의 오랑캐들은 그 깊은 바다를 믿고 교만하여 조공하지 않았다. 왕은 이찬 박이종(朴伊宗)을 시켜 군사를 거느리고 가서 치게 했다. 이종은 나무로 사자를 만들어 큰 배 위에 싣고 가서 그들을 위협했다. "항복하지 않으면 이 사자를 놓아버리겠다!" 섬 오랑캐들은 두려워서 항복했다. 왕은 이종을 포상하여 아슬라주의 장관을 삼았다.

다음은 『삼국사기』 '열전' 이사부 조의 기록이다.

이사부(혹은 苔宗이라고도 한다)는 성은 김씨이며, 내물왕의 4세손이다. 지도로왕(智度路王 : 지증왕) 때에 바닷가 지방의 관원이 되어 거도(居道)의 권모를 물려받아 말놀음으로써 가야를 속여 이를 쳐서 빼앗았다. 13년 임진(512년) 하슬라주의 군주가 되어 우산국을 합치려 했으나 그 나라 사람들이 어리석고……

이하는 위의 기록과 같은 내용인데, 여기에서 '거도의 권모'라고 한 것은 무엇을 뜻하는가. '열전' 거도 편에 그 이야기가 나온다. 별로 길지 않으므로 이 부분도 그대로 소개한다.

그의 성이 전해지지 않았고, 어디 사람인지도 알 수 없다. 그가 탈해이사금(脫解尼師今)을 섬겨 간(干)이 되었는데, 그때 우시산국(于尸山國)과 거칠산국(居柒山國)이 신라 접경에 끼어 있으면서 자못 나라의 근심거리가 되었다. 거도가 변경 관리로서 은근히 그 나라들을 병합하려는 뜻을 품고 해마다 한 차례씩 장토(張吐) 들판에 말떼를 몰아놓고서 군사들을 시켜 말을 타고 달리게 하는 것으로 오락을 삼으니 당시 사람들이 그를 '말 아서씨'라고 불렀으며, 두 나라 사람들은 이를 늘 보아왔기 때문에 신라 사람들이 늘 하는 행사라 하여 수상하게 여기지 않았다. 이에 거도가 불시에 군마를 출동하여 그들을 쳐 없애버렸다.

한편, 이사부의 이름을 이종 또는 태종이라고도 쓴 까닭은 신라의 향찰식 이름인 '잇마루'를 한문으로 표기했기 때문이다. 이는 '거칠마루' – 거칠부를 황종(荒宗)이라고 표기한 것과 같다.

이렇게 이사부는 이찬 벼슬로 실직주와 하슬라주 군주를 역임하며 우산국을 정벌하는 등 공을 세우고, 진흥왕(眞興王)이 즉위한 이듬해인 541년 3월에 오늘의 국방부장관 격인 병부령에 올라 신라의 군권을 장악한다. 이사부가 신라 중앙정계의 거물이 된 것은 진흥왕 즉위 직후였는데, 여기에는 당시 어린 임금을 대신하여 섭정을 하던 진흥왕의 생모요 이사부의 정부인 지소태후(只召太后)의 힘이 컸을 것이다.

『화랑세기』에 따르면 이사부는 지소태후와 정을 통해 제6세 풍월주인 김세종(金世宗)과 황화(黃華)·송화(松花)·숙명(淑明) 세 궁주를 낳았다. 지소태후는 본래 법흥왕의 공주로서 보도부인 소생이다. 법흥왕의 명령으로 부왕의 아우요 자신에게는 친삼촌인 김입종(金立宗)에게 시집가 김삼맥종(金?麥宗)을 낳으니 그가 바로 진흥왕이다. 진흥왕이 불과 7세 어린 나이에 왕위에 오르자 지소태후가 섭정이 되어 신라 왕실은 물론 정사까지 좌우했다.

따라서 진흥왕 재위 초기 10년 안팎은 지소태후의 세상이나 마찬가지였고, 그녀의 정부 이사부는 병부령으로서 군권을 장악하여 이를 뒷받침한 것으로 보인다. 이사부는 비록 진골이었지만 신하의 신분으로 태후를 섬겨 1남 3녀를 낳았으므로 그녀가 낳은 자식들에게도 아버지가 아닌 신하의 입장으로 대해야만 했다.

그러면 지증마립간 때부터 진흥왕 때까지 신라가 국력을 급신장했던 과정을 사서의 기록을 바탕으로 살펴본다.

신라는 지증왕 3년(502년)에 야만적인 풍습인 순장제도를 금했다. 그 이전까지는 국왕이 죽으면 남녀 각 5명을 함께 생매장했다. 그리고 그 이듬해에는 그때까지 사라(斯羅)니 사로(斯盧)니 서라벌(徐羅伐)이니 하고 부르던 국호를 신라로 확정하고, 임금의 칭호도 거서간·차차웅·마립간 등으로 부르던 것을 이웃 나라들과 마찬가지로 왕으로 부르기로 했다. 지증왕 6년에는 나라 안 각 지방의 행정구역을 주·군·현으로 나누었고, 지증왕 13년에는 우산국을 복속시켰으며, 그 이태 뒤인 지증왕 15년에 임금이 죽자 처음으로 시호를 바쳤다.

514년 7월 지증왕이 재위 13년 8개월 만에 죽자 태자 원종이 즉위하니 그가 법흥왕이다. 지증왕의 왕비는 연제부인(延帝夫人) 박씨로서 원종과 입종

두 왕자를 낳았다.

지증왕에 이어 즉위한 법흥왕은 선왕에 이어 국가개혁에 더욱 박차를 가했다. 재위 4년(517년) 4월에는 병부를 설치하여 국방체계를 확립하고, 7년(520년) 정월에는 법령을 반포하고 관복을 제정했으며, 15년(528년)에는 이차돈(異次頓)의 순교를 계기로 불교를 공인했다. 이에 따라 그동안 숨어서 몰래 포교하던 불교는 왕실의 비호 아래 급격히 교세를 신장할 수 있었고, 왕실은 불교를 이용하여 왕권안정을 꾀할 수 있었다.

또 재위 18년(534년)에는 상대등(上大等)이라는 직위를 신설, 이찬 철부(哲夫)를 초대 상대등에 임명했으니, 상대등은 곧 고구려의 국상(國相)과 마찬가지로 문무백관의 우두머리인 수상을 뜻했다.

이 같은 과정을 통한 국력신장에 힘입어 신라는 고구려와 백제에 비해 후발주자라는 불리함을 딛고 부국강병(富國强兵)을 이룩했다는 자신감으로 재위 23년(539년)에는 연호(年號)를 제정하여 건원(建元) 원년으로 했다. 이는 신라가 과거처럼 약소국이 아니라 당당한 황제국이라는 선포였다. 법흥왕이 연호를 세우고 황제를 자칭하게 된 결정적인 계기는 가야국의 항복이라고 할 수 있다.

가야는 서기 42년에 변한의 9개 소국이 모여 연맹국가를 형성했으나 얼마 못가 신라의 팽창정책에 따라 3개 나라를 잃고 6개 나라만 남았다. 이 가야 연맹국은 개국 초부터 금관가야의 김수로왕(金首露王)이 맹주가 되어 5개국을 지배하는 형태로 유지되다가, 448년 백제 동성왕(東城王)이 가야의 일부 지역을 점령하는 것을 계기로 가야의 지배권을 놓고 신라와 백제가 치열한 쟁패전을 벌이게 되었다. 지증왕은 금관가야의 협력으로 오늘의 경남 함안 지역에 있던 아라가야에 병력을 투입하고 백성들을 이주시켰으며, 522년에는 금관가야의 마지막 임금인 구형왕(仇衡王)이 신라에 사신을 보내 혼인을 요청하자 법흥왕이 이찬 비조부(比助夫)의 누이를 시집보내 양국이 혼인동맹을 맺게 되었다.

그리고 그 2년 뒤인 524년 9월에는 법흥왕이 가야의 개척지를 순행하고 구형왕과 회견을 했는데, 아마 이때 가야의 항복조건이 논의되었던 것으로 보인다. 가야는 532년에 구형왕이 왕비와 노종(奴宗)·무덕(武德)·무력(武力) 세 왕자와 더불어 나라의 보물을 바치고 신라에 항복했다. 법흥왕은 구형왕에게 금관국을 식읍으로 주고, 셋째아들 김무력을 조정에 입조시키니, 무력의 아들이 서현(舒玄)이요, 서현의 아들이 유신(庾信)이다.

540년 7월에 법흥왕이 재위 26년 만에 죽고 진흥왕이 제24대 임금으로 즉위했다. 진흥왕은 법흥왕의 아우 김입종의 아들이며, 어머니는 법흥왕의 딸 지소태후 김씨이다. 법흥왕은 정비 보도부인에게서 소생이 없고, 후비 옥진 궁주한테서 아들 비대(比臺)를, 백제 동성왕의 딸 보과부인에게서 모랑(毛郎)을 낳았다.

법흥왕은 처음에 비대왕자에게 왕위를 물려주려고 했으나 그의 외조부인 위화랑과 딸 지소의 반대로 뜻을 이루지 못했다. 비대의 생모 옥진은 소지마립간의 왕비 선혜와 중 묘심이 간통하여 낳은 오도의 딸이므로 골품(骨品)이 없었기에 위화랑과 지소 등이 반대했던 것이다. 따라서 왕위는 일찍 죽은 김입종과 지소의 아들인 김삼맥종에게 돌아가니, 그가 바로 진흥태왕이다.

그래서 불과 7세의 진흥왕이 즉위하자 지소태후는 섭정을 맡아 왕실 내부를, 중요한 국사는 중신인 이사부와 거칠부에게 맡겼다. 진흥왕 즉위 이듬해에 이사부로 하여금 병부령을 삼아 군권을 장악하게 한 데에는 그러한 배경이 있었기 때문이었다.

독실한 불교신자였던 지소태후는 진흥왕 5년(544년)에 신라 최초의 대사찰인 대왕흥륜사를 완공하고, 그 이듬해에는 이사부의 건의에 따라 거칠부 등에게 명해 『국사(國史)』를 편찬하게 했다. 당시 이찬이요 병부령이었던 이사부는 이렇게 말했다고 『삼국사기』는 전한다.

"국사란 임금과 신하들의 착하고 악함을 기록하여 시비선악의 평정을 만세에 보이는 것인데 국사가 없다면 후세에서 무엇을 보겠습니까?"

그러자 진흥왕이 이를 옳게 여겨 대아찬 거칠부(居柒夫) 등에게 명해 선비들을 널리 모아 그들로 하여금 『국사』를 편찬하게 했다. 여기에서 거칠부에 대해서 언급하고 넘어가고자 한다. 거칠부 또한 이사부와 더불어 진흥왕 때에 신라의 국력신장을 이끈 리더십이 걸출한 인재였다. 『삼국사기』 '열전' 거칠부 편은 이렇게 전한다.

거칠부(또는 荒宗이라고도 한다)의 성은 김씨요, 내물왕의 5세손이다. 할아버지는 각간 잉숙(仍宿)이요, 아버지는 이찬 물력(勿力)이다. 거칠부는 젊었을 때에 행동이 거침없고 원대한 뜻을 품었기에 머리를 깎고 중이 되어 사방을 유람하다가 문득 고구려의 내막을 알아보고 싶은 생각이 들어 그 나라 경내로 들어갔다.

거기서 혜량법사(惠亮法師)가 자리를 마련해 설법을 한다는 말을 듣고 드디어 그곳으로 가서 설법을 들었다. 하루는 혜량이 거칠부에게, "상좌는 어디에서 왔는가?" 하니 거칠부가 대답하기를, "저는 신라 사람입니다." 라고 했다. 그날 밤에 법사가 거칠부를 자신에게 오라고 하여 그의 손을 잡고 은근히 말하기를, "내가 보아온 사람이 많지만 그대의 용모를 보니 정녕 보통 사람이 아니라 혹시 딴 마음을 품지 않았는가?" 하매 거칠부가 대답하기를, "제가 외딴 지방에서 생장하여 참된 도리를 배우지 못하고 있다가 스님의 높으신 명성을 듣고 문하에 찾아왔사오니 스님께서 거절하지 말고 끝까지 이 몽매한 자를 일깨워주시기 바랍니다." 하니 법사가 말했다. "나와 같이 불민한 노승으로도 그대를 눈치 챘거늘 이 나라가 아무리 작아도 아는 사람이 없으리라고는 단언할 수 없는지라, 그대가 잡힐까 염려되어 일부러 은밀히 일러주는 것이니 그대는 빨리 돌아가라." 거칠부가 돌아가려 하니 법사가 또 이르기를, "그대의 제비턱과 매눈을 보니 장차 반드시 장수가 되겠으니, 만일 전쟁이 나게 되더라도 내게 해를 끼치지 말라!"고 했다. 거칠부가 말하기를, "만일 스님의 말씀대로 된다면 스님에게 해를 끼치지 않겠다는 것을 밝은 해를 두고 맹세하겠습니다." 하고 드디어 본국으로 돌아와 중노릇을 그만두고 벼슬에 종사하여 직품이 대아찬에 이르렀다.

이렇게 신라 17관등 가운데 제5위인 대아찬에 오른 거칠부가 진흥왕 6년(545년)에 항렬로는 삼촌뻘인 이사부의 건의에 따른 왕명을 받아 편찬한 신라의 역사서가 지금은 실전된 『국사』였다. 거칠부는 이 공로로 제4위인 파진찬으로 승진했다.

진흥왕 11년(550년) 정월에 백제가 고구려의 도살성을 함락시키고 3월에는 고구려가 백제의 금현성을 점령했다. 진흥왕은 두 나라 군사가 서로 싸우느라고 피로한 틈을 타서 이사부로 하여금 군사를 이끌고 가서 이 두 성을 빼앗고 군사 1천 명을 주둔시켰다. 이 일을 계기로 하여 신라와 백제의 관계는 극도로 악화되었다.

연호를 개국(開國)이라고 바꾼 그 이듬해에는 거칠부가 왕명에 따라 대각간 구진(仇珍), 이벌찬 비대(比臺), 잡찬 비서(非西), 파진찬 노부(奴夫), 파진찬 서력부(西力夫), 대아찬 비차부(比次夫), 아찬 미진부(未珍夫) 등 일곱 장수와 더불어 백제와 함께 합동작전을 벌여 고구려를 쳤다. 백제군이 먼저 평양성을 쳐부수므로 거칠부 등이 이긴 기세를 타서 죽령 이외 고현 이내의 10군을 빼앗았다.

거칠부가 혜량법사를 다시 만난 것이 이때였다. 신라군이 진격하자 혜량법사는 제자들을 데리고 길가에 나와 있다가 거칠부를 만나게 되었다. 거칠부가 말에서 내려 법사에게 절하고 말하기를, "전에 유학할 때에 법사의 은혜를 입어 생명을 보전할 수 있었는데, 오늘 우연히 만나게 되니 무엇으로 은혜를 갚아야 할지 모르겠습니다." 그러자 법사가 대답하기를, "지금 우리나라는 정사가 어지러워져서 멸망할 날이 얼마 남지 않았으니 귀국으로 데려가주기를 바라노라."고 했다. 이에 거칠부가 그를 말에 태워 함께 돌아와 진흥왕에게 소개하니 왕은 그를 승통(僧統)으로 임명하여 백좌강회와 팔관법을 주관하게 했다.

그런데, 당시 백제가 쳐부수었다는 평양성은 고구려의 수도 평양성이 아니라 오늘의 황해도 지방에 있던 남평양으로 추정되고, 거칠부가 승세를 타서 백제군의 뒤를 암습하여 빼앗았다는 죽령 이외 고현 이내 10군이란 오늘날 강원도 지방 대부분을 가리킨다. 나중 고구려의 용장 온달(溫達)이 남정군을 거느리고 마지막으로 출전한 것도 바로 이때 신라에게 빼앗긴 죽령 이외 고현 이내의 옛땅을 탈환하기 위해서였다.

이사부와 더불어 부국강병책을 앞장서 추진함으로써 진흥왕대의 신라중흥, 신라전성기를 이룬 거칠부는 이찬 벼슬로 올랐다가 진지왕 원년(576년)에 상대등이 되어 신하들의 우두머리가 되었으며, 늙어서 은퇴한 뒤 집에서 죽었는데, 향년이 78세였다.

진흥왕 14년(553년)에는 황룡사를 창건하고, 그 이듬해에는 명활성을 수축했는데, 전날의 복수를 위해 백제의 성왕(聖王)이 친히 군사를 거느리고 신라를 치다가 전사한 것도 그해였다. 진흥왕은 승세를 타고 한강 하류, 오늘의 서울 일대까지 영토를 넓혀 순행(巡幸)했으니 북한산순수비가 당시에 세운 것이다.

또 진흥왕 23년(562년) 7월에 백제가 변방을 침범하므로 군사를 보내 1천여 명을 죽이거나 사로잡았고, 9월에는 가야의 남은 세력이 반란을 일으키므로 이사부로 하여금 군사를 이끌고 가서 이를 평정시켰다. 나이 겨우 15~16세였던 화랑 사다함(斯多含)이 이사부의 부장으로 출전해 전공을 세운 것이 그때였다.

진흥왕 29년(568년)에는 연호를 대창(大昌)으로, 다시 33년(572년)에는 홍제(弘濟)로 바꾸었다. 신라가 진흥왕이 재위 37년 만에 사망한 576년에 화랑제도를 설치했다는『삼국사기』의 기록은 사실과 다르다.『화랑세기』를 비롯한 다른 사서들에 따르면 이는 진흥왕 원년의 일로서 이를 주도한 인물은 당시 섭정을 하던 지소태후였다.

이처럼 진흥왕 재위 시에 신라의 부국강병책을 앞장서 실행하여 신라사상 최대의 영역을 개척함으로써 신라전성기를 이룩한 영걸 이사부는 진흥왕 재위 이○ 해에 사망한 것으로 추정된다. 왜냐하면 그의 조카뻘이며 관직에서도 이사부가 이찬 때에 대아찬으로 하위에 있던 후배 거칠부가 진흥왕 사후 진지왕 즉위 직후 상대등에 임명되었다는 기록이 있기 때문이다. 또한 진평왕 원년(579년)에는 이찬 노리부(弩里夫)를 상대등으로 임명했다는 기록도 있으므로 이사부가 그 전에 죽었다고 추정하는 것이다.

마지막으로 이사부와 지소태후에 얽힌 이야기를 한 가지 소개한다. 『화랑세기』에 나오는 이야기이다.

진흥왕이 즉위한 지 어느덧 20년이 지났다. 어느 날 지소태후가 귀족 대신들의 시집 안 간 여식들을 궁중으로 불러들여 자신과 이사부 사이에서 낳은 아들 세종(世宗)에게 마음에 드는 처녀를 고르라고 했다. 세종이 미실(美室)을 택했다. 미실은 제2세 풍월주 미진부와 법흥왕의 후궁이며 제1세 풍월주 위화랑의 손녀인 묘도(妙道)의 소생이다. 이때 세종의 부인이 된 미실은 이후 진흥왕 중기부터 진평왕 초기까지 약 40년 동안 비상하게 빼어난 미색과 총명한 두뇌로 제왕에 버금가는 권력을 휘두르며 신라 왕실과 정계를 좌지우지했다.

절세가인으로 태어난 미실은 진흥왕과 그의 아들 동륜태자(銅輪太子), 동륜의 이복동생으로 뒷날 진지왕이 되는 금륜태자(金輪太子) 3부자, 동륜태자의 아들인 진평왕 등 할아비에서 손자에 이르는 세 명의 제왕과 한 명의 태자를 색정의 노예로 만들었고, 세종을 비롯해 사다함과 설화랑 등 풍월주들을 자신의 치맛자락에서 정신없이 헤매도록 만들었다. 뿐만 아니라 두 차례나 풍월주를 폐지하고 자신이 원화(源花)가 되어 화랑도를 거느렸으니, 일세의 여걸이요 요화였던 미실의 일생은 신라 화랑사와는 불가분의 관계였다. 이런 대단한 여걸의 이름이 지금까지 알려지지 않았던 것은 『삼국사기』와 『삼국유사』를 비롯한 그 어떤 사서에도 그녀의 이름이 나오지 않기 때문이다. 미실의 존재는 근래 출현한 『화랑세기』 필사본에 의해 세상에 드러났다.

그렇게 세종이 미실을 선택하자 지소태후는 미실이 마음에 들지 않아 아들 진흥왕에 이어 세종의 생부요 자신의 정부인 이사부를 궁으로 불러들여 이 일을 상의했다.

"며느리를 얻는데 지아비와 상의하지 않을 수 없기에 불렀습니다. 공은 어떻게 생각하는지요?"

"이 일은 폐하의 집안 일이온데 신이 어찌 감히 말씀드릴 수 있겠습니까?"

"미실은 영실(英失)의 외손입니다. 영실이 나의 계부(繼夫)이지만 내게 잘못이 많았습니다. 그래서 쉽사리 결정하지 못하는 것입니다."

"영실은 돌아가신 법흥제의 총신이었습니다. 유명(遺命)을 소홀히 할 수는 없습니다. 또 전군(殿君, 세종)이 좋아한다면 미실의 숙모인 사도황후도 좋아할 것이니 이 또한 좋은 일이 아니겠습니까?"

그제야 태후의 표정이 밝아지면서 이렇게 말했다.

"오늘 사랑하는 지아비의 가르침이 없었다면 내가 큰 잘못을 저지를 뻔했습니다."

그렇게 해서 미실은 입궁할 수 있었고, 마침내 이를 발판으로 신라 왕실을 주름잡을 수 있었다. 이러한 사연 또한 당대의 영걸 이사부의 한 면모를 전해주는 이야기라고 하겠다. 신라가 진흥왕 대의 중흥을 맞을 수 있었던 것은 김이사부와 같이 출중하고 탁월한 리더십의 출장입상한 영걸이 있었기에 가능한 일이었다.

김문노

삼한통일 토대 닦은 화랑의 대부

    김문노(金文弩)는 신라가 삼국통일을 이룰 수 있었던 원동력의 하나였던 화랑도의 대부(代父) 같은 존재였다. 그는 유명한 화랑 김사다함(金斯多含)의 스승이었고, 역시 젊은 시절 화랑이었던 김춘추(金春秋)와 김유신(金庾信)의 대선배이기도 했다. 또 그는 화랑 중의 화랑인 국선(國仙)과 풍월주(風月主)를 역임하기도 했다. 김유신은 삼국통일 뒤 김문노를 가리켜 '사기(士氣)의 종주(宗主)'라고 찬양했고, 조정에서는 각간 벼슬을 추증했으며, 사당에 화상을 모시고, 신궁(神宮)에서 제사를 베풀기도 했다.

    그러면 이처럼 리더십이 출중한 대단한 인물이 어찌하여 그 동안 알려지지 않았을까. 그에 관한 기록이 거의 없었기 때문이다. 『삼국사기』를 자세히 살펴보면 딱 한 군데서 그의 이름을 발견하게 된다. 바로 '열전' 김흠운(金歆運)편에 그의 스승으로 나온다. 그런 이유로 김문노의 이름이 널리 알려지지 않았던 것이다. 하지만 근래 김대문(金大問)의 『화랑세기』 필사본이 나타남에 따라 화랑 중의 화랑, 화랑도의 대부였던 김문노의 자취가 보다 상세히 밝혀지게 되었다.

그런데 『삼국사기』에는 김문노의 이름이 '文努'로, 『화랑세기』에는 '文弩'로 글자가 틀리지만, 필자는 신라 사람의 기록인 『화랑세기』에 따르기로 했다. 김문노의 일생을 알기 위해서는 화랑의 역사부터 살펴보지 않으면 안 된다. 먼저 『삼국사기』에 그의 이름이 유일하게 나오는 '열전' 김흠운 편을 보자.

김흠운은 내밀왕(奈密王)의 8세손이요, 아버지는 잡찬 달복(達福)이다. 흠운이 소년시절에 화랑 문노의 문하에 다녔는데, 당시 화랑의 무리가 "아무개는 전사하여 지금까지 이름을 남기고 있다"는 말을 하니, 흠운이 감개 깊은 기색으로 눈물을 흘리며 이에 격동되어 자기도 그와 같이 하겠다는 뜻을 보였다……

김흠운은 태종무열왕 2년(655년)에 신라가 백제와 고구려를 칠 때 낭당대감(郎幢大監)으로 출전했다가 전사하여 일길찬 벼슬이 추서된 인물이다. 김부식은 이 열전 김흠운 편 뒷부분에 저자의 평으로 화랑 설치의 유래에 대해 이렇게 덧붙였다.

신라에서는 인재를 놓칠까 염려하여 동류끼리 모여서 함께 놀도록 한 것은 거기에서 그들의 행동과 지향하는 바를 관찰한 뒤에 등용하려는 것이었다. 그리하여 얼굴이 잘난 사내를 뽑아 화려한 옷을 입혀 화랑이라고 부름으로써 그를 받들게 했다. 여러 낭도가 사방에서 모여들어 도리와 의기로써 서로 충고하기도 하고, 노래와 음악으로써 서로 즐겁게 놀기도 하여 좋은 산수들을 유람하는데, 아무리 멀리 떨어진 곳이라도 못 가는 데가 없었다. 이런 것으로써 그들의 성품이 정직하고 간사함을 알아내며, 또 그들을 골라서 조정에 추천했다. 그러므로 김대문이 '어진 재상과 충신이 여기에서 나오고 훌륭한 장수와 용감한 군사가 여기에서 양성된다.'고 한 말이 바로 이것이다.

태종무열왕까지 3대 왕조의 화랑이 무려 200여 명이나 되었으며, 그들의 빛나는 이름과 아름다운 사적들은 전기(傳記)에 기재된 바와 같다. 흠운과 같은 이도 역시 화랑 무리의 한 사람으로서 그가 능히 나라 일에 목숨을 바쳤으니 화랑의 이름을 욕되게 하지 않았다고 이를 만하다.

한편, 화랑제도 설치에 관한 기사는 '신라본기' 진흥왕 37년(576년) 조에도 나오는데, 그 내용은 다음과 같다.

봄에 비로소 원화(源花)를 받들었다. 처음에 임금이나 신하들이 인재를 알아볼 수 없는 것을 걱정하여 무리지어 놀도록 하고, 그들의 행동거지를 살펴본 뒤에 이를 천거하여 쓰기로 했다. 그리하여 드디어 어여쁜 여자 두 명을 골랐는데 하나는 남모(南毛)요, 하나는 준정(俊貞)이었다. 무리 300여 명을 모았더니 두 여자가 미모를 다투어 서로 질투하다가 준정이 남모를 자기 집으로 유인하여 억지로 술을 먹여 취하게 하고 강물에 던져 죽였으므로 준정은 사형을 당하고 그 무리는 화목이 깨어져 흩어지고 말았다.
그 뒤에 다시 얼굴이 어여쁘게 생긴 남자를 택해 곱게 단장시키고 이름을 화랑이라고 불러 이를 받들었다. 그런 뒤 무리가 구름처럼 모여들어 혹은 서로 연마하고 혹은 음악으로써 서로 즐기며 산수를 즐겨 찾아다니며 유람하되 그들의 발길이 닿지 않은 곳이 없었다. 이로 인해 그 인품의 바르고 바르지 못한 것을 알게 되어 그 가운데 선량한 인물을 택해 조정에 추천했다. 그러므로 김대문이 『화랑세기』에서 말하기를, '어진 재상과 충성스러운 신하가 여기에서 나오고 좋은 장수와 날랜 군사가 이로부터 나온다.'고 했다.
최치원(崔致遠)이 '난랑비 서문(鸞郎碑序文)'에서 이렇게 일렀다. '나라에 현묘한 도가 있으니 이를 풍류(風流)라 한다. 이 교를 창설한 내력은 선사(仙史)에 자세히 밝혀져 있으니 실상인즉 세 가지 교(유 · 불 · 선)를 포함해 인간을 교화하는 것이다.

말하자면 집에서는 부모에게 효도하고 나가면 나라에 충성하는 것은 노사구(魯司寇 : 공자)의 뜻이요, 아무것도 하는 일이 없이 말없는 교훈을 실천하는 것은 주주사(周柱史 : 노자)의 종지요, 모든 악행을 하지 않고 선행을 실천하는 것은 축건태자(竺乾太子 : 석가)의 교화이니 즉 이와 같은 것들이다.'

당나라 영호징(令狐澄)은 『신라국기』에서 이렇게 썼다. '귀인자제 가운데 고운 자를 택해 분을 발라 화장시키고 이름을 화랑이라고 불렀으니 나라사람이 모두 떠받들어 섬겼다.'

그러나 화랑의 설치시기가 『삼국사기』보다 앞서 나온 『화랑세기』나 그 뒤에 나온 『삼국사절요』·『동국통감』·『동사강목』 등에는 모두 진흥왕 1년(540년)의 일로 나온다. 특히 진흥왕 즉위 시 지소태후(只召太后)가 섭정을 했고, 당시 지소태후가 원화를 폐지하고 화랑을 설치했다는 『화랑세기』의 기록이 정황상 신빙성이 높다. 이번에는 『화랑세기』 서문을 보자.

화랑은 선도(仙道)다. 우리나라(신라)에서 신궁(神宮)을 받들고 하늘에 대제(大祭)를 행하는 것은 마치 연(燕)의 동산(桐山)이나 노(魯)의 태산(泰山)과 같다. 옛날 연부인(燕夫人)이 선도를 좋아하여 미인을 많이 모아 국화(國花)라고 불렀다. 그 풍습이 동쪽으로 흘러들어 우리나라에서도 여자로써 원화를 삼게 되었는데, 지소태후가 원화를 폐지하고 화랑을 설치하여 국인들로 하여금 받들게 했다. 이에 앞서 법흥대왕(法興大王)이 위화랑(魏花郎)을 사랑해 '화랑'이라고 불렀다. 화랑이란 이름은 여기서 비롯되었다. 옛날에 선도는 단지 봉신(奉神)을 주로 했는데, 국공(國公)들이 봉신을 베풀어 행한 뒤 선도는 도의를 닦기에 서로 힘썼다. 이에 어진 재상과 충성스러운 신하가 이로부터 빼어났고, 훌륭한 장수와 용감한 병졸이 이로부터 나왔다. 화랑의 역사를 알지 않으면 안 된다.

이 기록을 보면 김부식이 『삼국사기』를 편찬할 때 『화랑세기』를 참조하여 '신라본기'와 '열전' 두 군데에 인용한 것으로 추측된다. 그러면 『화랑세기』는 어떤 책인가. 『삼국사기』 '열전' 설총(薛聰) 편을 보면 설총의 전기 뒤에 최승우(崔承祐)·최언위(崔彦撝)와 함께 김대문에 관한 이야기가 간략히 나온다. 거기에 이르기를, '김대문은 신라 귀속의 자제로서 성덕왕(聖德王) 3년(704년)에 한산주 도독을 지냈다. 그가 전기 몇 권을 지었는데, 그 가운데 『고승전』·『화랑세기』·『악보』·『한산기』 등은 지금도 보존되어 있다'고 했다.

따라서 『화랑세기』는 김부식이 『삼국사기』를 편찬한 고려 인종(仁宗) 23년(1145년)까지도 존재했다는 말이다. 그러나 그 뒤 언제 어디로 사라졌는지 나타나지 않다가 그로부터 844년이 지난 1989년 2월에 부산에서 32쪽 분량의 『화랑세기』 발췌본이 나타났다. 이어서 1995년 4월에는 서울대학교 노태돈 교수가 162쪽 분량의 『화랑세기』 필사본을 공개했다.

이 필사본은 1933년부터 1945년까지 일본 궁내성 도서료의 촉탁으로 일했던 박창화씨가 필사한 것이라고 한다. 그는 1965년에 죽었는데, 『화랑세기』 필사본이 갑자기 출현하자 곧 치열한 진위논쟁이 벌어졌다. 양측의 주장은 아직도 팽팽히 맞서고 있지만, 최근에는 진본 쪽에 좀 더 기울고 있다. 필자 역시 여러 가지 정황증거로 보아 『화랑세기』 필사본이 진본이란 신빙성이 높다고 보기에 이를 바탕으로 하여 김문노의 일생을 재구성해본다.

『화랑세기』에는 진흥왕 1년부터 신문왕(神文王) 1년(681년)까지 존재했던 제1세 풍월주 위화랑부터 제32세 풍월주 신공(信功)에 이르는 풍월주 32명의 전기와 가계, 그리고 화랑의 조직과 파벌 등이 실려 있다. 김문노는 이 가운데 제8세 풍월주로 나온다. 문노 편의 뒷부분에 그의 가계에 관해 이렇게 기록되어 있다.

아버지는 비조부(比助夫)이고, 할아버지는 호조(好助)이며, 증조부는 비지(比知)

이다. 호조의 어머니는 곧 등흔공(登欣公)의 누이인 조리(助里)이다. 또한……. 비조부는 호조공의 첩 문화공주(文華公主)와 통하여 공(문노)을 낳았다. 문화공주는 북국왕(北國王)의 딸이다. 또는 야국왕(野國王)의 딸이라고도 한다.

여기에서 김문노의 증조부로 나오는 비지는 제1세 풍월주 위화랑 편에 따르면 비량(比粱)의 아버지로 나오고, 부인은 묘양(妙陽)이라고 했으니, 김문노의 증조부 김비지는 조리라는 또 다른 여인에게서 문노의 조부 김호조를 낳았다.

따라서 『화랑세기』를 분석해보면 김문노와 김사다함은 사제관계이기도 하지만, 또한 같은 내물왕의 7세손으로서 조부는 다르고 증조부는 같은 김비지라는 사실을 알 수 있다. 즉, 김비태(金比太)의 아들 비지가 묘양과 혼인하여 비량을 낳고, 조리와 혼인하여 호조를 낳았는데, 비량은 벽화부인(碧花夫人)과 관계하여 구리지(仇利知)를 낳고, 구리지는 금진(金珍)과 관계하여 토함(吐含)·사다함·새달(塞達) 등 2남 1녀를 낳았던 것이다. 한편, 호조는 비조부를 낳고, 비조부는 아버지 호조의 첩이었던 문화공주와 몰래 상통하여 문노를 낳았다.

우리는 신라와 고려 왕실이 근친혼으로 혈통을 보존한 사실을 잘 알고 있다. 그러나 『화랑세기』에 나오는 당시 신라 왕족과 귀족 집단의 혈연관계, 성관계는 오늘의 윤리도덕관으로는 도저히 이해할 수 없을 만큼 복잡하기 그지없다. 가계도를 제대로 만들 수 없을 정도다. 오죽하면 '신라의 후예'를 자처했던 김부식마저 자신의 조상들이기도 한 신라 왕족·귀족들의 자유분방한 연애관과 성관계에 대해 이렇게 개탄했겠는가. 그는 『삼국사기』 '신라본기' 내물이사금 즉위 조에서 이렇게 썼다.

아내를 얻을 적에 같은 성씨를 얻지 않는 것은 인류의 분별을 두터이 하기 때문이다. (중략) 신라에서는 같은 성씨끼리 혼인을 하는데 그치지 않고 형제의 자식이나 고모·이모·사촌자매까지 아내로 맞았으니, 비록 외국으로서 각기 풍속이 다르다고 할지라도 중국의 예속(禮俗)으로서 이를 따진다면 큰 잘못이라고 하겠다. 흉노가 그 어미와 상관하고, 자식과 상관함은 또 이보다 더 심한 경우라고 하겠다.

그런데 『삼국사기』에 문노의 증소부 비지의 이름이 나온다. '신라본기' 소지마립간 15년 조에 이렇게 나온다. '봄 3월에 백제왕 모대(牟大 : 東城王)가 사신을 보내 혼인을 청하므로 왕이 이벌찬 비지(比智)의 딸을 보냈다.' 이 기록은 또 '백제본기' 동성왕 15년 조에도 있는데, 비지의 이름이 『화랑세기』에는 '比知', 『삼국사기』에는 '比智'로 다를 뿐이다.

『화랑세기』에 따르면 김문노는 진평왕 28년(606년)에 69세로 죽었다고 했으니, 이를 역산해보면 그는 법흥왕 24년(547년)에 태어난 셈이다. 문노가 태어난 해는 신라가 처음으로 건원(建元)이란 연호를 세운 다음 해였고, 이차돈(異次頓)의·순교로 불교가 공인된 지 10년이 흘러 불교가 융성해질 무렵이었다. 또한 문노가 태어나기 5년 전인 법흥왕 19년에는 금관가야의 마지막 임금 구형왕(仇衡王 : 金仇亥)이 왕비와 세 아들 노종(奴宗)·무덕(武德)·무력(武力)을 데리고 신라에 항복, 신라의 국세와 국력이 급신장하게 된 계기가 되기도 했다.

그런데, 『화랑세기』 제8세 풍월주 문노 편을 보면 그의 어머니 문화공주는 가야국 공주라고 했고, 또는 북국 – 야국왕이 바친 공녀(貢女)라고 했다. 북국이란 법흥왕이 가야를 남·북 두 나라로 나눈 그 북가야를 가리킨다. 당시 신라는 금관가야의 세력 약화에 따라 붕괴된 가야연맹을 남북으로 나누어 이뇌(異腦)를 북국(북가야) 왕으로 삼고, 양화공주(兩花公主)를 그의 부인으로 삼았으며, 청명(靑明)을 남국왕으로 삼았다고 했다.

그 뒤 이뇌왕의 숙부 찬실(贊失)이 이뇌를 내쫓고 왕위를 차지했다고 한다. 그때 김문노의 조부 김호조가 북가야에 사신으로 가서 이를 책망했다는 것이다. 이에 앞서 찬실은 야국왕의 사위가 되었고, 문노의 어머니 문화공주는 찬실의 딸일 것이라고 덧붙였다. 이 문화공주는 처음에 호조의 첩이 되었는데, 호조의 아들 비조와 몰래 상관하여 문노를 낳았다는 것이다.

이렇게 태어난 김문노는 어려서부터 검술을 배워 달인이 되었고, 의로운 일에 남보다 앞장서는 협객으로 성장했다. 뒷날 진흥왕 22년(561년)에 제자인 사다함이 이사부의 부장으로서 가야정벌전에 출전할 때 문노에게 함께 가기를 청하자 문노는, "가야는 나의 외가의 나라다. 어찌 어머니의 아들 된 도리로서 외조부의 백성들을 칠 수 있겠는가?"하고 거절했다. 그러자 사다함의 낭도 가운데 문노를 비난하는 자들이 있었다. 사다함은 이런 말로 그들을 꾸짖었다. "나의 스승 문노는 의로운 사람이다. 어찌 그를 비난할 수 있으랴!" 그리고 가야정벌 시 부하들에게 사람들을 함부로 죽이지 못 하게 해 스승의 뜻에 보답했다고 한다.

가야정벌전 당시 문노는 24세, 사다함은 불과 16세였다. 그런데 『삼국사기』에는 사다함이 가야정벌전에서 개선한 뒤 친구 무관랑(武官郞)의 죽음에 상심하여 죽은 것이 진흥왕 23년(562년)의 일로 나온다.

그러면 같은 내물이사금의 7세손으로서 나이어린 사다함은 화랑 중의 화랑인 풍월주에 오르고 귀당비장(貴幢裨將)으로 가야정벌군의 부사령관이 되었음에도 불구하고 스승인 문노는 어찌하여 아무 벼슬도 하지 못한 채 초야의 협객으로 머물러 있었을까. 그 까닭은 부계보다 모계를 더 중시했던 당시 어머니 문화공주가 첩의 신분으로 아무 골품(骨品)이 없었기 때문으로 추측된다. 그리고 어머니가 본래 할아버지의 첩이었는데 그 아들과 밀통하여 문노를 낳았다는 사실도 신분상승에 불리하게 작용했을 것이다.

더 중요한 사실은 그의 아버지 비조가 요즘 식으로 말하면 줄을 잘못 섰기에 출세를 못한 점도 있었다. 즉, 비조는 아버지 호조의 뒤를 이어 가야에 자주 사신으로 가서 분쟁을 해결하는 등 능력을 발휘하여 법흥왕의 신임을 받았다. 그 공으로 청화공주(靑華公主)의 딸 청진공주(靑珍公主)에게 장가들었다.

청진공주가 법흥왕의 총애를 받자 그 덕분에 비조는 요직에 발탁될 수 있었다. 법흥왕 24년(537년)에 왕이 박영실(朴英失)을 부군(副君)으로 삼아 장차 왕위를 물려주려고 했는데, 다른 왕족들의 반발을 두려워해 비조를 병부령으로 삼고 군권을 장악하게 했다. 이에 앞서 비조는 눈치가 빠른 사람이어서 법흥왕이 영실을 총애하는 것을 보고 그의 충복이 되어 극진하게 섬겼던 것이다.

그런데 영실은 지소태후의 계부(繼夫)였다. 지소태후는 법흥왕의 딸로서 친삼촌인 김입종(金立宗)에게 시집가서 진흥왕을 낳았다. 입종이 죽자 법흥왕의 명령에 따라 영실을 계부로 삼았으나 그녀는 영실을 좋아하지 않고 이사부를 사랑하여 둘 사이에서 아들 세종(世宗)과 딸 셋을 낳았다. 그러다가 뒷날 진흥왕이 불과 7세에 등극하고 지소태후가 섭정을 맡자 영실과 비조는 실각하여 처량하게 여생을 보냈다.

김문노가 제4세 풍월주 이화랑의 부탁을 받아 사다함의 스승이 되었을 때 그는 이미 500여 명의 낭도를 거느리고 있었다. 사다함의 형 토함이 이화랑의 부제(副弟)로 있을 때 사다함은 불과 15세에 1천여 낭도를 거느렸다고 한다.

그때 무관랑도 인망이 있어 따르는 낭도가 많았다. 사다함이 나이는 비록 어리나 의기가 빼어나다는 말을 들은 무관랑이 사다함을 만나보고 크게 기뻐하며 말하기를, "공자는 실로 훌륭한 사람이니 앞으로 기꺼이 섬기고자 합니다."라고 했다. 그러자 사다함이, "나이어린 제가 어찌 감히 거느리겠습니까?"하고 사양하다가 마침내 사신(私臣)으로 받아들였다.

이화랑이 이 말을 듣고 지소태후에게 아뢰기를, "토함의 아우 사다함은 나이 아직 어리나 많은 낭도를 거느렸으니 자못 국선이라고 할 만합니다"라고 했다. 이에 지소태후가 사다함을 궁중으로 불러들여 음식을 내리고 사람을 거느리는 방법을 묻자 사다함이 이렇게 대답했다. "사람 사랑하기를 제 몸 같이 할 따름입니다. 그 사람의 좋은 점을 좋다고 하는 것뿐입니다."

태후가 매우 기특하게 여겨 진흥왕으로 하여금 귀당비장을 삼아 궁문을 관장토록 했다. 또 이화랑은 문노에게 부탁하여 사다함의 스승이 되어 검술을 가르쳐주도록 했다. 문노가 처음에 이렇게 말하며 사양했다. "검은 곧 한 사람을 대적하는 것인데, 어찌 고귀한 사람이 배울 필요가 있겠습니까?" 그러자 이화랑이 말했다. "한 사람을 대적하지 못 하는 자가 어찌 만인을 대적할 수 있겠는가? 이 아이는 호협을 좋아하여 비록 따르는 무리는 많다고 하지만, 그 적이 없다고 할 수도 없으니 그대가 보호해주기를 바라는 것이다." 이에 문노가 응하여 자신의 낭도 500명을 데리고 사다함의 무리와 합치고 그의 사부가 되었다.

김문노가 처음으로 전쟁터에 나간 것은 진흥왕 15년(554년). 그의 나이 17세 때였다. 김유신의 조부 김무력을 따라 백제와 싸울 때 출전했다. 『삼국사기』에도 당시의 전쟁이 이렇게 기록되어 있다.

가을 7월에 명활성을 수축했다. 백제왕 명농(明禮 : 聖王)이 가야와 함께 와서 관산성을 쳤다. 군주요 각간인 우덕(于德)과 이찬 탐지(眈知) 등이 이를 맞아 싸우다가 불리하여 신주의 군주 김무력이 주의 병력을 이끌고 달려와 교전하게 되었다. 그의 비장인 삼년산군의 고간(高干) 도도(都刀)가 급격히 몰아쳐 백제왕을 죽였다. 그제야 모든 군사가 승세를 타 싸워 크게 이기고, 좌평 4명과 장병 2만 9천 600명을 목 베니 말 한 필도 돌아가지 못 했다.

『화랑세기』에는 문노가 이 싸움에서 전공을 세웠음에도 아무 상을 받지 못 했으나 개의치 않았다고 전한다. 또 진흥왕 16년에는 북한산주에 출전해 고구려 군과 싸웠고, 다시 2년 뒤에는 국원성에 나가 북가야를 쳐서 역시 전공을 세웠으나 아무 상도 받지 못 했다. 그의 낭도들이 불평하자 문노는 이렇게 타일렀다.

"대체로 상벌이라는 것은 소인들의 일이다. 너희들이 이미 나를 우두머리로 삼아 따르고 있는데, 어찌 내 뜻으로 너희들의 뜻을 삼지 않는가?"

사다함이 죽고 이사부와 지소태후의 아들인 김세종이 제6세 풍월주가 되어 도움을 청하고자 문노의 집으로 찾아와 말했다. "나는 감히 그대를 신하로 삼을 수는 없소. 청컨대 나의 형이 되어서 도와주시오." 문노가 세종의 청이 하도 간절하기에 마침내 그의 수하에 들어가 섬기기로 작정했다. 감격한 세종이 아비는 다르고 어미는 같은 진흥왕에게 아뢰기를, "비조부의 아들 문노는 고구려와 백제를 치는데 여러 차례 전공을 세웠으나 어미의 신분이 무품(無品)인 까닭에 벼슬길에 오르지 못 했습니다. 이 같은 인재를 썩히는 것은 아까운 일입니다." 했더니 진흥왕이 문노에게 급찬 벼슬을 내렸다. 그러나 문노는 굳이 사양하고 받지 않았다. 『화랑세기』는 이어서 이런 이야기를 전한다.

문노가 화랑의 대부로서 신망이 높고 따르는 낭도가 많아지자 권력층의 관심도 차츰 높아져갔다. 먼저 진흥왕의 부인 사도왕후(思道王后)가 문노를 몰래 도와 호의를 사려고 했다. 그런데 문노는 사도왕후의 조카요 세종의 부인인 미실(美室)을 좋아하지 않았다. 세종의 출전도 사실은 미실이 반강제적으로 권한 것에 따른 것이었다. 미실은 그때 진흥왕의 총애를 업고 정부인 설원(薛原)을 풍월주로 삼으니 문노의 낭도들이 이에 불복하여 문파를 따로 세웠던 것이다. 이것이 이른바 가야파다.

화랑도가 문노파와 설원파(미실파)로 나뉘자 문노파는 청의(淸議), 즉 정신적 정통이 자신들에게 있다고 주장했고, 설원파는 법적 정통성이 자신들에게 있다고 주장하여 대립했다. 『화랑세기』 제7세 풍월주 설원랑 조는 당시의 사정을 이렇게 전한다.

설원랑의 낭도들은 향가를 잘 하고 속세를 떠난 청유를 즐겼다. 그러므로 국인들이 문노파를 가리켜 '호국선(護國仙)'이라 했고, 설원파를 가리켜 '운상인(雲上

시)'이라고 불렀다. 골품이 있는 자들은 설원을 많이 따랐고, 초야의 사람들은 문노를 많이 따랐다.

서기 576년에 43세의 진흥왕이 죽고 금륜태자(金輪太子)가 즉위했으니 그가 진지왕(眞智王)이다. 그런데 진지왕은 방탕하여 사도태후와 미실궁주 등이 579년에 왕을 폐위하고 일찍 죽은 동륜태자(銅輪太子)의 아들 김백정(金白淨)을 왕위에 앉히니 그가 진평왕이다. 진지왕 폐위와 진평왕 즉위의 전후 사정을 『화랑세기』를 통해 살펴본다.

신라 중흥기의 영주 진흥태왕이 한창 나이로 죽은 이유는 미실을 후궁으로 삼아 지나치게 색사를 밝혔기 때문이었다. 정기가 고갈되어 중풍에 걸렸던 것이다. 진흥왕이 죽자 사도·미실·세종·설원 등은 이를 비밀로 하고 사도태후가 미실로 하여금 금륜태자와 정을 통하게 하여 왕후 자리를 보장받게 한 다음 즉위토록 했다는 것이다.

진지왕은 진흥왕과 그의 후궁 숙명궁주 소생인데, 숙명궁주는 또한 이사부와 지소태후 사이의 소생이다. 따라서 숙명궁주는 진흥왕과는 씨 다른 남매 간이었다.

사도태후와 미실궁주는 혹시 있을지 모르는 신민들의 불만을 우려해 명망 높은 중신인 거칠부(居柒夫)를 상대등으로 임명했으나 거칠부가 연로하다는 이유로 사양하므로 사도태후의 오라비인 노리부(弩里夫)로 하여금 상대등을 맡게 했다.

이렇게 미실의 힘으로 제위에 올랐지만 진지왕은 미실을 왕후로 삼겠다는 약속을 저버린 채 정사도 돌보지 않고 엽색행각에만 여념이 없었다. 이에 사도태후와 미실은 진지왕을 폐위시키기로 작정했다. 두 여자는 풍월주 세종에게 그런 내용의 밀조를 내렸다. 하지만 당시 화랑도가 문노파와 미실파로 갈라져 있었으므로 세종이 그의 낭도들만 거느리고 정변을 일으킨다면 강직한 문노의 반발을 불러일으켜 자칫 잘못하다가는 내전이 일어날지도 몰랐다.

그래서 원화제도를 부활시키기로 하고 미실이 원화를 맡았다. 세종은 문노를 찾아가 태후의 밀조를 보여주고 협조를 당부했다. 문노가 보기에 이 뒤에는 틀림없이 미실이 있을 것이지만 진지왕이 하는 꼴을 그대로 두었다가는 나라가 망할 것 같기에 어쩔 수 없이 협력을 약속했다. 원화로 복귀한 미실은 세종은 상선(上仙), 문노를 아선(亞仙), 설원과 비보(秘寶)는 각각 좌·우 봉사화랑, 자신의 남동생 미생을 전방 봉사화랑으로 임명했다. 그리고 거사가 성공한 뒤 문노는 세종과 미실의 부탁을 받아들여 제8세 풍월주를 맡는다.

이에 앞서 문노는 진지왕에 의해 국선으로 임명되었는데, 이를 선화라고도 불렀다. 미실이 원화를 내놓고 다시 풍월주를 부활하여 문노에게 그 자리를 맡기자 처음에 문노는 이렇게 말하며 거절했다. "국선은 풍월주보다 아래가 아니고, 나는 설원의 스승인데 어찌 그 직위를 물려받을 수 있겠는가?" 그러자 설원 등이, "국선은 전 임금이 설치한 것이지 풍월주의 전통은 아닙니다. 또 전에 세종이 왕자의 몸으로 사다함의 뒤를 이은 경우도 있지 않았습니까?"라고 설득을 했다.

그런 사연 끝에 결국 문노는 풍월주에 취임하게 되었다. 썩 마음이 내키지는 않았지만 어디까지나 한 번 섬기기로 한 세종의 체면을 위해서였다. 가야 출신이 대부분인 문노의 낭도들이 국선 문노가 미실과 설원 등에게 설득당해 풍월주가 된 것이 못마땅하여 불평하자 문노가 이들을 꾸짖고 달랬다. 문노는 진지왕 즉위 직후 지도왕후가 임금에게 말해 문노에게 일길찬 벼슬을 내렸으나 받지 않았는데, 진지왕 폐위사건에 개입한 뒤 진평왕 즉위에 공이 있다고 하여 내린 아찬 벼슬은 받았다. 이로써 그는 신라 귀족의 일원으로 편입되었다.

풍월주가 된 문노는 낭도의 조직을 개편했다. 좌·우 봉사화랑은 좌·우 대화랑, 전방 봉사화랑은 전방 대화랑으로 개칭하여 각각 3부의 낭도를 거느리게 했다. 또 진골화랑·귀방화랑·별방화랑·별문화랑을 두고, 좌화랑 2명, 우화랑 2명을 두어 각각 소화랑 3명, 묘화랑 7명을 거느리게 했다.

문노가 혼인을 한 것은 세종을 모시고 출전했다가 돌아와 국선이 된 다음이었다. 부인은 윤궁(允宮)으로 거칠부와 미진부의 누이동생 사이에서 낳은 딸이었다. 윤궁은 문노의 부인이 되기 전에 동륜태자를 섬겨 윤실(允室)을 낳은 뒤, 동륜태자가 죽자 과부로 지낸지 5년째였다.

윤궁은 처음에 문노가 자신과 같은 진골이 아닌 무품이므로 혼인하기를 꺼려했으나 한 번 만나본 뒤 서로 마음에 들어 혼인하여 대강(大剛)·충강(充剛)·금강(金剛) 3남과 윤강(允剛)·현강(玄剛)·신강(信剛) 3녀를 두었다. 이 가운데 셋째아들 금강은 태종무열왕 2년(655년) 정월에 이찬으로서 상대등이 되었고, 무열왕 7년 정월에 죽었는데, 그 뒤를 이어 상대등이 된 사람이 이찬 김유신이다.

문노는 평소 주색을 즐기지 않았는데 아내의 권유로 술도 조금씩 마시고, 첩도 한 명 두었다고 한다. 그는 풍월주 자리를 제자인 비보랑에게 물려준 뒤 아내 윤궁과 수레를 타고 야외로 놀러 다니며 풍류를 즐겼다. 그렇게 여생을 보내다가 606년에 세상을 떠나니 당시 나이 69세였다. 『화랑세기』는 김문노를 이런 찬사로 기렸다.

공은 용맹을 좋아하고 문장에도 능했으며, 아랫사람 사랑하기를 자기를 사랑하는 듯했다. 청탁에 구애되지 않고 자기에게 귀의하는 사람은 모두 포용했다. 그래서 명성이 크게 떨쳤고, 낭도들이 목숨을 걸고 충성을 바쳤다. 삼국통일 대업이 공의 사풍(士風)에서 비롯되었다.

진흥태왕

신라 중흥 이끈 '준비된 제왕'

역사에서 교훈을 얻어야 한다는 말은 천만 번 강조해도 지나침이 없는 만고불변의 진리다. 역사의 교훈을 망각하거나 저버린 국가와 민족에게 밝은 내일은 기대할 수 없기 때문이다. 나라가 제대로 성장·발전하고 국운이 융성하기 위해서는 무엇보다도 국민의 힘을 하나로 결집시키는 지도자의 탁월한 리더십이 가장 절실하다.

그 옛날 고구려·백제·신라가 한반도의 주도권을 두고 세력을 다툴 때 삼국에는 모두 걸출한 제왕이 등장해 자국의 성세를 과시했다. 고구려는 광개토태왕(廣開土太王)이 우리 역사상 가장 광대한 영토를 개척했고, 백제는 근초고대왕(近肖古大王)이 최전성기를 구가했다. 또한 신라는 진흥태왕(眞興太王)이 일어나 고구려·백제에 비해 상대적으로 후발주자라는 불리한 여건을 딛고 신라 중흥을 이끌었으며, 마침내 그의 위대한 치적을 바탕으로 뒷날 삼한통일의 대업을 이룰 수 있었다.

진흥태왕은 참으로 '준비된 제왕'이었다. 그러나 그는 재위 36년 1개월 동안 자신의 입으로 자기가 '준비된 임금'이란 소리는 입 밖에도 내지 않았다. 그런 면에서 보면 진흥태왕이야 말로 당대의 영걸이었다.

하지만 진흥태왕이 처음부터 '준비된 제왕'은 아니었다. 천부적 자질을 타고나기는 했으나 그가 즉위할 때 나이 불과 7세의 어린아이였으므로 어머니 지소태후(只召太后)가 신라사상 최초로 섭정을 맡았다. 여기에 김이사부(金異斯夫)와 김거칠부(金居柒夫), 김유신(金庚信)의 할아버지인 김무력(金武力) 등 당대의 영웅호걸이 어린 임금을 보필하면서, 정치와 군사 양면에서 신라의 국력 신장에 앞장섰다.

따라서 진흥태왕은 즉위하여 친정(親政)에 나서기까지 약 10년간은 이들로부터 불교진흥을 통한 민심의 안정, 관직 및 행정구역 정비를 통한 내치의 안정, 인재의 발탁과 적재적소 기용, 고구려와 백제 및 중국과의 적절한 외교관계 구축, 군사력 증강과 같은 부국강병의 통치술을 철저히 전수했다고 볼 수 있다.

부국강병이야 말로 동서고금을 통해 모든 국가가 추구하는, 또한 추구해야 마땅한 최고 최대의 과제가 아닌가. 이러한 부국강병이란 지상목표를 달성하는 데에는 국가 최고지도자의 칭호가 제왕이 되었든, 대통령이나 수상이 되었든 출중한 자질과 탁월한 리더십을 지녀야 한다는 사실은 두말하면 잔소리다.

『삼국사기』에 따르면 진흥태왕의 이름은 김삼맥종(金彡麥宗), 또는 김심맥부(金深麥夫)로서 아버지는 법흥왕(法興王)의 아우인 김입종(金立宗) 갈문왕(葛文王)이요, 어머니는 법흥왕의 딸이었다. 그러니까 입종과 지소는 작은아버지와 조카 사이인 셈인데, 신라 왕실이 근친혼으로 혈통을 이어왔다는 사실은 새삼스러운 일이 아니다.

540년 음력 7월 법흥왕이 재위 27년 만에 죽자, 법흥왕의 조카요 외손자인 김삼맥종이 즉위하니 바로 진흥태왕이다. 그해 8월에 즉위한 진흥태왕은 불과 7세의 어린아이였으므로 어머니 지소태후가 섭정을 했다. 과부가 된 지소는 당대의 영웅 김이사부를 좋아해 정부로 삼았다.

따라서 진흥태왕 즉위 이후 10년 안팎은 여걸 지소태후와 노련한 김이사부가 신라의 정사를 좌우했으며, 따라서 이 기간은 진흥태왕의 성장기인 동시에 위대한 제왕이 되기 위한 학습기였다.

진흥태왕이 즉위 즉시 대사령을 내려 죄수들을 사면하고, 모든 신하의 직급을 한 등급씩 올려주었다는 기록이나, 즉위 이듬해에 이사부를 병부령으로 삼아 군권을 장악하게 했다는 기록 등이 이런 사실을 증명한다. 병부를 설치한 일은 법흥왕 때였지만 병부령을 임명했다는 사실은 신라 왕실이 진흥태왕 대부터 중앙집권제를 강화, 귀족들의 견제를 제압하고 군사력을 완전히 장악했음을 뜻한다.

신라가 화랑제도를 설치, 문무에서 빼어난 인재를 화랑과 그 우두머리인 풍월주(風月主) 가운데서 등용하기 시작한 것도 진흥왕 원년부터였다. 『삼국사기』에는 화랑의 설치가 진흥왕 37년(576년)의 일로 기록되어 있지만, 『화랑세기』를 비롯하여 『삼국사절요』와 『동국통감』 등에 따르면 진흥왕 원년 지소태후에 의해 이루어진 것으로 나오니, 이 설이 맞을 것이다.

진흥태왕 5년(544년)에는 법흥왕 때에 이차돈(異次頓)의 순교를 계기로 불교를 공인한 이후 국가적 차원으로 지은 최초의 절인 대왕흥륜사가 낙성되었다. 지소태후는 독실한 불교신자였고, 진흥태왕도 그 영향을 받아 어려서부터 불교를 신봉했다. 그러나 진흥태왕은 단순한 불교도가 아니었다. 그는 불교를 국교(國敎) 차원으로 끌어올리고, 부처가 곧 왕이란 사상을 백성들에게 인식시켜 불법을 통한 국민의 교화와 민심의 안정을 도모했으니, 이것이 우리나라 호국불교의 첫걸음이었다.

이처럼 신라는 진흥태왕 즉위 이후 화랑과 불교를 양대 축으로 삼아 급속한 국력 신장을 이룩하기 시작했다. 또한 그 이듬해엔 이사부의 건의를 받아들여 거칠부에게 『국사』를 편찬토록 했다. 이미 고구려에는 『유기』가, 백제에는 『서기』라는 역사서가 있었지만 신라는 그때까지 건국 이후의 역사를 정리한 사서가 없었다. 따라서 이는 신라도 이젠 고구려·백제에 비해 후진국이 아니라 당당히 어깨를 나란히 하는 나라라는 자부심의 발로였다.

'준비된 제왕' 진흥태왕이 마침내 친정에 나선 것은 재위 12년째인 551년으로 추정된다. 그해에 그는 이미 만 18세. 삼국시대에 15세면 결혼적령기요, 군대와 부역에 징집될 나이였으니 18세라면 청소년이 아니라 당당한 성년이었다.

그해 정월에 진흥태왕은 법흥왕이 제정한 연호 건원(建元)을 개국(開國)으로 고쳤다. 진흥태왕이 연호를 개국으로 고친 것은 자신이 약소국의 임금이 아니라 제국을 다스리는 황제라는 뜻이요, 앞으로는 보다 역동적이며 적극적으로 영토를 확장하겠다는 강력한 의지의 표출이었다.

당시 양원왕(陽原王)의 고구려는 돌궐족의 침공으로 남쪽의 신라·백제와 전면전을 치를 형편이 아니었고, 성왕(聖王)의 백제는 신라와 고구려가 손잡고 협공할 것이 두려워 신라와의 적대관계를 피하고자 했다.

진흥태왕은 마침내 대제국 건설이란 원대한 웅지를 실현시킬 기회가 왔다고 판단했다. 그리하여 가야를 복속시켜 남·북국으로 나누고, 화랑도와 불교진흥으로 급신장한 국력을 바탕으로 팽창정책에 나서기 시작했다.

이보다 3년 전에 진흥태왕은 백제가 한강 이북의 대 고구려 방어요새인 독산성이 고구려 군에게 포위되었을 때 군사를 보내 이를 구해준 적이 있었다. 그리고 1년 전에는 백제가 고구려의 도살성을 함락시키고, 고구려는 백제의 금현성을 함락시키자, 진흥태왕은 양국 군사가 서로 싸우다 지친 틈을 타 이사부로 하여금 이 두 성을 모두 점령토록 했다.

그리고 그해 개국 원년(551년)에는 백제와 동맹을 맺고 연합군을 일으켜 고구려의 남쪽 변경을 공격했다. 거칠부를 총사령관으로 삼은 그 싸움에서 신라는 고구려의 10개 군을, 백제는 6개 군을 점령했다. 당시 신라가 차지한 10

개 군은 오늘의 남한강 상류 강원도와 충북 지방이고, 백제가 차지한 6개 군은 오늘의 서울과 경기도 일대였다.

그런데 거칠부는 내킨 김에 백제가 천신만고 끝에 70년 만에 되찾은 옛 서울 한성 지역의 6개 군마저 암습하여 차지해버렸다. 그러자 분노한 성왕은 절치부심하며 복수의 칼날을 갈았다.

신라의 이러한 군사작전을 비도덕적이며 비겁하다고 매도할 수는 없다. 그때나 이제나 전쟁이란 승리 아니면 멸망뿐이요, 내가 빼앗지 못하면 적에게 빼앗기는 비정한 것이기 때문이다. 전쟁이란 칼로 하는 정치요, 국운이 걸린 전쟁에선 승리만이 지상목표지 양심과 도덕을 찾는 것은 어리석은 잠꼬대에 불과한 것이다.

그렇게 하여 한반도 동남부를 완전히 석권한데 이어 한성 지역까지 장악한 신라는 서해를 통해 중국과 직거래할 뱃길을 확보할 수 있었다. 진흥태왕은 자신이 개척한 영토를 순행하며 백성들을 위무하고 그 사적을 기록한 비석을 세웠으니 그것이 바로 창녕 · 북한산 · 마운령 · 황초령의 이른바 진흥왕순수비다. 이들 순수비에는 진흥태왕이 자신을 짐(朕)이라고 하고, 태왕(太王)이라고 하여 황제를 자처했음을 알 수 있다.

삼국시대를 돌아보면 한강을 확보하고 지배한 나라가 최후의 승리를 차지했다. 그때 신라에게 한강 유역을 빼앗긴 이후 고구려와 백제는 다시는 이 땅을 되찾지 못한 반면, 신라는 이를 발판삼아 뒷날 삼한통일의 위업을 달성할 수 있었다.

백제는 한성 탈환이라는 성취에만 만족하여 신라의 음모를 전혀 눈치 채지 못하고 대비책도 없이 방심하고 있다가 뒤통수를 맞은 격이었다. 이 또한 오늘날에도 국정운영의 최고 책임자든 기업경영의 총수든 지도자와 집권세력이 무능하면 나라와 회사에 손해만 끼치고, 그것도 모자라면 망쳐버린다는 교훈을 여실히 증명했다고 할 수 있다.

와신상담(臥薪嘗膽)하던 백제의 성왕은 554년에 마침내 복수의 칼을 빼어 들었으나 오늘의 충북 옥천인 관산성싸움에서 신라군의 매복계에 걸려 비참한 최후를 맞았다. 임금과 그가 거느린 군대가 전멸했으므로 백제는 개로왕(蓋鹵王)이 고구려의 장수왕(長壽王)에게 잡혀죽고 한성에서 웅진으로 천도한 이후 또다시 멸망의 위기에 빠지게 되었다.

진흥왕 23년(562년)에 가야의 반란을 진압하고, 2년 뒤에 서해안의 항구 당항성을 통해 중국의 남북조와 활발한 외교활동을 벌인 진흥태왕은 재위 29년(568년)에는 연호를 태창(太昌)으로, 다시 재위 33년(572년)에는 홍제(弘濟)라고 고쳐 보다 큰 정치를 펼치겠다는 자신의 의지를 나타냈다.

신라사상 가장 훌륭한 제왕으로 꼽히는 진흥대왕은 재위 37년째인 576년 음력 8월에 43세의 한창 나이로 세상을 떴다.

영명한 군주 진흥대왕의 일생을 되돌아보건대, 냉엄한 역사의 교훈과 우리나라의 현실을 다시 한 번 통탄하게 된다. 자질이 부족하고 무능한 사람이 자신의 능력 이상의 자리에 앉으면 본인뿐만 아니라 국가나 회사에도 불행을 가져온다는 것은 불문가지의 사실이다.

을지문덕

수나라 침략군을 전멸시킨 살수대첩의 영웅

일찍이 단재(丹齋) 신채호(申采浩)가 『을지문덕전(乙支文德傳)』에서 이렇게
말했다.

을지문덕은 우리나라 4천년 역사에 유일무이한 위인일 뿐 아니라 또한 전 세계 각
국에도 그 짝이 드물도다!

수나라 침략군을 물리친 고구려의 을지문덕은 우리나라 사람들이 이순신
(李舜臣)과 더불어 가장 존경하는 민족적 위인이며 전쟁 영웅이다. 그러나 이
순신에 관한 기록은 비교적 많이 남아 있지만, 을지문덕과 관련한 기록은 너
무나 빈약하여 단재도 그의 전기를 짓는데 매우 힘이 들었던 모양이다.

을지문덕에 관한 내용이 『삼국사기』에 매우 간략하게 나오고, 중국 측 기
록에 실린 것도 겨우 한두 줄에 불과하기 때문에 단재가 그토록 한탄한 것이
다. 사실이 그렇다. 을지문덕이 수나라 30만 대군을 전멸시킨 살수대첩(薩水

大捷)의 주역이라는 사실은 누구나 잘 알아도 그의 가계가 어떻게 되는지, 언제 태어나 언제까지 어떤 벼슬을 지냈으며, 언제 어디에서 죽었고, 무덤은 어디에 있는지 아는 사람은 아무도 없다. 전혀 기록이 없기 때문이다.

단재 신채호가 '우리 역사상 최고의 위인'이라며 극찬과 존경을 바친 을지문덕의 기록이 거의 다 사라져버린 까닭은 무엇일까.

첫째, 고구려의 멸망으로 고구려 사람들의 손으로 만들어진 고구려의 역사책이 모두 사라져 버렸기 때문이다. 『삼국사기』 '고구려본기'에 따르더라도 고구려는 건국 초기에 100권에 이르는 『유기(留記)』라는 역사책을 편찬한 바 있고, 살수대첩이 있기 12년 전인 영양왕(嬰陽王) 11년(600년) 1월에 태학박사 이문진(李文眞)으로 하여금 고구려의 역사를 요약한 『신집(新集)』 5권을 편찬토록 했다는 기록이 있는데 모두 사라져버렸다.

둘째, 김부식이 『삼국사기』를 편찬할 당시 참고했던 것으로 알려진 이른바 『구 삼국사』나 『고기(古記)』 같은 옛 역사책에 고구려와 수나라, 당나라 간의 전쟁 기사는 누락되었을 가능성이 높다. 이는 고구려 말기의 정치적 혼란과 그에 따른 국가의 멸망에 따라 사서를 편찬할 경황이 없었던 탓으로 보인다.

또한 만에 하나 이러한 기록이 중국이나 고려에 남아 있었더라도 김부식이 『삼국사기』를 편찬하면서 고구려 측의 기록보다는 중국 측 기록에 훨씬 더 의존했기 때문이다. 김부식은 『삼국사기』 '열전'의 첫 번째 인물인 김유신(金庾信) 편의 끝부분에 이런 말을 달아놓았다.

……지략이 특출한 을지문덕과 의협심을 가진 장보고(張保皐) 같은 사람이 있었지만 중국의 서적들이 없었다면 이 사적들이 없어져서 후세에는 알지 못 했을 것이다.

그리고 김부식은 김유신 편에 이어 '열전'의 두 번째 인물로 을지문덕 편을 넣었는데, 그 내용은 '고구려본기' 영양왕 조의 고구려와 수나라 전쟁 기사와 거의 비슷하다. 『삼국사기』 '열전' 을지문덕 편의 첫머리는 이렇게 시작된다.

을지문덕의 집안 내력은 자세하지 않다. 그의 성격이 침착하고 용맹스러우며 지혜와 재주가 있었고, 겸해 글을 지을 줄 알았다.

그리고 끝부분에 가서는 저자의 평으로 이런 말을 달아놓았다.

수 양제(隋煬帝)의 요동전쟁은 군사를 출동시킨 규모에 있어서 전고에 없이 굉장했건만 고구려는 한 모퉁이에 있는 작은 나라로서 그를 맞아서 자기 국토를 보전했을 뿐만 아니라 그들을 거의 다 없애버린 것은 문덕 한 사람의 힘이었다. 경전에 이르기를 '인재가 없으면 어찌 나라 노릇을 할 수 있으랴(『춘추좌전』)' 했으니 과연 그렇다.

살수대첩은 영양왕 23년(612년)에 일어났다. 그 당시 을지문덕이 50대라면 그는 평원왕(平原王 : 平崗王) 2년(560년)쯤 태어났고, 만일 60대였다면 양원왕(陽原王) 11년(550년) 께에 태어난 것으로 역산된다. 을지문덕이 언제 어디에서 태어났는지 정확히 알 수는 없지만, 그는 평원왕이나 양원왕 재위 시에 평양 근처에서 태어난 것으로 추측된다. 평양에서 가까운 평안남도 증산군 · 평원군 지방에 을지문덕에 관한 전설이 아직도 전해져 내려오고 있기 때문이다. 또 이맥(李陌)이 지은 『태백일사』 '고구려국 본기'에도 이런 대목이 실려 있다.

을지문덕은 고구려의 석다산(石多山, 평안도 증산현 서북쪽에 위치) 사람으로 일찍이 산에 들어가 도를 닦다가 꿈에 삼신(三神)을 뵙고 큰 깨달음을 얻었다. 해마다 3월 16일이 되면 말을 타고 마리산(摩利山)으로 달려가서 제물을 올리고 경배하고 돌아왔으며, 10월 초사흘이 되면 백두산에 올라 삼신에게 제사를 드렸는데, 삼신에게 제사를 드리는 것은 신시(神市)의 옛 풍속이었다.

홍무(洪武) 23년에 수나라 군사 130만여 명이 바다와 육지로 쳐들어왔다. 이때 을지문덕은 기묘한 계책을 내어 병사를 출동하여 그들을 멸하고 추격하여 살수에 이르러 드디어 크게 쳐부수었다. 수나라 수군과 육군이 함께 무너져 요동성으로 살아 돌아간 자는 겨우 2천 700명 정도였다.

양광(楊廣 : 수 양제)이 사신을 보내 화친을 청했으나 을지문덕이 허락하지 않고 영양무원호태열제(嬰陽武元好太烈帝) 또한 추격을 엄명했다. 을지문덕이 여러 장수와 더불어 승승장구하는데, 한 갈래 군사는 현도 방면에서 태원에 이르고, 한 갈래는 낙랑 방면에서 유주에 이르러 그 주·현으로 들어가 그들을 다스리는 한편, 그 유민들을 불러서 안정시켰다. (중략) 양광은 임신년에 고구려를 침범하기 위해 전대미문의 성대한 출병 준비를 했다. 우리 조의군(?衣軍) 20만으로 양광의 군사들을 거의 모두 멸했으니, 이것은 을지문덕 장군 한 사람의 힘이 아니겠는가.

을지 공 같은 이는 곧 만고에 한 시대를 창출한 거룩한 호걸이로다. 문충공(文忠公) 조준(趙浚, 조선 개국공신)이 명나라 사신 축맹(祝孟)과 더불어 백상루(百祥樓, 평북 안주 북성)에 올라가 시를 지었는데 다음과 같다.

살수 질펀하게 흘러 푸른 하늘 울렁이는데
수나라 군사 백만 명을 물고기 뱃속에 장사지냈네.
지금까지 어부와 나무꾼의 말에 남아 있으니
나그네의 비웃음거리에 지나지 않네.

평양 인근의 을지문덕에 관한 전설을 소개한다. 그가 태어났다는 마을의 석다산은 현재 평안남도 증산군 석다리에 있으며, 해발 270m이다. 석다리에는 을지문덕이 어린 시절 글 읽고 무술 훈련을 했다는 전설이 있다. 또 평안남도 평원군 화진리 불곡산 동굴 속에서 글 읽고, 석다산 남쪽의 마이산으로 말을 타고 다니며 무술 훈련을 했다는 전설도 있다.

어느 날 을지문덕이 불곡산 석굴 속에서 책을 읽다가 깜빡 잠이 들었다. 그때 큰 구렁이 한 마리가 그를 해치려고 기어들어왔다. 잠결에 괴이한 살기를 느낀 을지문덕이 눈을 뜨면서 번개같이 칼을 휘둘러 구렁이의 목을 쳤다. 그때 칼로 내려친 힘이 얼마나 강했던지 돌로 만든 책상 모서리가 떨어져나갔다. 지금도 그 석굴에는 모서리가 떨어져나간 돌 책상이 남아 있다고 전한다.

한편 평안남도 평원군 운봉리의 대원산에도 을지문덕의 전설이 있다. 을지문덕이 무술 훈련을 하면서 활을 쏘는데 과녁이 잘 보이지 않기에 높이 자란 나무들을 칼로 쳐서 시야가 훤히 트이게 만들어 놓았다. 그때부터 지금까지 그 나무들은 을지문덕이 칼질을 한 그 높이에서 더 이상 자라지 않고 있다는 것이다.

뿐만 아니라 평양시 대성산 기슭에도 이런 전설이 이어져 내려오고 있는데, 유명한 사슴발 여인 전설이다.

고구려에 사슴발 모양을 한 여인이 있었다. 그 여인이 한꺼번에 여러 사내아이를 낳았는데, 아들들의 발도 모두 사슴발 모양이었다. 어느 날 길 가던 어떤 사람이 아이들을 보더니 그 어미에게 이렇게 말했다. "이 아이들이 오래 살려면 멀리 떠나보내야만 하오." 사슴발 여인은 아이들이 일찍 죽는다는 바람에 큰 나무통에 아이들을 넣어 대동강에 띄워 보냈다. 그 나무통은 서해로 떠내려가 바다를 건너 중국의 동해안에 닿았다. 아이들은 거기에서 자라서 모두 장수가 되어 수 양제가 고구려를 침범할 때 그들도 출전했다.

고구려에서는 적장 가운데 사슴발을 가진 형제 장수가 있다는 소문이 돌았다. 사슴발부인은 그들이 자신의 아들이란 사실을 직감하고 을지문덕 장군에게 찾아가 자신이 적진에 들어가 아들들을 타이르겠다고 청했다. 사슴발부인은 적진에 들어가 사슴발 장수들을 만났다.

"얘들아. 내가 너희 어미란다. 너희가 어미의 나라를 치는 것은 옳지 못한 일이란다. 자, 내 발을 보아라."

그래도 그들은 부인의 말을 믿으려고 하지 않았다. 그러자 부인은 가슴을 풀어헤치고 젖을 꺼내 짜니 젖줄기가 여러 갈래로 뿜어져 나와 장수들의 입으로 들어갔다. 그제야 친어머니를 알아본 사슴발 장수들이 무릎을 꿇고 용서를 빌었다. 그리고 고구려 진영으로 넘어와 항복했다는 것이다.

고구려와 수나라의 전쟁이 일어나기까지 양국의 사정을 살펴보자. 고구려는 당시 영양왕이 다스리고 있었다. 영양왕은 평원왕의 맏아들로서 평원왕 7년(565년)에 태자로 책봉되었다가 부왕이 재위 32년 만인 590년에 세상을 뜨자 그 뒤를 이어 즉위했다. 『삼국사기』 '고구려본기' 영양왕 즉위 조에 따르면, '왕은 풍채가 남보다 뛰어났으며, 세상을 구제하고 백성을 편안하게 함을 자신의 임무로 삼았다'고 했다.

영양왕은 즉위하자 중국을 재통일하여 새로운 강적으로 떠오른 수나라와 무모한 충돌을 피하고자 했다. 수나라가 중국을 재통일한 여세를 몰아 팽창 정책을 펼치고 있는 사실에 비추어볼 때 언젠가는 고구려에도 침략의 마수를 뻗혀올 것이 분명했기 때문이다. 따라서 수나라의 침공에 대비하기 위해 군사력을 기를 시간을 벌고자 했다. 이를 위해 영양왕은 즉위 이듬해인 591년 정월에 수나라에 사신을 보내 즉위 사실을 알리고, 재위 3년 정월, 8년 5월에도 각각 사신을 수나라로 보내는 등 외교관계를 유지했다.

수나라가 중국을 재통일한 것은 영양왕이 즉위하기 1년 전인 589년이었다. 중국은 577년에 북주의 우문옹이 북제를 멸망시켜 북방을 통일했지만, 외척인 양견(楊堅)이 정권을 장악한 뒤 581년에 왕을 내쫓고 수나라를 건국하니 그가 바로 수 문제(隋文帝)이다. 양견은 589년에 남쪽의 진나라까지 멸망시킴으로써 남북조시대를 끝내고 중국을 재통일했다.

이런 수의 등장은 동북아시아 국제정치 질서에도 당장 심각한 영향을 미쳤다. 그동안 고구려는 북주와 북제와 등거리 외교관계를 통해 될 수 있는 한 전쟁을 피하려고 했고, 백제 또한 북주와 북제와의 외교관계를 이용해 고구려를 견제하려고 했는데, 남북조시대가 무너지고 수나라가 등장하니 새로운 관계설정이 필요하게 되었던 것이다. 이에 백제는 재빨리 수나라 건국 직후 사신을 보내 외교관계를 수립했고, 신라도 이에 뒤질세라 수나라와 외교관계를 수립했다. 신라는 수나라와 외교관계를 수립하자 611년에 고구려정벌을 청하는 이른바 '걸사표(乞師表)'를 보내기도 했고, 백제는 수나라의 2차 침공 직전에 고구려정복의 향도 노릇을 자청하기도 했다.

이에 앞서 수 문제는 중국 통일 이듬해인 590년, 즉 평원왕 재위 마지막 해에 고구려에 선전포고와 마찬가지인 국서를 보내 자신에게 복속할 것을 1차로 경고한 적도 있었다. 그런 까닭에 막 즉위한 영양왕이 수나라와의 대결은 잠시 피하고자 사신을 보내 외교 교섭을 모색했던 것이다. 하지만 고구려와 수나라의 충돌은 피할 수 없는 숙명적인 대결이었다.

선제공격을 개시한 것이 고구려였다. 영양왕은 재위 9년(598년)에 1만 명의 말갈병을 친히 거느리고 요서지방의 공격을 단행했다. 이는 거란과 말갈 여러 부족의 지배권을 확보해 요서와 요동 지역을 안정시키기 위해서였다. 이에 격노한 수 문제는 그해 6월에 즉각 30만 대군을 동원하여 고구려정벌을 명령했다. 마침내 제1차 여수전쟁(麗隋戰爭)이 터진 것이다. 수 문제의 명령을 받은 그의 넷째아들 한왕(韓王) 양량(楊諒)과 원수 왕세적(王世積)은 육군을 이끌고 임유관을 지나 요동으로 진격했으나 홍수와 군량보급 두절에 질병까지 돌아 대부분의 군사가 죽었다.

한편 주라후(周羅睺)가 이끈 수나라 수군도 동래를 출발해 평양으로 향하다가 바다에서 풍랑을 만나 숱한 군선이 침몰하는 바람에 대부분 물에 빠져 죽고 말았다. 그래서 그해 9월에 30만 대군 중 살아서 돌아간 자는 불과 1, 2만뿐이었다. 이렇게 해서 수나라의 제1차 고구려원정은 참패로 끝났는데, 『삼국사기』 '고구려본기' 영양왕 9년 조의 내용은 『수서』의 기록을 요약한 것에 불과하고, 단재 신채호의 『조선상고사』에 따르면 그 실상이 다른 것으로 나타난다. 단재는 지금은 전하지 않고 있는 『서곽잡록』과 『대동운해』라는 책을 인용해 당시의 정황을 이렇게 썼다.

영양대왕이 수 문제의 모욕적인 글을 받고 대로하여 군신에게 묻자, 강이식(姜以式)이 "이 같은 오만무례한 글은 붓으로 답할 것이 아니라 칼로 회답함이 가하다"고 적을 칠 것을 주장, 대왕이 이를 기꺼이 좇아 병마원수로 삼아 5만 정병으로 임유관으로 보내고, 먼저 예(濊)의 병력 1만으로 요서를 침공, 수나라 군사를 유인하고, 거란병 수천으로 바다 건너 산동반도를 공격하여 1차 여수전쟁(麗隋戰爭)이 개시되었다.

따라서 이 기록에 따르면 이때 수나라 대군을 물리친 고구려의 원수는 진주 강씨 시조인 강이식 장군이라는 사실을 알 수 있다. 강이식 장군의 무덤은 중국 심양현 원수림에 있다고 전한다.

수나라의 1차 침공을 대승으로 마무리한 고구려는 한숨 돌릴 겨를도 없이 이번에는 남쪽 후방의 우환거리인 신라와 백제 응징에 나섰다. 또 다시 수나라가 침략해올 경우 배후에서 있을지도 모를 공격을 미리 차단해놓기 위해서였다.

영양왕은 전쟁 2년 뒤인 재위 11년(600년) 정월에 수나라에 사신을 보내 외교 교섭을 모색하는 한편, 태학박사 이문진으로 하여금 고구려의 역사서를 5권으로 간추린 『신집』을 편찬하게 했다. 지금은 실전되었지만 이 『신집』에는 틀림없이 수나라와의 전쟁에서 대승을 거둔 빛나는 사실이 실려 있었을 것이고, 이는 왕권을 강화하고 백성의 자부심을 높이는 데에 크게 기여했을 것으로 보인다.

영양왕은 재위 14년(603년)에 장군 고승(高勝)을 보내 신라의 북한산주를 치게 하고, 18년(607년)에는 백제의 송산성을 공격해 포로 3천 명을 잡아왔으며, 다시 그 이듬해에는 신라를 공격하여 포로 8천 명을 잡아와 모두 고구려 지역에 배치함으로써 혹시 있을지도 모를 신라와 백제의 북진을 미리 차단했다.

그런데, 그 동안 수나라에서는 정변이 있었다. 604년 7월에 수 문제의 둘째아들 양광이 아비와 형을 죽이고 제위를 찬탈하여 등극하니 그가 수 양제(煬帝)이다. '제2의 시황제(始皇帝)' 소리를 듣는 수 양제는 즉위하자 낙양에서 오늘의 북경인 탁군에 이르는 대운하를 건설하고, 아비 때 실패한 고구려원정의 기회를 노렸다.

610년부터 본격적인 고구려원정 준비에 들어간 수 양제는 611년 2월에 전국에 총동원령을 내리고, 612년 정월에 마침내 고구려원정에 나섰다. 『수서』는 이때 수 양제가 동원한 군사가 24군에 113만 3천 800명이라고 전한다. 뿐만 아니라 군량 등 물자 수송에는 그 2배의 인원이 동원되었다고 하니 이는 거의 300만에 이르는, 중국 역사상, 아니 세계 역사상 최대 규모의 원정군이었다.

2월에 요하에 이른 수나라 대군은 부교를 가설하여 요하를 건너려고 했으나 고구려 군과의 첫 접전에서 역전의 용장이라는 맥철장(麥鐵杖)과 전사웅(錢士雄), 맹차(孟叉) 등이 전사함으로써 초전부터 여지없이 사기가 꺾이고 말았다. 그러나 요하를 건넌 수군은 요동성을 포위했다. 당시 요동성주가 누구였는지는 알 수 없지만 고구려 군사와 백성은 용감히 싸워 성을 잘도 지켜냈다.

6월이 될 때까지 요동성 하나를 함락시키지 못 하자 수 양제는 자신이 직접 요동성으로 달려와 독전을 했으나 그래도 성은 요지부동이었다. 초조해진 수 양제는 자신이 가장 신임하는 장수인 우문술(宇文述)과 우중문(于仲文)에게 30만 5천 명의 정예군을 주고 평양성을 직접 공격토록 명령했다.

한편 내호아(來護兒)와 주법상(周法尙)이 이끈 수나라 해군은 발해와 서해를 건너 대동강 입구에서 고구려의 방어군과 접전을 벌였다. 이들 수군은 평양을 공격하는 우문술·우중문의 대군과 합류하여 그들에게 군량과 무기를 보급하기 위해 해로로 평양을 공격한 것이었다. 첫 전투에서 승리한 여세를 몰아 내호아의 수군은 대동강을 거슬러 평양성까지 단숨에 이르렀으나 성은 텅 비어 있었다.

이는 평양 방어군 총사령관인 고건무(高建武)의 전략에 따른 것이었다. 건무는 영양왕의 이복동생으로서 뒷날 영류왕(榮留王)으로 즉위한다. 수군은 고구려군의 유인책에 말려들어 허겁지겁 평양성으로 난입했는데, 이때 성 밖에 매복하고 있던 고구려 군의 맹렬한 공격을 받아 대패하고, 내호아는 간신히 목숨을 구해 도망칠 수 있었다.

수 양제의 특명을 받은 우문술과 우중문은 요동성을 우회하여 압록강에 이르렀다. 그런데 기습작전을 펼쳐야 할 군사들이 모두 100일분의 식량과 무기를 지니고 있었으니 처음부터 진격속도가 느릴 수밖에 없었다. 그런 까닭에 "군량을 버리는 자는 목을 베겠다!"는 엄명을 내려도 너무 무거워서 몰래 땅에 파묻는 자가 많아 군량이 이내 떨어져 버렸다. 고구려의 대신이요 총사령관인 을지문덕이 우문술과 우중문의 수나라 군 본영에 나타난 것이 그 무렵이었다. 『삼국사기』, 사실은 『수서』의 기록이지만 사서는 당시의 일을 이렇게 전한다.

을지문덕은 적진으로 찾아들어가 우문술과 우중문 등에게 항복하겠노라는 뜻을 전했다. 사실은 항복이란 거짓이고, 항복한다는 핑계로 적군의 허실을 탐지하려는 것이 본래 목적이었다. 우중문은 출전에 앞서 수 양제로부터 "고구려왕이나 을지문덕이 오거든 반드시 사로잡으라"는 밀명을 받고 왔기에 을지문덕이 제 발로 걸어서 찾아오자 이게 웬 떡이냐면서 속으로 기뻐하며 을

지문덕을 붙잡아놓으려고 했다. 그런데 위무사로 종군한 상서우승 유사룡(劉士龍)이 항복하겠다고 제 발로 찾아온 적장을 생포한다는 것은 군자의 도리가 아니고, 또 대국의 체면도 말이 아니라면서 한사코 반대했다. 우중문은 할 수 없이 을지문덕을 돌려보냈다. 물론 틀림없이 왕을 모시고 와서 항복하겠다는 다짐을 받고 놓아주었다.

그런데 을지문덕을 그대로 돌려보낸 뒤에 곰곰이 생각해보니 아무래도 뭔가 잘못된 듯했다. 나중에 황제가 이 일을 알면 내 목이 달아나는 것은 아닐까. 그래서 곧 을지문덕에게 사람을 보내, "꼭 할 말이 더 있으니 빨리 돌아오라"고 했다. 하지만 범의 아가리에서 벗어난 을지문덕이 그런 잔꾀에 넘어갈 리가 만무여서 돌아보지도 않고 금세 압록강을 건너가 버렸다. 다 잡은 적장, 제 발로 걸어 들어온 을지문덕을 놓쳐버린 우문술과 우중문은 속이 편치 않았다. 게다가 군량마저 동이 나 버렸다. 우문술은 퇴각할 수밖에 없다고 생각하고 우중문과 의논하니 우중문이 펄쩍 뛰며 반대했다.

"장군은 수십 만 대군을 거느리고 와서 하찮은 적군을 쳐부수지 못 했으니 장차 무슨 낯으로 황제 폐하를 뵙겠소이까?"

우중문이 황제까지 들먹이며 나서자 우문술도 할 수 없이 그의 주장에 따라 군사를 이끌고 압록강을 건너 을지문덕의 뒤를 쫓았다.

돌이켜보건대 을지문덕이 고구려의 대신으로서, 또 적의 침략군과 맞선 최고사령관의 신분이면서도 나라와 백성을 위해 죽음을 무릅쓰고 적진에 들어간 용기와 희생정신, 탁월한 리더십이야 말로 참으로 자손만대에 길이 빛날 민족적 영웅의 풍모라 하겠다.

당시 고구려는 을지문덕의 작전계획에 따라 청야전술(淸野戰術)을 구사하고 있었다. 청야전술이란 성 밖에 집이건 밭이건 모두 비워놓아 적군에게 곡식 한 톨 돌아가지 않게 하는 계책이다.

을지문덕은 수나라 군사들이 더욱 지치도록 하루에 일곱 번 싸워 일곱 번 모두 일부러 져줌으로써 적군을 고구려 영토 더욱 깊숙이 유인했다. 수군은 마침내 살수를 건너 평양성에서 30리밖에 떨어지지 않은 곳까지 다다랐다. 을지문덕이 다시 사자를 적진에 보내 이런 말로 거짓으로 항복을 청했다.

"만약 군사를 돌이킨다면 반드시 우리 대왕을 모시고 가서 황제에게 항복하리다."

을지문덕이 수나라 장수들을 조롱하는 저 유명한 오언시를 지어 보낸 것도 바로 이때였다. 『삼국사기』 '열전' 에 실린 그 시의 내용은 이렇다.

신묘한 계책은 천문을 꿰뚫고
기묘한 방략은 지리를 통달했도다.
싸워서 이긴 공이 이미 높으니
족함을 알고 돌아감이 어떠리.
(神策究天文 妙算窮地理
戰勝功旣高 知足願云止)

그제야 을지문덕에게 속은 것을 알아차린 우문술 등은 서둘러 퇴각하기 시작했다. 그러자 곳곳에 매복해 기회가 오기만을 기다리고 있던 고구려 군이 사방에서 이들 지친 수나라 군사들을 사정없이 추격하며 맹렬히 공격했다.

수군이 결정적인 타격을 입은 것은 오늘의 청천강으로 알려진 살수에서였다. 여기에서 우둔위장군 신세웅(辛世雄)이 전사하는 등 수군은 결정적 타격을 입었다. 전설에는 을지문덕이 상류를 막았다가 적군이 반쯤 건넜을 때 둑을 터뜨려 수장(水葬)을 시켰다고 했으나 이는 기술적으로 무리라는 것이 전문가들의 견해이고, 곳곳에서 매복에 걸려 계속 패퇴하다가 주력군의 대부분이 살수에서 전멸 당하다시피 한 것으로 추정된다.

그렇게 해서 압록강을 살아서 건너간 자는 30만 5천 명 가운데 2천 700명뿐이었다고 한다. 이것이 유명한 살수대첩의 전말이다. 우문술의 패전 소식을 들은 내호아도 남은 배를 끌고 퇴각해버렸다. 보고를 받은 수 양제는 패전 책임을 물어 우문술을 쇠사슬로 묶어 돌아가고 말았다. 귀국한 수 양제는 우문술을 평민으로 강등시키고, 을지문덕을 놓아 보낸 죄를 물어 유사룡은 목을 쳤다.

한편, 그 옛날 살수였던 청천강이 흐르는 평안도 안주 땅에는 살수대첩에 얽힌 이런 칠불사의 설화가 입에서 입으로 전해 내려오고 있다. 살수싸움이 있기 전에 일곱 명의 고구려 병사가 스님으로 변장하고 바지를 걷고 강을 건너고 있었다. 강가에서 이 광경을 본 수나라 군사들이 그곳 여울이 얕은 줄 알고 서로 먼저 강을 건너려고 아우성치며 물속으로 뛰어들었다. 그렇게 살수를 반쯤 건넜을 때 상류에서 큰물이 쏟아져 내리고, 사방에서 고구려 군사들이 몰려나와 활을 쏘고 투석을 하며 수나라 군사를 무찔렀다. 그 뒤 고구려에서는 부처님의 가호로 수나라 군사를 물리칠 수 있었다면서 감사를 표하기 위해 칠불사를 창건했다고 한다. 그때 스님으로 변장한 일곱 명은 고구려 병사가 아니라 일곱 부처님이었다는 것이다.

천하의 주인으로 자처하던 수 양제는 부자 2대에 걸쳐 고구려에게 치욕적인 패배를 당하자 이를 갈며 분통해했다. 그래서 그 이듬해인 612년 4월에 또 다시 친히 군사를 거느리고 요하를 건너 다시 고구려정복에 나섰다. 이것이 제3차 침범이다.

수 양제는 평민으로 강등시켰던 우문술을 다시 등용하여 대장군으로 삼아 선봉을 맡게 하여 평양성으로 진격토록 하고, 왕인공(王仁恭)에게는 신성을 공격토록 명령했다. 그러고 자신은 친히 요동성을 공격했다. 고구려는 이번에도 철벽같은 수성전을 펼치는 한편, 사람 한 명 곡식 한 톨 남기지 않는 청야전술을 펼쳐 수나라 군사들의 진을 빼놓았다.

수나라 군사들은 성벽보다 높은 누각인 비루당(飛樓橦), 성벽을 넘기 위한 높은 사다리인 운제(雲梯), 성벽을 부수는 충제(衝梯) 따위의 공성기를 동원하여 맹렬히 요동성을 공격했으나 성은 20일이 넘도록 함락당하지 않았다. 수 양제는 100만 개의 흙 포대를 성벽 높이로 쌓아 군사들로 하여금 그 위에 올라가 성을 공격토록 하는 한편, 성벽보다 더 높은 8층 수레로 성을 공격토록 명령했다. 그래도 고구려 군사들은 무서운 투지로 용감하게 싸워 단 한 명의 수나라 군사도 성안으로 넘어오지 못 하도록 했다.

그러는 사이에 수 양제에게 급보가 날아왔다. 후방에서 군량 수송의 총책임을 지고 있던 예부상서 양현감(楊玄感)이 반란을 일으켰다는 보고였다. 수 양제는 급히 회군, 양현감의 반란부터 진압했다.

3차에 걸친 고구려정벌이 그렇게 물거품으로 돌아갔음에도 불구하고 수 양제는 이듬해인 614년 2월에 또 다시 전국적인 총동원령을 내려 군사를 소집했다. 완전히 이성을 잃어버린 것이었다. 그렇게 해서 그해 7월에 제4차 출병을 단행했으나 소득이라고는 수군 장수 내호아가 고구려의 비사성을 탈취한 것밖에는 없었다. 전쟁은 지지부진해지고 공격하는 수나라나 방어하는 고구려나 지치기는 마찬가지였다. 결국 양국은 화친책을 모색하고, 이에 따라 수 양제는 다시 군사를 돌이킬 수밖에 없었다.

장장 16년 동안 4차에 걸친 수나라의 침공은 그렇게 끝났는데, 그것으로 모든 것이 전처럼 돌아간 것은 아니었다. 무리한 고구려원정으로 수나라의 국력은 피폐해지고 백성의 삶이 곤궁해지자 각지에서 반란이 쉴 새 없이 일어났다. 611년에 시작된 농민들의 봉기가 해가 갈수록 중국 각지로 퍼져나가고, 여기에 호족과 귀족들까지 군웅할거함에 따라 수나라 조정의 통제력은 약화되었다. 그러다가 617년에 마침내 수 양제가 친위군의 쿠데타로 피살당하는 사건이 일어났다.

수 양제를 죽인 사람은 그의 평생 동지였던 우문술의 아들 우문화급(宇文化及)이었다. 수양제의 피살로 수나라는 중국을 재통일한 지 불과 40년 만에 멸망하고 말았다. 그리고 그 이듬해에 이연(李淵)이 새로운 나라를 세웠으니 그 것이 당이다.

그리고 같은 해 9월에 고구려에서도 영양왕이 재위 29년 만에 세상을 떠나고 그의 이복동생 고건무가 왕위에 오르니 그가 바로 영류왕이다.

살수대첩 이후 을지문덕에 관한 기록은 어디에서도 보이지 않는다. 612년의 살수대첩 이전부터 수나라에도 알려질 만큼 뛰어난 인물로서 출장입상(出將入相)했던 고구려의 대신이요 전쟁영웅인 을지문덕의 자취가 그 뒤 전혀 알려지지 않은 것은 참으로 안타까운 일이다.

어쨌든 을지문덕의 공로 덕분에 고구려는 그로부터 30년이 지난 뒤에 쳐들어온 당나라의 대군을 물리칠 수 있는 거국적 사기와 저력을 축적할 수 있었다. 『동사강목』에 이런 대목이 있다.

을지문덕의 살수대첩과 양만춘(楊萬春)의 안시성싸움으로 많은 나라가 우리나라를 강국으로 여겨 감히 함부로 침범하지 못 하게 되었으니 이는 을지문덕의 공로다.

또 조선조 세조 때인 1458년에 양성지(梁誠之)는 국가에서 제사를 지내며 모셔야 할 역사적 인물로 12명의 왕과 24명의 신하를 추천했는데, 고구려에서는 시조 추모성왕(鄒牟聖王)과 영양왕, 그리고 을지문덕 장군이 천거되었다. 그리고 숙종도 1680년에 관리를 보내 을지문덕의 사당에 현판을 다시 만들고 제사를 지내도록 했다. 일제강점기에 의병들의 군가 '용진가'에도 다음과 같이 을지문덕이 나온다.

한산도의 왜적을 쳐서 파하고
청천강수 수병 백만 몰살하오신
이순신과 을지 공의 용진법대로

우리들도 그와 같이 원수 처보세.

단재 신채호도 『을지문덕전』에서 이렇게 일면 찬탄하고 일면 아쉬워했다.

살수의 전투는 한 나라의 흥망의 기틀이었다. 을지문덕이 싸우려 하면 전 국민이 모두 싸웠으며, 을지문덕이 물러가려 하면 전 국민이 다 물러가고, 을지문덕이 속 임수로 항복하여도 상하가 그 속임수 항복을 의심하지 않았다. 임금의 신용에 오로지함과 국민의 신뢰가 이와 같이 깊었으니 그야말로 나가면 장수, 들어오면 재상의 자리에 있으면서, 내정을 잘 다스리고 외적을 물리치는 정책을 강화하여 일국의 안정과 위험이 그 한 몸에 매어 있음에 틀림없었다.
그렇거늘 후세 사람이 역사에 남은 몇 줄 글에만 집착하여 을지문덕이 다만 살수의 한 번 전투에 하늘의 천사처럼 한 조각 복음을 전하였다, 그리고는 바람이 이는 채찍으로 번개 같은 말을 쳐서 갑자기 멀리 사라져 그 전에도 을지문덕이 없고, 그 후에도 을지문덕이 없었다고 한다. (중략) 영양왕 서쪽 정벌 이후 살수전 이전의 일은 모두 을지문덕에 속함은 의심할 바가 없다.

참으로 그렇다. 돌이켜보건대 을지문덕이 없었다면 고구려가 수나라에 멸망당했을지도 모르고, 만일 그렇게 되었다면 아비와 형을 죽이고 제위를 찬탈한 수 양제에 의해 신라와 백제도 무사하지 못 했을 것이다. 이는 뒷날 임진왜란 때에 이순신 장군이 없었다면 우리나라가 왜적에게 멸망당하고, 어쩌면 명나라도 무사하지 못 했을 것과 같다고 하겠다.
필자가 을지문덕 장군에 관한 자료를 조사하다가 재미있는 사실을 알게 되었다. 1935년에 을지문덕 묘를 답사한 기록을 발견한 것이다. 일제강점기인 1935년 10월 1일, 2일, 3일자 동아일보에 실린 김준연(金俊淵)의 답사기이다. 그 글에 따르면 을지문덕의 묘는 평안남도 강서군 잉자면 2리 현암산 동쪽 기슭에 있으며, 을지문덕의 후손 돈종각(頓宗珏) 씨도 만났다고 한다. 평남 대동군 대보면 태평외리에 살고 있던 돈씨는 자신의 조상 을지문덕의 묘가 평북 의주에 있다는 말을 듣고 평북 의주군 옥상면 자물촌 싸리골에 찾아가 보니 그 묘는 을지문덕의 조상 을파소(乙巴素)의 묘였다고 한다. 거기에는 을파소의 소부 을두지(乙豆智)의 묘도 있었다고 한다.

을지문덕의 후손이 어찌하여 돈씨가 되었는가. 고려 인종 때 묘청(妙淸)의 봉기가 있을 때 이 고을에 살던 을지문덕의 15세손 을지수(乙支邃) · 을지달(乙支達) · 을지원(乙支遠) 3형제가 의병을 일으켜 관군을 도왔고 그 공로로 인근 돈산(頓山)에 봉해졌으며, 돈씨를 사성(賜姓)받았다는 것이다. 그렇게 해서 을씨가 을지씨로, 다시 돈씨로 변하게 됐다는 것이다.

또 한편 1938년 5월 24일자 동아일보에 이런 기사가 실렸다. '조만식 · 최윤옥 · 김병연 · 김성업 씨 등 평양의 지식인들이 평남 강서군 잉자면 현암산에 있는 을지문덕 장군 묘의 보수 모임을 조직했다' 는 내용이다. 평남 강서군은 현재 남포시에 편입되어 있고, 이에 관한 기록을 더는 찾을 수 없어 매우 아쉽다.

을지문덕, 그는 참으로 리더십이 출중하고 탁월했던 민족사의 영웅이었다.

선덕여왕

관음보살로 추앙받던 신라 최초의 여왕

『삼국유사』 '기이(紀異)' 편에 '선덕왕이 세 가지 일을 미리 알다(善德王知機三事)'라는 대목이 나온다. 여기에 따르면 낭산의 능 터는 선덕여왕이 자신의 죽음을 예언하면서 미리 잡아놓은 장소라고 했다. 먼저 그 기록을 소개한다.

제27대 왕 덕만(德曼 ; 德萬으로도 쓴다)의 시호는 선덕여왕이니 성은 김씨요, 아버지는 진평왕이다. 정관(貞觀) 6년 임진(632년)에 즉위해 나라를 다스린 지 16년 동안에 그가 미리 알아맞힌 일이 모두 세 가지나 되었다.

첫째는 당 태종(唐太宗)이 붉은빛·자줏빛·흰빛 등 삼색의 모란꽃 그림과 그 꽃씨 석 되를 보냈더니 왕이 그림을 보고 말하기를, "이 꽃은 필시 향기가 없을 것이다"라고 하면서 이내 뜰에 심으라 명령하고 그 꽃이 피고 떨어지는 것을 기다렸더니 과연 그 말과 같았다.

둘째는 영묘사 옥문지(玉門池)에서 겨울철에 수많은 개구리가 모여 3, 4일을 두고 울었다. 국인(國人)들이 이를 괴상히 여겨 왕에게 물었더니 왕이 서둘러 각간 알천

(閼川)과 필탄(弼呑) 등을 시켜 정병 2천 명을 뽑아 빨리 서쪽 교외로 나가 여근곡(女根谷)을 찾아가면 반드시 적병이 있을 것이니 그들을 습격하여 죽이라고 했다. 두 명의 각간이 명령을 받은 뒤 각각 군사 1천 명을 데리고 서쪽 교외로 가서 물었더니 부산(富山) 밑에 과연 여근곡이 있었고, 백제 군사 500명이 와서 그곳에 숨어 있었으므로 한꺼번에 잡아 죽였다. 백제 장군 우소(于召)는 남산 고개 바위 위에 숨어 있었으므로 에워싸고 쏘아 죽였다. 또 후원군 1천 200명도 역시 습격하여 한 명도 남김없이 다 죽였다.

셋째는 왕이 아무런 병도 앓지 않을 때에 여러 신하에게 말하기를, "내가 아무 해 아무 달 아무 날에 죽을 것이니 나를 도리천(?利天) 가운데 장사지내라"고 했다. 여러 신하가 도리천이 어디인지 몰라 물었더니 왕이 이르기를, "낭산 남쪽이니라"고 했다. 왕이 말한 그 달 그 날이 되자 과연 왕이 돌아가므로 여러 신하가 낭산 남쪽에 장사지냈다.

그 뒤 10여 년 만에 문무대왕(文武大王)이 사천왕사를 왕의 무덤 아래에 지었다. 불경에 이르기를, '사천왕천 위에 도리천이 있다'고 했으니 이로써 (선덕)대왕의 신령스럽고 거룩함을 알 수 있을 것이다.

당시의 여러 신하가 왕에게 아뢰기를, "어떻게 하여 모란꽃과 개구리 사건이 그렇게 될 줄 알았습니까?" 하니 왕이 말하기를, "꽃을 그리면서 나비가 없으니 향기가 없다는 것을 알 수 있었던 것이다. 이는 바로 당나라 임금이 내가 혼자 지내는 것을 조롱한 것이다. 개구리는 성낸 꼴을 하고 있으니 군사의 모습이요, 옥문(玉門)은 여자의 생식기이다. 여자는 음(陰)이요 그 빛은 희니 곧 서방(西方)이다. 그러므로 군사가 서쪽에 있다는 것을 알 수 있었다. 남자의 생식기가 여자의 생식기에 들어가면 결국 죽는 것이니 그래서 적병을 쉽게 잡을 줄 안 것이다"라고 했다. 이 때야 여러 신하가 그 거룩한 지혜에 탄복했다.

우리나라 역사에는 세 명의 여왕이 있었다. 선덕여왕 · 진덕여왕(眞德女

王)·진성여왕(眞聖女王)으로 모두 신라의 임금이었다. 백제의 국모 소서노(召西努)를 비롯하여 고구려 태조대왕(太祖大王)의 어머니 부여태후(夫餘太后), 고국천대왕(故國川大王)과 산상대왕(山上大王)의 부인 우씨황후(于氏皇后), 그리고 신라의 미실궁주(美室宮主) 같은 여걸들이 제왕을 뛰어넘는, 또는 버금가는 막강한 권력을 휘두르며 당대를 주름잡은 것은 사실이지만, 이는 어디까지나 막후 실력자의 입장이었지 그들이 옥좌에 앉아서 임금 노릇을 한 것은 아니었다. 김부식의 『삼국사기』 '신라본기' 선덕왕 즉위 조는 이렇게 시작된다.

선덕왕이 왕위에 오르니 그의 이름은 덕만이요, 진평왕의 맏딸이며, 어머니는 김씨 마야부인(摩耶夫人)이다. 덕만은 성품이 너그럽고 어질고 명민하였다. 진평왕이 돌아가고 아들이 없으므로 국인들이 덕만을 왕위에 세우고 성조황고(聖祖皇姑)라는 칭호를 올렸다.

그런데 일연은 『삼국유사』에서 선덕여왕이라고 기록하여 여왕이란 사실을 분명히 밝혔지만, 김부식은 『삼국사기』에서 선덕여왕은 물론 그 다음의 진덕여왕과 진성여왕도 여왕이라고 하지 않고 그냥 왕이라고 기록했다. 이는 대수롭지 않은 것처럼 생각하기 쉽지만 사실은 철저한 사대주의 유학자요 남녀차별주의자였던 김부식의 옹졸한 여성관과 편견이 그대로 드러난 결과였다. 김부식이 지독한 남존여비사상의 소유자였음을 극명하게 보여주는 기록이 바로 이 『삼국사기』 선덕여왕 조 뒤에 덧붙여져 있다. 김부식은 자신의 할머니와 어머니와 아내도 여자였건만 마치 여성혐오증에 걸리기라도 한 듯 여자를 암탉이나 암퇘지에 비유함으로써 여성을 비하하고 모독했다. 그가 어떻게 썼는지 다시 한 번 읽어보자.

논한다. 하늘의 이치로 말한다면 양(陽)은 굳세고 음(陰)은 부드러우며, 사람을 두고 이를 말한다면 사내는 높고 계집은 낮은 것이다. 어찌 늙어빠진 할망구가 안방에서 뛰어나와 국정을 좌우함을 허용할 수 있겠는가? 신라는 여자를 잡아 일으켜 임금 자리에 앉게 했으니 참으로 어지러운 세상에나 있을 일이었으니, 나라가 망하지 않은 것이 다행이라 하겠다. 『서경』에서 '암탉이 울어 때를 알리면 집안이 망한다' 고 했고, 『역경』에서는 '음물(陰物)인 암퇘지가 양물(陽物)을 해친다' 고 했으니 그것이 어찌 경계할 일이 아니겠는가!

김부식의 탄식처럼 신라는 어찌하여 선덕여왕을 대왕으로 내세움으로써 '암탉이 울고 암퇘지가 껑충거리게 하는' 어리석음을 자초하였을까. 당시 신라는 무슨 불가피한 사정이 있었기에 여자를 임금으로 내세워야만 했을까. 그리고 과연 나라가 망할 지경에 이르렀던가.

『삼국사기』에는 진평왕이 아들이 없이 죽었으므로 국인들이 맏딸 덕만을 임금으로 세웠다고 했는데, 『삼국유사』의 기록은 이와는 약간 다르다. 『삼국유사』 '왕력' 신라 조 제27대 선덕여왕 첫머리에 이렇게 나온다.

이름은 덕만이다. 아버지는 진평왕이요 어머니는 마야부인 김씨이다. 성골(聖骨)의 남자가 없었으므로 여왕이 왕위에 올랐다. 왕의 배필은 음갈문왕(飮葛文王)이다. 인평(仁平) 갑오년에 왕위에 올라 14년 동안 나라를 다스렸다.

『삼국사기』에서는 진평왕이 아들이 없이 죽어서 국인들이 맏딸을 임금으로 세웠다고 한 반면, 『삼국유사』에는 성골의 남자가 없으므로 (성골의) 여자인 덕만공주가 왕위에 올랐다고 한 것이다. 두 사서의 공통점은 진평왕이 아들이 없어서 공주가 뒤를 이었다는 사실이요, 다른 점은 『삼국사기』는 국인들이 덕만공주를 왕위에 오르게 했다는 것이고, 『삼국유사』는 성골 남자의 씨가 말라서 여자가 즉위했다고 한 것이다. 여기에서 말하는 국인이란 흔히 백성으로 해석하기 쉬운 보통 '나라사람'이 아니다. 적어도 어떤 인물을 선택하여 다음 임금 자리에 앉힐 정도의 권력을 지닌 지배 계층을 가리키는 것이다. 이처럼 막강한 국인들이 임금을 내세우거나 내쫓은 경우는 『삼국사기』와 『삼국유사』 곳곳에서 찾아볼 수 있다. 가장 가까운 경우가 선덕여왕의 아버지인 진평왕이 바로 그 국인들에 의해 불과 13세의 나이로 왕위에 올랐으며, 그 국인들이 바로 진지왕(眞智王)을 폐위시킨 세력이라는 사실이다. 또한 국인의 힘에 의해 왕이 바뀐 경우는 신라에서만 있었던 일이 아니라 고구려와 백제에서도 여러 차례 있었다.

진평왕이 붕어할 당시 신라의 국인들은 누구를 가리키는 것일까. 진평왕이 성골의 마지막 남자였으므로 그들은 틀림없이 그 다음 골품(骨品)인 진골(眞骨)이었을 것이다. 일연은 『삼국유사』 '왕력' 제28대 진덕여왕 끝부분에 가서, '이상을 중고(中古)라 하며 성골이요, 이하는 하고(下古)라 하여 진골이다'라는 설명을 덧붙였다. 따라서 진평왕이 성골의 마지막 남자요, 선덕여왕의 사촌동생 진덕여왕이 성골의 마지막 여자라는 사실을 알 수 있다.

『삼국유사』 '기이' 편과 『삼국사기』 '신라본기' 선덕여왕 즉위 조의 기록으로 미루어보건대 선덕여왕이 뛰어나게 총명한 여자였으므로 왕위를 이었다는 이야기는 사실일 것이다. 그런 기록이 두 사서에 공통적으로 실린 이유도 선덕여왕이 똑똑했고 리더십이 출중했기 때문에 밖으로는 고구려와 백제와 날카롭게 대립하고 있고, 안으로는 범이나 늑대같이 사나운 숱한 왕족 사내들을 제치고 왕위에 오를 수 있었을 것이다. 당 태종이 보낸 모란꽃 그림을 보고 꽃씨가 향기 없는 꽃이라는 예언을 했다는 이야기는 『삼국유사』에 앞서 『삼국사기』 선덕여왕 즉위 조에도 이렇게 나온다.

전 임금(진평왕) 시대에 당나라로부터 온 모란꽃 그림과 꽃씨를 얻어 덕만에게 보였더니 덕만이 말하기를, "이 꽃이 비록 곱기는 하지만 반드시 향기가 없을 것입니다"라고 했다. 왕이 웃으며 "네가 그것을 어떻게 아느냐?" 하고 물었다.

덕만이 대답하기를, "꽃을 그렸는데 나비가 없으므로 그것을 알았습니다. 무릇 여자로서 국색(國色)을 갖추면 사내가 따르는 법이요, 꽃에 향기가 있으면 벌과 나비가 따르는 까닭입니다. 이 꽃이 매우 고운데도 그림에 벌과 나비가 없으니 반드시 향기가 없는 꽃입니다" 했다. 그 씨를 심었더니 과연 공주가 말한 바와 같았다. 그가 앞을 내다보는 식견이 이와 같았다.

두 책의 내용이 다른 점은 『삼국사기』는 이 일이 공주 시절인 진평왕 때에 있었다고 했고, 『삼국유사』는 재위 시의 일이라고 하여 차이가 나지만, 선덕여왕이 총명한 여자라는 사실을 강조한다는 점에서는 다를 바가 없다. 여왕이었든 공주였든 점쟁이가 아닌 다음에야 그림만 보고 함께 보내온 꽃씨가 향기가 있는지 없는지 어떻게 알 수 있었으랴. 또한 모란꽃을 그릴 때에는 나비를 함께 그리지 않는다고 한다.

따라서 이 일화는 당 태종이 부귀를 상징하는 모란꽃 그림을 선물로 보내 양국의 우호를 다지려는 의례적인 선물에 불과했던 것인데, 선덕여왕의 재기가 빼어났다는 사실을 강조하고자 꿰어맞춘 이야기라는 주장도 있다.

또한 경주의 여근곡은 지형지세가 사서의 기록과는 달리 적군이 매복할 수 없는 곳이고, 실지로 백제 군과 충돌했던 곳도 신라 서쪽 백제와의 접경 지역이었으며, 당시 신라 군의 승리도 여왕의 예언에 따라 군사를 보냈기 때문이 아니라 장군 알천의 지휘능력이 뛰어났기 때문이라고 보아야 한다는 설도 있다.

서라벌의 도리천인 낭산에 자신의 못자리를 미리 잡았다는 설화도 뒷날 문무왕이 그 아래쪽에 사천왕사를 세우면서 여왕을 신라에 현신한 관세음보살로 미화하기 위해 만들어낸 이야기로 보기도 한다.

실지로 있었던 일이든, 뒷사람들에 의해 조작되고 미화된 이야기든 선덕여왕이 공주 때부터 리더십이 있고 총명했던 것은 사실이었을 것이다. 그런 까닭에 부왕에 의해 후계자로 선택되었을 것이고, 천성이 총명했으므로 당연히 왕위에 오를 만한 자질이 있었다는 점이 강조된 것이 아니겠는가.

덕만공주가 우리나라 역사상 최초의 여왕으로 등극하게 된 과정을 되짚어 보자. 『삼국사기』는 덕만공주가 진평왕의 맏딸이라고 했다. 『삼국사기』와 『삼국유사』를 살펴보면 진평왕은 아들 없이 세 명의 공주만 둔 것으로 나온다. 다른 두 명은 천명공주(天明公主)와 선화공주(善花公主)이다. 이 가운데 선화공주는 『삼국유사』에만 나오고 『삼국사기』에는 전혀 나오지 않는다. 천명공주는 뒷날 진골의 첫 번째 임금으로 즉위하는 태종무열왕 김춘추(金春秋)의 어머니요, 선화공주는 백제 무왕(武王)과 국제결혼을 하여 단재 신채호가 말한 이른바 '동서전쟁(同壻戰爭)'의 빌미를 제공하게 된 여주인공이다.

그런데 『삼국사기』는 덕만공주가 맏딸이라고 했지만 『화랑세기』를 보면 천명공주가 맏딸로 나온다. 『화랑세기』 제13세 풍월주 용춘공(龍春公) 조에 이런 대목이 나온다. 용춘공 – 김용춘은 『삼국사기』와 『삼국유사』에 김춘추의 아버지로서, '또는 용수(龍樹)라고도 한다'고 나오는 인물이다.

그때 (진평)대왕은 적자(嫡子)가 없어 (용춘)공의 형 용수 전군(龍樹殿君)을 사위로 삼아 왕위를 물려주려고 했다. 이에 전군이 공에게 의견을 물으니 공이 대답하기를, "대왕의 춘추가 한창 강성할 때인데 혹시 왕위를 이으면 불행한 일을 당할까 염려됩니다"했다. 전군은 이에 사양했으나 마야황후가 들어주지 않고 마침내 전군을 사위로 삼았으니 곧 천명공주의 남편이다.

이보다 앞서 공주는 마음속으로 공을 사모하여 황후에게 조용히 말하기를, "남자는 용숙(龍叔)과 같은 사람이 없습니다"하였다. 황후가 (용숙을 용춘이 아니라) 용수로 생각하여 시집을 잘못 보냈던 것이다.

공주는 이에 공에게 은밀히 말하기를, "첩이 본래 그리워한 사람은 곧 그대입니다"하니 공이 말하기를, "가정의 법도는 장자가 귀한 것인데, 신이 어찌 감히 형과 같겠습니까?" 했다.

공주는 공을 더욱 사랑하여 (진평)제(帝)에게 공의 처지를 떠받쳐주게 했고, 여러 차례 공의 관계(官階)를 승진시켜 위(位)가 용수공과 같게 했다.

용수공이 공주의 뜻을 알고 공주를 공에게 양보하려 했으나 공이 힘써 사양했다. 마야황후가 밤에 궁중에서 잔치를 베풀고 公을 불러 공주와 함께 묵도록 했다. 용수공 또한 늘 병을 칭하고 공에게 공주를 모시고 공주의 마음을 위로하도록 명했다. 공은 스스로 게으르거나 방자한 적이 없었다. 이로 인해 공은 대궐에서 더욱 신임을 얻었다.

이 대목에 대해서는 약간의 설명이 필요하다. 『삼국사기』와 『삼국유사』는 용춘과 용수를 동일인으로 보고 있지만, 『화랑세기』에 따르면 용수가 형이고 용춘이 아우라는 사실을 알 수 있다. 이들 형제는 진평왕 즉위 전에 황음무도하다는 이유로 사도태후와 미실궁주를 핵심으로 한 이른바 '국인' 들에 의해 폐위된 진지왕(眞智王)과 지도부인의 아들이다. 따라서 진평왕은 진지왕의 조카요, 용수 · 용춘 형제는 진지왕의 아들이니, 천명공주 자매들에게는 당숙이다.

그리고 천명공주가 진평왕의 맏딸이며, 마음속으로는 용춘을 더 좋아했지만 아들이 없는 부왕이 용수를 사위로 삼아 왕위를 물려주려고 했고, 모후 마야황후도 이를 잘못 알아듣는 바람에 처음에는 용수에게 시집가게 되었다는 것이다.

그런데 당시 김용수는 총각이 아니라 이미 천화공주(天花公主)라는 여인의 남편으로서 유부남이었다. 하지만 대왕과 황후의 영을 어길 수 없었다. 그래서 천명공주에게 새장가를 들면서 천화공주는 아우 용춘에게 주었다. 천화공주가 누구의 딸인지 알 수 없지만 매우 팔자가 사나웠던 모양이다. 나중에 용춘이 천명공주의 남편이 되자 이번에는 진흥왕이 백룡공(白龍公)이라는 사람에게 천화공주를 무슨 선물 주듯이 내려주었다고 했기 때문이다.

그럼에도 불구하고 천명공주는 용춘을 잊을 수 없어 늘 그를 위해 애써주고, 모후도 곁에서 거들어 마침내 그의 품에 안길 수 있었다는 것이다. 또한 이런 사실을 안 남편인 용수가 아우 용춘에게 공주를 양보했다는 사실도 알 수 있다.

『화랑세기』의 내용이 이러하니 신라인의 성도덕이나 윤리관을 도저히 이해할 수 없었던 김부식으로부터 황당무계하여 믿을 수 없다고 사료적 가치로서 무시당했고, 천년이 훨씬 더 지난 지금도 일부 사학자로부터 위작 시비를 받고 있는 것이다. 『화랑세기』는 그 다음 사정을 이렇게 전해주고 있다. 이 책에는 덕만공주가 아니라 선덕공주로 나온다.

선덕공주가 점점 자라자 용봉의 자태와 태양의 위용이 왕위를 이을 만했다. 그때는 마야황후가 이미 붕어했고, 왕위를 이을 아들이 달리 없었다. 그러므로 대왕은 공(용춘)을 마음에 두고 공주에게 그 지위를 양보하도록 권했다. (천명)공주는 효심으로 순종하여 지위를 양보하고 출궁했다. 선덕은 공이 능히 자기를 도울 수 있다고 생각하여 사신(私臣)이 되어줄 것을 청했다. 대왕이 이에 공에게 공주의 뜻을 받들도록 명했다.
선덕은 총명하고 지혜로웠으며 감정이 풍부했다. 공이 감당하지 못할 것을 알고 굳이 사양했으나 어쩔 수 없이 받게 되었는데, 과연 자식이 없어 물러날 것을 청했다. 대왕은 (이번에는) 용수공에게 모시도록 명했는데 또한 자식이 없었다.

이 대목도 이해를 돕기 위해 약간의 보충설명이 필요하다. 진평왕은 천명공주가 용수와 용춘에게 번갈아 시집갔지만 아들을 낳지 못해 실망했다. 그런데 둘째딸 선덕공주가 점점 자라나는 것을 보니 매우 총명하여 왕위를 물려줄 만하다고 여기게 되었다. '용봉의 자태, 태양의 위용'이란 제왕의 자질을 뜻하는 말이다.

그래서 이번에는 용춘으로 하여금 선덕공주를 받들게 하고 천명공주와 용수는 나가 살게 했다. 천명공주는 왕위계승권을 포기하고 궁에서 나가 살았다. 따라서 성골의 신분도 진골로 바뀌었다. 유일한 성골의 후계자가 된 선덕공주는 용춘으로 하여금 자신을 모시도록 했다. 용춘은 처음에는 사양했지만 왕명을 거역할 수 없어 전명공주 대신 이번에는 선덕공주를 모시게 되었다.

용수 · 용춘 형제가 이렇게까지 인간적 모욕을 감수할 수밖에 없었던 것은 오로지 진지왕의 자식이기 때문이었다. 아버지 진지왕이 여색을 너무 밝히다가 국인들에 의해 폐위 당했기 때문에 목숨을 부지하기 위해 국왕이 시키면 시키는 대로 하면서 죽어지내야만 했던 것이다. 그런 까닭에 본부인을 버리고 천명공주에게 장가를 가라면 갔고, 또 이번에는 선덕공주에게 장가를 가라면 갔던 것이다. 천명공주는 궁에서 나가 용수와 다시 함께 살았다. 그때 태어난 아들이 김춘추(金春秋)였다.

용춘은 처제였던 선덕공주의 남편이 되었는데, 역시 아들이 없어서 남편 자리에서 물러났다. 그러자 대왕은 이번에는 용수를 다시 불러 선덕공주를 모시게 했다. 하지만 두 사람 사이에서도 자식이 없었다. 『화랑세기』의 다음 대목은 이렇다.

그때 승만황후가 아들을 낳자 선덕의 지위를 대신하고자 했는데 그 아들이 일찍 죽었다. 승만은 (용춘)공의 형제를 미워했다. 공은 이에 지방으로 나갔다. 고구려에 출정해 큰 공을 세우자 승진하여 각간(角干)에 봉해졌다.

용수 전군이 죽기 전에 부인과 아들을 공에게 맡겼다. 그 아들은 곧 우리 태종 황제이고, 부인은 곧 천명공주이다. 처음에 용수공은 천화공주를 아내로 맞았는데 천명공주를 아내로 맞게 되자 천화공주를 공에게 주었다. 아들을 낳았는데 일찍 죽었다. 선덕공주를 모시게 되자, 제(帝)가 천화공주를 백룡공에게 내려주었다.

선덕공주가 즉위하자 공을 지아비로 삼았는데 공은 자식이 없다는 이유로 스스로 물러날 것을 청했다. 군신(群臣)이 이에 삼서(三婿)의 제도를 의논해 흠반공(欽飯公)과 을제공(乙祭公)으로 하여금 보좌토록 했다. 공은 본래 (아버지) 금륜(金輪 : 진지왕)이 색에 빠져 폐위된 것을 슬퍼했고, 성품이 색을 좋아하지 않아 왕에게 아첨할 생각이 없었기에 물러날 뜻이 더욱 굳어졌다. 선덕은 이에 정사를 을제에게 맡기고 공에게 물러나 살기를 허락했다. (물러난) 공은 천명공주를 처로 삼고 태종(김춘추)을 아들로 삼았다.

이 기록을 통해 새롭게 밝혀진 또 다른 점은 그동안 흔히 알고 있는 것과는 달리 선덕여왕은 독신으로 지낸 것이 아니라 혼인을 한 번도 아니라 세 번이나 했다는 사실이다.

여기에 나오는 선덕공주가 여왕으로 즉위한 뒤 '삼서제도', 즉 아들이 없을 경우 세 번까지 혼인할 수 있는 제도에 따라 흠반공과 더불어 남편으로 삼았다는 을제공은 『삼국사기』 '신라본기' 선덕왕 원년 2월에, '대신 을제에게 모든 국정을 맡겼다'고 나오는 바로 그 인물이다. 또 『삼국유사』에서 선덕여왕의 남편이라고 말한 음 갈문왕은 여기에 나오는 흠반공을 가리키는 것으로 추정된다.

『화랑세기』는 또한 용수는 아우 용춘이 선덕공주를 모셨으나 아들이 없어 물러나자 다시 선덕공주를 모셨으며, 그래도 아들이 생기지 않자 다시 물러났고, 용춘은 형 용수가 자신의 부인 천명공주와 아들 춘추를 부탁하고 먼저 죽으니 이를 받아들여 천명공주를 부인으로 삼고 춘추를 적자로 삼았는데, 춘추는 나중 진덕여왕의 뒤를 이어 왕위에 오르자 용춘을 갈문왕으로 추존했다고 전한다.

그런데, 『삼국유사』에는 춘추가 왕위에 오른 뒤 아버지 용수를 문흥대왕(文興大王)으로 추봉했다면서, '용수를 또는 용춘이라고 한다'고 했는데, 이는 두 사람이 형제라는 사실과, 용수가 죽기 전에 용춘에게 부인 천명공주와 아들 춘추를 맡긴 일을 몰랐기 때문에 빚어진 착오였다.

선덕여왕은 몇 살에 왕위에 올랐을까. 김부식이 『삼국사기』에서 말한 것처럼 정말로 '국인들이 늙어빠진 할망구를 안방에서 잡아 일으켜' 여왕으로 내세웠을까. 선덕공주가 여왕으로 등극할 때에 처녀가 아니라 남편이 있는 유부녀라는 사실은 이미 밝혀진 대로다. 그것도 용수와 용춘 형제가 번갈아가며 남편 노릇을 했는데 아들이 없어서 둘 다 물러났다고 했다. 또 즉위한 뒤에도 삼서제에 따라 흠반과 을제를 남편으로 삼았다고 했다.

선덕여왕의 생몰연대는 어느 사서에도 나오지 않는다. 하지만 여왕의 나이를 추정할 단서가 전혀 없는 것은 아니다. 첫 번째 남편이었던 김용수와 언니 천명공주 사이의 아들, 용수가 죽은 뒤 용춘의 아들로 입적된 김춘추의 나이를 기준으로 추산하면 된다. 『삼국유사』 '기이' 태종무열왕 조에 따르면 김춘추는 661년에 59세로 사망한 것으로 나온다. 따라서 그가 태어난 해는 602년이 된다. 선덕여왕이 즉위한 것은 632년이니, 당시 김춘추의 나이는 만 30세가 된다.

언니 천명공주가 김춘추를 낳았을 때 나이가 15~16세라면 동생 선덕공주는 13~14세, 천명공주가 늦어도 20세에 김춘추를 낳았다면 선덕공주 또한 한두 살이나 두세 살 적었던 18세 안팎으로 볼 수 있다. 따라서 선덕여왕이 즉위할 때 나이는 적어도 만 43세, 많으면 48세쯤으로 추산된다. 결혼적령기가 15~16세였던 1천 500년 전 당시에 여자 나이 쉰 살이 가까우면 '당연히' 할머니였다.

따라서 공주 때의 남편이었던 용수도 죽고 음 갈문왕(흠반)도 죽고 없어 선덕여왕이 즉위할 수 있었을 것이다. 그리고 나이 50이 가까웠음에도 혹시나 후사를 볼 수 있을까 하고 을제를 다시 남편으로 삼았을지도 모른다.

여기에서 또 한 가지 소개하고 싶은 이설이 있다. 그것은 『화랑세기』에서는 천명공주가 언니, 선덕공주가 아우로 나오지만, 『삼국사기』의 기록대로 덕만공주 – 선덕공주가 실질적인 장녀가 맞을지도 모른다는 주장이다. 그 이유는 천명공주가 진평왕의 정비인 마야황후의 소생이 아닐지도 모른다는 점이다. 그런 까닭에 선덕공주를 위해 순순히 왕위계승권은 물론, 남편인 용수와 용춘까지 양보했으리라는 것이다.

또 선덕여왕이 즉위 직후 그를 추대한 국인들에 의해 '성조황고', 즉 '신성한 조상을 이은 여황제'라는 신라사상 전무후무한 칭호를 받았다는 점이다. 이것이 여왕의 혈통이 순수한 성골이요, 후궁 소생이 아니라 진평왕과 마야황후 사이의 실질적인 장녀라는 사실을 반증한다는 것이다.

또한 근래 일부 사학자 가운데는 신라사에서 여왕의 등장이 당시 일본의 정치상황과도 무관하지 않았다고 주장하는 사람도 있다. 이 설의 요지는 이렇다. 진평왕은 마야황후가 아들 없이 죽고, 후비로 맞은 승만황후는 아들을 낳았지만 일찍 죽어 대위를 물려줄 적자가 없었다. 이에 진평왕은 세 딸 가운데 가장 똑똑한 선덕공주에게 보위를 물려주기로 결심한다. 여기에는 40년 전인 진평왕 15년(593년) 왜에서 이미 최초의 여왕인 스이코(推古)가 등극한 사실도 참고가 되었을 것이라는 추측이다.

외부적인 상황은 그렇더라도 신라 최초의 여왕이 탄생하기 위해서는 보다 든든한 토대가 구축되어야 했고, 그런 안전조치가 강구되어야만 했을 것이다. 이는 분명히 여왕의 등극을 반대하는 세력이 있었기 때문이다. 그 반대세력의 면면은 정확히 알려진 바가 없다. 다만, 선덕여왕이 즉위하기 한 해 전인 631년(진평왕 53년)에 이찬 칠숙(柒宿)과 아찬 석품(石品)이 반란을 일으켰다가 실패하고 모두 처형당한 사실을 보면 알 수 있다.

그리고 아들이 없는 진평왕에게 아우인 백반(伯飯)과 국반(國飯) 두 갈문왕도 당연히 왕위계승권을 주장할 만한 위치였다. 또한 백제의 무왕도 진평왕의 사위로서 신라 왕위계승권을 강력히 주장했을 것이다. 그런 까닭에 선덕공주가 부왕 재위 시부터 자기 세력을 끌어모으기 시작했으리라고 추측되는 것이다. 외형적으로는 어디까지나 대왕의 뜻이지만 폐위된 임금 진지왕의 아들인 용수·용춘 형제를 번갈아 남편으로 삼은 것도 친위세력 구축을 위한 포석의 일종이라고 볼 수 있었다. 이를 뒷받침하는 기록이 『삼국사기』 '신라본기' 진평왕 44년 2월 조에 나온다.

> 이찬 용수를 내성사신(內省私臣)으로 삼았다. 일찍이 왕 7년에 대궁·양궁·사량궁 세 곳에 각각 사신을 두었는데, 이때에 이르러 내성사신 한 사람을 두어 세 궁의 일을 겸하여 관장토록 했다.

이는 성골의 거주구역인 3대 왕궁의 업무를 한 사람에게 맡겨 권한을 강화시켜주었다는 이야기인데, 그 막강한 권한의 내성사신에 바로 성골에서 진골로 몰락한 진지왕의 아들 용수가 임명되었다는 점에 주목할 필요가 있다.

진평왕의 후계구도를 위한 정지작업은 계속되어 2년 뒤에는 시위부를 강화하여 이를 관장하는 6명의 대감(大監)을 두었다. 이는 유사시를 대비하여 친위부대의 무력을 강화하고, 지휘관 상호간의 감시와 견제를 위한 조치로 풀이된다.

『삼국유사』와 『화랑세기』에 나오는 김춘추와 김문희(金文姬)의 야합사건도 선덕공주의 지지세력 확보를 위한 포석의 하나로 해석할 수 있다. 김문희는 뒷날의 문명황후(文明皇后)이니, 김유신(金庾信)의 누이요, 뒷날 문무왕으로 즉위하는 김법민(金法敏)의 어머니이다. 『삼국유사』 태종 춘추공 조를 보자.

> 처음에 문희의 언니 되는 보희(寶姬)가 꿈에 서악(西岳)에 올라가 오줌을 누었는데 오줌이 서라벌에 가득찼다. 아침에 동생을 데리고 꿈 이야기를 했더니 문희가 듣고 말하기를, "내가 그 꿈을 사겠어요" 하여 언니가 말하기를, "무슨 물건을 주겠니?"라고 했다. 문희가 "비단치마면 어떻겠어요?" 하니 언니가 좋다고 하여 동생은

옷섶을 헤치고 받아들이는데 언니가 말하기를, "간밤의 꿈을 네게 물려 준다"고 하니 동생은 비단치마로 값을 치렀다.

한 열흘 뒤에 유신이 춘추공과 함께 정월 오기일에 유신의 집 앞에서 공차기를 하다가 일부러 춘추공의 옷자락을 밟아 옷끈을 떼었다. 유신이 청하기를, "우리 집에 들어가 꿰맵시다"하니 춘추공이 그 말을 좇았다.

유신이 아해(阿海 ; 보희의 아명)를 시켜 꿰매드리라고 하니 아해가 말하기를, "어떻게 그런 하찮은 일로 함부로 귀공자를 가까이 하겠나이까?"하고 이를 사양했다. 그래서 아지(阿之 ; 문희의 아명)에게 명했더니 춘추공이 유신의 뜻을 알고 드디어 그와 관계하여 이로부터 자주 내왕하게 되었다.

유신이 그의 누이(문희)가 아이를 밴 것을 알고 나무라며, "네가 부모에게 알리지도 않고 아이를 뱄으니 웬일이냐?"하고는 곧 온 서라벌에 소문을 퍼뜨리고 누이를 태워 죽이려고 했다.

하루는 선덕여왕이 남산에 놀러나가는 틈을 타서 장작을 마당 한가운데 쌓고 불을 질러 연기를 올렸다. 왕이 바라보고 무슨 연기냐고 물었다. 근신이 아뢰기를, "아마도 유신이 그 누이를 태워 죽이는 모양이옵니다"라고 했다. 왕이 "이것이 누구의 소행이냐?"하고 물으니 이때 마침 춘추공이 측근에서 모시고 있다가 안색이 사뭇 달라졌다. 왕이 말하기를, "이것이 네 소행이구나! 빨리 가서 구해주어라!"고 했다. 춘추공이 명령을 받고 말을 달려 왕명을 전해 이를 말렸으니 이로부터 버젓이 혼례를 치렀다.

그런데 『화랑세기』를 보면 이 기록에서 빠진 사실도 알 수 있고, 잘못된 사실이 있다는 점도 알 수 있다. 이 대목은 『화랑세기』 제18세 풍월주 춘추공 조에 나오는데, 앞의 이야기는 거의 같고, 다른 점은 그 다음에 이렇게 나온다.

그때 (춘추)공의 정궁부인인 보량궁주(寶良宮主)는 보종공(寶宗公)의 딸이었다. 아

215

름다웠으며 공과 몹시 잘 어울렸는데, 딸 고타소(古陀炤)를 낳아 공이 매우 사랑했다. 감히 문희를 받아들이지 못하고 비밀로 했다.

유신은 이에 장작을 마당에 쌓아놓고 막 누이를 태워 죽이려고 하며 임신한 아이의 아비가 누군지 물었다. 연기가 하늘로 올라갔다. 그때 공은 선덕공주를 따라 남산에서 놀고 있었다. 공주가 연기에 대해 물으니 좌우에서 사실대로 고했다. 공이 듣고 안색이 변했다. 공주가, "네가 한 일인데 어찌 가서 구하지 않느냐?" 했다. 공은 이에 ……하여 구했다.

포사(鮑祠)에서 길례를 행했다. 얼마 뒤 보량궁주가 아이를 낳다가 죽자, 문희가 뒤를 이어 정궁이 되었다. 이에 이르러 화군(花君)이 되어 아들(법민)을 낳았다. 보희는 꿈을 바꾼 것을 후회해 다른 사람에게 시집가지 않았다. 공은 이에 첩으로 삼았는데……

이 대목에서 가장 중요한 점은 이 사건 당시 선덕여왕의 신분이 『삼국유사』의 기록과 달리 여왕이 아니라 공주였다는 사실이 밝혀진 것이다. 이는 선덕여왕이 즉위한 해가 632년인 반면, 김춘추와 김문희가 혼인한 것은 그 이전인 626년께의 일이기 때문이다. 이런 점을 두고 보더라도 『화랑세기』 필사본이 위서가 아니라 진본이라는 사실이 증명된다.

또 한 가지 김춘추의 본처 보량궁주가 낳은 딸 고타소는 뒷날 화랑 김품석(金品釋)에게 시집갔는데, 품석이 대야성 도독으로 부임할 때 따라갔다가 선덕여왕 11년(642년) 백제의 장군 윤충(允忠)의 공격으로 성이 함락당할 때 남편과 함께 죽었다. 김춘추는 이때부터 딸과 사위의 원수를 갚고자 고구려로 왜로 당으로 백제를 멸망시킬 군사를 빌리러 쫓아다니기 시작했다. 김춘추의 본처로 고타소를 낳고 죽은 보량궁주는 미실궁주와 설원랑 사이의 아들로서 제16세 풍월주를 지낸 보종의 딸이다.

이 사건이 일러주는 의미는 자명하다. 다시 말해 이것이 김유신이 자신의 신분상승을 위해 혼자서 꾸민 일도 아니고, 김춘추와 둘이 모의한 일도 아니라는 점이다. 이는 진평왕의 승인 아래 시행된 선덕공주의 친위세력 확대, 나아가 선덕공주의 후계자 굳히기를 위한 리더십의 하나로서 진지왕계의 김용춘·김춘추와 가야파의 김서현·김유신 두 가문을 하나로 묶기 위해 마련된 계책으로 분석되는 것이다. 가야 왕족의 후손으로 새로 신라의 진골로 편입된 김유신계통의 김씨들을 가리켜 이른바 '신김씨(新金氏)' 라고 불렀다.

이렇게 하여 선덕공주의 튼튼한 방패가 됨으로써 그녀의 여왕 즉위에 큰 힘이 되어준 공로로 몰락한 왕족인 김춘추가 뒷날 진골의 신분임에도 태종무열왕으로 제위에 오를 수 있었다는 것이다.

그러면 선덕여왕 재위 시 신라 국내외의 정세는 어떻게 돌아가고 있었는가.

선덕여왕은 즉위 이후 자신이 신라사상 최초의 여왕이라는 신분적 한계를 더욱 절감했던 것으로 보인다. 즉위년 12월에 당에 사신을 보내 즉위 사실을 알리고 조공했으며, 이듬해 7월에도 사신을 보내 조공했다는 것은 그만큼 당과의 우호적 관계를 강화하고자 노력했다는 반증이다. 이 같은 외교활동이 고구려와 백제의 지속적인 군사적 압력에서 비롯되었다는 점은 두말할 나위도 없다.

그러나 당 태종 이세민(李世民)도 김부식만큼이나 여자를 우습게 아는 자였다. 그는 신라에 사람이 없어서 여자를 임금으로 내세웠느냐고 노골적으로 깔보았으며, 신라에서 사신이 올 때마다 모욕적인 언사로 무안을 주었다. 그래도 강적 고구려와 상대하기 위해서는 신라를 이용할 필요성이 있다고 판단하여 마지못해 선덕여왕을 진평왕의 후계자로 인정하는 봉작을 내렸으니 선덕여왕 즉위 3년 만이었다. 하지만 당 태종의 여왕을 무시하는 생각이 아주 사라진 것은 아니었다. 선덕여왕 12년(643년) 9월에 고구려와 백제의 거듭되는 침공을 하소연하며 구원군을 청하러 보낸 신라의 사신에게는 이런 기막힌

소리까지 했다.

"너희 나라가 여자로 임금을 삼았으므로 이웃 나라가 이를 멸시하여 마치 주인을 잃고 도적을 불러들여 편안한 세월이 없는 것과 같으니, 어떠냐? 내가 나의 친척 한 명을 보내 너희 나라 임금을 삼고자 하노라. 그래도 혼자서 임금 노릇을 할 수는 없을 터이니 마땅히 군사를 딸려 보내야겠지!"

사신의 이름은 전하지 않지만 그는 아무 대답도 못하고 그저 네네 하고 돌아올 수밖에 없었다. 선덕여왕은 이처럼 즉위 초부터 대외적으로는 당과의 외교 강화를 통해 국가안보를 기하는 한편, 대내적으로는 불법의 힘으로 민심을 통합하여 안정을 기하고자 대대적인 불사를 일으켰다.

그리하여 재위 3년 정월에 분황사의 낙성을 기해 연호를 인평(仁平)으로 고쳤으며, 그 이듬해에는 영묘사의 낙성을 보았다. 또한 재위 4년 3월에는 황룡사에서 백고좌를 열어 '인왕경'을 설법토록 하고, 중 100명에게 도첩을 허락했다. 진골 출신 고승인 자장법사(慈藏法師)가 구법을 위해 당나라로 건너간 것도 그해였다. 자장이 귀국한 것은 8년 뒤인 선덕여왕 12년이었다. 자장은 선덕여왕을 뵙고 신라가 불법의 나라라는 사실을 천하 사방에 널리 알리기 위해 황룡사 9층탑을 세우도록 청했고, 여왕은 흔쾌히 이를 받아들였다. 서라벌 어디에서도 바라보였다는 이 황룡사탑은 2년 뒤인 선덕왕 14년 3월에 완공되었다.

경주시내 황룡사 터 옆의 분황사는 웅장했던 옛 모습은 사라지고 당시의 유적은 국보 제30호로 지정된 3층 모전석탑만 남아 있다. 이 절이 낙성되자 뒷날 원효(元曉)가 출가하여 불법의 진리를 깨닫고 연구하여 원효종 또는 분황종을 완성하게 된다. 또한 분황사는 그 이름이 뜻하는 '향기로운 황제의 절'에 걸맞게 신라 최초의 여왕인 선덕여대왕의 원찰로 지어진 절이었다. 이 또한 여왕의 즉위를 불교의 힘을 빌려 정당화시키려는 의도였다고 해석된다.

나라 밖에서는 북쪽에서 고구려가, 서쪽에서 백제가 쉴 새 없이 침범하여 하루도 국경이 조용한 날이 없는데 도성에서는 숱한 재물과 인력을 기울여 불법 진흥이라는 명목으로 거창한 토목공사를 계속하니 자연히 불평불만과 반대의 목소리가 나오지 않을 수 없었다.

자장이라는 걸출한 고승의 설법을 듣고 불법에 빠진 나머지 여왕은 자신이 관세음보살의 현신이라고 착각한 것은 아니었을까. 여기에는 근거가 있다. 그것은 선제 진평대왕의 이름이 백정이요, 모후의 이름은 마야부인으로서 모두 석가모니의 부모 이름이었으니, 진평대왕 부부는 선덕여왕이 태어나기 전에 아마도 석가모니와 같은 전륜성왕(轉輪聖王)을 아들로 낳기를 간절히 바랐을 지도 모르기 때문이다. 그럼에도 불구하고 잇달아 딸만 태어나자 실망이 이만저만 큰 게 아니었을 것이다. 그런 아쉬움을 달래고자 선덕공주의 이름도 불경에 나오는 대로 덕만이라고 지었는지 모른다.

또 어쩌면 전쟁이 끊이지 않는데도 그러한 대규모 불사를 강행해 백성의 원성을 사고, 일부 야심만만한 귀족들로 하여금 반란을 일으킬 빌미를 주었으니, 이는 여왕이 이미 노령으로 접어들어 젊은 시절의 총기를 잃고 판단력이 흐려졌기 때문은 아니었을까.

당대의 영걸 연개소문(淵蓋蘇文)이 정권을 좌우하던 고구려와 중국대륙을 통일하여 안하무인이던 당 태종 간의 용쟁호투 건곤일척의 전쟁이 벌어진 것도 선덕여왕 14년(645년)이었다.

선덕여왕 16년, 재위 마지막 해인 647년 정월에 비담(毗曇)과 염종(廉宗)이 반란을 일으켰다. 특히 비담은 그 지난해 11월에 이찬에서 수상인 상대등으로 승진한 인물인데, 이들은 "여왕이 정치를 잘못하고, 나라를 잘 다스릴 수 없다"는 명분을 내걸고 군사를 일으켰다. 명활산성을 근거지로 하여 일으킨 비담과 염종의 반란은 한때 기세가 높았지만 김알천과 김유신 등의 활약으로 결국 진압되고 말았다.

하지만 즉위 직전에 칠석과 석품의 반란을 겪었던 선덕여왕은 또다시 터진 귀족들의 반란에 큰 충격을 받았다. 이미 60고개를 넘긴 노령에 전부터 앓던 지병까지 겹친 여왕은 마침내 더는 견디지 못한 채 쓰러지고 말았다. 그리하여 반란이 채 진압되기도 전인 그해 정월 8일 세상을 떠났다. 추산해보건대 선덕여왕이 48세에 즉위했다면 그해에 나이 64세였을 것이다.

이것은 『삼국유사』에만 나오는 이야기인데, 현재 경주시 인왕동의 반월성과 대릉원 사이에 우뚝 서 있으며 불국사·석굴암과 더불어 고도 경주의 상징처럼 되어 있는 국보 제31호 첨성대(瞻星臺)가 바로 선덕여왕 때에 만들어졌다는 사실이다. 첨성대의 용도가 당시의 천문관측대였다는 주장이 그동안 정설처럼 굳어져 왔는데, 최근에는 이 첨성대야 말로 선덕여대왕과 33천 도리천을 이어주는 하늘기둥이요 지상의 통로였다는 새로운 해석이 나와 주목받고 있다.

선덕여왕은 우리 역사상 여자의 몸으로 왕위에 오른 최초의 여왕이었다. 또한 선덕여왕은 불법 진흥을 통해 서라벌을 불국토로 이룩하기 위해 애썼으며, 뛰어난 리더십으로 인재들을 발탁하고 양성하여 이른바 '삼한통일'의 기초를 닦기도 했다.

지귀의 심화

끝으로 재미있는 이야기 한 가지를 더 소개한다. 이 이야기는 『삼국사기』나 『삼국유사』에는 나오지 않고 훨씬 뒷날인 조선시대에 권문해(權文海)란 사람이 지은 『대동운부군옥(大東韻府群玉)』이란 책에 나온다.

서라벌 활리역에 지귀(志鬼)라는 평민 청년이 살고 있었는데 하루는 거리에서 절에 불공을 올리러가는 선덕여왕을 보았다. 비록 먼발치에서 보았지만 지귀는 선덕여왕을 보고 반해 그만 상사병에 걸리고 말았다. 그렇게 딱 한번 보고 반해버린 지귀는 먹지도 않고 자지도 않고 여왕만 그리워하다가 그만 정신이 나가 버렸다.

"여왕님, 사랑해요!"

"여왕님만 사랑합니다!"

지귀는 하루 종일 그렇게 외치면서 온 서라벌 거리거리를 돌아다녔다. 그러던 어느 날 여왕이 영묘사로 행차를 할 때였다. 갑자기 골목길에서 지귀가 여왕을 애타게 부르면서 뛰쳐나왔다. 지귀는 곧 시위무사들에게 붙잡히고 말았다. 앞쪽이 소란스럽기에 여왕이 근시에게 물었다.

"무슨 일이냐?"

"어떤 미친 자가 폐께 달려들다가 군사들에게 잡혔사옵니다."

"내게 무슨 볼일이 있다더냐?"

"아뢰옵기 황공하오나 저 자가 정신이 나가서 폐하를 사모한다고 하옵니다."

그 소리를 들은 여왕이 웃음을 지으며 이렇게 지시했다.

"큰 죄가 아니니 행차를 뒤따르라고 하라."

지귀는 사모하는 여왕이 행차를 따라와도 좋다고 하자 너무나 기뻐서 덩실덩실 춤을 추며 뒤를 따랐다. 영묘사에 도착하여 안으로 들어간 여왕은 부처님께 열심히 불공을 올렸고, 그 사이에 지귀는 절 앞 탑 밑에 쪼그리고 앉아서 기다리다 그만 잠이 들고 말았다. 불공을 드리고 나오던 여왕은 지귀의 그런 모습을 보고 깨우지 말라고 한 뒤에 차고 있던 금팔찌를 풀어서 지귀의 가슴에 얹어주고 그대로 궁궐로 돌아갔다.

시간이 많이 흐른 뒤에 지귀는 잠에서 깨어나 금팔찌를 보고 깜짝 놀랐다. 주위에 둘러서서 구경하던 사람들로부터 사모하던 여왕님이 잠을 깨우지 않고 선물로 주고 갔다는 이야기를 들은 지귀의 가슴은 자신도 모르는 사이에 사랑의 열정으로 활활 불타오르기 시작했다.

비유로 하는 말이 아니라 정말로 그의 가슴속에서 불이 타올랐고, 그 심화(心火)의 기세가 얼마나 맹렬했던지 지귀의 가슴에서 시작해 그의 온몸을 활활 불태우고도 모자라서 영묘사 석탑까지 불길에 휩싸이게 했다. 지귀는 그렇게 심화로 불타 죽고 말았는데, 그 뒤 불귀신으로 변해 온 나라 안을 떠돌게 되었다. 사람들은 화귀(火鬼)로 변한 지귀를 두려워하게 되었다. 그 말을 들은 여왕은 이런 주문을 지어 백성들에게 알리도록 했다.

지귀는 마음에 불이 일어
몸을 태우고 화신이 되었네.
푸른 바다 밖 멀리 흘러갔으니
보지도 말고 친하지도 말지어다.

백성들은 너도나도 여왕이 지어준 주문을 대문 앞에 써 붙였다. 그것이 결국 화마를 물리치는 부적이 되었다. 누구든 이룰 수 없는 사랑 때문에 심화가 일어나지 않기를 바란다.

김유신

삼한통일 이끈 신라의 대표적 명장

김유신(金庾信)은 신라가 이른바 삼한통일을 이룩하는데 가장 공이 큰 인물로서 신라 천년사의 대표적 명장으로 손꼽힌다. 이는 김부식이 『삼국사기』 '열전' 10권 중 3권에 걸쳐 김유신 편을 엮었다는 사실만 보아도 잘 알 수 있다. 김부식이 김유신을 평가한 비중이 신하는 말할 나위도 없고 그 어떤 제왕보다 높았다.

특히 김부식은 『삼국사기』 '열전' 김유신 편의 끝에 '지략이 특출한 을지문덕과 의협심을 가진 장보고 같은 사람이 있었지만 중국의 사서가 없었다면 그들의 사적이 사라져 후세에는 알지 못했을 것이다. 그러나 유신과 같은 분은 이 땅 사람들의 그에 대한 칭송의 소리가 오늘까지 끊이지 않고 있다'는 극진한 찬사를 바쳤다.

김유신에 관한 평가는 용장과 지장의 면모를 두루 갖춘 역사상 최고의 명장이란 찬사가 있는가 하면, 필요에 따라서는 암수와 흉계도 마다하지 않은 음흉하고 사나운 모략가란 부정적인 혹평도 있다.

김유신에 관한 기록은 『삼국사기』에 가장 많이 나오고, 『삼국유사』에도 나오며, 오랫동안 실전되었다가 근래 필사본이 나타난 김대문의 『화랑세기』에도 제8세 풍월주를 역임한 것으로 나온다. 『삼국사기』 '열전' 김유신 편의 첫 머리는 이렇게 시작된다.

김유신은 서울(서라벌) 사람이다. 12대 선조 수로왕(首露王)은 어떤 사람인지 알 수 없다. 그(김수로왕)는 후한 건무 18년 임인에 구봉에 올라 가락의 9촌을 바라보고 마침내 그 땅에 이르러 나라를 세우고 이름을 가야라 했는데 뒤에 금관국이라고 고쳤다. 그 자손이 계승하여 9세손 구해(仇亥) 또는 구차휴(仇次休)에 이르렀다.
구해는 유신에게 증조가 된다. 신라 사람들이 스스로 소호금천씨(少昊金天氏)의 후손이라고 했으므로 성을 김이라 했는데, 유신의 비문에도 또한 '헌원(軒轅 : 黃帝)의 후예요 소호의 자손이라' 했으니 남가야(금관가야)의 시조 수로왕은 신라와 성이 같다.

여기에서 김수로왕이 가락국을 세운 후한 건무 18년은 서기 42년이며, 김부식은 지금은 없어진 김유신의 비문에 그의 선조인 가락(김해) 김씨 시조 김수로왕이나 신라(경주) 김씨의 시조 김알지(金閼智)가 모두 중국의 전설상의 인물인 황제헌원의 아들 소호금천씨의 후손이라고 새겨져 있었다고 전한다.
그 동안 사학계에서는 중국의 삼황오제 이야기는 전설에 불과하고, 신라의 삼국통일 이후에 제작된 이 비석의 내용도 사대주의 모화사상에 따라 윤색된 것이라고 간주해왔다. 그러나 최근의 연구 결과 경주 김씨나 김해 김씨가 모두 '문무대왕릉비문'이 전하는 것처럼 소호금천씨 후손설이 사실일 가능성이 높다고 보는 추세다.
김유신은 김수로왕의 후예로서 신라에 항복한 금관가야 왕족의 후손이었다. 그가 젊은 시절에 일찍 출세하지 못한 까닭도 신라의 정통 귀족이 아니라

가야계라는 출신성분이 불리하게 작용한 탓도 있었다. 그렇다고 해서 김유신은 순수한 혈통의 가야인도 아니었다.『화랑세기』에 따르면 그의 6대조 취희왕(吹希王)부터 신라인의 피가 섞인 것으로 나타난다.

『화랑세기』에는 김유신의 가계가 비교적 상세히 나온다. 취희왕의 아버지 좌지왕(坐知王)은 여색을 밝혀 각국의 여자를 부인으로 맞아들였는데, 그 가운데 신라 아찬 도령(道寧)의 딸 복수(福壽)도 있었다. 복수는 취희왕을 낳았고, 취희왕은 신라 각간 진사(進思)의 딸 인덕(仁德)을 아내로 맞아 질지왕(銍知王)을 낳았다. 질지왕은 가야 여인 방원(邦媛)에게서 감지왕 등 5형제를 두고, 또 신라 각간 출충(出忠)의 딸 숙씨(淑氏)에게서 구충왕(仇衝王)을 낳았다. 구충왕은 가야인 계봉의 딸 계화(桂花)에게서 무력(武力)과 무득(武得)을 낳았다. 이어서『화랑세기』는 이렇게 기록했다.

모두 우리나라(신라)에 왔는데 조정에서 예로써 대접했다. 무력은 진흥제(眞興帝)의 딸 아양(阿陽)을 아내로 맞아 서현(舒玄)을 낳았다. 서현은 만호태후(萬呼太后)의 딸 만명(萬明)을 아내로 맞아 유신을 낳았다.

김유신의 어머니인 만명부인은 진평왕의 모후인 만호태후의 딸이다. 만호태후는 본남편인 동륜태자(銅輪太子)가 먼저 죽자 갈문왕 김입종(金立宗)의 아들이며 진흥왕의 동생인 숙흘종(肅訖宗)과 사통하여 낳은 딸이다. 근친혼은 물론 근친상간도 보통이던 신라 귀족 사회에서 이렇게 정식 혼인에 의하지 않고 사통하여 낳은 아들딸을 사자(私子)·사녀(私女)라고 불렀다. 만호태후의 사녀인 이 김만명이 길에서 김서현과 눈이 맞아 야합한 끝에 김유신을 낳게 되었던 것이다.

한편 일연(一然)의『삼국유사(三國遺事)』'가락국기'는 신라 제30대 법민왕(法敏王), 즉 문무왕(文武王)이 수로왕의 제사에 관한 조서를 내린 사실을 전하는데 그 내용은 이렇다.

가야국 시조의 9세손 구형왕(仇衡王)이 우리나라에 항복할 때 거느리고 온 아들 세종(世宗)의 아들이 솔우공(率友公)이요, 그 아들 서운(庶云) 잡간의 딸 문명왕후(文明王后)께서 나를 낳으셨다. 때문에 시조 수로왕은 나에게는 15대조가 된다. 그 나라는 이미 없어졌지만 그 묘는 아직 남아 있으니 종묘에 합사하여 제사를 계속토록 하라.

문무왕 김법민은 태종무열왕 김춘추의 아들로서 경주 김씨이다. 그런데 그가 김해 김씨 시조인 수로왕이 자신의 15대조라고 한 것은 가야의 마지막 임금 구형왕의 증손 서운의 딸이 자신의 어머니이기 때문이라고 했다. 서운은 『삼국사기』에 나오는 김서현으로 김유신의 아버지이며, 김유신의 비문에는 소연(逍衍)으로 나오는 사람이다.

솔우공은 졸지공(卒支公)이라고도 하고, 구형왕과 세종은 『삼국사기』에는 각각 구해왕과 노종으로 기록되어 있다. 또 구형왕을 『화랑세기』에서는 구충왕이라고 했다. 문무왕의 어머니 문명왕후는 김서현과 만명부인의 둘째딸이며 김유신의 누이동생이다. 그런데 『삼국사기』 '열전'과 『화랑세기』에는 김유신의 할아버지가 세종도 노종도 아닌 무력이라고 나온다. 『삼국사기』 '열전'은 김유신의 출생에 대해 이렇게 전하고 있다.

처음에 서현이 길에서 갈문왕 입종의 아들인 숙흘종의 딸 만명을 보고 마음에 들어 그에게 눈짓해 중매도 없이 야합하게 되었다. 서현이 만노군 태수가 되어 만명을 데리고 함께 가려 하니 숙흘종이 그제야 자기 딸이 서현과 야합한 줄 알고 그를 미워하여 딴 집에 가두고 사람을 시켜 지키게 했다. 그러자 갑자기 그 집 대문에 벼락이 쳐서 지키던 자가 놀라 정신을 차리지 못할 때 만명이 구멍으로 빠져나와 곧 서현과 함께 만노군으로 달아났다.

갑자기 대문에 벼락이 쳤다는 것은 아마도 서현이 만명을 구출하기 위해 대문을 때려 부수었거나, 숙흘종이 하늘의 조화를 핑계 삼아 신라 귀족들의 비난을 사지 않고 두 사람을 도망치게 하려고 꾸민 행위일 것이다. 그렇게 해서 오늘의 충북 진천인 만노군에 가서 만명은 김유신을 낳게 되었다. 김유신이 태어나기 전에 두 부부는 이상한 꿈을 꾸었다. 서현은 화성과 토성이 내려오는 꿈을 꾸었고, 만명은 황금 갑옷을 입은 동자가 구름을 타고 방안으로 들어오는 꿈을 꾸고 임신하여 스무 달 만에 김유신을 낳으니, 진평왕 17년(595년)이었다.

현재 충북 진천에는 김유신의 생가 터에 길상사라는 사당이 세워져 있고, 그가 소년시절 말 달리고 활쏘기 연습을 했다는 치마대와 연보정이란 우물이 있다. 또 그 뒤의 태령산은 김유신의 태를 묻은 산이라고 한다.

만명이 서현을 따라 만노군으로 도망친 뒤 만호태후는 오래도록 서현을 사위로 인정하지 않다가 둘 사이에 아들이 태어났다는 소문을 들었다. 또 그 아이가 잘 생겼다는 말도 들었다. 외손자가 보고 싶은 만호태후는 아이를 데려오라고 하여 안아보니 과연 생김새가 영특한지라 "참으로 너는 나의 외손자로다!" 하고 좋아했다. 그리고 비로소 서현을 사위로 인정했다.

김유신은 자라면서 자신이 만호태후의 핏줄을 이어받은 것을 매우 자랑스럽게 생각했다. 자신의 출신 성분이 신라 중앙 정계에서 아직도 정치적 세력이 약한 가야계였으므로 신라 왕실의 피를 받아 태어났다는 사실에 커다란 자부심을 가졌던 것이다. 『화랑세기』는 15세 풍월주 유신공 조에서 이를 반증하는 다음과 같은 일화를 전해준다. 그가 화랑이 되었을 때 가야파 낭도 가운데 승진을 원하는 자가 있었는데 유신이 그의 청탁을 들어주지 않자 이렇게 항의했다고 한다.

"공은 가야 정통으로서 어찌 저를 사적으로 돌봐주지 않습니까?"

그러자 유신이 정색을 하고 이렇게 대답했다.

"나는 곧 태후의 손자인데 너는 무슨 말을 하는 거냐? 공이 있으면 비록 미천하여도 승진을 할 것이다. 어찌 공을 세우려 하지 않는가?"

김유신이 화랑이 된 것은 15세 때였다. 당시 사람들이 그를 따르는 낭도를 가리켜 용화향도(龍華香徒)라고 불렀다.『화랑세기』는 김유신이 그 해에 만호태후의 명에 따라 11세 풍월주 하종(夏宗)의 딸 영모(令毛)를 아내로 맞았다고 한다.『삼국사기』'열전'은 김유신이 17세에 고구려·말갈·백제가 신라의 강토를 침범하는 것에 비분강개하여 외적을 물리칠 뜻을 품고 중악에 들어가 석굴에서 수련했다면서, 이때 난승(難勝)이란 이인을 만나 비법을 받았다고 하는데, 난승은 그 비법을 전해주면서 이렇게 말했다고 한다.

"부디 함부로 퍼뜨리지 말라! 그리고 만일 옳지 못하게 사용하면 도리어 그로 인해 재앙을 당하리라."

그 이듬해에 김유신은 홀로 보검을 지니고 인박산에 들어가 향을 피워놓고 적국을 물리칠 힘을 달라고 기도한 뒤 이렇게 빌었다.

"천관(天官 ; 천신)은 빛을 드리워 보검에 영험을 내리소서!"

그러자 사흘째 되는 밤에 허성과 각성 두 별의 환한 빛이 내려뻗쳐 칼이 저절로 움직이는 듯했다. 중악에서 이인을 만나고, 인박산과 단석산에서 수련했다는 이런 설화는 김유신이 일찍부터 삼국통일의 대망을 품었다는 뜻일 것이다.

하지만 이인로(李仁老)의『파한집』에는 김유신이 한때 천관(天官)이란 여인에게 빠졌다가 어머니의 엄한 훈계로 애마의 목을 치면서 매정하게 천관과의 인연을 끊었다는 이야기를 전해준다. 천관은 오랫동안 기생이라고 알려졌지만 신라시대에 기생이란 직업은 없었고, 최근의 연구 결과 신당(神堂)의 여제관이라는 설이 설득력을 얻고 있다.

김유신이 화랑 중의 화랑인 풍월주가 된 것은 입산수도를 마치고 하산한 18

세 때였다. 비록 외할머니 만호태후의 후광으로 풍월주가 되기는 했지만 가야 출신이라는 성분 때문에 신분상승에 많은 제약이 있었다. 이를테면 할아버지 김무력의 벼슬이 신라 16관등 가운데 으뜸인 각간이었으나 아버지 김서현은 제 3위인 소판에 그친 것만 보아도 그의 가문이 쇠락해지고 있었다고 볼 수 있다.

따라서 그런 한계를 극복하기 위해 세운 계획이 누이동생을 김춘추에게 시집보내는 일이었다. 김유신에게는 보희(寶姬)와 문희(文姬) 두 여동생이 있었다. 언니 보희가 어느 날 밤 이상한 꿈을 꾸었다. 서악에 올라가 오줌을 누었는데 그 오줌이 흘러내려 서라벌이 모두 잠긴 꿈이었다. 이튿날 문희에게 그 꿈 이야기를 했더니 문희가 비단치마를 주고 언니의 꿈을 샀다. 그리고 열흘 뒤 김유신이 김춘추를 불러 자기 집 앞에서 공을 차고 놀다가 일부러 김춘추의 옷끈을 밟아 찢어지게 했다.

김유신은 김춘추를 불러들여 누이동생에게 옷을 꿰매주게 했다. 보희는 부끄러워 나오지 않고 문희가 그 옷을 꿰매주었다. 그렇게 해서 김춘추는 문희와 상관하여 마침내 임신을 시켰다. 김춘추는 폐위당한 진지왕의 손자로서 김유신보다 9세 연하였다. 하지만 김춘추에게는 이미 정부인인 보량(寶良)이 있어서 이 오입사건을 어떻게 수습해야 할지 난감했다. 보량은 아들이 없고 딸 고타소(古陀炤)만 낳고 죽었는데, 고타소가 바로 뒷날 대야성에서 백제군에게 남편과 함께 죽은 품석(品釋)의 아내가 된다.

일이 잘 안 풀리자 김유신은 하루는 집에 나뭇단을 쌓아놓고 문희를 불태워 죽이겠다고 나섰다. 마침 남산에 올라갔다가 이 연기를 본 선덕공주(善德公主)가 주변을 둘러보며 어찌된 일인지 물었다. 수행했던 김춘추의 얼굴이 붉어지며 사실대로 고했다. 그러자 공주가 "네가 한 일인데 빨리 가서 구해주라"고 했다. 그렇게 해서 김춘추는 문희를 둘째부인으로 맞아들였고, 얼마 뒤 보량이 아이를 낳다가 죽자 그 뒤를 이어 정실부인이 되었다.

문희는 뒷날 문무왕이 되는 법민을 낳았다. 한편 동생에게 꿈을 판 보희는 이를 후회하여 시집을 가지 않다가 김춘추의 첩이 되어 두 아들을 낳았다고 『화랑세기』는 전한다.

그런데, 당시 문희를 구한 사람이 『삼국유사』 '태종춘추공' 조에서는 선덕 여왕이라고 했지만, 그때는 선덕여왕이 아직 즉위하기 전 공주의 신분이었다 는 사실이 『화랑세기』의 기록으로 확인된다. 그렇게 해서 김유신은 마침내 신라 왕실과 인척관계가 되는 데에 성공했고, 이를 발판삼아 가야 출신이란 신분의 벽을 뛰어넘어 승승장구할 수 있었다. 다시 말해서 권력의 서열이 바 뀔 수 있었다.

김유신이 무인으로서 두각을 드러낸 것은 역시 전쟁터였다. 때는 진평왕 51년(629년), 김유신이 34세 때였다. 그해 8월에 이찬 임영리(任永里), 파진찬 김용춘(金龍春)과 김백룡(金白龍), 소판 김대인(金大因)과 김서현 등이 왕명에 따라 고구려의 낭비성을 쳤다. 낭비성은 오늘의 충북 청주. 이때 고구려군의 맹렬한 반격으로 신라군의 사상자가 많았다. 그러자 중당 당주로 출전했던 김유신이 적진으로 돌격하여 적장의 목을 베어 돌아오니 신라군의 사기가 충 천, 단숨에 전세를 역전시켜 5천여 명의 적군을 죽이고 1천여 명을 사로잡아 마침내 성을 점령할 수 있었다.

선덕여왕 11년(642년)에 백제가 대야성을 함락하고 김춘추의 사위인 성주 김품석과 딸 고타소를 죽였다. 김춘추가 이에 한을 품고 고구려에 군사를 빌 리러 떠나기 전에 처남 김유신에게 이렇게 말했다.

"나와 공은 한 몸과 같이 나라의 팔다리가 되었소. 이번에 내가 고구려에 가서 만일 해를 당한다면 공은 어떻게 하겠소?"

김유신이 대답했다.

"그런 일이 생긴다면 나의 말발굽이 반드시 고구려와 백제왕의 대궐마당 을 짓밟아버릴 것이오!"

"내가 만일 60일이 지나도 돌아오지 않으면 우리는 다시는 만날 수 없을 것이오."

그렇게 떠난 김춘추는 보장왕(寶藏王)과 연개소문(淵蓋蘇文)에게 억류당해 60일이 지나도 돌아올 수 없었다. 군사를 빌려주는 대신 전에 진흥왕 때 신라가 탈취해간 죽령 서북쪽 고구려 고토를 반환하라는 요구를 김춘추가 거부하자 감금해버린 것이었다. 약속기일이 넘어도 김춘추가 돌아오지 않자 김유신은 정병 3천 명을 이끌고 고구려와의 국경에 다다랐다. 그 사이에 김춘추는 돌아가 임금에게 말씀드려 땅을 돌려주겠다는 거짓 맹세를 하고 풀려나 가까스로 돌아왔다.

물론 보장왕이나 연개소문이 그 말을 믿어서 풀어준 것은 아니었다. 그렇다고 해서 고구려가 김유신을 두려워한 것도 아니고, 또 김춘추를 죽여 봐야 별 득이 없다고 생각했을 것이다. 게다가 당나라와의 결전을 앞두고 굳이 신라를 자극해서 유사시 협공을 당할 필요는 없다는 전략적 판단을 했을 것이다.

김유신은 그 동안 오늘의 경북 경산 지방인 압량주 군주가 되었다가 선덕여왕 13년(644년)에는 소판으로 승진했다. 그해 9월에는 상장군이 되어 군사를 거느리고 백제의 가혜성·성열성·동화성 등 7개 성을 쳐서 크게 이겼다. 그 이듬해 1월에 서라벌로 개선했으나 백제가 매리포성을 침공한다는 급보가 들어왔다. 김유신은 가족을 만나지도 못하고 다시 출전해 백제군 2천여 명을 죽이고 승리했다. 그리고 3월에 서라벌로 돌아왔는데 또다시 백제군이 공격한다는 보고가 들어왔다. 김유신은 이번에도 집에 들르지 않고 군사를 훈련시키고 병기를 수리하여 서부전선으로 출전했다.

『삼국사기』에 따르면 김유신은 이때 집 앞을 지나가다가 잠시 멈춰 물을 떠오라고 하여 마신 뒤, "우리 집 물맛은 옛날 그대로구나!"라고 했다고 한다. 김유신의 이런 희생적인 리더십은 군사들을 감격시켰고, 군사들은 목숨을 바쳐 싸우기로 결심했다. 신라군이 국경에 이르자 백제군이 그 기세를 보고 그대로 물러가 김유신은 싸우지 않고도 이기고 돌아왔다.

　그런데 선덕여왕 16년(647년) 정월에 상대등 비담(毗曇)과 염종(廉宗)이 반란을 일으켰다. 명목은 여왕이 정치를 잘하지 못한다는 것이었다. 선덕여왕이 백성들의 곤궁함은 돌보지 않은 채 자신의 원찰인 분황사를 짓고, 첨성대를 만들고, 황룡사 구층탑을 세운 것 등을 구실로 삼은 것이지만, 사실 그들의 목적은 김춘추와 김유신을 제거하고 왕위를 차지하려는데 있었다. 김춘추가 비록 폐위당한 진지왕의 손자로서 진골로 몰락했지만 선덕여왕의 총애를 받고 있는데다가, 김유신의 강력한 무력 지원까지 업고 있으니 이들을 제거해야만 자신들이 대권을 장악할 수 있다고 여긴 것이다. 비담의 군사는 명활성에 진치고 김유신이 이끈 여왕군은 월성에 진쳐 열흘간 치열한 공방전을 벌였으나 쉽사리 승부가 나지 않았다.

　그런데 어느 날 밤 유성이 월성에 떨어졌다. 비담이 이를 보고, "큰 별이 떨어지면 반드시 귀인이 죽는다 했으니 이는 여왕이 패하고 우리가 이길 징조다!"고 말했다. 그 말을 들은 반란군의 함성이 천지를 울렸다. 선덕여왕이 이 소문을 듣고 매우 두려워하자 김유신이 이런 말로 위로했다.

　"길흉이란 고정된 것이 아니라 사람 하기에 달린 것이니 폐하께서는 심려를 놓으소서!"

　그리고 그날 밤 불붙인 허수아비를 연에 달아 띄워 올리니 마치 별이 하늘로 올라가는 것처럼 보였다. 이튿날 아침 김유신이 군사들에게 "어젯밤에 떨어졌던 별이 도로 하늘로 올라갔다!"고 소문을 퍼뜨리게 했다. 그리고 다시 사기가 오른 군사들을 휘몰아 마침내 비담의 반란군을 진압하는데 성공했다.

　김유신은 비담의 난을 평정한 공로로 명성이 더욱 높아지고 군부에서도 최고의 실력자가 되었다. 그런데 그해에 선덕여왕이 재위 16년 만에 죽고 신라 왕실에서 남녀를 통틀어 마지막 성골이며 선덕여왕의 사촌동생인인 진덕여왕(眞德女王)이 뒤를 이었다. 진덕여왕은 이찬 김알천(金閼川)을 수상인 상대등에 임명했지만 실권은 이미 이찬 김춘추와 대장군 김유신이 장악하고 있었다.

진덕여왕 2년(648년)에 김춘추가 원병을 청하러 당나라에 사신으로 간 동안 김유신은 군사를 거느리고 백제를 공격했다. 전에 김품석 부부가 죽은 대야성 – 대량주를 탈환하여 김춘추의 원한을 풀어주기 위해서였다. 진덕여왕이 적은 군사로 백제의 대군과 맞서 싸우려면 어렵지 않겠느냐고 묻자 김유신은 이렇게 대답했다.

"승패는 군사의 많고 적음에 달린 것이 아니라 백성들의 인심에 달린 것입니다. 지금 우리 백성들이 한마음이 되어 죽기를 각오하고 싸우고자 하니 백제군사가 많음을 두려워할 이유가 없습니다."

김유신은 군사를 선발해 훈련시킨 뒤 대량주로 진격해 근처 계곡에 군사를 매복시키자 백제군이 공격해왔다. 김유신이 한참 싸우다가 거짓 패하여 후퇴하자 백제군이 추격하자 복병을 일으켜 앞뒤에서 협공하여 백제군을 크게 무찔렀다. 결국 이 싸움에서 백제의 장수 여덟 명을 사로잡고 1천여 명을 죽였다. 김유신은 승리를 거뒀지만 백제 진영에 사자를 보내 이렇게 제의했다.

"대야성 도독 김품석과 그의 부인 김씨의 유골이 너희 나라에 묻혀 있다. 지금 우리에게 사로잡힌 너희 장수 여덟 명과 그 두 사람의 유골을 바꾸는 것이 어떻겠는가?"

살아 있는 장수 여덟 명과 이미 죽은 유골 두 구와 맞바꾸자는데 백제가 싫어할 까닭이 없었다. 교환이 이루어진 뒤 김유신은 승세를 타고 계속 공격하여 악성 등 12개 성을 점령하고 2만여 명을 죽이고 9천여 명을 생포하는 대승을 거두었다. 그 공로로 김유신은 이찬 벼슬에 상주행군대총관에 올랐다. 이어서 그는 백제의 진례성 등 9개 성을 공격하여 9천여 명의 목을 베고 600여 명을 사로잡는 전공을 올렸다.

『삼국사기』의 이런 기록을 보면 신라는 김유신 혼자 힘으로도 능히 백제를 정복하고도 남았을 것인데 무엇이 부족하여 굳이 당나라 군사를 불러들였는지 이해할 수가 없다.

　진덕여왕 3년(649년) 8월에 백제 장군 은상(殷相)이 석토성 등 신라의 7개 성을 치므로 여왕이 김유신을 비롯하여 죽지(竹旨)・진춘(陳春)・천존(天存) 장군 등에게 군사를 거느리고 나가 막게 했다. 유신이 군사를 이끌고 출전했지만 열흘이 지나도 승부가 나지 않았다. 김유신이 오늘의 충남 천안인 도살성 아래 군사를 주둔시킨 뒤 다음 전투를 대비하는데 물새 한 마리가 동쪽에서 날아와 김유신의 막사를 지나 백제 진영으로 날아갔다. 신라 군사들이 모두 불길한 징조라고 불안해하자 김유신이 이렇게 말했다.

　"어허, 쓸데없는 소리! 절대 불길한 일이 아니다. 오늘 밤 적의 첩자가 와서 염탐할 것이니 너희들은 모두 그를 보더라도 모른체하라."

　그날 저녁 김유신은 장수들을 불러 "구원군이 올 때까지 절대로 나가 싸우지 말고 각자의 진영만 굳게 지키라"고 명령했다. 백제의 첩자가 그 말을 듣고 그대로 돌아가 보고했다. 그 이튿날 김유신은 군사를 몰아 질풍처럼 백제군을 공격했다. 첩자의 보고를 받은 백제군 수뇌부는 과연 신라의 구원군이 온 줄 알고 우왕좌왕하다가 대패했다. 이 싸움에서 김유신은 백제의 최고사령관인 좌평 은상을 비롯하여 달솔 자견(自堅) 등 장수 10명과 군사 8천 980명을 죽이고, 달솔 정중(正仲)과 군사 100명을 생포했으며, 말 1천 필과 갑옷 1천 800벌을 노획하는 대승을 거뒀다.

　그런데 『삼국사기』 '열전'은 이 대목에서 또 '돌아오는 길에 백제의 좌평 정복(正福)이 군사 1천 명을 이끌고 항복했지만 모두 놓아주어 마음대로 돌아가게 했다'고 이해할 수 없는 말을 했다. 좌평은 백제에서 으뜸가는 관직으로 장관급인데 그가 1천 명이나 되는 군사를 거느리고 항복했지만 모두 놓아주어 돌아가게 했다? 과연 이것이 상식적으로 납득이 가는 소린가. 어쨌든 그렇게 빛나는 승리를 거두고 개선한 김유신은 진덕여왕이 몸소 도성 밖까지 나와 맞이하고 위로연을 베푸는 극진한 대접을 받았다고 한다.

그런데 진덕여왕이 재위 8년 만인 654년 3월에 죽었는데, 성골(聖骨)의 대가 끊어져버렸으므로 진골인 이찬 김춘추가 뒤를 이어 태종무열왕으로 즉위했다. 김춘추의 즉위에도 석연치 않은 구석이 있다. 즉 당시 화백회의에서는 수상인 상대등 김알천을 추대했으나 그가 "나는 나이가 많고 덕이 없으므로 나라를 다스릴 수가 없다. 지금 춘추 공 만큼 덕망이 높은 이가 없으니 그야말로 세상을 다스릴 만한 영웅이다"면서 왕위를 양보했다는 것이다. 그런데 '열전'에는 김유신이 알천과 상의하여 김춘추를 추대했다고 했으니, 이는 무엇을 뜻하는가. 결국 무력을 앞세워 김춘추를 왕위에 앉혔다는 뜻이다.

무열왕은 51세 되던 즉위 이듬해에 60세의 김유신을 대각간에 임명하고 오래 전부터 꿈꾸어오던 삼한통일에 본격적으로 나섰다. 그런데 그해 정월에 고구려가 백제·말갈과 연합하여 신라의 성 33개를 빼앗아가는 일이 벌어졌다. 9월에 김유신은 백제에 쳐들어가 도비천성을 빼앗았다. 김유신은 군사를 훈련시키고 전쟁을 하는 한편 끊임없이 백제와 고구려에 첩자를 보내 정보를 수집했다.

그해 10월에 무열왕은 자신의 셋째 딸 지소(智炤)를 김유신의 아내로 주었다. 『화랑세기』에 나오는 대로 그가 15세에 결혼한 첫 부인 영모가 죽은 뒤였을 것이다. 『삼국사기』 '열전'에 따르면 김유신은 지소부인에게서 5남 4녀를 낳았다. 당시 지소부인이 몇 살이었는지는 알 수 없지만 이미 나이가 환갑인 김유신은 정력이 비상하게 뛰어났던 모양이다. 그런데 이 지소부인의 어머니는 바로 김유신의 누이동생인 문희이니 지소는 외삼촌에게 시집간 셈이다. 『삼국사기』 '열전'은 김유신의 아내 지소부인은 이찬 삼광(三光), 소판 원술(元述), 해간 원정(元貞), 대아찬 장이(長耳), 대아찬 원망(元望) 등 다섯 아들과 네 딸을 낳았다고 했다. 또 서자로 아찬 군승(軍勝)이 있었는데 그 어머니는 누군지 모른다고 했다. 뒷날 김유신이 죽자 지소부인은 머리를 깎고 비구니가 되었다고 한다.

무열왕 7년(660년)에 김유신은 문무백관의 으뜸인 상대등에 올랐다. 그 동안 무열왕 즉위에 일등공신이었던 김유신이 상대등 자리에 오르지 못한 것은 그의 대선배 화랑이며 가야파의 우두머리였던 김문노(金文弩)의 아들 이찬 금강(金剛)이 상대등으로 있었기 때문이다. 문노와 김거칠부(金居柒夫)의 딸 윤궁(尤宮) 사이에서 셋째 아들로 태어난 금강은 무열왕 2년 정월에 이찬에서 상대등이 되었다가 그해에 죽자 김유신이 그 뒤를 이어 상대등이 되었다. 몰락한 가야의 왕족이 마침내 신라 최고의 관직에 오른 것이다.

상대등이 된 김유신은 무열왕을 보필하여 어린 시절부터 키워온 삼한통일의 꿈을 실현시키기 시작했다.

그러던 어느 날 김유신에게 조미압(租未押)이란 자가 찾아왔다. 그는 오늘의 경남 진해 부근 천산현령으로 있다가 백제군에게 포로로 잡혀가 좌평 임자(任子)의 종노릇을 하다가 신라로 도망쳐와 김유신을 찾아온 것이었다. 김유신은 조미압을 간첩으로 이용하기로 작정하고 그에게 밀명을 주어 백제로 되돌려 보냈다. 그 밀명이란 임자에게 가서 "만일 신라가 망하면 내가 그대에게 의지하고, 백제가 망하면 내가 그대를 보호해주겠다"는 말을 전하라는 것이었다.

조미압이 백제로 돌아가 임자에게 그 말을 전하니 임자가 이를 수락하여 조미압은 백제 조정의 실력자 임자와 김유신의 연락책 노릇을 맡았다. 그렇게 하여 백제 내부의 사정을 손바닥 들여다보듯 환하게 알게 된 김유신은 마침내 때가 무르익었다고 판단하여 무열왕에게 이렇게 건의했다.

"의자왕(義慈王)이 극악무도하여 그 죄가 걸(桀)·주(紂)보다도 더하니 이는 실로 하늘의 뜻에 순응하여 그를 처벌하여 백성들을 구할 때입니다."

그해 6월에 무열왕은 마침내 백제정복군을 일으켜 태자 김법민과 함께 오늘의 경기도 이천인 남천정으로 올라가 진을 쳤다. 이는 고구려를 치려는 듯이 보여 백제를 기만하려는 양동작전이었다.

한편 당나라에 구원병을 청하기 위해 갔던 무열왕의 둘째 아들 파진찬 김인문(金仁問)이 당나라 대장군 소정방(蘇定方)·유백영(劉伯英)과 함께 13만 대군을 안내하여 덕물도(덕적도)에 이르러 수행원 문천(文泉)을 시켜 이를 보고하게 했다. 신라와 당군은 7월 10일 사비성에서 만나 함께 백제의 도성을 공격하기로 약조했다.

김유신은 장군 김품일(金品日)·김흠순(金欽純) 등과 함께 5만 정병을 이끌고 백제로 진격했다. 그런데 백제의 도성으로 통하는 마지막 요충인 황산벌에는 백제의 달솔 계백(階伯)이 5천 결사대를 거느리고 지키고 있었다. 이 싸움에서 김유신은 초전에 4전 4패하는 망신을 당한 끝에 자신의 친동생인 김흠순의 아들이며 친조카인 김반굴(金盤屈)과 김품일의 아들 김관창(金官昌) 등 두 어린 화랑을 제물삼아 가까스로 백제군을 물리치고 사비성으로 진격, 당군과 합세하여 백제 의자왕의 항복을 받아냄으로써 삼한통일의 절반의 성공을 거두었다.

하지만 백제의 항복을 받아내기 전에 김유신의 성격을 전해주는 일화가 있었다. 황산벌전투 때문에 신라군이 약속 날짜보다 하루 늦게 도착하자 소정방이 신라의 독군 김문영(金文穎)의 목을 베려고 했다. 군율을 내세워 자신의 위세를 과시하고 신라군의 지휘권까지 장악하겠다는 속셈이었다. 이에 김유신이 모욕감을 참지 못해 "그렇다면 당군과 먼저 싸운 뒤에 백제를 치겠다!"고 나섰다. 이에 기가 죽은 소정방이 한 발 물러설 수밖에 없었다. 그런 곡절로 사비성을 공격한 것은 예정보다 이틀이 늦은 7월 12일. 의자왕은 겨우 1주일도 버티지 못하고 웅진성으로 달아났다가 그달 18일에 항복하고 말았다.

백제를 멸망시킨 뒤 소정방은 김유신·김인문·김양도(金良圖) 세 사람에게 백제 땅을 식읍으로 나누어주겠다고 회유했다. 이에 김유신이 "대장군이 황제의 군사를 거느리고 와서 우리 임금의 소망을 들어주고 우리나라의 원수를 갚아준 것은 감사하나 어찌 우리만 특별한 대우를 받고 이득을 누릴 수 있겠는가?"하고 거절했다. 소정방은 출전하기 전에 당 고종으로부터 백제를 정복한 뒤 신라까지 쳐서 속국으로 만들라는 밀명을 받고 왔던 것이다. 이를 알아챈 김유신이 당군과 일전을 불사하려고 하니 소정방이 할 수 없이 군사 1만 명을 사비성에 주둔시킨 뒤 의자왕과 왕자, 대신 등 2만 명의 포로를 이끌고 회군했다.

김유신은 백제를 정복한 공로로 대각간에 올랐다. 당시까지 신라 16관등 중 최고의 벼슬은 각간이었는데, 각간으로도 모자라 대각간 벼슬을 만들어 내린 것이다. 그런데 무열왕이 삼한통일 대업의 완수를 보지 못한 채 그 이듬해인 661년 6월에 재위 8년 만에 59세로 죽었다. 뒤를 이어 태자 법민이 즉위하니 제30대 문무왕(文武王)이다.

문무왕은 국상 중임에도 당군이 고구려를 공격하며 지원군을 보내라는 바람에 대장군 김유신을 비롯한 장졸들을 파견했고 자신도 군사를 이끌고 뒤따랐으나 백제광복군에게 막혀 평양성까지 당도할 수가 없었다. 문무왕 2년(662년) 정월에 김유신은 김인문·김양도 등 아홉 장군과 함께 평양의 소정방에게 군량을 수송하게 되었다. 그는 이미 68세의 고령이었지만 자청하여 이 일을 맡았다. 그러나 소정방이 군량을 받고 바로 철수하는 바람에 김유신의 신라군도 회군할 수밖에 없었다.

그 이듬해 5월에 백제의 유장인 부여복신(扶餘福信)과 도침(道琛) 등이 왜국에 가 있던 의자왕의 아들 부여풍(扶餘豊)을 모셔와 새 임금으로 모시자 백제광복군은 한때 활기를 띠었다. 하지만 광복군 내부의 권력투쟁 끝에 도침은 복신에게 죽고, 복신은 풍왕에게 죽은데다가 왜의 구원군까지 백강구전투에서 전멸함으로써 백제광복운동은 물거품으로 돌아갔다.

문무왕 4년(664년) 정월. 70세가 된 김유신은 벼슬에서 물러나기를 청했으나 문무왕은 궤장과 안석을 내려주고 그대로 조정에 출사하게 했다.

신라가 또다시 당과 합세해 고구려를 멸망시킨 것은 그로부터 4년 뒤인 문무왕 8년(668년). 그 지난해에 고구려는 일세의 영걸 연개소문(淵蓋蘇文)이 죽은 뒤 그의 아들 3형제가 권력투쟁을 벌이는 바람에 나라가 사분오열되었고, 당 태종의 패전 이후 설욕의 기회만 노리던 당나라가 이적(李勣)을 총사령관으로 삼아 고구려정복군을 일으킨 것이다.

신라도 그해 8월에 문무왕이 친히 대각간 김유신을 비롯하여 30명의 장군과 군사를 거느리고 고구려를 향해 북진했다. 하지만 당군이 철군하는 바람에 신라군도 회군했다가, 그 이듬해인 문무왕 8년 6월에 당군의 공격 재개에 맞춰 고구려로 다시 출병했던 것이다.

당시 김유신은 대당대총관에 임명되었지만 74세의 고령에 중풍까지 앓고 있었기에 문무왕이 서라벌에 머물도록 하여 출전하지는 못했다. 그해 9월 21일 평양성이 함락됨으로써 고구려도 마침내 망하고 말았다. 고구려를 정복한 뒤 문무왕은 그해 10월에 논공행상을 통해 일등공신인 김유신에게 태대각간 벼슬을 내렸다. 대각간이란 신라 최초·최고의 벼슬에 태(太)자 한 자를 더 보태주었던 것이다.

김유신은 문무왕 13년(673년) 음력 7월 1일에 노환으로 죽으니 그때 나이 79세였다. 그 뒤 흥덕왕 10년(835년)에는 김유신을 흥무대왕(興武大王)으로 추봉했다. 왕족이 아닌 신하로서 왕으로 추봉된 사람은 우리나라 역사에서 김유신이 유일한 경우였다.

김유신도 사후에 신장(神將)으로 민중의 섬김을 받았다. 『삼국사기』의 기록대로라면 신라는 굳이 당나라 군사를 불러들일 필요도 없이 김유신 한 사람의 힘으로 백제도 정복하고 고구려도 정복할 수 있었을 것이다. 김유신은 지략과 용맹과 신통력까지 겸비한 하늘이 내린 명장이 아니던가.

세월이 흐르고 시대가 변함에 따라 김유신에 관한 평가도 극단적으로 갈라졌다. 한 쪽은 여전히 그가 삼국통일을 통해 민족 일체성을 이룩한 우리 역사상 최고의 명장이라는 찬사를 보내는 반면, 다른 한 쪽은 『삼국사기』에 기록된 김유신의 전공은 대부분 과대포장된 것으로서 그는 명장이라기보다 일세의 간웅이요 음모가에 불과하다고 혹평한다. 그 대표적 인물이 민족주의 사학자인 단재 신채호였다. 그는 『조선상고사』에서 김유신을 이렇게 평가했다.

당시에 연개소문을 고구려의 대표 인물이라 하고 부여성충(扶餘成忠)을 백제의 대표 인물이라 한다면 김유신은 곧 신라의 대표 인물이라 할 것이다. 고구려·백제가 망한 뒤에 신라의 역사가들이 그 두 나라 인물의 전기적 자료를 말살해버리고 오직 김유신만을 찬양하였으므로 『삼국사기』 '열전'에 김유신 한 사람의 전기가 을지문덕 이하 수십 명의 전기보다도 양이 훨씬 많고, 부여성충 같은 이는 '열전'에 끼지도 못하였다. 그러니까 김유신 전에 화려하고 아름다운 말이 많음을 가히 미루어 알 수가 있다. (중략)

……『삼국사기』 김유신 전을 보면 유신은 전략과 전술이 다 남보다 뛰어나 백전백승의 명장이라고 하였다. 그러나 대개는 그의 패전은 가려 숨기고 조그만 승리를 과장한 것이 기록이다. (중략)

……앞에서 말한 바와 같이 김유신의 전공이 거의 거짓 기록이라면 김유신은 무엇으로 그렇게 일컬어졌는가. 김유신은 지혜와 용기 있는 명장이 아니라 음험하고 사나운 정치가요, 그 평생의 큰 공이 싸움터에 있지 않고 음모로 이웃나라를 어지럽힌 사람이다.

이런 상반된 시각은 최근의 연구자들 사이에서도 끊임없이 이어지고 있다. 김유신이 5천 년 민족사상 최고의 영웅이요 명장이라는 찬사가 여전한가 하면, 외세를 끌어들여 백제와 고구려를 멸망시킨 민족반역자로 매도하는 사람이 아직도 존재하는 것이다. 하지만 김유신이 삼국 중 가장 약체인 신라 군을 출중하고 탁월한 리더십으로 이끌어 결국 삼한통일을 이룩한 주역이란 사실은 아무도 부인할 수 없을 것이다.

연개소문

당 태종을 패퇴시킨 고구려 최후의 영걸

연개소문(淵蓋蘇文)은 용장한 고구려사를 빛낸 최후의 영웅이었다. 그가 집권하고 있는 동안 고구려는 동북아시아의 최강국이었고, 따라서 연개소문은 당 태종(唐太宗) 이세민(李世民)이 지배하던 당시 전 중국인에게 공포의 대상이었다.

당나라가 망한 뒤에도 오래도록 연개소문에 대한 공포심은 중국인들의 머리에서 떠나지 않았다. 이러한 연개소문이 오랫동안 임금과 대신들을 마구 죽이고 국정을 전횡한 포악한 독재자로만 알려져 왔던 것은 고구려의 멸망과 더불어 고구려인의 손으로 기록된 역사가 모두 사라져버렸기 때문이다. 고구려가 망한 뒤 고구려의 역사는 중국인들의 손에 의해 쓰였고, 그 뒤 고려시대에 김부식이 당나라와 신라 측의 입장에 따라 당시 고구려의 역사와 연개소문의 행적을 기록했던 것이다. 이와 같이 당나라와 신라인들에게 공포의 대상, 증오의 대상이었던 까닭에 연개소문은 세상에 두 번 다시 나타나서는 안 될 패역무도한 인물, 부정적인 인간상으로 각인되었다.

하지만 역사의 해석은 시대에 따라 달라지는 법이다. 제왕에게 무조건 충성을 바쳐야 하고, 대국을 섬겨야 하는 시대가 지나가자 연개소문에 관한 평가도 달라졌다. 그는 동명성왕(東明聖王)이 건국하고, 광개토태왕(廣開土太王)과 장수대왕(長壽大王)이 전성기를 이룩하고, 을지문덕(乙支文德) 장군이 위엄을 드높인 천손(天孫)의 나라 대고구려의 역사를 마지막으로 빛낸 불세출의 영걸이었다.

근래 중국은 일본에 이어 한국사를 왜곡하는 것도 모자라 아예 빼앗아가려고 시도하고 있다. 이는 중국사회과학원이 2002년 2월부터 시작한 이른바 '동북공정(東北工程)'의 내용이 밝혀짐에 따라 알려진 사실이다. 2007년까지 5년간 우리 돈으로 3조원의 막대한 예산을 들여 추진한 이 동북공정은 엄연히 한국사의 일부인 고구려사를 중국사의 일부로 편입시키려는 것이 그 목적이었다. 이미 30여 년 전부터 발해사를 중국사의 일부라고 왜곡해온 중국이 고구려사까지 왜곡하고 약탈하려는 의도는 어디에 있을까. 간단히 말해서 한민족이 많이 살고 있는 동북 3성, 곧 요녕성 · 길림성 · 흑룡강성 등에 대해 '만주는 우리 땅'이란 소리를 꿈에도 하지 말라는 뜻이다.

만주 대륙은 고조선의 발상지요, 고조선이 망한 다음에는 부여와 고구려와 발해가 차례로 일어섰던 우리 고대사의 중심지였다. 비류(沸流)와 온조(溫祚) 형제가 어머니 소서노(召西努)를 모시고 남하해 세운 백제는 부여에서 갈라져 나왔고, 신라도 건국의 주체세력인 박혁거세(朴赫居世) 일족을 비롯한 선주민이 만주에서 남하했으니, 결국 만주는 우리 민족사의 요람이요 근거지였다. 그럼에도 불구하고 중국은 고구려와 발해가 현재 자기네 영토에 있었던 나라라는 이유 하나만 가지고 중국사의 일부라는, 참으로 어처구니없고 황당무계한 억지 주장을 펴고 있는 것이다.

중국 사학자들은 '고구려와 발해는 중국 중앙정권의 지방 통치기구에 불과하고, 그 주민은 중국 북방의 소수민족'이라는 터무니없는 망언망동을 자행하고 있다. 이런 식으로 나가다가는 고구려와 발해뿐 아니라 고조선과 부여도 만주 땅에 있었으니 그 역사가 중국사의 일부라고 생떼를 쓰지 않겠는가. 뿐이랴. 더 나아가 백제는 '고구려의 별종'이고, 고려는 고구려의 뒤를 이었으니 그 또한 중국사의 일부라고 나온다면, 우리는 역사도 없는 나라가 되어버릴 것이고, 우리는 제 나라 역사도 지키지 못하고 빼앗긴 못난 민족이 되어버릴 것이다. 그리고 조상들에게는 죽어서도 볼 낯이 없는 못난 후손, 후손들에게도 두고두고 못난 조상 소리를 들을 것이다.

사태가 이토록 비상한 지경에 이른 것은 우리 모두가 역사의 교훈을 망각하고, 역사교육을 소홀히 한 데서 비롯된 자업자득이다. 일찍이 단재(丹齋) 신채호(申采浩)가 『연개소문전』에서 이렇게 말했다.

연개소문은 당 태종 이하 당시 전 중화인에게 공포의 대상이었다. 신·구 『당서』가 비록 그 국가적인 수치를 꺼려 당시의 전쟁 사실을 적을 때에 연개소문의 공격적 사실을 빼고 방어전의 사실만 썼을 뿐이다. 그럴뿐더러 그 방어전의 기사 가운데도 오직 안시성(安市城)의 한 번 전역(戰役)을 '당의 군사가 그들을 공격했으나 이기지 못했다'고 적은 것 이외에는 당 태종이 승리한 것으로 적었다. 그러나 그 '막리지, 더욱 교만·방자하였다', '막리지, 감히 나오지 못하였다' 등 문구의 측면을 보아 당인의 연개소문에 대한 공포가 어떠했는지를 증명할 수 있다. 이위공(李衛公)의 『병서』에 '막리지는 자칭 병법가였다'고 한 비웃는 말의 이면에서 연개소문의 전략을 감탄한 의사가 적지 않음을 볼 수 있다.

요양의 개소둔(蓋蘇屯)과 산해관에서 북경까지의 여러 곳에 가끔 있는 황량대(謊糧臺)와 직예·산서성의 각지에 산재하는 고려영(高麗營)이 연개소문의 군사가 중화 각지에 출몰한 유적임을 말할 수 있다. 그러한즉, 만일 연개소문이 죽지 않았으면 당의 군사가 고구려의 한 치 땅을 빼앗지 못했을 것은 명확한 사실이다.

단재는 연개소문이 당 태종의 침략전쟁 때 방어전만 펼친 것이 아니라 오히려 역습을 가해 중국 내륙까지 진격했다는 것이다.

『삼국사기』'열전'의 개소문 편을 보면 또 다시 김부식의 사대주의적·유학적 역사관이 그대로 드러난 점을 분명히 알 수 있다.

그가 바른 도리로써 임금을 섬기지 않고 잔인·포악한 짓을 제멋대로 하여 대역죄까지 지었다. 『춘추』에 임금을 죽인 역적을 토벌하지 않는 것은 그 나라에 현인이 없음이라고 했는데, 소문은 제 몸뚱이를 보전하여 제 집에서 죽었으니, 이는 요행이라 할 수 있겠다.

김부식이 당나라와 신라의 적이었던 연개소문을 평가한 잣대가 태조(太祖) 왕건(王建)의 맞수였던 궁예(弓裔)와 견훤(甄萱)을 평가한 것과 거의 다름이 없었다. 하지만 그런 김부식도 연개소문이 대단한 인물이었다는 사실만큼은 인정하고 들어갔으니, '그는 의표가 씩씩하고 뛰어났으며, 의기가 장하여 작은 일에 구애받지 않았다'는 구절과, 열전 끝부분의 '송나라 신종(神宗)이 왕개보(王介甫:王安石)와 국사를 의논할 때 "당 태종이 고구려를 치다가 어째서 이기지 못했는가?" 하니 왕개보는 "개소문이 비상한 사람이기 때문이었습니다"라고 대답했다. 그렇다면 소문도 또한 재능이 있는 사람이었다'라고 한 대목이 그렇다.

연개소문에 관한 역사적 평가는 이처럼 극명하게 엇갈리지만, 그는 출중한 리더십을 지닌 영웅호걸로서 여당전쟁(麗唐戰爭)의 주역이었으며, 중국사에서 가장 훌륭한 제왕으로 꼽히는 당 태종 이세민의 유일한 맞수였다.

연개소문은 언제 태어났을까. 이를 알려주는 기록은 전무하다. 다만 그의 아들 남생(男生)의 묘지명에 나오는 그의 후손들의 출생 연도를 참고로 추측할 수밖에는 없다. 이 묘지명에 따르면 남생은 제27대 임금인 영류왕(榮留王) 17

년(634년)에 태어났고, 셋째 아들 남산(男産)은 영류왕 22년(639년)에 태어났다. 둘째 아들 남건(男建)은 기록에 없지만 그 중간인 636년이나 637년에 태어났을 것이다. 또 남생의 아들 헌성(獻誠)은 보장왕(寶藏王) 10년(651년)에 태어났다. 남생은 17세에 헌성을 낳은 것이다. 이를 기준으로 연개소문도 17세에 맏아들 남생을 낳았다면 그는 영양왕(?陽王) 28년(617년)에 태어난 셈이 된다.

그러나 연개소문이 영류왕 17년(631년)부터 당나라의 침공을 막기 위해 동북쪽으로 부여성에서 남쪽으로 발해에 이르는 천리장성을 쌓는 공사를 지휘했다는 기록을 볼 때 617년에 태어났다면 631년에 겨우 15세에 불과했으니 이는 사리에 맞지 않는다. 따라서 그보다 10년 전인 영양왕 18년(607년) 쯤에 태어난 것으로 추측된다.

그는 어디에서 태어났을까. 『삼국사기』 '고구려본기'에서는 서부의 대인이라 했고, '열전'에서는 동부의 대인이라고 하여 서로 다르다. 또 『구당서』는 서부 출신이라 했고, 『신당서』와 『자치통감』은 동부 출신이라고 하여 역시 서로 틀리다.

고구려사를 연구해온 김용만(金容萬)씨는 『인물로 보는 고구려사』와 『새로 쓰는 연개소문전』에서 동부 출신이라고 주장했다. 김씨가 동부 출신이 맞는다고 보는 근거는 『한원(翰苑)』에 고구려의 다섯 귀족에 대해 설명하면서, '내부(內部)는 왕가의 종족이긴 하나 동부의 아래에 있었다. 그 나라의 일을 함에는 동쪽으로서 머리를 삼는 고로 동부를 위에 놓는다'고 한 대목 때문이다. 동부가 왕가보다 위에 있다는 것이 상식적으로는 이해할 수 없지만, 『한원』은 연개소문이 유혈혁명에 성공한 뒤 고구려의 사정을 기술했으므로 동부를 내부보다 위에 놓은 것이라는 주장이다. 필자도 이 주장에 공감하여 연개소문이 동부 출신이라고 본다.

연개소문의 가계에 관해서도 상세한 사료는 없고, 남생의 묘지명에 '천남생(泉男生)의 증조부는 자유(子遊)이고 조부는 태조(太祚)이다. 나란히 막리지를 역임했는데, 부친 연개소문은 대대로를 역임했다. 조부와 부친이 야금(冶金)에 뛰어나고 활을 잘 다루었다. 아울러 병마를 장악하고 나라의 권세를 모두 잡았다'는 기록 정도이다.

그런데 연개소문의 아들 남생의 성씨가 무슨 까닭에 천씨가 되었는가. 그것은 이세민의 아비의 이름이 이연(李淵)이기 때문에 기휘(忌諱), 즉 이를 피하기 위해 천씨로 둔갑시킨 것이다. 저희 임금 이름과 같기 때문에 남의 나라 집권자의 성씨를 바꾼 것인데, 김부식이 이를 그대로 좇아『삼국사기』'열전'에서 '개소문(혹은 蓋金)의 성은 천씨이다. 스스로 물속에서 태어났다고 하여 무리를 현혹시켰다'고 했다.

연개소문은 동부대인 연태조의 아들로 태어나 영웅적 기상과 비범한 의기로 15세에 이미 세상에 그 이름을 널리 떨쳤다. 아버지가 죽어 그 직위를 계승하고자 했으나 여러 사람이 그의 성품이 '포악'하므로 거부했는데, 그는 여러 사람에게 머리를 조아리고 간청하면서 만일 옳지 않은 일을 저지를 경우 죽여도 좋다는 다짐까지 했다고 전한다. 그렇게 하여 국정에 참여하게 된 연개소문은 영류왕 14년부터 천리장성 축조를 감독하며 점차 두각을 드러내고 자신의 세력을 강화하기 시작했다.

그가 유혈혁명을 일으킨 것은 영류왕 25년(642년) 9월이었다. 연개소문이 혁명을 일으킨 직접적 원인은 영류왕과 대신들이 자신을 제거하기로 모의했기 때문이다. 이런 모의를 미리 알아낸 연개소문은 대신 180여 명을 수도 장안성 남쪽 교외에 열병식을 거행한다고 초청하여 모조리 죽여 버렸다. 선수를 쳤던 것이다. 그리고 군사를 이끌고 황궁으로 쳐들어가 영류왕 고건무(高建武)를 죽이고, 그의 아우인 대양왕(大陽王)의 아들 고보장(高寶藏)을 새 태왕으로 내세웠다. 그렇게 하여 연개소문은 최고 권력자가 되었다.

연개소문이 혁명을 일으킨 간접적 원인은 영류왕과 그의 측근 대신들이 당나라에 대해 저자세 외교정책을 펼쳐 연개소문을 비롯한 강경파의 불만과 분노를 샀기 때문이다. 그 무렵 고구려와 주변국의 정세를 살펴보자.

연개소문의 거사로 목숨을 빼앗긴 영류왕은 영양왕의 이복동생이다. 영양왕은 온달(溫達) 장군의 처남이니 곧 평강공주(平崗公主)의 오라비이다. 영양왕 23년(612년) 수 양제(隋煬帝)의 침략으로 여수전쟁이 벌어지자 영양왕은 건무를 평양성방어 총사령관에 임명했다. 건무는 수나라 군사를 대파하고 평양성을 지키는 전공을 세웠다. 그리고 618년에 영양왕이 죽자 그 뒤를 이어 제위에 올랐다. 그런데 황제가 된 영류왕은 전쟁영웅이었음에도 불구하고 영양왕의 강경책과는 반대로 유화적인 외교정책을 채택했다.

한편, 그해에 중국에서는 수나라가 멸망하고 당나라가 들어섰다. 그 이듬해에 영류왕은 사신을 보내 당나라 건국과 고조 이연의 즉위를 축하했다. 이어서 621년에도 사신을 보냈다. 그러자 당은 그 이듬해에 사신을 보내 여수전쟁 중 생긴 포로교환을 제의했다. 고구려가 여기에 응함으로써 양국은 일시적이지만 좋은 관계를 유지했다. 하지만 수나라와 목숨을 걸고 싸웠던 대부분의 장수들은 이런 굴욕적 유화책에 불만을 품었다.

그런데 영류왕 9년(626년)에 당나라에서 정변이 일어났다. 이연의 둘째아들 이세민이 친형인 태자 이건성과 동생인 이원길을 죽이고, 아비를 위협하여 제위에 오른 이른바 '현무문(玄武門)의 사건'이 벌어졌던 것이다. 형제를 죽이고 아비를 협박하여 옥좌를 차지한 패륜아 이세민이 바로 중국사의 대표적 성군이라는 당 태종이다.

당 태종은 중국통일이 마무리되자 이번에는 천하통일로 눈길을 돌렸다. 그런데 영류왕이 이런 속셈도 모르고 또 사신을 통해 동돌궐의 힐리가한을 사로잡은 것을 축하하고, 고구려와 당의 국경을 표시한 지도(봉역도)까지 보냈다. 고구려의 계속되는 저자세 외교에 자신감을 얻은 이세민은 그 이듬해인 631년에 장손사(長孫師)를 사신으로 보내 수나라 전사자들의 해골을 수습해

매장하고 위령제를 지냈다. 그러나 그것으로 끝난 것이 아니라 고구려가 세운 전승기념물인 경관(京觀)까지 제멋대로 허물어버리고 돌아갔다. 이런 오만방자한 처사에 고구려 무장들의 분노는 폭발 직전에 이르렀다.

영류왕은 장수들의 불만을 무마하기 위해 남쪽으로는 신라를 공격하고, 당나라의 침공을 예방하는 천리장성을 축조토록 했다. 그러나 이세민은 638년부터 642년까지 토번·서돌궐·고창국 등을 복속시킨 뒤 고구려를 향해 칼끝을 겨누기 시작했다. 그래도 눈치를 못 챈 영류왕은 태자 고환권(高桓權)을 당에 사신으로 보내고, 대신들의 자제도 당나라 국학에 입학할 것을 요청했다. 이에 더욱 고무된 이세민은 영류왕 24년(641년)에 첩자 진대덕(陳大德)을 사신으로 보내 고구려의 지리를 비롯한 정세를 낱낱이 염탐해오도록 시켰다.

부친의 뒤를 이어 동부대인과 막리지 직위에 올라 천리장성 축조를 감독하며 이런 사정을 훤히 꿰뚫고 있던 연개소문은 이대로 두었다가는 나라가 망할 것이라고 생각했다. 그런데 영류왕을 끼고 도는 주화파 대신들이 사사건건 강경책을 주장하고 나서는 연개소문을 제거하려고 들었다. 그러자 결국 연개소문이 선수를 쳐서 군사를 일으킨 것이다.

연개소문은 어떻게 생겼을까. 그의 위풍당당한 자태를 전해주는 기록이 『구당서』에 이렇게 나온다. 『삼국사기』 '열전' 도 이 내용을 그대로 베껴 쓴 것이다.

수염이 길고 몸집이 크며 칼을 다섯 개나 차고, 좌우 사람이 감히 우러러보지 못했다. 항상 그 속관에게 땅에 엎드리게 하여 그 등을 밟고 말에 올랐으며, 말에서 내릴 때에도 그랬다. 밖에 나갈 때는 반드시 병졸들을 길에 벌이고 인도자가 길게 불러 행인을 물리치면 백성이 두려워 피하고 다 엉겁결에 구렁텅이로 빠졌다.

그런데 연개소문이 다섯 자루의 칼을 찼다는 기록이 마치 사람들에게 위압감을 주고 공포심을 불러일으키기 위함이라고 오해하기 쉽지만, 『한원』은 당시 고구려 남자는 누구나 칼을 다섯 자루씩 차고 다녔다고 전하니 이는 위압감이나 공포분위기 조성과는 전혀 상관이 없는 것이다.

연개소문이 혁명을 일으켜 임금을 죽이고 집권자가 되었다는 보고를 받은 이세민은 아연 긴장했다. 연개소문이 607년에 출생했다면 이세민이 9세 연상이다. 이세민은 598년에 태어났기 때문이다. 이세민은 신하들에게 이렇게 말했다.

"개소문이 자기 임금을 죽이고 나라 정사를 독판치고 있으니 이는 진실로 용서할 수 없는 일이다. 오늘 우리의 병력으로 고구려 땅을 빼앗기는 어렵지 않으나 백성들을 수고롭게 하고 싶지 않다. 그러므로 나는 거란과 말갈을 시켜 그들의 버릇을 길들이고자 하니 의견들이 어떠한가?"

그러자 이세민의 처남인 장손무기(長孫無忌)가 대답했다.

"개소문이 자기의 죄가 큰 줄 알고 우리가 토벌할까 두려워서 방비를 든든히 하고 있사오니 폐하께서 우선 참고 계시면 개소문이 방심을 하게 되어 또 교만하고 게을러져서 그의 죄악이 더욱 커질 터이니 이렇게 된 뒤에 쳐도 늦지 않을 것입니다."

그 무렵 남쪽에서는 백제와 신라가 치열한 접전을 벌이고 있었다. 의자왕(義慈王)이 즉위 이듬해인 642년에 친히 군사를 이끌고 신라의 40여 성을 빼앗으며, 장군 윤충(允忠)은 대야성을 함락하고 성주 김품석(金品釋) 내외를 죽였다. 그런데 김품석은 바로 김춘추(金春秋)의 사위였다. 다급해진 선덕여왕(善德女王)은 당나라에 사신을 보내는 한편 김춘추를 고구려로 보내 구원을 요청토록 했다. 고구려의 실권자 연개소문과 신라의 실력자 김춘추 두 거물의 만남은 그렇게 이루어졌다. 하지만 김춘추는 연개소문에 의해 감금당했다가 아무 소득도 없이 도망치다시피 귀국해야만 했다.

연개소문은 신라보다 백제와 손잡는 것이 더 유리하다고 판단했을 것이다.

만일 백제를 적으로 돌린다면 백제와 당의 수군이 서해에서 연합함대를 형성해 대동강을 거슬러 올라오면 큰일이라고 생각했을 것이다.

신라의 구원 요청을 받은 당은 보장왕 3년(644년)에 대국으로서 분쟁을 조정한다는 명목으로 현장(玄奬)을 고구려에 사신으로 보내 신라를 공격하지 말고 화친할 것을 권했다. 마침 신라를 공격하여 두 성을 함락한 연개소문이 태왕의 부름을 받고 도성으로 돌아와 현장에게 이렇게 말했다.

"우리가 신라와 적대하는 것은 어제오늘에 생긴 일이 아니다. 수나라가 우리를 침범했을 때 신라가 그 틈을 타서 500리의 땅을 도둑질해갔기 때문이다. 그러므로 신라가 그 땅을 돌려주지 않으면 결코 화해할 수 없다!"

그러자 현장이 이렇게 반문했다.

"이미 지난 일을 따져서 무엇하오? 옛 땅을 찾기로 말한다면 귀국이 차지하고 있는 요동도 옛날에는 모두 중국 땅이었소. 그러나 우리 당나라는 그것을 돌려달라고 하지 않는데 유독 고구려만 옛 땅을 찾으려고 고집하는 것이 옳은 일이오?"

이에 연개소문이 대노하여 호통쳤다.

"이야말로 적반하장이로다! 우리 요동 땅을 옛날 중국 땅이라고 하는 것은 유철(劉澈 : 한 무제)이 도둑질하여 이른바 한사군(漢四郡)을 두었던 것을 말하는 모양인데, 그렇게 따진다면 지금 당의 영주나 유주도 모두 옛날 우리의 군현이었다. 내가 살아 있는 동안 반드시 되찾고 말 터이니 너는 돌아가서 너의 왕에게 그렇게 전하라!"

이렇게 푸대접을 당하고 쫓겨나다시피 한 현장의 보고를 받은 이세민은 고구려 정벌의 결심을 더욱 굳혔다. 하지만 좀 더 명분을 쌓고 시간을 벌기 위해 다시 한 번 장엄(蔣儼)을 사신으로 보내 연개소문을 만나보게 했다. 그러자 연개소문은 장엄을 아예 토굴 속에 가두어버렸다.

그러자 당태종은 옳다구나 하면서 그해 11월에 마침내 고구려정벌군을 일으켰다. 이때 동원된 당나라 군사는 요동도행군총관 이세적(李世勣)이 이끈 육군이 6만여 명, 평양도행군총관 장량(張亮)이 이끈 수군이 4만 3천여 명, 말 1만 필, 전함이 500척이었다. 하지만 이 10만여 명의 침략군은 당태종의 친정(親征)과 함께 30만 명이 넘는 대군으로 불어나게 된다.

그 이듬해인 보장왕 4년(645년) 4월에 요하를 건넌 이세적의 당군은 신성과 건안성을 공격했으나 고구려군의 철벽같은 수비에 성을 함락시킬 수가 없었다. 고구려는 이미 수백 년 전부터 중국과 주변 오랑캐의 침략을 당해오는 동안 터득한 청야전술(淸野戰術)에 능했다. 이는 들판을 텅텅 비워 사람 한 명, 곡식 한 톨 남기지 않고 우물까지 막은 뒤에 모두 산성에 들어가 철통같이 지키는 전술이었다. 이세적은 군사를 돌려 10일간의 맹공 끝에 개모성을 함락시킨 뒤 요동성으로 공격 방향을 틀었다. 요동성은 전에 수 양제가 수차 공략하다가 실패한 고구려의 중요한 방어 거점이었다. 연개소문은 요동성이 포위당하자 보병과 기병 4만 명을 보내 구원토록 했다.

한편 5월에 이세적의 뒤를 따라 수십 만 친군을 거느리고 뒤따르던 이세민은 200리에 걸친 요하의 늪지인 요택에 흙을 퍼붓고 초목을 베어 다리를 놓고 가까스로 이를 건너 요동성에 이르렀다. 이때 이세민은 자만심에 들떠 요택의 다리와 장비를 모두 부수어버리는 실책을 범했다.

수백 겹으로 요동성을 에워싼 당군은 300근짜리 큰 돌을 250m나 날릴 수 있는, 당시로서는 최신예 무기인 포차(砲車)로 성벽을 공격했다. 바위에 맞은 성벽마다 구멍이 뚫리고 무너지자 고구려 군사와 주민들이 급히 목책을 쌓아 방어했다. 당군이 당차로써 성문과 성루를 부수어도 똑같이 막아냈다. 필사적 투혼이었다. 그렇게 10여 일 동안 치열한 공방전을 전개하다가 하루는 당군이 남풍을 이용하여 화공을 퍼부었다. 성루와 성안의 많은 집이 불탔다. 요동성의 군사와 백성은 사력을 다해 밀려드는 당군에 맞서 싸웠으나 결국 역부족으로 성은 함락당하고 말았다.

요동성 점령에 기세가 오른 당군은 이번에는 백암성을 공격했다. 이때 연개소문은 오골성의 군사 1만 명을 구원병으로 보냈다. 당나라 장수 계필하력(契苾何力)이 이 구원병을 공격하다가 창에 찔려 죽을 뻔했으나 인해전술에 밀려 고구려군은 결국 물러날 수밖에 없었다. 백암성의 군사와 백성들도 용감하게 싸웠지만 비겁한 성주 손대음(孫代音)이 당군과 몰래 내통하는 바람에 적의 수중에 넘어가고 말았다.

요동성과 백암성에서 고구려 군사와 백성 수만 명을 포로로 잡고, 60만 석에 이르는 군량을 확보한 이세민의 당군은 이번에는 안시성으로 진격하여 성을 겹겹으로 포위했다. 후방에 안시성을 두고는 고구려의 내륙으로 진격할 수 없었으므로 안시성은 두 나라 모두에게 더없이 중요한 군사적 요충이었다.

당시 안시성에는 지용을 겸비한 데다 리더십이 출중한 장수 양만춘(楊萬春)이 성주로 있었다. 연개소문은 북부 욕살(褥薩 ; 도독) 고연수(高延壽)와 남부 욕살 고혜진(高惠眞)에게 고구려 군과 말갈 군 15만 명을 이끌고 안시성을 포위한 당군의 배후를 치게 했다. 그러나 이들은 요동방면군 총사령관인 대대로(大對盧) 고정의(高正義)의 작전명령에 따르지 않고 당군의 유인책에 빠져 무너져버렸다.

사흘간에 걸쳐 안시성 외곽 주필산에서 벌어진 싸움에서 고구려 군은 패배하고 고연수와 고혜진은 항복했다. 『당서』에 따르면 이세민은 항복한 고연수와 고혜진 이하 족장 3천 500명을 가려 군직을 주고 당나라 내지로 보내고, 말갈 군 3천 300명은 모두 생매장시켜 죽여 버리고, 나머지 무리는 평양으로 돌려보냈다고 한다.

이것은 누구나 하늘을 보고 웃을 헛소리다. 안시성과 건안성과 신성의 고구려 군이 배후를 막을까 두려워 진격하지 못하던 당군이 무려 15만 명이나 되는 고구려 군 포로를 그냥 돌려보냈다는 것이 말이나 되는 소린가. 이세민이 정말로 그렇게 했다면 그는 비상한 군략가는커녕 당대에 둘도 없는 정신병자였을 것이다. 당시 주필산전투는 결국 고구려 군의 승리로 끝났다. 고구려 군이 연 개소문과 고정의의 작전대로 지구전을 펼쳐 최대한 적군을 피로하게 만드는데 성공했는데, 다만 3일간 벌어진 서전에서 고연수·고혜진이 적의 유인책에 빠 져 1만여 명의 전사자를 내고 3만여 명의 군사와 더불어 항복했던 것이다.

따라서 이세민이 '평양으로 돌려보냈다'는 15만 명의 고구려 주력군은 온 전한 채 남아서 연개소문과 고정의의 지휘에 따라 끈질긴 유격전으로 당군의 보급선과 진격로를 차단하는 등 성공적 작전을 펼쳤다고 보는 것이 타당하 다. 『신당서』·『구당서』는 당 태종의 패전 사실은 감추고 초전의 승리만 강 조한 것이다. 오죽하면 이를 인용해 『삼국사기』를 편찬하던 김부식도 너무나 의심스러워 '고구려본기' 보장왕 8년 조에서 이런 기록을 남겼겠는가.

유공권(柳公權)의 소설에서는 '주필산전쟁에서 고구려가 말갈과 더불어 군사를 합 하니 그 군사가 40리나 뻗쳤으므로 태종이 바라보고 두려워하는 기색이 있었다'고 했으며, 또 '황제가 친솔한 6군이 고구려 군사에게 제압되어 거의 위축되어 있을 때 척후병이 영공(이세적)이 거느린 흑기군이 포위되었다고 고하니 황제가 크게 성 을 냈다'고 했다. 비록 나중에 몸은 탈출했으나 그와 같이 겁을 냈는데, 『신당서』· 『구당서』와 사마광(史馬光)의 『통감』에 이것을 말하지 않은 것은 자기 나라의 치 욕을 감추기 위함이 아니겠는가.

당군은 안시성을 함락하고 진격하든가, 아니면 퇴각하든가 양자택일밖에 남은 수가 없었다. 안시성전투는 그해 7월에 본격적으로 불붙었다. 이세민의 조카 강하왕(江夏王) 이도종(李道宗)이 선공을 퍼부었으나 성은 꿈쩍도 하지 않았다. 이세민은 포차나 당차 같은 공성무기로 하루에 6, 7차씩 공격해도 별 효과가 없자 7월 15일부터 9월 15일까지 60일간 50만 명을 동원해 성벽 보다 높은 토산을 쌓았다.

그러나 이도종의 지휘로 이룩된 그 토산은 며칠도 안가서 무너져버렸다. 그것도 성벽 쪽으로 무너져 성벽 일부도 무너져버렸다. 그러자 고구려 군 수백 명이 재빨리 무너진 성벽을 통해 밀고나와 토산을 점령했다. 그리고 참호를 파서 당 군의 진격을 막은 뒤 불을 놓고 방패로 담을 쳐 수비를 굳건히 했다. 화가 난 당 태종은 토산 책임사 부복애(傅伏愛)의 복을 쳐버렸다.

이후 양군은 토산을 두고 4일간 치열한 접전을 벌였는데 결과는 고구려 군의 승리였다. 때는 음력 9월 말. 찬바람은 불어오고 양식도 떨어져가고 있었다. 안시성은커녕 자기들이 쌓은 토산조차 탈환하지 못한 이세민은 마침내 이번 전쟁이 승산이 없다는 결론을 내렸다. 남은 길은 퇴각뿐. 결국 이세민은 후퇴명령을 내렸다. 이세민이 급히 퇴각을 결정한 것은 추위도 추위지만 무엇보다도 연개소문이 당 군의 보급선을 차단하고 유격전을 펼쳤기 때문이다. 사서는 이세민의 퇴각을 이렇게 전한다.

황제가 생각하기를 요동은 일찍 추워져서 풀이 마르고 물이 얼어 군마를 오래 머물게 할 수 없으며, 또한 군량이 장차 떨어지겠으므로 군사를 철수하라고 명령했다. ……안시성 밑에서 군사로 시위를 하고 돌아가니 성안에서는 모두 자취를 감추고 나오지 않았다. 성주가 성에 올라 절하며 작별하니 황제는 그가 성을 굳게 지킨 것을 칭찬하면서 겹실로 짠 명주 100필을 주어 임금 섬기는 성의를 격려했다.

이것도 터무니없이 웃기는 소리다. 추위와 굶주림에 지친 군사를 이끌고 황급히 도망치기에 바쁜 판에 무슨 여유로 군사 시위를 하며, 또 패퇴하는 주제에 적장을 가상타고 칭찬하며 상까지 주었다는 것이 말이나 되는 소린가. 오히려 우리나라에 전해져 내려오는 이야기인 당 태종이 안시성주 양만춘, 또는 연개소문이 쏜 화살에 맞아 눈알이 빠졌다거나, 그로 인해 죽었다는 말이 더 설득력이 있다.

그렇게 퇴각하여 요택을 건너는데 수레와 말들이 건널 수가 없자 이세민이 몸소 말채찍 끈으로 섶을 묶어 진창을 메우며 황망히 달아났다. 그해 음력 10월이었다. 이렇게 제1차 여당전쟁은 연개소문의 승리로 끝났다.

당시 안시성주 양만춘은 어떤 인물인가. 그의 이름은 『신당서』·『구당서』·『자치통감』 및 이를 인용한 『삼국사기』 등 어디에도 나오지 않는다. 안시성주에 관해서는 이세민이 백암성을 점령한 뒤 이렇게 말했다는 대목이 나온다.

"내가 들으매 안시는 성이 험하고 군사가 강하며 그 성주가 용맹하여 막리지의 난에도 성을 지켜 항복하지 않았고, 막리지가 쳤으나 그를 굴복시킬 수 없기에 성을 그에게 주고 말았다 한다."

또 김부식도 『삼국사기』에서 '(당 태종이) 동방을 정벌하는 사업이 안시에서 패했으니 안시성주는 그야말로 비상한 호걸이라고 하겠다. 그러나 사기(史記)에 그의 성명이 전하지 않으니…… 매우 애석한 일이다'라고 말했다.

중요한 사실은 안시성주의 이름이 양만춘이 맞느냐 틀리느냐가 아니다. 당시 안시성주가 비겁하게 항복한 고연수·고혜진·손대음과는 달리 나라를 위해 사력을 다해 성을 지키고 30만 명이 넘는 당 태종의 대군을 패퇴시키는 데 큰 공을 세웠다는 점이다. 물론 이 전쟁의 승리가 오로지 양만춘의 공로는 아니었다. 고구려 군 최고사령관은 최고집권자인 대막리지 연개소문이었고, 요동방어전의 야전군사령관은 재상인 대대로 고정의였다. 양만춘은 직급이 고구려 관직 중 제5위인 위두대형으로 안시성을 지키는 욕살이었고, 또 안시성은 요동성과 신성보다 규모도 작은 편이었다. 따라서 안시성주가 연개소문의 유혈혁명에 반대하고, 또 연개소문이 쳤으나 이기지 못했다는 따위의 말은 신뢰할 수 없는 것이다.

이에 대해서는 단재 신채호가 『조선상고사』에서 다음과 같이 지적한 것이 옳다고 본다.

이세민이 수십만 대군으로 네다섯 달에 이르도록 한낱 안시의 외로운 성을 함락시키지 못한 수치를 가려 숨기기 위해, 안시성은 곧 이세민이 공략하지 못했을 뿐 아니라 그 본국 고구려의 대권을 잡은 연개소문도 어쩌지 못했다는 기록을 남긴 것이다.

단재는 또 『조선상고사』에서 연개소문이 되각하는 이세민을 추격해 만리장성 너머 당나라 내륙까지 침공했다고 썼으며, 『연개소문전』에서는 그러므로 연개소문이 '조선 역사상 미증유의 군국적 침략주의를 행한 인물'이라면서, '이 전쟁 이후 3년 만에 당 태종이 죽고 연개소문의 세력이 더욱 강성해져 직예·산서 등지에 침입하여 가끔 군·현을 설치하였다. 이는 비록 사책에 빠졌으나 전술하였듯이 각지의 고려영이라는 땅이름이 기록보다 더 적확한 사료가 될 것이며……'라고 했다. 단재가 말한 증거는 북경에서 산해관에 이르는 사이의 황량대와 산동성·하북성 등지의 고려영이라는 지명, 북경 인근의 고려진·고려성 등이다.

상식적인 선에서 추측하면 연개소문이 승세를 타고 패퇴하는 당군을 추격하여 오늘의 북경 일대까지 진격했을지는 모르지만, 단기적 작전으로 그쳤을 것이다. 이미 추운 겨울로 접어들 때였으므로 설혹 일정한 지역을 점령했다 하더라도 그곳을 통치할 수는 없었다고 보기 때문이다. 그런데 『신당서』는 또 이런 웃기는 기록을 남겼다.

당 태종은 회군하면서 연개소문에게 궁복(弓服)을 내렸는데 연개소문은 이것을 받고도 사자를 보내 사례하지 않았다. 이에 조서를 내려 조공을 깎아버리라고 했다.

명색이 천자니 황제니 하는 자가 치욕스러운 패전 끝에 퇴각하면서 어느 겨를에 연개소문에게 선물을 바치고, 또 그것을 받고도 감사의 인사를 하지 않았다고 조공을 깎으라고 했다니, 이는 참으로 중국인다운 황당무계한 발상이요 표현이라고 할 수밖에는 없다.

　제1차 여당전쟁은 그렇게 고구려의 승리로 끝났는데, 당 태종은 죽기 전까지 패전의 치욕을 잊지 못하고 설욕의 기회만 노렸다. 하지만 워낙 혼이 난 탓에 정면공격은 못하고 그 대신 산발적이며 국지적 도발을 꾸준히 계속했다.

　보장왕 6년(647년)에는 우진달(牛進達)을 청구도행군총관으로 삼아 산동성 내주에서 바다를 건너 공격토록 하고, 이세적을 요동도행군총관으로 삼아 육로로 침공토록 했다. 그러나 이들은 모두 고구려 군의 맹렬한 반격에 아무 소득도 없이 패퇴했다. 그 이듬해에도 설만철(薛萬徹)이 청구도행군총관이 되어 3만 명을 이끌고 내주에서 바다를 건너 압록강으로 들어와 박작성을 공격했지만 고구려 군의 결사적 응전에 퇴각했다.

　보장왕 8년(649년) 4월에 연개소문의 숙적 당 태종 이세민이 죽었다. 그가 죽기 전에 고구려를 치지 말라고 유언했다는 기록도 있지만 이는 허구이다. 그는 죽기 직전까지 고구려에게 설욕하지 못한 것을 필생의 한으로 여겨서 수많은 전함을 건조하고 30만 대군으로 고구려원정을 꾀하다가 죽어버린 것이다. 그의 사인은 정확히 밝혀지지 않았지만 아마도 연개소문에게 패한 것이 가장 큰 원인이었을 것이다. 양만춘 또는 연개소문에게 맞은 화살촉의 독으로 죽었다는 설도 있고, 요택을 건널 때 피부병과 등창이 나서 앓다가 죽었다고도 하고, 패전의 치욕을 당한 원한이 만성두통이 되어 죽었다는 설도 있으니, 어느 쪽이 맞든 결국 그는 연개소문 때문에 죽은 셈이다.

　이세민의 뒤를 이어 즉위한 당 고종 이치(李治)는 아비의 한을 풀어주기 위해 보장왕 14년(655년)에 정명진(程明振)과 소정방(蘇定方)을 보내 고구려를 치게 했으나 실패했다. 또 보장왕 17년과 그 다음해에도 정명진과 설인귀(薛仁貴) 등을 보냈으나 역시 패퇴했다.

　보장왕 19년(660년) 8월에 신라와 당의 연합군이 백제를 멸망시켰다. 그리고 그 여세를 몰아 그해 12월에도 고구려를 공격했지만 결과적으로는 아무 소득이 없었다. 그 이듬해 4월에 초조해진 당 고종은 35만 대군을 동원해 친정에 나서려다가 여러 대신이 말리는 바람에 포기하고 말았다. 하지만 장수들을 보내 계속해서 고구려를 공격토록 했다. 그해 9월에 연개소문은 맏아들 남생(男生)에게 군사 수만을 주어 압록강을 지키게 하니 당 군이 감히 강을 건너지 못했다.

보장왕 21년(662년). 당군은 정월부터 또다시 고구려를 침공했다. 연개소문은 머리끝까지 분노했다. 그는 친히 군사를 거느리고 출전해 사수싸움에서 당군 총사령관인 방효태(龐孝泰)와 그의 아들 13명 및 전군을 몰살시키고, 평양을 침공하던 소정방까지 패퇴시켰다.

그리고 사서는 연개소문이 보장왕 25년(666년)에 죽고 그의 맏아들 남생이 막리지를 세습하여 권력을 장악했다고 전한다. 그런데 연개소문이 정말로 보장왕 25년에 죽었는가 하는 점에는 그 동안 사학계에서 많은 논란이 있었다. 대부분의 학자는 연개소문이 보장왕 25년이나 그 지난해에 죽었다는 설을 지지했고, 신채호는 그가 백제가 망하기 전인 보장왕 16년(657년)에 죽었다고 주장했다. 그러나 이 두 주장은 모두 문제가 있다. 중국 하남성 낙양박물관에 소장되어 있는 남생묘지명에는 이런 대목이 있다.

남생의 나이 9세가 되자 선인의 지위를 주었다. ……15세에 중리소형을 주었고, 18세에 중리대형을 주었으며, 23세에 중리위두대형으로 고쳐 임명했고, 24세에 나머지 관직은 그대로 하고 장군을 겸하게 했다. 28세에 막리지로 임명하고 삼군대장군을 겸해주었으며, 32세에 태막리지로 더해 군국을 총괄하는 아형원수가 되었다.

따라서 남생이 막리지가 된 해는 보장왕 20년(661년)이니 그 이전에 연개소문이 죽었다고 볼 수는 없다. 더구나 연개소문이 친히 군사를 이끌고 나가 방효태와 그의 아들 13형제 등 당군을 섬멸한 해가 그 이듬해가 아닌가. 또한

666년에 죽었다는 설도 그해에 남생이 당으로 도망치는 등 여러 사건이 벌어진 것을 볼 때 납득할 수가 없다. 그러므로 연개소문이 죽은 해는 662년부터 665년 사이, 좀 더 정확히는 663년 또는 664년으로 보는 것이 옳다. 연개소문이 필자의 추측대로 607년에 태어나 664년에 죽었다면 그때 그의 나이 58세였다. 그의 사인은 기록이 없지만 병사(病死)로 추측된다.

일세의 영걸 연개소문은 그렇게 죽었는데, 그는 죽기 전에 남생·남건·남산 세 아들을 불러 이렇게 유언했다고 『일본서기』는 전한다.

"너희 형제는 고기와 물같이 화합해 작위를 다투는 짓을 하지 말라. 만일 그런 일이 있으면 반드시 이웃들의 웃음거리가 될 것이다."

연개소문은 불세출의 영웅이었지만 자식 농사는 잘못 지었다. 그가 죽은 지 2, 3년도 안되어 세 아들이 권력투쟁을 벌여 결국 고구려를 멸망의 길로 이끌었다. 연개소문이 그런 유언을 한 것도 평소 세 아들의 사이가 나쁜 것을 알았다는 반증일 것이다. 그럼에도 불구하고 생전에 세 아들에게 높은 벼슬을 준 것은 연개소문 또한 남에게 권력을 넘겨주기 싫어한 독재자였기 때문이다.

형제간의 골육상쟁은 남생이 수도 장안성을 비운 사이에 일어났다. 남생이 남건과 남산에게 국정을 맡기고 지방순시를 떠난 사이에 어떤 자가 형제간을 이간질했다. 그 자가 두 동생에게 "남생이 두 분이 자기를 싫어하므로 장차 두 분을 제거하려 합니다"라고 하자 두 동생이 이를 믿지 않았다. 그러자 또 다른 자가 이번에는 남생에게 "남건과 남산이 태막리지가 돌아오면 저희들의 권력이 빼앗길까 두려워 도성으로 못 들어오게 하려 합니다"라고 했다. 삼형제는 처음엔 이 말을 믿지 않다가 마침내 서로를 의심하게 되었다. 남생이 비밀리에 심복을 장안성에 보내 사실을 알아오라 시켰는데 그만 동생들에게 붙잡혔다. 이 일이 직접적 원인이 되어 형제간의 갈등은 상쟁으로 번졌다.

남건은 황명을 빙자하여 남생을 소환했으나 남생은 이에 응하지 않았다. 그러자 남건은 남생의 아들이며 자기 조카인 헌충(獻忠)을 죽여 버렸다. 이로써 내전이 벌어졌다. 국내성을 장악한 남생은 이어서 오골성을 점령하고 남건·남산 두 아우와 무력충돌을 했다.

오골성에서도 쫓겨난 남생은 결국 아들 헌성을 당나라로 보내 항복을 자청했다. 그러자 당 고종은 남생에게 요동도독 겸 평양방면 안무대사란 벼슬을 주었다. 고구려의 최고 집권자가 하루아침에 자기 나라를 공격하는 적국의 군사령관으로 둔갑한 것이다. 이것이 보장왕 25년(666년) 9월의 일이었다. 당은 대군을 일으켜 본격적인 고구려 정복에 나섰다.

한 번 기울기 시작한 국운은 둑이 터진 제방과도 같이 걷잡을 수 없었다. 보장왕 27년(668년) 고구려의 내분을 둘도 없는 호기로 삼은 당은 반역자 남생을 길잡이 삼아 50만 대군으로 고구려를 침공했다. 설상가상으로 연개소문의 동생인 연정토(淵淨土)까지 12개 성을 들어 신라에 항복했다. 신라도 20만 대군을 동원하여 고구려를 공격했다. 남건·남산이 죽을힘을 다해 도성을 지켰지만 이미 때는 늦어버려 그해 9월에 항복하고 말았다. 이로써 추모성왕의 개국 이후 28제왕 705년을 이어오던 대제국 고구려, 우리나라 5천년 역사상 가장 광대한 영토를 개척했던 고구려는 역사의 무대 뒤로 사라져버렸다.

그런데 어떤 이는 고구려의 역사가 700년이 아니라 900년이라고도 한다. 이는 가언충(賈言忠)이 당 고종에게 한 말 가운데, ''고구려비기(高句麗秘記)'에 900년이 되기 전에 80세 된 대장이 와서 멸망시킬 것이다' 라는 말이 있는데 고씨(高氏)가 한나라 때 나라를 세워 지금 900년이 되었고 이적(李勣 : 이세적)의 나이가 80세입니다'라는 데서 비롯된 이야기이다.

고구려가 멸망한 것은 당나라의 침략 때문이 아니라 연개소문의 아들들 때문이었다. 고구려의 위엄을 사방에 떨치던 불세출의 영웅 연개소문, 고구려의 자존심 그 자체였던 연개소문이 지하에서 그런 사실을 알았다면 얼마나 비분하고 원통했을 것인가.

계백

황산벌에서 빛난 백제 최후의 장렬한 투혼

서기 660년 음력 7월 9일 백제의 수도 소부리 – 사비성의 마지막 방어선인 황산(黃山) 연봉. 대장군 김유신(金庾信)의 신라군 5만 명은 우세한 병력으로 달솔 계백(階伯)이 이끄는 백제의 5천 결사대를 일시에 짓밟고 돌파하고자 총 공격을 개시했다. 북과 나팔이 귀청을 찢고 군사들의 아우성과 군마의 울부 짖는 소리가 산과 들과 하늘을 진동했다. 화살이 비 오듯 날고 군기가 펄럭이 고 창검이 무수한 무지개를 그렸다.

하지만 10배의 신라 대군은 백제 5천 결사대의 무서운 기백과 투혼을 당할 수 없어 패하고 물러나기를 네 차례나 거듭했다. 백제 멸망의 비극적 대서사 시는 이렇게 황산벌에서 막을 올렸는데, 쓰러져가는 나라의 잔병 5천 명으로 5만 대군을 맞아 4전 4승의 신화를 남긴 계백은 어떤 인물인가.

한평생을 전쟁터로 떠돌며 숱한 싸움을 치르고 수없이 죽을 고비를 겪어온 계백, 그 역시 가정에서는 둘도 없는 지아비였고 아버지였으나, 출전에 앞서 그는 사랑하는 아내와 자식들의 목숨을 끊을 수밖에 없었다. 전쟁노예가 당해야 할 비인간적 치욕을 생각할 때 손수 처자를 죽인 계백의 처사는 가혹한 게 아니라, 당시의 윤리적 가치관으로는 오히려 뜨겁고 지극한 가족애요 인간애의 발로였다.

계백은 또한 절박한 극한상황인 전투중임에도 적의 무용(武勇)을 아끼고 사랑하여 소년 화랑 김관창(金官昌)을 살려 보냄으로써 도량 넓고 리더십이 출중한 대장군의 풍모를 보였으며, 죽을 때와 자리를 바로 찾아 비장한 최후를 기꺼이 맞은 진정한 무인이었다.

1천 300여 년 전 만고 충신 계백과 5천 결사대가 순국의 붉은 피를 뿌리며 장렬하게 숨져 간 슬픈 역사의 무대 황산벌은 이제 백제 후예들의 농토로 변했지만, 수락산 기슭에 잠든 계백의 무덤은 이 벌판과 백제 망국의 한 서린 역사를 말없이 일러주는 듯하다.

백제의 마지막 도성 소부리에서 동쪽으로 약 30km 떨어진 황산벌에 계백이 이끄는 5천 결사대가 다다른 것은 의자왕(義慈王) 20년(660년) 음력 7월 9일 새벽이었다. 어제 오후 늦게 도성을 떠나 밤새 달려온 것은 최후의 방어선이요, 전략적 요충인 황산의 관문을 침략자인 신라군에게 빼앗기지 않기 위해서였다. 연봉을 이룬 야산의 능선과 골짜기들 너머로 희부옇게 동녘이 터오고 있었다. 밤새 한잠 못 자고 행군해 온 5천 장병은 저마다 핏발 선 눈을 들어 훤하게 밝아 오는 동쪽 하늘을 처다보고 사방을 둘러보았다. 숯고개(炭峴)를 넘어 진격중이라는 5만 대군의 신라병은 아직 한 명도 나타나지 않았지만, 백제 군사들은 누구나 이곳이 바로 최후의 싸움터가 되고, 그리하여 단 한 사람도 살아서 돌아갈 수 없는 자신의 무덤이 되리라는 사실을 잘 알고 있었다.

하지만 그들은 두려워하지도 절망하지도 않았다. 어쩌다가 나라의 형세가 위태로운 판국에 빠져들긴 했지만 우리 백제가 한때는 북방의 강국 고구려 군을 패퇴시키고, 그 임금을 죽였는가 하면, 한때는 멀리 중국 대륙까지 건너가 수십만 위(魏)나라 대군을 파죽지세로 깨뜨리며 종횡무진하던 부국강병이 아니었던가. 그런 긍지와 자부심 속에서 연마 단련해 온 전통의 백제 군인지라 비록 신라 군이 열 배의 대군이라 해도 겁날 것은 없었다.

게다가 우리 백제 군의 원수(元帥)는 상승장군 계백 달솔님이 아닌가 말이다. 다 늙은 김유신쯤이야 여지없이 짓밟고 이 위기에서 벗어나 나라를 구할 수 있을 것이다. 여기서 신라 놈들을 물리치고 소부리로 돌아가기만 한다면, 덕물도에 상륙했다는 당나라 오랑캐 따위야 보나마나 마구잡이로 끌어 모아 온 오합지졸일 게 뻔하니 13만이건 130만이건 모조리 서해 바다 속에 몰아버리면 그만이다! 그렇게 생각하며 두 눈에 힘을 주고 칼자루 창자루를 꽉 움켜쥔 군사들도 있었을 것이다.

황산벌은 300~400m의 야산들로 둘러싸인 20만 평의 분지로서 북쪽에 황산성(黃山城), 동쪽에 황령산성(黃嶺山城)과 깃대봉, 남쪽에 국사봉(國師峰)과 산직리산성(山直里山城), 모촌리산성(茅村里山城) 들이 감싸주고 있는 사비성 외곽 방어의 마지막 요충이다. 전략적으로 가장 중요한 천험의 요새인 숯고개를 장악하지 못하고 이미 적에게 넘겨준 지금, 이 황산벌의 최후방어선조차 무너지고 만다면 적의 대군은 일사천리로 무인지경을 가듯 소부리로 밀고 들어갈 터이다.

드디어 산등성이 위로 7월의 아침 해가 눈부신 햇살을 내쏘며 떠오르자 5천 결사대의 기치와 창검과 투구가 마지막 아우성이라도 치듯 무섭게 번쩍거렸다.

"잘 들어라! 모든 군사들은 내 말을 똑똑히 들으라!"

좌우에 부장(副將)들을 거느린 마상의 계백이 쩌렁쩌렁 울리는 목소리로 일장 유시를 시작하자 보금자리에서 단꿈을 깬 산새들도 놀라 여기저기서 퍼드덕거리며 허공중으로 날아올랐다.

"백제의 싸울아비들아! 나의 사랑하는 용사들아! 우리는 이제 마지막 싸움터에 다다랐느니라. 더 이상 물러설 곳이 없도다! 오늘 한판의 싸움으로 우리 모두,′ 그리고 그대들의 사랑하는 부모 형제와 처자, 경각에 달린 우리 백제의 운명이 걸려 있는 것이다. 군사들이여, 이 사실을 명심하라! 적은 우리보다 열 배나 많은 5만 대군이라 한다. 그대들 각자가 죽기를 각오하고 용맹을 다해 싸우지 않으면 물리칠 수가 없으리라. 그렇지만 백제의 용사들이여! 두려워할 것은 조금도 없도다. 신라병 따위를 겁내는 백제 군사는 전에도 없었고 지금도 있을 수 없다! 우리 백제 군이 신라 군과 싸워서 한 번도 져 본 적은 없지 않은가? 옛날 옛적 춘추시대에 월왕(越王) 구천(句踐)은 지금 우리와 똑같은 5천 군사로서 오왕(吳王) 부차(夫差)의 70만 대군을 쳐부순 적도 있었느니라! 그뿐이랴, 불과 15년 전 요동전쟁 때도 고구려의 양만춘(楊萬春)은 안시성에서 수십 배가 넘는 당나라 오랑캐를 물리치고 이세민(李世民)의 눈알을 화살로 쏘아 맞춰 마침내 그로 인해 죽게 만든 사실은 그대들도 모두 잘 알고 있을 것이다. 그러하건대, 우리 5천 백제군이 한 사람당 신라병 10명씩만 당한다면 능히 이 싸움을 승리로 이끌고 나라의 위기를 구할 수 있으리라. 그것이 곧 우리 모두가 살 길이요, 그대들의 가족을 살리는 길이 되는 것이다. 싸움터에서 죽을지언정 결코 물러나지 않는 것이 우리 백제 군의 전통임을 명심하고 분발 감투하라! 모두 알아들었는가?"

계백의 사자후에 이어 5천 결사대가 목청을 합쳐 피를 토하듯 내지르는 대답 소리가 우렁차게 황산벌과 능선의 골짜기를 타고 울려 퍼졌다. 계백은 장수들을 불러 모아 작전 지시를 하고 군사들을 배치했다. 장군 자신은 중군으로서 산직리산성에 머물고, 좌군은 황령산성을, 우군은 모촌리산성을 지키게 했다. 적은 수의 군사로 열 배의 적군을 평지인 황산벌 너른 들판에서 정면으로 맞서 싸운다는 것은 병법의 병자도 모르는 자나 하는 짓이므로 지형지물을 교묘히 이용하여 신라 군이 산마루 좁은 관문을 타넘고자 할 때 일시에 삼면에서 협공하여 승리를 거두려는 상승장군 계백다운 탁월한 전략이었다.

군사들이 좌·우·중군 3영(三營)으로 포진을 마치자 전부터 산성을 지키고 있던 수자리 진수병(鎭戍兵)들이 급히 주먹밥을 만들어 나누어 주었다. 장졸들이 어쩌면 이 세상에서는 마지막이 될지도 모르는 아침밥을 먹을 동안 계백은 잠시나마 쉬시라는 부장들의 권유도 마다하고 군막을 나서서 산성 주변을 거닐었다.

계백은 장검을 짚은 채 우뚝 서서 깊은 생각에 잠겼다. 그 또한 살갗 아래 붉은 피가 뜨겁게 흐르는 인간이었으니 어찌 감회가 없었으랴. 한평생을 전쟁터로 떠돌며 숱한 싸움을 치르고 죽을 고비를 수없이 넘어온 강철 같은 의지의 사나이였건만, 계백도 남들처럼 가정에서는 한 여자의 지아비였고 자식들에게는 둘도 없는 아버지였다. 하지만 이제는 사랑하는 아내도 귀여운 자식들도 모두가 이 세상 사람이 아닌 것을 어찌하랴! 계백은 두 눈을 지그시 감고 치밀어 오르는 고뇌를 억누르며 오열을 삼켰다. '그럴 수밖에 없었느니라! 이제 곧 저승에서 다시 만날 터…….'

어제 아침, 임금으로부터 출전 명령을 받기 전부터 계백은 깨닫고 있었다. 대세를 만회하기에는 시간이 이미 늦었다는 사실을. 이토록 허망하게 무너져 버릴 정도로 허약한 나라가 아니었는데 이 지경이 되고 말다니, 생각할수록 분하고 원통한 노릇이었다. 대세는 이미 기울어졌다고 해도 아니 싸울 수는 없었다. 그저 팔 다리를 묶고 앉아서 적에게 운명을 내맡길 수는 없는 일이었다. 최후의 한 사람까지 힘을 다해 싸워서 막아내야만 했다. 하루 종일 사군부(司軍部)의 무독(武督)·좌군(佐軍)·진무(振武) 등 무관들을 이끌고 사비성내 상(上)·하(下)·전(前)·후(後)·중(中) 5부(五部)의 5항(五巷)을 돌아다니며 군사들을 불러 모았다. 가까스로 5천 명의 병졸을 끌어 모은 것은 뉘엿뉘엿 해가 기울어 갈 무렵이었다.

계백은 출전에 앞서서 마지막으로 집에 들렀다. 하지만 그것은 처자식의 얼굴을 한 번 더 보고 싶어서가 아니었고 그들로 하여금 안전한 살 길을 일러 주기 위함은 더더욱 아니었다. 나라가 망하고 도성이 함락되면 적군이 물밀

듯이 쏟아져 들어와 1만 호(戶) 5만여 구(口)의 소부리 온 저자를 무참히 유린할 것은 불을 보듯 뻔한 일이었다. 어찌 처자식을 원수들의 손에 노예로 내줄 수 있으랴. 어찌 신라와 무자비한 당나라 침략군의 더러운 발아래 사랑하는 아내와 아이들이 짓밟히게 버려둘 수 있으랴! 계백은 처자식의 가슴을 차례로 찔러 숨을 끊어주었다. 그리고 온 집안에 불을 질러 시신조차 적군의 손에 닿지 않게 만든 다음 성을 빠져나와 동으로 말머리를 돌렸던 것이다.

"적군이 나타났다!"

"신라놈들이다."

군사들의 외침 소리에 계백은 감았던 두 눈을 번쩍 뜨고 현실로 돌아왔다. 이제 마지막이군. 좋아! 올 테면 얼마든지 와 보라. 이 계백이 백제의 마지막 정신을, 마지막 힘을 후회도 유감도 없이 보여주리라! 계백은 칼자루를 힘껏 움켜잡았다.

계백은 무왕(武王) 때에 태어나 어린 시절을 보냈고, 무예와 병법과 학문을 수련하여 장성하자 대 신라전에서 두각을 나타낸 것으로 추정된다. 계백의 출신 가계와 성장 내력에 관해서는 현존하는 『삼국사기』나 『삼국유사』 어디에도 기록되어 있지 않을뿐더러, 그의 성명조차도 분명하지가 않아서 본성(本姓)이 왕족인 부여씨(夫餘氏)라는 설도 있고, 백제 귀족으로 8대 성씨의 하나인 해씨(解氏)의 음이 와전되어 계(階)가 되었다는 설도 있다.

그러나 다행히도 1965년 말 백제문화되찾기운동을 꾸준히 벌여 오던 고(故) 홍사준(洪思俊) 전 부여박물관장 등의 노력에 의해 논산군 부적면 충곡리 수락산 기슭에서 황폐한 계백장군묘가 발견된 데 이어, 1980년 초에는 백제사적연구소에 의해 부여군 충화면 천등산 일대에서 계백 장군의 출생지이며, 계백·성충(成忠)·흥수(興首) 등 8충신의 수련 터로 추정되는 건물터 3개소가 발견되어 백제사와 만고충신 계백의 비장한 생애를 재조명할 계기를 마련해 주었다.

그런데, 단재 신채호의『조선상고사』와 그가 인용한『해상잡록(海上雜錄)』에는 계백이 오늘의 충북 괴산으로 비정되는 가잠성(椵岑城)의 성주로 있었다고 한 바, 당시 백제의 큰 읍성은 왕족으로 지키게 했다는 기록으로 미루어 보면 그의 본성이 부여씨가 맞는지도 모른다. 필자는 계백 역시 흑치상지(黑齒常之)의 본성이 부여씨였듯이 그의 성씨도 부여씨라고 생각한다.

의자왕이 즉위한 것은 641년 3월. 무왕의 태자인 그는 결단성이 있고 효성이 지극하며 형제간의 우애가 깊어 '해동증자(海東曾子)'로 불릴 만큼 뛰어난 인물이었다. 즉위 이듬해에 신라의 김유신이 가잠성을 공격할 때 의자왕은 정병 1만 명을 윤충(允忠)에게 주어 대야성(大耶城)을 함락하고 신라의 서쪽 변경 40여 성을 빼앗았는데, 그때 대야주 도독은 김춘추(金春秋)의 사위 김품석(金品釋)이었다. 딸 고타소와 사위가 백제군에게 죽었다는 흉보를 들은 김춘추는 종일 기둥에 기대어 슬퍼하다가 이를 갈며 기필코 백제를 멸망시키겠노라 맹세를 하고는 대국인 고구려로 당으로 쫓아다니며 원수 갚을 일에 여념이 없었다. 647년 신라에서는 선덕여왕(善德女王)이 죽고 사촌인 승만(勝曼)이 즉위하니 진덕여왕(眞德女王)이다.

진덕여왕 2년(648년)에 김춘추는 셋째 아들 문왕(文王)을 데리고 당에 건너가 당 태종 앞에 꿇어앉아 군사를 내어 백제를 쳐 달라 간청하고, 중국의 의관을 가져다 입고 쓰며, 법흥왕(法興王) 이래의 신라 연호를 버리고 당의 연호를 쓰는가 하면, 아들들을 인질로 남겨 두었다. 654년 진덕여왕이 죽자 52세의 김춘추가 왕위에 오르니 그가 태종무열왕(太宗武烈王)이다.

신라가 당과 연합하여 백제정벌군을 발진시킨 것은 무열왕 7년(660년) 5월 26일. 무열왕은 대장군 김유신, 장군 김진주(金眞珠)·김천존(金天存) 등과 5만 대군을 거느리고 서라벌을 떠나 6월 18일 오늘의 경기도 이천인 남천정(南川停)으로 북상했다. 서라벌에서 소부리로 가는 직선거리를 택하지 않고 3

배나 먼 길을 돌아서 간 이유는 첫째, 출병을 고구려 공격으로 위장하려는 양동작전이요, 둘째는 국경을 수비하는 백제의 정예군을 우회하여 배후를 치려는 전략으로 보인다.

한편 당 고종의 명령을 받은 소정방(蘇定方)은 무열왕의 둘째 아들 김인문(金仁問)과 함께 13만 대군을 거느리고 산동반도를 출발, 서해를 건너 6월 21일 덕적도에 상륙했다. 무열왕은 오늘의 충북 음성인 금돌성(今突城)에 머물며 태자 김법민(金法敏), 뒷날의 문무왕(文武王)을 보내 당군을 영접하고 양군이 수륙으로 진격해 7월 10일 백제의 도성 소부리를 총공격하기로 했다.

백제는 어찌하여 이 지경이 되었는가. 즉위 이듬해 윤충 등 장수와 군사를 거느리고 신라를 공격, 대야성을 비롯한 40여 성을 함락시켜 위세를 떨친 의자왕은 그 뒤에도 계속하여 장군 의직(義直)·은상(殷相) 등을 보내 신라를 치고, 재위 15년(655년) 8월에는 수상인 상좌평(上佐平) 성충을 보내 동맹을 맺은 고구려와 함께 신라의 30여 성을 쳐서 빼앗았는데, 『삼국사기』 '백제본기'에는 바로 그해부터 매사가 빗나가기 시작한 것으로 기록되어 있다.

즉 그해 2월 태자궁을 사치스럽고 화려하게 수리하고, 궁궐 남쪽에 망해정을 세웠는데, 그 이듬해 3월에 '궁인(宮人)과 더불어 음란하고 탐락하며 술 마시고 노는 것을 그치지 않으므로 좌평 성충이 극간하니 왕은 노하여 성충을 옥에 가두었다'는 것이다. 그리하여 그 뒤부터는 감히 간하는 신하가 없어졌다고 한다. 성충은 어떻게 하여 의자왕의 노여움을 사서 하옥되었는가. 신채호의 주장에 따르면 김유신의 모략전의 제물이 된 때문이라고 한다. 신라 17관등 중 제9등관인 급찬 조미압(姐未押)이란 자가 있었는데 백제에 포로로 잡혀 좌평 임자(任子)의 가노(家奴)가 되었다가 탈출하였다.

김유신이 조미압을 첩자로 이용하여 임자를 포섭하고 금화(錦花)라는 무녀(巫女)를 여간첩으로 침투시켜 의자왕의 총애를 얻게 하자, 간신 임자와 요녀 금화가 의자왕의 총명을 흐리게 하고 충신들을 멀리하게 만드니 마침내 백제 국정이 어지럽게 되었다는 것이다.

좌평 성충과 장군 윤충을 동일인물로 보는 사람도 있는데, 단재는 다 같이 왕족인 부여씨로서 형제간이라고 해석했다. 그리하여 임자와 금화의 요망한 이간질로 왕의 배척을 당해 윤충은 울화병으로 분사(憤死)하고, 성충은 임자와 금화 일당을 탄핵하는 상소를 올리다 미움을 받아 옥에 갇혔다고 했다. 성충이 옥중에서 '충신은 죽어도 임금을 잊지 않는다 하므로 한 말씀 더 드리고 죽으려 하나이다. 신이 항상 시세(時勢)의 변화를 관찰한바 반드시 전쟁이 일어날 듯합니다. 무릇 군사를 쓸 때는 그 지리를 살펴 늘 상류에 처하여 적을 맞아 싸운 연후에야 가히 보전할 수 있겠사오니, 만약 적군이 쳐들어오면 육로로는 숯고개를 막고 수로로는 기벌포(伎伐浦)를 지켜 그 험난한 곳에 의지해 막아 치는 것이 옳겠나이다.' 하는 글을 올리고 28일간을 굶다가 한을 남기고 이승을 버렸다.

이보다 앞서서 또 다른 충신인 좌평 흥수 또한 의자왕의 미움을 받아 오늘의 전남 장흥인 고마미지(古馬彌知)로 귀양 가 있었다.

의자왕은 657년 정월에는 41명이나 되는 왕자들을 모두 좌평을 삼고 식읍을 주었다는 믿기 힘든 말을 김부식은 기록했는데, 그토록 영특하고 총명하던 의자왕이 재위 20년 중 무슨 까닭으로 마지막 4~5년간 급작스럽게도 황음무도한 폭군으로 전락했다는 것인지 궁금하기도 하려니와, 의자왕이 나라를 망친 무능하고 무도한 임금이라면 어찌하여 백성들이 당나라로 끌려가는 왕을 바닷가까지 울며불며 뒤따라가 애통하고 절통해했으며, 또 당연히 망할 왕국이었다면 백제 유민들이 4년간에 걸쳐 피어린 항쟁을 벌일 턱도 없지 않았을까.

나당연합군 18만 대군이 동서 수륙 양면으로 침공해 온다는 급보에 접한 백제 조정은 그제야 대책회의를 임금의 정무소인 남당에서 개최하였는데 의견이 분분했다. 좌평 의직은 "당나라 오랑캐들은 바다를 막 건너와 피곤하고 지쳤을 테니 상륙할 때 바로 치면 이내 깨질 것이요, 오랑캐 군사가 무너지면 신라군은 겁을 먹어 저절로 물러갈 것"이라고 했고, 좌평 상영(常永)은 "당군이 도착한 지 오래되지 않아 전의가 식지 않았을 것이니 기진맥진할 때까지 기다렸다 쳐야 하고, 먼저 만만한 신라를 침이 옳다"고 주장했다.

용단을 내리지 못한 의자왕은 귀양실이하는 홍수에게 사람을 보내 계책을 물었다. 홍수가 말하기를, "탄현과 기벌포는 국가의 요충이라 장부 1인이 칼을 들고 막으면 만인을 막을 수 있는 곳이니 수륙의 정병을 뽑아 두 곳을 지키게 하고, 대왕은 도성을 방비하다가 되받아치면 백전백승하리다"고 했다. 성충이 죽어가며 올린 말과 같았으나 임자 일당이 극력 반대했다.

"홍수가 오랜 귀양살로 대왕을 원망하며 늘 해치려는 마음을 먹고 있을 테니 어찌 그의 말을 따르겠나이까? 당군은 기벌포를 지나게 하고 신라군은 탄현을 넘게 하여 치면 항아리 속의 자라를 잡듯이 양 적을 일시에 격살할 수 있으리다."

의자왕이 들어본즉 이 말도 옳고 저 말도 옳은 것 같아 결단을 내리지 못하다가 다시 금쪽같은 시간만 허비했다. 마침내 신라군이 숯고개를 넘어서 무인지경을 가듯 소부리로 쳐들어온다는 보고에 당시 백제 16관등 중 좌평 다음 2품관인 달솔로 있던 계백으로 하여금 막으라고 시켰던 것이었다.

김유신의 5만 대군이 넘어선 숯고개(탄현)는 대전 동쪽 식장산의 자무실고개라는 설과 전북 완주의 탄치(炭峙 : 쑥고개)라는 설이 대립되어 왔는데, 근래 가장 유력한 설은 신라군의 진격로가 영동→금산→황산→반조원리→부여라는 점에서 금산군 진산면과 복수면에 있는 숯고개가 정설로 굳어지고 있다.

천험의 요새 숯고개를 아무 저항도 받지 않고 쉽사리 타넘은 김유신은 계백이 진치고 있는 황산의 연봉 앞에 마침내 나타났다. 백제군의 대장기가 산직리산성에서 펄럭이는 것을 본 김유신은 맞은편 곰티산성에 본영을 두고 이내 공격 명령을 내렸다.

둥둥둥둥 전고(戰鼓)가 울리고, 징징쾅쾅 동라(銅鑼)가 귀청을 찢고, 군기가 펄럭이고, 돌격의 사나운 함성이 산과 들과 하늘을 진동했다. 화살이 비오듯 쏟아지고 창검이 허공중에 무수한 무지개를 그렸다. 백제군이 불과 수천으로 보잘것없다고 여긴 김유신이 우세한 대병으로 일거에 짓밟아 버리고 돌파하려 했던 것이었으나 그것은 오산이요 오판이었다.

목숨 따위야 이미 초개같이 버리기로 작정한 채 일당백의 투혼으로 맞받아쳐내려오는 백제 5천 결사대의 무서운 기백을 김유신은 미처 생각하지 못했던 것이다. 아무리 약해보이는 적도 과소평가하는 것은 금물. 게다가 백제군은 세 군데 산성에 의지하고 고리처럼 연결되어 좁은 산길을 올라오는 신라 군을 밀어붙이니 아무리 10배의 대군이라도 당할 재간이 없었다. 그리고 또한 결사대의 사령관 계백은 리더십이 출중한 백전연마의 용장이요 탁월한 전략의 명장이라는 사실을 김유신은 67세의 노령 탓이어서 까맣게 잊고 있었던가.

전후 4차에 걸쳐 공세를 취했건만 『삼국사기』에 빛나는 그 숱한 김유신의 전공은 어찌된 노릇인지 5만 대군으로 5천 군사를 당하지 못하여 패배에 패퇴를 거듭하니 소정방과의 약정 기일은 하루밖에 남지 않았는데 참 큰일이다 싶어 입안이 바짝바짝 말라가고 속에서 불이 날 지경이었다. 그 날 온종일 4전 4패하여 군사들은 기세가 꺾이고 기력이 떨어지니 김유신은 이튿날 아침 모촌리산성을 치던 좌장군 김품일(金品日), 황령산성을 치던 우장군 김흠춘(金欽春 : 欽純) 두 대장을 곰티산성 본영으로 불러 작전회의를 열었다.

"우리가 열 곱의 대병으로 이기기는커녕 벌써 1만 가까이 손해만 보았으니 어찌 면목을 세울 수 있겠소? 오늘은 무슨 수를 쓰더라도 적을 깨치고 대국병(大國兵)과 합류해야 하오. 약조를 어겨 소(蘇)장군 혼자 싸우다 패하기라도 하면 우리 신라군의 체면은 어디 가서 찾으며, 또한 그들이 홀로 싸워 이기더라도 그 수모를 어찌 당할 것인가 그 말이요!"

이에 김흠춘이 화랑인 아들 반굴(盤屈)을 불러 이르기를, "신하가 되어서는 충성을 다 해야 마땅하고 자식이 되어서는 효도를 다 해야 마땅하거늘, 오늘 위급한 때를 당하여 목숨을 내걸지 않고서 어찌 충효를 다 할 수 있겠느냐?" 반굴이 긴 대답 소리도 없이 "네이!" 한 마디만 남기고 이내 저의 낭도들을 거느리고 백제 신으로 달려 들어가 힘껏 싸우다가 선사했다.

그러자 김품일 또한 화랑인 아들 관창(官昌 : 官狀)을 불러 세우고 장졸들을 가리키며 이르기를, "내 아들은 나이가 겨우 열여섯이나 의지와 기개가 자못 용감하도다! 너는 오늘의 싸움에서 능히 삼군의 모범이 될 수 있느뇨?" 관창이 역시 "네이!" 하는 대답 소리 한 마디 끝에 필마단기로 백제 진중으로 달려 들어가 창을 휘두르며 힘껏 싸웠으나 백제 군에게 사로잡히고 말았다. 계백이 사로잡혀 온 장수의 갑옷과 투구를 벗겨 본즉 아직 어리디 어린 소년 인지라 차마 죽이기 아까운 마음이 들어 "어허, 네 용기가 가상하구나!" 길게 탄식하며 살려서 돌려보내었다.

관창이 제 아비 품일에게 돌아가 말하기를 "소자가 적진 중에 돌입을 하였으나 적장의 목을 베고 대장기를 빼앗아 오지 못한 것은 죽음이 두려워서가 아니었나이다!" 그리고 나서 맨손으로 곰티재 아래 샘물을 떠 목을 축인 다음 말을 달려 창을 휘두르고 뛰쳐나갔다. 그리하여 힘이 다해 또다시 생포되니 계백은 "이 소년이 죽기를 작정하였으니 어찌 그 장한 뜻을 받아 주지 않겠는가!" 하고는 관창의 목을 베어 말안장에 매달아 돌려보냈다.

품일이 아들의 머리를 쳐들고 줄줄 흐르는 피가 옷소매를 시뻘겋게 적시는 데도 울부짖었다. "보라! 내 아들의 얼굴이 산 것과도 같다! 나라 일에 죽었으니 내 오히려 즐거워하노라!" 이에 신라병들이 하나같이 잃었던 용기와 죽었던 힘을 불러일으켜 북치고 함성을 울리며 성난 파도같이 밀고 들어가 니, 마침내 일세의 명장인 계백 장군과 5천 결사대도 제대로 먹지 못하고 자 지 못하고 4전 4승하던 기력이 떨어져 물밀 듯 총공세를 펼치는 신라 군을 당하지 못해 산성의 요새로부터 산 너머 황산벌로 밀려 내려설 수밖에 없었다.

한 번 무너지기 시작하면 걷잡을 수 없는 것이 또한 전쟁의 원리. 일당백의 투혼과 기백으로 버티던 결사대도 중과부적으로 밀리고 밀려 벌판 여기저기에서 살점을 가르고 피를 뿌리며 쓰러져 갔다. 목이 잘리고 팔다리가 떨어져 나가고 오장을 쏟으며 백제 군은 5천이 3천으로 3천이 1천으로 1천이 100명으로 줄어들어갔다. 좌군은 황령산성에서 밀려 시장골(屍葬谷)에서 전멸하고, 우군은 모촌리산성에서 밀려 충곡리(忠谷里)에서 전멸하고, 계백의 중군은 황산벌을 가로질러 청동리산성 아래서 전멸 당했다.

7월 10일 온종일 걸린 싸움에서 5천 결사대는 처절하게 학살당하고 계백 또한 충장산·충훈산으로도 불리는 수락산 아래서 전사하니 계백의 최후는 곧 백제의 최후나 마찬가지였다.

5천 명 중에서 가까스로 참살을 면해 포로가 된 자가 좌평 충상(忠常)과 상영(常永) 등 20여 명이라고 『삼국사기』는 전한다. 돌이켜보건대 반굴과 관창 신라 소년 화랑의 용기도 가상하지만, 전투중인 그 같은 시급하고 절박한 극한상황 아래서도 적의 용장한 기상을 사랑하고 아껴서 살려 보낸 계백이야말로 참으로 뜨거운 인간애를 실천한 도량 넓은 대장부요 민족의 거인이라 하겠다.

또한 황산벌전투 하나만 두고 볼 때에도 계백이 김유신보다 리더십이 탁월한 장수라는 생각이 든다. 이름만 결사대였지 상대적으로 전투력이 허약한 5천 명의 군세로 정예병으로 이루어진 신라의 5만 대군을 맞아 4전 4승을 거둔 사실만 보더라도 충분히 판단할 수 있다. 김유신이 반굴과 관창 등 자식들을 희생시키는 고육지책을 쓰지 않았고, 계백에게 만일 군사들을 보충할 여유가 있었다면 전쟁의 결과는 달라졌을 것이다. 하지만 역사에서 가정은 아무 소용도 없으니 어찌하랴.

이 황산벌전투가 계백 군의 장렬한 전몰로 끝나고 최후의 방어선이 무너지자 123년간의 영화를 자랑하던 백제의 도성 사비성은 맥없이 함락되고 낙화

암·대왕포의 한 맺힌 전설을 남긴 채 700년 백제사는 허망하게 막을 내리고 말았다.

소정방의 13만 대군은 좌평 의직의 방어군을 격파하고 백강(白江 : 錦江)을 거슬러 올라와 7월 11일 김유신의 신라 군과 합류하여 사비성을 포위하니, 의자왕과 태자 효(孝)는 웅진으로 달아났으나 7월 18일 투항하고 이로써 백제는 멸망하고 말았다. 당시 백제는 5방 37군 700여 성, 76만 호를 거느린 국세로 능히 몇 달은 버틸 수 있었을 것을 어찌하여 단 일주일 만에 제대로 전쟁다운 전쟁도 치러보지 못하고 멸망당하고 말았던가. 그것은 허약하고 무능한 지배층이 불러온 무비유환(無備有患)이었을까, 왕과 귀족들이 비굴하게 삶을 이어가고자 한 생존본능 때문이었을까.

그해 660년 음력 7월 18일 사비성이 무너지자 신라와 당군이 백제 사람들을 무자비하게 학살했고 아비규환의 피바다 속에서 도성은 7일 낮 7일 밤을 철저히 불타고 무지막지하게 파괴당해 지상에 버티고 서서 남은 것이라고는 소정방의 군공을 새긴 5층 석탑 하나뿐이었다. 8월 15일 석탑에 자신의 군공을 새긴 소정방은 8월 17일 의자왕과 왕자 4명, 대신 90여 명, 그밖에 남녀 2만을 포로로 이끌고 바다를 건너갔다.

부여군 양화면 원당리(元堂里)는 본래 원당리(怨唐里), 백마강변의 유왕산(留王山) 또한 일명 원당산(怨唐山)이니 망국의 유민들이 오랑캐 땅으로 끌려가는 부모 형제 처자식의 이름을 목이 메어 울부짖으며 단장의 이별을 하던 곳이다. 미어질 듯 아픈 가슴을 부여안고 외치고 또 외쳤건만 물결따라 바다로 흘러가는 배는 잠시 잠깐이나마 멈출 줄을 몰랐다. 뱃전에서 피를 토하듯 애타게 절규하는 아버지 어머니, 또는 형과 아우, 아내와 누이와 딸들의 서러운 모습은 점점 사라지고 희미해져 드디어는 목소리조차 들리지 않게 되자 사람들은 소리 높여 통곡을 했다. 그리고 피눈물을 쏟았다.

역사는 흘러가도 산하는 남는다. 부소산 아래 백마강은 되풀이되는 역사의 흐름처럼 여전히 흘러갔다. 바다 건너 끌려가는 왕과 대신과 혈육들을 피눈물로 울부짖으며 떠나보낸 망국의 유민들은 어찌 하늘 아래 같은 사람으로서 사람을 이토록 무참히 학살할 수 있단 말인가, 우리는 짐승이 아니라 인간이라고 절규하며 나라를 되세우기 위하여 용감히 일어섰으니 그것이 곧 백제의 광복운동이었다.

자칭 '신라의 후예' 김부식은 『삼국사기』 '백제본기'를 끝내면서 이렇게 평했다.

백제는 말기에 이르러 소행이 도리에 어긋남이 많고, 또한 대대로 신라와 원수가 되고, 고구려와 친해 신라를 침략하여 이에 당 고종은 두 번이나 조서를 내려 그 원한을 풀도록 했으나, 겉으로는 따르면서 속으로는 어겨 대국에 죄를 지었으니 그 멸망은 또한 당연하다고 하겠다.

과연 백제는 김부식의 말처럼 대국에 죄를 지었기에 망해서 마땅한 나라였을까.

장보고

사상최초로 해상 제패한 청해진의 영웅

　삼면이 바다로 둘러싸인 우리나라는 오랜 역사를 이어오는 동안 숱한 사나이가 드넓은 바다에 도전해 삶과 죽음의 투쟁을 벌여왔고, 바다를 무대로 웅지를 펼치고자 몸부림쳐왔다. 지금으로부터 1천여 년 전 한반도 남쪽 바다 다도해의 한 섬에서 때로는 바다처럼 너그럽고 때로는 바다처럼 무섭게 일렁거리며 끓어 넘치던 한 용사가 일어났으니 그가 바로 궁복(弓福) - 장보고(張保皐)이다. 장보고는 출중한 리더십으로 무적함대를 만들어 바다를 개척하고 동북아의 제해권을 손아귀에 틀어잡은 위대한 바다의 영웅이었다.

　이름 없는 변방의 섬사람으로 태어나 제 나라에서 이름을 날리기도 힘든데 그는 중국대륙으로 건너가 용명을 떨쳤으며, 신라에 돌아와서는 청해진(淸海鎭)을 세우고 왜와 당의 해적들을 쾌도난마처럼 소탕하여 안전하고 가까운 뱃길을 열어 놓았다. 뿐만 아니었다. 장보고는 중국대륙과 한반도와 왜 열도를 잇는 해운을 개척한 데에 이어 멀리 동남아까지 교역권을 넓히고 바다를 호령하니 그 장한 기개는 해상 무역왕국의 군주(君主)와 다름이 없었다. 이는 모두 장보고의 리더십이 탁월했기 때문이었다.

바다를 통한 해외진출이라는 우리의 꿈을 1천여 년 앞서 펼쳐 보인 풍운아 장보고, 해양 개척의 신기원을 세운 멋진 바다의 사나이 장보고, 그는 비록 추악한 왕위쟁탈전에 말려든 끝에 자객의 마수에 걸려 비극적 최후를 맞았지만 그가 이룬 위업은 오래도록 우리 역사에 살아남아 찬란하게 빛날 것이다.

장보고는 신라 변방 이름 없는 한 섬에서 태어났는데 그 섬이 뒷날 그가 청해진을 세우고 무적함대의 해군기지인 동시에 해상교역의 중심지로 삼은 오늘의 전라남도 완도이다.

그가 태어난 해는 정확하게 알 수 없지만 신라 제38대 원성왕(元聖王 : 785~798년) 때로 추정된다. 왜냐하면 그가 청해진을 설치한 해가 제42대 흥덕왕(興德王) 3년(828년), 그로부터 13년째가 되는 제46대 문성왕(文聖王) 3년(841년)에 암살당했으므로 30대에 귀국해 40대에 죽었건, 40대에 귀국해 50대에 죽었건 출생시기가 그 무렵으로 역산되기 때문이다.

『삼국사기』에 따르면 신라는 대체로 원성왕 때부터 거의 해마다 천재지변이 일어나고 흉작이 겹친 데다 사방에 도둑떼가 들끓고, 왕실은 진골끼리의 왕위 싸움이 끊일 새 없어 온 나라가 난파선처럼 표류하고 있었다. 가난한 섬마을, 걸핏하면 왜와 당의 해적들이 몰려와 사람들을 죽이고 잡아가는 바닷가에서 자라며 소년 장보고는 무엇을 꿈꾸었을까. 끝없이 밀려왔다 밀려가는 파도며, 점점이 떠 있는 섬들, 훨훨 하늘을 날아 수많은 섬 사이로 사라져가는 갈매기들을 바라보며 무슨 생각에 빠져들었을까.

장보고는 9세기 초 동양 삼국에 널리 이름을 떨친 국제적 풍운아였으므로 한국·중국·일본 세 나라 모두 그에 관한 기록이 남아 있다. 그러나 우리나라 사서보다 중국과 일본 쪽에 더 많은 기록이 남아 있다. 그나마 『삼국사기』에 실리게 된 경위에 대해서도 김부식은 '비록 을지문덕이 지략이 있고 장보고가 의리와 용맹이 있다 하더라도 중국의 사서가 아니면 그 자취가 없어져 이 사실이 알려지지 못할 뻔 했는데……'라고『삼국사기』'열전' 김유신 편 끝부분에서 실토한 바와 같이 중국 측 기록에서 거의 그대로 베껴 놓았던 것이다.

중국 측 기록이란『신당서』'동이전' 서(序)와 '신라전' 의 기사를 가리키는데, 이것 또한 당나라 시인 두목(杜牧)의『번천문집(樊川文集)』중 '장보고 · 정연전' 을 인용한 것이다. 일본 측 기록으로는 천태종(天台宗)의 고승인 자각대사(慈覺大師) 엔닌(圓仁)의 기행문인『입당구법순례행기』와『일본후기』·『속일본기』·『속일본후기』등이 있다.

장보고의 성명도 고구려의 온달(溫達)이나 백제의 계백(階伯)처럼 분명하지 않다. 그의 이름이 우리나라에서는 궁복(弓福) 또는 궁파(弓巴), 중국 측 기록은 장보고(張保皐), 일본 측 기록은 장보고(張寶高)로 네 가지가 된다. 궁복의 복(福)이나 궁파의 파(巴)는 흔히 아이들을 가리킬 때 쓰는 꾀보니 울보니 먹보니 잠보니 하는 '보' 의 차음(借音) 표기요, 궁(弓)은 '활' 의 차자(借字)로서 그의 본래 우리 이름은 '활 잘 쏘는 아이' 라는 뜻인 '활보' 가 아니었을까. 또한 장보고란 성명은 당나라에 있을 때 활궁 변의 장(張)이란 중국 대성(大姓)을 쓰고 이름에서 '보' 가 '보고' 로 변했는지도 모른다. 장보고(張寶高)란 이름은 일본 측 기록에만 나온다.

장좌리 주민의 구전에 따르면 장보고는 소년시절에 아버지를 따라 마을 앞 조금섬(助音島 →將島 →將軍島) 앞바다에서 고기잡이와 노젓기, 헤엄치기를 익히고 활쏘기며 창쓰기, 말타기와 칼쓰기를 익혔다. 나이 15세가 되자 키가 6척에 기골이 위괴(偉魁)하고 성품이 강직해 의로운 일을 보면 물불을 가리지 않고 목숨도 아끼지 않아 사람들이 장수감이라고 혀를 내둘렀다고 한다.

장보고에게는 정년(鄭年 : 또는 鄭連)이라는 친구가 있었는데 그는 잠수한 채 50리를 헤엄쳐가도 끄떡없을 만큼 물에 익숙했고 무술에도 뛰어났지만, 나이는 장보고가 위였으므로 장보고를 형이라 부르며 함께 붙어 다녔다.

가계와 성장과정은 분명하지 않지만, 그들이 태어나 자랄 무렵의 나라 형편은 말이 아니어서 하늘과 땅이 번갈아 변괴를 일으키니 굶주린 백성은 먹을 것을 찾아 이리저리 떠돌다가 더러는 배를 타고 다른 나라로 도망치고, 더러는 굶어죽기도 하고, 더러는 도둑이 되기도 하는 비참한 지경이었다. 그런데도 불구하고 왕실은 왕위 다툼에, 귀족들은 사사로운 권세 싸움에만 정신 없을 뿐 민생고 해결에는 무능하고 무기력하기 짝이 없었다.

두목의 전기에 따르면 '장보고가 서주(徐州)에서 군중소장(軍中小將)이 된 것은 30세 때'라고 했으므로 전후 사정을 고려하면 그가 정년과 함께 당나라로 건너간 시기는 20세 안팎, 즉 서기 810년께로 짐작된다. 고국을 떠나 당으로 건너간 장보고와 정년이 처음 머문 곳은 지금의 강소성 금산현인 서주 땅이었다. 온갖 고생을 다 하다가 취직(?)을 한 곳이 무령군(武寧軍)이란 서주절도사의 아군(牙軍 : 本軍). 아마도 처음엔 외국 출신이니 말단 졸병으로 입대했을 것이다. 그러나 두 사람의 남보다 뛰어난 힘과 기예로 미루어볼 때 금세 부대 안에서 두각을 나타냈을 것이다.

당나라에 건너가 무령군 소장이라는 높은 벼슬까지 한 장보고가 고국으로 돌아온 것은 828년 이전의 일이었다. 그런데, 819년 소장 진급 때부터 828년 청해진 설치 때까지 약 10년 동안 장보고의 행적을 더듬어 볼 필요가 있다.

당시 당나라 동해안에는 여러 곳에 신라인들이 모여 사는 집단거주지가 일찍부터 있었는데 이를 신라방(新羅坊)이라 했으며, 산동반도 등주 문등현, 강소성 초주 · 사주 · 양주 등의 신라방이 그것이다. 신라방에는 거류민들의 자치기구인 구당신라소(勾當新羅所)가 있었고 그 책임자는 압아(押衙)로서 역시 같은 신라인이 맡고 있었다.

장보고는 군복을 벗자 급격히 거류민이 늘어나서 왕성한 활동을 벌이고 있는 산동반도 문등현에 자리 잡아 신라인들을 결집시키기 시작하니 곧 신라방의 중심인물로 떠오르게 되었다. 신라인들이 장보고를 중심으로 뭉치게 된 이유는 그의 리더십이 워낙 출중하고 포용력이 있기 때문이겠지만, 그가 본래 섬사람으로 바닷가에서 태어나고 자라나 바다를 잘 안다는 점과, 무령군 소장으로 쌓아올린 장수로서의 경력 또한 크게 작용하였을 것이다.

신라방 사람들이 주로 종사한 사업은 해상을 통한 교역활동이었는데, 당이나 신라나 왕권이 약화되니 변경의 치안이 말이 아니었다. 특히 바다를 휩쓸고 다니는 해적들의 횡포 때문에 뱃길은 늘 위험했다. 군인에서 사업가로 변신한 장보고는 우선 항해교역로의 안전을 보장하기 위해 사설함대를 조직하여 무역선단을 보호했다. 눈길을 중국 - 한국 - 일본을 잇는 국제항로로 돌렸던 것이다.

그러나 친구 정년은 장보고의 권유에도 불구하고 그대로 무령군에 남아 있었다.

장보고의 눈부신 활약에 힘입어 신라 사람들의 무역활동은 더욱 활기를 띠고 번창하게 되었고, 장보고의 명성과 지위 또한 자꾸만 높아져갔다. 사람들은 장보고를 '장대사(張大使)'라고 높여 불렀으니, 대사란 중국에서 절도사를 가리키는 칭호였다. 뒷날 그가 귀국하여 청해진을 설치하고 역시 대사라는 신라 관등직급에는 전무후무한 관직을 받은 것과도 무관하지 않은 듯싶다. 장보고가 이토록 지위를 굳히고 위명을 떨치게 되었음에도 굳이 신라로 귀국한 까닭은 어디에 있었을까. 그 이유 또한 바다에서 찾을 수밖에 없다.

우리나라에서 해적이라면 왜구를 생각하기 십상이지만 그 당시에는 중국해적, 즉 당구(唐寇)의 횡포가 더욱 심해 신라나 당나라나 큰 골칫거리였다. 더군다나 장보고는 당구들이 신라의 해안 지방을 습격하고 어린이들을 약탈하여 이른바 신라노(新羅奴)란 이름으로 마구 팔아넘기는 실정을 잘 알고 있었다.

그뿐인가. 더욱 참을 수 없는 것은 그 같은 노예무역을 하는 해적들 가운데는 당구나 왜구뿐 아니라 같은 신라의 해적인 신라구까지 있어서 장보고의 의협심과 동포애에 불을 질렀다. 비록 신라구가 왜구나 당구처럼 대규모로 해적질을 하는 것은 아니지만, 신라 서남해안의 일부 해상세력가들은 유리걸식하다가 마지막 시도로 당에 이주하기를 희망하는 동포들을 배에 태워 당나라에다 신라노로 팔아넘기는 피도 눈물도 없는 만행을 저지르고 있었다. 또한 그런 해적들 때문에 정상적인 무역항로가 위협받는 것도 사실이었다. 마침내 장보고는 자신의 힘으로 바다를 휩쓰는 해적들을 소탕하고 동포들이 짐승처럼 노예로 팔려가는 비극을 뿌리 뽑고자 결심했다.

그러기 위해서 신라·당·왜 삼국 항로의 중간지점을 확보하여 해상무역의 거점을 삼는 동시에 해적들을 쓸어 없애는 함대기지로 만들고자 작정했다. 그때 머리에 떠오른 곳이 고향인 완도였을 것이다. 장보고는 고향 친구 정년을 불러 그런 계획을 털어놓고 함께 돌아가기를 권했다. 하지만 정년은 거절했다.

심복 부하들과 가족을 거느리고 신라로 돌아온 장보고는 완도에 자리 잡고 세력기반을 구축하기 시작했다. 완도를 거점삼아 기지를 건설한 이유는 자신의 고향으로 지형지세에 익숙한 점도 있었지만 무엇보다도 완도가 신라·당·왜를 잇는 삼각항로의 중간에 위치한 지리적 이점 때문이었다.

재물을 풀어 사람들을 모으고 기본적인 시설을 한 다음 장보고는 임금을 만나러 금성(金城), 곧 서라벌로 향했다. 그때 임금은 제42대 흥덕왕. 후사 없이 죽은 형 헌덕왕(憲德王)의 부군(副君 : 태자)으로 뒤를 이어 즉위한 지 3년째였다. 『삼국사기』 '신라본기'에 나온다.

흥덕왕 3년 4월, 청해진 대사로 궁복(성은 장씨로 일명 보고)을 삼았다. 그는 먼저 당의 서주로 들어가서 군중소장이 되었다가 뒤에 귀국하여 왕을 배알하므로, 왕은 군사 1만 명으로 청해를 진수(鎭守)하게 했다.

장보고는 완도가 생겨난 이래 최초 최대의 역사(役事)를 일으킨 것이다. 기지의 틀을 갖춘 다음 장보고는 장정들로 하여금 지리산과 남해안 일대에서 아름드리 통나무를 베어 날라서 방주선(方舟船)이란 전함을 건조했다. 장보고는 바다의 왕자답게 리더십만 출중한 게 아니라 탁월한 항해술을 터득하고 있었으므로 그가 만든 선박 역시 종래의 신라선이나 중국 배와는 달리 성능과 규모가 더 한층 뛰어났을 것이다.

장보고는 장도의 청해진성을 자신의 거성(居城)으로 삼고, 170m 떨어진 맞은편 본섬의 장좌리에는 군영을 설치해 주력부대를 배치한 뒤 본격적인 해상 활동에 나섰다.

그가 청해진을 설치한 완도는 우리나라 서남단 해남반도 왼편에 위치하여 서쪽으로는 해남과 진도 사이의 협곡을 통과하여 서해로 빠져나가게 되고, 동쪽으로는 다도해 첫머리에서 크고 작은 숱한 섬 사이를 빠져나가는 지점으로서 당과 왜를 연결하는 해상교통의 요충이었다. 근처에 사는 섬사람과 남해 연안 사람들을 모아 부대를 편성하고 군사훈련을 시켰는데, 해군뿐 아니라 육군인 보군과 마군까지 만들어 육상전에도 대비했다.

『삼국사기』는 흥덕왕이 군사 1만 명을 주어 청해를 진수토록 했다고 썼지만 이를 믿을 수는 없다. 당시 신라는 3년간에 걸친 김헌창(金憲昌)·범문(梵文) 부자의 반란을 가까스로 진압한 끝이어서 1만은커녕 100명의 군사라도 변방의 수비군으로 내주기 어려운 형편이었다. 따라서 1만 명이란 군사는 장보고가 재물을 풀어 모집한 군사로 보는 것이 사리에 맞을 것이다.

막강한 장보고의 무적함대가 파도를 가르며 바다를 헤쳐 나가면 감히 상대할 적이 없었다. 해적선이 보이기만 하면 그대로 쫓아가 박살내고 모조리 수장(水葬)시키니 그로부터 해적들은 흔적도 없이 사라져 버리고 말았다. 바다의 청소작업이 끝나 해상항로를 장악한 장보고는 전부터 구상해 온 사업에 착수했다. 바로 해상무역의 독점이었다. 청해진이 본점 격이었고 당나라 산동반도 등주 적산포가 지점 격이었다. 중국에 파견하는 무역선단은 견당매물사(遣唐買物使)가 인솔하는 교관선(交關船)이요, 일본에 파견하는 무역선단은 회역사(廻易使)가 인솔하는 교관선단이었다.

장보고는 신라 조정으로부터도 정치적으로 인정을 받았지만 국왕의 신하로서가 아니라 어디까지나 독립적이며 독자적 방법으로 자신의 해상왕국을 이끌어나갔다. 거기에는 장보고의 천부적인 군사적 자질과 아울러 폭넓은 도량, 뜨거운 의협심과 사람들을 끌어당기는 독특한 인간미의 리더십이 크게 작용했을 것이다.

836년 12월 흥덕왕이 재위 11년 만에 죽었는데 그때 태자 김의종(金義琮)은 당나라에 가 있었다. 후계자가 없이 왕이 죽자 그 틈을 노린 왕족 사이에 치열한 왕위쟁탈전이 벌어졌다. 흥덕왕의 종제 균정(均貞)과 다른 종제 헌정(憲貞)의 아들 제륭(悌隆) 숙질간의 왕위쟁탈전이 벌어져 양파는 각자 족병(族兵 : 私兵)을 이끌고 궁중에서 한바탕 피바람을 몰아치며 무력충돌을 일으켰다.

그 결과 균정은 칼에 맞아 죽고 태종무열왕 김춘추의 후손 김양(金陽)은 화살에 맞아 부상당하고 균정의 아들 우징(祐徵)은 가까스로 도망쳐 버렸다. 그리하여 제륭이 왕위에 오르니 그가 바로 제43대 임금 희강왕(僖康王)이다. 희강왕은 즉위 이듬해(837년) 정월 죽을 죄 외에는 모든 죄수를 용서해주고 자기를 지지해준 흥덕왕의 조카 시중 김명(金明)을 상대등에, 이홍(利弘)을 아찬에서 시중으로 승진시켰다.

한편 우징은 일단 목숨은 구했지만 아비를 잃었으므로 원한이 뼛속까지 사무쳐 원수를 갚겠노라고 이를 갈았는데, 그 이 가는 소리를 들은 김명·김이홍 일파에 의해 요시찰 인물로 주목받게 되었다. 신변의 위협을 느낀 우징은 그 해 5월 가족을 이끌고 금성을 탈출하여 배를 타고 청해진으로 들어갔다. 장보고는 9년 전 흥덕왕 때 시중으로 있으면서 편들어 준 우징인지라 두말 않고 선선히 그를 받아들여 보호해주었다. 그러나 희강왕도 오래 가지는 못

했다. 그 이듬해인 838년 정월, 야심만만한 김명이 김이홍과 합세하여 군사를 일으켜 왕의 측근들을 마구 죽이니 실권 없는 허수아비 임금은 왕위를 보전할 수 없어서 궁중에서 목매어 자살하고 말았다. 그리하여 김명이 스스로 왕위에 올랐는데, 그가 곧 제44대 임금 민애왕(閔哀王)이다.

어릴 때부터 친구였고 당나라에서 함께 고생하던 정년이 돌아온 것도 그 무렵이었다. 정년은 장보고의 권유를 뿌리치고 당에 남아 있었지만 벼슬은 떨어지고 군대에서 쫓겨나 춥고 배고픈 신세가 되자 귀국하여 장보고를 찾아왔다. 장보고는 너그러운 사람, 의리의 사나이였다. 크게 다투고 헤어졌던 정년이었지만 반겨 맞은 데다 부장(副將)을 삼아 수하에 거느렸다. 장보고의 이런 우정은 중국에도 널리 알려져 두목으로 하여금 감동한 나머지 전기를 짓게 했고, 『신당서』 '신라전'에도 편찬자가 장문의 기사로 높이 평가하게 만들었다.

김양은 김해에 숨어 정변 때 화살에 맞은 상처를 치료하고 있다가 김명이 쿠데타를 일으켜 왕위에 올랐다는 소식을 듣자 모사와 병졸들을 모집하여 청해진으로 들어가 장보고와 우징 등을 만나 거사할 것을 청했다. 우징이 장보고에게 거듭 요청했다.

"이제 들은 바와 같이 김명은 임금을 시해하고 스스로 보위에 오르고, 김이홍 또한 임금을 해친 자이니 함께 하늘을 볼 수 없소이다. 원컨대 장군의 힘에 의지해 이 원수를 갚고자 하니 군사를 빌려 주시기 바라오."

장보고가 대답했다.

"옛사람의 말에 의로운 일을 보고 따르지 않으면 어찌 용맹하다 하랴 하였소. 내 비록 용렬하나 힘을 다해 도우리다."

그리하여 부장 정년에게 군사 5천 명을 나누어 주고 "이 일은 네가 아니면 맡을 사람이 없다."고 하며 출병시켰다. 전투지휘는 백전연마의 정년이 맡았지만 장보고는 김양으로 하여금 평동장군(平東將軍)으로 형식적인 최고사령관으로 삼고, 그 아래 정년을 비롯한 염장(閻長)·장변(張弁)·낙금(駱金)·

장건영(張建榮)·이순행(李順行) 등 여섯 장수로 보좌토록 했다.

838년 12월, 청해진을 떠나 육지에 오른 장보고의 군대는 진격을 개시하여 오늘의 전남 나주 남평인 철야현에 다다라 민애왕이 대감(大監) 김민주(金敏周)에게 딸려 보낸 군사와 마주치게 되었다. 그러나 애초에 되지 않는 싸움이었다. 정년이 기병 3천 명을 휘몰아 질풍노도처럼 돌격하니 단 한 차례 접전에 관군은 전멸하고 말았다.

이듬해 윤정월 19일에는 금성과 가까운 달구벌, 대구까지 진격하여 민애왕이 남은 군사를 모두 모아 보낸 이찬 대흔(大昕)과 대아찬 윤린(允璘)의 부대까지 대파하니 반은 죽고 반은 도망쳤다. 승세를 몰아 금성으로 쳐들어간 군사들은 민가에 숨어 있던 왕을 찾아내 목을 쳐 죽여 버렸다. 이에 김우징이 즉위하니 신무왕(神武王)이다. 신무왕은 장보고의 은덕과 공로에 보답하기 위해 청해진 대사 장보고를 봉하여 감의군사(感義軍使)로 삼고 식읍 2천 호를 내렸는데, 천신만고 끝에 임금이 된 신무왕도 그해 7월 23일 등창이 나 죽고, 태자 경응(慶應)이 왕위에 오르니 바로 제46대 임금 문성왕이다. 문성왕도 아비 신무왕과 함께 청해진에서 난을 피하며 장보고의 신세를 졌던 바라 그에게 진해장군(鎭海將軍)을 제수하고 많은 선물을 보냈다.

감의군사니 진해장군이니 하는 직함 역시 대사와 마찬가지로 신라 관직에서는 전무후무한 명예직이었고, 장보고가 중앙 정계 진출을 시도해서 받아낸 것은 결코 아니었다. 왕족과 귀족들의 왕위 다툼, 권력쟁탈전에는 처음부터 관심이 없었으나 약자를 돕고 의협심이 강한 성품에서 힘을 빌려 준 때문에 주는 대로 앉아서 받은 것뿐이었다.

그런데 일단 왕위를 굳히고 정권을 안정시킨 조정의 입장에서 볼 때 청해진과 장보고는 매우 위협적인 존재였다. 그 막강한 군사력과 재력으로 혹시 딴마음이라도 먹는다면? 정권은 원래 의심이 많은 게 속성이 아닌가.

또한 보다 큰 문제가 양측 사이에 걸려 있었으니 그것은 신무왕이 청해진에서 군사를 얻을 때 "이 일이 성공하기만 하면 장군의 딸을 맞아 며느리를 삼으리다."고 한 약속이었다. 비록 약속을 한 아비는 죽었지만 그 일이 마음에 걸려 매듭을 짓고자 문성왕은 신하들과 의논했다. 그런데 그런 일은 만고에 없다고 모두 반대했다. 진골로 태어나지 않고서는 아무리 뛰어난 재주를 지녀도 6두품 이상으로 올라갈 수 없을 만큼 출신성분을 중시하는 신라에서 근본도 모르는 섬 촌놈의 딸이 왕비라니 말도 안 된다는 것이었다. 왕은 이미 박씨 부인이 왕비로 있어서 차비(次妃)로라도 맞아들이려던 생각을 버릴 수밖에 없었다.

이 소문이 청해진의 장보고의 귀에까지 흘러들어갔다. 급할 때는 쫓아와서 통사정을 하고, 원하지도 않은 약속까지 먼저 해놓고는 부귀영화를 다시 누리게 되니까 이제 와서 딴소리를 해? 기분이 결코 좋을 수는 없었다. 그만둬라 그만둬! 썩어빠진 놈들! 장보고가 내뱉은 욕설이 또 발 없는 말이 되어 금성으로 달려갔다. 왕과 대신들은 전전긍긍하여 어쩔 줄을 몰랐다. 막강한 군사력을 가진 장보고가 홧김에 군사를 몰아 쳐들어오면 꼼짝없이 어육이 될 판이었다. 장보고를 누가 무슨 힘으로 막는단 말인가……

이때 나선 자가 염장(閻長)이었다. 그는 본래 무주(광주) 사람으로 김양이 무주도독으로 있을 때부터 수하에 거느리고 다니던 자였다. 이 자가 장보고를 없애겠노라고 자청하고 나선 것이었다. 달리 묘책이 없던 조정에서는 암살이란 비열한 방법을 택하기로 하고 만일 성사만 된다면 청해진의 지휘권을 준다는 조건으로 염장을 파견했다.

청해진으로 달려간 염장은 그럴듯한 거짓말로 장보고의 비위를 맞추었다. 장군의 은혜를 배신하고 이제 와서 욕이나 하는 왕족이니 귀족이니 하는 족속들이 역겨워 도망쳐왔는데, 이제부터는 장군의 수족이 되어 죽을 때까지 모시고자 하오니 거두어주소서 하고 떠벌렸다. 장보고는 워낙 대범한 인물인지라 별 의심 없이 염장을 맞아 잔치를 베풀어 주고 함께 술을 마셨다. 이윽고 밤이 깊어 취한 사람들은 거의 다 돌아가고 장보고와 염장 등 몇 사람만 남았을 때였다. 장보고가 술에 취해 몸을 제대로 가누지 못하자 염장은 칼을 뽑아 장보고의 가슴을 힘껏 찔렀다. 이렇게 하여 일세의 쾌남아요 바다의 영웅인 장보고는 허무하게 일생을 마치게 되었다. 841년 11월이었다.

추측하건대 그의 벗 정년은 그때 청해진에 없었던 듯하다. 만일 그가 곁에 있었다면 감히 염장 따위의 속임수에 말려들어 허망하게 암살당하는 일은 벌어지지도 않았을 것이다. 또한 장보고가 『삼국사기』의 기록처럼 모반을 일으켰다면 진작 군사를 일으켜 풍우처럼 휩쓸어 버렸지 우유부단하게 해를 넘기지도 않았을 것이다. 그의 뜻은 드넓은 바다에 있었지 소인배들의 음모가 난무하는 좁은 육지에 있었던 것이 아니었다.

장보고가 암살당한 해는 『삼국사기』에는 846년 봄으로 되어 있지만 다른 여러 사료를 검토해볼 때 841년 말로 추정된다. 왜냐하면 염장을 시켜 장보고를 제거한 김양이 이듬해인 842년 3월에 자기 딸을 문성왕의 차비로 들여보낸 일이며, 그밖에 일본 측 기록에 846년 이전에 이미 장보고의 심복들의 저항과 망명 기사가 보이기 때문이다.

비열한 암살자 염장은 동요하는 청해진 군사와 백성을 억누르고 장보고의 사업을 송두리째 말아먹으려 했으나 평소 진심으로 섬기고 따르던 장보고를 잃은 사람들이 즐겨 쫓을 리가 없었다.

부장이었던 이창진(李昌珍) 등이 염장을 죽여 장보고의 원수를 갚으려고 군사를 일으켰으나 실패하고, 병마사 최운(崔運) 등은 당나라에 망명했다. 그렇게 하여 청해진의 활발하던 교역활동은 마비상태에 빠져 그로부터 10년이 지난 문성왕 13년(851년) 2월 청해진 혁파로 찬란하던 해상왕국의 영화의 막을 내리고 그 주민들은 내륙 깊숙한 벽골제(碧骨堤), 지금의 전북 김제로 강제 집단이주당하고 말았다.

1천여 년 전 동양 삼국의 무역항로를 지배하던 해상왕국 완도, 완도읍에서

5km 떨어진 장좌리는 옛날에 장보고가 있던 곳이라고 해서 전에는 장재리(張在里)라고 불렸다. 장좌리 주민들은 해마다 정월 대보름이면 '장보고장군제'라는 당제를 베풀어 장보고의 위업을 기리고 마을의 안녕과 한 해의 풍어를 기원한다. 장보고는 죽어서 신장(神將)이요 수호신이 된 것이다. 왕조 중심의 이른바 정사(正史)에서는 중앙정계 진출이나 꾀하다 몰락당한 시골 잠수쯤으로 무시당한 장보고이지만, 그가 사상최초로 바다를 호령하던 곳, 그 옛날 청해진의 향토사 속에는 그의 위대한 기상이 살아남아 민중의 영웅으로 추앙받고 있다.

일세의 영웅 장보고의 암살은 장보고 개인의 비극으로 끝난 것이 아니다. 그 뒤 우리나라는 해양진출, 해상제패의 원대한 꿈을 꾸어보기는커녕 비좁은 국토 안에서 집안싸움을 하거나 몽골족 · 여진족과 왜적들에게 침범과 노략질을 연거푸 당하는 부끄러운 역사를 되풀이해 왔다. 그것이 통렬한 역사의 교훈이 아니겠는가.

대조영

'해동성국' 발해의 시조

   668년 9월 신라와 당의 연합군에 의해 평양성이 함락되고 고구려가 멸망하자 만주를 포함한 옛 고구려 지역은 큰 혼란에 빠졌다. 비록 고구려를 정복했다고는 하지만 당나라의 힘이 미친 지역은 요동에서 평양에 이르는 주도로와 그 인근에 지나지 않았기 때문이었다.

   망국 당시 고구려의 국세는 5부 176개 성에 69만 호였다. 당은 그해 12월에 고구려의 수도였던 평양에 안동도호부(安東都護府)를 설치하고, 옛 고구려 지역을 9개 도독부, 42개 주, 100개 현으로 나누어 통치하려고 했다. 총독 격인 안동도호에는 침략군 장수의 하나인 설인귀(薛仁貴)를 임명하고 2만 명의 군사를 주둔시켰다. 그렇게 하고도 고구려 유민들의 부흥운동에 겁을 먹은 당은 그 이듬해인 669년 5월에 고구려 유민 2만 8천여 호를 요서지방과 중국 내륙지방으로 강제 이주시켰다. 하지만 남아 있는 유민들이 곳곳에서 당의 지배에 맞서 격렬한 저항운동을 벌이고, 신라군까지 북상하여 당군을 몰아냄에 따라 당은 676년 2월에 안동도호부를 요서의 요양으로 후퇴시킬 수밖에 없었다.

그리고 677년 2월에는 장안으로 끌고 갔던 고구려의 마지막 임금 보장왕(寶藏王)을 요동주도독 겸 조선왕으로 내세웠다. 그리고 내륙 각지로 강제 이주시켰던 고구려 유민 다수를 다시 요동으로 돌려보내 보장왕의 통치를 받게 했다. 이렇게 하여 고구려 유민의 부흥운동을 무마하려고 했으나 일은 당의 뜻대로 되지 않았고, 보장왕마저 고구려 부흥운동에 합세하려는 기미를 보였다. 681년. 당은 조선왕을 폐지하여 보장왕을 다시 장안으로 끌고 갔고, 다수의 고구려 유민도 재차 내륙지방으로 강제 이주시켰다. 이처럼 모든 시도가 물거품으로 돌아가자 당의 통치기구 안동도호부는 유명무실해져 버리고 말았다.

한편 고구려 망국 직후 일부 유민은 남쪽 신라로 망명하여 고구려 재건운동을 벌이기도 했으나 결과적으로 신라의 대당전쟁(對唐戰爭)에 이용만 당하고 복국(復國)의 꿈이 무산되자 일부는 그대로 신라 백성이 되고, 일부는 다시 북상하여 대동강과 압록강·두만강을 건너 고구려의 옛 터전으로 돌아갔다.

발해 건국의 주역인 대걸걸중상(大乞乞仲象)과 대조영(大祚榮) 부자도 고구려 망국 이후 요서지방의 요충인 영주의 치소 조양에 이주당한 고구려의 유장이었다. 『구당서』에 이르기를, '발해말갈의 대조영은 본래 고구려의 별종이었다. 고구려가 멸망하자 그는 가속을 거느리고 영주로 옮겨가 살았다'고 했다.

하지만 대걸걸중상과 대조영 부자가 '고구려의 별종 – 말갈족'이라는 『구당서』의 기록은 사실과 다르다. 이들이 처음부터 대씨 성을 썼는지도 알 수가 없고, 필자의 추측으로는 본래 고구려의 왕족인 고씨였으나 나중에 발해를 건국하고 왕성(王姓)을 대씨로 삼은 것으로 보인다. 고구려의 시조 추모성왕(鄒牟聖王 : 東明聖王)도 해모수(解慕漱)의 아들이지만 고씨로 왕성을 삼지 않았던가.

당 태종과 고종에 이어 측천무후(測天武后)가 당나라를 통치하던 696년 5

월, 거란족의 지도자인 송막도독 이진충(李盡忠)과 귀성주자사 손만영(孫萬榮)이 무력항쟁을 일으켜 영주를 함락시키고 가혹한 압제자로 원성이 높던 영주도독 조문홰(趙文翽)를 잡아 죽였다. 이 항쟁에는 요동과 요서에 거주하던 고구려 유민, 거란족, 말갈족 등이 연합했는데, 봉기를 처음 시작하여 그 불길을 서쪽으로 몰고 간 쪽은 거란족이지만, 옛 고구려 땅 동부전선에서 주도적으로 당군과 싸운 쪽은 고구려 유민과 말갈족이었다. 그리고 그 중심에는 대걸걸중상과 대조영 부자가 있었다.

서부전선에서 승승장구하며 중국 내륙으로 진격하던 거란군은 한때 오늘의 북경 인근까지 점령하고 17만 명의 당나라 대군을 섬멸하는 등 맹렬한 기세를 올렸으나, 697년 4월에 돌궐족의 개입으로 정세는 급변했다. 그 동안 중국 북부에서 끊임없이 중국을 괴롭히던 돌궐족이 거란족의 항쟁을 진압해주는 조건으로 전에 중국이 빼앗아간 영토와 백성과 무기와 재물 등을 요구했고, 연전연패하여 나라가 위태롭게 된 당은 이런 조건을 모두 받아들였던 것이다.

돌궐은 정예군을 투입하여 거란의 배후를 쳤고, 손만영이 이끄는 거란군은 큰 타격을 입었다. 설상가상으로 동맹군이었던 해족까지 돌궐군에 붙어 거란에 창을 겨누었다. 돌궐·해족·당군의 공격에 거란군은 급격히 와해되어 동쪽으로 후퇴하다가 손만영은 피살당하고 남은 거란군은 돌궐에게 항복했다. 이렇게 하여 1년에 걸친 거란의 항쟁은 아깝게도 실패로 돌아가고 말았다.

서부전선에서 거란군의 궤멸은 당연히 동부전선의 고구려·말갈 연합군에게도 큰 영향을 미쳤다. 그 무렵 대걸걸중상과 대조영 부자는 고구려 유민과 말갈족 수만 명을 이끌고 말갈족 지도자 걸사비우(乞四比羽)와 더불어 조양을 탈출하여 동쪽으로 요하를 건너 고구려 옛 땅으로 돌아가고 있었다. 측천무후는 대걸걸중상을 진국공(震國公)으로, 걸사비우를 허국공(許國公)으로 봉해 달래려 했으나 그따위 허울뿐인 명예직이 무슨 소용이랴. 당은 회유책이 실패로 돌아가자 이번에는 무력행사를 시도하여 항복한 거란 장수인 좌옥검위대장군 이해고(李楷固)와 중랑장 색구(索仇)로 하여금 대군을 이끌고 이들을 추격하여 섬멸토록 명령했다. 거란군을 궤멸시킨 여세를 몰아 고구려 부흥운동의 싹을 자르려고 했던 것이다.

당군과 쉴 새 없이 혈전을 벌이면서 고구려 유민과 말갈인들은 계속 요동으로 향했다. 그 동안 이해고와의 싸움에서 걸사비우는 전사하고, 대걸걸중상도 행군 중에 병사했다. 최고 지도자가 된 대조영은 출중한 리더십에 용맹과 지략까지 겸비한 당대의 영웅이었다. 전하는 바에 따르면 그는 어려서부터 용맹이 뛰어났으며, 말을 잘 탔고 활을 잘 쏘아 고구려의 장수가 되었다고 한다.

그는 끈질기게 추격하는 당군을 유인하여 천문령싸움에서 결정적 승리를 거두었다. 이 전투에서 참패한 이해고는 간신히 목숨만 구해 도망쳐버렸다. 이것이 698년 초의 일이었다. 무려 5천km의 대장정 끝에 옛 고구려 5부의 하나였던 계루부 지역을 수복한 대조영은 698년 오늘의 길림성 돈화시 서남쪽 22.5km 지점, 송화강 상류 휘발하 건너편의 해발 600m 지점인 동모산에 오동성을 쌓고 새 나라 대진국(大震國)의 건국을 선포하고 연호를 천통(天統)이라고 세웠으니, 이는 구국 고구려가 멸망한 지 30년 만의 일이었다.

여기에서 유득공(柳得恭 ; 1748~1807년)이 『발해고(渤海考)』에서 대조영에 관해 쓴 기록 전문을 소개한다.

고왕(高王)의 이름은 조영으로 진국공의 아들이다. 일찍이 고구려 장수가 되었는데, 용맹스럽고 말 타기와 활쏘기를 잘했다. 진국공이 죽고 걸사비우가 패하여 죽자 대조영은 이를 피하여 도망하였다. 이해고가 그를 쫓아 천문령을 넘자 대조영이 고구려와 말갈 군사를 이끌고 크게 격파하여 이해고는 겨우 몸만 빼서 탈출했다. 대조영이 걸사비우의 무리를 병합하여 읍루족이 살았던 동모산을 거점으로 삼으니 말갈과 고구려 유민이 모두 그에게 돌아갔다.

마침내 돌궐에 사신을 보내 외교를 맺고, 부여·옥저·고조선·변한 등 바다 북쪽의 10여 국을 정복하였다. 동쪽으로 동해에 이르고, 서쪽으로 거란에 이르고, 남쪽으로 신라와 이하(泥河 ; 함남 용흥강으로 비정)를 경계로 이웃하였다. 그 나라 땅은 사방 5천 리에 달했고, 호구는 10여 만 호였고, 정예병사가 수만 명이었다. 또 중국의 문자를 잘 익혔으며, 풍속은 고구려·거란과 대체로 비슷했다.

성력(聖曆) 연간(698년)에 나라이름을 진(震)이라 하고, (『신당서』에는 진(振)이라 하였고, 『문헌비고』에는 진조(震朝)라 하였다) 스스로 왕위에 올라 진국왕이 되었다. 홀한성을 쌓아 살았으니 영주에서 동쪽으로 2천 리 떨어진 곳에 있었다. 이때에 해와 거란이 모두 당나라에 반기를 들어서 도로가 가로막히자 측천무후가 발해를 토벌할 수가 없었다.

중종이 즉위한 뒤에 시어사 장행급(張幸岌)을 발해에 파견하여 대조영을 위로하고 어루만지자 고왕도 아들을 당나라에 보내 황제를 모시도록 하였다. 현종 선천 2년(713년)에 낭장 최흔(崔訢)을 보내서 고왕을 좌효위대장군·발해군왕으로 책봉하였고, 그가 통솔하는 영토를 홀한주로 삼아 홀한주도독에 임명하였다.

이때부터 말갈이란 칭호를 버리고 발해라고만 부르게 되었다. 이후 대대로 당나라에 조공을 바쳤고, 유주절도부와 서로 사신을 교환하였다. 부여부에 강한 군대를 주둔시켜 거란을 방비하였다.

현종 개원 7년(719년)에 왕이 죽자 3월 병진일에 당나라에 사신을 보내 알렸다.

그런데 근래 필자가 전해들은 바에 따르면 대조영이 첫 도읍지로 삼은 동모산의 오동성 옛터인 산성자산성이 흔적도 없이 사라져버렸다고 한다. 인근 주민들이 산성의 성돌을 건물 기초석이나 담장용, 심지어는 돼지우리를 짓기 위해 계속해서 빼내가는 바람에 성벽의 유적이 하나도 남지 않은 폐허로 변했다는 것이다.

거란과 돌궐의 잇따른 침노로 대진국을 제압할 여력이 없었던 당 현종은 할 수 없이 713년에 낭장 최흔을 보내 고왕에게는 '발해군왕(渤海郡王)' 이란 칭호를, 그의 태자 대무예(大武藝)에게는 '계루군왕(桂婁郡王)' 이란 칭호를 주었다. 고왕은 발해 태조 대조영의 시호다. 그러나 우리나라에선 발해 태조 고황제로 부르는 것이 옳다고 본다. 왜냐 하면 발해는 칭제건원한 당당한 제국이기 때문이다. 태조 고황제의 연호는 천통으로 전해 오고, 그의 아들 무황제의 연호는 인안(仁安)이었다.

대조영은 이렇게 출중한 리더십을 발휘하여 고구려 망국 30년 만에 다시 그 옛 터전에서 고구려의 뒤를 이은 당당한 제국 발해를 건국했던 것이다. 그리고 그 지역에 흩어져 살던 고구려 유민과 말갈족 등 옛 고조선의 유민을 모두 아울렀으니 천하의 주인을 자처한 당나라도 더는 어쩌지 못하고 발해의 건국을 인정할 수밖에 없었다. 그들이 할 수 있는 조치라는 것이 옛날부터 써먹던 이른바 책봉이란 것이었다. 자신의 힘이 미치지 못하는 주제에 발해군왕이니 계루군왕이니 홀한주도독이니 하는 소리가 무슨 말라비틀어진 소린가 말이다. 당나라로서는 마지못해 대진국의 건국을 승인한 것이었다.

발해라는 명칭은 여기에서 비롯되었다. 사실 230년 동안 사직을 유지한 발해의 영역에는 '발해' 라는 지명이 없었다. 발해인은 자신들의 국호를 '위대한 동쪽나라' 라는 뜻에서 대진(大震)이라고 불렀으며, 자랑스러운 고구려의 후신으로 자처했다.

또 한 가지 바로잡아야 할 잘못 알려진 사실이 있다. 지금까지 사학계에서는 발해 건국을 주도한 집권층만 고구려의 유민이고 피지배층인 국민의 대부분은 말갈족이라는 설이 정설처럼 굳어져 왔는데, 이는 참으로 잘못된 것이다. 『속일본후기』에 '일본은 (발해의) 동쪽으로 멀리 떨어져 있고, 요양은 서쪽의 장벽이니 두 나라의 거리가 만 리가 넘는다' 는 구절이 있다. 이를 풀이하면 발해의 서쪽 당과의 접경이 요양이란 말이니, 당연히 그 동쪽 요동은 발해의 영토라는 뜻이 된다.

당시 요동에 살던 주민 대부분은 고구려의 유민이었고, 상대적으로 말갈족은 소수였다. 따라서 발해의 지배층은 대체로 고구려의 유민이고 피지배층은 대부분 말갈족이란 이론은 타당성을 잃게 되는 것이다. 상식적으로 생각해보라. 고구려 유민의 능력이 아무리 탁월하고 무력이 강력했다 하더라도 극소수의 인원으로 이민족인 수많은 말갈족을 200년이 넘도록 지배했다는 것이 말이 되는가.

대진국의 건국 초기 세력은 영토가 사방 5천 리, 호수가 10여 만, 군사가 수만 명으로 알려져 있는데, 추산해보건대 인구는 50만 명 안팎이었을 것이다. 『신당서』의 기록은 이렇게 전한다.

백두산의 동북쪽을 확보하고 송화강을 천험으로 삼았으며 밀림을 벽으로 스스로를 견고히 했다. ……(중국에서) 먼 곳을 믿고서 나라를 세웠다.

고황제 원년(698년)에 발해는 중앙과 지방의 정치·군사 기구를 정비하고, 그때까지 복속하지 않고 있는 주변의 말갈족을 회유하거나 굴복시켜 인구와 군사력을 늘리는 한편, 밖으로는 멀리 떨어진 돌궐로 사신을 보내 국제적 위상 확보에도 힘을 쏟았다. 이에 발해를 무력으로 제압할 여력이 없는 당나라도 외교적으로 나올 수밖에 없었다. 고황제 7년(705년)에 발해가 사신을 보내 건국을 통보하자 당에서도 측천무후에 이어 왕위에 오른 중종(中宗)이 발해에 사신을 보내 건국을 축하했다.

고황제는 국가의 토대를 탄탄히 굳힐 동안 당과의 불필요하고 무모한 대결을 피하기 위해 둘째 아들 대문예를 답례사절로 보내 양국은 일시적이나마 화평을 유지할 수 있었던 것이다. 태조 고왕 – 고황제가 세상을 뜬 것은 719년. 그의 뒤를 태자 대무예가 이으니 제2대 무황제다. 무황제는 즉위하자 연호를 인안(仁安)이라고 선포했다.

우리 역사에서 발해사를 빼놓을 수 없다. 얼빠진 자가 아니라면 우리나라 사람으로서 발해가 고구려를 이은 나라요, 따라서 발해사는 당연히 우리 민족사의 일부라는 사실을 모르는 사람이 없다. 그럼에도 불구하고 최근 중국은 정부차원에서 발해사는 물론 고구려의 역사까지 중국사에 편입시키려는 음모를 공공연히 자행하고 있다. 이야말로 역사왜곡을 넘어서 파렴치하고 몰염치한 역사탈취라고 하지 않을 수 없다.

필자는 1995년 7월에 중국 쪽으로 백두산을 등정한 뒤 15일 동안 만주에 있는 고구려와 발해 유적을 답사한 적이 있었다. 그때 고구려 유적 안내판에는 어김없이 '고구려는 중국의 지방정권'이라는 구절이 들어 있었고, 발해 유적 안내판에도 또한 어김없이 '발해는 당나라 때 속말말갈인이 중국 동북과 소련 연해주에 세웠던 지방정권'이라는 터무니없는 구절이 들어 있기에 통분을 금할 수 없었다. 과연 발해가 속말말갈인이 세운 중국의 지방정권에 불과했던가. 중국인들의 주장이 맞는다면 발해 태조 대조영도 말갈 사람이 되는 셈이 아니겠는가.

발해의 멸망과 더불어 우리 민족은 드넓은 만주대륙을 잃어버렸다. 발해가 망한 뒤 우리 역사는 압록강 이남 한반도로 축소되어 버렸던 것이다. 고조선의 뒤를 이어 부여가 일어났고, 부여의 뒤를 이어 고구려가 일어났으며, 고구려의 뒤를 이어 일어난 나라가 발해요, 그 역사의 무대가 만주 땅인데, 그 발해마저 망하자 우리 민족은 다시는 만주대륙을 호령할 수 없게 되었던 것이다.

사대주의 사학자, 식민주의 사학자들의 농간 때문에 우리는 아직까지 고조선과 부여 이후의 열국시대를 삼국시대로 부르고 있고, 이른바 삼국시대 이후는 통일신라시대라고 부르고 있다. 이는 이른바 '통일신라' 북쪽 옛 고구려 땅에 발해가 있었던 사실을 의도적이든 무의식적이든 무시했기 때문이다. 그래서 발해사를 빼앗기고 고구려사도 빼앗길 위기를 맞은 것이다. 따라서 이제부터라도 국사교과서에 발해사에 관한 분량을 늘리고, 시대구분도 통일

신라시대가 아니라 남북국시대라고 고쳐야 마땅할 것이다.

특히 김부식이 『삼국사기』를 편찬하면서 중국에 맞선 발해를 아예 우리 역사에서 제외시켜버린 탓에 발해와 대조영에 관한 연구도 우리 역사서보다는 중국과 일본 측 기록에 더 많이 의존하게 된 것이다. 다만 일연선사의 『삼국유사』만은 실전된 『신라고기』를 인용하여 '고구려의 구장 조영의 성은 대씨인데 남은 군사를 모아 나라를 세우고 국호를 발해라고 했다'는 기록을 남겨놓았다.

또한 신라 말의 문인이요 유학자인 최치원(崔致遠)도 당나라에 보낸 편지에서 '고구려의 남은 무리가 태백산 남쪽(북쪽의 잘못)에서 나라를 세우고 이름을 발해라 하였다. ……이로써 옛날 고구려가 곧 오늘의 발해라는 사실을 알 수 있다.'고 하여 발해가 고구려의 후신임을 증명했다.

발해 명장 장문휴

발해 태조 대조영의 이야기를 하는 김에 발해의 대장군 장문휴(張文休)도 소개하고자 한다. 그의 이름과 행적은 우리나라 사서에서는 찾아볼 수 없고, 중국의 『구당서』와 『신당서』에만 겨우 한두 줄 정도가 나올 뿐이다. 따라서 그의 가계가 어떻게 되는지, 그가 언제 어디에서 태어나 어떻게 발해의 장수가 되었는지 하는 점은 역사의 수수께끼다.

다만 알려진 사실은 장문휴 장군이 발해 제2대 무황제 14년(732년) 9월에 황명을 받들어 군사를 거느리고 압록강구를 출발, 해로로 당나라 등주, 오늘의 산동성 봉래현 동남부를 기습 공격하여 초토화시켰다는 것이다. 당시 등주는 당나라 동해안의 중요한 정치적·군사적 요충지였으므로 수많은 수군과 육군이 주둔하고 있었다. 하지만 당군은 장문휴가 지휘하는 발해군의 공격이 너무나 신속하고 강력했으므로 제대로 대항하지도 못한 채 궤멸 당하고 말았다.

　장문휴는 전격적인 기습작전으로 당나라 방어군을 섬멸한 뒤 곧바로 등주 성을 공격하여 등주자사 위준(韋俊)을 잡아 죽이고 숱한 당군을 참살했다. 그 러고 처음 공격할 때와 마찬가지로 신속하게 철군했다. 그야말로 질풍노도 같고 전광석화 같은 기습작전이었다.

　당시 당나라 임금 현종(玄宗)은 장문휴 장군이 거느린 발해군의 공격을 받 아 등주가 완전히 파괴되고 자사까지 죽었다는 패전 보고를 받자 노발대발하 여 우령군장군 갈복순(葛福順)에게 군사를 이끌고 가서 발해군을 토벌하라 명 령했지만 갈복순이 등주로 달려갔을 때 발해군사는 이미 자취도 없이 사라져 버린 뒤였다.

　현종은 등주의 패전을 잊지 않고 보복할 날만 기다리다가 그 이듬해 1월에 발해의 반역자 대문예(大門藝)에게 군사를 거느리고 발해를 치게 하는 한편, 그때 당나라에 숙위(宿衛)로 가 있던 신라의 왕족 김사란(金思蘭)을 급히 귀 국시켜 신라로 하여금 발해를 공격토록 했다. 당시 신라 임금은 성덕왕(聖德 王)이었다. 발해를 양면에서 협공하려는 현종의 이 기도는 결과적으로 물거 품이 되고 말았다.

　당시 신라는 당나라의 힘을 빌려 백제와 고구려를 멸망시킨 뒤 대동강 이 남을 지배권으로 하고 있었기에 발해의 건국을 탐탁치 않게 여기고 있었다. 그런 까닭에 신라가 사대주의로 섬기던 당나라도 형식적이나마 고황제에게 사신을 보내 발해군왕이란 왕호를 내렸지만, 신라는 고황제가 사신을 보내 건국을 통보하고 양국이 우호관계로서 협력하기를 청했을 때 고황제에게 신 라의 5품관에 불과한 대아찬 벼슬을 주는 오만방자하고 주제넘은 짓을 자행 했던 것이다. 이야말로 참으로 개도 소도 웃을 모욕적인 처사였다.

　대문예가 앞장선 당군은 발해를 향해 유주를 출발하긴 했지만 처음부터 승산 없는 싸움이라 군사들의 사기가 엉망이었다. 게다가 당시 당나라는 동쪽 · 서쪽 · 북쪽 삼면에서 해 · 거란 · 돌궐 · 토번 등의 끊임없는 공격을 받고 있었으므로 강성한 발해를 침공할 형편도 못 되었다.

결국 발해원정은 군량 등 충분한 보급이 이루어지지도 않았을 뿐 아니라, 계절도 엄동설한인지라 싸우다 죽기보다는 얼어서 죽고 굶어서 죽는 군사가 더 많았다. 그리하여 당나라 군사는 발해군과 제대로 싸워보지도 못한 채 저절로 무너져 중도에 회군할 수밖에 없었다.

한편 김유신(金庾信)의 손자 김윤중(金允中)을 비롯한 4명의 장군이 이끌고 북상하던 신라군도 길이 험한데다가 눈까지 한 길이 넘게 내리는 바람에 절반이나 얼어 죽자 도중에 포기한 채 되돌아가고 말았다.

그 이듬해인 발해 무황제 15년(734년) 1월에 또다시 신라의 숙위 김충신(金忠信)이 현종에게 글을 올려 발해를 치겠다고 자청하여 현종이 이를 허락했으나 아무 성과도 없이 흐지부지되고 말았다. 그 뒤부터 당나라와 신라는 발해를 치려는 생각을 다시는 먹지 못했다.

이렇게 서쪽으로 당의 침략 야욕을 철저히 깨뜨리고 남쪽으로 신라의 도발 의도를 확실히 꺾어놓은 발해는 이후 8세기 초까지 흑수말갈을 비롯한 동쪽과 북쪽의 여러 종족을 굴복시켜 광대한 영토를 개척하고, 일본까지 복속시킴으로써 동북아시아에서 당과 대등한 대제국의 위세를 널리 떨칠 수 있었다.

비록 발해사에 관한 기록이 빈약하여 정확한 역사적 사실을 복원할 수는 없지만, 발해가 이처럼 '해동성국'의 위세를 떨칠 수 있었던 것은 장문휴와 같이 출중한 장수의 탁월한 전공 덕분이요, 또한 그와 같은 명장을 발탁한 발해의 위대한 제왕인 무황제 덕분이라고 할 수 있다.

당시 장문휴 장군이 어느 정도의 병력을 이끌고 당나라를 원정했는지는 알수가 없다. 또한 발해군의 규모와 마찬가지로 등주를 지키던 당군의 병력이 얼마였는지도 알 수가 없다. 전혀 기록이 없기 때문이다. 하지만 추측은 가능하다.

필자는 장문휴가 거느린 원정군의 규모가 1만 명 안팎이라고 보고 있다. 왜냐하면 1만 명 이하는 당나라 수비군이 최소한 수만 명에 이르렀을 것으로 볼 때 너무나 위험부담이 컸으리라는 점이다. 아무리 전광석화와 같은 기습 공격이라도 절대적인 병력의 열세에는 위험부담이 반비례로 높기 때문이다. 따라서 결사대 성격의 원정대라 하더라도 1만 명을 밑돌지는 않았을 것이다. 반면 3만 명 이상이라면 이러한 대군을 수송할 함대의 규모가 수백 척에 이르고, 또 군량과 마초 등 이들 병력을 뒷받침할 군수부대까지 고려할 때 신속 정확한 기습작전이 불가능했으리라는 추측이 나온다.

또한 작전기간에 관해서도 필자는 압록강구에서 등주까지 왕복 소요시간까지 포함하여 5~10일의 단기전이라고 추측한다. 현종이 낙양에서 보고를 받고, 현종의 명을 받은 갈복순이 군사를 이끌고 등주로 달려갔을 때, 발해군이 이미 자취도 없이 사라졌다는 사실은 작전기간이 결코 10일을 넘지 않은 단기전이었음을 말해주고 있기 때문이다.

여기에 또 한 가지 빼놓을 수 없는 사실이 있다. 발해의 당나라 원정은 장문휴 장군의 산동반도 기습 한 가지 작전만으로 끝난 것이 아니라는 점이다. 장문휴 장군의 수군을 이용한 기습작전 외에도 무황제가 직접 군사를 이끌고 요하와 대릉하를 건너 당나라 영주와 평주 지방을 점령하고 오늘의 북경 가까운 만리장성까지 진격했다는 것이다. 이 설의 근거는 『신당서』 '오승자열전'에 '발해의 대무예(무황제)가 군사를 이끌고 마도산에 이르러 성읍을 점령했다'는 기록이다. 마도산은 요동과 요서의 경계를 이루는 요하 서쪽 요서지방에 있는 산이다. 이에 따라 당군은 발해군의 침공에 대비하여 400리에 걸쳐 요소의 길목을 막고 큰 돌로 참호를 만들었다고 한다.

뿐만 아니라 『자치통감』에도 '대문예를 유주로 보내 군사들을 징발해 싸우게 하는 한편, 유주절도사로 하여금 하북체방처치사를 겸하게 하고 상주 · 낙주 · 패주 · 기주 · 위주 등 모두 16개에 이르는 주와 안동도호부의 병력까지 통솔하게 했다'는 기록이 나온다. 따라서 수륙 양면을 통한 당시의 발해 원정이 단순한 소규모 기습작전의 범위를 넘어 전면전의 성격을 띤 대대적인 당나라 정벌작전이었다는 사실을 알 수 있는 것이다.

대문예는 처음에 당에 사신으로 파견되었다가 숙위라는 명칭으로 그대로 머물게 되었는데, 이는 당나라의 입장에서 보면 인질인 셈이지만 발해로서는 당나라 수도 장안에 심어 놓고 당나라의 사정을 알아내는 정보통인 셈이었다. 하지만 이 대문예가 뒷날 친형인 대무예가 무황제로 즉위한 뒤 본국을 배반하고 당에 망명하는 반역자가 된 것이다.

발해와 당의 평화는 오래 가지 못했다. 그 이유는 두말할 나위도 없이 천하의 주인을 자처하는 당의 제국주의 · 패권주의적 야욕에 있었다. 당은 오랫동안 골치를 썩이던 거란이 716년에 투항한 데에 이어 발해 무황제 8년, 당 현종 14년(726년)에는 흑수말갈까지 항복해오자 옳다구나 하고 이를 좋은 기회로 여겨 그들로 하여금 발해를 공격하도록 부추겼다. 말갈족은 원래 7개 부족이 있었다. 그런데 흑수말갈을 제외한 6개 부족은 이미 발해에 복속하고 흑수말갈만이 따로 떨어져 놀면서 정세를 관망하다가 마침내 더 강한 쪽이라고 판단한 당나라에 붙었던 것이다.

당시 발해는 건국 이후 20여 년 동안 오늘의 동경성을 중심으로 한 속말말갈 지역을 비롯한 말갈족의 땅 대부분과 한반도 북부, 중국 동북지방 등을 정복 복속시킴으로써 남쪽은 신라, 동쪽은 동해, 북쪽은 흑수말갈, 서쪽은 거란과 각각 국경을 이룬 광대한 영토의 대제국으로 성장하고 있었다. 따라서 당나라는 이러한 발해의 강성한 기세에 맞서 그동안 감히 정면으로 맞설 수 없었는데 흑수말갈이 스스로 항복하자 마침내 발해에 대한 침략 야욕을 노골적으로 드러냈던 것이다. 흑수말갈이 항복하자 현종은 그들의 지역에 흑수주를 설치하고 당나라 감독관인 장사(長史)를 파견하여 통치하고자 했다. 이에 무황제가 신하들에게 이렇게 말했다.

"처음에 흑수말갈이 우리의 길을 빌려서 당과 통했고, 또 다른 때에는 돌궐에 토둔(吐屯)을 요청하면서 우리에게 먼저 알린 뒤에 우리 사신과 동행했다. 그런데 지금은 당나라 관리를 요청하면서 우리에게 알리지 않았으니 이는 분명히 당나라와 공모하여 우리를 앞뒤에서 치려는 것이 아니고 무엇이겠는가?"

그러고 이에 대한 조치로서 당나라에서 돌아와 있던 동생 대문예에게 외삼촌 임아상(任雅相)으로 하여금 군사를 동원하여 흑수말갈을 치도록 명령했다. 임아상은 무황제의 외삼촌이라는 설도 있고 장인이라는 설도 있는데, 그런 건 중요한 사실이 아니다. 무황제는 그동안 당나라가 우호적으로 나온 것이 가식이라는 사실에 새삼 분노하여 배신자 당나라를 응징하기로 결심하고, 이에 앞서 당의 동맹 세력이 되어버린 배후의 흑수말갈부터 복속시키기로 작정했던 것이다.

그런데 총사령관으로 임명한 친동생 대문예가 배신을 할 줄이야 어찌 알았으랴. 대문예는 당나라에 숙위로 가 있는 동안 당의 화려한 문물과 군사력 등 강성한 국력에 압도당한 나머지 친당파로 변해 버렸던 것이다. 어쩌면 당의 끈질긴 회유와 협박 공작에 넘어갔는지도 모른다. 대문예는 무황제의 명령을 받자 이렇게 반대를 하고 나섰다.

"지금 흑수말갈이 당나라의 보호를 받고 있는데 우리나라가 만일 흑수말갈을 친다면 그것은 곧 당나라와 등지는 일입니다. 당나라는 큰 나라로서 군사가 우리나라보다 만 배나 되니 우리가 당나라와 맞선다는 것은 곧 망국을 재촉하는 것과 같습니다. 옛날 고구려는 전성기에 군사가 30만이나 되어 당나라에 대적했으니 매우 강국이라고 할 수 있지만 결국 당나라에게 망하지 않았습니까? 지금 우리나라는 고구려에 비해 군사가 삼분의 일밖에 되지 않는데 당나라와 싸운다는 것은 불가능한 일입니다."

그 소리를 들은 무황제는 노발대발했다. 아우가 당나라에 가 있는 동안 간도 쓸개도 다 빼앗기고 얼빠진 자가 되어 돌아왔다고 여긴 것이었다. 무황제는 본국인 발해보다도 적국인 당나라의 편을 들어 반대하는 대문예의 제의를 일축하고 다시 한 번 군사를 이끌고 가서 흑수말갈을 정벌하라는 명령을 내렸다. 하지만 이미 친당주의자, 패배주의자가 된 대문예는 군사를 이끌고 출전하기는 했지만 결국 당나라와 맞서게 될 것이 두려워 흑수말갈의 경계에 이르자 다시 황제에게 편지를 보내 이번 원정을 중지할 것을 간청했다.

이에 격분한 무황제는 더는 참지 못하고 즉시 대문예를 파면시키고, 그 대신 자신의 사촌형 대일하(大壹夏)를 원정군 총사령관으로 임명했다. 그리고 비겁한 동생 대문예를 불러들여 죽여 버리려고 했다. 부국강병의 원대한 꿈을 실현시키는데 걸림돌이 된다면 친동생이라도 죽여 없애겠다는 의지의 발로였다. 그러자 대문예는 목숨을 구하기 위해 군사들을 버린 채 허겁지겁 당나라로 망명하고 말았다. 당 현종은 대문예의 항복을 쌍수로 환영하며 그에게 우효위장군의 벼슬을 내렸다.

무황제는 대일하로 하여금 군사를 이끌고 흑수말갈을 정벌하게 하여 마침내 항복을 받아내고 그들을 복속시키는데 성공했다. 하지만 성격이 불같은 무황제의 화가 거기에서 풀어진 것은 아니었다. 그는 당 현종에게 마문궤(馬文軌)와 물아(勿雅)를 사신으로 보내 대문예의 죄상을 열거하고 그를 잡아 죽일 것을 강력히 요구했다.

그러자 입장이 난처해진 현종은 대문예를 안서, 곧 오늘의 중국 서북쪽 신강성으로 피신시킨 뒤 마문궤와 물아는 그대로 장안에 잡아둔 채 홍려소경 이도수(李道邃)와 원복(源復)을 발해에 사신으로 보내 이르기를, '대문예가 곤궁에 빠져 우리나라에 귀순했는데 그를 어찌 죽일 수 있으랴. 또 지금 그를 영남지방으로 보냈기에 장안에는 없다'는 내용의 궁색한 변명을 했다. 영남은 지금의 중국 남부 광동성 일대 광서장족자치구를 가리킨다. 하지만 무황제는 당나라의 속임수를 빤히 꿰뚫고 있기에 이렇게 강경히 항의했다.

"당나라가 대국이라면 마땅히 신의를 보여야 함이 마땅하거늘 어찌 속임수를 쓸 수 있겠는가? 들건대 우리나라의 반역자 대문예가 아직 영남지방으로 가지 않았다고 하니 반드시 그를 잡아 죽이기 바라노라."

그러자 현종은 이도수와 원복이 기밀을 제대로 지키지 못해 누설한 책임을 물어 이도수는 조주자사로, 원복은 택주자사로 좌천시켜 버렸다. 그리고 대문예는 정말로 영남지방으로 피신시켰다. 하지만 무황제는 반역자 대문예를 도저히 용서할 수 없어 비밀리에 사람을 보내 낙양에서 무술이 뛰어난 자객들을 모아 대문예를 찾아내 암살토록 시켰다. 결국 이 시도도 실패로 돌아갔지만 그렇다고 해서 무황제가 당나라와 대문예에 대한 원한을 결코 잊어버린 것은 아니었다.

무황제 9년(727년)에 무장한 대규모 사절을 일본에 보내 일본의 복속을 받아낸 뒤, 치밀한 작전계획에 따른 극비의 훈련을 마친 끝에 732년에 마침내 당나라 원정을 단행했다.

이에 앞서 730년에 당의 압제를 받아오던 거란의 족장 가돌칸이 당에 반란을 일으켜 당나라의 꼭두각시놀음을 하던 거란 출신 우두머리 송막도독을 잡아 죽이는 사건이 일어났다. 가돌칸은 거란족의 최고 권력자가 되자 돌궐과 동맹을 맺고 해족과 손잡은 뒤 당나라와 치열한 공방전을 벌이기 시작했다.

당나라가 거란과 해족의 공격으로 정신없게 되자 드디어 기다리고 기다리던 기회가 왔다고 여긴 무황제는 당나라 원정 명령을 내렸다. 그 응징작전의 총사령관이 바로 장문휴 장군이었던 것이다. 장문휴 장군의 등주 공습이 대성공을 거둠에 따라 산동성 일대는 공황상태에 빠지고, 그 뒤 오랫동안 발해의 영향권에 속하게 되었다.

발해 제2대 황제 무황제는 기록에 따르면 재위 18년 만인 737년에 죽고 그의 태자 대흠무(大欽茂)가 뒤를 이으니 그가 제3대 문황제(文皇帝)이다. 문황제는 즉위하자 연호를 대흥(大興)으로 고쳤다. 그리고 재위 17년(754년)에는 수도를 첫 도읍지 오동성에서 오늘의 흑룡강성 영안시 동경성 발해진 소재 상경용천부로 옮겼다.

그 뒤 발해는 성장, 발전을 계속하여 중흥조로 불리는 제9대 선황제(宣皇帝) 대인수(大仁秀) 치세에는 고구려 전성기의 강역을 거의 회복하고 5경 15부 62주를 거느리며 해동성국의 영화를 누리기에 이르렀다.

발해가 멸망한 것은 건국 229년이 지난 926년. 제14대 황제 애왕(哀王) 26년이었다. 발해의 멸망 원인으로는 지도층의 내분과 함께 거란의 급격한 공격으로 망했다는 설이 지배적이다. 근래 백두산의 화산 폭발 때문이라는 이설도 있었으나 이는 믿을 바가 못 된다.

당시 한반도 남쪽에서는 고려 태조(太祖) 왕건(王建)이 기울어가는 천년왕국 신라와 견훤(甄萱)의 후백제를 상대로 이른바 후삼국 통일사업을 마무리할 즈음이었다. 발해가 망하자 나중에 여진족(女眞族)이 되는 말갈족은 대부분 거란에 흡수되었지만, 다수의 고구려계 유민은 지속적으로 동족의 나라인 고려로 망명했다.

발해가 건원칭제한 당당한 제국이었음을 증명해주는 분명한 증거가 있다. 1980년 길림성 화룡현 서성향 북고성촌 용두산에서 발굴된 문황제의 넷째 딸 정효공주(貞孝公主) 묘비명에 부황을 가리켜 황제를 부르는 칭호인 '황상(皇上)'이라고 표현한 구절이 나온다.

또 『속일본기』에 따르면 일본에 보낸 국서에서 문황제가 자신을 가리켜 '천손(天孫)'이라 했고, '고구려의 옛 땅을 회복하고 부여의 유속(遺俗)을 지킨다'고 했으니 어찌 감히 이 같은 대제국을 가리켜 '말갈족의 나라'라느니, '소수민족의 지방정권'이라느니 하는 망발을 되풀이하고 중국사에 편입시키려는 터무니없는 역사 왜곡과 탈취 만행을 자행하고 있는가.

제2부

고려시대

태조 왕건

출중한 리더십의 고려 창업조

우리 역사를 되돌아보면 2인자로 있다가 제왕이 된 사람도 있으니 고려 태조 왕건(王建)이 그 대표적 인물이다. 왕건이 역성혁명에 성공하여 궁예(弓裔)를 내쫓고 고려를 개국하고, 나아가 후삼국통일의 위업을 성취할 수 있었던 것은 무엇보다도 그의 리더십이 출중했기 때문이었다.

궁예의 태봉국에서 수상으로 있던 왕건이 500년 사직의 고려를 창업한 것은 그가 단순히 군부의 몇몇 실력자를 포섭하여 일으킨 '성공한 쿠데타' 덕분만은 결코 아니었다. 또 그가 신라의 항복을 받고, 견훤(甄萱)의 후백제를 멸망시켜 삼한재통일을 이룰 수 있었던 것은 인품과 자질이 천부적으로 뛰어나기도 했지만, 많은 사람의 마음을 사로잡고 지지를 이끌어낼 수 있는 탁월한 리더십이 뒷받침되었기에 가능했다.

왕건은 신라 말기의 난세에 고려를 창업하여 신라와 후백제의 항복을 받고, 전국 곳곳에서 독자적인 세력을 형성하고 있던 수많은 호족을 혼인정책과 사성정책(賜姓政策) 등을 통해 아우른 것도 그만의 출중한 리더십에 힘입은 바 컸다.

그는 또한 국호를 고려로 정해 새 나라가 고구려의 계승자임을 분명히 밝혔으며, 북진정책을 통해 고구려의 옛 영토를 수복하려는 강한 의지를 보였다. 그리고 숭불정책을 통해서는 흩어진 민심을 하나의 신앙으로 모아 민심의 안정을 꾀했다.

왕건은 877년 1월 송악(개성)에서 태어났다. 그해는 신라 헌강왕 3년이었다.『고려사』는 왕건 가문의 내력에 관해 의종 때 사람 김관의(金寬毅)의 저술인『편년통록』을 인용하여 이렇게 전한다.

옛날에 호경(虎景)이란 사람이 성골장군(聖骨將軍)이라고 자칭하면서 백두산으로 부터 산천을 두루 구경하다가 부소산 왼쪽 산골에 와서 왕건의 6대 조모에게 장가를 들어 살았다. 그의 집은 부유했으나 아들이 없고, 활을 잘 쏘아 사냥을 일삼았다. 호경이 어느 날 산에 사냥하러 갔다가 호랑이로 변신한 여성 산신을 만나 그의 남편이 되었다. 그러나 옛 부인을 못 잊어 밤에는 몰래 찾아와 부인의 꿈속에서 동침하여 왕건의 5대조인 강충(康忠)을 낳았다.

강충은 성장하여 송악 부근 영안촌의 부잣집 딸과 결혼하여 이제건(伊帝建)과 손호술(損乎述) 두 아들을 낳았고, 이제건은 딸 덕주(德周)를 낳아 아우인 손호술과 혼인시켰다. 이 부부는 두 딸을 낳았는데, 둘째 진의(眞義)가 언니의 태몽을 비단치마와 바꾼 뒤, 동방으로 놀러왔던 당나라 숙종(또는 선종)을 만나 작제건(作帝建)을 낳았으니 이 작제건이 왕건의 조부이다.

작제건은 성장한 뒤 부친을 찾고자 배를 타고 황해를 건너다가 용왕을 괴롭히는 여우를 활로 쏘아 죽이고, 그 보은으로 용왕의 딸과 혼인하여 용건(龍建)을 낳았다. 용건은 꿈에 아름다운 여인을 만나 서로 사랑하게 되었는데, 다음 날 길에서 그 여인을 실제로 만나 혼인하고 왕건을 낳았다는 것이다. 이 용건이 뒤에 이름을 바꾸었으니 왕륭(王隆)이다.

이와 같은 왕건 일가의 가계설화가 신화적으로 꾸며진 것은 당연히 왕실의 신성함을 나타내려는 장치인 것이다. 왕건의 6대조 호경이 성골장군을 자칭했다는 것은 신라왕실과 같이 고귀한 신분이라는 점을 과시하려는 것이고, 산신의 자손이니 용왕의 자손이니, 심지어는 당 왕실과의 혈연관계까지 엮은 것도 다 그런 목적으로 볼 수 있다.

특히 언니의 태몽을 샀다는 이야기는 김유신(金庾信)의 누이 보희와 문희의 고사를 연상시키고, 숙질간의 혼인도 신라 왕실의 근친혼을 연상시킨다.

왕건이 어린 시절을 어떻게 보냈는지에 대해서는 아무 기록이 없다. 『고려사』 '세가(世家)' 첫머리 태조 조는 이렇게 시작된다.

태조 응운 원명 광렬 대정 예덕 장효 위목 신성대왕(太祖應運元明光烈大定睿德章孝威穆神聖大王)의 성은 왕씨요, 이름은 건이요, 자는 약천(若天)이니 송악군 사람이다. 그는 세조(世祖 ; 왕륭)의 맏아들이고, 어머니는 위숙왕후 한씨(韓氏)이다. 당나라 건부 4년 정유(877년) 정월 병술일에 송악 저택 남쪽에서 났다. 그때에 신기한 광채와 자줏빛 기운이 용과 같은 형상으로 되어 방을 비치고 뜰에 가득 차서 종일토록 서려 있었다.

그는 어려서부터 총명하여 지혜가 있고, 용의 얼굴에 이마의 뼈는 해와 같이 둥글며 턱은 모나고 낯이 넓적하였으며, 기상이 탁월하고, 음성이 웅장하였으며, 세상을 건질 만한 도량이 있었다.

이때에 신라의 정치가 혼란하여 반란군이 각처에서 일어났다. 견훤(甄萱)은 반란을 일으켜 남쪽 땅에 웅거했고, 나라 이름을 후백제라 하였으며, 궁예(弓裔)는 고구려 옛 땅에 웅거하여 철원에 도읍하고 나라 이름을 태봉(泰封)이라 하였다.

세조는 그때에 송악군 사찬(沙滄)으로 있었는데, 건령 3년 병진(896년)에 자기 고을을 바치고 궁예의 부하가 되니 궁예가 크게 기뻐하여 그를 금성태수로 삼았다. 세조가 궁예를 달래어 말하기를 "대왕이 만일 조선 · 숙신 · 변한 지역에서 왕 노릇을 하려면 먼저 송악에 성을 쌓고 나의 맏아들을 그 성주로 삼는 것이 가장 좋다"
고 하였다. 궁예가 그 말을 좇아서 태조를 시켜서 발어참성을 쌓게 하고 이어서 그
를 성주로 삼았으니 그 때에 태조의 나이 20이었다.

신라 진성여왕 10년(896년), 20세 되던 해에 아버지와 함께 궁예의 휘하로
들어간 왕건은 송악태수가 되었고, 2년 뒤인 898년 궁예가 철원에서 송악으
로 도읍을 옮길 때에는 궁성을 건설한 공로로 정기대감이란 벼슬을 받았다.

왕륭과 왕건 부자는 아마도 당시 송악을 거점으로 하여 해상무역을 통해
재산을 축적하고 그 지역을 대표하던 호족으로 보인다. 궁예는 송악 호족의
귀부로 예성강 일대를 장악할 수 있었고, 또 이에 힘입어 중부 이북의 최강자
가 될 수 있었던 것이다.

그 뒤 왕건은 900년에는 경기도와 충청도 일대를 점령한 공로로 아찬에 올
랐으며, 903년에는 해군을 이끌고 후백제 후방인 금성을 점령하여 이를 나
주로 고치고 군대를 주둔시켜 궁예가 가장 신임하는 태봉국의 대표적 장수가
되었다.

이는 왕건이 송악의 호족 출신이란 배경 때문이 아니라 본인이 천부적으로
출중한 리더십과 비상한 군사적 재능을 타고난 당대의 영웅이란 사실을 일러
주는 반증이다.

궁예는 904년에 국호를 마진(摩震), 연호를 무태(武泰)로 바꾸었다가, 그
이듬해에 도읍을 송악에서 다시 철원으로 옮기면서 연호를 성책(聖冊)으로
바꾸었다. 도읍을 다시 철원으로 옮긴 궁예는 909년부터 중앙집권제를 강화
하기 위해 제도개혁을 실시하면서 많은 부하를 죽이거나 내쫓자 문무 대신과
호족들이 동요하기 시작했다.

이에 앞서 왕건은 906년에 상주 사화진에서 견훤의 후백제군과 싸워 인근
30여 성을 점령하고, 공주장군 홍기의 항복을 받아내는 등 큰 전공을 올렸다.

909년에는 후백제의 강성한 군세를 보고 두려워하는 부하들에게 왕건은 이렇게 말했다.

"근심하지 말라. 전쟁에서 이기고 지는 것은 군대의 의지가 통일되어 있느냐 없느냐 하는 것에 있는 것이지, 군사의 많고 적음에 있는 것이 아니다."

그 싸움에서 견훤은 가까스로 목숨을 구해 달아날 정도로 대패했다. 이로써 궁예는 서남해를 장악할 수 있었다. 또 그 무렵 부하들이 공로는 많은데 상을 못 받아 불평하자 이렇게 달랬다고 『고려사』는 전한다.

"부디 태만한 마음을 갖지 말라. 오직 힘을 다해 일하고, 두 마음을 먹지 말아야 복을 얻을 수 있을 것이다. 지금 임금이 포악하여 죄 없는 사람을 많이 죽이며 아첨하는 자들이 득세하여 서로 음해를 일삼고 있다. 그리하여 중앙에 있는 자들이 득세하여 자기 신변을 보전하지 못하는 형편이니 차라리 정벌에 종사하고 왕실을 위해 진력함으로써 자기 몸을 보전하는 것이 더 낫다."

이렇게 왕건은 밖으로 나가서는 출중한 리더십으로 장졸들의 불만을 다독거리고 용기를 북돋아줌으로써 그들의 신망을 얻었다. 이것이 결국 뒷날 장수들의 추대로 왕위에 오르는 일종의 종자돈이 되었던 것이다.

왕건은 913년에는 궁예로부터 백관의 으뜸인 광치나에 임명되었다. 왕건은 갈수록 폭정을 일삼는 궁예와 죽음의 위협에 전전긍긍하는 신하들 가운데서 처신을 잘한 탓에 암암리에 지지 세력이 늘어났다. 하지만 궁예의 의심이 심해져 언제 자신도 역적으로 몰려 비명에 죽을지 몰라 914년에 자청하여 나주로 내려갔지만 곧 궁예가 재천도한 철원으로 소환되었다.

한 번은 이런 일도 있었다. 어느 날 궁예의 부름을 받고 왕건이 입궐하자 궁예가 노한 눈으로 노려보며 이렇게 물었다.

"경이 어젯밤에 무리를 모아 반역을 꾀한 이유가 무엇이냐?"

왕건은 눈앞이 캄캄해졌다. 지금까지 궁예의 의심을 받고 목숨을 부지한 사람이 없었기 때문이다. 궁예는 그때 관심법(觀心法)을 행한다면서 수많은 무고한 사람을 잔인하게 죽였는데, 그 가운데는 자신의 부인 강씨(姜氏)와 두 아들까지 있었다. 왕건이 태연히 웃으면서 이렇게 대답했다.

"소신이 어찌 감히 그럴 리가 있겠습니까?"

그러자 궁예가 다시 다그쳤다.

"그대는 나를 속이지 마라. 나는 능히 관심을 하기 때문에 그것을 안다. 내 지금 곧 입정(入定)하여 보고 나서 그 일을 말하겠다."

하고는 하나밖에 없는 눈을 감고 뒷짐을 지더니 한참이나 하늘을 향해 고개를 젖히고 있었다. 그 틈을 타서 최응(崔凝)이 옆에서 일부러 붓을 떨어뜨려 줍는 척하면서 왕건에게 속삭였다.

"왕의 말대로 복종하지 않으면 위태롭습니다."

왕건은 그제야 사태의 심각성을 깨닫고 얼른 엎드려서, "사실은 신이 모반하였으니 죽을죄를 졌습니다."라고 했다. 그 말을 듣자 궁예는 껄껄 웃으며, "그대는 과연 정직한 사람이라고 할 만하구나! 다시는 나를 속이려 하지 말라!"라고 했다.

신라의 왕자로 태어나 숱하게 죽을 고비를 넘기고 신라 효공왕 5년(901) 후고구려를 세웠던 당대의 영웅 궁예는 무슨 까닭에 몰락했을까. 이는 군사들과 고락을 함께 하며 발휘했던 비상한 리더십을 황제가 된 다음에 잃어버리고 무서운 독재자로 변신했기 때문이었다.

궁예는 고구려 고토를 회복하고 대제국 건설을 꿈꾼 영웅이지만 원대한 포부에 비해 너무나 성급했기에 일을 그르쳤다. 다시 말해서 왕건의 리더십이 성공 사례라면 궁예의 리더십은 견훤의 그것과 마찬가지로 실패의 사례라고 할 수 있다. 태봉국의 남동쪽에는 명맥뿐이지만 천년 역사의 신라가 있었고, 남서쪽에는 리더십과 지략과 용맹이 뛰어난 또 다른 난세의 영웅 견훤이 먼저 창업한 후백제가 있었건만, 삼한통일에 앞서 고구려의 고토수복을 서둘렀으며, 중앙집권제 확립을 위해 제도개혁을 무리하게 강행하는 바람에 수구·기득권 세력인 수많은 호족의 반감을 자초했던 것이다.

또 미륵신앙을 통한 불국토 건설이라는 이상에 너무 집착한 나머지 이에 반대하는 세력들을 참혹하게 탄압하는 결정적인 실정을 범했기 때문이었다.

왕건이 그런 살벌한 분위기 속에서 장수들의 추대로 앞장서 궁예를 축출하고 고려를 창업한 것은 42세가 되던 918년 6월이었다. 당시의 사정을 『고려사』는 이렇게 전한다.

그해 6월 을묘에 기병장군 홍유(洪儒)·배현경(裵玄慶)·신숭겸(申崇謙)·복지겸(卜智謙) 등이 비밀리에 짜고 밤중에 태조의 저택으로 가서 그를 왕으로 추대할 뜻을 함께 말했다. 태조는 굳이 거절하여 허락하지 않았으나 부인 유씨(柳氏)가 손수 갑옷을 들어 태조에게 입히니 여러 장수가 옹위하여 나오면서 사람을 놓아 말을 달리며 외치기를, "왕공(王公)이 벌써 의기(義旗)를 들었다!"라고 하였다. (중략) 궁예는 산골로 도망쳤으나 이틀 밤을 지낸 뒤 배가 몹시 고파 보리이삭을 잘라 훔쳐 먹었다. 그 뒤 곧 부양(평강)의 백성들에게 살해당했다.

생불로 추앙받던 일세의 영웅 궁예가 겨우 이틀을 굶었다고 해서 보리이삭을 훔쳐 먹다가 백성들에게 맞아 죽었다는 이 기록은 그대로 믿을 수 없다. 이는 오로지 왕건의 성공한 쿠데타를 합리화하기 위한 역사왜곡이라고 볼 수밖에 없는 것이다. 또 왕건이 장수들의 추대를 받아 마지못해 거사에 앞장섰다고 했지만, 어쩌면 궁예의 공포정치 아래서 기회만 엿보던 왕건이 때가 왔다고 판단하여 추종세력을 동원하여 능동적인 자세에서 적극적으로 거사를 주동했을지도 모른다. 이 역시 왕건의 리더십이 그만큼 뛰어났다는 반증이고, 또 어차피 역사는 승자의 기록이 아닌가.

궁예를 축출한 왕건은 정식으로 제위에 올라 국호를 고려라 하고 연호를 천수(天授)라 했다. 이 대목도 유심히 살펴볼 만하다. 견훤의 후백제와 궁예의 후고구려도 처음부터 황제를 칭하고 연호를 세웠듯이 태조 왕건 또한 고려를 개국하면서 당당히 건원칭제를 했다는 말이다.

그러나 왕건이 고려를 창건했지만 첫걸음이 순탄한 것만은 아니었다. 일부 무장과 호족이 왕건과 고려 조정에 반기를 들고 일어났던 것이다. 태조 왕건은 이들 궁예의 추종 세력, 새 왕조를 인정하지 않고 자립을 모색하는 야심가들을 하나하나 분쇄하면서 왕권을 확립해나갔다. 또한 이반된 민심도 수습해야만 했다. 또 대외적으로는 아직도 막강한 군사력으로 반격의 기회만 엿보는 후백제와, 궁예의 반 신라정책으로 경계심을 늦추지 않고 있는 신라와의 관계 재정립에도 노력해야만 했다.

왕건의 즉위 초에 일어난 반란사건은 마군장군 환선길과 이흔암, 명주의 호족 왕순식, 청주 출신 임춘길의 역모사건 등이 대표적이었다. 왕건은 이들을 회유하고, 그래도 승복하지 않으면 무력으로 분쇄했다. 피폐해진 민심을 수습하기 위해서는 조세와 부역을 줄이고 농업을 장려했으며, 억울하게 노비가 된 자들을 복권시켜주었다. 그리고 집을 잃고 유리걸식하는 사람들에게는 귀향하여 정착할 길을 열어주었다.

한편, 왕건의 가장 강력한 라이벌이었던 견훤은 오늘의 경북 상주지방의 호족 아자개(阿慈介)의 맏아들로 경문왕 7년(867년)에 태어났다. 따라서 왕건보다 열 살 많은 셈이다. 견훤도 궁예와 더불어 난세에 일어나 백제를 부활시키고 탁월한 통치력을 발휘했던 당대의 영웅이었다. 이름 없는 농민에 불과하던 아자개가 제법 무리를 모아 문경·가은 일대를 장악하고 장군을 칭하며 호족이 되었을 때 견훤은 고향을 떠나 자신의 인생을 개척하기 시작했다.

그는 먼저 신라군에 입대하여 남해안을 방어하는 부대에서 군공을 세워 비장으로 승진했다. 그리고 아자개를 비롯하여 원주의 양길(梁吉), 죽주의 기훤

(箕萱), 양길의 부하였던 궁예 등이 저마다 장군을 칭하면서 야심을 키워갈 무렵, 견훤도 무리를 모아 '백제의 부활'을 내걸고 군사를 일으켜 오늘의 호남지방을 석권하는데 성공하고 마침내 후백제를 건국했던 것이다.

궁예의 태봉국이 왕건의 고려로 바뀌자 고려와 후백제는 3년간은 서로 사신을 보내며 우호관계를 유지했으나, 태조 3년(920년) 10월에 견훤이 신라를 침공함으로써 깨져버렸다. 신라는 고려와 친선관계를 맺은 사이이므로 곧 고려에 구원군을 요청했고, 이를 계기로 고려와 후백제의 충돌이 본격화하였다. 이후 924년 조물성전투에 이어 양국은 다시 인질을 교환하고 일시 화친하는가 했으나 후백제의 인질이 갑자기 죽음으로써 이 또한 반년도 못가 깨지고 말았다. 견훤은 배후의 신라부터 복속시킨 뒤 고려와 상대하려는 전략으로 창끝을 신라에게 겨누었다.

고려 태조 10년(927년) 9월. 견훤은 경상도 북부를 공략하다가 느닷없이 말머리를 돌려 서라벌을 기습했다. 신라는 고려에 구원을 요청했지만 때는 이미 늦어 구원병이 이르기 전에 서라벌은 함락당하고 만다. 견훤은 경애왕을 죽이고 김부(金傅 : 경순왕)를 새 임금으로 앉힌 뒤 수많은 재물을 약탈하여 유유히 돌아갔다. 이에 노한 왕건이 친히 기병 5천을 거느리고 견훤을 치러 내려갔다.

양군은 오늘의 대구 팔공산 기슭에서 맞붙었다. 초전은 고려군이 우세한 듯했다. 하지만 곧 전세가 역전되었다. 후백제군이 역습을 가했던 것이다. 고려군은 밀리기 시작하여 공산 남쪽 기슭에서 궤멸 당했다. 후백제군은 승기를 잡자 황제 왕건이 지휘하는 중군을 그물처럼 겹겹이 에워싸고 시시각각 포위망을 좁혀들어갔다. 그야말로 절체절명의 위기였다. 왕건의 장수들이 결사적으로 방어했으나 쉴 새 없이 밀려드는 후백제군에게는 역부족이요 중과부적이었다. 이때 고려 개국의 일등공신인 대장 신숭겸(申崇謙)이 왕건과 옷을 바꾸어 입었다. 그러고 왕건 대신 장렬히 전사했다.

뒷날 왕건은 공산 기슭 신 장군이 전사한 곳에 순절단을 만들어 그의 충성심을 기렸다. 공산이 현재와 같이 팔공산으로 이름이 바뀐 것도 이 전투에서 고려 태조 왕건이 신숭겸과 김낙(金洛) 등 여덟 명의 장수를 잃은 것에서 비롯되었는데, 장수들이 왕건을 대신해 죽음을 자청했다는 것은 이 또한 왕건의 리더십이 그만큼 탁월했다는 증명이라고 할 수 있겠다. 비록 공산전투에선 참패했지만 왕건이 결국 신라와 후백제의 항복을 받아내 삼한을 통일하고 500년 고려조의 기틀을 다질 수 있었던 것은 신숭겸 장군을 비롯한 수많은 장수와 군사들의 희생이 밑거름이 된 덕분이었다. 그러니 어찌 지도자의 리더십이 중요하다고 아니 하겠는가.

그러나 신라의 항복과 후백제의 몰락으로 태조 왕건은 후삼국통일의 위업을 달성하게 된다. 935년(태조 17년) 6월에 후계자 문제로 아들들에게 김제 모악산 금산사에 유폐되었던 견훤이 탈출하여 왕건에게 항복했고, 7월에는 신라의 경순왕이 백관을 거느리고 송악으로 찾아와 항복했던 것이다. 이듬해 9월에는 후백제의 잔존 세력을 여지없이 궤멸시킴으로써 마침내 오래도록 숙원하던 후삼국통일의 대업이 마무리되었던 것이다. 918년 장수들의 추대로 왕위에 올라 고려를 건국한 지 18년 만이었다.

태조 왕건의 후삼국통일은 전에 신라가 당의 힘을 빌어 백제와 고구려를 멸하고 이루었던 이른바 삼국통일과는 달리 외세의 조력이나 간섭이 전혀 없이 진정한 민족통일을 달성했다는 데에 더욱 크고 빛나는 의미가 있었다.

이렇게 후삼국통일의 위업을 이룩한 태조 왕건은 혼인정책 · 사성정책 · 사심관제도 · 기인제도 등을 통해 왕권을 다지고 500년 고려왕조의 기틀을 마련했다. 혼인정책은 왕실과 호족들과의 혼인을 통해 결속을 다져 왕권을 안정시킨 것이고, 사성정책이란 유력한 호족들에게 자신의 성인 왕씨 성을 내려 유대를 강화한 것이다. 또 사심관제도란 중앙에 거주하는 호족들에게 자신의 지역을 관장케 함으로써 호족의 직접 통제와 지방의 간접 통제를 위한 것이다. 그리고 기인제도란 호족들의 자녀를 중앙으로 보내어 반역을 미리 막으려는 일종의 인질제도였다.

왕건이 고려를 창업할 당시 그에게는 신혜황후 유씨와 장화황후 오씨(吳氏) 등 두 명의 부인이 있었다. 『고려사』에 따르면 왕건은 이 두 명의 부인을 비롯, 정략적으로 결혼한 29명의 부인에게서 25남 9녀를 둔 것으로 나온다.

신혜황후는 정주의 호족 유천궁(柳天弓)의 딸이다. 왕건이 궁예의 부하 장수로서 군사를 거느리고 정주를 지나다가 만나 관계를 맺었는데, 그 뒤 전쟁으로 바쁜 왕건과 소식이 끊겼으므로 정절을 지키고자 머리를 깎고 비구니가 되었다. 나중에 이 소식을 들은 왕건이 불러 정식으로 부인으로 삼았다. 유씨는 비록 자식은 낳지 못했지만 영웅의 아내답게 대담하고 매서운 데가 있었다. 그러니까 첫 사내를 위해 머리를 깎고 수절했으며, 뒷날 왕건이 장수들의 거듭되는 강권에도 거사를 망설이자 갑옷을 꺼내 남편에게 입혀주며 쿠데타를 감행하도록 부추긴 것이 아니겠는가.

장화황후는 나주 사람 다련군(多憐君)의 딸이다. 왕건이 수군장군으로 나주를 지키고 있을 때 빨래를 하고 있던 오씨를 불러 정사를 가졌는데, 임신을 피하기 위해 정액을 자리에 배설했다. 오씨가 얼른 그것을 주워 자신의 몸속으로 집어넣었으므로 마침내 임신이 되어 아들을 낳으니 그가 곧 태자 무(武), 뒷날의 혜종(惠宗)이다.

왕건이 이 두 부인을 포함해 29명이나 되는 많은 부인을 맞은 이유는 그가 남달리 여색을 밝혔기 때문이 아니라 어디까지나 정치적인 목적 때문이었다. 태봉국을 전복하고 고려를 개국했지만 그에게는 아직도 진심으로 복종하지 않는 많은 장수와 호족이 있었다. 왕건이 정략결혼을 통해 그처럼 많은 후비를 둔 까닭은 이들 호족·장수들과 혼인관계로 유대를 강화하여 왕권을 강화하고 나라의 기반을 단단히 다지기 위함이었다.

태조에게 공식적으로 29명의 후비가 있었지만 이 가운데 등극 전의 부인은 두 명에 불과하고, 셋째 부인인 신명순성황후 유씨를 비롯하여 27명은 모두가 황제로 즉위한 이후 각 지방 호족과의 연합을 강화하여 삼한통일의 대업을 이루고 나라의 기반을 튼튼히 다지기 위한 정략결혼이었다.

고려제국을 창업하고 삼한을 통일한 일세의 영걸 태조 왕건이 붕어한 것은 943년 6월. 제위에 오른 지 26년째요, 향수는 67세였다. 그보다 두 달 전인 그해 4월에 태조는 대광 박술희를 불러 친히 '훈요십조(訓要十條)'를 내렸다. 훈요십조는 왕건의 정치사상을 담은 것으로 이후 고려왕조 통치의 지침이 되었다.

훈요십조의 내용은 불교를 국가 지도의 이념으로 삼으라, 고구려의 고토 수복을 위해 서경(평양)을 개경과 동일시하는 등 북진정책을 펴라, 간언과 참언에 현혹되지 말고 백성의 어려움을 덜어주어 민심을 얻어라, 관리의 녹봉을 공적에 따라 정하고 관작을 공정하고 엄격하게 관리하라 등이다. 그리고 왕위계승에 관해서는 "적자에게 나라를 전하는 것이 일반적인 예법이지만, 맏아들이 불초하거든 둘째에게 전하고, 둘째도 불초하거든 형제 가운데 여러 사람이 추대하는 자에게 대통을 잇게 하라고 하여 장자계승 원칙보다 능력 위주의 승계를 강조했다.

그리고 나서 6월에는 병세가 위중해 정무를 정지한 뒤 대신 염상(廉相) · 왕규 · 박수문 등에게 태자 무의 보필을 당부하고 파란만장했던 일생을 마쳤다.

마지막으로 『고려사』에 관한 이야기를 좀 더 하고 끝맺고자 한다. 『고려사』는 『고려사절요』와 함께 고려사 연구의 기본 문헌이다.

그러나 『고려사』가 편찬된 것은 고려조를 전복하고 들어선 조선왕조 초기였고, 편찬책임자인 김종서(金宗瑞)나 정인지(鄭麟趾) 등은 조선왕조의 개국 이념인 유교적 성리학적 입장을 대의명분으로 삼아 이를 기준으로 『고려사』를 편찬할 수밖에 없었다. 이들의 대의명분이란 곧 사대주의 역사관에 다름 아니었다. 중국을 중심에 두고 주변국의 역사는 모두 미개한 오랑캐의 역사로 낮춰보는 이른바 공자(孔子)의 '춘추필법(春秋筆法)'과 사마천(史馬遷)의 『사기(史記)』의 기준에 맞춰 『고려사』를 편찬했던 것이다.

이러한 사대주의 역사관에 따라 사대주의 역사가의 표본처럼 두고두고 비난당하는 김부식(金富軾)조차 『삼국사기』를 편찬하면서 사용한 제왕의 연대기인 '본기(本紀)'를 『고려사』는 '세가(世家)'로 만들어 당당한 제국이었던 고려를 한낱 보잘것없는 중국의 제후국으로 스스로 격하시키는 망발을 범했던 것이다.

또한 태조 왕건이 즉위 시 제정한 천수(天授)와 정종이 즉위 시 제정한 광덕(光德)이라는 연호가 버젓이 있었음에도 불구하고 이를 무시하고 연호 대신 간지 순으로 연대기를 엮어 500년이나 사직을 이어온 대제국 고려를 중국대륙에서 숱하게 일어났다 사라져버린 하루살이 제국의 제후국으로 강등 전락시켜버린 것이었다.

고려가 태조 때부터 칭제(稱帝) 건원(建元)하고 칭짐(稱朕) 칭조(稱詔)한 제국이라는 사실은 누구도 부인하지 못할 것이다. 고려는 초기부터 북쪽으로는 거란과 여진과 몽골족과 홍건적, 남쪽으로는 왜구의 침범으로 하루도 편한 날이 없었지만 몽골족의 원나라에게 굴복한 시기 외에는 자주 주체성을 저버린 적이 없었다. 심지어는 원의 간섭기인 충렬왕 2년(1276년)에 원의 다루가치(達魯花赤)가 "너희는 왜 건방지게 칭짐하느냐?"고 힐난하자, "우리는 단지 조상 때부터 전해오는 옛 법을 따를 뿐이라"고 대답한 적도 있었다.

그런 까닭에 중국에 새로 들어선 명나라의 눈치를 살펴야 하는 조선 초기에 『고려사』를 편찬하면서 '범례'를 통해 이처럼 구차한 소리를 늘어놓았던 것이다.

『사기』를 보건대 천자의 국사를 기록한 것을 '본기'라 하고 제후의 국사는 '세가라고 하였다. 지금 『고려사』를 편찬하는 데는 각 왕대의 기년을 '세가'라고 하여 대의명분을 밝혔다. 그 기사 방법은 『한서』, 『후한서』 및 『원사』에 준해 역사적 사실과 발언들을 여기에 기록한다.

하지만 모든 역사적 사실을 왜곡하거나 날조하거나 삭제할 수는 없었기에 이런 말을 덧붙이기도 했다.

무릇 종(宗)이니 폐하(陛下)니 태후(太后)니 태자(太子)니 절일(節日)이니 제(制)니 조(詔)니 하는 것들은 비록 참람된 호칭이기는 하나, 여기에는 당시에 부르던 그대로 써서 그 사실을 보존한다.

이런 까닭에 필자가 『고려사』에는 왕이니 왕후니 왕태후니 하고 격하시킨 호칭을 모두 황제요 황후요 황태후로 고쳐 서술한 것이다.

광종

왕권확립으로 고려조 기틀 다진 제왕

광종(光宗)은 고려조 제4대 황제로서 이름은 소(昭), 자는 일화(日華)라고
했다. 태조 8년(925년)에 태조 왕건의 넷째아들로 태어났다. 어머니는 신명순
성황후(神明順成皇后) 유씨(劉氏)이다. 정종 4년(949년)에 동복형 정종(定宗)의
선위로 제위에 오르니 그때 나이 25세였다. 이후 광종은 975년까지 26년 2
개월 동안 나라를 다스렸다.

광종은 탁월한 리더십의 과감한 개혁가였다. 그는 태조 이후 혜종(惠宗)과
정종을 거치는 동안 급격히 약화한 왕권을 강화하기 위해 개국공신과 호족들
의 힘을 무력화함으로써 강력한 중앙집권제를 확립했다. 또한 노비안검법과
과거제를 실시했으며, 화엄종(華嚴宗)을 중심으로 한 불교의 통합도 추진했다.

광종의 왕권 강화를 위한 이러한 개혁은 재위 말년에 이르러서는 정도가
지나쳐 유혈숙청의 공포정치로 변모했지만, 이는 두 형인 혜종과 정종의 치
세가 개국공신과 호족 등의 권력투쟁 속에서 단명으로 끝난 것을 곁에서 지
켜보았기 때문이었다. 다시 말해서 자신도 그런 전철을 밟지 않고, 고려조의

왕권을 탄탄한 반석 위에 올려놓아야겠다는 강력한 의지의 발로였던 것이다.

흔히 말하기를 역사는 승자의 기록이라고 한다. 이른바 정사(正史)라고 일컫는 『삼국사기』나 『고려사』에도 오류가 많다는 사실은 이미 여러 차례에 걸쳐 증명되었거나 지금도 계속해서 드러나고 있다. 자칭 '신라의 후예'인 김부식의 『삼국사기』를 보라. 책이름부터 신라·고구려·백제 세 나라의 역사를 위주로 한 까닭에 『삼국사기』가 아닌가. 이런 편협한 역사관에 따라 고조선·삼한·부여·가야·발해 같은 자랑스러운 선조들의 역사가 제외되다시피 했고, 그나마 신라 중심으로 서술했기 때문에 상대적으로 고구려와 백제의 역사는 형편없이 무시당한 것이다.

이런 사정은 역성혁명(易姓革命)을 일으켜 고려조를 뒤엎고 조선조를 세운 이후에 편찬된 『고려사』의 경우도 크게 다르지 않았다. 이를테면 고려는 태조 왕건의 건국 첫해부터 건원칭제(建元稱帝)하여 신민들은 황제를 폐하라고 부르고, 황제는 자신을 짐이라고 부른 당당한 제국이었음에도 불구하고 이런 사실들을 대부분 깎아 없애버리는 사대주의적 역사 기술을 택했으며, 이는 황후를 왕후로, 태자를 왕자로 서술한 점만 보아도 잘 알 수 있다.

왕건이 장수들의 추대로 우두머리가 되어 궁예를 축출하고 고려를 창업한 것은 918년 6월이었다. 왕건이 고려를 창업할 당시 그에게는 정주 출신인 유씨(柳氏)와 나주 출신인 오씨(吳氏) 등 두 명의 부인이 있었다. 『고려사』 '후비열전'은 이 두 명의 부인을 비롯해 황제가 된 이후에 호족연합을 위해 정략적으로 결혼한 29명의 후비를 모두 소개하고 있다.

이에 따르면 첫째 부인 신혜황후(神惠皇后)는 정주의 호족인 삼중대광 유천궁(柳天弓)의 딸이다. 유천궁은 정주에서 가장 큰 부자여서 그 고을 사람들이 '유 장자(柳長者)'라고 불렀다. 왕건이 궁예의 부하 장수로서 군사를 거느리고 정주를 지나다가 오래된 버드나무 아래서 말을 멈추고 잠시 쉬고 있는데 마침 유씨가 가까운 시냇가에 서 있었다. 처녀의 첫인상이 마음에 들었는지 왕건이 가까이 다가가 누구의 딸이냐고 물었다. 처녀는 이 고을 유장자의 딸이라고 대답했다. 왕건이 부하들을 거느리고 그 집으로 가서 머물렀는데, 워낙 큰 부자여서 왕건의 군사 모두에게 풍성한 음식을 대접했다. 그리고 그 날 밤에는 자기 딸에게 왕건을 모시게 했다.

그 뒤 유씨는 전쟁으로 바쁜 왕건과 소식이 끊겼으므로 정절을 지키고자 머리를 깎고 비구니가 되었다. 나중에 이 소식을 들은 왕건이 불러 정식으로 부인으로 삼았다. 신혜황후 유씨는 비록 자식은 낳지 못했지만 영웅의 아내답게 대담하고 매서운 데가 있었던 모양이다. 그러니까 첫 사내를 위해 머리를 깎고 수절했으며, 뒷날 왕건이 장수들의 거듭되는 강권에도 거사를 망설이자 갑옷을 꺼내 남편에게 입혀주며 쿠데타를 감행하도록 부추긴 것이 아니겠는가. 신혜황후는 죽은 뒤 태조 왕건의 현릉에 합장되었다.

둘째 부인 장화황후(莊和皇后) 오씨는 나주 사람으로 대대로 목포에 살던 다련군(多憐君)의 딸이다. '후비열전'에 따르면 일찍이 오씨의 꿈에 포구에서 용이 와서 뱃속으로 들어가는 꿈을 꾸고 놀라서 깨어 부모에게 그 이야기를 하니 부모도 기이하게 여겼다고 전한다. 오씨와 왕건의 만남도 극적이다. 왕건이 수군장군으로 나주를 지키고 있을 때에 배를 목포에 정박시키고 시냇물 위를 바라보니 오색구름이 떠 있었다. 가서 보니 오씨가 빨래를 하고 있었다. 왕건이 처녀를 불러 정사를 가졌는데, 그녀의 가문이 한미했기 때문에 임신을 피하기 위해 정액을 자리에 배설했다. 오씨가 얼른 그것을 주워 자신의 몸속으로 집어넣었으므로 마침내 임신이 되어 아들을 낳으니 그가 곧 태자 무, 뒷날의 혜종이다.

『고려사』는 혜종이 912년에 태어났다고 했으니 당시 왕건이 910년에 백제에게 빼앗긴 나주를 공략하여 재탈환하고, 913년 궁예의 소환령에 따라 철원으로 돌아왔다는 기록과 부합된다. 따라서 왕건이 장화황후와 혼인한 것은

910년이나 911년으로 추정된다. 당시 왕건은 38세였다. 그렇게 하여 태어난 탓인지 혜종은 얼굴에 돗자리무늬가 있었다고 하며, 그래서 사람들이 '주름살 임금'이라고 불렀다고 한다. '후비열전'은 혜종이 늘 잠자리에 물을 부어 두었으며, 또 큰 병에 물을 담아두고 팔을 씻으며 놀기 좋아했다고 하여 '용의 아들'이라고 전한다. '용의 아들'이라는 말도 황제의 맏아들로 태어났으니 맞는 말이라고 할 수 있고, '주름살 임금'이라는 표현도 뒷날 제2대 황제로 즉위하여 하루도 얼굴에서 주름살이 펴지는 날이 없이 2년을 보내다가 죽었으니, 이 또한 틀린 말이 아니라고 하겠다.

장화황후는 언제 죽었는지, 어디에 묻혔는지 기록이 없다. 또한 그녀는 제2대 황제의 모후였지만 태후 칭호도 못 받았다. 그리고 『고려사』에는 여러 차례 그녀의 가문이 한미했다는 사실을 강조하고 있다. 이는 그녀의 친정인 나주 오씨 가문이 왕건이 철수한 뒤 후백제의 공격을 받아 몰락했을지도 모른다는 사실을 암시한다. 또한 한미한 가문 출신을 강조한 이유는 혜종을 제거하고 제위를 차지한 정종과 광종의 쿠데타를 합리화하기 위한 장치로 보이며, 태후로 추존되지 못한 까닭도 혜종의 제거에 따라 삭제된 것으로 추측된다.

광종의 어머니 신명순성황후 유씨는 태조의 셋째 부인이다. 『고려사』에 따르면 태조에게는 29명의 후비가 있었고, 그들 사이에서 25명의 아들과 9명의 딸을 두었다.

첫째 부인 신혜황후 유씨는 소생이 없었고, 둘째 부인 장화황후 오씨는 맏아들 무(武)를 낳았으니 태자 무가 나중에 제2대 황제에 오른 혜종이다. 그러나 태조의 29명에 이르는 부인 가운데 가장 성공한 여인은 셋째 부인인 신명순성황후 유씨였다. 유씨는 태조와의 사이에서 5남 2녀를 낳았는데, 맏이가 태자 태(泰)요, 둘째 아들 요(堯)가 제3대 황제 정종이요, 셋째 아들 소가 제4대 황제 광종이다. 또 맏딸인 낙랑공주(樂浪公主)는 신라의 마지막 황제였던 김부(金傅 : 敬順王)에게 시집갔으니 이만하면 매우 성공한 일생을 보냈다고 할 수 있을 것이다.

하지만 『고려사』 '후비열전'을 보면 제1황후 유씨와 제2황후 오씨는 물론, 서열이 아래인 넷째 부인 신정황후(神靜皇后) 황보씨(皇甫氏)와 다섯째 부인 신성황후(神成皇后) 김씨(金氏)에 비해 신명순성황후에 관한 기록이 너무나 간략하다. 그 내용은 이렇다.

충주 사람이니 증태사내사령(贈太師內史令) 유긍달(劉兢達)의 딸이다. 태자 왕태 (王泰) · 정종(定宗) · 광종(光宗) · 문원대왕 정(文元大王貞) · 증통국사(證通國 師)와 낙랑(樂浪) · 홍방(興芳) 두 공주를 낳았다. 죽으니 시호를 신명순성왕태후 라고 하였다.

여기에서 황태후를 왕태후라고 기록한 것은 조선 초기 『고려사』를 편찬하 면서 당당한 제국 고려에서 사용하던 칭호인 황제는 왕으로, 황후는 왕후로, 태자는 왕자로 하는 등 사대주의에 따라 중국의 비위를 거스르지 않기 위해 스스로 깎아내린 탓이다.

또한 『고려사』 '종실열전'에 이르기를, 태조 왕건에게 아들 25명이 있었는 데 이 가운데 맏아들이 제2대 혜종으로 둘째 부인 장화황후 오씨 소생이요, 그 다음 신명순성황후 유씨의 맏아들 태자 왕태는 '후손이 없었다'는 단 한 마디뿐이다. 그는 흥덕원부인(興德院夫人) 홍씨(洪氏)의 소생인 공주(이복동생) 를 아내로 맞았다는 기록도 보인다.

그리고 정종 · 광종에 이어 넷째 아들인 문원대왕 왕정은 태조의 여섯째 부 인인 정덕왕후(貞德皇后) 유씨(柳氏) 소생인 문혜왕후(文惠王后)를 부인으로 맞았는데, '그 아들 천추전군(千秋殿君)이 광종의 딸 아지군(阿志君)에게 장가 들었는데 일찍 죽었으며, 역사기록에 그 이름들이 모두 누락되었다'고 했다.

또한 '공주열전'에 따르면 맏딸 낙랑공주는 본래 칭호가 안정숙의공주(安

貞淑儀公主)였으나 '신라왕 김부가 고려조에 투항했으므로 공주를 그에게 시집보내고 낙랑공주라고 불렀으며, 또 신란궁부인(神鸞宮夫人)이라고도 불렀다'고 했다. 이어서 둘째 딸 흥방공주는 '원장태자(元莊太子)에게 시집갔다'고 했다. 원장태자는 태조의 여섯째 부인인 정덕황후 유씨 소생인데 이름을 밝히지 않았고, 흥방공주와 혼인하여 흥방궁대군을 낳았다고만 전했다.

한편, 제2대 혜종은 의화황후(義和皇后) 임씨(林氏)와의 사이에서 흥화궁군(興化宮君)과 경화궁부인(慶華宮夫人)·정헌공주(貞憲公主) 등 1남 2녀를, 궁녀 애이주(哀伊主)와의 사이에서 태자 왕제(王濟)와 명혜부인(明惠夫人) 등 1남 1녀를 낳았지만 모두 후손이 없다고 전하고 있다. 경화궁부인은 '혜종 2년(945년)에 왕규(王規)가 왕의 아우 왕요와 왕소가 반란을 꾀하고 있다고 왕에게 참소했더니 혜종이 자기 딸을 왕소의 처로 주어 그의 세력을 강화했다'고 기록되어 있다. 당시 왕소에게는 태조의 넷째부인 신정황후 황보씨의 소생으로서 자신에게는 이복동생이기도 한 대목황후 황보씨가 본부인으로 있었다. 이들 사이에서 태어난 태자가 뒷날의 제5대 황제 경종(景宗)이다.

그런데 혜종의 자식들에게 후손이 없었다고 한 까닭은 제8대 현종(顯宗) 때에 거란의 침범으로 전대의 실록(實錄)과 사초(史草)가 모두 불타버린 데에도 이유가 있겠지만, 그보다도 정종의 성공한 쿠데타와 광종의 10여 년에 걸친 숙청 등 여러 차례에 걸쳐 벌어진 정권투쟁의 소용돌이에 휘말려 대부분이 희생당했기 때문인 것으로 보인다.

혜종은 태조 왕건의 맏아들로서 당연히 다음 제위를 이을 정윤(正胤)의 자격이 있었지만 태조 4년(921년)에 이루어진 그의 정윤 책봉에는 우여곡절이 있었다. 태조는 궁예왕(弓裔王)의 태봉국(泰封國)을 뒤엎고 고려를 개국한 이후에도 각 지방 호족의 지지를 끌어내기 위한 정략결혼을 통해 29명의 부인을 두고 그 사이에서 25남 9녀라는 많은 자식을 두었는데, 이를 통해 본래의 목적은 이루었으나 이는 또한 뒷날 권력투쟁의 불씨가 되기도 했다.

첫째 부인 신혜황후 유씨는 소생이 없었고, 맏아들 무는 둘째 부인인 장화황후 오씨의 소생이었다. 태조는 당연히 맏아들 무를 정윤으로 책봉하여 황위를 계승토록 하고 싶었지만 장화황후 오씨가 상대적으로 세력이 약한 가문 출신이었으므로 자연히 다른 호족들의 눈치를 보지 않을 수가 없었다. 특히 둘째 아들 태를 낳은 셋째 부인 신명순성황후 유씨의 가문이 가장 신경 쓰였을 것이다.

고민을 거듭하던 태조는 아무래도 맏아들 무를 태자로 책봉하는 것이 쉽지 않으리라고 여겨 낡은 상자에 자황포(柘黃袍), 즉 자신이 입던 황제의 의복을 넣어 장화황후에게 보냈다. 이는 비록 지금 당장은 마음대로 무를 태자로 세우지는 못 하지만 자신의 본심은 그것이 아니라는 뜻을 전해 장화황후 오씨를 위로하기 위함이었다.

자황포를 받은 오씨는 대광 박술희(朴述希)를 은밀히 불러 자황포를 보이며 태조의 속뜻을 일러주었다. 박술희는 본래 궁예왕의 시위무사였으나 나중에 왕건의 심복이 된 천성이 우직한 무골(武骨)이었다. 태조의 본심을 알게 된 박술희는 어전회의에서 적장자인 태자 무의 정윤 책봉은 당연한 일이라고 주청했다. 박술희의 주청에 따라 태조는 마침내 태자 무를 정윤으로 책봉하고, 박술희를 따로 불러 그를 보호해주도록 당부했다.

이에 따라 상대적으로 강력한 세력을 형성하고 있던 충주의 호족 유씨 가문은 불만을 품었고, 유씨 가문 출신으로서 태자 무와 경쟁자 관계였던 둘째 아들 태자 태의 어머니인 신명순성황후의 반발은 더욱 컸을 것이다. 아마도 장화황후 오씨와 신명순성황후 유씨의 갈등은 그때부터 본격화한 것으로 추측된다.

신명순성황후 유씨가 태조 왕건에게 시집간 시기는 언제였을까. 그녀의 두 아들 정종과 광종의 나이를 기준삼아 역산해보면 아마도 태조 즉위 초의 일로 추정된다. 즉, 둘째 아들 정종 왕요는 태조 6년(923년)에 태어났고, 셋째 아들 광종 왕소는 2년 뒤인 태조 8년(925년)에 태어났다. 정종은 이복형 혜종보다 열한 살 아래요, 동복아우 광종보다는 두 살 위였다. 정종 위로는 일찍 죽은 것으로 보이는 동복형 태자 왕태와 누나 낙랑공주가 있었다. 조심성 많은 왕건이 무서운 황제 궁예의 의심을 사는 위험을 무릅쓰고 강력한 호족의 가문과 혼인을 했다는 것도 정황상 사리에 맞지 않는다.

태조가 즉위한 것은 918년 6월 15일이며, 당시 그의 나이 42세였다. 맏딸 낙랑공주를 신라왕 김부에게 시집보낸 것은 그가 나라를 들어 항복한 태조 18년(935년)이니 그때 낙랑공주의 나이는 15~16세쯤 되었을 것이다. 한 가지 공교로운 사실은 태조의 맏이와 둘째 두 아들의 이름 무(武)와 태(泰)를 합치면 궁예왕이 국호를 마진(摩震)으로 바꾸면서 제정한 연호 무태와 꼭 같다는 점이다. 무슨 뜻이 있는지, 단순한 우연의 일치인지는 모르지만 이상하기에 참고로 덧붙인다.

태조가 태자 왕무를 정윤으로 책봉한 것은 태조 4년(921년)의 일이니 아마도 즉위 직후 청주의 호족 유씨 가문과 연대를 더욱 굳게 다지려고 신명순성황후를 셋째 부인으로 맞아들였을 것이다. 태조가 황제의 권위로도 뜻대로 정당한 후계자인 태자 무를 정윤으로 책봉하지 못하고 박술희의 힘을 빌린 이유도 신명순성황후의 친정인 청주 유씨 가문의 눈치를 보아야 했기 때문이었을 것이다.

청주 유씨는 청주 일대의 가장 강력한 호족이었을 뿐만 아니라 평산의 호족 박수경 가문과도 가까웠고, 궁예왕을 쫓아내고 고려를 개국하는 데에 큰 기여를 했다. 그런데다가 새로 맞아들인 신명순성황후가 둘째 아들 태자 태를 낳았으므로 마음대로 정윤 책봉을 못했던 것으로 보인다. 따라서 신명순성황후가 태조의 셋째 부인이 된 것은 태조 원년에서 늦어도 태조 4년 이전이었을 것이다. 이 정윤 책봉을 둘러싸고 제2황후 오씨와 제3황후 유씨 사이에는 살벌한 긴장관계가 조성되었을 것이고, 그 갈등은 태조의 붕어와 혜종의 즉위를 지나 혜종 말년의 피비린내 나는 정변까지 이어지게 된다. 신명순성황후가 낳은 맏아들로서 정윤 책봉 다툼에서 밀린 태자 태가 언제 죽었는지는 알 수가 없다.

그러나 그 사건이 계기가 되어 신명순성황후는 더욱 태조의 총애를 얻기 위해 피눈물 나게 애썼을 것이다. 이는 그녀가 5남 2녀를 낳음으로써 태조의 후비 29명 가운데 4남 3녀를 낳은 여섯째 부인 정덕황후 유씨와 더불어 가장 많은 자녀를 둔 사실만 보더라도 잘 알 수가 있다. 태조의 29명의 후비 가운데 등극 전의 부인은 두 명에 불과하고, 셋째 부인인 신명순성황후 유씨를 비롯하여 27명은 모두가 황제로 즉위한 이후 각 지방 호족과의 연합을 강화하여 삼한통일의 대업을 이루고 나라의 기반을 튼튼히 다지기 위한 정략결혼이었다. 이들 후비는 모두 정1품 벼슬에 해당한다.

그러면 광종이 태어날 무렵 고려의 형편을 살펴보자.

광종이 태어난 925년은 왕건이 고려 태조로 등극한 지 8년째 되는 해였다. 그 해는 또 신라 경애왕 2년, 후백제의 견훤왕 34년, 북쪽에서는 발해 애왕 25년으로 망하기 1년 전이었다. 발해는 만주에서 19년 전에 일어난 거란족의 요나라의 압박으로 회생불능의 타격을 입고 있었다. 그해 가을과 겨울에 걸쳐 발해에서 국난을 피해 왕족과 대신과 장군 등이 백성 수천 명을 이끌고 동족의 나라 고려에 귀순해왔다. 『고려사』는 태조 8년 조에서 발해에 관해 이렇게 해설했다.

발해는 원래 속말말갈족이었다. 당나라 (측천)무후(武后) 때에 고구려사람 대조영(大祚榮)이 요동지방을 점유했던 바, 그 뒤 당나라 예종이 그를 발해군왕으로 책봉했다. 이것을 계기로 하여 대조영은 자기 나라를 발해국으로 자칭하고 부여 · 숙신 등 10여 국을 병합했다. 발해국에는 문자 · 예악 · 관청 등 제도가 있었으며, 5경

15부 62주의 영토에 넓이는 사방 5천여 리요, 군사가 수십만 명이나 되었다. 우리나라(고려) 국경과 인접해 있으며 거란과는 대대로 원수를 맺고 있었다.

이때에 와서 거란 임금이 그 신들에게 "대대의 원수를 갚지 않고서 어찌 편안하게 있을 수 있겠는가"라고 하면서 크게 군사를 일으켜 발해국의 대인선(大諲譔)을 공격하여 그 수도인 홀한성을 포위하니 국왕 대인선이 패배를 당하여 항복하기를 청했다. 거란은 결국 발해를 멸망시켰다. 그리하여 발해국 사람으로서 우리나라에 귀순하는 사람들이 계속 그치지 않았다.

북쪽에서는 발해가 망해 유민들이 귀순하고, 남쪽에서는 망해가는 신라 사람들의 귀순이 줄을 이었다. 태조는 이런 기세를 타고 후백제에 대한 군사적 공세의 수위를 더욱 높였다. 태조가 친히 군사를 거느리고 조물성에서 견훤과 맞선 것도 그 해였는데, 그 싸움은 결국 양국이 인질을 교환하고 화친하는 것으로 막을 내렸다.

이번에는 광종의 즉위 과정을 본다.

고려제국을 창업하고 후삼국을 통일한 일세의 영걸 태조 왕건이 붕어한 것은 943년 5월. 제위에 오른 지 26년째요, 향수는 67세였다. 태조가 세상을 뜨자 장화황후 오씨 소생인 맏아들 무가 즉위하니 혜종이다. 당시 32세였던 혜종의 자는 승건(承乾). 912년에 나주 외가에서 태어났으며, 10세 때인 태조 4년(921년)에 황위 계승자인 정윤에 책봉되었다. 혜종은 태자 시절 선제 왕건을 따라 여러 차례 백제정벌전에 나섰으며 그때마다 군사들의 앞장에서 용감하게 싸워 전공을 세웠으므로 개국 후 제1등공신의 칭호를 받기도 했다.

그런데 이처럼 태자 시절에는 용감했던 그가 무슨 까닭에 황제에 즉위하자마자 갑자기 나약하기 그지없는 사람으로 변했는지 알 수 없는 일이다. 그토록 어렵게 황위 계승권을 확보하여 제위에 올랐음에도 불구하고 혜종은 '주름살 임금'이라는 별명에 걸맞게 2년 4개월 동안 힘겨운 황제 노릇을 하다가 이름도 알려지지 않은 병으로 죽고 말았다. 『고려사』 '세가' 혜종 편 을사 2년(945년) 조 마지막 부분은 혜종의 최후를 이렇게 전한다.

대광 왕규(王規)가 왕의 아우 요와 소를 참소하였으나 왕은 그것이 무고임을 알고 더욱더 그들을 은혜롭게 대우하였다.

왕규는 또 그 일당을 시켜 벽을 뚫고 왕의 침실 안으로 들어와 난을 꾸미려고 획책하였다. 그러나 왕은 침실을 옮겨 피하였을 뿐, 그들의 죄를 묻지 않았다.

가을 9월에 왕이 병이 위독하게 되었으나 여러 신하가 들어가 볼 수가 없고 아첨하는 소인들만 늘 곁에 모시고 있었다. 무신일에 왕이 중광전(重光殿)에서 죽었다. 재위 연수는 2년이요, 향수는 34세였다.

왕은 도량이 넓고 지혜와 용기가 탁월하였다. 그러나 왕규의 역모사건 이후에는 의심과 꺼림이 많아져서 늘 무장한 군사들로 자신을 보위하면서 기뻐함과 노여워함이 대중없었다. 그리하여 소인배가 일시에 득세를 하고, 장병들에게 주는 상은 절도가 없게 되니 안팎에서 한탄과 원망이 자자하였다.

그렇게 하여 혜종의 이복동생이며 신명순성황후의 둘째아들인 당시 22세의 태자 왕요가 제위에 오르니 그가 정종이다. 정종은 즉위 원년(950년)에 연호를 광덕(光德)이라고 공포했다. 신명순성황후가 정윤책봉사건 이후 20년이 넘도록 장화황후 오씨의 그늘에 가려 때로는 숨죽이며 때로는 이를 갈며 기다려온 보람이 있어서 마침내 자신의 아들이 황제의 자리에 오르는 기쁨을 누리게 되었던 것이다.

그러나 『고려사』는 혜종이 죽기 전에 왕요에게 제위를 물려준 것이 아니라 여러 신하들의 추대를 받아 즉위했다고 전한다. 그리고 정종이 즉위 후 가장 먼저 처리한 일은 왕규를 역모죄로 잡아 죽인 것이었다. 왕규의 혐의는 자신의 외손자인 광주원군(廣州院君)을 장차 황제의 자리에 앉히려고 꾀했다는 것이었다. 광주원군은 왕규의 딸이며 태조의 제16황후인 소광주원부인의 소생이다. 왕규는 강화도로 유배당했다가 곧 정종이 보낸 사람에게 죽임을 당했다.

하지만 혜종의 죽음과 정종의 즉위에는 석연치 않은 점이 너무나 많다.『고려사』'세가'가 전하는 당시의 상황이 너무나 설득력이 없고 따라서 신빙성도 떨어지기 때문이다.

첫째, 왕규가 과연 역모를 꾀했느냐 하는 점이다. 왕규가 비록 태조와혜종 부자에게 모두 딸을 바쳐 겹사돈이 되고, 경기도 광주의 호족 출신으로 대신이 되어 조정에서 누구도 무시할 수 없는 권력을 행사했다는 것은 사실일 것이다.

하지만 적장자도 아닌 자신의 외손을 제위에 올리려 했다는 이야기는 좀처럼 믿기 어렵다. 정말로 혜종이 병이 깊어 후사가 걱정되었다고 하더라도 당시 황실에는 혜종의 적장자인 홍화궁군도 있었고, 혜종의 장성한 아우들인 왕요와 왕소도 있었으며, 또 다른적자가 6명이나 있었다. 그럼에도 불구하고 무력을 장악하지 못한 왕규가 서열이 한참 떨어지는 태조의 제16황후가 낳은 어린 광주원군을 황제로 옹립하려 했다는 것은 미치지 않고서는 생각할 수 없는 일이었으니 설득력이 없다는 말이다.

둘째, 왕규가 왕요·왕소 형제의 역모를 혜종에게 고변했으나 혜종은 오히려 그의 말이 참소라는 사실을 알고 아우들을 더욱 믿고 아꼈다고 한 점이다. 황제가 바보가 아닌 다음에야 자신을 죽이거나 내쫓고 제위를 찬탈하려는 역모를 보고받았으면 당연히 사실을 정확히 조사하여 그것이 틀림없는 사실로 드러나면 역모를 꾸민 자들이 이복동생이 아니라 친동생이라도 처형하는 것이 마땅한 일이다.

또한 참으로 무고로 드러났다면 참소한 왕규의 목을 베거나 귀양을 보내 그런 일이 벌어지지 않게 했어야 옳았을 것이다. 그럼에도 불구하고『고려사』의 기록대로라면 혜종은 이쪽도 저쪽도 다 놓아둔 채 전전긍긍하기만 했으니 이를 어떻게 믿을 수 있겠는가.

셋째, 참소가 통하지 않자 왕규가 부하들을 시켜 황제의 침전에 구멍을 뚫고 황제를 시해하려 했다고 되어 있는데, 이것도 참으로 말이 안 되는 소리다. 왕규는 본래 함씨(咸氏)였지만 태조의 신임을 받아 왕씨 성을 하사받았으며, 박술희 · 염상 · 박수문 등과 더불어 태조로부터 혜종의 보필을 부탁받은 고명대신이었다.

태조의 유명을 어긴다는 것은 곧 태조를 따라 수십 년 동안 전쟁터를 누벼온 이 범 같은 장수들과 등을 돌리고 화를 자초하는 행위가 된다. 혜종만 잘 보필하면 태후요 사돈인 장화황후와 협력하여 궁중에서 누구보다도 강력한 권세를 누릴 수 있는 왕규가 무엇이 모자라서 황제의 침전에 자객을 보내는 어리석은 짓을 저질렀겠는가.

넷째, 이른바 왕규의 역모가 실패로 돌아가 정종이 즉위 즉시 왕규 일당의 처형부터 단행했는데, 묘하게도 왕규가 황제로 옹립하려고 했다는 광주원군이 어떻게 되었다는 기록은 빠져 있다. 아무리 허수아비 임금이라도 반역자들이 내세운 다음 황제 후보를 그대로 살려둔다는 것은 있을 수 없는 일이기 때문이다.

따라서 이 사건은 왕요 · 왕소 형제가 선수를 쳐서 벌인 황위쟁탈전의 성격이 짙다고 보는 것이다. 사건 전개를 전후한 정황을 여러 모로 검토할 때, 혜종 · 장화황후 · 박술희 · 왕규가 한편이었고, 신명순성황후 · 왕요 · 왕소가 반대편이었던 것으로 추정된다.

그리고 이 두 진영의 균형을 단숨에 깨뜨리고 왕요의 즉위에 결정적인 역할을 한 인물은 왕식렴(王式廉)이었다. 왕식렴은 태조 왕건의 사촌아우 왕평달(王平達)의 아들로서 일찍부터 태조의 명령에 따라 서경을 맡고 있었다. 따라서 그가 거느린 서경군은 황성을 방어하는 개경군에 못지않은 고려의 막강한 주력군이었다.

왕식렴이 서경군을 이끌고 내려와 황도인 개경으로 진주했을 때에 혜종은 괴질로 급사했는지, 아니면 왕요 형제에 의해 살해당했는지 이미 죽은 뒤였고, 장화황후 오씨와 왕규는 더 힘을 쓰지 못하고 꼼짝없이 당할 운명이었던 것이다. 왕요 일파는 군권을 장악하고 있던 박술희를 죽이고, 이 사실을 왕규의 짓이라고 뒤집어씌웠다. 『고려사』는 박술희가 반역할 뜻을 품고 있기에 왕규가 강화도로 귀양 보냈다가 자객을 보내 죽였다고 했는데, 아마도 왕요 일파가 혜종의 무력적 기반이며 왕규보다도 더 무서운 강적인 노장 박술희를 먼저 제거했다고 해석하는 것이 옳을 것이다. 오로지 충성밖에 모르던 우직한 박술희가 태조의 유명을 배신하고 혜종을 보호하기는커녕 반역을 꾀했다는 말은 전혀 납득할 수 없기 때문이다.

『고려사』에 왕규와 박술희가 역적으로 기록된 것은 이처럼 '성공한 쿠데타' 끝에 제위에 오른 정종과 광종 측의 역사 왜곡이라는 심증이 짙다.

고려시대에 처음으로 실록이 편찬된 것은 제8대 현종 때였다. 현종 2년(1011년) 거란의 40만 대군이 침범해 개경이 점령당하고 황궁이 소실될 때에 태조부터 목종까지 7대에 걸친 귀중한 사초가 모두 불타 없어져버렸던 것이다. 이에 따라 현종이 1013년 9월에 이부상서 최항(崔沆), 예부상서 김심언(金審言), 예부시랑 주저(周佇), 내사사인 윤징고(尹徵古), 시어사 황주량(黃周亮), 우습유 최충(崔冲) 등을 수찬관으로 임명하고 사료를 복원하여 '칠대실록(七代實錄)'을 편찬토록 했다. 이들은 사초가 없어져 전대의 역사를 알 수 없었으므로 노인들을 찾아다니며 사료를 채록하여 그것을 토대로 실록을 편찬했다. 따라서 혜종·정종·광종 대의 기록이 정확할 수가 없었고, 신빙성도 그만큼 떨어진다고 보아야 한다.

이렇게 혜종을 제거하고 정권을 장악한 정종은 왕규를 비롯하여 300명에 이르는 조정 대신을 처형했으니 도성과 황궁 안에서 피비린내가 사라지기까지는 매우 오랜 시일이 흘러야 했을 것이다.

기록에는 이같이 숨 가쁘게 돌아가는 황실의 권력투쟁에서 왕요와 왕소 형제의 어머니인 신명순성황후가 어떤 역할을 했는지 전해주는 내용이 전혀 없다. 다만, 그녀가 자신의 둘째아들 정종과 셋째아들 광종의 재위 사이에 죽었으리라는 사실만 전해줄 뿐이다.

정종 요는 앞서 말한 대로 혜종이 죽은 뒤 '신하들의 추대로' 황위에 올랐는데 이 기록 또한 그가 이복형인 혜종을 무력으로 제거하고 제위를 차지했음을 암시한다고 볼 수 있다. 그렇게 피비린내를 풍기며 제위에 올랐건만 정종의 치세도 오래 가지 못했다. 정종은 재위 4년째인 949년 3월에 병세가 위중해지자 친동생 왕소를 불러 제위를 물려주고 황궁 안의 제석원(帝釋院)으로 거처를 옮겼다가 죽었다고 전한다. 당시 그의 나이 27세.

정종이 혜종에 잇따라 이름도 모를 병에 걸려 젊은 나이에 죽었다는 것은 상식적으로도 납득하기 어렵다. 따라서 그는 어쩌면 황위쟁탈전 때에 너무나 많은 사람을 죽인 데에 따른 부작용으로 혹시 정신적인 질환에 걸린 것은 아닌지도 모르는 일이다.

태조 왕건의 셋째 부인으로 두 아들이 황제에 오르고, 신라의 마지막 황제를 사위로 맞았던 성공한 여인 신명순성황후는 광종 2년(951년) 이전에 죽은 것으로 추정된다. 왜냐하면 광종 2년에 대봉은사(大奉恩寺)를 성 남쪽에 창건하여 태조의 명복을 비는 원찰로 하고, 또 불일사(佛日寺)를 개경 동쪽 교외에 창건하여 죽은 모후 신명순성황후의 명복을 비는 원찰로 삼았다고 했기 때문이다. 이어서 광종은 재위 5년(954년) 봄에도 숭선사(崇善寺)를 창건하여 이미 극락으로 간 모후의 명복을 빌었다고 했다.

따라서 신명순성황태후는 자신의 뱃속에서 나온 두 아들이 황위에 오르는 모습을 흐뭇한 마음으로 지켜보았을 것이다. 그녀가 태조에게 시집갔을 때의 나이가 20세 안팎이었다면 죽을 때의 나이는 아마 60세가 좀 모자랐을 것으로 추정된다.

이렇게 어렵사리 제위에 오른 광종은 연호를 광덕(光德)이라고 선포하고,

대광 박수경(朴守卿) 등에게 명해 왕실과 자신의 즉위에 공로가 큰 사람들을 포상함으로써 왕권 강화의 강한 의지를 내보였다. 그러나 그 이듬해인 재위 2년(951년)에 후주(後周)와 외교관계를 수립하면서 후주의 연호를 사용하기 시작했다. 후주는 중국 5대 최후의 왕조로서 951년부터 960년까지 유지했던 하루살이 제국이다.

재위 7년(956년)에 후주에서 쌍기(雙冀)가 왔다. 쌍기는 대리평사란 벼슬을 하던 자였는데, 사신인 장작감 설문우(薛文遇)를 따라 고려에 왔다. 설문우와 쌍기는 고려 조정에 대해 의관을 중국식으로 바꾸도록 권유했고, 광종은 후주와의 유대 강화를 통해 수시로 침략의 기회를 노리는 여진과 거란을 견제하고, 왕권을 강화할 목적으로 이를 따랐다. 또 한편 재위 9년(958년)에는 중국식 과거제도를 도입하여 한림학사 쌍기로 하여금 과거를 주관토록 했다. 쌍기는 병으로 중국에 돌아가지 못하고 고려에 귀화했는데, 광종은 그의 재주에 반해 그에게 한림학사란 벼슬을 주고 측근에 두고 있었다.

광종은 이에 앞서 956년에는 쌍기를 시켜 노비안검법(奴婢按檢法)을 시행토록 했다. 노비안검법이란 본래 노비가 아니었지만 전쟁에서 포로로 잡혔거나 빚을 갚지 못해 강제로 노비가 된 자들을 판별하여 양민의 신분으로 되돌려준 것이다. 노비안검법과 과거제도의 시행은 고려사회에 태풍과 같은 엄청난 파장을 불러 일으켰다. 이 조치로 개국 초부터 기득권을 누리던 호족들 대부분이 철퇴를 맞았던 것이다.

먼저 그들의 경제적·무력적 기반이 되었던 노비제도가 이 안검법에 따라 무력화되었기 때문이다. 수많은 노비가 하루아침에 양인으로 지위를 회복함에 따라 노비제도는 유명무실하다시피 되어버렸으니, 이는 결국 노예해방이나 마찬가지였다.

과거제도도 호족들에게 타격을 주기는 마찬가지였다. 과거제도를 통해 젊고 재주 있는 신진 관료의 등장에 따라 그 동안 공신이란 명목 하나로 차고앉았던 벼슬자리를 내놓아야 했던 것이다. 작용에는 반작용이 따르게 마련이다. 당연히 호족들은 기득권을 지키기 위해 거세게 반발했다.

그러나 오랫동안, 7년 동안이나 치밀하게 개혁을 준비해온 광종은 꿈쩍도 하지 않았다. 심지어는 부인인 대목황후 황보씨까지 나서서 노비안검법을 폐지할 것을 간절히 호소했지만 광종은 이를 들은 척도 하지 않았다. 결국 공신과 호족들의 세력은 급격히 위축될 수밖에 없었다. 신진 관료들로 조정이 채워지자 호족들의 설 자리는 갈수록 좁아질 수밖에 없었다.

광종 재위 11년인 960년. 중국에서는 5대의 마지막 나라인 후주가 망하고 송나라가 섰다. 그해 봄에 광종은 백관의 의복을 제정하여 관리들이 관직과 직급에 따라 각각 다른 색깔의 옷을 입게 했다. 이 또한 왕권을 강화하기 위한 조치였다. 또 도성인 개경을 황도(皇都)로, 서경은 서도(西都)로 개칭하여 북쪽 변경의 국방과 치안을 강화했다.

그리고 망해 없어진 후주의 연호를 버리고 준풍(峻豊)이란 연호를 선포했다. 고려가 당당한 제국이요, 자신은 황제라는 사실을 다시 한 번 내외에 천명하여 자신의 권위에 도전하지 못하도록 한 것이었다.

광종의 이와 같은 강력한 개혁조치에 호족들도 마냥 당하고만 있을 수 없다고 생각했다. 그해 960년 3월에 평농서사 권신(權信)이 참소하기를, 대상 준홍(俊弘)과 좌승 왕동(王同) 등이 역모를 꾸민다고 했다. 그러지 않아도 공신 호족들의 반격이 언젠가는 있을 것으로 예상하고 그들의 동태를 예의 주시하던 광종이었다.

광종은 이를 기화로 수많은 호족에 대해 피의 숙청을 감행했다. 준홍과 왕승 등은 쫓겨나는데 그쳤지만, 여기에 연루되었다고 하여 혜종의 아들인 홍화군과 정종의 아들인 경춘원군까지 처형시켰다. 심지어는 자신의 아들이며 태자인 주(?), 뒷날의 경종까지 의심하여 죽이려고 했다. 이 정도면 가히 역모 노이로제에 걸렸다고 할 수 있었다.

이처럼 집권 후반기의 광종은 황권 강화를 위한 숙청으로 날을 보내다시피 했다. 이에 따라 호족들은 목숨을 보전하고자 최대한 몸을 사릴 수밖에 없었으나 한편으로는 황제에 대해 불만이 고조될 대로 고조된 형편이었다. 이처럼 원성이 높아지자 광종도 자신의 목숨을 걱정해야만 했다. 그는 지방의 주·현에서 건장한 자들을 선발해 자신의 시위군을 강화하기도 했다.

어쨌든 노비안검법과 과거제도로 대표되는 광종의 과감한 개혁정치는 결과적으로 개국공신과 호족들의 힘을 약화시키고 신진 관료를 대거 발탁함으로써 황권을 강화하여 그 뒤 500년 고려왕조의 기틀을 다지는 데 크게 기여했다. 또한 개국 초부터 통치이념이던 불교사상에 중국으로부터 받아들인 새로운 문물을 접합시킴으로써 새로운 문화를 발전시키기도 했다.

광종은 국방력 강화에도 업적을 남겼다. 그는 군제를 개편하고 병력을 증강하여 동북과 서북 방면으로 진출하여 영토를 넓히는 한편, 호시탐탐 노략질의 기회를 엿보는 여진족과 거란족을 견제했다.

광종은 또 불교의 개혁을 통해 황권 강화를 꾀하기도 했다. 부황 태조와 마찬가지로 광종도 열성적인 불교신자였다. 당시 불교계는 이론 중심의 교종(敎宗)과 참선을 통한 실천 중심의 선종(禪宗)으로 나뉘어 있었다. 광종은 고승 균여(均如)를 앞세워 화엄종을 중심으로 교종을 통합했다. 광종은 재위 13년(962년)에 개경에 세운 귀법사 주지로 균여를 임명하고, 그로 하여금 후삼국 이래 남악파와 북악파로 양분됐던 화엄종을 통합했다. 그리고 홍화사·유암사·삼귀사 등 많은 사찰을 건립하고 수시로 팔관회 같은 불교 행사를 벌였다. 하지만 광종은 구산선문(九山禪門)으로 분열된 선종의 통합에는 실패했다. 당시 선종은 호족들의 사상적 기반이었기에 아무리 강력한 왕권으로도 어쩔 수 없었던 것이다.

광종은 태조 이후 공신과 호족들에 의해 약화된 황권 확립을 위해 피의 숙청을 동반한 과감한 개혁을 추진해서 큰 성과를 거둔 것은 사실이지만, 반면 부작용도 컸다. 역모에 대한 지나친 경계로 신하들을 마구 죽였으니 공포분위기가 조정을 지배했다. 또 쌍기 등 중국에서 귀화한 인물들과 과거를 통해 등장한 신진 관료들을 지나칠 정도로 우대하여 수구파의 반발을 불러일으켰다. 무슨 일이든 조화와 균형이 깨지면 안정을 해치기 마련이다. 광종이 어느 정도로 귀화인들을 우대했는가 하면 이들에게 신하들의 집을 빼앗아 주고, 심지어는 여자들을 골라 주기도 했으니 선대부터 충성을 바치던 노신들이 좋아할 턱이 없었다.

개혁 제왕 광종은 재위 26년(975년) 5월에 갑자기 병들어 죽었다. 당시 51세. 광종은 재위 19년(968년)에 혜거(惠居)를 국사(國師)로, 탄문(坦文)을 왕사(王師)로 삼았다가, 974년에 혜거가 죽자 탄문을 국사로 삼았다. 고승대덕을 국사나 왕사로 삼는 제도는 광종 때부터 비롯된 것이다. 광종이 죽자 시호는 대성(大成)으로, 묘호는 광종으로 했으며, 능은 헌릉(憲陵)으로 송악산 북쪽에 장사지냈다. 『고려사』 '광종세가' 26년 조에 이런 평을 붙여 있다.

왕이 즉위 초에는 신하들을 예절로 대하고 정사 처리에 밝으며 빈궁한 사람들을 구제하고 선비를 중하게 여기며 밤낮으로 근면하여 정치가 잘될 듯도 하더니, 중년 이후에는 참소를 듣고 사람 죽이기를 좋아했으며 불법을 혹심하게 믿었고 사치에 제한이 없었다.

광종의 뒤는 그의 유일한 아들 주가 이으니 곧 경종이다. 경종은 즉위하자마자 광종의 잘못된 정책을 바로잡아 나갔다. 대사령을 내려 귀양 간 자들을 돌아오게 하고, 옥에 갇힌 자들은 풀어주었으며, 전과를 없애 관작과 작위를 회복시켜주니 결국 공신과 호족들만 다시 살판을 만난 셈이 되었다. 그런 까닭에 광종의 개혁정치를 실패로 평가하는 사람도 있다.

서희

세 치 혀로 거란의 대군 물리친 명장

『손자병법』에 이르기를 싸우지 않고 승리하는 것이 최선이라고 했다. 고려 초 거란이 80만 대군으로 침범했을 때 서희(徐熙)는 적진으로 걸어 들어가 세 치 혀로 그들을 물리침으로써 위태로운 나라를 구했다. 그러나 서희는 본래 무인은 아니었다. 서희와 강감찬(姜邯贊)과 윤관(尹瓘)을 고려 말의 마지막 기둥이었던 최영(崔瑩)과 더불어 고려조의 4대 명장으로 손꼽는데, 본래부터 무인으로 입신한 사람은 최영 밖에 없고, 나머지 세 사람은 모두 과거에 급제해 조정에 출사한 문관 출신으로서 출장입상(出將入相)했다.

서희는 고려 초를 대표하는 정치가요 외교관이었으며, 그에 못지않게 탁월한 지모와 출중한 리더십의 전략가로서 군사적으로도 큰 공을 세운 명신이었다. 그는 적장과의 담판을 통해 거란군의 침범을 물리쳤을 뿐만 아니라, 압록강 동쪽의 강동 6주까지 확보함으로써 태조 왕건(王建) 이래의 숙원이던 북진정책을 통해 우리의 북쪽 국경을 고구려 망국 이후 처음으로 압록강까지 확대한 위업을 이룩했다. 따라서 서희의 싸우지 않고 올린 이러한 공로야 말로 그 어떤 명장에게도 뒤지지 않는 길이 빛나는 전공이라고 할 만하다.

서희는 태조 25년(942년)에 내의령 서필(徐弼)의 둘째 아들로 태어났다. 그의 본관은 이천(利川), 자는 염윤(廉允)이고 호는 복천(福川)이다. 대쪽재상으로 이름났던 아버지의 성격을 그대로 물려받아 어려서부터 성품이 강직하고 자신에게 엄격하며 매사에 절도가 있었다. 그의 아버지 서필은 광종(光宗)이 귀화인을 지나치게 중용하여 신하들의 집까지 빼앗아서 이들에게 나누어주자 자신의 집을 스스로 내놓겠다며 반대하여 결국 이를 철회하게 만들었다. 그는 또한 벼슬이 재상에 이르러도 검소한 생활을 했고, 임금의 사치는 목숨을 걸고 비판한 인물이었다.

『고려사』 '열전' 서희 편 뒷부분에 그의 아들 서눌(徐訥)의 전기가 있는데, 거기에 이런 집안 내력이 전한다.

서필의 아버지는 서신일(徐神逸)이다. 그가 시골에 살고 있을 때에 어느 날 사슴 한 마리가 그의 앞으로 달려왔는데 보니 몸에 화살이 꽂혀 있었다. 서신일이 그것을 뽑아주고 숨겨주었는데 사냥꾼이 쫓아왔다가 찾지 못하고 그냥 돌아갔다. 그날 밤 꿈에 한 신인이 나타나 이르기를, "그 사슴은 나의 아들이었는데 그대 덕분에 살아났다. 앞날에 그대의 자손들은 대대로 경(卿)이나 상(相)의 높은 벼슬을 할 것이다." 그렇게 해서 아들 서필을 낳았는데, 그때 서신일의 나이 80이라고 했다. 그 뒤 과연 서필·서희·서눌 3대가 모두 재상이 되었다는 이야기이다.

이런 집안에서 태어나 총명한 머리에 공부도 열심히 했으므로 서희는 광종 11년(960년)에 문과 갑과에 급제하여 벼슬길에 나아가 광평성 원외랑이 되었는데, 그때 나이 19세였다. 서희는 여러 관직을 역임하고 내의시랑이 되었다.

서희가 송나라에 사신으로 간 것은 31세 때인 광종 23년(972년)이었다. 당시 고려와 송은 10여 년간 외교관계가 단절되어 있는 상태였다. 게다가 고려가 송의 적대국인 거란과 친교를 맺고 있다고 여기고 있던 송 태조 조광윤(趙

匡胤)은 먼 뱃길로 힘겹게 찾아온 고려의 사신들을 처음에는 별로 반가워하지 않았다. 고려는 광종 때에 외교관계가 있던 후주가 망하고 송나라가 서자 곧바로 송과 외교관계를 맺었지만 거란의 등장으로 결국 국교가 단절되었던 것이다.

서희는 외교관답게 송 태조에게 거란과 여진이 길을 막고 있었기 때문에 양국의 친선관계가 단절되었으며, 그 때문에 육로로 오지 못하고 바다를 건너왔다는 점 등을 조리 있게 설명하고 이해를 구했다. 서희의 말이 공손하면서도 이론이 정연하고, 또한 그의 용모가 출중하고 행동거지가 비범한 점에 감탄한 송 태조는 마침내 오해를 풀고 고려와 정식으로 외교관계를 재개했다. 또 서희에게는 특별히 검교병부상서라는 벼슬을 주었다.

송나라 사신 임무를 성공적으로 마치고 돌아온 서희는 탁월한 능력을 인정받아 승진을 거듭했다. 상서좌승을 거쳐 성종 2년(982년)에는 정삼품 병관어사가 되었다. 한 번은 성종이 서경에 행차하는데 수행했다가 임금이 몰래 영명사라는 절에 가서 놀다가 오려고 했는데, 서희가 이를 알고 충간하는 글을 올리자 성종이 잘못을 깨닫고 서희에게 상으로 안마를 하사했다. 서희는 이어서 정이품 내사시랑평장사로 승진했다.

성종 12년(993년)에 거란이 침범하자 성종은 서희로 하여금 중군사(中軍使)로 삼아 시중 박양유(朴良柔), 문하시랑평장사 최량(崔亮)과 더불어 북계에 주둔하여 이를 방비하게 했다. 그리고 성종은 친히 군사를 거느리고 적과 맞서고자 서경에 행차하여 안북부까지 이르렀으나 거란군 총사령관인 동경유수 소손녕(蕭遜寧)이 이미 오늘의 청천강 유역인 봉산군을 함락시키고 고려군의 선봉인 윤서안(尹庶顏) 등을 포로로 잡았다는 보고를 듣자 더 이상 진군하지 못하고 물러났다.

그러면 거란은 무슨 까닭에 고려를 침공한 것일까. 거란족은 본래 몽골계 유목민족으로 5세기 무렵부터 내몽골 시라무렌강 유역을 근거지로 삼고 있었다. 당나라 때에는 이 가운데 유력한 8개 부족이 연합하여 제법 큰 세력을 이룬 적도 있었다. 이 거란족에서 야율아보기(耶律阿保機)라는 걸출한 인물이 나와 907년에 전 부족을 통일하고, 916년에는 연호를 세우고 황제를 칭하기에 이르렀다. 그해가 우리나라는 신라 신덕왕(神德王) 5년, 후백제 견훤왕 25년, 태봉국의 궁예왕 정개(政開) 3년, 고려 태조 왕건이 고려를 건국하기 2년 전이었다. 그로부터 10년 뒤인 926년에 야율아보기(태조)의 아들 야율덕광(耶律德光)이 태종으로 즉위하여 국호를 요(遼)라고 했는데, 그해는 고려 태조 9년이요, 발해가 멸망한 해였다.

고려는 개국 이래 고구려의 후신을 자처하며 고구려의 옛 땅을 회복하기 위한 북진정책을 펼치고 있었는데, 동족의 나라인 발해가 요나라에게 망하자 그 유민을 적극적으로 받아들였다. 따라서 고려와 요의 대립은 불가피했다. 요나라도 처음에는 고려와 친선관계를 통해 국제적 고립을 면하려고 했으나 고려의 반응이 신통치 않자 침공할 구실만 찾고 있었다.

그 뒤 광종 11년(960년)에 중국대륙에서 송나라가 일어나 이른바 5대시대가 막을 내리게 되자 고려와 여진은 재빨리 송과 외교관계를 수립했다. 고립상태에서 벗어나기 위해 요나라는 먼저 여진을 정벌하고, 그 다음 대상으로 고려를 선택했다. 성종 4년(985년) 7월에 요는 고려를 정벌하기 위해 군사를 일으켰지만 발해의 후신인 정안국을 정복하는 것으로 끝났다. 그렇게 하여 남쪽의 송나라와는 소강상태를 유지하게 되고, 여진과 정안국 정복도 완전히 끝나자 거란은 성종 12년(993년) 봄부터 본격적으로 고려 정벌에 나섰다.

그해 5월에 고려는 여진으로부터 '거란이 군사를 일으켜 고려를 치려 한다'는 정보를 입수했다. 하지만 이미 여러 차례 그런 정보를 들어왔으므로 이번에도 헛소문으로 여기고 아무 방비도 하지 않고 있다가 정말로 침공을 당하게 되자 서희를 중군사, 박양유를 상군사, 최량을 하군사로 삼아 방어군을 거느리고 지금의 평안북도 지방인 북계로 출전시켰던 것이다. 그러나 그때 소손녕이 거느린 거란의 대군은 이미 압록강을 넘어온 다음이었다.

서희가 군사를 이끌고 봉산군을 구원하고자 달려가니 소손녕이 사자를 보내 이렇게 말했다. "대국(요)이 고구려의 옛 땅을 영유하였는데, 이제 너희 나라가 우리 영토를 침탈하므로 와서 토벌하는 것이다"라고 했다. 또 이어서 글을 보내 이르기를, "대국이 사방을 통일하였다. 아직 투항하지 않은 자는 기어코 소탕할 터이니 지체하지 말고 항서를 바치도록 하라"고 위협했다.

이 글을 받고 조정에 돌아온 서희가 성종에게 아뢰기를, "문면을 살펴보건대 가히 화친할 만한 정상이 있습니다"라고 상주했다. 소손녕이 사자와 편지를 보내 위협만 되풀이하는 것이 사실은 고려의 군사력을 두려워하기 때문이라는 사실을 서희는 간파했던 것이다. 이에 성종이 예빈소경 이몽전(李蒙戰)을 거란군 진영으로 보내 화친을 청하자 기고만장한 소손녕이 이런 글을 보냈다. '내가 80만 대군으로 진격할 것이다. 만일 강에 나와 항복하지 않으면 전멸시킬 것이니 너희 군신(君臣)은 마땅히 속히 나의 군영 앞으로 나와 항복하라.'

이몽전이 소손녕의 군영으로 들어가 침입한 까닭을 묻자 소손녕이 이렇게 대답했다.

"너희 나라가 백성을 돌보지 않으므로 하늘을 대신하여 벌을 내리려는 것이다. 화친을 원한다면 마땅히 빨리 와서 항복하라."

이몽전이 돌아와 그대로 보고하자 성종이 신하들을 불러 앞으로 어떻게 했으면 좋을 것인지 상의했다. 그때 고려 조정에는 문약한 자들이 많아서 모두 거란의 대군을 두려워하였다. 그런 까닭에 이런 얼빠진 소리를 계책이랍시고 내놓는 자들도 있었다.

"폐하께서 서울로 돌아가셔서 중신들을 거느리고 항복하는 것이 좋을 듯싶습니다."

"서경 이북의 땅을 떼어주고, 황주로부터 절령(자비령)에 이르기까지를 국경으로 삼는 것이 좋겠습니다."

참으로 한심한 자들이었다. 그런데 더욱 황당무계한 일은 즉위 이후 중국의 풍습에 심취되어 있던 성종 역시 거란의 공갈에 겁을 먹고 이런 잠꼬대 같은 소리에 넘어갔다는 사실이다. 성종은 태조 이래 피 흘려 지켜온 강토를 떼어주기로 작정하고 서경의 창고를 열어 백성들에게 식량을 나누어주고, 그래도 곡식이 많이 남자 적군의 군량이 될까 두려워 모두 대동강에 버리라고 명령했다.

『고려사』 '열전' 서희 편은 그때 서희가 돌아가는 꼴이 너무나 한심하여 마침내 참지 못하고 나서서 이렇게 말했다고 전한다.

"식량이 풍족하면 성을 능히 지킬 수 있고, 싸움도 가히 이길 수 있습니다. 모름지기 싸움의 승패는 군사의 강약에만 있는 것이 아니라 기회를 보아 움직여야 하는데 어찌 갑자기 귀중한 곡식을 버리라고 하십니까? 하물며 곡식은 백성의 목숨과 같은 것이니 혹시 적의 수중에 들어가는 일이 있더라도 헛되이 강물에 버릴 수는 없는 것입니다. 또한 이는 하늘의 뜻을 어기는 일이될까 두렵습니다."

그러자 성종도 제정신이 돌아온 듯 서희의 말이 옳다 하고 쌀을 버리는 일을 중지하게 했다. 서희가 다시 아뢰었다.

"거란의 동경으로부터 우리 안북부에 이르기까지 수백 리 땅은 다 생여진(生女眞)이 차지하고 있던 것을 광종 때에 되찾아 가주와 송성 등을 쌓았습니다. 이제 거란이 쳐들어온 것은 그 두 성을 빼앗기 위함입니다. 그리고 고구려 옛 땅을 내놓으라고 하고 있지만, 실은 우리를 두려워하고 있는 것입니다. 그러므로 지금 적의 군세가 강하다고 하여 갑자기 서경 이북을 떼어서 주겠다는 것은 좋은 계책이 아닙니다. 뿐만 아니라 삼각산 이북은 모두 고구려의 옛 땅이니, 만일 저 놈들이 그 땅까지 내놓으라고 한다면 내주어야 하겠습니까? 국토를 떼어 적에게 준다는 것은 만세의 치욕이 될 것입니다. 바라옵건대 성상께서는 도성으로 돌아가소서. 신 등이 한 번 싸운 뒤에 다시 의논해도 늦지 않을 것입니다."

그러자 전임 민관어사 이지백(李知白)도 이렇게 상주했다.

"태조께서 창업하시고 대를 이어 오늘에 이르렀는데, 나라를 보위하려는 충신이 한 사람도 없어서 갑자기 국토를 떼어 경솔하게 적에게 주자고 하니 참으로 통분할 일입니다. 옛 사람의 시에 이르기를, '어리고 몽매한 놈이 / 천리강산을 경홀히 하니 / 한·촉의 문무백관이 / 초주(焦周)를 원망했다.' 라고 했는바 이것은 초주가 촉나라 대신으로서 후주(後主)에게 권하여 국토를 위나라에 바치고 천고의 웃음거리가 된 것을 말한 것입니다. 청컨대 금은 보화를 소손녕에게 주고 그의 속마음을 알아보소서. 또한 국토를 경솔히 적국에게 떼어주는 것보다는 차라리 선대로부터 전해오던 연등·팔관·선랑 등 행사를 다시 거행하고, 다른 나라의 색다른 풍습을 본받지 말며, 그리하여 국가를 보전하고 태평을 누리는 것이 좋지 않겠습니까? 만일 그렇다고 생각하신다면 응당 먼저 신명에게 고한 뒤에 항전이냐 화의냐 하는 문제는 오로지 주상께서 결정하소서."

성종은 서희와 이지백의 말을 듣고 그들의 주장을 옳게 여기게 되었다.

한편, 소손녕은 이몽전이 돌아간 뒤 오래도록 회답이 없자 군사를 움직여 안융진을 공격했지만 발해 출신 고려의 중랑장 대도수(大道秀)와 낭장 유방(庾方)이 힘껏 맞서 싸우는 바람에 패하자 감히 더 이상 공격을 못한 채 사자를 보내 항복만 재촉했다. 이에 성종이 장영(張瑩)을 화통사로 소손녕의 진영으로 보냈더니 소손녕이 장영의 벼슬이 낮다고 핏대를 내면서 다른 대신을 보내라고 그대로 돌려보냈다. 성종이 여러 신하를 불러 대책을 논의했다.

"누가 적진으로 들어가 언변으로 적군을 물리치고 만대의 공을 세울 사람은 없는가?"

아무도 나서지 않는데 오직 서희 혼자 일어나서 자원하며 말했다.

"소신이 비록 불민하오나 어찌 감히 명을 받들지 않겠습니까?"

성종이 강변까지 나가 서희의 손을 잡고 위로하며 전송했다. 서희가 국서를 가지고 소손녕의 진영으로 가서 통역을 시켜 회견하는 절차를 묻자 소손녕이 이렇게 거드름을 피웠다.

"나로 말할 것 같으면 대국의 귀인이니 마땅히 그대가 뜰에서 절을 하고 만나야 한다."

서희가 이렇게 타일렀다.

"신하가 임금을 대할 때 당하에서 절하는 것은 예법에 있는 일이나 양국의 대신이 대면하는 자리에서 어찌 그럴 수 있겠는가?"

그런 식으로 서로 고집을 꺾지 않다가 서희가 짐짓 노하여 숙소로 돌아가버렸다. 서희가 누구인가. 험한 풍랑을 헤치고 서해를 건너 송나라에 사신으로 가서 송 태조를 유창한 언변으로 설득했던 외교의 달인이 아니었던가. 소손녕 따위가 상대가 될 수는 없었다. 소손녕이 가만히 생각해보니 고려의 대신이라는 서희가 보통 인물이 아니었다. 대군을 거느리고 온 대국의 원수인 자신을 고려 국왕도 두려워하거늘, 서희라는 자는 어떻게 되어먹었기에 전혀 겁을 내지 않는 것인가. 어쨌든 범상치 않은 인물이구나. 결국 소손녕은 서희의 말에 따라 당상에서 서로 대등하게 대면하는 예식을 치르기로 합의했다.

서희와 소손녕은 뜰에서 맞절을 한 뒤 당상으로 올라가 각각 동쪽과 서쪽으로 나누어 앉아 담판을 시작했다. 소손녕이 입을 열었다.

"그대의 나라는 옛 신라 땅에서 건국했고 고구려의 옛 땅은 우리나라에 속했는데 어째서 우리나라에 침범했는가? 또 우리나라와는 서로 이웃해 있으면서 어찌하여 바다를 건너 송나라를 섬기고 있는가? 그런 까닭에 이번에 내가 군사를 거느리고 온 것이다. 만일 무사 하기를 바란다면 마땅히 땅을 떼어 바치고 국교를 회복해야 하리라."

이에 서희가 격앙한 표정으로 당당하게 논박했다.

"그렇지 않다. 우리나라는 바로 고구려의 후계자이다. 그러므로 나라 이름도 고려라고 한 것이다. 평양을 국도로 정한 것도 그런 이유였다. 그리고 경계를 가지고 말하자면 귀국의 동경이 우리 국토 안에 들어와야 마땅한데 그대가 어찌 우리에게 오히려 침범했다는 말을 할 수 있는가? 또한 압록강 안팎이 모두 우리 영토인데 이제 여진이 그 중간을 강점하고 있으면서 완악한 행위와 간사한 태도로서 교통을 막았기에 바다를 건너기보다도 왕래하기 어렵게 되었으므로 국교가 통하지 못함은 여진의 탓이다. 만일 여진을 몰아내고 우리의 옛 땅을 회복하여 거기에 성과 보들을 쌓고 길을 통하게 한다면 어찌 귀국과 통교하지 못 하겠는가? 장군이 만일 나의 의견을 귀국 임금에게 전하기만 한다면 어찌 들어주지 않으랴!"

소손녕이 서희의 말을 들으니 더 이상 할 말이 없기에 기다리라 하고 담판한 내용을 저희 임금에게 보고했다. 그러자 거란 임금이 고려가 이미 화의를 요청했으니 그만 군사를 물리라는 명령을 내렸다. 소손녕이 그 명령을 듣고 속으로 더 이상 싸워서 혹시나 낭패를 당할 염려가 사라진 것을 기뻐하여 서희를 위해 위로연을 베풀고자 했다. 그러자 서희가 이렇게 말하며 사양했다.

"이번에 비록 우리나라에서 잘못한 일이 없었다 하더라도 귀국에서 대군이 동원되어 왔으므로 지금 우리나라는 상하 없이 모두가 황급히 무기를 들고 전선으로 나선지 여러 날이 되었는데 어찌 차마 잔치를 벌이고 즐길 수 있겠는가?"

그러자 이미 서희의 인품에 반한 소손녕이 이렇게 간청하다시피 말하며 서희를 만류했다.

"두 나라 대신이 만났는데 어찌 친목하는 자리가 없겠는가?"

서희가 할 수 없이 못 이기는 척 수락하고 더불어 즐거운 자리를 가졌다. 그렇게 7일간을 거란군 진영에 머물다가 돌아올 때 소손녕은 그에게 낙타 10마리, 말 100마리, 양 1천 마리와 비단 500필을 주었다고 『고려사』는 전한다. 서희가 담판에 성공하고 돌아오자 성종은 매우 기뻐하며 강변까지 마중 나와 그의 공로를 치하했다. 그리고 즉시 박양유를 거란에 사신으로 보내 국교를 재개토록 했다. 그러자 서희가 성종에게 상주했다.

"소신이 소손녕과 약속하기를 여진을 소탕하고 옛 땅을 회복한 뒤에 국교를 통하기로 했는데, 지금은 겨우 강 이쪽 땅만 회복했을 뿐입니다. 그러므로 장차 강 저쪽의 땅까지 회복한 뒤에 국교를 통하여도 늦지 않사옵니다."

하지만 성종은, "오랫동안 왕래가 없으면 또 무슨 후환이라도 생길까 염려되어 사신을 보내는 것이다"라면서 자신의 고집을 꺾지 않았다. 그리고 서희를 평장사로 승진시켰다.

서희가 세 치 혀로 피 한 방울 흘리지 않고 거란의 80만 대군을 물리친 뒤, 성종은 서희의 의견을 묵살하고 거란과의 국교 재개를 서둘렀다. 결국 고려는 그해부터 조공을 약속하고 거란의 연호인 통화(統和)를 사용하기 시작했다. 이는 거란의 대군을 철수시켜 안전을 확보하려는 목적이었지 결코 거란을 상국으로 받들기 위함은 아니었다. 하지만 거란은 송나라를 대신하여 고려의 종주국 노릇을 하려고 했다. 결과적으로 거란은 고려를 굴복시켜 명분을 얻었고, 고려는 겉으로 복종하는 척하는 대신 실리를 얻어냈던 것이다.

그 뒤 고려는 거란에게 복수하고 고구려 고토를 회복하고자 송나라에 지원을 요청했다. 요나라 몰래 양국과 양다리 외교를 구사한 것인데, 송나라는 거란과의 군사적 대결을 원치 않았으므로 고려의 청을 거절했다. 이에 고려는 송과 외교를 단절하고 말았다.

서희는 목숨을 건 담판 끝에 고려의 국경을 고구려 망국 이후 처음으로 압록강까지 넓힌데 이어, 군사를 이끌고 3년에 걸쳐 압록강 동쪽 280리에 이르는 지역의 개척에 나서서 여진을 몰아낸 뒤 강동 6주를 완성했다. 『고려사』의 기록이다.

성종 13년(994년)에 서희는 군사를 이끌고 여진을 구축하여 장흥·귀화 두 진과 곽주 · 구주 두 고을에 성을 쌓고, 이듬해에는 또다시 군사를 거느리고 안의 · 흥화 두 진에 성을 쌓았으며, 또 그 다음해에는 선주 · 맹주 두 고을에 성을 쌓았다.

서희는 이처럼 나라를 구하는 큰 공을 세웠지만 결코 자만하지 않고 자신의 본분을 다했다. 그리고 부친에게서 물려받은 강직한 성품대로 공사(公私)를 엄격히 구분해 임금이라도 잘못하면 곧바로 직언하고 충간했다. 한 번은 성종을 모시고 해주에 갔는데 성종이 서희의 침소인 막사로 찾아와 들어가려고 했다. 그러자 서희는, "신의 막사는 누추하여 지존께서 들어오실 만한 곳이 못 됩니다"라고 하여 막았고, 또 성종이 술을 가져오라고 하자, "신에게 있는 술은 감히 폐하께 올릴만한 술이 못 됩니다"고 하였다. 이에 성종이 어주를 가져오게 하여 서희의 장막 밖에서 나누어 마시고 돌아갔다.

또 한 번은 조정에서 공빈령 정우현(鄭又玄)이 당시의 정사에 관한 일곱 가지 문제를 논한 글을 올렸는데 그 내용을 보고 성종이 재상들을 불러 이렇게 말했다.

"정우현이 감히 분수를 모르고 정사를 논했으니 그의 죄를 묻는 것이 어떠하냐?"

모두 지당한 말씀이라고 찬동했는데 서희만이 반대하고 나섰다.

"간관의 간언을 어찌 벌하시려 하십니까? 신은 졸렬한 자질로서 부당하게도 재상의 지위에 앉았으면서도 직분을 다하지 못했으므로 관직이 낮은 사람들로 하여금 정치와 교화에 관한 잘못을 논란토록 했으니 모두 신의 잘못입니다. 또한 정우현의 말은 대체로 옳은 것이니 마땅히 표창해야지 오히려 벌을 주어서는 안 됩니다."

그러자 성종도 서희의 말을 옳게 여겨 정우현을 감찰어사로 승진시키고, 서희에게도 수놓은 안장과 임금이 타는 말을 상으로 내렸다.

성종 15년(996년)에 서희는 깊은 병이 들어 개국사에 머물며 치료를 했는데 차도가 없었다. 성종이 친히 문병하고 어의(御衣) 한 벌과 말 세 필을 내려주고, 절에도 곡식 1천 석을 희사하여 서희의 완쾌를 빌도록 했다. 그 이듬해에 관리의 녹봉을 줄 때에 서희의 병이 낫지 않자 성종은 주무 부서에 이렇게 명령했다.

"서희의 나이가 아직 퇴직할 때가 되지 않았지만 병으로 인해 근무를 못하니 치사록을 주도록 하라."

치사록이란 70세가 되어 퇴임하는 관리에게 주는 봉록이었으니 서희의 병이 낫지 않았기에 특별대우를 해준 것이었다. 하지만 성종의 이 같은 염원에도 불구하고 서희의 병은 좀처럼 낫지 않았고, 오히려 성종이 그해(997년) 10월에 재위 16년 만에 먼저 세상을 떠나고 말았다.

출장입상하며 거란의 80만 대군을 오로지 세 치 혀로 물리쳐 나라를 구하고 국토를 개척한 일세의 대장부 서희는 그 이듬해인 목종(穆宗) 원년에 향년 57세로 앞서간 성종의 뒤를 따랐다. 목종은 그에게 장위(章威)라는 시호를 주었고, 현종(顯宗) 18년(1027년)에는 성종의 묘정에 배향했고, 다시 덕종(德宗) 2년(1033년)에는 태사 벼슬을 추증했다.

강감찬

거란의 대군 물리친 귀주대첩의 명장

강감찬(姜邯贊)은 본래 문관으로 관직에 나아갔으면서도 국난을 당하자 상원수(上元帥)로 전쟁터에 나아가 탁월한 용병술과 리더십으로 거란의 10만 대군을 여지없이 무찌른 고려 초의 명장이다. 귀주대첩(龜州大捷)으로 유명한 그의 빛나는 승리로 인해 고려는 외환을 극복하고 500년 왕조사의 기틀을 단단히 다질 수 있었다.

강감찬은 어려서부터 학문을 좋아하였고, 지략이 뛰어난 비범한 인물이었다. 전설적인 출생설화부터가 이를 잘 증명해주고 있다.

『고려사』 '열전'에 따르면 그는 '키가 작고 못 생겼다'고 했다. 하지만 어디 사람의 인격과 재능이 외모의 잘나고 못남에 정비례하랴. 그는 학문을 사랑하고 재능이 뛰어났을 뿐만 아니라, 인품이 고매하고 처신이 신중하며 위엄이 있어 적을 만들지 않았다. 또한 명문 귀족 가문 출신이면서도 검소한 생활을 즐겼으며, 관직에서는 탁월한 리더십으로 청백리의 모범이 된 겨레의 큰 스승이었다.

오랫동안 잊혀 있던 구국의 영웅 강감찬 장군의 생가 터인 서울 관악구 봉천동 218번지의 낙성대(落星臺)가 세상에 널리 알려진 것은 1960년대 초. 1964년부터 보수공사가 시작되었고, 1972년에는 지방문화재로 지정되었으며, 다시 1973년부터 이듬해까지 대대적인 보수 정화공사가 실시되어 사당인 안국사(安國祠)와, 본래의 출생지에 서 있던 '강감찬낙성대(姜邯贊落星臺)'라고 한문으로 새겨진 삼층석탑도 옮겨왔다. 그리고 그 자리에는 유허비를 세워놓았다.

황폐해 있던 민족의 영웅 강감찬의 생가 터 낙성대가 새로운 사적지로 단장된 것과 함께 오랜 세월을 두고 잊힌 채로 사람들의 기억에서 거의 사라져 버렸던 그의 묘소도 1963년에 충북 청주시 청원구 옥산면 국사리 구암동 국사봉 뒤쪽 기슭에서 묘지석이 발견됨으로써 이듬해 12월에 후손들이 봉분을 다시 만들고 묘역도 정비했다. 『고려사절요』에 강감찬을 찬양하는 다음과 같은 대목이 있다.

극진하도다. 하늘이 이 백성을 사랑하심이여! 국가에 장차 화패(禍敗)가 올 때에는 반드시 명현을 내시어 이를 구하시는구나. 목종 말년과 현종 원년에 역신이 난을 일으키고 거란의 강적이 내습하여 안으로는 내홍(內訌)이, 밖으로는 환란(患亂)이 있어 국가가 위급한 지경에 이르렀는데, 만약 강공(姜公)이 없었더라면 장차 나라가 어찌 되었을지 알 수가 없다.

강감찬은 고려 정종(靖宗) 4년(949년)에 현재 서울특별시 관악구 봉천동 218 - 14번지, 서울에 편입되기 전에는 경기도 시흥군 동면 봉천리 탑동, 출생 당시에는 경기도 금주(衿州)에서 태어났다. 처음 이름은 은천(殷川)이라고 했다. 『고려사』 '열전' 강감찬전은 세상에 전해져오는 이야기라면서 이런 일화를 소개한다.

고려 정종 4년에 어떤 사신이 밤중에 시흥군으로 들어올 무렵에 어느 집에 하늘에서부터 커다란 별 하나가 떨어지는 것을 보았다. 사람을 보내 알아보니 마침 그 집 부인이 사내아이를 낳았다. 이 말을 듣고 사신이 기이하게 여겨 그 아이를 데려다 길렀는데 바로 강감찬이라는 이야기다.

또 『세종실록』과 『동국여지승람』에도 이런 일화가 실려 있다. 뒷날 강감찬이 조정에서 벼슬을 할 때에 송나라 사신이 고려에 왔다가 강감찬을 보더니 자리에서 내려와 절을 올리면서, "문곡성(文曲星)을 못 본 지 오래 되었는데 지금 여기서 뵙습니다"라고 했다고 한다. 문곡성이란 도가(道家)에서 말하는 9성 가운데 네 번째 별로서 학문을 주재하는 별이름이니 강감찬이 학문을 좋아하고 문장력도 뛰어났다는 의미에서 생겨난 전설일 것이다.

또한 생가를 낙성대라고 부른 것도 큰 별이 떨어졌다는 전설에서 비롯되었을 것이다. 그러나 강감찬은 명문가에서 태어났으니 임금의 사신이건 누구건 남이 데려다가 길렀다는 것은 믿을 수 없는 이야기라고 하겠다.

강감찬의 관향은 진주(晋州)로서 그의 5대조 여청(餘淸)이 시흥군으로 이사해 살았고, 아버지 궁진(弓珍)은 태조 왕건의 건국에 공을 세워 삼한벽상공신이 된 사람이다. 그가 태어난 해는 왕건이 후삼국을 통일한 지 13년째, 왕건이 죽은 지 6년째 되던 해였다. 강감찬은 어려서부터 공부하기를 좋아했고, 또 신통한 지략이 많았다.

건국 초였던 당시 고려는 안으로는 중앙집권적 전제왕권이 확립되어 광종 때부터는 과거제도를 통해 인재를 뽑는 등 안정 궤도에 접어들었으나, 밖으로는 거란의 침공 위협이 점차 커져가는 시기였다. 거란은 만주 지역을 발판으로 세력을 키워 요나라를 세우고 고려 태조 9년(926년)에는 고구려의 유민과 말갈족이 건국한 발해를 멸망시키고 갈수록 강성해져 고려의 북방을 위협하고 있었다.

특히 고려는 국호부터 고구려의 후신을 자처하는 한편, 고구려의 옛 땅을 찾고자 하는 북진정책을 취해왔으며, 발해가 망하자 그 유민들을 받아들이고 거란과의 교섭을 단절해버렸다. 그 대신 거란의 적인 송나라와는 친교를 유지하니, 이에 분노한 거란은 고려를 침략할 기회만 노리고 있었다.

강감찬이 태어나서 자랄 때는 그런 무렵이었다. 그는 성종 2년(983년) 12월에 진사시에 합격하고, 다시 어전에서 보는 과거에 장원으로 급제해 문관으로 벼슬살이를 시작했다. 그때 이미 35세였으니 명문 출신에 총명한 머리로는 비교적 늦은 나이였다. 『고려사』 '열전' 은 강감찬의 사람됨에 대해 이렇게 전해주고 있다.

강감찬은 성품이 청백하고 검소하며 자기의 재산 경리에는 전혀 관심이 없었다. 체격이 작고 용모가 보잘것없었으며, 평상시에는 해지고 때 묻은 옷을 입고 있어서 누구나 그를 보통사람으로밖에 보지 않았다. 그러나 그가 일단 엄숙한 태도로 조정에 나가서 국사를 처리하며 국책을 결정할 때에는 당당한 국가의 중신으로서 역할을 다 하였다. 당시에 풍년이 계속되고 백성들의 생활이 안정되어 나라가 평온한 것을 사람들은 강감찬의 공덕으로 이루어진 것으로 여겼다.

이처럼 그는 외모는 비록 잘 생기지 못했지만 위엄이 있고 리더십이 출중하여 사람들이 함부로 대하지 못했고, 부족한 것 없이 부유한 귀족으로 태어났지만 사치스럽고 호화로운 것을 멀리하여 늘 검소한 생활을 했으며, 관직에서도 청렴결백하고 공평무사했다.

강감찬은 이러한 고매한 인품과 탁월한 자질이 인정받아 뒤늦게 시작한 벼슬길이지만 착실히 승진을 거듭해 현종 원년(1010년)에는 차관급인 예부시랑이 되었다. 그의 나이 61세 때였다.

거란의 40만 대군이 고려를 침범해온 것이 바로 그해였다. 이보다 앞선 성종 12년(993년)에 제1차 거란의 침략이 있었다. 소손녕(蕭遜寧)을 총사령관으로 하여 80만 대군이 쳐들어온 그때 제1차 침략은 고려의 중군사(中軍使) 서회(徐熙)가 단신으로 적진에 걸어 들어가 오로지 세 치 혀로 적장 소손녕과 담판을 벌인 결과 화의가 성립되어 그대로 물러갔고, 현종 2년(1010년) 10월의 제2차 침범도 양규(楊規) 장군 등의 분전으로 격퇴했지만 이번의 제3차 침공은 문제가 달랐다.

거란의 제1차 침공이 있기 전에 이런 일이 있었다. 목종 12년(1009년)에 김치양(金致陽)이 왕모 천추태후(千秋太后)와 밀통해서 몰래 낳은 아들을 즉위시키려는 역모사건이 일어났다. 이를 미리 안 임금이 몰래 서북면도순검사 강조(康兆)를 시켜 김치양을 죽이라고 했다. 이때 강조는 군사를 거느리고 도성으로 들어와서 김치양 일파를 숙청한 뒤 임금과 천추태후까지 쫓아냈다.

그리고 임금의 당숙 왕순(王詢)을 내세웠으니 그가 현종이다. 일은 거기에서 끝난 것이 아니라 강조는 내친 김에 목종까지 죽여 없앴다. 이 소식을 들은 거란의 성종(聖宗)이 트집을 잡아 임금을 죽인 역신 강조를 문죄한다는 명목으로 목종 13년 11월에 40만 대군을 이끌고 고려로 쳐들어왔다.

이에 군권을 장악한 강조가 행영도통사가 되어 30만 대군을 이끌고 적을 막으러 나갔으나 선천에서 패전하고 자신은 사로잡혀 죽었다. 12월에 거란군이 서경, 즉 평양까지 밀고 내려오자 고려 조정은 어전회의를 열고 대책을 논의했는데 거의가 중과부적이요 역부족이니 항복하자는 쪽으로 의견이 기울었다. 이때 오로지 강감찬만이 반대하고 나섰다.

"오늘의 사태는 오로지 강조의 탓이니 조금도 걱정할 바가 없습니다. 그러나 힘에 겨운 전쟁이니 마땅히 적의 예봉을 피하고 시간을 끌면서 기회를 노려야 합니다."

비록 차관급이지만 그의 말에는 무게가 있었던지라 아무도 반대하지 못했다. 강감찬은 임금에게 권해 남쪽으로 피란토록 했다. 현종이 전라도 나주까지 피란하는 동안 양규 등이 적을 무찔러 기세를 죽이는 한편, 하공진(河拱辰)

등은 외교적 노력을 벌여 마침내 강화가 이루어졌다. 임금이 개경으로 돌아온 것은 이듬해 2월이었다. 계책으로 항복의 치욕을 막은 공로로 강감찬은 국자좨주·한림학사·승지·좌산기상시를 거쳐 중추사로 승진했다. 그는 사직단을 수축할 것과 예관(禮官)을 시켜 예절에 관한 규범을 제정할 것을 임금에게 건의했다. 그리고 이부상서로 전임되었다.

두 차례의 전란을 겪은 현종은 강감찬의 건의에 따라 개경 외곽에 성곽을 축조하고, 강동 6성 및 각 지방의 성곽도 튼튼히 정비하여 국방력을 더욱 강화했다. 또한 과거제를 활성화시켜 인재를 발탁하고 우대함으로써 중앙집권제와 왕권을 동시에 강화하기도 했다.

당시 강감찬에게는 개령현에 토지 12결이 있었는데, 그는 임금에게 아뢴 뒤 이를 모두 자식이 군대에 간 집들에게 나누어주었다. 그러니 사람들이 그의 넓은 도량에 모두 탄복했다. 이어서 그는 서경유수 내사시랑 동 내사문하평장사로 임명되었는데, 현종이 임명장의 여백에 이렇게 써서 주었다고 『고려사』 '열전'은 전한다.

경술년 중에 오랑캐의 무리가 우리나라 한강 연안까지 깊이 침입한 전란이 있었다. 그때 만약 강공의 전략을 채용하지 않았더라면 온 나라가 모두 오랑캐 옷을 입을 뻔했다.

그 해가 현종 9년(1018년). 문하평장사는 오늘의 부총리 격이고, 서경유수는 요즘으로 치면 평양시장이다. 그러나 유수는 오늘의 시장 격이지만, 당시로서는 평양 이북의 국경 방어를 책임지는 군 총사령관을 겸한 무거운 자리였다. 그때 그의 나이 이미 70이었다.

거란의 제3차 침공이 일어난 것이 그 다음해 12월이었다. 고려 국왕의 내조(來朝)와 강동(江東)의 6성을 반환하라는 터무니없는 요구를 계속 묵살하자 거란은 마침내 소배압(蕭排押)을 사령관으로 하여 10만 대군으로 또 다시 쳐들어왔다. 『고려사』에는 이때 쳐들어온 거란의 장수가 소손녕이라고 했지만 실은 소손녕의 형 소배압이었다. 이 사실은 뒤에 원나라 때 편찬한 『요사』로써 확인된다.

그 동안 거란은 참으로 끈질기게 고려를 괴롭혀왔다. 『고려사』에 따르면 거란은 해마다 고려에 군사를 보내 크고 작은 싸움을 걸어오는 한편, 사신을 보내 국왕의 친조와 강동 6성의 반환을 요구했다. 하지만 고구려의 후신을 자처하고 건국한 고려, 태조 이래 북진정책을 추진해오던 고려가 거란의 그 따위 돼먹지 못한 공갈협박에 넘어갈 리 만무했다. 따라서 양국의 충돌은 필연적이었다.

현종 5년(1013년)에 거란의 성종은 야율행평(耶律行平)과 이송무(李松茂)를 보내 강동 6성의 반환을 강요했고, 그 이듬해에는 소적렬(蕭敵烈)을 보내 통주를 침공했다. 그러나 이들은 고려의 흥화진 장수 정신용(鄭神勇)과 별장 주연(周演)이 용감하게 싸워 물리쳐버렸다.

거란군은 그 이듬해인 현종 7년(1015년) 정월에는 압록강에 다리를 놓고 양안에 성을 쌓아 흥화진을 포위했으나 역시 우리 장수 고적여(高積餘)와 조익(趙?)에 의해 격퇴 당했다. 현종 8년 4월에도 거란은 또다시 야율평행을 보내 땅을 돌려달라고 강요하니 이미 국교를 단절한 고려는 아예 야율평행을 억류하고 말았다. 그러자 거란은 그해 9월에 다시 이송무를 보내 같은 요구를 되풀이했고 고려 조정은 여전히 냉담하게 거부했다.

끈질긴 거란은 현종 9년에는 야율세량(耶律世良)과 소굴렬(蕭屈烈)을 시켜 침공해왔고, 1017년에도 소합탁(蕭合卓)을 시켜 침공했으나 모두 격퇴했다. 그러자 1018년 12월에 마침내 10만 대군으로 대대적인 침략전쟁을 일으킨 것이다. 거란이 또 다시 10만 대군으로 쳐들어오자 현종은 서북면행영도통사 강감찬을 상원수 대장군으로 임명하고, 대장군 강민첨(姜民瞻)을 부원수로, 내사사인 박종검(朴從儉)과 병부낭중 유참(柳參)을 판관으로 임명하여 그 동안 거란의 내침에 대비하여 길러온 20만 8천 300명의 군사를 거느리고 나아가 막게 했다.

강감찬은 군사를 이끌고 북상하여 오늘의 평북 안주인 영주에 주력군을 주둔하여 현재 의주인 홍화진까지 이르게 하고, 기병 1만 2천 명을 선발하여 산중에 매복시켰다. 그리고 굵은 밧줄로 소가죽을 꿰어 성의 동쪽을 흐르는 대천의 물을 막고 기다리게 했다가 적군이 쳐들어오자 일시에 막았던 물을 터놓게 했다. 적군이 뜻밖의 기습에 당황하여 큰 혼란에 빠진 틈을 놓치지 않고 강감찬은 공격명령을 내려 수많은 적을 무찔렀다. 이렇게 첫 싸움은 고려군이 대승을 거두었다.

그러자 소배압은 홍화진을 우회하여 개경으로 바로 남진했다. 강감찬은 부원수 강민첨으로 하여금 이를 추격케 하는 한편 도처에서 적을 무찔러 무수한 사상자를 내게 했다. 그러나 소배압의 주력군은 이듬해인 1019년 정월에 이미 개경에서 100리밖에 떨어지지 않은 오늘의 황해도 신계까지 남하하고 있었다.

거란군이 개경 가까이 쳐들어오고 있다는 보고를 받은 현종은 도성 밖의 백성들을 모두 성안으로 불러들이고, 들판의 농작물은 하나도 남김없이 거두어들이며, 성 밖의 집들까지 모두 부수게 했다. 이것이 바로 고구려의 명림답부(明臨答夫)와 을지문덕(乙支文德) 장군 이래 우리나라가 중국과 싸울 때마다 자주 사용하던 청야전술(淸野戰術)이었다. 고려 조정은 또 한편 비밀리에 기병 300명을 금교역(금천)으로 보내 어둠을 틈타 적군을 기습하여 큰 타격을 가했다.

전선의 강감찬도 병마판관 김종현에게 군사 1만 명을 따로 주어 개경으로 달려가 수도를 방어토록 시켰다. 사상자가 늘어나고 전세가 불리하게 돌아가자 소배압은 군사를 이끌고 퇴각하기 시작했다. 강감찬은 퇴각하는 적군을 추격하며 곳곳에서 적을 무찔렀다. 그리고 남은 적군이 귀주에 집결하자 마침내 양군의 주력이 맞붙게 되었다.

처음의 접전은 좀처럼 승부가 나지 않다가 김종현이 이끈 고려군 1만 명이 북상하여 합세하자 전황은 급변했다. 게다가 바람까지 남쪽에서 북쪽으로 불었다. 화공을 당하면 큰일이라고 여긴 소배압은 퇴각을 서둘렀다. 이때를 놓치지 않고 강감찬의 호령 일하에 고려군은 총공격을 개시했다. 이 싸움에서 거란의 10만 대군은 몰살하다시피 하고 살아서 압록강을 넘어 돌아간 자는 겨우 수천 명이었다.

거란의 성종이 겨우 살아서 돌아온 패장 소배압을 보자, "네놈의 낯가죽을 벗겨서 죽여 버리겠다!"면서 노발대발했다. 그러나 기록에는 소배압이 파면되어 귀양을 간 것으로 나오니 목숨만은 빼앗기지 않았던 모양이다.

이 귀주대첩 이후 거란은 다시는 고려를 침범하지 못했다. 백발 백수가 성성한 71세의 개선장군 강감찬이 삼군을 거느리고 개선하여 수많은 포로와 노획 물자를 바치니 현종은 문무백관을 거느리고 도성 밖 영파역까지 마중 나와 연회를 베풀고 극진히 환영했다. 『고려사』는 당시의 정경을 이렇게 전한다.

임금이 금으로 만든 여덟 가지 꽃을 손수 강감찬의 머리에 꽂아준 뒤, 왼손으로는 강감찬의 손을 잡고 오른손으로는 축배를 들어 그를 위로하고 찬양하여 마지않으니 강감찬은 분에 넘치는 우대에 감당하기 어렵다는 뜻으로 사의를 표했다. 나라에서는 개선을 기념하여 역의 이름을 흥의로 고치고 역리들에게 특별히 주와 현의 아전들이 쓰는 것과 같은 갓과 띠를 주었다.

귀주대첩에서 개선한 뒤 강감찬은 연로함을 사유로 은퇴를 주청했으나 임금은 이를 들어주지 않고 3일에 한 번씩 입궐케 하고, 작위와 함께 식읍 300호를 하사했다. 그는 이듬해 6월에야 비로소 실무에서 완전히 물러났다. 그러나 임금은 은퇴한 그에게 계속 벼슬을 내려 83세 때인 현종 21년(1030년)에 는 수상인 문하시중에 임명하고, 이듬해에는 식읍을 1천 호로 늘려주었다. 하지만 강감찬은 여전히 평민과 다름없이 검소한 의복과 음식으로 조용히 노 년을 보내다가 그 이듬해인 현종 22년, 덕종 원년(1032년)에 84세를 일기로 세상을 떠났다.

강감찬이 죽자 왕이 3일간 조회를 멈추고 인헌(仁憲)이란 시호를 주고 백 관에게 그의 장례에 참석토록 명령했다.

끝으로 강감찬 장군이 출장입상한 구국의 영웅이었을 뿐만 아니라 백성을 사랑하고 존경받던 출중한 리더십의 목민관이었음을 전해주는 전설 한 가지 를 소개한다.

그가 오늘의 서울시장인 남경판관으로 있을 때 호환(虎患)이 자주 일어나 사 람들이 마음 놓고 살 수가 없었다. 하루는 걸음이 가장 빠른 사령(使令)을 불 러 "여기서 제일 높고 험한 산이 어디냐?"고 물었다. 사령이 "예이, 삼각산이 제일 높고, 그 꼭대기가 백운대라고 합니다."라고 대답했다. 강감찬이 편지를 한 장 써서 사령에게 주면서 일렀다. "애야, 너 그곳에 가면 늙은 중이 바위에 앉아 이를 잡고 있을 것이다. 이것을 보이면 따라올 테니 데리고 오너라."

대낮에도 범이 사람을 마구 물어가던 때라 사령이 벌벌 떨며 백운대로 올 라가자 과연 노승 하나가 이를 잡고 있었다. 강감찬이 준 편지를 보이자 그가 군말 없이 따라왔다. 노승이 대령하자 강감찬이 호통쳤다.

"너는 어찌 짐승으로서 감히 사람들을 해치느냐? 너희 무리를 이끌고 백두 산 이북으로 가되 암수 한 마리씩만 남기고 모조리 사라져야 하느니라!"

노승으로 둔갑한 호랑이가 앞발이 닳도록 용서를 빌었으나, 강감찬은 "듣 기 싫다! 썩 물러가지 않으면 용서하지 않겠다!"고 소리쳤다. 그 뒤부터는 남 경에서 호환이 없어졌다고 한다.

낙성대 버스종점에서 서울대학교 후문 쪽으로 5분쯤 올라가면 길 왼쪽에 장군의 사당인 안국사가 있다. 서울 관악구 봉천동 228번지. 낙성교(落星橋)를 건너 안국문(安國門)을 들어서면 왼쪽에 높이 4m의 사리탑 형식의 삼층석탑이 보인다. 남면으로 향한 초층 탑신에 '姜邯贊落星臺'라고 한문으로 새겨져 있다. 원래 이 탑은 현재 낙성대 위치에서 북쪽으로 약 300m 떨어진 봉천동 812 - 14번지 농가 마당에 서 있었다. 1960년대 초에 고고학자 김희경(金禧庚)씨가 오랜 수소문과 현지답사 끝에 낙성대를 발견해 세상에 소개하던 때에는 경기도 시흥군 동면 봉천리 탑골에 속했다.

오랫동안 잊혀 있던 민족의 영웅 강감찬 장군의 유적인 생가 터 낙성대 위치가 밝혀지자 1964년부터 보수공사가 시작되고, 높이 2.3m의 삼층석탑은 1972년에 서울시 지방문화재 제14호로 지정되었다. 이듬해부터 2년 동안 현재의 자리에 강감찬장군 유적지정화공사를 실시하며 사당인 안국사와 안국문, 낙성교를 만들고 삼층석탑도 현재의 위치로 옮겼다. 그리고 석탑이 있던 본래 자리에는 유허비를 세웠다.

한편, 낙성대와 더불어 우리 못난 후손들에 의해 까마득히 잊혀 있던 장군의 묘소도 29대손인 강우근(姜祐根)씨 형제가 오랫동안 찾아 헤매던 끝에 1963년 충북 청주시 청원구 옥산면 국사리 구암동 국사봉 뒤쪽 기슭에서 묘지석을 발견함으로써 이듬해 12월 그 위치에 묘소를 새로 만들고 묘역을 정비했다.

윤관

승리하고도 패장의 오명 쓴 비운의 장군

    윤관(尹瓘)은 강감찬(姜邯贊)·최영(崔瑩)과 더불어 고려시대의 대표적 명장이다. 최영이 처음부터 무신으로 입신했던 반면, 윤관은 강감찬과 더불어 문신 출신이면서도 출중한 작전을 펼쳐 막강한 적군을 물리치고 태조 왕건 이래 고려의 숙원인 고토회복, 곧 고구려 옛 땅을 되찾기 위한 북진정책에 앞장서서 여진족을 무찌르고 9성을 개척한 리더십이 출중한 문무겸전의 영웅이다.

    윤관은 고구려의 옛 강토를 회복하겠다는 웅지를 품고 17만 대군을 이끌고 두만강 북쪽 700여 리에 이르는 지역까지 진격, 여진족을 정벌하고 1천800여 리에 걸쳐 9개 진성(鎭城)을 쌓고 7만 5천여 민호(民戶)를 이주시키는 등 빛나는 전공을 세웠다.

    그러나 그는 전쟁에서는 이기고도 나약한 문신들이 중심이 된 정치적 흥정 때문에 패장으로 몰린 비운의 장군이 되었다. "영원히 배반하지 않고 조공을 바칠 터이니 윤관이 점령한 9성을 돌려 달라"는 여진족의 간계에 넘어간 조정의 나약하고 썩어빠진 문관들이 숱한 피눈물을 흘리며 탈환한 고구려의 옛 땅을 돌려주기로 결정하는 한편, 윤관까지 패군지장으로 몰아붙여 벼슬은 물론 공신호(功臣號)마저 박탈했던 것이다.

천추만대에 씻을 수 없는 한을 품고 세상을 등진 윤관 장군은 경기도 파주시 광탄면 분수리에 잠들어 있다. 1987년에는 묘역이 경기도 지방문화재 제19호에서 국가 지정문화재인 사적 제323호로 승격되었으며, 1991년부터 그 이듬해까지는 파평 윤씨(坡平尹氏) 문중에 의해 대대적인 묘역정화공사가 이루어졌다. 하지만 천추의 한을 남긴 채 이승을 떠난 윤관 대원수는 여전히 편한 잠을 이루지 못하고 있을 것이다.

『고려사』 '열전'에 따르면 윤관의 고조부 윤신달(尹莘達)은 태조 왕건의 고려 건국에 공을 세운 삼한공신(三韓功臣)이고, 부친 윤집형(尹執衡)은 궁중의 보물과 공예품 등을 보관하는 관청의 차관급인 검교소부소감 벼슬을 지냈다. 어머니는 신라의 마지막 임금으로서 태조에게 귀순한 경순왕의 손녀였으니 그는 어느 집안에도 뒤지지 않는 명문가 출신이었다.

윤관이 언제 태어났는지 사서에는 정확한 기록이 없지만, 파평 윤씨 문중에서 전해오기는 정종 6년(1040년) 6월 1일에 태어났다고 한다. 그의 자는 동현(同玄), 호는 묵재(默齋). 어릴 때부터 비범하게 총명했고 학문을 좋아하여 어디를 가든 책을 지니고 다녔다. 뒷날 전쟁터에 나갈 때에도 경서를 가지고 가서 틈나는 대로 읽었으며, 또 어진 것을 좋아하고 착한 것을 즐겼다고 한다. 그가 7세 때 지었다고 전하는 다음과 같은 내용의 시가 이런 사실을 증명한다.

> 뽕잎은 누에를 길러 추위를 막게 하고
> 가지는 굳센 활을 만들어 오랑캐를 쏠 수 있네.
> 이름은 비록 초목에 불과하나 참으로 국보로세.
> 베거나 꺾지 말도록 아이들에게 타일러야 하리.

윤관은 문종 27년(1073년)에 진사시에 급제하고, 그 이듬해에 대과에 급제하여 벼슬길에 나아갔다고 하니, 문중에서 전하는 출생 연도가 맞는다면 33세라는 비교적 늦은 나이에 관직 생활을 시작한 셈이다. 예빈성주부 · 서경유수판관 · 전중시어사 등 여러 벼슬을 거쳐 예종 원년(1095년)에는 거란족이 세운 요나라에 사신으로 다녀온 데에 이어, 숙종 3년(1098년)에는 다시 송나라에 사신으로 다녀왔다. 두 차례의 사신행을 성공적으로 수행함에 따라 숙종의 신임을 얻은 윤관은 그 이듬해인 숙종 4년에 우간의대부 겸 한림시강학사로 승진했고, 그 뒤 어사대부 · 이부상서 · 추밀원지사 등을 거쳤는데 글재주가 빼어난 까닭에 한림학사승지도 겸했다.

윤관은 숙종 6년에 추밀원지사로서 양주에 남경을 건설하여 천도를 작정한 왕명에 따라 지금의 서울 일대의 지세를 답사했다. 이때 윤관은 삼각산 남쪽 현재의 청와대 자리가 새 궁궐터로 적당하다고 보고했다. 당시 숙종이 천도를 작정한 까닭은 어린 조카 헌종을 밀어내고 왕위에 오른 부담감과, 천재지변이 자주 일어나 민심이 이반한 것 등이 이유였다.

문관이었던 윤관이 야전군 총사령관 격인 동북면행영병마도통으로 임명되어 제1차 여진정벌전에 나선 것은 숙종 9년(1104년) 2월이었다. 당시 고려는 약 100년 전인 현종 9년(1018년)에 강감찬이 거란의 10만 대군을 물리친 귀주대첩 이래 북방 변경을 자주 침범하여 노략질을 일삼는 여진족 때문에 골치를 앓고 있었다. 여진족은 본래 만주 동쪽에 살던 퉁구스계 유목민족으로 숙신 · 읍루 · 물길 · 말갈 등으로 불리다가 송나라 때부터 여진이라고 불렸다. 고구려의 유민과 함께 발해를 건국하기도 했던 이들은 발해가 망한 뒤에는 발해의 옛 땅에 부족별로 흩어져 살면서 자주 고려의 경계를 침범하였다.

처음에 고려는 이들을 회유하기 위해 교역을 허락하고, 귀화하는 자들에게는 집과 땅을 주어 정착토록 하는 등 우호정책을 썼으나, 이들이 국경을 자주 침범하고 약탈을 자행하자 문종 34년(1080년)에는 군사 3만 명을 파견하여 토벌한 적도 있었다.

그런데 윤관이 출정하기 전해인 1103년에 동여진에 속한 완안부(完顏部)에서 우야소(烏雅束)라는 걸출한 인물이 부족장이 되면서 여진족은 한층 강성하여 고려의 영토인 함경도 지방까지 쳐들어와 주둔하기에 이르렀다. 이에 위기를 느낀 고려 조정은 문하시랑평장사 임간(林幹)을 총사령관으로 삼아 여진 정벌을 지시했다. 임간은 군사를 거느리고 나아가 1104년 정월에 그들을 격퇴했으나 적을 얕본 까닭에 그 다음 달에 벌어진 싸움에서는 오히려 고려군이 대패하고 말았다. 임간은 추밀원 별가 척준경(拓俊京)의 맹활약에 의해 간신히 여진족의 추격을 따돌리고 목숨을 구할 수 있었다.

그래서 숙종은 임간을 파면하고 그 대신 윤관을 동북면행영병마도통을 삼아 여진을 치게 했던 것이다. 그러나 윤관의 이 제1차 여진정벌전도 군사력의 열세로 성공을 거두지 못한 채 일단 휴전을 맺고 돌아올 수밖에 없었다. 기동력이 훨씬 뛰어난 여진족에게 군사의 절반을 잃고 포위당했다가 임기응변으로 화친을 약속하고 치욕스러운 철수를 했던 것이다. 개경으로 돌아온 윤관은 숙종에게 이렇게 말했다.

"공자(孔子)의 『춘추』에 따르면 임금이 욕을 당하면 그 신하는 목숨을 내놓아야 한다고 했습니다. 그런데 신은 성상 폐하께 씻을 수 없는 죄를 짓고도 이렇게 살아 돌아왔으니 폐하를 뵈올 면목이 없사옵니다."

이때 패전의 죄를 물어 윤관을 처벌해야 한다는 상소가 빗발치듯했으나 윤관을 깊이 신임하던 숙종은 이를 모두 물리쳤다. 그러자 윤관이 다시 임금에게 나아가 자신이 분석한 패전의 원인과 그 대책을 이렇게 상주했다.

"여진 오랑캐들은 본래 말을 타고 생활하는 족속으로서 우리의 보군으로는 아무리 힘을 합쳐 싸워도 당할 수 없습니다. 신이 패한 까닭을 잘 알고 있사오니 청컨대 병력을 증강하고 기병을 양성한 뒤에 적을 친다면 반드시 무찌를 수 있을 것입니다."

이러한 윤관의 건의에 따라 그해 12월에 전국적인 동원령을 내려 병력을 증강하고, 별무반(別武班)이라는 특수부대를 창설하여 훈련을 시키기 시작했다. 별무반은 여진족의 빠른 기동력에 맞설 수 있는 기마병이 중심이었다. 이 별무반 양성에 주력하는 한편, 보병 외에 특과대(特科隊)라고 하여 화공(火攻)과 파괴를 전담하는 부대도 두었다. 또 젊은 승려들을 징발해 항마군(降魔軍)을 구성하기도 했다. 따라서 윤관 장군이야 말로 우리나라 역사상 가장 처음으로 본격적인 특수부대를 창시한 인물이라고 할 수 있다.

이듬해인 1105년. 윤관이 병력을 증강 개편하고 맹훈련을 시키는 동안 여진정벌을 염원하던 숙종이 재위 10년 만에 죽고 예종이 뒤를 이었다. 숙종은 죽기 전에 태자와 윤관을 불러 이렇게 유언했다.

"저 북방의 오랑캐를 반드시 정벌하여 우리 고려의 영토를 넓히고, 새 도읍지 남경에서 대 고려제국의 새아침을 맞을 수만 있다면 나는 더 이상 바랄 것이 없겠노라."

예종이 즉위하자 윤관은 군사 훈련을 강화하는 한편, 예종에게 『서경』을 강의했으며, 벼슬은 상주국 감수국사에 올랐다. 예종 2년(1107년) 10월에 조정이 여진정벌을 결정함에 따라 총사령관인 원수에 임명된 윤관은 부원수 오연총(吳延寵) 이하 17만 대군을 거느리고 그해 12월 1일부터 북정 길에 올랐다. 임금은 전례 없이 서경까지 행차하여 윤관을 배웅했다.

국경에 다다른 윤관은 행군을 멈추고 진을 쳤다. 그리고 병마판관 최홍정(崔弘正)과 황군상(黃君裳)에게 군사를 주어 정주와 장주로 보내는 한편, 포로로 잡고 있던 여진족 족장들을 풀어주겠다면서 여진족을 유인했다. 그러자 여진족 족장 고라(古羅) 등 400여 명이 고려군 진영에 나타났고, 윤관은 잔치를 베풀어 이들이 취하자 모두 목을 베어버렸다.

윤관은 여기에서 멈추지 않고 대공세를 펼쳤다. 자신이 직접 5만 3천 명을 거느리고 정주 대화문으로 나가고, 중군병마사 김한충(金漢忠)에게 3만 6천

700명을 주어 안륙수로, 좌군병마사 문관(文冠)에게 3만 3천 900명을 주어 정주 홍화문으로, 우군병마사 김덕진(金德珍)에게 4만 3천 800명을 주어 신덕진 안해로, 선병별감 양유송(梁惟竦)과 원흥도부서사 정숭용(鄭崇用) 등에게 2천 600명을 주어 도린포로 나아가게 하였다. 그러자 족장을 잃고 우왕좌왕하던 여진족은 개미떼처럼 사방으로 흩어져 도망쳐버렸다.

하지만 여진족이 석성에 들어가 성을 굳게 지키자 고려군은 곤경에 처하게 되었다. 원정군이 속전속결을 못하고 시간을 끌면 불리할 것이 당연하기 때문이었다.

윤관은 병마녹사 척준경을 불러, "날은 저물고 사태가 급하니 너는 장군 이관진(李冠珍)과 함께 성을 공격하여 반드시 함락토록 하라"고 명령했다. 척준경은 전에 임간과 더불어 패전의 책임을 쓰고 파직되었는데 윤관이 그의 공로를 들어 힘써 변호해준 덕분에 오히려 천우위녹사 참군으로 승진했기에 그에게 윤관은 은인이었다. 척준경은 뒷날 이자겸(李資謙)과 더불어 정사를 농단하는 권신이 되지만 당시에는 윤관에게 충성을 다 바치는 믿음직하고 용맹스러운 부하였다. 척준경이 이내 적진으로 무섭게 돌격하여 족장 몇 명을 죽이자 윤관은 승세를 타고 총공격 명령을 내렸다. 그리하여 마침내 석성을 함락시킬 수 있었다. 이 전투에서 고려군은 여진족 4천 650명을 죽이고 730명을 사로잡는 대승을 거두었다.

윤관은 장수들을 각 점령지에 보내 성을 쌓게 하였다. 또한 영주성 안에는 숙종의 염원을 풀어주기 위해 호국인왕사와 진동보제사라는 두 개의 절을 세웠다. 또 녹사 유영약(兪瑩若)을 개경으로 보내 임금에게 승전보를 전했다.

윤관의 승전보를 받은 예종은 매우 기뻐하며 내시 강영준(姜英俊)을 보내 술과 양을 내리고, 군사들에게도 포상을 했다. 윤관이 영주성에 주둔하고 있을 때에 여진족이 또 다시 2만여 병력으로 공격해왔다. 윤관이 적군이 많고 우리 군사가 적기 때문에 수성전을 하기로 결정하자 척준경이 이렇게 반대하고 나섰다. "우리가 나가서 싸우지 않는다면 적의 군사는 더욱 늘어날 것이고, 성안의 군량은 금방 바닥이 날 것입니다. 만약 구원군이 오지 않는다면 그때에는 어찌 하시렵니까? 제가 지금 나가서 죽기를 각오하고 싸워서 반드시 승리할 터이니 장군들께선 성루에서 똑똑히 구경하십시오!"하고 결사대 수십 명을 이끌고 성을 나가 적군들을 사정없이 쳐 죽이니 놀란 여진족은 사방으로 흩어져 달아나버렸다.

이렇게 대군을 5개 군단으로 나누어 북진한 윤관은 여진족이 차지하고 있던 현재의 함경도 지방 대부분을 점령하여 6개 성을 쌓고 남쪽의 백성 7만여 호를 이주시켜 정착토록 하였다. 그리고 함주(咸州)에 대도독부를 두어 점령지역을 통치하게 하였다. 또한 그 이듬해에는 3개 성을 더 쌓았으니 이 9성이 함주를 비롯하여 영주(英州)·복주(福州)·웅주(雄州)·길주(吉州)·통태진(通泰鎭)·숭녕진(崇寧鎭)·진양진(眞陽鎭)·선화진(宣化鎭) 등이다.

고려군의 막강한 군사력에 밀렸던 여진족이 다시 전열을 가다듬고 반격을 가해옴에 따라 전쟁은 2년여 동안 4차에 걸쳐 계속되었으나 결국 고려군의 승리로 일단 막을 내렸다. 출정 2년 만인 예종 4년(1109년) 4월에 개경으로 개선한 윤관 원수에게 임금은 진국(鎭國)이란 공신 호와 수상인 문하시중 벼슬을 내렸다.

그러나 생존의 터전을 빼앗긴 여진족은 끈질기게 덤벼들어 윤관은 개선한 지 3개월 만에 다시 출전하여 적과 맞서야만 했다. 도저히 윤관이 지휘하는 고려군을 무력으로는 당할 수 없다고 여긴 여진족 족장 우야소는 계략으로 난국을 타개하기로 작정했다. 그래서 화평을 요청하는 사신을 윤관의 진영으로 보냈다.

윤관은 여진의 사신을 맞아 이렇게 말했다. "화평은 전선에 나와 싸우는 장수의 마음대로 결정할 수 없는 일이므로 직접 우리 조정에 가서 말씀 올리라." 문무겸전의 탁월한 전략가인 윤관은 적장 우야소가 남쪽의 강대국 고려와 아울러 서쪽의 강적 요를 한꺼번에 상대하지는 못할 것을 통찰하고 유리한 조건에서 화평이 이루어질 것으로 판단했던 것이다. 그래서 윤관의 진영을 통과한 여진의 사신 일행은 개경으로 들어가 고려 조정에 이런 화평 조건을 제시했다.

"앞으로 영원히 배반하지 않고 해마다 조공을 바칠 터이니 우리 땅을 돌려주십시오."

이는 다시 말해서 윤관이 점령한 9성을 자신들에게 돌려달라는 요구였다. 참으로 터무니없고 염치없는 요구였지만 조정의 의견은 강온 양파로 갈렸다. 그리고 마침내 나약하고 무능한 문신들의 온건론이 대세를 좌우해 숱한 싸움과 수많은 군사의 피땀으로 되찾은 고구려의 옛 강토를 되돌려주기로 결정하고 말았다. 이야말로 천추의 한으로 남은 어리석기 그지없는 결정이었다.

윤관의 암담하고 비참한 심정을 어디에 비기랴. 하지만 신하된 입장에서 임금의 명령을 거역할 수는 없어서 점령지에서 철수를 개시하기 시작했다. 전쟁에서는 이겼으나 정치적 흥정 탓에 결과적으로는 패전이 된 셈이었다. 윤관 원수의 불행과 비운은 거기에서 그치지 않았다. 무식한 자가 말이 많고 무능한 자의 재주가 오로지 남의 공로를 시기하고 모함하는 것뿐이라는 사실은 예나 이제나 변함이 없다.

그동안 전쟁터의 고통은 아랑곳없이 임금의 곁에서 사람의 장막을 치고 향락만 일삼던 문관들은 한술 더 떠 윤관을 쓸데없는 전쟁을 일으켜 군사들만 희생시킨 패군지장으로 몰아붙였다. 심약한 임금은 그들의 성화에 못 견뎌 윤관과 오연총이 개경에 돌아오기도 전에 신하를 보내 그들의 지휘권을 회수해버렸다. 설상가상의 치욕을 당한 두 장수는 대궐에 들어가 귀환보고도 올리지 못하고 집으로 돌아가 드러눕고 말았다.

썩어빠진 유신들의 중상모략은 여기에서 끝나지 않고 나라에 손해를 끼친 윤관을 옥에 가두고 벌을 주어야 한다고 임금에게 졸라댔다. 이에 윤관의 인품을 잘 알고 있던 예종은 "두 장수는 마음대로 전쟁터에 나간 것이 아니라 명령대로 출전한 것이요, 승패란 병가(兵家)의 상사(常事)라 이길 때도 있고 질 때도 있는 법이니 죄를 물을 수는 없다."고 했다. 그래도 계속해서 물고 늘어지기에 하는 수 없이 벼슬과 공신 호를 박탈했다.

다음해에 예종은 자신의 조치를 후회하고 윤관에게 다시 문하시중 판병부사 감수국사 벼슬을 주고 불렀으나 윤관은 사양하고 벼슬길에 나아가지 않았다. 임금이 이를 듣지 않고 다시 벼슬을 내리고 불렀지만 윤관 또한 계속 사양하고 조정에 나아가지 않았다. 그리고 5개월 뒤인 1111년(예종 6년) 5월 천추의 한을 품은 채 세상을 떠났다. 문중에서 전하는 출생 연도가 맞는다면 당시 71세였을 것이다. 윤관은 태조 왕건의 외손녀인 부인 인천 이씨(仁川李氏)와의 사이에서 7남 2녀를 두었는데, 이 가운데 두 아들이 속세를 등지고 중이 되었다. 또한 여섯째 아들 윤언이(尹彦?)는 뒷날 묘청(妙淸)과 더불어 서경천도 및 칭제북벌론의 영수가 되어 부친의 웅지를 이으려 했으나 유학자 김부식(金富軾) 일파에게 패사하고 말았다.

윤관의 비극은 그의 개인적인 일로 끝나지 않았다. 윤관이 한을 남긴 채 죽은 지 4년 뒤인 예종 10년(1115년)에 여진족은 우야소의 뒤를 이어 아구타(阿骨他)라는 걸출한 인물이 나타났다. 아구타는 여진 전 부족을 통일하여 금나라를 세우고 황제를 칭했으며, 2년 뒤에는 그 동안 신하로 복속하던 고려에 대해 형제관계를 요구해왔다.

뿐만 아니라 다시 8년 뒤인 인종 3년(1125년)에는 거란족이 세운 요나라를 멸망시킨 뒤 고려에 사신을 보내 군신관계를 강요해왔다. 지하의 윤관 장군도 통곡할 노릇이었으나 고려 조정은 너무나 무기력했다. 윤관의 빛나는 공로가 헛수고로 돌아가 버린 바람에 태조 왕건 이래 고려의 숙원이던 고구려 고토를 수복하려던 북벌정책은 좌절되고 말았다.

윤관의 시호는 처음에 문경공(文敬公)이었으나 인종 때에 문숙공(文肅公)이라고 고치고 예종의 사당에 배향했다. 경기도 파주시 광탄면 분수리의 묘소와 사당 여충사 외에, 파주시 천현면 응담리 별서(別墅)터에 상서대(尙書臺)가 있고, 충북 청원의 호남사(湖南祠), 경북 예천의 화남사(化南祠), 전남 함평의 수벽사(修闢祠), 광주직할시의 서강사(瑞岡祠) 등에서 그의 영정과 위패를 모셔왔다고 전한다. 또한 북녘 땅인 경성(境城)의 원수대(元帥臺)와 개선비, 단천(端川)의 장사대(壯士臺) 등이 모두 그의 유적으로 전한다.

배중손

고려혼 불태운 불굴의 삼별초 장군

우리 역사에서 삼별초(三別抄)의 의미는 무엇인가. 그것은 민족 정통성을 지키려는 고려의 주체적 자주 독립 정신의 표상이었다. 삼별초는 몽골군에게는 항복만이 살 길이란 법칙을 용기 있게 거부했던 고려 정신의 진수였고 귀감이었다. 배중손(裵仲孫)은 누구인가. 그는 굴종보다는 죽음을 택한 용사였다. 삼별초 장군 배중손은 비굴하게 살기를 거부하고, 하루를 살더라도 떳떳이 일어서서 꿋꿋하게 싸우다가 죽기로 작정했던 것이다.

전남 진도 벽파진 · 용장산성 · 남도석성 등은 출중한 리더십의 배중손 장군이 용감하고 날쌘 특수부대 삼별초를 이끌고 끈질게 피 어린 항쟁을 지속하던 빛나는 역사의 현장이다. 으리으리한 왕궁의 건물이나 성벽, 기념비만이 역사의 흔적이 아니다. 역사는 승자의 기록만도, 왕후장상의 것만도 아니다. 저 폐허가 된 고성(古城)의 성돌 하나하나가 모두 처절하게 싸우다 장렬하게 숨져간 숱한 백성의 피와 땀과 눈물이 얼룩진 역사를 증언하고 있지 않은가.

배중손, 그는 칼로는 졌으나 주체를 위한 항쟁의 깃발을 힘차게 높이 올린 빛나는 정신으로써 영원한 승리를 거둔 멋진 사나이였다.

정복자 칭기즈칸이 전무후무한 대제국 몽골을 세운 것은 1206년. 온 세상을 공포의 도가니로 몰아넣은 이 칭기즈칸이 죽은 것은 1227년 7월 감숙성 국원현에 있는 육반산에서였다. 그로부터 4년이 지난 1231년 8월, 고려의 서북변 국경 요새 함신진(咸新鎭 : 義州)에 공포의 군대 몽골군이 새까맣게 몰려와 성을 겹겹으로 포위했다. 이것이 바로 세계의 5분의 4를 정복한 몽골 제국과 고려 간의 30년에 걸쳐 피바다를 이룬 참혹한 전쟁의 시작이었다.

몽골군 총사령관 살리타이(撒禮塔)는 사로잡힌 고려 사람들로 하여금 이렇게 소리치도록 시켰다. "우리는 몽골 군사다! 속히 항복하라! 항복하지 않으면 개 한 마리 닭 한 마리 남기지 않고 모조리 몰살시키겠다.!"

몽골의 침공은 그들의 사신을 죽인 데 대한 응징이 그 구실이었는데 그것은 고종 12년(1225년)에 압록강을 건너 돌아가던 사신 찰고야(著古也)가 도둑에게 피살된 사건의 책임을 고려에 뒤집어씌운 것이었다. 살리타이는 자기네 사신 찰고야를 죽인 책임을 따지는 한편, 공물로 금은과 좋은 의복을 말 2만 필에 실어 보내고, 진품의 자색 비단 1만 필과 질 좋은 수달피 2만 장, 좋은 말 2만 필을 바치라고 강요했다. 그런데 그게 다가 아니었다. 그 밖에도 인질로 왕손과 대신의 자녀를 남녀 각 1천 명씩 바치라고 했으니 고려 조정으로서는 참으로 기가 찰 노릇이었다.

고려는 급한 대로 황금 70근과 백금 1천 300근, 옷 1천 벌, 말 170필 등을 바치고 화친을 청해 살리타이는 그가 점령한 지역에 다루가치[達魯花赤 : 감독관] 72명을 두고 일단 철수했다. 이런 식으로 국교가 다시 트이자 몽골은 도저히 들어줄 수 없는 과중한 요구를 거듭해와 고려를 괴롭혔다. 그해 5월, 도저히 견딜 수 없게 된 고려는 차라리 망하더라도 앉아서 빼앗기기만 하다가 망하기보다는 끝까지 싸우다 죽기로 작정하고 집권자 최우(崔瑀)가 중심이 되어 강도(江都 : 江華島) 천도를 단행하기에 이르렀다. 기마병 위주로 육전에는 강했지만 수전은 서투른 몽골군에게 고려의 강화 천도는 선전포고나 마찬가지였다.

고종 19년(1232년)부터 원종 11년(1271년)까지 고려 정부가 강화도에 들어가 있던 40년 동안 우리 국토는 미증유의 재앙을 당해 그 참상은 처절하기 이를 데가 없었다. 몽골군이 짓밟고 지나간 곳은 무자비한 살인·약탈·강간·파괴·방화가 뒤따라 시체가 산을 이루고 피는 강물처럼 흘러 삽시간에 폐허로 변했다.

마별초(馬別抄)는 말 그대로 말 탄 별초, 즉 기마 특수부대를 가리킨다.『고려사』에는 전봉별초(戰鋒別抄)니 별초도령(別抄都令)이니 하는 기록이 고종 시대 이전부터 곳곳에 보이는데, 별초란 특수부대·특공대·결사대·별동대 또는 선봉부대로 치면 무난하다. 별초군은 무예가 뛰어나고 죽음을 두려워하지 않는 용사들을 가려 뽑아 조직했으며, 전투에는 최선봉에서 공격을 도맡았다.

마별초는 최씨 무신정권의 사병(私兵)이나 다름없었으나 최우가 마별초와 별도로 조직한 야별초(夜別抄)는 정규 관군(官軍)의 기능을 대신할 정도로 그 성격이 보다 군사적이고 경찰적이었다. 삼별초는 이 야별초를 확대 개편한 특수 군사집단으로『고려사』'병지(兵志)' 오군(五軍) 조항에는 그 설치 연혁에 대하여 이렇게 기록되어 있다.

처음에 나라 안에 도둑이 많으므로 용사를 모아 매일 밤 순찰하게 하여 단속함으로써 이름을 야별초라 하였는데, 도둑이 전국적으로 일어나므로 별초를 나누어 보내 잡게 했고, 군사 수가 늘어나 좌·우 별초로 나누고, 또 몽골에서 탈출하여 귀환한 자들로 신의군(神義軍)을 편성해 이를 삼별초라 하였다.

다시 말하자면 야별초가 좌별초와 우별초로 개편된 데다가 신의군을 합쳐서 삼별초가 이루어진 것이다. 특히 신의군은 몽골에 포로로 끌려갔다가 도망쳐 돌아온 장정들 가운데서 신체 강건하고 용맹한 자들을 골라서 뽑았으므로 몽골에 대한 적개심이 다른 사람들보다는 몇 갑절이나 높았다.

고려 조정이 강화도로 들어가 나오지 않고 화전양면(和戰兩面)에서 장기전 태세를 굳히자 몽골군도 파상공격을 펼치기 시작했다. 그들은 거의 해마다 쳐들어와 강토를 유린하며 노략질을 벌였다.

삼별초 항쟁의 주역 배중손의 출신 내력을 알려주는 기록은 없다. 왕조 중심의 이른바 정사(正史)에서 반역의 괴수였던 그에 대해 조금이라도 긍정적 기록이 남아 전해질 리도 없다. 배중손 장군의 출신에 대해서 알 수 있는 기록이란 '배중손은 원종 때 벼슬을 쌓아 장군에 이르렀다(裵仲孫 元宗朝 積官 至 將軍)'는 『고려사』'반역자 열전'의 첫머리 한 줄밖에 없다.

1270년 5월 몽골에 갔다가 돌아오던 원종은 서경에서 상장군 정자여(鄭子璵)를 강화도에 보내 옛 서울인 개경으로의 환도 명령을 하달하고 '문무 양반에서 방리(坊里 : 거리와 동네) 백성에 이르기까지 모두 부인과 아이들을 이끌고 강화도를 나와 개경으로 돌아오라. 명을 거역하면 그 자신은 물론 처자 권속까지 몽골군이 모조리 사로잡아갈 것'이라고 위협했다. 이에 따라 강화도는 남으려는 자와 떠나려는 자들로 일대 소동이 벌어졌다.

5월 23일에 원종은 용천역에서 대신들을 모아 환도할 일을 의논하고 정한 날짜를 고시하는 방을 내붙였는데, 삼별초의 상하 장병들은 이 지시에 따르기를 거부하여 관청의 창고를 마음대로 열어 물건들을 꺼내는 등 항거의 조짐을 보이기 시작했다. 이에 왕은 정자여를 다시 강화로 보내 무마하도록 시켰지만 이미 타오르기 시작한 항쟁의 불길은 어쩔 수 없었다. 5월 27일 왕은 개경에 돌아왔고 강화에 있던 비빈들도 개경으로 건너왔는데, 왕과 대신들은 의관이 없어 군복을 입어야 했고, 궁실 대신 천막을 치고 거처해야 했다.

왕은 태자와 재상 이장용(李藏用)을 불러 의논한 끝에 삼별초를 해산하기로 결정하고 장군 김지저(金之?)를 강화로 파견하였다. 김지저는 5월 29일 강화에 들어가 삼별초 지휘관들에게 왕명을 전하기를 "이제부터 삼별초는 파(破)하니 각자 해산하여 생업을 찾으라." 하고 명적(名籍)을 회수하여 개경으로 돌아갔다. 이것이 직접적 원인이었다. 6월 1일, 장군 배중손은 야별초 지유(指諭 : 지휘관) 노영희(盧永禧)를 불러 말했다.

"이제 조정에서 우리의 명부를 가져갔으니, 그것이 분명히 몽골 오랑캐들의 손에 넘어갈 것이오. 그렇게 되면 지금까지 우리 군사들이 몽골군과 맞서 숱하게 죽인 앙갚음을 하고자 덤벼들 것은 자명한 일. 놈들이 눈에 불을 켜고 일일이 찾아내 잡아 죽이려 하지 않겠소?"

"장군 말씀이 옳습니다. 이대로 가만히 있다가는 앉아서 개죽음을 당할 뿐이지요."

"그렇소! 우리가 사나이로 태어나서 어찌 구차한 삶을 위해 오랑캐에게 무릎을 꿇고 개처럼 기면서 살기를 바라리오! 한번 떨쳐 일어나 싸우다 죽음만 못하리다!"

그들은 곧 삼별초 수뇌부를 모아 회의를 열고 끝까지 항쟁할 것을 공론으로 정했다. 몽골에 항복하여 꼭두각시 노릇을 자청한 허약하고 무능한 정부에 대항하기로 결의를 굳혔던 것이다. 배중손은 수하 장졸들을 내보내 거리거리마다 외치게 했다.

"모여라! 모두 모여라! 몽골 오랑캐들이 쳐들어와 백성을 모조리 살육하고자 한다! 나라를 위해 싸우고자 하는 사람은 모두 구정(毬庭)으로 모이라!"

강화의 도성 안은 삽시간에 벌집을 쑤셔 놓은 듯 온통 수라장을 이루었다. 삼별초 군사들의 외침소리를 듣고 많은 사람이 구정에 모여들었다. 구정이란 고려시대에 격구(擊毬)하던 크고 넓은 마당이니 오늘날 종합운동장쯤 되는 광장이다. 배중손 · 노영희 · 김통정(金通精)을 비롯한 항쟁의 지도자들은 정부의 무기고인 금강고(金剛庫)를 열어 군사들과 싸우고자 하는 장정들을 무장시켰다.

"나루를 막아라! 배라는 배는 모조리 거두어 묶어 놓아라!"

"도망치는 자는 모두 베어라! 고경(古京 : 開京)으로 가는 것들은 배반자다!"

"지금 임금은 몽골의 허수아비다! 고경의 조정은 우리의 적이다!"

그리고 배중손은 몽골에 굴복한 원종의 정부에 대항하여 왕족인 승화후(承化候) 왕온(王溫)을 추대하여 새 임금으로 모시고, 대장군 유존혁(劉存奕)을 좌승선(左承宣)으로, 상서좌승(尙書左承) 이신손(李信孫)을 우승선(右承宣)으로 삼아 새로운 조정을 구성한 뒤에 우리야 말로 자주 정통의 고려국이라 일컬었다.

6월 2일, 왕명에 항거하여 삼별초가 강화도에서 반란을 일으켰다는 통고를 받은 몽골 주둔군 사령관 도렌카(頭輦哥)는 휘하 군사 2천 명에게 언제든지 출동할 수 있도록 명령했다. 그리고 사흘 뒤인 6월 5일, 북새통 속에서도 강화도 천도 39년 만에 개경 환도는 일단락되었다.

배중손을 비롯한 삼별초군의 수뇌부는 보다 안전한 곳으로 거점을 옮기지 않으면 안 되었다. 그들은 강화도 인근의 배는 크든 작든 있는 대로 징발해 군사와 백성과 무기와 재물들을 싣고 바다로 나섰는데, 그 수가 무려 1천여 척이나 되는 대 선단이었다. 40년간 고려의 수도로서 항쟁의 중심지 노릇을 하던 강화도는 그 다음날 들이닥친 2천 명의 몽골군 부대가 남은 인명을 살상하고 재물을 노략질하고 철저히 파괴하여 폐허가 되고 말았다.

1천여 척의 삼별초 선단은 서해를 남하하여 74일이 지난 그해 8월 19일 진도 벽파진에 배를 대고 상륙하였다. 백제 성왕(聖王) 15년(537년)에 개설된 진도는 1984년에 484m에 달하는 연륙교가 놓이기 전까지 1천 500년 동안이나 2km 떨어진 해남 옥동나루에서 벽파진까지 배를 타고 건너다녀야만 했다. 이 벽파진에서 진도읍 쪽으로 고개 하나를 넘으면 제법 널찍한 용장들판이 펼쳐진다.

1270년 8월 추석 무렵 벽파진에 상륙해 용장리로 넘어온 삼별초군은 지금 진도군 군내면 용장리 52번지 일대 산기슭의 대찰 용장사(龍藏寺)를 접수하여 대궐로 삼고, 주변 3면의 산상에는 석성을 쌓아 새 도성의 면모를 갖추기 시작했다. 서남 해상의 요지 진도에 웅거하여 용장성을 도읍지로 삼고 몽골과 개경 정부에 맞서서 민족 정통성을 주장하는 새 왕국을 세운 삼별초군은 숨 돌릴 새도 없이 난마처럼 얽힌 문제들을 풀어 나가야 했다.

친몽주의자인 원종의 고려 조정은 몽골의 괴뢰정부이므로 더 이상 섬길 수 없다고 등을 돌리고 새로운 정권을 수립한 이상 시급한 것이 나라의 기틀을 갖추는 일이었다. 승화후 왕온을 새 임금으로 추대하고 전직 고관들 가운데 뜻을 함께 하는 인사들로 대신을 삼은 새 왕국은 용장사 일대를 궁궐로 개축하고 주변에 성곽을 두르는 등 내부 정비를 마친 다음, 해안 요충마다 망대와 봉수대를 쌓아 군사들로 지키게 하여 도성 방어에 임했다.

그리고 나서 그들 자신이 민족 정통의 맥을 이은 자주 독립적 주체국임을 안팎에 널리 선포했는데, 그것은 이 나라가 '오랑(五浪)'이라는 제왕의 연호(年號)를 세우고 임금의 칭호를 황제로 자처한 것만 보아도 잘 알 수가 있다. 어느 정도 근거지인 진도의 정비가 끝난 다음 배중손은 본토 수복작전을 전개하기 시작했다. 그들은 먼저 인근의 여러 섬에 군사를 파견해 복속시켜 완도·거제도·제주도를 비롯한 30여 개의 크고 작은 도서를 점령하였다. 그와 함께 전라도와 경상도 남해안 지방을 공략한 데 이어 전주와 밀양 등 내륙 깊숙이까지 진공하기도 했다.

개경 조정은 환도에 따른 뒷수습도 끝내지 못한 판에 남쪽에서 잇따라 올라오는 급보에 정신을 차릴 수 없었다. 원종은 김방경(金方慶)을 전라도추토사로 임명해 진도를 치게 했고, 9월 중순에 김방경은 몽골 장수 아하이(阿海)

와 함께 군사 1천 명을 거느리고 개경을 떠났는데, 김방경의 휘하 군사 60명을 제외한 나머지 전부는 몽골군이었다.

이 괴상한 연합군은 전주와 나주를 지나 삼별초의 거점인 진도 벽파진 맞은편 삼견원(三堅院)에 다다라 진을 쳤다. 순암(順庵) 안정복(安鼎福)의 『동사강목』에 따르면 삼견원은 지금 해남군 황산면 옥동리 삼기원. 몽골 원수 아하이는 다른 몽골족과 마찬가지로 물이라면 질색이었고, 건너편 바다 가득히 떠 있는 삼별초군의 대소 선단을 바라보자 겁이 나 건너갈 엄두가 나지 않았다. 아하이가 겁에 질려 군사를 나주로 물리려 하므로 김방경이 말렸다.

"원수가 물러나면 약점을 보이는 것이니 적이 승세를 타고 몰려오면 그 예봉을 어찌 당할 것이며, 황제께서 듣고 문책하시면 무어라 답하겠소?"

그러자 아하이가 후퇴하지도 전진하지도 못하고 엉거주춤 할 뿐이었다. 김방경이 휘하 군사를 거느리고 스스로 선봉이 되어 돌격했는데 삼별초군이 전함으로 맞받아 쳐오므로 관군이 삽시간에 지리멸렬 다투어 도망쳤다. 이 싸움에서 연합군은 대패하고 김방경도 포위되어 구사일생으로 살아났으므로, 그 뒤 한동안은 큰 접전 없이 소강상태만 유지하게 되었다.

해가 바뀌어 원종 12년(1271년) 정월, 아하이는 겁먹고 싸우지 않은 책임으로 파면당해 몽골로 소환되고 그 후임으로 힌도(?都)가 3월에 부임하여 전황은 새로운 국면으로 접어들었다. 삼별초는 그해 4월에는 함대를 보내 합포(合浦 : 마산)·동래(東來)·김주(金州 : 김해) 등 경상도 남해안 여러 지방을 치고 개경 조정으로 상납하는 공물선까지 나포하는 등 세력을 떨쳤다.

힌도가 본국에서 진도의 임금 왕온의 아우 영녕공 준의 두 아들 왕희(王熙)와 왕옹(王擁)이 데리고 온 군사 400명과 고려 각지에서 강제로 징집한 군사 6천 명을 증강하니 토벌군은 1만여 명으로 불어나게 되었다. 거기에 반역자 홍복원(洪福源)의 아들로 아비의 뒤를 이어 몽골에 붙어 장군이 된 홍다구(洪茶丘)가 500여 명의 불한당을 이끌고 몽골로부터 고려로 들어와 삼별초 토벌군에 합세했다.

1271년 5월 여몽 연합군은 전함 400여 척으로 삼별초의 본거지 진도를 향해 총공격을 개시했다. 상장군 김방경은 힌도와 함께 중군으로 옥동나루에서 벽파진으로 상륙하고, 홍다구와 왕희·왕옹 형제의 좌군은 고군면 원포리 노루목으로, 대장군 김석(金錫)과 만호 고을마(高乙麽)의 우군은 벽파진 북녘 군직구미로 상륙했다.

그때 삼별초군은 수차례의 전투에서 승리를 거둔 데다 적을 얕잡아보는 어리석음을 범하고 있었다. 몽골군은 절대로 바다를 건너지 못한다는 생각에 젖은 데다, 개경 정부의 군사력이라 해야 도성의 왕궁을 지키는 100여 명의 정규군이 전부요 나머지 지방의 수비병들은 보잘 것 없는 허수아비 군사로 여기고 있었던 것이다. 사실 강화도 시절까지만 해도 고려군의 주력은 삼별초군이었으니 그런 인식도 무리는 아니었다. 여몽군은 삼별초군의 이런 자만심과 방심의 허를 찔러 불시에 급습을 가했다.

적의 주력인 중군이 벽파진으로 상륙하려들자 삼별초군도 거의 대부분의 병력이 정면의 적을 막기에만 급급하여 좌우군의 공격에 미처 대비할 여력이 없었다. 홍다구의 좌군이 먼저 노루목에 상륙하여 몽골에서 가져온 화포(火砲)와 화창(火槍) 따위 신무기로 맹렬한 화공을 퍼부으니 삼별초군의 전열은 삽시간에 무너지기 시작했다. 적은 해안의 삼별초군 전함들을 불태우며 속속 상륙하여 용장성을 3면에서 포위하여 들어갔다.

화포와 화창의 위력은 대단하여 용장성은 이내 불바다가 되고 남녀노소의 비참하게 울부짖는 소리는 하늘 끝까지 울려 퍼졌다. 주력이 무너지니 배중손·노영희·김통정 등 삼별초 수뇌는 남은 군사를 모아 포위망을 뚫고자 혼신의 힘을 다했다. 가까스로 혈로를 찾아 용장성을 벗어난 삼별초군은 적의 추격을 분산시키기 위해 두 갈래로 나누어 섬의 서쪽과 남쪽으로 각각 바다를 향해 도주하였다.

임금을 모시고 서쪽으로 가던 배중손군은 추격해 온 홍다구의 몽골군과 일대 접전을 벌였으나 중과부적으로 패퇴해 오늘날 임회면 남동리 219번지 일대 남도포(南桃浦)의 진성(鎭城)으로 탈출했다. 임금 왕온과 왕자 왕환(王桓) 부자는 홍다구에게 생포됐는데 종군한 왕온의 아우 영녕공 준의 아들, 그러니까 친조카들이 큰아버지의 목숨만 구해 줄 것을 애걸복걸했으나 홍다구 들은 척도 않고 무참히 살해해 버리고 말았다.

그곳이 지금 논수골이라 불리는 곳. 삼별초의 왕, 진도 정부의 임금 왕온이 참살당해 묻힌 곳이 왕무덤. 진도읍에서 의신면 사천리로 가다가 구부러진 고갯길 옆 솔숲 속인데, 그 아래 말무덤이라는 고분이 하나가 있으니 그것은 왕온을 따르던 신하와 군졸들의 무덤이라고 전한다.

한편 김통정이 이끄는 군사들도 의신면 돈지리 앞들에서 혈전을 벌인 끝에 수많은 사상자를 내고 '떼무덤'을 남기며 금갑진(金甲鎭)으로 퇴각하였는데, 그 뒤를 따르던 부녀자들과 시종들이 도망칠 기력을 잃은 데다 살아남아 적군에게 짓밟히기보다는 죽음을 택해 우항천 깊은 수렁에 몸을 던져 자결하고 말았으니 그곳이 오늘날 '여기급창(女妓及唱)두멍'이라고 불리는 곳이다.

남도포구 외로운 석성으로 쫓겨 들어간 삼별초 항쟁의 주역 배중손은 이제 모든 것이 끝났다고 생각했다. 온 몸에 화살을 맞고 창칼에 찔리고 찢긴 몸으로 이제 여기서 어디로 더 갈 수 있으랴! 그는 쉴 새 없이 피가 흐르는 상처를 대충 싸매고 차가운 돌성의 벽을 등진 채 적을 기다렸다. 얼마 지나지 않아 적군이 몰려와 겹겹으로 둘러싼 가운데 배중손은 칼날의 이가 죄다 빠져 톱날이 될 때까지 분전하다가 장렬한 최후를 맞았다.

진도의 결전에서 탈출에 성공한 사람은 김통정이 거느린 일부 군사들과 남해에 웅거하고 있던 유존혁의 부대뿐이었다. 김통정은 금갑포에서 잔병을 수습하여 제주도로 건너갔고, 유존혁이 그 뒤를 따라 80여 척의 배를 거느리고 제주도로 들어갔는데, 그들은 그 뒤로도 만 2년간에 걸쳐 끈질기고 피어린 항몽투쟁을 계속했다.

   삼별초의 항쟁이 진도 정부 붕괴에 이어 제주도의 항전을 마지막으로 종막을 고하게 되자 고려는 완전히 몽골의 식민지로 전락하고 말아 그 뒤 100여 년 동안 고난의 가시밭길을 걸어야 했다.

최영

신장으로 추앙받는 고려의 마지막 기둥

대자산(大慈山) 돌아들어 최 도통(崔都統) 적분(赤墳)

따뜻한 술 붓기를 잊어버려라.

무악재 넘어와서 독립문 앞에

신들메 다시 한번 조를지로다.

최영(崔瑩) 장군의 후손 육당(六堂) 최남선(崔南善)은 '조선유람가'에서 이렇게 읊었지만, 경기도 고양시 벽제읍 대자 2리 통일로 옆 야트막한 야산 기슭에 누워 있는 최 도통의 무덤은 이제 적분이 아니다. 수백 년 동안 황폐했던 붉은 무덤을 후손들이 정화하여 떼를 입혔기 때문이다. "내 평생 탐욕을 가졌으면 내 무덤에 풀이 날 것이로되, 그렇지 않았다면 풀이 나지 않으리라"고 유언하고 태연히 칼날 아래 충절의 피를 뿌린 최영, 그는 진정한 무인의 길, 충성의 길을 걸은 참다운 군인이었다.

비겁자는 여러 번 죽지만 용기 있는 자는 오직 한 번 죽을 뿐이다.

'황금을 돌같이 보며' 청빈하게 평생을 보낸 최영. 70여 년에 걸친 일생을 오로지 구국의 일념으로 전쟁터를 누벼온 고려의 마지막 기둥 최영 장군. 그는 비록 정치군인 이성계(李成桂)의 하극상으로 비명에 갔으나 민중의 영웅신 최 도통의 전설은 영원히 죽지 않고 우리 곁에 살아 있다.

충남 부여군 홍산면 태봉산 위에는 리더십이 출중했던 상승장군 최영의 홍산대첩비(鴻山大捷碑)가 왜구를 여지없이 무찌른 옛 승전지 홍산벌을 내려다보며 참된 군인의 길을 일깨워준다. 또한 통일로를 따라 북쪽으로 올라가다보면 벽제읍 조금 못 미쳐 오른쪽 길가에 필리핀군참전기념비가 나오고, 그 옆에 '최영장군묘입구'라고 새긴 표지석이 서 있다. 샛길로 접어들어 300m쯤 들어가면 고양시 벽제읍 대자 2리. 이 마을 뒷산이 대자산으로 개울 줄기를 거슬러 500여m를 올라간 곳에 최영 장군의 묘가 있다.

최영 장군이 누구인가. 그는 기울어가는 왕조와 운명을 함께 한 고려의 마지막 기둥이었다. 그는 이성계 일파의 쿠데타에 맞서 끝까지 싸우다가 정의로운 죽음을 택한 참다운 무인의 귀감이었다.

우왕 14년(1388년) 6월에 위화도회군(威化島回軍)으로 정권을 장악한 이성계가 허수아비 임금 창왕을 내세우고 그해 12월에 최영을 처형하자, 그날 온 도성 사람들이 문을 닫고 저자를 열지 않았으며 가까운 곳에서나 먼 곳에서나 이 소식을 들은 사람은 거리의 어린아이와 아낙네까지 모두 눈물을 흘렸고, 길가에 버려진 주검 옆을 지나는 사람들 모두가 그의 명복을 빌었다.

최영은 참형당하기에 앞서서 "내가 평생에 탐욕의 마음을 가졌다면 무덤에 풀이 날 것이고, 그렇지 않으면 풀이 나지 않을 것이다"하고 태연자약하게 칼날을 받았다. 그 뒤 과연 무덤에 풀이 나지 않으므로 사람들이 이를 가리켜 '적분' – 붉은 무덤이라 불렀다. 그리고 조선왕조가 망할 때까지 500년 동안을 적분은 황폐한 모습 그대로 있었다. 비록 무덤은 벌거숭이로 수백 년 비바람에 황폐했지만 최영 장군이 영영 죽어 사람들의 기억에서 완전히 사라진 것은 아니었다. 그는 민중의 신장(神將)으로 영원히 살아남았다.

이성계 일파가 최영을 죽이고 정몽주(鄭夢周)를 죽이고 마침내 나라를 빼앗고, 이어서 왕씨 일족은 멸종에 이르도록 도륙을 하고 망국의 유신들을 살육하자, 송도사람들은 치를 떨며 분개했다. 살아남은 사람들은 최영을 신장으로 모시고 섬기며 나라를 빼앗고 숱한 충신을 죽인 이성계를 저주했다.

임진강 건너 송도 가까운 개풍군 풍덕 땅 덕물산 기슭은 서울 이북 경기도 · 황해도 무속의 본거지로서 산정에 최영 장군을 신장으로 모신 장군당이 있어서 6.25 전까지만 해도 이태 걸려 음력 3월이면 도당굿이 벌어졌다. 덕물산 최영 장군 신당에서 기도해야만 무력(巫力)을 얻는다는 믿음 때문에 전국 곳곳에서 무당들이 모여들어 성황을 이룬 가운데 굿이 벌어지는 것이다.

굿이 끝나면 잔치가 베풀어지는데 이때 가장 진미로 치는 음식이 돼지비계로서 사람들은 이를 '성계육(成桂肉)'이라고 불렀다. 최영의 원통하고 억울한 혼령을 위로하고 그를 죽인 이성계를 저주하기 위해 돼지비계를 이성계의 살점이라 부르며 씹어 먹었던 것이다. 고려 유민의 분노와 원한의 응어리는 무속의 형태로 이렇게 남아 전해져 왔다. 덕물산 신당에는 최영 장군의 원혼이 깃들어서 때때로 사나운 비바람을 부르며 괴이한 일들을 일으켰다고 하는데, 지금은 임진강 건너 북녘 땅에 있기 때문에 가 볼 수가 없다.

임종 직전 16세인 외아들에게 '황금 보기를 돌같이 하라'는 마지막 가르침을 남기고 떠난 최영의 부친 최원직(崔元直)의 묘 바로 아래 부인 문화 유씨(文化柳氏)와 합장한 최영의 묘가 있다.

풀 한 포기 나지 않고 수백 년 무상의 세월 속에 말없이 누워 비 · 바람 · 눈과 서리를 맞아온 붉은 무덤이 분묘다운 모습을 갖추게 된 것은 최근의 일이었다. 조선왕조 시대를 통틀어 벼슬길에 나아가 영달한 후손이 없어서였는지는 모르겠으나 봉분조차 밋밋한 평지로 바뀌어갈 무렵 동주 최씨(東州崔氏) 문중에서 비로소 묘역정화사업을 벌였던 것이다.

봉분을 새로 만들고 석인과 상석과 석등 따위 석물을 조성했는데, 무덤 앞에는 비석 2기가 서 있다. 하나는 처음 묘역을 정화하던 1928년에 18세 방손 최영태(崔榮泰)와 19세 방손으로 육당 최남선의 부친인 최헌규(崔獻圭)가 세운 것인데 이렇게 새겨져 있다.

高麗盡忠奮義佐命安社功臣判密直事
大將軍門下侍中贊成事六道都巡察使
鐵原府院君諡武愍東州崔公諱瑩之墓
三韓國大夫人文化柳氏祔左

또 하나의 비석은 1970년 10월 3일에 장군의 26세손으로 국방대학원장을 지낸 최대명(崔大明) 예비역 소장이 묘역을 재정비하면서 세운 충혼비이다.

기록에는 최영이 충숙왕 3년(1316년)에 사헌부규정 최원직의 외아들로 태어난 사실뿐 그의 출생지가 어디라는 이야기는 없다. 본관이 지금 강원도 철원인 동주(東州)이고 대대로 벼슬살이를 하던 가문에서 태어난 것으로 미루어보아 철원 아니면 고려조의 도성이었던 개성이 출생지로 여겨진다.

『고려사』'열전' 최영 편에 따르면 그는 평장사 최유청(崔惟淸)의 5세손, 사헌부 규정 원직의 아들로 태어났으며, 풍채가 늠름하고 기골이 장대하며 용력이 보통 사람을 뛰어넘었다고 한다. 그런 까닭에 어려서부터 무술을 닦고 병서를 익혀 문관의 가문에서 태어났으면서도 무관의 길로 들어서서 일평생을 전쟁터에서 보냈던 것이다.

최영의 이름이 세상에 알려진 것은 35세 때였다. 그해 충정왕 2년(1350년)에 양광도도순문사의 휘하 장교로 여러 차례에 걸쳐 왜구의 침략을 물리친 공을 세웠다. 서해와 남해를 침범한 왜구를 무찔러 전공을 세우고 왕실의 근

위대에 발탁된 최영은 공민왕 원년(1352년)에 조일신(趙日新)의 난을 진압한 공로로 호군으로 승진했다. 호군은 장군을 공민왕 때 개칭한 정4품 무관직이다. 이어서 공민왕 3년(1354년)에 최영은 종3품 대장군인 대호군에 올랐다.

그 무렵은 원 제국도 말기로 접어들어 사정이 어수선하기는 고려나 별다름 없었다. 150년 동안 죽어지내던 중국의 원주민 한족(漢族)이 마침내 들고 일어난 것이다. 원나라는 이리저리 토벌군을 보냈으나 역부족이었으므로 사위의 나라인 고려에도 원병을 청했다.

고려에서는 최영을 비롯해 유탁(柳濯)·염제신(廉悌臣)·나영걸(羅英傑)·인당(印璫)·이권(李權)·김용(金鏞)·강윤충(康允忠)·정세운(鄭世雲)·이방실(李芳實)·안우(安祐) 등 장수 40명에 육군 2천 명과 수군 300명을 파병했다. 그해(1354년) 8월에 원나라 수도 연경에 도착한 고려군은 재원(在元) 고려인 중에서 2만 3천 명의 군사를 뽑아 고우성(高郵城)을 근거지로 한 장사성(張士誠)의 반란군을 쳤다. 토벌군은 총 80만 대군으로 원나라 승상 탈탈(脫脫)이 지휘했고, 고려군 2만 5천 명은 선봉부대가 되었다.

고우성전투 이후에도 고려군은 수십 차례의 싸움을 치렀고, 그해 11월에는 중국 남부의 반군 소탕작전에도 나서서 육합성(六合城)을 탈환하고, 팔리장(八里莊)·사주(泗州)·화주(和州) 등지에서 격전을 벌였는데, 특히 회안성(淮安城) 공방전에서는 혈전에 혈전을 거듭하여 이권·최원 등 장수 여섯이 전사하고 최영도 여러 군데 부상을 당했으나 굴하지 않고 용전분투하여 적을 물리침으로써 중국대륙에 널리 용명을 떨쳤다. 고려의 원정군은 그 이듬해에 귀국했다.

최영 장군은 싸움터에서 겁을 먹고 도망치는 자는 사람으로 여기지 않고 용서 없이 그 자리에서 목을 베어 군율을 엄하게 시행하니 장병들이 목숨을 내놓고 용감히 싸우지 않을 수 없었다.

이듬해인 공민왕 8년(1359년) 12월 8일에 홍건적 4만 명이 얼어붙은 압록강을 건너 침공해 와 의주를 함락하고 부사 주영세(朱永世)를 비롯한 주민 1천여 명을 학살했다. 적의 괴수는 모거경(毛居敬). 홍건적은 그 다음날 정주를 함락하고, 이어서 인주를 함락한 데 이어 28일에는 서경까지 점령했다. 홍건적의 제1차 침공은 그 이듬해 2월 16일 패잔병 300여 명이 압록강 건너로 도망쳐 버리는 것으로 끝났는데, 다시 그 이듬해인 공민왕 10년 10월에는 괴수 반성(潘誠)·사유(沙劉)·관선생(關先生)·주원수(朱元帥)가 이끄는 홍건적 10만 대군이 물밀듯이 압록강을 건너와 살인·방화·파괴·약탈을 자행했다.

정부는 이방실을 서북면도지휘사로, 안우를 상원수로, 김득배를 도병마사로 삼아 적을 막으라고 보냈으나 홍건적의 기세가 워낙 강해 서울인 개경까지 함락당하고 공민왕은 복주, 오늘의 경북 안동까지 피난하는 지경에 이르렀다. 개경을 수복한 것은 이듬해 정월이었다. 총병관 정세운(鄭世雲) 이하 최영·안우·이방실·김득배 등이 이끄는 고려군 20만 명은 개경을 포위하고 총공격을 개시, 마침내 성 안의 홍건적을 섬멸했다. 이때 최영은 서문을, 이성계는 동문을 맡았다. 이성계가 친병 2천 명을 거느리고 선봉에서 활약, 적의 괴수 사유와 관선생을 잡아 죽임으로써 큰 공을 세우고 각광받은 것이 이 싸움이었다. 또 이성계는 이를 계기로 중앙 정계에 들어설 수 있는 발판을 마련했다.

최영은 개경탈환의 전공으로 훈1등 도형벽상(圖形壁上)에 전리판서로 입각했다. 도형벽상이란 공신의 초상화를 그려 공신각 벽에 걸어 놓는 것이다. 하지만 어지러운 나라에 장수로 태어났기에 한가로이 서울에 머물러 있을 수가 없었다. 그해 4월 충청도 해안으로 홍건적이 상륙하여 노략질을 하자 다시 양광도진변사로 출정하여 이를 섬멸했다.

또한 공민왕 12년(1363년)에는 간신 김용이 반란을 일으켰을 때에도 최영은 안우경(安愚慶)·김장수(金長壽) 등을 지휘하여 이를 깨끗하게 소탕했다. 김용의 난은 공민왕이 안동·상주를 거쳐 개경으로 돌아와 불탄 대궐 대신 흥왕사에 묵자 임금을 해치기로 했던 것이다. 그러나 그의 음모는 최영의 날

카로운 눈길을 벗어날 수 없었다. 정세운·안우·이방실·김득배 같은 명망 있는 선배 장군들이 억울한 죽임을 당할 때부터 최영은 김용을 의심스럽게 여겨 남몰래 동태를 살펴 왔던 것이다.

김용은 흉계를 실천하기도 전에 최영의 군사들에게 사로잡혀 온갖 죄악상이 백일하에 낱낱이 드러났다. 김용은 일단 밀성 - 밀양으로 귀양 보냈다가 다시 계림 - 경주로 옮겨져 거열형을 당했다. 최영은 이때 훈1등에 진충분의 좌명공신호를 받고 종2품 판밀직사사로 승진되었으며, 다시 문하평리를 거쳐 정2품 문하찬성사로 올랐다. 그때 김용이 부정 축재한 갖가지 진기한 재물 보화가 환수되어 도당(都堂)에 쌓이자 모든 대신이 흥미롭게 구경하는데 최영 홀로 거들떠보지도 않으면서 이렇게 말했다.

"김용이 그런 물건에 마음을 빼앗겨 몸을 망쳤는데 제공은 무엇이 좋아 그렇게 구경하고 있소?"

과연, 황금 보기를 돌같이 하는 최영다운 고매한 태도였다. 뿐만 아니라 최영은 머리에 든 것은 없이 겉만 번드르하게 잘 차려입고 으스대는 자들은 사람으로 여기지도 않았다.

공민왕 14년에 장군은 50세였다. 그해 3월 왜구가 교동도와 강화도를 침범하자 그는 동서강도지휘사로 출정해 격퇴시켰다. 또 공민왕 22년 10월에는 육도도순찰사로 군호·병적을 바로잡고, 전선과 화전·화통 등 무기를 만들어 군비를 강화했고, 그 이듬해 7월 탐라에서 목호(牧胡)의 반란이 일어나자 양광전라경상도도통사, 즉 경기이남 총사령관이 되어 전선 314척에 군사 2만 5천 600명을 거느리고 가 이를 완전히 섬멸했다. 그때 최영은 병사들이 소와 말을 함부로 잡아먹으면 용서 없이 사형에 처하거나 팔을 잘라 군기를 엄하게 세웠다.

그런데 그 해 10월 개경으로 개선했을 때 공민왕은 이미 암살당해 이 세상 사람이 아니었다. 최영은 우왕 원년(1375년)에 종1품 판삼사사에 승진했는데,

그 이듬해 7월에 유명한 홍산대첩이 있었다.

왜구 수만 명이 쳐들어와 공주를 함락하고 연산 개태사를 점령하여, 적을 치러 간 원수(元帥) 박인계(朴仁桂)까지 전사했다는 급보가 올라왔다. 최영이 분연히 자리를 박차고 일어나 출전을 자원하자 어린 임금은 "장군이 너무 늙어서 싸우기에는 무리"라고 말렸다. 최영이 이에 뜻을 굽히지 않고 재삼 간청했다.

"지금 왜구의 발호를 제압하지 않으면 뒤에 가서는 뿌리 뽑기 어려울 것입니다. 신이 비록 늙었으나 뜻은 쇠하지 않았으니, 원컨대 나아가 싸우게 해주소서. 신의 마음은 오로지 나라를 편안케 하려는 것뿐입니다."

임금이 마침내 허락하니 61세의 노장군은 군사를 이끌고 밤낮을 쉬지 않고 남녘으로 달려 내려갔다. 그때 왜구는 부여 홍산 일대에서 사람들을 마구 학살하고 마을을 불태우며 노략질에 여념이 없었다. 양광도도순문사 최공철(崔公哲), 조전원수 강영(康永), 병마사 박수년(朴壽年) 등 휘하 장수와 군사를 이끌고 홍산에 다다르니 왜구는 삼면이 절벽이고 한 면만 길이 난 고지에 진치고 있었다. 군사들이 두려워 전진하지 못하자 장군이 태연히 앞장서서 말을 몰아 좁은 산길을 오르기 시작했다.

그러자 숲속에 숨어 있던 왜구 하나가 장군을 겨누고 활을 쏘았다. 화살이 장군의 아랫입술에 맞아 피가 주르르 흘렀다. 하지만 그는 눈도 깜빡하지 않고 화살을 뽑아 그놈을 쏘아 죽이고 칼을 휘두르며 산상으로 돌격했다. 그 모습을 보자 군사들이 와아! 함성을 올리며 무섭게 장군의 뒤를 따라 총공격을 개시했다. 왜구는 고려군의 용맹스러운 기세에 눌려 진을 버리고 홍산벌로 내달았고, 최영은 군사를 휘몰아 그 뒤를 추격하여 닥치는 대로 찌르고 베어 죽이니 이 싸움에서 적은 완전히 섬멸되었다. 8월에 개선하자 우왕은 문무 대신들을 이끌고 교외까지 나가 장군을 환영하고 논공(論功)에 따라 문하시중, 즉 수상으로 임명하려 했다. 최영이 사양하며 이렇게 말했다.

"신은 마땅히 할 일을 했을 뿐입니다. 그리고 신이 시중이 되면 쉽사리 외지로 출정할 수 없으니 왜구의 뿌리를 뽑을 때까지 명령을 거두어 주소서."

우왕은 할 수 없이 최영을 철원부원군에 봉하는 것으로 그치고, 휘하 막료 중 한 사람이 '홍산파진도'를 그려 바치자 목은(牧隱) 이색(李穡)으로 하여금 찬사를 짓게 했다. 부여군 홍산면 북촌3리 연봉마을 뒷산에 오르면 1978년 1월에 건립한 높이 212cm, 너비 90cm, 두께 27cm 크기의 홍산대첩비가 산정에 우뚝 서서 빛나는 옛 싸움터 홍산벌을 내려다보고 있다.

홍산전투에서 대패했음에도 불구하고 왜구의 노략질은 그칠 줄 몰랐다. 그 이듬해 우왕 3년 3월에도 수원과 강화에 침입하여 살인과 약탈을 자행하므로 최영이 육도도통사가 되어 군사를 이끌고 승천부, 덕풍으로 쫓아나가니 왜구가 갈팡질팡 놀라 도망쳤다. 왜구를 무찌르고 돌아오자 임금은 장군의 공을 기록하고, 요즘의 훈장 격인 철권(鐵券)을 하사한바 대강 이런 내용이었다.

……여러 장수 중에서 가장 많이 싸우고 가장 공이 큰 사람이 곧 경이다. 또한 충성을 다해 임금을 받들고 백성을 보호하니 재상 중에서도 가장 뛰어난 재상이다. 공신에게 전민(佃民)으로 상을 주는 것은 예부터 통례이나 경의 청렴결백함은 타고난 성품이라 이를 굳이 사양하고 받지 않으므로 이에 다만 철권만을 내리되 그 축(軸)을 옥(玉)으로 하여 특별히 뛰어난 공로를 표한다. 아! 공은 큰데 상은 적으니 짐이 실로 부끄럽도다. 경이 혹 잘못을 범하여 아홉 번에 이를지라도 처벌하지 않을 것이요, 열 번에 다다른다 하더라도 또한 마땅히 그 은전을 깎지 않을 것이며, 자손들에게도 이와 같이 할 것이다. 뒷날의 군신(君臣)들도 마땅히 나의 뜻을 체득할지어다.

우왕 7년 2월 임금은 장군을 부수상 격인 수시중에 임명하고, 그의 선친 최원직에게도 정1품 벽상삼한삼중대광 등의 벼슬과 동원부원군의 작위를 추증하고, 어머니에게는 삼한국대부인의 작위를 추증했다.

우왕 14년(1388년) 운명의 해가 밝았을 때 백전노장 최영은 백발 · 백수가 성성한 73세 노인이 되어 있었지만 꿋꿋한 기상과 매서운 기개는 줄어들지 않았다. 그해 정월에 최영은 문하시중, 곧 수상에 임명되었다. 그와 함께 이성계는 부수상인 수문하시중에, 이색은 판삼사사에, 정몽주(鄭夢周)는 삼사좌사에 각각 임명되었다. 그 해 3월에 임금이 장군의 딸을 왕비로 맞아들이고자 하므로 "신의 딸은 초취(初娶)의 소생이 아니라 폐하의 배필이 될 수 없습니다. 굳이 원하신다면 신은 머리를 깎고 입산하고 말겠습니다" 하고 사양했으나 결국 그 딸은 대궐로 들어가 영비(寧妃)로 책봉되었다.

그해 3월 원나라를 본고장인 몽골 초원으로 쫓아내고 대륙의 새로운 주인이 된 명나라가 철령위(鐵嶺衛) 설치를 통고했다. 철령은 강원도 회양과 함경도 사이의 고개인데 공민왕 때 쳐 없앤 쌍성총관부가 있던 곳이다. 전에 원의 영토였으니 이제 명나라가 차지하겠다는 터무니없는 억지였다. 철령위란 요양에서 철령 사이 70여 군데에 보급기지를 설치하겠다는 것이었다.

이에 분개한 최영은 우왕과 더불어 이성계 · 정몽주 등 반대파의 주장을 억누르고 요동정벌을 추진했다. 우왕은 최영을 팔도도통사에, 조민수(趙敏修)를 좌군도통사에, 이성계를 우군도통사에 임명하고 전국에 총동원령을 내려 군사를 모집했다. 우왕 14년 4월 18일 요동정벌군 약 5만 명은 서경을 출발, 북진을 개시했다. 5월 7일에는 압록강 가운데 위화도에 이르렀는데 억수같은 장대비가 쏟아졌다. 이성계의 걱정대로 장마가 시작된 것이었다.

한편 서경에서도 불길한 조짐이 일어났다. 총사령관인 최영의 출정을 겁많은 임금이 붙잡고 가지 못하게 말렸다. "부왕(공민왕)도 장군이 탐라정벌로 조정을 비웠을 때 시해되었는데, 나 혼자 두고 가면 어쩌오?" 하는 바람에 귀중한 시간만 헛되이 보내고 있었던 것이다.

최고지휘관이 없는 군대, 그것도 불만이 가득 차서 억지로 떠난 장수가 거느린 부대였다. 평생을 군문에서 보낸 최영이 그런 군대의 생리를 모를 턱이 없었다. 이성계는 사지(死地)에 군사를 끌고 들어갈 수 없다면서 좌군도통사 조민수를 회유하여 그해 5월 22일 역사적인 위화도회군(威化島回軍)을 감행했다. 왕명을 거역하고 최영과 맞서기로 작정한 것이니 그 순간부터 이성계는 고려조의 역적이 되었다. 이성계의 회군 속도는 진격할 때와는 비교가 안 되었다. 질풍같이 남하하여 최영이 임금을 모시고 개경으로 돌아간 서경을 통과, 6월 3일에는 개경 공격을 개시했다.

최영은 이성계에게 지휘권을 맡긴 일생일대의 실수에 대해 후회할 겨를도 없었다. 급히 끌어 모은 의용방위군을 데리고 유만수·조민수의 부대를 악전고투 끝에 물리쳤지만 이성계가 이끄는 정병에는 역부족·중과부적이었다. 선죽교와 자남산에서 밀려 만월대 궁궐까지 후퇴한 최영은 마침내 칼을 내던졌다. 임금과 눈물의 작별을 하고 난 최영은 반란군 앞으로 나섰다.

"너희가 찾는 최영은 여기 있다! 폐하께는 아무도 손대지 말라!"

스스로 걸어온 최영을 보자 이성계는 외면한 채 부하들에게 지시했다. "죄인을 묶지 않고 뭘 하느냐!" 온몸이 묶인 최고사령관 최영이 후배 장군이며 쿠데타군의 우두머리인 이성계에게 눈을 부릅뜨고 소리쳤다. "역적 성계야! 너 때문에 태조(太祖) 이래의 고구려 옛 땅을 찾으려는 꿈이 깨지고 말았다! 이 대역죄인아!"

최영은 그 날로 오늘의 고양시 일산인 고봉으로 유배당하고, 이어서 24세의 우왕도 최영의 딸 영비와 함께 강화도로 쫓겨났다. 정권을 잡은 이성계와 조민수는 아홉 살짜리 철부지 창(昌)을 왕좌에 앉혔다. 충주로, 마산으로 유배지를 옮겨 다니던 최영은 그 해 12월 조민수마저 내쫓고 국정을 전단하던 이성계에 의해 참형을 당했다.

만백성이 우러러보는 고려의 마지막 기둥을 완전히 쓰러뜨려 없애야겠는데 아무리 털어보아도 마땅한 죄목이 없었다. 그래서 윤소종(尹紹宗)이란 자가 제안한 '공은 한 나라를 덮었으되 죄가 온 천하에 가득찼다(功盡一國 罪滿天下)'. 즉 고려를 위해 세운 공로는 크지만 대국인 명나라에 죄를 졌으니 죽어야 마땅하다는 해괴한 죄명을 씌웠던 것이다.

호가 기봉(奇峰)으로 전해오는 최영 장군은 문화 유씨 부인에게서 아들 담(潭)을 두었다. 밖에 나가서는 장수로 백전백승한 상승장군이요, 안에 들어와서는 부정·불의와 타협할 줄 모르는 청렴결백한 재상이었던 최영 장군. 그가 누명처럼 과연 나라와 겨레의 큰 재난을 불러일으켰다면 어찌하여 저자의 부녀자·어린이까지 처형 소식을 듣고 구슬피 통곡하며 애통해 했을까.

장병들에게는 리더십 탁월한 엄격한 사령관이었으나 전쟁터의 진중에서도 시를 읊으며 풍류를 잃지 않던 최영 장군. 비록 요동정벌로 고구려 옛 터전을 되찾으려던 웅대한 포부는 한을 남기고 꺾여 버렸으나 한 점 티 없이 나라와 겨레 위해 평생을 바친 그의 고귀한 정신은 참된 무인의 길 뿐만 아니라 우리 역사에서 천세 만세의 스승으로 영원히 남을 것이다.

제3부

조선시대

태조 이성계

출중한 자질로 조선왕조 개국

　태조(太祖) 이성계(李成桂)는 고려 말의 혼란기를 출중한 군사적 능력과 탁월한 리더십으로 정리하고 우리나라 역사상 마지막 왕조인 조선을 개국한 영걸이다. 따라서 조선왕조사는 태조 이성계로부터 시작되었지만, 이성계를 이야기할 때 고려의 망국사를 그대로 지나칠 수가 없다.

　지금까지 인간 이성계에 대한 평가는 극단적으로 나뉘어져 왔다. 이성계가 조선왕조의 입장에서는 개국시조이지만, 고려조의 입장에서 보면 유혈 쿠데타를 일으켜 정권을 강탈하고, 그것도 모자라 역성혁명(易姓革命)을 일으켜 나라를 빼앗아간 역적이기 때문이다. 또한 일부 민족주의 사학자 가운데는 이성계의 위화도회군(威化島回軍)을 가리켜 '천추의 한'이라고 지탄하기도 했다. 이성계가 자신의 정치적 야망을 달성하기 위해 이런저런 평계를 대고 말머리를 돌리고 창끝을 돌려댄 탓에 고구려·발해 망국 이래 민족의 숙원이던 요동정벌을 통한 고토수복이 무산되고 말았다는 것이다.

　하지만 이성계의 쿠데타가 아니라도 고려조는 이미 그 수명이 다 되어가고 있었다. 대체로 나라가 망하는 원인 가운데 가장 큰 것이 내우외환이다. 그때 고려는 망해가는 원과 신흥 명 사이에서 줄타기 외교를 하기도 바쁜 판에 북쪽에선 홍건적과 원의 잔재세력이, 남쪽에서는 왜구가 한 해도 거르지 않고 쳐들어와 노략질을 하여 국토가 피폐해지고 재정이 고갈되고 백성의 삶은 갈수록 간고해지고 있었다. 거기에 개혁의 실패에서 비롯된 공민왕의 실정과 권력층 일부의 부패로 인해 이래저래 사직을 오래 유지하지 못할 형편이었다.

비록 최영(崔瑩)이 고려의 마지막 기둥으로 버티고 있었다고는 하나 그 한 사람의 힘으로는 기울어지는 왕조사를 버티는 데도 한계가 있었다. 이러한 통사적(通史的) 평가는 다른 기회로 미루고, 조선왕조를 개국하여 우리 민족사를 바꾼 태조 이성계의 일생부터 살펴보기로 한다.

이성계는 고려 제27대 임금 충숙왕(忠肅王) 복위 4년(1335년) 10월 11일에 화령부, 나중의 함경남도 영흥에서 이자춘(李子春)과 최씨 부인 사이에서 태어났다. 자는 중결(仲潔)인데, 나중에 등극한 뒤 이름을 단(旦), 자를 군진(君晉)이라고 고치고, 호를 송헌(松軒)이라고 했다.

이성계가 태어나기 전에 이런 일이 있었다고 전한다. 이자춘이 어느 날 낮잠을 자다가 꿈을 꾸었는데 머리에 높은 관을 쓰고 도복을 입은 한 노인이 나타나 이렇게 일렀다.

"나는 백두산 신령인데 장차 그대의 문중에 길운이 있을 것이므로 미리 와서 전해주는 것이다. 내 말을 소홀히 듣지 말고 산천에 기도를 정성껏 올리면 필히 귀한 아들을 얻으리라."

자춘이 잠에서 깨어나 부인 최씨에게 이상한 꿈 이야기를 하고 함께 백두산에 올라 정성껏 백일기도를 올렸다. 그들이 기도를 마치고 내려오던 날 자춘이 또 꿈을 꾸었는데, 신선이 오색구름을 타고 하늘에서 내려오더니 소매 속에서 금으로 만든 침척(針尺) 하나를 꺼내어 주며 이렇게 일렀다.

"이 물건은 옥황상제께서 그대의 집에 보내시는 것이니 잘 보관하였다가 장차 동국(東國)을 측량하는데 쓰도록 하라."

그리고 그날부터 부인에게 태기가 있어서 13개월 뒤에 이성계를 낳았다는 것이다. 또한 이성계가 젊은 시절, 영흥에서 함흥으로 이사한 뒤에는 이런 일도 있었다. 하루는 훤칠하게 잘 생긴 한 젊은이가 이성계를 찾아오더니 활솜씨를 겨루어보자고 했다. 먼저 그 젊은이가 활을 쏘고 이성계가 막는데, 호랑이라도 잡을 강궁의 화살 석 대를 비호같이 날쌔게 피하는 것을 보자 그 젊은이가 그만 무릎을 꿇고 항복하고 말았다. 이렇게 해서 그 젊은이는 이성계의 심복이 되었는데, 그의 이름은 퉁지란(佟芝蘭). 옛날 송나라 때 명장으로 유명한 악비(岳飛)의 후손으로 조상이 역적으로 몰려 죽자 고구려 땅 흑룡강 기슭에 피난하여 살면서 외가의 성인 퉁씨로 행세했다고 한다. 나중에 태조가 이씨성을 내려주어 이지란이 되었는데, 그는 활솜씨만 뛰어난 게 아니라 기품이 있고 용맹스러우며 매사에 주도면밀한 성격이어서 나중에 조선 개국공신이 되었다.

이처럼 이성계는 젊은 시절부터 활을 잘 쏘아 명궁 소리를 들었고, 타고난 힘도 장사여서 살촉이 배만큼 큰 것을 사용했다고 한다. 명궁인 만큼 사냥을 좋아해서 수많은 전설을 만들었으며, 대범한 성품에 사람들을 끌어당기는 매력이 있어서 청년시절부터 따르는 사람이 많았으니 참으로 천부적인 리더였다.

이성계의 가문이 고려 정계에 진출한 것은 공민왕 5년(1356년), 이성계가 21세 때였다. 그의 조상은 원래 전북 전주에서 살았는데, 고조부 이안사(李安社) 때에 지금의 간도 지방에 들어가 원나라에 복속해 살면서 기반을 닦아나갔고, 이자춘 때까지 천호(千戶) 벼슬을 했다. 그러다가 그해에 공민왕이 원의 쇠퇴기를 이용해 반원정책을 펼치면서 쌍성총관부를 공격하자 이자춘은 고려군을 도와 성을 함락시켰고, 이로써 고려가 함흥 이북지방을 탈환하는데 결정적인 공로를 세웠다.

이자춘은 공민왕 10년(1361년)에는 철령 이북지방인 삭방도만호 겸 병마사로 임명되어 이 지역의 군사·행정권을 장악하게 되었다. 이렇게 하여 이성계 집안은 고려 중앙정계에 진출할 수 있었고, 이것이 뒷날 이성계가 자신의 세력을 형성하게 된 밑바탕이었다. 그러나 그해에 이자춘은 46세로 병사하고 26세의 이성계가 뒤를 이어받았다.

이성계가 자신의 군사를 거느리고 독자적인 작전에 처음 나선 것도 바로 그해 9월이었다. 독로강 만호 박의(朴儀)가 배반하여 천호 임자부(任子富)와 김천룡(金天龍)을 죽이므로, 공민왕이 형부상서 김진(金璡)에게 가서 토벌하게 했으나, 김진이 실패하자 이때 동북면 만호 이성계가 친병 1천 500명을 이끌고 가서 이를 소탕한 것이다.

이성계가 홍건적을 물리친 것도 그 무렵이었다. 공민왕 10년 겨울에 주원수(朱元帥) 등이 이끈 홍건적 5만여 명이 압록강을 건너 평안도 일대를 휩쓸며 쳐내려왔다. 여러 장수가 나가 적을 맞았으나 중과부적 역부족으로 모두 패했다. 급보를 받은 공민왕은 이성계가 지략이 뛰어나다는 말을 듣고 그를 금오상장군 겸 서북면병마사로 삼아 적을 물리치도록 했다. 이성계는 이지란을 선봉으로 내세워 친병 2천 명을 거느리고 평안도로 가서 창성·삭주 등지의 싸움에서 적장 왕원수와 부장 10여 명을 사살했으며 1천여 적군을 죽였다.

그런데 홍건적 대장 주원수는 고려군 장수들이 모두 전선에 나와 수도 개경이 빈 허점을 노리고 샛길로 해서 몰래 개경으로 쳐들어왔다. 조정은 허둥지둥하다가 공민왕을 모시고 경상도 복주(안동)까지 허겁지겁 피난을 갔다. 이듬해 정월에 참지정사 안우(安祐) 등이 개경을 수복하고 적의 괴수 사유(沙劉)·관선생(關先生) 등을 목 베었다. 이때 이성계는 친병 2천 명을 거느리고 동대문으로 들어가서 먼저 성에 올라 적을 크게 무찔렀다. 개경탈환작전에서 으뜸가는 전공을 세운 이성계의 명성이 높아졌고, 그는 이내 고려 정계의 중심부로 들어설 수 있었다.

그러니까 이성계가 두각을 나타낸 것은 부조(父祖)의 후광에 힘입은 것이 아니라 어디까지나 그 자신 출중한 능력의 소유자였기 때문이다. 『태조실록』의 기록이 과장은 다소 있겠지만 백전백승했다고 전하는 것을 보면 그는 강인한 체력을 타고난 데다 용기와 지모가 뛰어났으며, 여기에 탁월한 리더십까지 갖춘 천부의 명장이었다. 또 그해 7월에는 원나라 장수 나하추의 침범을 물리쳤다.

공민왕 13년(1364년)에는 최유(崔濡)와 원나라 군사의 침입을 물리쳤다. 이는 원나라 순제(順帝)의 황후 기씨(奇氏)가 저희 오라비들이 죽은 데 대한 복수심에서 비롯된 것이었다. 공민왕의 배신에 분격한 원은 공민왕을 폐하고 충선왕의 셋째아들 덕흥군(德興君)을 새 고려국왕으로 책봉했다. 덕흥군을 등에 업은 최유는 요양의 원군 1만여 명을 이끌고 압록강을 건너왔다. 공민왕은 찬성사 안우경(安遇慶) 등을 보냈으나 안우경이 패전하여 안주로 물러났다. 왕은 다시 찬성사 최영(崔瑩)에게 명해 군사를 거느리고 안주로 가게 하고, 이성계에게도 동북면으로부터 기병 1천 명을 거느리고 가게 하였다. 밀직부사 이귀수(李龜壽), 지밀직사사 지용수(池龍壽), 판도판서 나세(羅世)와 안우경(安遇慶)은 좌익이 되고, 판개성 이순(李珣), 삼사좌사 우제(禹磾), 밀직사 박춘(朴椿)과 이성계는 우익이 되고, 최영은 중군이 되어 행군하여 정주에 이르렀다.

뒤늦게 도착한 이성계가 젊은 혈기로 장수들에게 그들이 겁내고 나약하여 힘써 싸우지 않아서 졌다고 입바른 소리를 하자 화가 난 장수들이 그럼 내일은 너 혼자 싸워보라고 했다. 이성계는 속으로 아차, 하고 후회했으나 이미 한번 입 밖으로 나간 말은 엎질러진 물과 같았다. 이튿날 이성계는 말이 진창에 빠져 한때 위기에 처했으나 용전분투 끝에 적장 두서너 명을 쏘아 죽이니 드디어 적군이 무너져 승리를 거둘 수 있었다.

그런데 이성계가 동북면을 비우고 서북면에서 싸우는 사이에 그와는 외종형제 간인 삼선(三善)과 삼개(三介) 형제가 여진족을 이끌고 난을 일으켜 함홍까지 점령하는 일이 벌어졌다. 고려군은 여러 차례 패전하여 사기가 떨어진 채 이성계가 오기만을 기다렸다. 2월에 이성계가 서북면에서 군사를 이끌고 철관에 이르러 군심을 바로잡고 한방신·김귀와 함께 삼면에서 협공하여 화주와 함주를 수복하니, 삼선과 삼개는 여진 땅으로 달아나서 마침내 돌아오지 않았다. 이성계는 이 공로로 밀직부사로 승진했으며, 공민왕으로부터 공신 칭호와 함께 금대(金帶)를 받았다. 이때 이성계는 한방신의 종사관으로 출전한 포은(圃隱) 정몽주(鄭夢周)를 처음 만났다. 또한 원나라 장수 조무(趙武)를 꺾어 그를 휘하에 넣었다.

공민왕 18년(1369년)에는 기황후의 오라비 기철(奇轍)의 아들 기새인첩목아(奇賽因帖木兒)가 원나라가 망하자 김백안(金伯顔) 등과 더불어 망한 원나라의 남은 무리를 불러 모아 동녕부를 점거하고, 그 아비가 참형당한 것에 원한을 품고 북변에 쳐들어왔다. 공민왕은 12월에 이성계를 동북면 원수로 삼고, 지용수(池龍壽)와 양백연(楊伯淵)을 서북면원수로 삼아 원의 동녕부를 공격토록 하였다.

그 이듬해 정월, 이성계는 기병 5천 명과 보병 1만 명을 거느리고 동북면으로부터 황초령을 넘어 압록강을 건넜다. 이때 고려 출신으로 이 지역 토호인 이원경(李原京 ; 오로티무르)은 이성계가 온다는 말을 듣고 우라산성(亏羅山城)에서 고려군을 방어하려 하였다. 이성계가 야둔촌에 이르니, 이원경이 와서 도전하다가 결국 갑옷을 버리고 재배하면서 말하기를, "우리 선조는 본디 고려 사람이니, 원컨대, 신복이 되겠습니다." 하고, 300여 호를 거느리고 와서 항복했다. 이후 이원경도 같은 시기에 항복한 원의 장수 처명(處明)과 함께 이성계의 심복부하가 되었다. 이어서 족장 고안위(高安慰)를 패퇴시키고, 두목 20여 명과 백성들의 항복을 받자 여러 산성이 소문만 듣고 모두 항복하니, 1만여 호를 얻었다.

공민왕 20년(1371년) 7월에 이성계는 지문하부사로 승진했고, 같은 날 이색(李穡)은 정당문학으로 임명되었다. 연이은 눈부신 전공으로 인해 고려 중앙

정계에서도 확고한 발판을 마련하게 되었던 것이다.

공민왕 21년(1372년) 6월에는 함경도 지방 동해안으로 침범해온 왜구를 무찔렀다. 그러다가 1374년에 공민왕이 시해당하고, 불과 열 살밖에 안 된 우왕이 뒤를 이었다. 이성계가 극성스럽게 침범하여 노략질을 일삼고 삼남지방을 피폐하게 만든 왜구를 크게 무찌른 것도 우왕 때였다. 그 대표적인 전공이 바로 유명한 황산대첩이다.

고려군은 왜구의 침범에 맞서 용감하게 싸웠지만, 북쪽의 홍건적과 원의 잔당과 싸우다 보니 남쪽의 왜구만 상대할 수가 없었다. 왜구는 이에 기가 나서 더욱 극성스럽게 침범하여 노략질을 벌였고 죽어나는 것은 우리 백성들밖엔 없었다. 해안의 방어가 무력해지자 왜구들은 내륙지방까지 휩쓸며 분탕질을 쳤다. 우왕 4년(1378년)엔 도성 개경 근처 강화도까지, 충청북도 청주까지 쳐들어왔다.

최영과 이성계가 여러 차례 출전하여 왜구를 물리쳤지만 그때뿐이었다. 우왕 6년(1380년) 가을에는 추수기를 노려 1만여 명의 왜구가 500여 척의 배를 타고 쳐들어와 금강 입구 진포에 상륙했다. 이것은 왜구가 이미 단순한 해적의 수준을 넘었음을 의미했다. 그러나 이때 고려군은 최무선(崔茂宣)이 발명한 화약무기 – 화포를 이용하여 왜적을 크게 무찔렀다. 이것이 최영의 홍산대첩, 이성계의 황산대첩, 정지(鄭地)의 남해대첩과 더불어 고려 말 왜구를 무찌른 4대첩의 하나인 진포대첩이다. 당시 왜구가 수백 척의 배로 진포에 침입한 것은 그곳이 조운의 중심지였기 때문이었다.

진포대첩에서 으뜸가는 전공을 세운 장수는 단연 최무선이었다. 그가 만든 화포의 위력에 힘입어 왜적의 배 300척을 불태우고 수많은 왜군을 죽였으며, 포로로 잡혀 있던 우리 백성들도 구해낼 수 있었기 때문이다. 그러나 당시 삼남 백성이 겪은 참상은 이루 말할 수 없을 지경이었다. 『태조실록』은 이렇게 전한다.

신우(辛禑) 6년(1380년) 경신 8월, 왜적의 배 500척이 진포에 배를 매어 두고 하삼도(下三道)에 들어와 침구하여 연해의 주군(州郡)을 도륙하고 불살라서 거의 다 없어지고, 인민을 죽이고 사로잡은 것도 이루 다 헤아릴 수 없었다. 시체가 산과 들판을 덮게 되고, 곡식을 그 배에 운반하느라고 쌀이 땅에 버려진 것이 두께가 한 자 정도이며, 포로로 잡은 자녀(子女)를 베어 죽인 것이 산더미처럼 많이 쌓여서 지나간 곳에 피바다를 이루었다. 2, 3세 되는 계집아이를 사로잡아 머리를 깎고 배를 갈라 깨끗이 씻어서 쌀·술과 함께 하늘에 제사지내니, 삼도 연해지방이 쓸쓸하게 텅 비게 되었다. 왜적의 침구 이후로 이와 같은 일은 일찍이 없었다.

이때 진포에서 타고 온 배가 거의 다 불타버려 퇴로가 끊긴 왜구들은 그대로 온갖 약탈과 만행을 자행하며 경상도까지 들어가 상주·경산·함양까지 휩쓸었다. 함양에서는 고려군 500여 명을 죽이고, 전라도로 넘어가 운봉을 불태우고 인월에 진 쳤다. 그리고 장차 광주를 점령하고 북쪽으로 올라가겠다고 큰소리쳤다.

왜구가 이처럼 창궐하여 도성의 민심까지 흔들리자 우왕은 이성계를 양광·전라·경상 3도 도순찰사로 임명해 왜적을 토벌토록 했다. 이때 조전원수로 종군한 사람이 정몽주였다. 남원 황산에서 고려군과 왜구는 대진했다. 이때 적장은 아기발도라는 겨우 십오륙 세의 소년장수였다. 아기발도는 어렸지만 무용이 매우 뛰어나 백마를 타고 창을 휘두르며 종횡무진하니 고려군이 그의 앞을 가로막지 못했다. 이성계가 그의 용감하고 날랜 것을 아껴서 이지란에게 명하여 사로잡게 하니 지란이 말하기를, "만약 산 채로 잡으려고 하면 반드시 사람을 상하게 할 것입니다." 하였다.

이성계가 다시 말하기를, "내가 투구를 쏘아 벗길 것이니 그대가 즉시 쏘라." 하고는, 아기발도의 투구를 쏘아 바로 맞혔다. 그러자 이지란이 바로 쏘아서 죽여 버렸다. 아기발도가 죽자 왜구의 기세가 일시에 꺾였다. 이성계가 앞장서서 돌격하니 왜구가 거의 다 죽거나 달아나며 울부짖었다. 이때 냇물이 모두 핏물이 되어 6, 7일 동안이나 빛깔이 변하지 않았다고 한다. 적의 군마 1천 600여 필을 얻고 노획한 무기도 헤아릴 수 없이 많았다. 처음에 적군이 고려군보다 10배나 많았는데 다만 70여 명만이 지리산으로 도망쳤다. 이것이 황산대첩이다.

우왕 8년(1382년)에 이성계는 동북면도지휘사가 되었는데, 그 이듬해에는 여진족 호발도를 물리쳤다. 이때 이성계는 총사령관이면서도 필마단기로 적장과 접전을 벌여 적장을 패주시켰다. 이성계는 타고난 무장으로서 무술과 용병술이 모두 뛰어났다. 장수로서 탁월한 리더십으로 군심(軍心)을 휘어잡을 줄도 알았다. 그리고 필요하다고 생각되면 자기과시도 마다하지 않았다.

야전사령관으로 남북을 오르내리며 홍건적·여진족·왜구 등과 싸우던 이성계가 중앙정계에서 자신의 위력을 발휘한 것은 우왕 14년(1388년), 최영을 도와 권신 이인임(李仁任)을 제거한 일이었다. 이인임은 공민왕 17년(1368년)에 좌시중으로 등용된 이후 20년간에 걸쳐 권세를 누리던 인물이었다. 어린 우왕이 왕위에 오르는 데에도 이인임의 입김이 결정적으로 작용했다. 우왕은 노는 것이나 좋아했지 정치나 학문과는 담쌓고 지냈다. 성품도 모진 데가 있어서 걸핏하면 사람을 죽였다. 이런 우왕을 장인이며 중신인 최영도 어쩔 수 없었다. 게다가 우왕이 제대로 정치를 못 하게 된 책임은 무소불위의 권력을 독단하려는 이인임에게도 있었다. 이인임을 비롯한 그의 일당인 영삼사 임견미(林堅味), 좌사 염흥방(廉興邦), 찬성사 도길부(都吉敷) 등이 요직에 나누어 앉아 관작을 팔고, 남의 토지를 빼앗는 등 기강을 무너뜨리고 탐욕이 도를 넘게 되자 이를 더는 두고 볼 수 없다고 생각한 최영이 이성계와 합세하여 이들을 일망타진해버린 것이었다.

그런데 권신 이인임 일파가 몰락하자 이번에는 구세대를 대표하는 최영과 신세대를 대표하는 이성계 등 양대 군벌이 맞서게 되었다. 고려를 위해 여러 차례 전쟁터를 누비며 전공을 세운 공통점이 있었으나 최영은 친원파였고,

이성계는 친명파였다. 그러던 가운데 요동정벌 논의가 일어났다. 그 직접적인 원인인 명 태조가 '철령 이북은 본래 원나라 땅이었으니 이를 요동에 귀속시킨다'는 통고를 보내온 것이었다. 그게 어떻게 수복한 땅인데 떼어 바치라는 헛소리인가! 고려조정은 격분했다. 우왕은 최영과 더불어 8도에 명해 군사를 모으는 한편, 명의 연호를 버리고 원의 복제를 환원시키는 등 노골적으로 반명 깃발을 들었다. 이성계가 우왕으로부터 그 말을 들은 것은 그해 우왕 14년 4월이었다.

"과인이 요동을 치고자 하니 경들은 마땅히 힘을 다하라."

그러자 이성계는 이렇게 반대의 뜻을 올렸다.

"지금 출사(出師)하는 일은 네 가지 옳지 못한 점이 있습니다. 작은 나라로서 큰 나라에 거역하는 것이 한 가지 옳지 못함이요, 여름철에 군사를 동원하는 것이 두 가지 옳지 못함이요, 온 나라 군사를 동원하여 멀리 정벌하면 왜적이 그 허술한 틈을 탈 것이니 세 가지 옳지 못함이요, 지금 한창 장마철이므로 활은 아교가 풀어지고, 많은 군사가 역병을 앓을 것이니 네 가지 옳지 못함입니다."

하지만 이미 요동정벌 결심을 굳힌 데다가 최영까지 나서서 "다른 말에는 귀 기울일 필요가 없다"는 바람에 요동정벌은 강행되었다. 우왕은 평양에 머물면서 여러 도의 군사를 징발하여 압록강에 부교를 만들고, 또 중들을 징발하여 군사를 만들고, 최영을 팔도도통사, 조민수(曹敏修)를 좌군도통사, 이성계를 우군 도통사로 삼았다. 좌군과 우군이 합하여 5만여 명인데, 이를 대외적으로는 10만 대군이라고 했다.

여러 군대가 평양을 출발하는데, 최영이 우왕에게 아뢰기를, "지금 대군이 출전하는 도중인데 만약 열흘이나 한 달 가량 지체한다면 대사가 성공하지 못할 것이니, 신이 가서 이를 감독하기를 청합니다." 하니, 우왕이 말하기를, "장인이 간다면 내가 누구와 더불어 정사를 논하겠는가?" 하고 말렸다. 최영은 역전의 명장이라 최고지휘관이 없는 군대의 생리를 잘 알고 있었다. 그래서 자신이 진두지휘를 하려고 마음먹은 것이었는데, 겁이 많은 우왕이 이를 말렸던 것이다. 어쩌면 그때 우왕은 최영이 없는 동안 암살당한 선왕 공민왕의 경우를 생각했는지도 모른다. 그때 최영이 출전하여 압록강을 건너 요동으로 쳐들어갔다면 요동정벌은 성공했을 확률이 높다. 그렇게 됐다면 우리 역사도 달라졌을 것이지만, 역사에서 가정은 아무 소용이 없으니 어쩌랴.

고려의 원정군은 5월 7일에 압록강 위화도에 닿아 주둔했는데, 도망병이 속출했다. 우왕은 도망자는 현장에서 목을 베라고 명령했지만 탈주자는 끊이지 않았다. 설상가상으로 큰비까지 내려 익사하는 군사도 많았다. 결국 조민수와 이성계는 연명으로 요동정벌이 불가하게 됐다고 회군을 요청했다. 그러나 우왕과 최영은 듣지 않고 환관 김완(金完)을 보내어 진군을 재촉했다. 좌우군 도통사는 김완을 붙잡아 두고 돌려보내지 않았다. 그리고 다시 사람을 최영에게 보내 회군 허가를 요청했으나 최영은 이를 묵살했다. 빨리 진군하라는 것이었다. 이성계는 장수들에게 이렇게 말했다.

"만약 상국의 국경을 범해 천자에게 죄를 얻는다면 나라와 백성에게 재앙이 될 것이다. 내가 순리와 역리를 들어 회군을 청했으나 국왕도 살피지 않고 최영도 늙어 정신이 혼몽하여 듣지 않으니 어찌 그대들과 함께 국왕을 만나 친히 화와 복을 진술하고, 임금 측근의 악인을 제거하여 생령을 편안하게 하지 않겠는가?"

그러자 장수들이 모두 이성계의 결정에 따르기로 작정했다. 그렇게 해서 역사적인 위화도회군이 단행되었으니 우왕 14년(1388년) 5월 22일이었다. 평양 대동강에서 뱃놀이나 즐기던 우왕은 이성계가 회군하여 안주까지 이르렀다는 급보를 받자 황급히 개경으로 돌아갔다. 그 당시 이성계가 회군했다는 소식을 들은 백성들이 '목자득국(木子得國)', 곧 '이씨가 나라를 얻는다'는 동요를 소리 높여 불렀다고 『태조실록』은 전한다.

6월 초하루. 이성계는 마침내 개경에 이르러 군사들로 하여금 입성토록 했으나 초전에는 최영에게 패해 물러났다. 그러나 반란군은 5만 대군이었다. 이성계가 진두지휘하여 궁 안으로 쳐들어가니 천하의 최영도 중과부적이요 역부족이었다. 반란군이 수백 겹으로 포위한 가운데 우왕은 영비(靈妃)와 장인 최영과 함께 팔각전에 있었는데, 이성계의 수하 곽충보(郭忠輔) 등 3, 4명이 바로 팔각전 안으로 들어가서 최영을 찾아냈다. 우왕은 최영의 손을 잡고 울면서 작별하니, 최영은 두 번 절하고 곽충보를 따라 나왔다. 이성계가 최영에게 이렇게 말했다.

"오늘의 이 같은 사변은 내 본심이 아닙니다. 그러나, 대의를 거역했을 뿐만 아니라, 국가가 편치 못하고 인민이 피곤하여 원망이 하늘까지 이르게 된 까닭에 부득한 일이니, 부디 잘 가시오."

최영이 이성계에게 손가락질을 하며 이렇게 소리쳤다.

"네 이놈 성계야! 네 놈 때문에 태조 이래 고토 수복의 꿈이 물거품이 되었다! 이놈 역적아!"

이성계는 최영을 고봉현, 오늘의 경기도 고양에 유배시켰다가 합포(마산)와 충주 등지로 이배했다가 그해 12월에 다시 개경으로 끌고 와 참형에 처했다.

이성계의 회군은 처음에는 고려조의 전복을 염두에 둔 것은 아니었다. 다 쓰러져가는 원나라 편을 들고 새롭게 대륙의 주인이 된 명나라에 반기를 들었다가는 나라의 장래가 위태롭게 될 것이 두려웠던 것이다. 이성계는 무예와 지략이 출중한 용장·지장이었을 뿐만 아니라 임기응변에도 뛰어난 천부적 정치가였다. 그는 자신의 회군이 고려조에 대한 반역이 아니라는 사실을 널리 알리기 위해 임금의 행차보다 개경에 먼저 당도하지 않으려고 일부러 속도를 늦추는 등 오해를 사지 않으려고 조심했다.

쿠데타에 성공한 조민수는 좌시중, 이성계는 우시중에 앉았다. 군대에서 선배인 조민수가 높은 자리에 앉은 것이지만 어디까지나 최고 실력자는 이성계였다. 그리고 얼마 안 가서 두 사람의 관계도 끝장이 났다. 실권자가 된 이성계는 다시 명나라 연호인 홍무를 사용하고, 원나라 제도를 일절 금지시켰다. 그러자 자신의 왕위가 위태롭게 된 우왕이 사재를 털어 장수들을 모아 이성계를 암살하려다가 탄로가 나는 사건이 벌어졌다. 우왕은 즉시 왕좌에서 끌려 내려와 강화도로 유배당했다.

그때 조민수가 문하시중 이색(李穡)과 의논하여 우왕의 아들 창(昌)을 새 임금으로 내세우니 고려의 제33대 임금인 창왕이다. 이성계는 우왕이 공민왕의 친아들이 아니라 신돈(辛旽)과 반야(般若) 사이에서 태어났다고 의심하고 있었으므로 창도 진짜 왕씨가 아니라고 생각하여 다른 왕족 중에서 임금감을 물색하고 있었다. 그러나 이미 선수를 빼앗겼으니 어쩔 수 없었다. 조민수는 결국 이성계에 의해 권좌에서 밀려나 귀양을 가게 된다.

이성계는 명나라와의 우호관계를 회복하는 것이 급선무라고 보았다. 아직도 조정에서 정치적 기반이 약하기 때문에 하루바삐 명나라의 지지를 얻을 필요가 있었던 것이다. 사신을 명나라로 보내 우왕의 양위와 창왕의 즉위를 알리고 최영의 요동 공략을 사죄하려고 했다.

이어서 수상인 이색이 명나라로 건너가 창왕의 친조를 요청했다. 그러나 명 태조는 마음대로 임금을 갈아치운 고려 조정이 못마땅해 창왕의 친조를 거절했다. 그 이듬해에는 권근(權近)을 명나라로 보내 친조를 요청했지만 또다시 거절당했다.

창왕 즉위 이후 조정은 이색을 중심으로 한 온건개혁파와 정도전(鄭道傳)을 중심으로 한 급진개혁파로 갈려서 대립하고 있었다. 그런 와중에 폐위된 우왕의 이성계 암살모의사건이 벌어졌다. 모의는 곽충보의 밀고로 실패했고, 강화도에서 여주로 이배되어 있던 우왕은 다시 강릉으로 추방당했다. 이성계는 이 사건을 계기로 창왕 폐위를 결심했다. 그는 판삼사사 심덕부(沈德符), 찬성사 지용기(池湧奇)와 정몽주(鄭夢周), 정당문학 설장수(偰長壽), 성석린(成

石璘), 지문하부사 조준(趙浚), 판자덕부사 박위(朴葳), 밀직부사 정도전 등을 홍국사에 불러 모아 이렇게 말했다.

"우와 창은 본래 왕씨가 아니므로 봉사(奉祀)하게 할 수가 없는데, 또 천자의 명령까지 있으니, 마땅히 거짓 임금을 폐하고 참 임금을 새로 세워야 될 것이다. 정창군(定昌君) 요(瑤)는 신종(神宗)의 7대손으로서 종친 가운데 왕실 혈통이 가장 가까우니, 마땅히 그를 옹립하는 것이 좋겠소이다."

하고는 요를 새 임금으로 세우니, 곧 고려의 마지막 임금인 공양왕(恭讓王)이다. 이어서 그해 12월에는 우왕과 창왕을 목 베어 죽여 버렸다. 당시 우왕은 25세, 창왕은 불과 10세였다. 또 이성계 일파는 정적인 이색과 그의 아들 이종학을 파직시키고, 조준의 탄핵으로 귀양 보냈던 조민수는 서인(庶人)으로 만드는 등 반대파에 대한 숙청을 단행했다. 그리고 이성계 자신은 수상인 문하시중에 오르고, 이듬해인 공양왕 3년(1391년) 1월에는 3군 도총제가 되어 정치·군사의 제1인자가 되었다. 쉽게 말해서 독재자가 된 것이다.

그러자 이성계의 이러한 독주에 정몽주가 견제를 하고 나섰다. 지금까지 같은 개혁파의 일원으로 공양왕을 내세우는 데까지 동조하던 정몽주였으나 이성계의 다섯째 아들 이방원(李芳遠)을 비롯하여 조준·정도전 등 이성계 일파가 지나치게 구세력을 숙청하고 노골적으로 역성혁명의 야욕을 드러내자 이를 저지하려고 나섰던 것이다. 정몽주는 이성계를 제거할 생각을 굳히게 되었다. 그러던 중 공양왕 4년 3월에 이성계가 해주에서 사냥을 하다가 낙마하여 중상을 입는 일이 벌어졌다. 마침내 기회가 왔다고 생각한 정몽주는 행동에 나섰다. 그는 공양왕에게 나라를 어지럽히는 조준·정도전 등을 목 베어 죽일 것을 요청했다. 먼저 심복들을 제거한 뒤에 이성계마저 죽일 계획이었다.

이런 소식을 들은 이성계는 부상당한 몸을 이끌고 급히 개경으로 돌아왔다. 그리고 아들 이방과(李芳果)와 아우 이화(李和)의 사위인 이제(李濟)와 휘하의 황희석(黃希碩)·조규(趙珪) 등을 대궐로 보내 조준 등의 무고함을 밝히게 했다. 하지만 우유부단한 공양왕은 일이 어떻게 돌아갈지 몰라 그 말을 듣지 않았다.

이방원이 정몽주를 죽이는 수밖에 없다고 주장했으나 이성계는 "죽고 사는 것은 명(命)이 있으니, 다만 순리대로 받아들일 뿐이다."라면서 말렸다고 한다. 아마도 이때까지는 이성계도 정몽주의 인품을 아껴 죽이고 싶지는 않았을 것이다. 이방원은 휘하의 조영규(趙英珪)를 불러 말하기를, "이씨가 왕실에 공로가 많은 것은 나라 사람들이 모두 알고 있으나, 지금 소인의 모함을 당했으니, 만약 스스로 변명하지 못하고 손을 묶인 채 살육을 당한다면, 저 소인들은 반드시 이씨에게 나쁜 평판으로써 뒤집어씌울 것이니, 뒷세상에서 누가 능히 이 사실을 알겠는가? 휘하의 인사들이 많은데, 그 중에서 한 사람도 이씨를 위해 힘 쓸 사람은 없는가?" 하니, 조영규가 대답하기를, "감히 명령대로 하지 않겠습니까?" 하였다.

조영규 · 조영무(趙英茂) · 고여(高呂) · 이부(李敷) 등으로 하여금 정몽주를 치게 하였는데, 변중량(卞仲良)이 그 계획을 정몽주에게 누설하니, 정몽주가 이를 알고 문병을 핑계로 동정을 살피려고 이성계의 집을 찾아갔다. 이성계는 정몽주를 대접하기를 전과 같이 하였다.

이때 이방원이 아비 이성계를 대신하여 정몽주를 접대하면서 회유하기 위해 저 유명한 '하여가'를 지어 마음을 떠보았다.

이런들 어떠하며 저런들 어떠하리.
만수산 드렁칡이 얽혀진들 어떠하리.
우리도 이같이 얽혀져 백년까지 누리리라.

이에 정몽주는 그보다 더 유명한 '단심가'를 불러 일편단심 고려조에 충성을 보였다.

이몸이 죽어죽어 일백번 고쳐죽어
백골이 진토되어 넋이라도 있고없고
님 향한 일편단심이야 가길 줄이 있으랴.

결국 정몽주는 돌아가는 길에 선죽교(善竹橋)에서 죽임을 당했다. 그때 그의 나이 56세였다. 조영무가 돌아와서 이방원에게 보고하자 그는 또 이성계에게 알렸다. 그때 이성계가 크게 노해 병을 참고 일어나서 이렇게 꾸짖었다.

"우리 집안은 본디 충효(忠孝)로써 세상에 알려졌는데, 너희가 마음대로 대신을 죽였으니, 나라 사람들이 내가 이 일을 몰랐다고 여기겠는가? 부모가 자식에게 경서(經書)를 가르친 것은 그 자식이 충성하고 효도하기를 원한 것인데, 네가 감히 불효한 짓을 이렇게 하니, 내가 독약을 마시고 죽고 싶은 심정이다."

그러자 이방원이 이렇게 대답했다.

"몽주 등이 장차 우리 집을 모함하려고 하는데, 어찌 앉아서 망하기를 기다리는 것이 당연하겠습니까? 이것이 곧 효도가 되는 까닭입니다."

결국 일은 끝난 것. 이성계는 공양왕에게 정몽주가 대간을 꾀어 충량(忠良)을 모함하기에 처형하였다고 거짓된 보고를 올렸다. 공양왕이 이미 허수아비 임금인지라 뭐라고 말할 형편이 아니었다. 고려조는 그렇게 기울어갔다. 1392년 6월. 최영에 이어 마지막 기둥인 정몽주마저 참살당하고 천하가 이성계 일파의 손안으로 들어가자 공양왕은 국사고 뭐고 자신의 목숨부터 건져야 할 위기를 절감했다. 그래서 생각해낸 것이 역사에 없던 신하와의 동맹 제의였다. 그때 공양왕이 만든 교서는 이런 내용이었다.

경(이성계)이 없었더라면 내가 어찌 이에 이르렀겠는가. 경의 공덕을 내가 어찌 잊으랴. 황천후토(皇天后土)가 위에 있고 곁에 있으니 세세자손이 서로 해를 끼침이 없으리라. 내가 경에게 빚진 것이 많아서 이와 같이 맹약하노라.

고금에 없던 동맹이요 맹약문이었다. 하지만 이성계는 이 맹약문의 먹물이 채 마르기도 전에 공양왕을 폐위시키고 자신이 등극하여 조선왕조를 개창하니 1392년 7월 17일이었다. 그때 태조 이성계의 나이 58세.

왕비·세자와 함께 원주로 내쫓긴 공양왕은 다시 간성으로 옮겨져 공양군에 봉해졌다가 3년 뒤에 마지막 유배지 삼척에서 사약을 받고 죽으니 그때 50세였다. 이로써 태조 왕건이 창업한 고려조는 34대 474년 만에 역사의 무대에서 사라져버렸다.

조선왕조를 개국한 이성계는 새 나라를 효율적으로 통치하기 위한 개혁에 착수했다. 그러나 정도전과 조준을 앞세운 여러 가지 획기적인 개혁정책의 대부분은 사실 위화도회군으로 정권을 장악한 직후부터 추진해온 것이었다. 여기에는 토지·조세·재정·군사·관제 등 국가적인 법제와 사회적인 관습이 모두 포함되었다. 이러한 혁명적인 개혁의 추진은 당연히 최고통치자인 태조의 전폭적인 지원이 있었으므로 가능했다.

태조는 군인 출신인 만큼 정치를 하는 데 있어서도 말만 앞세운 문신들과 달리 시원한 데가 있었다. 신하들의 건의를 잘 받아준 대신 자신이 옳다고 생각한 것은 끝까지 밀고나갔다. 조선왕조 개국에는 정도전과 조준 같은 일급 참모도 있었지만, 자신의 아들 이방원도 공로가 그에 못지않았다. 그러나 그는 족벌주의·혈연주의를 단호히 배격하여 자신의 아들은 단 한 명도 개국공신에 포함시키지 않았다.

반면 건국 초의 정국을 더욱 안정시키기 위해서라면 왕씨의 씨를 말리는 일도 서슴지 않았다. 태조 3년(1394년)에 귀양 보냈던 고려 왕족을 모두 죽이고, 남아 있던 왕씨를 모두 찾아내 죽인 것이나, '두문동 72인'으로 대표되는 망국의 충신들을 모두 죽여 없앤 것이 그 좋은 예다.

서울에 새 수도 한양의 기본시설을 건설하는 데에 5년밖에 걸리지 않은 것도 군인 출신답게 뚝심으로 밀어부친 덕분이었다. 그렇다고 해서 군 출신답게 무슨 일이든 마구잡이로 강행한다고 해서 다 좋다는 이야기는 물론 아니다. 추진력이 엄청나게 강했던 만큼 그 뒤에는 백성의 막대한 희생이 뒤따랐다. 왕조시대의 대규모 토목건설 사업이 다 그렇지만 당연히 강제노동의 결과였다. 어쨌든 이러한 자신감이 노후에는 태조에게 역풍으로 작용했으니 하늘이 정해준 운명은 어쩔 수 없는 것인가.

태조에게는 첫째부인 신의왕후 한씨와 둘째부인 신덕왕후 강씨 사이에서 여덟 명의 아들과 세 명의 딸을 두었다. 한씨는 이성계가 무명 장수 시절에 고향 함흥에서 맞이한 향처(鄕妻)이며, 강씨는 입신양명한 이성계가 개경에서 맞이한 경처(京妻)였다. 한씨 소생으로는 방우(진안대군)·방과(영안대군)·방의(익안대군)·방간(회안대군)·방원(정안대군)·방연(덕안대군)이 있었고, 강씨 소생으로는 방번(무안대군)·방석(의안대군)이 있었다.

한씨는 이성계가 즉위하기 1년 전에 죽었으므로 태조는 등극한 직후 강씨를 왕비로 책봉하여 정비(正妃)로 삼았다. 세자 책봉 문제가 나오자 강씨는 자신의 소생을 후계자로 만들기 위해 태조의 최측근이며 당대의 실력자인 정도전과 손을 잡았다.

태조도 늦은 나이에 본 방석을 가장 사랑하여 결국 방석을 왕세자로 책봉했다. 정안대군 방원과 사이가 나쁜 정도전은 방석을 옹립하는 것이 자신의 정치적 이상을 실현하는데 유리하다고 판단했던 것이다. 한씨가 추존 왕비가 된 것은 그로부터 1년 뒤의 일로, 비록 한씨가 먼저 태조에게 출가하긴 했으나 서열상 한씨는 차비(次妃)에 불과했다. 태조 5년(1396년) 현비 강씨가 병으로 죽자 태조는 강씨를 추모하기 위해 왕후(王后)로 추봉하는데, 이로 인해 한씨는 후궁으로 전락하고 말았다. 이에 한씨 소생 왕자들이 분개했다.

방원은 부왕의 조선왕조 창업을 도와 공로가 컸고, 자질이 특출한 인물이라 부왕의 처우에 대한 불평이 컸다. 또한 개국공신 정도전·남은·심효생 등이 모든 권력을 장악하고 있는데 대해서도 큰 불만을 품고 있었다. 그러다가 정도전이 요동정벌을 계획하고, 사병을 혁파하고, 군사를 모으자 이방원은 정도전이 자신을 치려고 군사를 모으는 것으로 해석했다. 사병을 혁파하면 무장해제와 마찬가지였다.

　태조 7년(1398년) 음력 8월 정도전·남은·심효생 등이 비밀리에 모의하여 태조의 병세가 위독하다는 이유로 여러 왕자를 궁중으로 불러들였다. 이방원은 이를 정도전 등이 한씨 소생의 왕자들을 살육할 계획으로 해석하여, 미연에 방지한다는 명분을 세워 10월 5일(음력 8월 25일) 이방의·이방간 등 여러 왕자들을 포섭하고 이숙번·민무구·민무질·조준·하륜·박포·이지란 등 휘하 부하들을 시켜 군사를 일으켰다.

　이들은 남은의 집으로 쳐들어가 정도전과 남은을 죽이고, 같은 시각에 박위·유만수·장지화·이근·심효생 등을 살해하였다. 그러고는 변란의 책임을 세자와 정도전 일파에게 뒤집어씌웠다. 세자 이방석은 폐위하여 귀양 보내는 도중에 살해하고, 이방석의 동복형 이방번도 함께 죽여 버렸다. 이방원은 장자승계의 원칙을 따르기 위해 난을 일으킨 것으로 쿠데타를 정당화하며 세자 자리를 둘째 형인 이방과에게 넘겨주었다. 이는 큰형인 진안대군 방우는 정치에 환멸을 느껴 해주 수양산에 들어가 세상과 담쌓고 지냈기에 방원은 야심이 없고 무능력한 둘째형 방과에게 다음 왕위를 양보함으로써 아비를 치고 아우들을 살해한 책임을 떠맡겼던 것이다.

　태조는 왕세자 이방석과 무안군 이방번, 그리고 사위 흥안군 이제의 죽음에 충격을 받고 한 달 뒤인 9월에 이방과에게 왕위를 물려주니 그가 곧 정종(定宗)이다. 이것이 제1차 왕자의 난이다. 이로부터 태조는 상왕(上王)이 되었다.

　왕위를 물려주고 궁궐에서 나온 태조는 경기도 양주시 회암면 회암사로 들어가 무학대사(無學大師)와 더불어 시름을 잊고 불법에 의탁하려 했했다. 하지만 태조 이성계의 말년은 편하지 못했다. 2년이 지난 정종 2년(1400년) 1월 이번에는 제2차 왕자의 난이 일어났다.

제1차 왕자의 난이 이복 형제간의 싸움인 데 반하여 이번에는 동복 형제간의 싸움이며, 방간의 방원에 대한 시의심(猜疑心) 때문에 일어난 것이다. 지중추부사 박포는 제1차 왕자의 난 때 정도전 등이 이방원을 제거하려 한다고 밀고하는 등 방원을 도와 난을 성공시키는 데 공이 많았음에도 그 보상이 크지 못함에 불만을 품고 있었다. 이런 와중에 이방간이 왕위를 넘보기 시작하고, 박포까지 돕기로 하자 이방간은 군사를 일으켰다. 이방원도 이에 맞서 군사를 동원하여 개경 선죽교에서 두 병력이 대치하여 전투를 시작했다. 결국 전세가 불리해진 방간이 패주하고 군사들의 추격에 생포되고 말았다. 이방간은 토산으로 유배되었고, 박포는 죽주(지금의 충북 영동)로 유배되었다가 처형되었다.

제2차 왕자의 난으로 이방원은 더욱 권력 기반을 단단히 다졌으며, 결국 그의 왕위 계승을 촉진시키게 됐다. 결국 정종은 하륜 등의 주청으로 상왕 태조의 허락을 얻어 그해(1400년) 음력 2월 이방원을 왕세자로 삼은 뒤 같은 해 음력 11월에 그에게 왕위를 넘겨주었다. 이렇게 등극한 이방원이 바로 제3대 태종이다. 그때 이방원은 34세.

태상왕이 된 이성계는 고향인 함흥으로 돌아가 있었다. 조상들의 묘를 참배하고 이리저리 유람하면서 세월을 보냈다. 하지만 언제 세상을 떠날지 모르는 아버지가 떠돌이 생활을 하는 것이 태종에게는 부담스럽기 그지없었다. 태종은 창녕부원군 성석린(成石璘)을 보내 간곡히 설득한 결과 간신히 다시 대궐로 모셔왔지만 태종에 대한 적개심과 울분이 가시지 않은 태조는 태종 2년(1402년) 11월에 다시 서울을 떠나 소요산을 거쳐 함흥으로 내려가 버렸다.

태조가 함흥에 칩거하면서 태종이 보낸 사자를 모두 활로 쏘아 죽였다는 이른바 함흥차사(咸興差使) 전설은 그때 비롯된 것이다. 태종은 이번에는 태조가 유일하게 존경하는 무학대사에게 부탁을 했다. 무학대사의 설득에 따라 태조는 다시 서울로 돌아왔다.

　태조는 대궐 안에 덕안전을 신축하여 그곳에서 하루 종일 염불하는 것으로 만년을 보냈다가 태종 8년(1408년) 1월에 중풍에 걸려 쓰러졌다. 그리고 그해 5월 24일에 죽었다. 그때 일세의 영웅 이성계의 나이 74세였다. 그의 능은 경기도 구리시 동구릉 안에 있는 건원릉이다.

　이성계가 죽기 전 일이다. 어느 따스한 봄날 이성계와 무학대사가 마주앉아 담소하다가 태조가 심심했던지 이런 제안을 했다.

　"우리 누가 농담을 더 잘 하는지 내기를 해봅시다."

　"그럼 대왕께서 먼저 해보십시오."

　"제가 보기에 스님은 꼭 돼지처럼 생겼습니다."

　"제가 보기에 대왕은 꼭 부처님처럼 생겼습니다."

　뜻밖의 대답에 태조가 이렇게 물었다.

　"아니, 농담을 하자고 해놓고 어찌 그런 말씀을 하는 거요?"

　그러자 스님은 천연덕스럽게 이렇게 대답했다.

　"돼지 눈으로 보면 모두 돼지 같고 부처님 눈으로 보면 모두 부처님처럼 보이는 법이지요."

　그제야 태조는 손뼉을 치며 재미있게 웃었다고 한다.

황희

조선조 기틀 다진 명재상

    황희(黃喜)는 조선왕조 초기의 명재상이요 청백리였다. 그는 사소한 일에는 구애받지 않았고, 웬만한 남의 흉허물은 입에 올리지도 않았던 대범하고 도량 넓은 인격자였으며, 리더십이 출중한 지도자였다. 또한 생활 속에서 멋과 여유를 즐길 줄 알았던 선현이기도 했다.

    하지만 그도 처음부터 매사에 모범적인 홀륭한 인물은 아니었다. 사람은 누구나 나이 들어감에 따라 지혜가 늘고 인품도 높아지기 때문이다. 황희에게도 어린 시절, 젊은 시절이 있었으니 처음부터 그의 인격이 한없이 고매하고 능력이 탁월했던 것은 아니었다. 그가 젊은 시절에는 이런 일도 있었다고 전한다. 그가 선비 때의 일이라고 하니 시절은 고려 말이었다. 하루는 들길을 걸어가다가 보니 한참 떨어진 곳에서 소 두 마리를 부리며 밭을 가는 농부가 있었다. 황희가 가까이 다가가 이렇게 물었다.

    "여보시오. 그 두 마리 소 중에 어느 놈이 더 일을 잘 하오?"

    어느 소가 일을 더 잘 하거나 말거나 황희에게는 아무 상관이 없었을 것이니 아마도 지나가다가 심심풀이삼아 그저 물어보았을 것이다. 그런데 농부가 일손을 멈추고 황희에게 가까이 다가오더니 귀에 대고 속삭이듯 낮은 목소리로 이렇게 일러주는 것이었다.

"저기 저 누렁이는 일도 잘 하고 말도 잘 듣지만, 저쪽 검둥이는 일도 잘 안하고 꾀만 부리면서 말도 잘 안 듣는다우."

황희가 픽하고 웃으며 말했다.

"에이, 여보슈! 그런 걸 가르쳐주는데 굳이 여기까지 와서 귀엣말을 할 건 뭐요? 거기서 얘기해도 다 들릴 텐데."

그러자 나이든 농부가 정색을 하며 대꾸했다.

"어허, 모르시는 말씀! 그건 선비님이 아직 젊어서 모르고 하는 소리외다. 아무리 말 못하는 가축이라도 제 흉을 보는데 좋아할 리가 있겠수?"

그 순간 황희는 깨달았다. 아하, 그렇구나! 내 공부와 수양이 이처럼 밭가는 농부보다도 못하니 아직도 멀었구나. 짐승조차도 제 흉을 보면 싫어하거늘 사람이야 오죽하랴. 내 앞으로 각별히 언행언동에 조심하리라. 그렇게 생각한 황희는 더욱 과묵하고 침착하며 매사에 신중하게 처신했다.

뒷날 정승이 된 뒤의 일이다. 하루는 계집종 둘이 한참을 시끄럽게 다투더니 한 아이가 황 정승에게 쪼르르 달려와 재잘조잘 상대방의 잘못을 일러바쳤다. 이야기를 들은 황희가 고개를 끄덕이며 말했다.

"오냐오냐. 네 말이 옳구나. 저 애가 잘못이구나."

그러자 다른 아이도 분을 이기지 못해 황 정승에게 달려가 조잘재잘 상대방의 잘못을 고해바쳤다. 그 아이의 말을 들은 황희가 또한 이렇게 말했다.

"오냐오냐. 네 말이 맞다. 저 애가 틀렸구나."

마침 그 모습을 곁에서 지켜보던 조카가 하도 어이가 없어 이렇게 한 마디 했다.

"아니 숙부님. 한 쪽이 옳으면 한 쪽이 그르고, 한 쪽이 그르면 한 쪽이 옳은 법이지 이쪽도 옳고 저쪽도 옳다고 하시면 도대체 어느 쪽이 틀렸다는 말씀이십니까?"

그러자 황희는 마치 남의 이야기를 하듯이 "그렇구나. 네 말도 옳구나"하면서 읽던 책을 계속 읽는 것이었다. 성품이 이처럼 너그러우니 집안의 하인과 그 자식들도 어려운 줄을 모르고 제 친할아비라도 되는 양 어리광을 부리고, 심지어는 무엄하게 수염까지 잡아당기는 녀석도 있었다. 하지만 황희는 한 번도 성내어 꾸짖거나 매질하지 않았다. 이를 보다 못한 부인이 "아유, 집에서 저런 분이 어떻게 정승 노릇을 하며 막중한 나랏일을 보실까"하고 핀잔을 했다. 그러자 이번에는 "부인 말도 옳구려"가 아니라, "하인도 다 하늘이 내려주신 이 땅의 백성인데 어찌 엄하게만 대할 수 있으리오?" 했다고 하니, 그의 따스한 애민정신과 투철한 인본사상, 그리고 여유로운 풍류정신은 시대를 훨씬 앞서갔다고 할 수 있다.

황희는 고려 공민왕 12년(1363년) 음력 2월 10일에 개경 송악산 기슭 장단 가조리에서 태어났다. 본관은 장수(長水), 처음 이름은 수로(壽老)였고 자는 구부(懼夫), 호는 방촌(厖村)이다. 부친은 강릉부사를 지낸 군서(君瑞), 모친은 용궁 김씨(龍宮金氏)였다.

그는 훤칠하게 잘 생긴데다가 몸에서 이상한 빛이 났다고 한다. 또 그는 어려서부터 총명하여 무엇이든 한 번 보거나 들으면 잊지 않았다. 그렇게 기억력이 비상한데다 밤을 새며 부지런히 공부했으므로 일찍이 여러 학문에 통달했다. 그는 천성적으로 학문을 좋아하여 깊은 경지에 이르렀지만 고려 말의 기울어가는 나라, 어지러운 시대상을 개탄하며 벼슬살이에 뜻을 두지 않았다.

그러나 부친의 거듭되는 권유에 21세에 비로소 사마시를 보고, 다시 23세에는 진사시를 보아 모두 합격했다. 그는 17세에 혼인한 첫 부인 최씨가 딸만 낳고 먼저 죽자, 26세에 청주 양씨(淸州楊氏)와 재혼했다. 그 이듬해 문과에 급제하고, 다음해인 공양왕 2년(1390년)에 성균관 학관, 요즘으로 치면 국립대학 교수로 발령받아 벼슬살이를 시작했다. 그런데 황희가 벼슬길에 나선 지 불과 2년 뒤인 1392년, 이성계(李成桂)가 나라를 뒤엎고 조선왕조를 개국하자 당시 30세의 황희도 망국의 유신으로 죽기를 각오하고 두문동으로 들어갔다.

역성혁명을 일으켜 나라를 세웠지만 태조는 골치가 아팠다. 신하들 대부분이 함께 칼을 들고 고려조를 뒤엎은 무인인지라 정치를 잘 몰랐고, 더군다나 한꺼번에 수많은 인재가 자리를 비웠으므로 당장 행정의 공백을 메울 길이 없었다. 측근과 상의한 끝에 태조는 두문동으로 사람을 보내 도움을 청했고, 두문동에서는 회의를 열었다.

그 결과 숱한 충신을 죽이고 나라를 빼앗은 이성계의 소행은 용서할 수 없지만 백성들이 무슨 죄가 있느냐, 젊고 유능한 사람은 다시 나가서 백성들을 위해 봉사토록 하자는 쪽으로 결론이 났다. 이에 따라 황희와 맹사성(孟思誠) 등에게 조정에 나가도록 당부했다. 처음에는 완강히 거절하고 함께 죽겠다고 했지만 선배들의 거듭된 간곡한 권유에 따라 황희와 맹사성은 결국 두문동에서 나와 새 왕조의 관직을 맡았다.

조정에 나아간 황희는 처음에 성균관 학관으로 복직되었다가 하위 관직을 전전했다. 처음에는 이른바 '혁명주체'가 아닌데다가 두문동까지 들어갔다가 나왔다는 이유로 따돌림도 많이 당했다. 별 잘못도 없이 벼슬이 떨어지기도 했고 변방으로 좌천당하기도 했다. 그러다가 정국에 큰 변화가 일어났다. 태조 7년(1399년) 7월에 태조의 다섯째아들 이방원(李芳遠)이 유혈 쿠데타를 일으켜 정권을 장악한 것이었다. 방원은 정적들을 모조리 죽인 다음, 태조를 상왕으로 밀어낸 뒤 둘째형 방과(芳果)를 허수아비 임금으로 내세우니 그가 정종이다. 실권을 잡은 방원은 평소 눈여겨보아 두었던 청렴하고 유능한 황희를 불러 경기도사, 오늘의 경기도 부지사로 중용했다.

2년 뒤인 1401년에 실권자만으로는 성이 차지 않았던 방원은 마침내 본색을 드러내 아버지를 태상왕, 형을 상왕으로 밀어내고 왕위를 차지하니 그가 태종이다. 태종은 온화한 기품에 청백하고 근면한 황희를 매우 신임하여 태종 5년(1405년)에는 지신사로 발탁했다. 지신사는 나중 도승지로 바뀐, 요즘으로 치면 청와대 비서실장 격이다. 그해에 황희의 나이 43세로서 치신(致身)과 보신(保身) 두 아들의 아버지였다. 처음에는 '왕따'를 당해 이리저리 쫓겨 다니다가 일약 지신사로 중용된 황희는 성심성의껏 태종을 보필, 무엇이든 깔끔하게 처리했다. 또 임금의 신임이 두텁다고 결코 자만하지도 않았다. 막내아들 수신(守身)이 태어난 것은 황희가 45세 때인 태종 7년이었다.

다시 2년이 지났다. 황희는 이제 조정에서 없어서는 안 될 중신이 되었다. 그해에 형조판서로 입각한 황희는 이후 대사헌 · 병조판서 · 예조판서 · 이조판서를 두루 역임한다. 그러나 청렴결백한 한편, 강직한 성품 때문에 벼슬길이 계속 순탄할 수는 없었다.

태종 18년(1418년) 6월에 양녕대군(讓寧大君)이 세자위에서 쫓겨날 때에 황희는 그의 편을 들었다고 하여 태종의 미움을 사서 좌천과 유배가 거듭되는 가시밭길로 내몰렸다. 공조판서로 밀려났다가 다시 평양부윤으로 좌천당했던 그는 태종의 화가 많이 풀려 형조판서로 다시 조정에 돌아왔지만, 소인배들의 참소를 입어 오늘의 교하로 귀양 갔다가, 다시 남원으로 이배(移配)당했다. 『가곡원류』와 『청구영언』에 실려 전하는 황희의 다음 시는 당시 그의 심경을 나타낸 듯하다.

맑은 시내 위에 초가 한 채, 봄이 이제야 찾아왔네.
눈같이 하얀 배꽃향기 싱그럽고, 버들잎 움트려고 금빛을 띠었네.
먼 산에 구름 엉기고 두견이 울음 처량한데,

이런 저런 생각에 갈피를 잡을 수 없네.

그렇게 세월이 흐르는 사이에 태종은 왕위를 세자에게 물려주고 상왕으로 물러나 앉았다. 하지만 물러난 뒤에도 중요한 국사는 세종을 제치고 자신이 처리했다. 그렇게 중요한 국사를 처리하다 보니 태종은 생각할수록 믿음직한 신하 황희가 아쉬웠다. 세월이 흐르자 미움도 사라지고 오해도 풀려 마침내 태종은 황희를 귀양살이에서 풀어주었다. 세종 4년(1422년)에 서울로 돌아온 황희는 대궐로 찾아가 태종과 세종에게 감사의 인사를 올렸다. 『가곡원류』에 실려 있는 다음 시조 또한 당시의 심경을 읊은 듯하다.

청조(靑鳥)야 오도고야 반갑다 님의 소식
약수(弱水) 삼천리를 네 어이 건너온다.
우리 님 만단정회(萬端情懷)를 네 다 알까 하노라.

세종은 태종의 뜻을 받들어 황희를 재등용, 이후 황희는 예조판서와 강원도관찰사를 거쳐 세종 8년(1426년) 5월에는 우의정으로 승진했다. 이로써 황희는 마침내 육경(六卿 ; 6조 판서)을 두루 거쳐 삼공(三公 ; 영의정 · 좌의정 · 우의정)의 반열에 오르게 되었으니 그때 64세였다. 이어서 이듬해에는 좌의정, 다시 5년 뒤인 세종 13년(1431년)에는 영의정이 되어 이후 세종 31년까지 18년간 청백한 수상으로서 명군 세종의 치세를 뒷받침했다.

영의정에 올라 만백성의 인자한 어버이 노릇을 하던 황희는 노령을 이유로 여러 차례 사직을 청원했으나 번번이 들어주지 않다가 세종 31년에야 비로소 허락하니 당시 나이 87세였다. 황희는 조정에서는 재상으로서 출중한 리더십으로 국사를 공평무사하게 처리했지만 집에 돌아오면 그지없이 너그러워 하인의 자식들이 달려들어 밥을 빼앗아먹고, 수염을 잡아당기고, 심지어는 뺨까지 때려도 그저, "아, 이놈들아. 아프다 아파!"하면서 노여워할 줄 몰랐던 호호야였다.

하지만 이처럼 너그러운 황희도 자식들과 김종서(金宗瑞)한테만은 매우 엄격했다. 김종서는 여진족을 몰아내고 육진을 개척하여 '대호(大虎)'라는 별명을 듣던 용장이었다. 일선에서 돌아와 황 정승 밑에서 병조판서를 지냈는데 조그만 실수가 있어도 준엄하게 꾸짖었다.

황희는 효성이 지극해 부모님이 살아 계실 때에는 아침저녁 관복을 갖춰 입고 문안을 올렸고, 수시로 맛있는 음식을 마련하여 정성껏 봉양했다. 또 부모가 시키는 일은 감히 어기지 않고 따랐다. 그의 부친은 황희가 41세 때에, 모친은 65세 때에 돌아가셨다.

황희는 자신이 충효를 다하기도 했지만 아들 3형제도 엄하게 훈도했다. 막내 수신이 한때 기생에게 빠져 관계가 매우 깊었다. 얼마나 정이 깊었던지 보다 못한 부친이 여러 차례 엄하게 꾸짖고 타일렀건만 그때마다 "네, 네" 대답만 하고는 여전히 끊지 못했다. 하루는 수신이 집에 돌아오자 부친이 관복을 입고 문간에서 기다리고 있다가 "어서 오십시오" 하고 맞이하는 것이었다. 수신이 놀라 대뜸 땅바닥에 무릎을 꿇고 엎드려 까닭을 여쭈었다. 그러자 황희가 대답했다.

"나는 너를 자식으로 대해 바른 도리를 깨우쳐주었지만 너는 내 말을 듣지 않았다. 이는 나를 아비로 여기지 않는다는 뜻이니 나 또한 이제부터 너를 손님으로 여겨 손님을 맞는 예우로 대하려 함이다."

그제야 수신이 방성대곡하며 뉘우치고 다음날부터는 기생방 출입을 딱 끊었다고 한다. 황희의 맏이 치신은 뒤에 충청감사를 거쳐 호조판서와 지중추부사를, 둘째 보신은 한성소윤을, 막내 수신은 부친을 이어 영의정을 지냈다.

그는 천성이 검소하여 벼슬이 비록 재상에 이르렀지만 살림살이가 늘 가난했다. 방바닥에 멍석을 깔고 지내면서도, "야, 이 자리가 참 좋구나! 까실까

실하여 가려운 데를 저절로 긁어주니 참 좋구나!" 할 정도였다.

　85세에 조정을 물러난 황희는 건강을 조심하며 조용히 만년의 풍류를 즐겼다. 그러면서도 세상을 떠날 때까지 손에서 책을 놓지 않았는데, 시력을 아끼려고 두 눈을 번갈아 떴다 감았다 하면서 책을 읽었다. 창밖의 복숭아가 익자 동네 개구쟁이들이 이 녀석 저 녀석 몰려와 마구 따먹었다. 방안에서 책을 보던 황 정승 할아버지가 벙긋 웃으며 내다보다가 잔잔한 목소리로 말했다.

　"애, 이 녀석들아! 다 따먹지는 말아. 이 할애비도 맛 좀 봐야지."

　그리고 나가보니 복숭아가 한 알도 없고 빈 나무뿐이었다. 옳거니! 이제 이 몸도 이 세상에서 할 일을 다 마쳤으니 저세상으로 갈 때가 된가 보구나. 홍안백발이 신선 같았던 만백성의 인자한 할아버지 황 정승은 1452년, 세종대왕이 먼저 떠난 그 이듬해 2월 초8일에 향년 90세로 이승살이의 문을 조용히 닫았다. 문종은 익성공(翼成公)이라 시호하고 세종과 함께 배향하여 성군과 명상이 사후에도 나란히 나라와 겨레를 보살펴주기를 빌었다.

　자유로에서 왼쪽으로 임진강을 끼고 오두산통일전망대를 지나 임진각 쪽으로 달리다 보면 오른쪽에 문산으로 들어가는 진입로가 나오고, 반구정(伴鷗亭) 들머리를 알리는 표지판이 보인다. 파주시 문산읍 사목리의 반구정은 황희가 노년에 벼슬길에서 물러나 갈매기를 벗삼아 풍류를 즐기며 유유자적 여생을 보내던 유적이다. 정자에 오르면 민족 분단의 한을 싣고 흐르는 임진강 너머로 그가 태어난 장단 땅이 보인다. 정자 아래에는 그의 영정을 모신 영당이, 영당 오른쪽에는 그의 동상이 있으며, 묘소는 가까운 파주시 탄현면 금승리에 있다.

김종서

세종 때 6진 개척한 명장

삭풍은 나무 끝에 불고 명월은 눈 속에 찬데

만리변성에 일장검 짚고 서서

긴파람 큰 한소리에 거칠 것이 없어라.

이 시조는 김종서(金宗瑞) 장군이 조선 세종 때 함경도 지방에 6진을 개척
할 당시에 읊은 것으로 『해동가요』에 실려 전해온다.

김종서는 두만강 연안의 6진(六鎭)을 개척함으로써 최윤덕(崔潤德)의 4군
(四郡) 개척과 더불어 우리나라와 중국의 국경이 두만강과 압록강을 경계로
한 현재의 위치로 확정짓는데 큰 공을 세웠다. 김종서와 최윤덕 등이 두만강
과 압록강 주변의 여진족을 몰아내고 이 땅을 우리 영토로 개척하기 전까지
는 북쪽 국경이 명확하지 않은 상태였으니 후손된 도리로서 이들의 위업을
잊을 수 없다.

세종대왕도 "김종서가 없었다면 어찌 6진을 성공적으로 개척할 수 있었으

라!"하는 찬사와 더불어 그를 더욱 신임했지만, 한 가지 아쉬움도 남는다. 만일 그 당시 우리의 국력과 군사력이 조금만 더 강했더라면 고구려와 발해의 옛 터전인 만주 대륙을 온전히 수복할 수 있지 않았을까 하는 점이다. 하지만 역사에 가정은 아무 소용도 없는 노릇이니 어쩔 수 없다.

김종서는 세종 때에 6진을 개척하고 조정에 돌아와 형조판서 · 예조판서 · 호조판서 · 병조판서 등을 거쳐 문종 때에는 벼슬이 좌의정까지 올랐다. 그러나 병약했던 문종이 일찍 죽고 어린 단종이 즉위하자, 야심 많은 수양대군(首陽大君)이 마각을 드러내 유혈 쿠데타를 일으켰고, 그때 가장 먼저 제거된 사람이 바로 김종서였다. 그의 일생은 이처럼 3대 임금에 걸친 충성으로 일관했다.

흔히 김종서를 장군이라고 부르고, 또한 그의 별명이 '대호(大虎)'요 '백두산 호랑이'였지만, 사실 그는 처음부터 무관이 아니라 문관 출신이었다. 이는 고려조의 서희(徐熙) · 강감찬(姜邯贊) · 윤관(尹瓘) 장군 등의 경우와도 같다.

리더십이 출중하고 지략이 탁월하고 성품이 강직했던 김종서는 고려조가 기울어가던 공민왕 2년(1390년)에 충남 공주시 의당면 월곡리에서 도총 벼슬을 하던 김제추(金制錘)의 아들로 태어났다. 본관은 순천(順天). 자는 국경(國卿), 호는 절재(節齋), 시호는 충익공(忠翼公)이다.

그는 태종 5년(1405년) 16세 때에 문과에 급제하여 태종 15년(1415년)에 상서원지장을 지냈다. 그러나 태종 때에는 이른바 '혁명 주체'인 공신들의 득세로 벼슬다운 벼슬을 못하다가, 세종 1년(1419년)에 사간원 우정언이 되었으며, 그 뒤 지평 · 집의 · 우부대언 · 광주판관 등 여러 관직을 거쳐 세종 16년(1434년)에 함길도절제사가 되었다. 과거 급제 29년 만에 45세의 나이로 오늘날의 도지사가 된 것인데, 이는 그의 능력에 비추어보면 한참 늦은 셈이었다. 김종서의 출세가 이처럼 늦은 까닭은 그가 본래부터 윗사람에게 듣기 좋은 말이나 하는 성품이 아닌데다가 뒤를 봐주는 사람도 없었기 때문이다. 하지만 영명한 군주인 세종대왕은 일찍부터 그의 강직한 성품과 출중한 능력을 눈여겨보고 있었다.

당시의 절제사는 관찰사 또는 감사라고도 불렀으며, 그 지역의 행정·사법권 및 군사권까지 행사했으므로 문관이면서도 무관의 임무를 겸한 막중한 자리였다. 유학을 공부하고 문과에 급제하여 문관 벼슬을 지내던 김종서가 무관으로 발탁된 것은 세종대왕이 그를 북방 개척의 적임자로 점찍었기 때문이다. 여진족을 몰아내고 그 지역을 다스리려면 문무겸전의 리더십이 탁월한 인재가 절실히 필요했는데 김종서만한 적임자도 없었다. 또한 당시 조정에서 세종대왕을 보필하며 조선왕조 500년간 문민정치의 기틀을 다진 명재상 황희(黃喜)가 김종서를 강력히 천거하기도 했다. 황희가 북방을 시찰하고 돌아온 뒤 그곳 사정을 보고하자 세종대왕이 "그러면 여진족을 몰아내고 북방을 개척할 적임자가 누구냐?"고 물었고, 황희가 서슴없이 김종서를 추천했던 것이다.

김종서는 비록 키는 작았지만 무인 가문에서 태어나고 자랐기에 무술에도 능하고 담력도 컸으며, 불과 16세에 과거에 급제할 정도로 학문도 뛰어났다. 그가 뒷날 『고려사』 편찬 책임자로 임명된 이유도 그의 학문이 깊었기 때문이다. 또 여러 관직을 거치며 정치적 식견과 행정적 능력도 갖출 만큼 갖추었기에 세종대왕이 그에게 함길도 방면을 맡겼던 것이다. 그러면 김종서가 함길도절제사로 임명될 당시 그곳의 사정은 어떠했는가.

함길도 길주에 만호부가 설치된 것은 고려 말이었다. 이후 조선조 초기까지 함경도 방면 국경은 그 부근으로 인식되었는데, 이 두만강과 압록강 연안에는 오래 전부터 여진족이 살고 있었다. 말갈족의 후신인 여진족은 본래 만주에 뿌리를 둔 족속으로 고려 초에는 금나라를 세웠고, 나중에는 명나라를 멸망시키고 청나라를 세우기도 했다. 그런데 만주 남부에 살던 여진족 여러 부족이 끊임없이 조선의 북쪽 국경을 침범하여 살인·방화·약탈을 자행해

오고 있었다.

조선에서는 그들을 '오랑캐' '되놈(胡人)' 또는 '야인(野人)'이라고 부르며 때로는 교역을 통해 회유하기도 하고, 때로는 무력으로 정벌하기도 했지만 그들을 완전히 제압하지는 못했다. 뒷날 이순신(李舜臣) 장군도 임진왜란 전 초급장교 시절에 동구비보·건원보·조산보 같은 두만강 요새에서 복무하며 여진족과 쉴 새 없이 혈전을 벌인 것은 널리 알려진 사실이다.

이 여진족이 세력이 강할 때에는 함경도 경성, 평안도 영변까지 침범해 노략질을 벌이기도 했다. 세종 9년(1427년)에는 최북단 방어선을 경원부에서 경성으로 후퇴했는데, 이곳도 위험하자 다시 더 남쪽인 용성으로 후퇴시키자는 주장이 나왔다. 참으로 얼빠진 자들이었다. 태종의 뒤를 이어 국내 정치를 안정시킨 뒤, 대마도정벌로 왜구의 소굴을 소탕한 세종대왕이 이따위 잠꼬대보다도 못한 얼빠진 소리를 용납할 턱이 없었다. 그렇지 않아도 동북방 함경도는 태조가 개국의 첫발을 내디딘 창업의 발상지가 아닌가. 세종대왕은 국경을 후퇴하자는 신하들의 멍청한 소리에 "조종(祖宗)으로부터 물려받은 강토를 단 한 치도 줄일 수 없다!"면서 영토 개척의 강력한 의지를 천명했다.

세종대왕은 재위 14년(1432년) 6월에 경원부는 그대로 경성에 둔 채 여진족이 자주 침범하는 석막에 영북진을 설치하여 방어선을 다시 북쪽으로 이동시켰다. 그리고 그 이듬해에 여진족 내부에서 부족 간의 분쟁이 일어났다는 정보보고가 조정에 올라왔다. 경원 지역의 우디거 부족과 회령 지역의 오도리 부족 사이에 충돌이 벌어져 여진의 세력이 많이 약해졌다는 중요한 보고였다. 이에 세종대왕은 마침내 여진족을 몰아내고 영토를 회복할 호기가 왔다고 판단하여 김종서를 함길도절제사로 보낸 것이다.

이후 김종서는 세종 21년(1439년) 형조판서로 입각할 때까지 7년간에 걸쳐 북방 개척을 위해 전심전력을 다했다. 절제사로 부임한 김종서는 흐트러진 민심을 안정시키는 한편, 북방 변경에서 고생하는 군졸들의 처우를 획기적으로 개선했다. 이를 위해 군사들을 늘 배불리 먹이는 등 파격적인 대우를 하여 사기를 높이고자 했다.

김종서가 사기 진작을 위해 거의 날마다 잔치를 베풀다시피 하자 이를 보고받은 조정 대신들이 '좋은 건수를 잡았다'고 여기고 "김종서가 날마다 잔치판을 벌여 국고를 낭비한다"고 중상 모략했다. 그렇게 해서 임금의 신임을 잃게 만들자는 의도였으니, 재주라고는 남을 시기하고 헐뜯는 재주밖에 없는 인간은 예나 이제나 이처럼 언제나 존재했던 것이다. 하지만 이에 대해 김종서는 이렇게 당당히 항변했다.

"이곳 군사들은 국경을 지키기 위해 10년이나 집을 떠나 있는 사람들이다. 그런데 이렇게 고생하는 군사들을 후히 대접하고 위로하지 않는다면 누가 목숨을 걸고 오랑캐를 막아낼 것인가! 지금은 이들에게 소다리를 먹이지만 국경이 정비된 뒤에는 닭다리를 주어도 충분할 것이다!"

그래도 김종서를 시기하고 헐뜯는 조정 공론은 좀처럼 사라지지 않았다. 성격이 불같은 김종서는 도저히 참을 수 없자 임금에게 이런 상소문을 올려 자신의 괴로움을 털어놓았다.

모든 일에는 그 자취가 있으므로 아무리 흔적을 감추려고 해도 숨길 수가 없사옵니다. 어떤 것이 충(忠)이고 어떤 것이 사(邪)인지, 어떤 것이 공(公)이며 어떤 것이 사(私)인지 신처럼 어리석은 사람은 알 수가 없사옵니다. 공사(公私)의 분간이나 충사(忠邪)의 판별은 오로지 밝고 어지신 성상(聖上)께서 하실 따름이옵니다. 예부터 먼 외방에서 일을 보는 신하는 반드시 갖은 비난과 모략을 당해 화를 면치 못하기 일쑤였사옵니다. 고려조의 윤관도 그 좋은 본보기였나이다. 윤관은 명문가 출신으로 큰 공이 많았지만 그래도 참소와 비방을 면치 못했는데, 신이 조그만 공로도 없사옵고, 또 일을 이룰 만한 능력도 없사옵고, 오로지 잘못한 것만 많사오니 한심할 다름이옵니다.

반면 김종서는 군사훈련을 강화하여 언제 여진족이 침범해도 물리칠 수 있는 준비를 갖추는 한편, 영토 확장의 실질적 효과를 위해 함길도 남부 지방의 농가 2천 200호를 경원부와 영북진으로 이주시켜 이들의 세금을 감면해주었다. 뿐만 아니라 이들 이주민 정착에 공이 큰 향리(鄕吏)들에게는 중앙으로 진출할 길을 터주기도 하는 등 적극적인 영토 개척과 안정화 정책을 펼쳤다. 그 뒤에는 멀리 삼남지방에서도 이주민을 모집하여 북계지역의 인구를 늘렸는데, 여기에는 천민을 양인으로 승격시키고, 양인은 토관(土官)으로 임용하는 등 파격적인 대우가 뒤따랐다.

　김종서가 문무겸전하고 리더십이 출중한 인재라는 사실을 일러주는 일화가 있다. 어느 날 그가 군사들을 위해 밤늦도록 잔치를 베풀고 있는데 갑자기 화살 하나가 날아와 김종서의 앞에 놓여 있던 술통에 박혔다. 장졸들이 모두 놀랐지만 김종서는 눈도 깜빡하지 않고 태연히 앉아 술을 마셨다. 김종서의 담대함에 사람들이 다시 한 번 놀라자 그는 껄껄 웃으며 이렇게 말했다.

　"어떤 놈인지는 모르지만 나를 시험해보려는 수작이거나 오랑캐의 소행일 것이다. 그러나 우리 군사들이 이렇게 든든히 버티고 있는데 내가 두려워할 것이 뭐가 있겠는가? 더구나 장수인 내가 그만한 일에 겁을 먹는다면 어찌 군사들이 나를 믿고 따르랴."

　뒷날 세종과 문종의 부탁을 저버린 채 수양대군에게 붙은 변절자 신숙주(申叔舟)도 한동안 김종서의 막하에 종사관으로 있었다. 김종서 자신도 16세에 문과에 급제했을 정도로 글을 잘하고 학문이 깊었지만 중책을 맡은 절제사가 일일이 보고서를 쓸 수 없으므로 젊고 똑똑한 문관을 한 명 보내달라고 했더니 조정에서 집현전학사 신숙주를 보내주었던 것이다. 김종서는 자신이 부르는 대로 금세 받아쓰는 신숙주의 문장력에 감탄하여 그를 매우 아꼈다고 한다. 하지만 나중에는 충신과 변절자로 갈라져 원수지간이 될 줄을 그때야 어찌 알았으랴.

한편, 『국조보감』에 따르면 김종서가 북방 경영에 임하며 세종대왕에게 이런 내용의 상소문을 올렸다고 전한다.

용성으로 국경을 삼으면 선조(先祖)의 땅이 줄어들고, 산천의 험함이 없어 방비가 어려울 것이옵니다. 하오나 두만강을 국경으로 삼는다면 곧 임금의 땅을 다시 일으키는 것이 한 가지 대의요, 긴 강의 험함을 이용하면 적으로부터 수비가 편할 것이옵니다.

상소문을 받은 세종대왕이 내시를 보내 위로하며 이런 말을 전하도록 했다고 한다.

"이번에 경의 글을 보니 장차 북쪽의 일은 걱정할 것이 없겠구려."

군사들의 정신무장도 튼튼히 다지고 민심도 안정되자 김종서는 석막에 있던 영북진을 경원부 북쪽의 백안수소로 옮겨 종성군이라 하고 북방 경영의 의지를 더욱 굳게 했으며, 이어서 두만강 연안에 있어 여진족의 침략이 잦은 알목하 지역을 집중 공략하여 이곳에 회령진을 설치해 영토를 더욱 확장했다. 회령진은 군사적·경제적 가치가 높은 요충이므로 곧 도호부로 승격시켰다.

그리고 영북진의 북상으로 후방이 된 경원부도 더 북쪽인 지금의 경원으로 옮기고, 경원부가 있던 지역에는 200명의 수비군과 300호의 농민을 이주시켜 공성현을 설치했다. 이 공성현은 세종 19년(1437년)에 경흥읍이 되었다가, 세종 25년에는 경흥성을 확장·수축하고 역시 도호부로 승격시켰다. 다시 말해서 김종서는 절제사로 부임한 뒤 오늘의 회령에서부터 종성·경원을 거쳐 경흥에 이르는 동북면 지역을 완전히 평정하고 그 지역의 국경을 확정한 것이다.

6진을 개척한 김종서는 내킨 김에 고구려와 발해의 고토인 만주 대륙 수복의 꿈까지 꾸었으나 문약한 조정의 반대로 좌절되자 이런 비분강개의 시조를 읊어 심사를 달랬다. 이 시조는 『청구영언』에 실려 전해온다. 여기에서 '인 각화상을 누가 먼저……' 란 구절은 누가 먼저 공신이 되어 기린각에 초상 화가 걸리랴 하는 뜻이다.

장백산에 기를 꽂고 두만강에 말을 씻겨
썩은 저 선비야 우리 아니 사나이냐
엇덧타 인각화상(麟閣畵像)을 누가 먼저 하리오.

김종서의 이 시조를 읽어보면 그가 문관 출신이지만 참으로 기개가 드높은 천부적 장수였다는 사실을 새삼 느낄 수 있다.
이 대목에서 조선왕조 초기의 무장 가운데 또 한 사람의 호기가 빼어난 대 장부 남이(南怡)의 이야기도 한다. 남이는 세종 23년(1441년), 그러니까 김종 서가 함길도절제사를 지내고 조정으로 돌아온 지 2년 뒤에 태종의 외손자, 즉 태종의 사위 남휘(南暉)의 아들로 태어났다. 본관은 의령.
그는 세조 3년(1457년) 17세 때 무과에 급제한 뒤, 이시애(李施愛)의 난을 토벌하고, 건주위 여진족을 정벌한 공으로 일등공신이 되어 세조의 총애를 받으며 청년 장군으로 명성을 떨쳤다. 또 그는 세조 13년(1467년)에 불과 27 세 나이로 병조판서가 되어 조선왕조 역사상 가장 젊은 장관의 기록도 남겼 다. 그러나 그 이듬해에 세조가 재위 14년 만에 죽고, 전부터 남이와 사이가 좋지 않았던 예종이 즉위하자 외척에게 병권을 맡겨서는 안 된다는 조정 공 론에 따라 물러났다.
그러고 얼마 뒤 남이가 궁중에서 숙직할 때 혜성이 나타난 것을 보고 "이 는 묵은 것이 가고 새 것이 올 징조"라고 한 말이 빌미가 되어 간신 유자광(柳 子光)의 참소를 당해 억울한 역모 누명을 뒤집어쓰고 28세 아까운 나이로 처 형당했다. 다음 시조는 그가 건주위 오랑캐를 정벌하고 개선할 때 읊은 시조로 『청구영언』에 실려 있다.

장검을 빼어들고 백두산에 올라보니
대명천지에 성진(腥塵)이 잠겼어라.
언제나 남북풍진을 헤쳐 볼까 하노라.

남이 장군의 호방함은 다음과 같은 한시에서도 잘 나타났다. 유자광 등은
이 시도 뒷날 남이의 역모 증거라며 무고를 했다.

백두산 돌은 칼 가는데 다 닳아버렸고
두만강 물은 말이 마셔 다 말라버렸네.
사나이 스물에 나라를 평정하지 못하면
후세에 그 누가 대장부라 일컬으랴.
(白頭山石磨刀盡 / 豆滿江水飮馬無

男兒二十未平國 / 後世誰稱大丈夫)

이렇게 아까운 나이로 억울한 죽음을 당한 남이 장군은 순조(純祖) 15년
(1815년)에야 신원이 되어 관작이 복구되고 시호도 받았는데, 공교롭게도 그
공신 호가 이순신 장군과 마찬가지로 충무공(忠武公)이다. 김종서와 사육신
(死六臣)도 그렇고, 뒷날 임진왜란 때의 의병대장 김덕령(金德齡) 등도 마찬
가지이지만 아까운 인재를 죽여 놓고 수백 년이 지난 뒤에야 관작을 복구합네
공신 호를 내립네 하는 짓이 다 무슨 소용인가!

함길도절제사로 있는 동안 김종서는 모친상을 당했다. 노모가 위독하다는
전갈을 받자 절제사의 직책을 순검사 하경복(河敬復)에게 겸임토록 하고 급

히 고향으로 돌아가 침식을 잊고 간호했지만 두 달 뒤에 노모는 세상을 떠나고 말았다. 세종은 역마와 종이와 관 등을 보내 장례를 치르도록 해주었다. 김종서가 유교의 예법에 따라 3년상을 치르고자 사직을 청했지만, 세종대왕은 100일이 지나자 함길도로 돌아가도록 명했다. 몇 차례 사양했지만 세종은 김종서가 꼭 필요하기에 이를 허락지 않았고, 김종서는 할 수 없이 임지로 돌아갔다.

그렇게 7년 동안에 걸쳐 두만강 연안의 북방을 개척하고 안정시킨 김종서는 세종 21년(1439년)에 형조판서로 승진하여 조정에 입각했다. 그러나 그가 북방 경영에서 완전히 손을 뗀 것은 아니었다.

세종 25년(1443년)에 종성과 온성을 도호부로 격상시키고, 그 이듬해에는 경원 북쪽에서 회령 서쪽에 이르는 지역에 두만강을 따라 성을 쌓아 여진족에 대한 방비를 강화했으며, 세종 31년(1449년)에는 전에 영북진이 있던 석막에 부령부를 설치함으로써 마침내 경흥·경원·온성·종성·회령·부령 등 6진을 완성했다. 이는 신라가 외세인 당의 힘을 빌어 이른바 삼국통일을 한 뒤 중국에게 빼앗겼던 두만강 연안을 거의 800년 만에 수복한 빛나는 위업이었다.

김종서는 6진 개척 과정에서 느끼고 연구한 군사적 방략을 정리한『제승방략(制勝方略)』이란 군사이론서를 저술했는데, 이는 북변의 오랑캐들이 침범했을 때 그 지역은 물론 인근 전 지역의 장정을 포함한 모든 병력을 집결시켜 일거에 섬멸한다는 내용이다.

조정으로 들어온 김종서는 형조판서·예조판서·병조판서 등을 지냈는데, 그의 일거수일투족을 예의주시하고 있는 사람이 있었다. 바로 김종서를 함길도절제사로 천거했던 황희 정승이었다. 황희는 나이든 자신과 맹사성(孟思誠)에 이어 나라를 이끌어갈 으뜸가는 재목으로 김종서를 첫손꼽고 있었다. 그런데 황희가 보기에 김종서가 큰 그릇은 틀림없는데 성격이 너무나 급하고 자만심도 지나칠 정도로 강한 것이 흠이었다. 어느 날 영의정 황희가 병조판서가 된 김종서를 만나러 병조를 찾았다. 그때 황희와 마주앉은 김종서의 자세가 삐딱한 것이 황희의 눈에 거슬렸다. 황희가 병조의 관리들에게 호통쳤다.

"너희 대감의 의자 다리 한 쪽이 짧은데 고쳐드리지 않고 무엇을 하고 있었느냐?"

김종서가 무슨 뜻인지 알아듣고 얼른 의자에서 일어나 무릎을 꿇고 자신의 잘못을 사죄했다. 또 한 번은 황희가 맹사성과 더불어 의정부에서 국사를 논하고 있는데 난데없이 푸짐한 점심상이 들어왔다. 점심상에 뒤따라 호조판서 김종서가 들어왔다. 김종서가 생각하기에는 나이 많은 정승들이 점심도 굶으며 나랏일을 하는 것이 고마워 예빈시에 일러 특별히 마련한 것이었다. 모두 시장했던지라 수저를 들고 음식상에 달려들려고 하는 순간 황 정승이 벼락같이 소리쳤다.

"이보시오 호판! 예빈시는 나라의 행사와 왕실에 쓰이는 음식을 마련하는 곳이오! 그런데 이런 사사로운 일에 국고를 낭비하다니, 이래도 될 일이오?"

무안해진 김종서는 도망치듯 그 자리를 벗어났다. 이처럼 황희가 김종서의 조그만 잘못도 용서하지 않고 꾸짖자 어느 날 맹사성이 황희에게 이렇게 물었다.

"김종서는 당대의 인물인데 대감은 어찌 그렇게 허물만 잡으시오?"

그러자 황희가 이렇게 대답했다.

"내가 김종서를 미워해서 그랬겠소? 누구보다도 김종서를 아껴서 그렇다오. 뒷날 우리 자리에 앉을 인재인데, 그의 성미가 워낙 과격하고 기운이 넘쳐서 걱정이란 말이오. 신중히 처결해야 할 일도 경솔히 처결하면 일을 그르칠 염려가 있소. 그런 까닭에 미리 그 기운을 꺾어 신중한 사람을 만들자는 거라오."

나중에 맹사성을 통해 황희의 진심을 알게 된 김종서가 황희에게 찾아가 잘못을 빌었다. 김종서는 성격이 급한 결점도 있었지만 자신의 잘못을 인정하고 깨끗이 승복할 줄도 아는 멋진 사나이였다. 김종서가 용서를 빌자 황희

가 부드럽게 타일렀다,

"김 판서의 패기는 장수로서는 필요한 것이지만 국정을 맡은 대신으로서는 불필요한 것이오. 앞으로 무슨 일을 처리하든지 언제나 자신을 억제하고 신중을 기하도록 하오. 모름지기 큰일을 위해서는 작은 일 하나라도 소홀히 해서는 안 되는 법이오."

나중에 김종서는 다른 사람들에게 이렇게 말했다.

"내가 북방에서 오랑캐와 싸울 때는 오랑캐의 화살이 날아와도 눈 하나 깜빡하지 않았는데 황 정승의 호통에는 등에서 식은땀이 흐를 정도로 무서웠다네!"

뒷날 김종서를 우의정으로 추천한 사람도 황희였는데, 과연 황희의 사람 보는 안목은 남다른 데가 있었다. 수양대군의 거사 때 김종서의 성격이 보다 신중하고 치밀했다면 그렇게 쉽사리 당하지 않았을 것이기 때문이다.

이렇게 각조 판서를 거쳐 우참찬에 있던 김종서가 세종대왕의 명을 받아 『고려사』 편찬을 맡은 것은 세종 31년(1449년)에 지춘추관사로 임명되어서였다. 『고려사』는 태조 4년(1395년) 4월에 정도전(鄭道傳)과 조준(趙浚) 등의 편찬으로 총 37권이 나온 것이 처음이었다. 그런데 이 『고려사』는 조선 건국을 합리화하고 미화하기 위해 사실을 왜곡한 점도 많았고 여러 모로 실록이라고 하기에는 부족한 것이었다.

이를테면 고려는 원나라의 지배를 받을 때를 제외하고는 황제를 칭하고 연호를 세운 자주성 강한 당당한 제국(帝國)이어서 임금은 자신을 짐(朕)이라 하고 신하들은 폐하(陛下)라고 불렀다. 또 왕비는 황후, 왕자는 태자, 황제의 지시는 조서(詔書)라고 했는데 이를 사대주의 필법에 따라 짐은 여(予), 폐하는 전하, 황후는 왕비, 태자는 왕세자, 조서는 교서(敎書) 등으로 낮추어 기술했던 것이다. 뿐만 아니라 정몽주(鄭夢周)같은 충신은 깎아내린 반면 별다른 공도 없는 정도전의 아비는 청백리로 추켜세운 대목도 있었다.

세종대왕이 이것을 보고 그 잘못을 지적하고 "차라리 없는 것만도 못하다!"면서 세종 14년(1432년)에 윤회(尹淮) 등에게 시켜 다시 편찬하게 했다. 그러나 이 또한 『삼국사기』처럼 편년체로 기술하여 너무나 간단하고 조잡하고 엉성했다. 그래서 다시 신개(申?) 등에게 명해 또다시 고쳐 쓰도록 했다. 그렇게 개수된 『고려사』는 지난 번 것들보다는 나았으나 그래도 사실과 다른 점이 많아 김종서에게 지춘추관사를 맡겨 이를 고쳐 쓰게 했던 것이다.

김종서는 당대의 학자·명문들을 모아 『고려사』 편찬 작업에 들어갔다. 하지만 이 『고려사』는 그 이듬해인 1450년 2월에 세종대왕이 재위 32년 만에 세상을 뜨는 바람에 완성을 못 보고, 문종 1년(1451년) 8월에야 총 139권으로 완성되었다. 김종서는 또 그 이듬해에는 『고려사절요』도 편찬했다. 하지만 오늘날 우리가 보고 있는 이 『고려사』는 편찬책임자가 지춘추관사 김종서가 아니라 이조판서였던 정인지(鄭麟趾)로 되어 있다. 그 이유는 쿠데타에 성공해 왕위에 오른 수양대군이 자신의 반대편에 섰던 사람들의 이름을 모두 빼내버렸기 때문이다. 그래서 역사는 승자의 기록이라고 하는 것이 아닌가.

문종이 즉위하자 김종서는 우의정으로 승진했다. 61세에 마침내 정승의 반열에 오른 것이다. 그러나 본래부터 병약했던 문종이 1452년 5월 재위 2년 3개월 만에 39세 한창 나이로 죽고 불과 12세의 철부지 외아들이 뒤를 이으니 곧 비운의 소년 왕 단종이다. 문종은 어린 아들이 걱정되어 임종할 때 영의정 황보인(皇甫仁), 좌의정 남지(南智), 우의정 김종서 등 10여 명의 중신을 불러 뒷일을 간곡히 당부했다. 그리고 얼마 지나지 않아 남지가 중풍으로 사직함에 따라 김종서가 좌의정이 되고 정분(鄭?)이 우의정이 되었다. 이들은 세종과 문종의 당부대로 어린 단종을 정성껏 보필했다.

김종서는 독단적으로 국사를 처리한다는 일부의 비난도 받고 오해도 샀지만, 그것은 어린 임금을 보좌하여 국정의 안정을 위한 불가피한 조치였지 그가 권력을 남용한 것은 아니다. 하지만 역사의 흐름은 어쩔 수 없었다. 수양대군의 야욕을 미리 알아채고 방비를 못 한 것이 화근이었다. 문종이 일찍 죽고 어린 단종이 즉위하여 왕권이 약화되자 야심만만한 수양대군이 주변에 사람들을 불러 모으기 시작했다. 마각을 드러낸 것이다. 그의 곁에는 눈치 빠른 신숙주 · 정인지 · 한명회(韓明澮) · 홍윤성(洪允成)을 비롯해 홍달손(洪達孫) · 양정(楊汀) 등 힘깨나 쓰는 장사들이 계속 모여들었다.

이들이 마침내 거사한 것은 단종 1년(1453년) 10월 10일이었다. 수양대군은 가장 무서운 인물인 김종서부터 제거하기로 했다. 날이 저물자 수양대군은 양정 · 임운(林芸) · 유수(柳洙) 등 무사 세 명과 하인을 데리고 서대문 밖 김종서의 집으로 찾아갔다.

김종서의 맏아들 승규(承珪)가 친구 두 명과 함께 대문 밖에서 이야기를 하다가 수양대군이 찾아왔다고 전하니 김종서가 나와 맞았다. 평소 수양대군을 경계하고 있던 김종서였으나 설마 자기 집 앞에서 무슨 일을 당하랴 하고 방심했던 것이 천추의 한이 되었다. 그 자리에서 김종서는 수양대군의 종이 내려치는 철퇴에 머리를 맞고 쓰러졌고, 승규가 아버지를 보호하려고 그 위에 엎드려 감싸자 수양대군을 따라온 무사가 사정없이 칼질을 했다.

김종서 부자를 처치한 수양대군은 그 이튿날 김종서가 대역죄를 저질러 처단했다면서 왕명을 빙자해 대신들을 소집한 뒤 한명회가 미리 만들어 놓은 생살부(生殺簿)에 따라 영의정 황보인을 비롯한 반대파는 모조리 죽여 버리고 정권을 장악했다. 이것이 바로 이른바 계유정난(癸酉靖難)이다. 수양대군은 라이벌인 친동생 안평대군(安平大君) 부자도 각각 강화도와 진도로 귀양을 보냈다가 곧 죽여 없앴다.

그런데 죽은 줄 알았던 김종서는 다시 소생해 상처를 싸매고 부인의 가마를 타고 성내로 들어가려고 서대문 · 서소문 · 남대문 등을 두루 돌아다녔으나 모든 성문은 이미 수양대군의 심복들이 장악하고 있어서 들어갈 수가 없었다. 나라를 위한 김종서의 마지막 충성은 이처럼 물거품으로 돌아가고, 그는 이튿날 수양대군이 보낸 자객의 칼에 맞아 완전히 목숨을 잃고 말았다. 그의 맏아들 승규에 이어 둘째아들 승벽(承璧)도 같이 죽임을 당했다.

정권을 장악한 수양대군은 그것으로도 만족할 수 없어서 이태가 지난 단종 3년(1455년) 6월에 양위라는 형식으로 조카를 내쫓고 마침내 왕위를 찬탈하니 그가 바로 세조이다. 그리고 2년 뒤에는 단종을 노산군(魯山君)으로 강봉시켜 강원도 영월로 귀양을 보냈다가 사육신사건 등이 일어나자 후환을 없애기 위해 참혹하게 죽여 버리고 말았다. 단종의 능인 장릉이 서울에서 멀리 떨어진 영월 땅에 있게 된 것도 그런 이유 때문이다.

하지만 그렇게 수많은 사람을 죽이고 왕위를 찬탈한 세조도 겨우 13년 동안 임금노릇을 하다가 죽었다.

한편, 김종서의 시신은 누군가가 목숨을 걸고 수습하여 고향인 공주로 모셔다 장사를 지냈다. 김종서의 묘는 처음에는 그의 탄생지인 공주시 의당면 월곡리에 있었는데 후손들이 현재의 장소인 국사봉 기슭으로 이장했다고 한다.

경부고속도로 청주IC를 빠져나와 36번 국도를 타고 조치원과 연기군 남면을 지나 공주시 경계로 들어서면 바로 장기면 도계리이다. 도계리에서 오른쪽으로 꺾어져 산 쪽으로 올라가면 대교리가 나오는데, 1980년에 정부에서 예산을 들여 정비한 김종서의 묘는 대교천 옆 신도비를 지난 국사봉 산중턱에 있다. 묘 앞에는 비석 2기가 서 있는데, 영조 24년(1748년)에 세운 오래된 비석에는 '朝鮮左議政節齋金先生宗瑞之墓'라고 새겨져 있고, 1945년 광복 이후 후손들이 세운 비석에는 '大匡輔國崇祿大夫左議政諡忠翼節齋順天金公宗瑞之墓'라고 새겨져 있다.

대역모반죄로 두 아들과 함께 참살당한 뒤 효수되었던 북방 개척의 명장이요 만고 충신인 김종서에게는 영조 22년(1746년)에 관작이 복구되고 충익(忠翼)이란 공신 호도 내렸지만, 지하의 김종서가 그 따위 것들로 어찌 천추의 통한을 풀었겠는가.

세종대왕

조선왕조 반석 다진 성군

해가 바뀌었건만 지난해보다 나아진 것이 하나도 없다. 요즘 돌아가는 나라 형편이 너무나 어지럽다. 모두가 불안하다고 하니 이야 말로 난국을 넘어 국난의 위기라 하겠다. 모름지기 위정자는 이처럼 비상한 시기에 비상한 리더십을 발휘해야 마땅하건만 불행히도 현 정치권에는 탁월한 리더십을 기대하기 어렵다.

역사의 교훈을 망각하고 역사에서 교훈을 얻지 못하는 지도자, 거짓말을 밥 먹듯이 하며 자신의 치부를 감추고 국민을 기만하는 지도자를 가진 국가와 민족의 장래는 어둡다. 세종대왕(世宗大王)이 다시 살아 돌아와 대통령을 맡아도 이 난국을 극복하지 못하리라는 사람도 있지만, 우리 역사상 세종대왕과 같이 리더십이 출중한 성군(聖君)·명군(明君)은 없었다. 세종대왕의 탁월한 치세를 거울삼아 또다시 맞은 난국을 슬기롭게 극복할 수 있는 교훈을 찾아보자.

세종대왕의 위대함은 그의 여러 가지 빛나는 업적에 앞서서 그가 성군으로서의 인품과 자질을 타고났다는 점에 있다고 할 수 있다. 그는 재위 내내 백성을 위한 백성의 임금, 어질고 현명하며 이상적인 임금이 되기 위해 노력했다. 이는 광복 이후 역대 대통령이 한 사람도 예외 없이 인격적으로 문제가 있었던 점과는 참으로 극명하게 대조된다.

또 세종대왕은 인품과 자질이 빼어나게 훌륭하기도 했지만 그 어떤 제왕에 못지않게 공평무사한 참모들을 거느리고 탁월한 리더십으로 국정을 수행했다는 점에서 만세의 귀감으로 삼을 만하다. 이를테면 조선왕조 500년간 명재상으로 꼽히는 황희(黃喜)를 비롯하여 청백리의 표상인 맹사성(孟思誠) 같은 이들이 세종대왕을 보필하여 문민정치 · 태평성대의 기틀을 다지도록 헌신했던 것이다.

세종대왕의 업적은 일일이 열거할 수도 없이 많지만 가장 첫손으로 꼽을 수 있는 점은 역사상 그 어떤 왕조의 어느 제왕보다도 비상한 리더십으로 성공적인 개혁을 이룩했다는 사실이다. 세종대왕이 즉위할 때 조선왕조 개국 이후의 정치적 · 제도적 혼란상은 부왕인 태종(太宗)의 강력한 통치력에 힘입어 어느 정도 안정을 이루었지만 그래도 미비한 점이 많았다. 특히 개국공신을 비롯한 소수의 지배층이 자신의 기득권을 지키려고 한데서 비롯된 폐단이 심했다.

그러나 세종대왕은 요즈음 너무나 자주 들어 식상한 국민들로부터 외면당하는 '개혁'이니 '인적청산'이니 '정계개편'이니 하는 따위의 소리는 입 밖에도 내지 않았다. 그 대신 그는 사서와 경전을 읽고 또 읽어 그 속에서 이상적인 제도를 연구한 뒤, 이를 현실의 문제와 결부시켜 관련 규정을 보완하거나 개정하여 바로잡아 나갔다. 그리고 웬만한 사항은 대신들의 반대가 있더라도 자신의 의지대로 실천해 나갔다. 이런 것이 바로 세종대왕만이 보여줄 수 있었던 탁월한 리더십이었다.

그러므로 세종대왕 자신이 그 어떤 대소 신하보다도 훨씬 많은 독서를 해야만 했다. 그가 비교적 일찍 건강을 해친 이유도 불철주야로 독서를 하고 연구를 한 것이 주요 원인의 하나로 알려져 있다. 세종대왕이 세자로 있을 때에는 너무나 독서에 열중하는 모습이 걱정되어 부왕인 태종이 책을 모두 치워버리고, "과거도 보지 않을 사람이 무슨 책을 그리도 힘들게 읽느냐?"고 나무란 적도 있었다고 한다.

물론 오늘날의 대통령과 500년 전 세종대왕의 독서열과 독서량을 비교한다는 것이 별 의미가 없을지는 모르지만, 이는 대통령을 비롯한 고위 공직자, 여야 정치인과 경제인, 그리고 이른바 사회 지도층 모두 타산지석으로 새겨둘 만한 교훈일 것이다.

조선왕조 제4대 임금인 세종대왕은 태조 6년(1397년) 5월 15일(음력 4월 10일)에 이방원(李芳遠)과 민씨 부인의 셋째아들로 태어났다. 이방원은 태조 이성계의 다섯째 아들로서 뒷날 이른바 '왕자의 난'이라 불린 두 차례의 유혈정변을 일으켜 부왕과 형 정종(定宗)을 차례로 밀어내고 왕위에 오른 태종이다.

태종에게는 양녕대군(讓寧大君)·효령대군(孝寧大君)·충녕대군(忠寧大君) 등 세 아들이 있었다. 세종대왕이 곧 셋째 충녕대군이었다. 따라서 장자승계 원칙에 따르면 왕위는 충녕대군의 차지가 아니었다. 그가 세자가 된 것은 22세가 되던 태종 18년(1418년) 6월. 맏형 양녕대군이 부왕의 노여움을 사 폐세자가 되고, 효령대군도 부왕의 뜻이 막내 충녕대군에게 있음을 알고 왕위를 포기한 결과였다. 당시 태종은 충녕대군을 세자로 삼는 이유에 대해 중신들에게 이렇게 말했다.

"충녕으로 말하면 천성이 총명하고 학문에 힘써 추운 겨울이나 더운 여름이나 밤새워 글을 읽고 책을 놓는 일이 없으니 나라를 다스리는 일도 잘 하리라 믿는다. 그러므로 충녕을 세자로 삼고자 하노라."

맏이와 둘째를 제치고 막내를 세자로 삼은 태종도 심기가 불편했던지, 아니면 자신이 살아 있는 동안 세종의 왕권을 단단히 굳혀줄 속셈이었던지 두 달 뒤인 그해 8월에 왕위를 물려주고 상왕으로 물러나 앉았다. 그렇게 즉위한 세종대왕은 1450년 재위 32년 만에 54세로 세상을 뜰 때까지 우리 역사에 길이 남을 빛나는 업적을 많이 남겨 후인들이 두고두고 태평성대를 이룬 그의 성덕과 치세를 추앙하고 있다.

세종대왕의 치적 중 가장 위대한 것은 훈민정음, 곧 한글의 창제·반포였다. 민족사상 획기적이며 세계 어느 나라 문자보다도 독창적이고 과학적이며 우수한 문자가 한글이다. 한글을 만든 그의 깊은 뜻은 훈민정음 본문 머리에 잘 나타나 있다.

우리나라 말이 중국과 달라 한자를 가지고는 서로 통할 수 없으므로 어리석은 백성이 하고 싶은 말이 있어도 제 뜻을 충분히 펼 수가 없었다. 나는 이를 매우 불쌍히 여겨 새로 스물여덟 자를 만들었으니 사람마다 쉽게 배워서 일상생활에 도움이 되기 바란다.

이러한 애민주의와 민본사상을 바탕으로 어렵게 만든 한글이었지만 한문에 중독된 사대주 유학자들에 의해 한글은 조선시대 내내 '언문'이라고 하여 여자들이나 쓰는 글이라고 천대 당했으며, 대부분의 집권 귀족과 지식층에게는 철저히 무시당했다.

즉위 원년 아직도 병권을 장악하고 있던 태종의 지도로 이종무(李從茂)·최윤덕(崔潤德) 등을 보내 대마도정벌을 단행하여 왜구의 소굴을 소탕했다.

세종대왕은 즉위 이듬해에 고려 때부터 있던 집현전을 궁내 기구로 설치하고 기능을 대폭 확대하여 고금의 각종 서적을 수집하는 한편, 젊고 유능한 선비들을 모아 학사로 임명하고 학문연구에 전념토록 했다. 이렇게 배출된 집현전학사가 바로 성삼문(成三問)·박팽년(朴彭年)·이개(李塏)·하위지(河緯

地) · 유성원(柳誠源) · 최항(崔恒) · 정인지(鄭麟趾) · 신숙주(申叔舟) 등이었다. 학문을 매우 사랑했던 세종대왕은 집현전학사들로 하여금 연구에 힘쓰게 하는 한편 자신도 몸소 여러 분야에서 학문 발전에 앞장섰다.

1420년부터 공조에 지시해 세계최초의 금속활자인 고려시대 활자를 개량한 갑인자를 만들게 하고 새로운 인쇄술도 개발, '월인천강지곡' '용비어천가' '고려사' 및 천문 · 지리 · 농업 · 의약 · 음악 등 여러 분야의 출판물을 펴내도록 했다. 참으로 세종대왕이야 말로 입으로만 '문화대통령'이 아니라 실질적인 '문화제왕'이었다.

또한 천문 · 역학 · 수학에도 조예가 깊었던 대왕은 젊은 과학자 장영실(張英實) · 김담(金淡) 등을 곁에 두고 격려하며 각종 천문관측기를 제작하고 천문도를 제작하며 역법을 개정토록 했다. 그래서 만들어진 과학기기가 천체측정기인 혼천의, 천기관측기인 대간의와 소간의, 해시계인 앙부일구, 물시계인 자격루 등인데 이는 모두 백성의 주된 생업인 농업을 장려하기 위한 과학기술의 실용화였다. 특히 세종 11년(1429년)에는 각도 관찰사를 시켜 농사에 관한 경험과 비방을 조사 · 보고토록 하여 이를 토대로 정초(鄭招)가 '농사직설'을 편찬, 농업기술 발전에 참고하게 했다.

뿐만 아니라 음악에도 조예와 취미가 깊었던 대왕은 중국에서 전래된 악기들을 개량하는 한편 아악을 정비하고 수많은 악보를 새로 지어내는 등 여러 분야에 걸쳐 학문의 황금시대를 이룩했다.

세종대왕은 내치뿐 아니라 외치에서도 훌륭한 업적을 남겼다. 세종 4년(1422년)에는 여진족의 침범이 잦자 대신 가운데 국경을 남쪽으로 후퇴하자는 얼빠진 작자까지 있었다. 대왕이 이에 "조종(祖宗)으로부터 물려받은 강토를 촌척도 줄일 수 없다!"며 단호한 입장을 천명하고 북진책을 실시하여 세종 14년(1432년)에는 최무선(崔茂宣) · 해산(海山) 부자가 60년간 연구한 화약무기에 힘입어 현재의 부령에 영북진을 설치하고 수비를 강화했다.

또한 그 이듬해에는 '호랑이 장군' 김종서(金宗瑞)를 함길도절제사로 보내 여진족을 몰아내고 6진을 개척토록 했으며, 최윤덕 등을 보내 4군을 설치함으로써 그때까지 불분명하던 중국과의 국경을 오늘날과 같이 두만강과 압록강을 경계로 확정했다.

마지막으로 세종대왕의 주체적 역사관도 소개하기로 한다. 처음에 '고려사'를 편찬토록 했는데, 사대주의에 어긋나는 용어는 모두 고쳐서 기술했다. 예를 들면 고려는 연호를 세우고 황제를 칭한 국가여서 황제는 자신을 짐이라 하고, 아들은 태자라 하고, 부인은 황후라 한 것을 모두 과인이니 왕자니 왕비니 하고 고쳤던 것이다. 세종대왕이 이를 보고 시대가 변했다고 해서 역사를 왜곡해서는 안 된다며 이를 모두 원래 호칭대로 고치도록 했다. 따라서 세종대왕은 조선조 초기에 이미 확고한 주체적 역사관을 지닌 위대한 제왕이란 사실을 새삼 실감할 수 있다.

재위 32년간 헤아릴 수 없이 많은 치적을 남긴 성군 세종대왕과 왕비 소헌왕후(昭憲王后) 심씨(沈氏)의 합장릉인 영릉은 경기도 여주시 능서면 왕대리 산 83 - 1번지에 있다.

우리 역사상 최고의 명군으로 손꼽히는 세종대왕의 위대한 업적을 대강 살펴보았는데, 국가 최고지도자는 칭호가 제왕이 되었든 대통령이나 수상이 되었든 국민의 정신무장을 튼튼히 하고 결속을 다지는 리더십을 발휘해야 한다. 지금처럼 국론을 분열시키고, 치졸한 감정에 좌우되어 입에서 나오는 대로 아무 말이나 마구 내뱉고, 내치건 외치건 현안마다 우왕좌왕하는 모습을 보여서는 결코 리더십이 훌륭한 지도자라고 할 수가 없다.

유성룡

임진왜란에서 나라를 구한 명재상

조선왕조는 선조(宣祖)라는 용렬하고 비겁하고 무능한 임금이 있었기에 임진왜란이란 미증유의 참화를 당했다. 그때 유성룡(柳成龍)과 이순신(李舜臣)이 없었다면 국가는 완전히 멸망하고 일본의 속국이 되어버렸을 것이다. 임진왜란 때 나라를 구한 것은 안에서 유성룡이, 밖에서는 이순신이 자기 한 몸을 버리고 힘을 다해 일하고 싸웠기 때문이다. 유성룡과 이순신이 선조가 훌륭한 임금이어서 그를 위해 충성을 바치려고 자신의 한 몸을 희생한 것이 아니었다. 오로지 나라의 멸망을 막고 백성을 전란에서 구하기 위해서였다.

음흉하고 간교하고 영악한 선조가 장수들이 왜적을 무찌르고 물리치는 동안 한 일이라고는 적이 보이기도 전에 달아난 것과, 아군 장수들을 죽이고 죽이려고 들었던 것밖에는 없었다. 그래서 김덕령(金德齡)을 죽였고, 유성룡과 이순신과 곽재우(郭再祐)를 죽이려고 했던 것이다. 그러고는 난이 끝나자 나라를 구한 공로는 오직 명나라 덕분이라고 했다. 선조, 이 자는 임금이 아니라 존재 자체가 재앙이나 마찬가지였다.

선조 29년(1592년) 4월 13일 임진왜란이 일어났다. 임진왜란 발발로 200년 동안 태평성대를 누리던 조선왕조는 삽시간에 망국의 위기를 맞았다. 이때 유성룡은 조정에서 국가의 보존을 위해 비상한 리더십을 발휘했다. 밖에서는 유성룡이 천거한 이순신이 제해권을 장악하여 망국의 위기에서 나라를 구했다.

유성룡은 200년간이나 쌓여온 악폐를 해소하기 위해 면천법(免賤法)과 호포법(戶布法)을 실시하고, 속오군(束伍軍)을 설치했다. 면천법은 노비들이 군공을 세우면 노비에서 해방하여 벼슬을 주는 법이고, 호포법은 양반들에게도 군포(軍布)를 걷는 법이다. 속오군은 양반 사대부들에게도 병역의 의무를 지게 하는 법이다. 또한 작미법(作米法)도 추진했다. 이는 뒷날 대동법(大同法)이라고 불린 혁신적인 세제였다. 쉽게 말해서 농토가 많은 양반들은 그만큼 세금을 더 내라는 법이었다.

이에 그동안 공자 왈 맹자 왈 하면서 쓸모없는 글재주나 농하고 논쟁이나 일삼다가 나라를 거덜 낸 양반 벼슬아치들이 자신들의 기득권, 신분적 이익을 침해당하게 되자 격렬하게 반발했다. 그들은 나라야 망하든 말든 자기네 이익 지키는 것이 더 중요했다. 그러나 양반들의 온갖 비난과 반대를 무릅쓴 유성룡의 혁신적 조치는 백성의 마음을 돌리게 만들어 마침내 조선은 망국의 위기에서 벗어나게 됐다.

그런데 전쟁의 원흉 도요토미 히데요시(豊臣秀吉)가 죽고 왜군들이 물러가기 시작하자 선조는 기다렸다는 듯이 유성룡을 내쳤다. 유성룡의 탄핵 사유는 종계변무(宗系辨誣)를 위한 사신행을 자원하지 않았다는 것이었다. 종계변무란 태조 이성계가 고려 말의 권신 이인임(李仁任)의 아들로 기록된 명나라 『대명회전(大明會典)』의 내용을 고쳐달라는 요청이었다. 이는 태조 3년(1394년)부터 시작되어 벌써 200년이 넘은 사건이어서 임진왜란 당시 정승인 유성룡에 대한 탄핵 사유가 아니었다.

설득력이 약하자 반대파에서는 유성룡이 왜와 강화를 주장했다는 혐의를 뒤집어 씌웠다. 그러나 이것도 말이 되지 않는다. 유성룡은 7년간의 전쟁 내내 강화를 주장한 적이 단 한 번도 없었기 때문이다.

이는 결국 유성룡이 전시에 집행한 각종 개혁입법을 무력화시키려는 양반 사대부들의 음모와 이에 동조한 국왕 선조가 합작한 결과였다. 이렇게 엽기적인 인물이 선조였다. 왕위 계승의 정통성에 대해 콤플렉스가 있던 선조는 신하들이 백성의 칭송을 받는 것을 병적으로 싫어했다. 그런 신하는 정적(政敵)으로 간주했다. 그래서 유성룡을 미워하고, 이순신과 곽재우를 죽이려 했고, 김덕령을 죽였던 것이다.

결국 늙고 병들고 서인과 북인들의 부당하고 끈질긴 공격에 지친 유성룡은 조정을 떠나 고향인 안동 하회마을로 낙향했다. 그리고 두문불출하다가 선조 40년(1607년) 5월에 66세를 일기로 세상을 떴다. 유성룡의 사후 개혁입법은 모두 폐기되고 나라가 다시 양반들의 세상이 되자 백성들은 실망하고 낙담했다. 임진왜란 30년 뒤에 일어난 정묘호란과 병자호란 때 백성들이 손 놓고 나라를 위해 일어나지 않은 것이 모두 그런 까닭이었다.

출중한 리더십의 명재상 유성룡은 중종 37년(1542년)에 경상도 의성현 사촌리 외가에서 황해도관찰사 유중영(柳仲郢)의 둘째아들로 태어났다. 본관은 풍산, 자는 이현(而見), 호는 서애(西厓)였다. 본가는 서울 남산 기슭 묵사동이니 세 살 아래인 이순신의 집과 이웃 동네였다.

유성룡은 네 살 때부터 글을 읽을 줄 알았다고 했는데 처음 글을 가르쳐준 사람은 아버지였을 것이다. 그는 명종 12년(1557년) 16세 때 향시에 급제했고, 그 이듬해 17세 때 광평대군의 5세손인 이경(李坰)의 딸과 혼인했다. 명종 17년(1562년) 21세 때에는 안동 도산서원으로 퇴계(退溪) 이황(李滉)을 찾아가 그의 제자가 되어 성리학을 배웠다. 그리고 명종 20년(1565년) 23세 때에는 성균관에 입학하여 수학하고, 그 이듬해에 대과에 급제하여 종9품 승문원 권지부정자로 벼슬살이를 시작했다. 이후 예문관· 춘추관· 성균관 등에서 근무하고, 28세 때에 정9품 성균관전적으로 있다가, 선조 2년(1569년)에 일시에 6개 품계를 뛰어넘어 정6품 공조좌랑으로 승진했다.

또 그해에는 사헌부감찰로 성절사의 서장관이 되어 명나라에 다녀왔으며, 사간원정언과 이조좌랑을 거쳐 선조 3년에는 병조좌랑 겸 홍문관수찬을 맡았다. 이처럼 유성룡은 사헌부와 사간원에서는 국정의 비판의식을, 문관과 무관의 인사를 맡은 좌랑으로서는 행정 실무를 익혔다. 그러다가 선조 6년(1573년)에 부친상을 당해 선조 8년(1575년)까지 형 유운룡(柳雲龍)과 함께 시묘살이를 했다. 조정에서 동서 당쟁이 시작된 것이 바로 그해 선조 8년이었다.

유성룡은 선조 9년(1576년) 35세 때 정5품 사간원정원에 올랐다. 그러다가 선조 13년(1580년) 39세 때 노모를 봉양하기 위해 여러 차례 사직원을 낸 것에 선조가 상주목사로 임명했다. 1년간 상주목사를 지낸 유성룡은 선조 14년 홍문관 부제학, 그 이듬해에 사간원 대사간을 거쳐 도승지와 사헌부 대사헌에 올랐다. 또 그 이듬해에는 경상도관찰사가 되었고, 다시 선조 17년(1584년) 43세 때에는 예조판서 겸 동지경연춘추관사, 홍문관 제학을 역임했다. 유성룡은 그 동안 『대학연의』를 저술하고, 향약을 반포했으며, 선조 18년(1585년) 44세 때에는 포은(圃隱) 정몽주(鄭夢周)의 문집을 교정하고 발문을 짓기도 했다.

그동안 율곡(栗谷) 이이(李珥)가 서인 쪽에서 당파싸움을 해소하려고 노력한 반면 유성룡은 동인 편에서 동서당쟁 해소를 위해 노력했다. 그러나 율곡이 서인으로 낙인찍히고 동인에게 비판당한 것처럼 서애도 동인으로 낙인찍힌 채 서인들의 비난을 받아야 했다. 결국 율곡은 선조 17년에 세상을 뜨고 말았다.

선조 22년(1589년)에 기축옥사, 일명 정여립(鄭汝立)사건이 벌어졌다. 이를 계기로 동서당쟁은 더는 건널 수 없는 깊은 골이 패게 되었다. 서인 강경파 송강(松江) 정철(鄭澈)이 옥사를 관장하며 동인 세력을 말살하려 들었던 것이다. 수천 명의 귀중한 인재가 이 사건으로 목숨을 잃었는데, 그 뒤에는 당쟁을 이용해 자신의 왕권을 강화하려는 선조의 음흉한 마수가 숨어 있었다. 동인인 유성룡과 서인인 백사(白沙) 이항복(李恒福) 등 뜻있는 중신들은 사건 확대를 경계했고, 선조도 마지못해 이에 동조함으로써 옥사는 진정되었다.

그런데 정인홍(鄭仁弘)의 삭탈관직을 계기로 동인은 남인과 북인으로 분파되었다. 북인은 정인홍에 대해 강경한 처벌을 주장한 영의정 이산해(李山海) 등이고, 남인은 온건한 처벌을 주장한 우의정 유성룡 등이었다. 그러다가 세자를 세우는 건저(建儲) 문제로 정철 등 서인이 몰락하고 동인이 정권을 잡았다.

선조 23년(1590년) 유성룡은 49세였다. 이해에 우의정 겸 이조판서에 임명되고, 광국공신에 풍원부원군으로 서훈됐다. 그런데 그해에 황윤길(黃允吉)과 김성일(金誠一)이 일본에 사신으로 다녀와 서로 다른 보고를 올렸다. 선조 24년(1591년) 50세의 유성룡은 좌의정과 이조판서를 겸임했다.

유성룡도 임진왜란을 앞서 예측한 몇 안 되는 사람 중 한 명이었다. 유성룡은 정읍현감으로 있던 이순신을 전라좌수사로, 형조정랑으로 있던 권율(權慄)을 의주목사로 천거하여 전란에 대비토록 했다.

또 국방체제를 문제가 많은 제승방략제를 진관제로 바꿀 것을 건의했으나 아직도 태평성대의 깊은 잠에서 깨어나지 못한 선조와 대신들의 반대로 실패했다. 임진왜란이 터지던 선조 25년(1593년)에 유성룡은『증수전수방략』이란 병서를 저술해 이순신에게 보냈는데, 왜란이 벌어지기 전에는 좌의정에 특명 병조판서를 겸임하게 되었다.

그해 4월 14일 도요토미 히데요시의 명령을 받은 일본군 20만여 명이 바다를 건너와 침략을 개시했다. 영악하면서도 겁이 많은 선조는 아군이 상주와 충주전투에서 패전했다는 보고를 받기 무섭게 도성을 버리고 달아나는 길을 택했다.

유성룡은 광해군(光海君)의 세자 책봉을 주청하고, 왕을 모시고 개성에 이르렀는데 선조가 유성룡을 영의정에 임명했다. 그러나 전란의 책임이 유성룡에게도 있다면서 당일로 파직했다. 동파역에서 "사태가 위급하면 국경을 넘어 명으로 가자"는 논의가 일자 유성룡은 "이는 나라를 버리는 계책"이라면서 극력 반대했다. 우여곡절 끝에 국내에서 항진하는 것으로 조정 공론을 굳혔고, 선조가 평양을 버리고 의주로 파천할 때도 평양성을 고수하고, 요동으로 건너가지 말 것을 주장했다.

명나라 구원군이 압록강을 건너오자 유성룡은 군량 등 군수물자 보급과 함께 명군 접대 임무를 맡아서 앞장섰다. 그러면서 평양성의 왜군에 대한 포위공격과 유격전을 벌일 것을 지시했다. 평안도도체찰사가 된 유성룡은 여진족의 구원병 파견 제의를 거절토록 했고, 왜군의 간첩 노릇을 하던 김순량(金順良)을 잡아 목을 베었다. 그리고 명나라 장수 이여송(李如松)과 안주에서 만나 회담하고 평양성 탈환을 논의했다.

당시 조선군의 대표적 명장이라던 신립(申砬)과 이일(李鎰)은 병법의 기본보다도 부하들의 목을 베는 것을 지휘관의 본분 정도로 아는 무능한 자들이었다. 이는 마치 선조가 왜적과 싸운 아군 장수들의 목을 치는 것과 다름없는 어리석은 짓이었다. 정상적인 군왕이라면 임진왜란이란 국난을 당하면 비상내각을 구성하여 도성 수호의 결의를 다지고 결사항전을 독려하는 것이 마땅하지만 선조는 적군이 가까이 오기도 전에 도성을 버리고 달아나는 길을 택한 비겁하고 무능한 인간이었다.

선조는 또 세자 책봉이 자신의 왕권 약화를 불러온다고 여겨 광해군의 세자 책봉을 차일피일한 엽기적인 국왕이었다. 또 피란길에는 이산해와 유성룡을 불러 "이모야, 유모야, 일이 이렇게까지 되었으니 내가 어디로 가야 하겠느냐!"면서 울부짖은 참으로 꼴 같지 않은 임금이었다. 결국 국난극복에 가장 큰 암적 존재는 국왕이었다. 도망치는 임금과 죽어나는 백성 사이에서 유성룡은 울 수밖에 없었다. 임금이 이 모양이니 평시에는 거들먹거리기나 좋아하던 장수들도 적군이 침범하자 적은 두려워하면서도 아군의 목숨은 파리 목숨처럼 하찮게 여겼다.

일본군이 평양성 앞까지 진격했을 때 남쪽 바다에서는 이순신이 연전연승을 거두고 있었다. 선조가 평양성에 이른 것은 그해 5월 6일인데, 이순신은 6월 5일 당항포해전에서 왜 수군을 크게 격파했다.

유성룡은 무너진 군대를 수습하고 평양성 탈환이 시급했다. 그런데 임금 선조는 하루빨리 요동, 명나라로 망명하는 것이 목적이었다. 그러나 명나라 망명도 명 조정이 선조가 요동으로 오면 빈 관아에 유폐할 계획이라는 사실이 알려짐으로써 선조는 그제야 망명을 포기할 수밖에 없었다.

반면 세자 광해군은 그러는 사이에 적지를 누비며 의병을 조직하는 등 국난극복을 위해 눈부신 활약상을 보였다. 아비 선조와는 전혀 다른 모습이었다. 그런데 명나라 장수 이여송이 서전에서 패배하자 요동으로 돌아가 버리는 일이 벌어졌다. 유성룡은 풍원부원군이란 명목뿐인 지위에도 나라를 구하기 위해 앞장서서 민심을 수습하고, 양곡을 확보하고, 남은 명군의 군량을 확보하는 등 몸이 열 개라도 모자라는 격무에 시달려야만 했다. 선조 25년 12월 4일에 유성룡은 다시 도체찰사에 임명되었다.

이여송이 그해 12월에 구원군 4만 명을 이끌고 다시 왔고, 이듬해인 선조 26년(1593년) 1월 9일 조명연합군은 드디어 평양성을 탈환했다. 이로부터 전쟁주도권은 조명연합군이 잡게 되었다. 유성룡은 다시 호서·호남·영남 3도 도체찰사로 임명되었다. 서울 수복을 위해 유성룡은 임진강에 부교를 놓았다. 그러나 벽제관전투에서 패전한 이여송이 평양으로 후퇴했다. 그해 2월 12일 권율이 행주대첩을 거뒀고, 대패한 일본군은 조선과 명에게 강화회담을 요청했다. 그러나 도체찰사 유성룡은 강화회담을 강력히 거부했다.

결국 명군 총수인 경략 송응창(宋應唱)과 제독 이여송이 회담에 응해 일본군 대표 고니시 유키나가(小西行長)와 1차로 용산에서 강화회담을 벌였다. 그러나 명나라와 일본의 요구조건이 전혀 딴판이었다. 전쟁이 나자 도망치기에 바빴던 선조는 유성룡이 강화에 응한다고 오해하여 파면을 했고, 유성룡은 심신이 지친 나머지 병석에 드러눕고 말았다.

명군이 전투는 피한 채 군량만 축내자 조정은 선조 26년(1593년) 10월에 조선군 양성을 위해 훈련도감을 설치했다. 제조에 유성룡, 유사당상에 이덕형(李德馨), 대장에 조경(趙儆). 포수·살수·사수로 구성된 훈련도감은 사실 유성룡의 머리에서 나왔으나 『선조실록』에는 이것이 선조의 창안으로 둔갑되었다.

그동안 선조는 여러 차례 양위 소동을 벌였는데, 사실 그것은 신하들의 충성심을 시험하고 자신의 왕권을 강화하려는 음흉한 쇼였다. 선조는 아무리 둘러봐도 유성룡만한 인물이 없는지라 유성룡을 다시 영의정에 임명했다. 그해 10월 27일이었다. 만일 유성룡이 광해군 편에 붙으면 아무래도 정말로 양위를 해야 한다는 판단에서였다.

선조란 인간이 임금 그릇이 아니라는 점은 분명했지만 광해군을 옹립했다가는 전쟁 중인 나라가 두 쪽이 날 것을 우려한 유성룡은 어쩔 수 없었다. 영의정 겸 삼도도체찰사 유성룡은 국난극복을 위해 국방력을 강화하고 민생을 안정시키는데 온갖 힘을 쏟았다.

선조 27년(1594년) 3월 유성룡은 국방력 강화를 위해 제승방략제를 진관제로 바꾸고, 양반과 천민에게도 모두 병역 의무를 부과했으며, 속오군을 설치했다. 이 또한 출신성분과 상관없이 모두 병역의 의무를 지게 한 제도였다. 혁명적 제도혁신에 백성들은 환호했지만 양반들은 극렬하게 저항했다. 나라가 망하는 일이 있어도 자신의 재산인 노비는 군사로 내줄 수 없다는 것이 양반 사대부들의 생각이었다.

그런데 선조 29년(1596년)에 이몽학(李夢鶴)의 난이 일어났다. 이는 양반을 위해 백성들이 더 이상 목숨을 바치기 싫다는 항쟁이었다. 이에 연루되어 김덕령이 잔혹한 고문 끝에 죽어 버렸다. 선조는 김덕령에게 정말 죄가 있고 없고는 문제가 아니라 그가 백성들의 칭송을 받는다는 것이 그지없이 싫었다. 김덕령이 죽자 백성들은 아무도 의병을 일으키려 하지 않았다. 그런데도 김덕령을 죽인 선조는 다른 희생물을 찾았다.

유성룡이 민생 회복을 위해 대동법을 시행하고 상업을 장려하자 양반들의 반발은 극에 달했다. 유성룡은 심신이 고달팠다. 강화회담이 재개됐으나 진전은 지지부진했다. 유성룡은 왜군의 재침을 예견하고 방비를 서둘렀다. 그런데 한동안 잠잠했던 당쟁이 재연됐다.

1597년 1월에 이순신의 실각을 노린 왜군의 음모에 따라 간첩 요시라가 활약했다. 이에 병법의 기본도 모르는 김응서와 권율 등이 놀아났고, 서인들의 음모에 맞장구 친 선조가 이순신을 비난했다. 결국 이는 유성룡에 대한 반감을 그가 추천한 이순신을 공격함으로써 드러낸 것이었다. 선조가 이순신을 비난하고 나서자 김응남(金應南)·윤두수(尹斗壽)·윤근수(尹根壽) 같은 서인과 이산해 같은 북인들이 유성룡과 이순신을 싸잡아 공격하고 나섰다. 옹호하는 사람은 남인 이원익(李元翼)뿐이었다. 뒷날 유성룡은 『징비록』에서 이렇게 회고했다.

조정 의논이 두 갈래로 나뉘어 각각 주장하는 바가 달랐는데, 이순신을 천거한 사람이 나(유성룡)였으므로 나와 사이가 좋지 않은 사람들은 원균(元均)과 합세하여 이순신을 몹시 공격했으나 오직 우상 이원익만은 그렇지 않다고 했다.

한편 신령(申欞)은 『재조번방지』에서 이렇게 썼다.

당시 서인은 원균 편을 들고 동인은 이순신 편을 들어 서로 공격하느라 다른 국사는 치외도지했으니 이러고도 나라가 망하지 않은 것이 다행이다.

선조는 이런 말까지 했다.

"이순신이 비록 가등청정(加藤淸正)의 목을 베어오더라도 용서할 수 없다."

여기에 서인 영수 윤두수와 북인 영수 이산해까지 동조하고 나섰다. 선조의 이순신에 대한 증오는 자신은 백성들의 조롱을 받는데 반해 이순신은 백성들의 추앙을 받는다는 데에 있었다. 그래서 왕권이 형편없이 무시당한다는 기분이 들었던 것이다. 참으로 엽기적인 임금이었다.

유성룡이 선조 30년(1597년) 2월에 사직서를 내며 반발하자 선조는 그를 경기도를 순찰하라고 내보낸 뒤 이순신을 잡아오게 했다. 4월 1일에 의금부로 압송된 이순신은 한 차례 고문을 당하는 등 그뒤 27일간 생사의 갈림길을 오고가야 했다.

이순신을 내쫓고 삼도수군통제사 자리를 차지한 원균은 그해 7월 14일에 벌어진 칠천량해전에서 조선 수군을 전멸시키는 참패를 당했다. 7월 22일 아무래도 이순신만한 사람이 없다고 생각한 선조가 다시 이순신에게 통제사 직을 내렸다. 이순신은 임금이 아니라 백성들을 위해 싸웠다. 그리고 그해 9월 16일 세계해전사상 가장 빛나는 승리인 명량대첩을 거뒀다. 명량대첩으로 제해권을 회복하자 일본군은 군량 보급 길이 막히고, 수륙병진작전에 차질을 빚게 됐다.

조명연합군은 일대 반격에 나섰다. 그런데 이듬해인 선조 31년(1598년) 8월 18일 전쟁의 원흉인 도요토미 히데요시가 죽었다. 8월 28일 일본군 총 철수 명령이 떨어졌다. 전쟁이 막을 내릴 조짐이 보이자 선조는 기다렸다는 듯이 유성룡을 내치려고 했다. 이를 간파한 이이첨(李爾瞻)을 비롯한 윤홍·유숙·홍봉선 등 북인들이 대거 가세하여 유성룡을 탄핵했다. 9월 27일 유성룡은 탄핵을 이유로 사직서를 제출했다.

『연려실기술(練藜室記述)』에 따르면 유성룡에 대한 탄핵은 종계변무 때문이었다. 그러나 이들이 유성룡을 탄핵한 실질적 이유는 속오법과 작미법 등으로 양반들의 기득권이 침해당했기에 이에 반발한 것이었다. 양반들은 나라가 망하든 말든 자신들의 이익을 지키는 것이 더 중요했던 것이다. 그해 11월 19일에 유성룡은 파직되었는데, 공교롭게도 이순신이 노량해전에 임할 때였다. 이순신은 노량해전 전에 고금도 통제영에서 유성룡의 탄핵 소식을 듣고 "시국이 어찌 이 지경이 됐단 말인가!" 하고 길게 탄식했다. 이순신은 시기심이 유달리 모진 선조의 눈 밖에 난 유성룡이 실각할 것을 예상하고, 자신의 장래도 무사하지 못할 것을 직감했다. 결국 이순신은 노량해전을 승리로 이끌고 해전 막바지에 적탄을 맞아 운명하고 만다. 『징비록』은 이렇게 썼다.

이순신은 시석(矢石)을 무릅쓰고 몸소 힘껏 싸우고 있었는데 날아온 탄환이 그의 가슴을 뚫고 등 뒤로 나갔다. 곁에 있던 부하들이 부축하여 장막 안으로 옮기자 이순신이 "싸움이 한창 급하니 내가 죽었다는 말을 내지 말라." 하고 곧 숨을 거두었다.

한편 『난중잡록(亂中雜錄)』을 보면 그 장면을 이렇게 묘사했다.

날이 이미 밝았다. 이순신은 친히 북채를 들고 함대의 선두에서 적을 추격해 죽였다. 적선의 선미에 엎드려 있던 적들이 이순신을 향해 일제히 조총을 발사했다. 이순신은 적탄에 맞아 인사불성이 되었다.

노량대첩의 보고를 받은 선조는 이를 믿지 못했다. 뭐, 유성룡을 간신히 쫓아냈는데 이순신이 또 승리를 거뒀다고?
"수병(수군)이 대첩을 거두었다는 말은 과장인 듯하다."
이에 한음(漢陰) 이덕형(李德馨)이 그것은 사실이라고 말했다. 선조는 이순신의 승전을 믿고 싶지 않았던 것이다.
선조 31년(1598년) 11월 19일에 파직당한 유성룡은 그 이튿날 서울을 떠나 고향으로 향했다. 그런데 청렴결백한 관리였던 유성룡이 여비가 없었다. 길을 떠난 지 이틀도 못되어 양식이 떨어진 유성룡은 하인을 고향으로 돌려보내 노자를 구해오도록 시켰다. 11월 22일 경기도 양근 여강 하류 대탄에 다다른 유성룡은 이렇게 심사를 읊었다.

전원으로 돌아가는 3천리 길
유악의 깊은 은혜 40년
도미천에 말 멈추고 뒤돌아보니
종남산 산색은 여전히 의연하구나.

고향 하회마을에 돌아온 유성룡은 만사를 잊고 두문불출했다. 경상감사가 찾아온다는 것도 편지를 보내 말렸고, 인근 사대부들이 상소하려는 것도 막았다. 선조 34년(1601년) 12월에 선조가 다시 벼슬을 주고 불렀지만 가지 않았고, 그 이듬해에 청백리에 선정됐다고 했지만 마다했다. 또 그 이듬해에는 부원군에 복귀시켰으나 상소를 올려 사면을 요청했고, 호성공신 2등에 책봉했으나 공신록에서 이름을 지워달라고 상소했다.

선조 37년(1604년) 63세가 된 유성룡은 저술해오던 『징비록』을 완성했다. 선조 40년(1607년) 병이 깊어진 유성룡은 "이제 편안하고 조용히 조화(造化)로 돌아가고 싶다"고 말하고, 그해 5월 6일 세상을 뜨니 향년 66세였다. 이듬해 2월에 선조도 죽었다. 저승에서 유성룡과 그보다 먼저 간 이순신을 만난 선조는 차마 얼굴을 들지 못했을 것이다. 인조 5년(1627년)에 유성룡에게 문충(文忠)이란 공신 호가 내려졌지만 임금에게 충성을 강요하는 왕조시대의 그따위 공신 호가 다 무슨 소용이겠는가.

이순신

임진왜란 승리로 이끈 민족의 구세주

　우리 역사가 시작된 이래 수많은 외적의 침범이 있었으나 그때마다 우리의 선조들은 뜨거운 구국의 의지와 비상한 투지로 국난을 극복해왔다. 국난을 당할 때마다 탁월한 통솔력을 발휘하여, 민족적 기상을 높이 떨친 구국의 영웅은 헤아릴 수 없을 만큼 많지만, 나는 이순신(李舜臣) 장군이야말로 그 숱한 영웅·호걸·충신·열사 가운데서도 으뜸간다고 생각한다.

　이순신은 임진왜란이란 미증유의 재앙을 당해 나라와 겨레의 멸망이 눈앞에 이르렀을 때 하늘이 이 땅에 내린 구세주였다. 그는 이름 없는 선비의 아들로 태어나 54년의 길지 않은 일생을 보내는 동안 온갖 고난 속에서도 오로지 충효인의와 애국애족 정신으로 일관한 민족의 사표였다.

　전쟁에 임해서는 죽음을 두려워하지 않았고, 불리한 여건 속에서도 필승의 신념과 비상한 전략 전술로 백전백승한 불세출의 명장 이순신, 그는 마지막 해전에서 고귀한 목숨을 바칠 때까지 조국에 대해서는 지극한 충성심으로 헌신했고, 가정에서는 극진한 효성과 자애를 다했으며, 부하들은 너그러운 포용력으로 감싸주고 창의력을 길러주는 등 참다운 삶의 길을 제시해 준 거레의 큰 스승이었다.

이순신은 인종 1년(1545년) 3월 8일(양력 4월 28일) 서울 건천동에서 덕수 이씨(德水李氏) 정(貞)과 초계 변씨(草溪卞氏)의 4형제 중 셋째아들로 태어났다. 자는 여해(汝諧). 건천동은 지금의 중구 인현동 1가의 중심부였다. 건천동 – 마르내골 이웃동네는 묵사동 – 먹절골이라고 불린 오늘의 필동 2가였고, 그 동네에서는 이순신보다 세 살 위인 서애(西厓) 유성룡(柳成龍)이 자라고 있었다. 어려서부터 재주가 빼어난 두 소년은 곧 친구가 되어 자주 어울려 놀았다. 이처럼 어려서부터 이순신의 사람됨을 잘 알고 있었고, 뒷날 그를 장수감으로 추천한 유성룡은 『징비록(懲毖錄)』에서 이순신의 모습을 이렇게 표현했다.

순신은 말수가 적고 잘 웃지 않는 사람이었다. 얼굴은 수려하면서도 근엄한 선비와 같았다. 그러나 가슴속에는 대담한 기운이 있어서 한 몸을 버리고 나라를 위해 갔으니, 이는 본래부터 수양해온 결과라고 하겠다.

그의 면모를 전해주는 또 다른 자료로는 충남 아산 현충사에 보관되어 있는 두 자루 장도가 있다. 둘 다 길이 197.5cm, 무게 5.3kg으로 길고 무거운데, 이 장검은 실전용이 아니라 두고 보며 전의를 가다듬는 의장용이었다. 1584년 4월 이순신이 삼도수군통제사 때 한산도 진중에서 태귀연(太貴連)과 이무생(李茂生)이 만든 이 두 자루 칼에는 각각 '석자 칼로 하늘에 맹세하니 산하도 떤다(三尺誓天 山河動色)', '한번 휘둘러 소탕하니 산하도 피로 물든다(一揮掃蕩 血染山河)'라는 공의 친필 검명(劍銘)이 새겨져 있다.

이순신의 조부 백록(百錄)은 기묘사화(己卯士禍)에 연루되어 억울한 죽임을 당했고, 부친은 이 때문에 벼슬살이를 외면한 채 무명의 평범한 선비로 지냈다. 그러므로 이순신이 태어나고 자랄 무렵의 가세는 매우 궁핍했다. 갈수록 형편이 곤궁해지자 부친은 현재 현충사 자리에 있던 충남 아산시 염치면 백암리의 처가로 낙향하게 되었다. 이순신은 이곳에서 8세부터 32세로 무과에 급제할 때까지 보냈으니, 백암리야 말로 그의 고향이나 다름없었다.

외가마을로 이사해 두 형을 따라 서당에 다니며 글공부를 시작했지만, 어린 시절부터 이순신의 꿈은 장수가 되는 것이었다. 그래서 선비의 가문에 태어나 유학을 공부하면서도 한편으로는 활쏘기와 말타기를 열심히 익혔다. 20세 때에 상주 방씨(尙州方氏)를 아내로 맞아 혼인한 뒤에도 무술 닦는 일을 열심히 했다. 그가 방화산에서 말달리던 곳은 현재 치마장(馳馬場)이라고 부르며, 활쏘기 연습을 하던 곳은 활터거리밭이라고 부른다.

맏아들 회(薈)가 태어난 것은 23세 때였으며, 다시 4년 뒤에는 둘째 열(茢)이 태어나 식구는 늘어났다. 그의 나이도 27세가 되었다. 이듬해 8월 서울로 올라가 무과시험을 보았는데 불운하게도 낙마하는 바람에 다리가 부러지고 말았다. 다시 일어난 그는 나무껍질을 벗겨 부러진 다리를 감싸고 끝까지 달려 보는 이들을 감동시켰지만 결국은 낙방했다.

그가 무과 병과에 급제한 것은 그로부터 4년이 지난 선조 9년(1576년) 2월이었다. 32세 늦은 나이에 무과에 합격한 그는 그해 12월 압록강 상류 국경지대인 함경도 두메산골 동구비보의 권관으로 임명되었다. 권관은 종9품의 말직으로 지금 소위쯤 되는 계급이었다. 부임하여 국경 경비 임무를 성실히 수행하던 중 고향에서 셋째 아들 면(葂)이 태어났다는 소식이 왔다.

3년 뒤 35세 때 훈련원 봉사로 전근되어 서울로 왔는데, 봉사란 종8품으로 훈련원 내에서 최하위 직이었다. 원래 말수가 적은 이순신은 묵묵히 자신이 맡은 인사 관계 업무에만 전념할 뿐 한눈파는 일이 없었다. 그때 상관인 병조정랑 서익(徐益)이 자신의 친지 하나를 특진시키려고 했는데 이순신은 이를 거부했다. 뚜렷한 공로도 없이 서열을 무시한다면 당연히 승진할 사람이 못 올라가고 나라의 법도에도 어긋난다는 것이었다. 서익은 정5품의 계급을 내세워 강압적으로 뜻을 관철하려 했으나 끝내 이순신을 꺾을 수 없었다. 소문이 퍼지자 일부는 통쾌하게 여겼지만 일부는 서익의 앙심으로 이순신이 후환을 당할까 걱정했다.

당시 병조판서 김귀영(金貴榮)은 이런 이순신의 사람됨이 마음에 들어 자신의 서녀를 소실로 주고자 했다. 그러나 이순신은 권력자에게 붙어 출세하려는 것은 옳지 못한 일이라면서 거절했다. 이렇게 성품이 강직하니 권모술수가 난무하는 중앙 관계에 오래 붙어 있을 수가 없었다. 훈련원 봉사 8개월 만에 그는 충청도병마절도사의 군관으로 좌천당했다. 그러나 그는 아무 내색도 없이 부임해 맡은 일만 열심히 했고, 간혹 개인 용무로 집에 다녀올 때도 남은 양식을 반납할 정도로 공사(公私)가 분명하고 청렴결백한 생활을 했다.

이순신은 다시 8개월 뒤인 선조 13년(1580년) 36세 때 전라좌수영 관내의 발포수군만호로 전근되었다. 종4품 발포만호로 수군과 처음으로 인연을 맺은 그는 여전히 자신의 임무에만 충실하려고 했지만 강직하고 청렴결백한 성품 탓에 소인배들의 중상과 모략을 끊임없이 당했다. 한번은 직속상관인 전라좌수사 성박(成博)이 거문고를 만들겠다며 객사 뜰 앞의 오동나무를 베어 보내라고 했을 때 이순신은, "이 나무는 나라의 것이고 여러 해 길러온 것이므로 함부로 벨 수 없다"면서 딱 부러지게 거절했다.

이처럼 옳지 못한 일은 참지 못한 올곧은 성품 때문에 여러 차례 위기를 당하던 이순신은 마침내 38세 때인 선조 18년(1582년) 훈련원 시절의 상관이던 서익의 모함에 걸려 파면당하고 말았다. 그러나 그때는 이순신이 올곧은 인물이라는 사실이 이미 조정 안팎에 널리 알려져 있었다. 이런 사실을 잘 알고 있던 당시 이조판서 율곡(栗谷) 이이(李珥)가 대사간 유성룡을 통해 한 번 만나자고 전해왔다. 율곡은 이순신과 동성동본으로 나이는 9세 위였지만 항렬은 19촌 조카뻘이었다. 이순신은 이번에도 "나와 율곡은 집안간이니 못 만날 것도 없지만 그가 판서로 있는 한은 만나는 것이 옳지 못하다." 하면서 끝내 만나지 않았다.

그는 파직된 지 4개월 만인 그해 5월, 전에 근무하던 훈련원 봉사로 복직되었다. 종4품에서 종8품으로 형편없이 강등당한 셈이지만 그는 한 마디 불평도 없이 맡은 일만 성실히 했다. 그리고 틈만 나면 활쏘기도 열심히 익혔다. 어느 날 이순신의 전통(箭筒)을 본 우의정 유전(柳墺)이 이를 탐내 달라고 했다. 이순신이 "이것을 드리기는 어렵지 않지만 이 일로 인해 대감과 제가 더러운 소리를 들을까 두렵습니다."라고 대답했다. 유전이 듣고 보니 맞는 말인지라 "그대 말이 옳다!"고 탄복하면서 다시는 입에 올리지 않았다.

그 이듬해 이순신은 함경남도병마절도사의 군관을 거쳐 여진족의 침범이 잦은 두만강 가 건원보의 권관으로 전임되었다. 이곳에서 여진족 부족장을 잡는 전공을 세웠으나 함경북도병마절도사 김우서(金禹瑞)의 시기로 아무 상도 받지 못했고 벼슬도 올라가지 못했다. 다음 달인 11월에 고향에서 부친이 돌아갔다. 길이 멀어 이듬해 정월에 기별을 받은 그는 밤낮을 가리지 않고 아산으로 달려가 상복을 입었다.

삼년상을 치르고 난 이순신은 이미 42세였다. 종6품 사복시주부로 복직했다가 16일 만에 건원보와 가까운 조산보 만호로 임명되었다. 종4품인 이 자리는 유성룡의 천거에 의한 것이었다. 이듬해엔 조산보에서 좀 떨어진 두만강 가운데 녹둔도 둔전관도 겸하게 되었다. 병력은 부족한데 여진족은 수시로 쳐들어오려고 해서 북병사 이일(李鎰)에게 수차 증원군을 요청했으나 번번이 묵살 당했다.

겨우 10여 명의 부하를 거느린 이순신은 그해 수확기에 수많은 여진족의 침범을 당해 다리에 화살을 맞으면서까지 악전고투, 적을 물리치고 사로잡혀 간 백성 60여 명도 되찾아왔다. 누가 봐도 승리한 싸움이었지만 이일은 이순신을 패장으로 몰아 죽이려고 했다. 이순신이 패전의 책임을 묻는 이일에게 항변했다. "이것이 어찌 패전이라고 하시오? 그리고 수차나 병력을 증원해 달라고 요청했는데 한 명도 보내준 적이 없었잖소? 그 공문 사본이 모두 여기 있으니 조정에서 알면 내게 죄가 있다고는 못하리다." 이일이 할 말이 없자 옥에 가둔 뒤 조정에는 적당히 보고했다. 결국 이순신에게 백의종군이라는 부당한 명령이 떨어졌다.

벼슬에서 물러나 쉬고 있던 그는 선조 21년(1588년) 45세 때 전라감사 이광(李洸)의 군관과 선전관을 거쳐 종5품 정읍현감으로 임명되었다. 현재 정읍 사람들이 초대 정읍군수로 이순신을 모신 것을 자랑으로 삼는 까닭이 거기에 있다. 정읍현감 재임 시 이순신은 노모를 비롯해 먼저 간 두 형의 자식, 즉 조카들까지 데려다가 부양했다. 이 일로 너무나 많은 식솔을 거느린다는 비난이 일자 그는 "내가 차라리 벼슬이 떨어지더라도 이 의지할 곳 없는 것들을 돌보지 않을 수 없다"면서 혼인도 자기 자식들보다 먼저 시켜주는 등 따뜻이 보살펴주었다.

선조 23년(1590년) 7월, 정읍현감 8개월 만에 이순신은 유성룡의 천거로 종3품직인 고사리진병마첨절제사로 임명되었으나 사간원의 반대로 발령이 취소되었고, 다시 1개월 뒤에는 만포진수군첨절제사로 임명되었으나 이것도 역시 사간원의 반대로 발령이 취소되었다. 이듬해 2월에는 진도군수로 임명되었다가 부임도 하기 전에 가리포진수군첨절제사로 임명되었으며 이것도 부임하기 직전인 2월 13일 전라좌도수군절도사, 줄여서 전라좌수사로 임명되었다. 임진왜란 발발 14개월 전이었고, 벼슬살이 15년 만인 47세에 비로소 정3품 당상관이 된 것이다. 이번에도 서인들의 반대를 무릅쓴 좌의정 유성룡의 강력한 천거가 있었다.

당시 전라좌수영은 여수에 있었으며, 남해안 방어의 중책을 맡은 이순신은 다가올 전쟁을 예견하고 방비에 최선의 노력을 기울였다. 그는 장차 왜란이 틀림없이 있을 것으로 미리 내다본 몇 안 되는 사람이었다. 그는 임금 선조를 비롯하여 무능한 조정 대신과 장수들이 아무 대책도 없이 쓸모없는 당쟁으로 허송세월을 보내는 동안 밤낮을 가리지 않고 관내를 순시하고, 전함을 새로 만들거나 수리하고, 무기를 손질했다. 그리고 열심히 수군을 훈련시켰다.

특히 이순신은 거북선 연구에 침식을 잊다시피 했다. 다행히 그의 부하 중에는 조선(造船)에 천부적 재능을 지닌 나주 출신 나대용(羅大用)이란 군관이 있었다. 나대용은 이순신의 전적인 신임을 받고 오로지 거북선 건조에만 심혈을 기울였다. 거북선은 임진왜란이 일어나기 직전 거의 완공 단계에 있었다. 이순신은 그 모습과 성능에 대해서 당포해전(唐浦海戰)에서 승리한 뒤 장계를 통해 이렇게 보고했다.

신은 일찍이 왜적의 침범을 염려하여 별도로 거북선을 건조하였습니다. 앞에는 용두(龍頭)를 만들어 달고, 그 아가리로 대포를 쏘며, 등에는 쇠못을 박았으며, 안에서는 밖을 내다볼 수 있지만 밖에서는 안을 들여다 볼 수 없습니다. 비록 적선 수백 척 속이라도 능히 뚫고 들어가 대포를 쏘게 되어 있습니다.

거북선과 더불어 이순신이 힘을 기울인 것은 해전에서 사용할 각종 화포와 화약의 개발이었다. 특히 당시까지는 해전에서 주병기로 사용하지 않던 천·지·현·황 등 각종 포와 거기에 사용할 대장군전·장군전·화전 및 철환 등과 화약 제조에 큰 힘을 기울였다.

임진왜란 초기에 아무 준비 없이 우왕좌왕하던 육군이 고작 활과 창검으로 왜군의 신무기 조총을 당하지 못하고 패전을 거듭할 때, 당대의 명장으로 알려진 이일과 신립(申砬)이 상주와 충주에서 차례로 참패당하고, 못난 임금과 대신들이 개성·평양을 거쳐 의주까지 피난할 때, 오직 이순신만이 해상에서 수백 척의 왜선을 쳐부수며 대승을 거둘 수 있었던 이유가 따로 있었다. 그것은 세계 최초의 철갑선인 거북선의 활약, 뛰어난 성능의 화약과 화포가 그의 탁월한 전략 전술에 따라 위력을 발휘했기 때문이다.

　일본은 도요토미 히데요시(豊臣秀吉)의 명령에 따라 선조 25년(1592년) 4월 14일에 조선 침략을 개시했다. 마침내 임진왜란이 터진 것이다. 조선 침략에 동원된 왜군 병세는 20여 만 명. 7백여 척의 병선과 약 1만 명의 수군은 별도였다. 이순신의 우려가 현실로 나타났던 것이다. 대한해협을 건너오는 동안 아무 저항도 받지 않고 부산포에 상륙한 왜군은 부산진첨사 정발(鄭撥)과 동래부사 송상현(宋象賢)의 허약한 방어선을 짓밟고 무인지경을 가듯 북상을 거듭했다. 4월 17일에는 양산을 점령하고, 잇달아 언양 · 김해 · 경주 · 창원 등지를 점령하며 계속 북상했다. 그 사이 구키 요시다카(九鬼嘉隆)와 도도 다카도라(藤堂高虎)가 지휘하는 수군은 해상을 경비하는 한편 조선 수군의 무력화작전을 펼쳤다.

　4월 17일에야 급보를 받은 조정은 이일을 보내 문경 새재를 지키게 하고 신립을 뒤따라 보내는 한편 유성룡을 총사령관격인 도체찰사로 삼아 장수들을 지휘하게 했지만, 조선군은 군대다운 군대가 없는 형편인지라 근 100년 동안의 내전을 통해 강병으로 단련된 왜군이 조총이라는 신무기까지 앞세우고 쳐들어오자 당할 도리가 없었다.

　일찍이 이순신을 죽이려고 핍박하다가 백의종군까지 시킨 당대의 명장이라는 이일은 4월 24일 상주에서, 신립은 나흘 뒤 충주에서 각각 대패했고, 임금과 대신들은 서울을 버리고 몰래 임진강을 건너 개성 · 평양을 거쳐 국경인 의주까지 피란길을 재촉했다. 왜군이 서울을 함락한 것은 6월 2일, 다시 보름이 지난 그 달 13일에는 평양까지 점령했으니 겨우 2개월 만에 거의 전 국토가 왜군의 발길에 무참하게 유린당한 것이었다.

　한편 수군의 형편은 어떠했던가. 처음 적의 대 선단을 발견한 가덕도첨사 전응린(田應麟)의 보고를 받은 경상좌수사 박홍(朴泓)은 경상우수사 원균(元均)에게 통보하고 응전 태세를 갖추는 듯했으나 왜군의 세력이 너무나 강대하자 육지로 도망쳐 버리고, 원균 또한 100여 척의 전선과 1만여 명의 부하를 버리고 겨우 몇 척의 배를 끌고 한산도 근처에 와서 이순신에게 구원을 요청했다.

원균의 요청을 받은 이순신은 전라우수사 이억기(李億祺)에게 통보하고 함께 출전키로 했으나 그가 기일을 지키지 못하자 좌수영 함대만 이끌고 출동했다. 그날이 5월 4일이었다. 그때까지 거북선은 미완성이라 출동하지 못하고 전함인 판옥선(板屋船) 24척과 전투능력은 없고 척후와 추포에만 쓸 수 있는 작은 배 61척 등 85척이 전부였다.

이튿날 함대를 지휘하여 당포에 이르렀으나 약속한 원균은 그 다음날 한산도 근해에서 찾을 수 있었는데 그가 거느린 군세란 겨우 판옥선 4척에 척후선 2척 뿐이었다. 이순신은 거제도 남쪽 옥포에 적선 30여 척이 있다는 첩보를 받고 출전명령을 내렸다. 그는 첫 싸움이 중요하다는 사실을 잘 알고 있었다. 군사들의 심리란 처음 전투에서 지면 사기가 떨어져 계속 지기 십상이기 때문이었다. 그는 출동에 앞서 이렇게 명령했다.

"가볍게 움직이지 말고 산처럼 무겁고 조용하게 행동하라!(勿令妄動 靜重如山)."

5월 7일 벌어진 이 싸움에서 이순신은 적선 30여 척 중 26척을 격침하여 첫 싸움을 빛나는 승리로 장식했으니 곧 옥포해전(玉浦海戰)의 시작이다. 계속 함대를 지휘하여 합포(마산)에서 적선 5척을, 통영시 광도면 적진포에서 다시 11척을 무찔렀다. 이 옥포해전에서 적선 42척을 격침시키고 무수한 왜군을 사살했는데 아군의 손실은 부상 1명뿐이었다. 이순신의 백전백승하는 탁월한 지휘능력이 빛나기 시작했다.

5월 29일부터 시작된 당포해전(唐浦海戰)부터는 전라우수사 이억기의 함대도 참전하여 이때부터 본격적인 합동작전을 펼칠 수 있었다. 또한 이 전투부터 거북선이 출동하여 위용을 과시하며 대활약을 시작했다. 이순신과 나대용 등이 적탄에 부상을 당할 정도로 치열했던 이 싸움에서 적선 72척을 격침시켰고, 7월 8일 3차로 출동한 한산해전(閑山海戰)에서는 학익진(鶴翼陣)을 펼쳐 59척의 전함을 무찔렀으며, 9월초에 벌어진 부산해전에서도 100여 척의 왜선을 불태우고 격침시켰다. 이로써 남해안 동쪽 일부를 제외한 80% 이상의 제해권을 우리 수군이 장악하기에 이르렀다. 이는 또한 서남해를 통해 곡창인 전라도를 장악하고 나아가 황해로 북상하여 중부 이북을 공략하려는 적의 기도를 여지없이 무산시키는 전략적 승리를 뜻하기도 했다.

이순신의 전략전술은 작전해역의 사정과 적의 동향을 정확히 파악하여 적을 자신이 원하는 곳으로 유인하여 철저한 공격으로 섬멸하는 데 있었다. 그는 군공을 세우려고 적병의 머리를 베는데 시간을 허비하지 말고 한 대의 화살이라도 더 날려 한 놈의 왜적이라도 더 죽이라고 지시했으며, 상대적으로 견고한 우리 전함으로 돌격하여 적선을 파괴하는 전법을 썼다. 그리고 전투에는 총사령관인 자신이 늘 앞장서서 위험을 무릅쓰고 지휘하는 대신 후퇴하는 장병들은 추호도 용서하지 않고 엄격한 군율로 다스렸다. 옥포해전 승리로 종2품 가선대부로 승진했던 이순신은 다시 당포와 한산대첩의 공로로 정2품 정헌대부가 되었다.

육군과 달리 수군은 이순신함대만 만나면 여지없이 대패한다는 보고를 받은 도요토미 히데요시는 마침내 '조선 수군과 마주치면 싸우지 말고 도망치라'는 명령을 내리는 한편, 전국 각지에 대대적인 전함 건조를 지시했다.

해가 바뀌어 1593년 2월. 이순신은 800척으로 증강된 왜의 함대를 약 1개월 동안 7차에 걸친 해전 끝에 격멸시키니 적의 수군은 완전히 전의를 상실하고 거제도 서쪽 해상에서는 왜선의 그림자도 볼 수 없었다. 그해 7월 15일 이순신은 여수에서 부산포가 가까운 한산도로 본영을 옮겨 전함과 무기를 만드는 한편 군사들의 조련도 열심히 했다. 충청수사 정걸(丁傑)이 전함 수십 척을 이끌고 합류한 것도 이때였다.

8월 1일 임금 선조는 이순신을 전라좌수사 겸 삼도수군통제사로 임명했다. 발령은 8월 1일자였으나 명령을 받은 것은 10월 9일이었다. 그의 나이 49세였다. 이로써 조선 수군의 총사령관이 된 이순신은 지금까지 똑같은 계급이었던 전라·경상·충청도의 수사들을 지휘 감독하며 작전명령권을 행사할 수 있게 되었다. 출중한 장수였던 이억기와 정걸 등은 평소 이순신의 고매한 인품과 탁월한 통솔력에 감복하던 바여서 충심으로 승진을 축하해주고 복종을 다짐했으나, 나이도 많았고 군에서도 선배였던 원균은 불만의 기색을 감추지 않았다.

원균의 불평불만으로 군심이 뒤숭숭해지자 이순신은 차라리 자신이 물러나겠다는 생각에서 직책을 바꿔줄 것을 조정에 요청했다. 싸움을 앞두고 자중지란이 일어나면 백전백패할 것을 염려한 충정의 발로였다. 조정에서도 여러 차례 이순신과 원균의 문제를 논의한 결과 원균을 전출시키는 것으로 결말을 보았다. 그는 충청병사를 거쳐 전라병사로 갔다가 뒷날 이순신이 모함에 걸려 원통하고 억울하게 죽을 고비를 넘기고 백의종군할 동안 그렇게 원하던 통제사 자리를 차지하게 된다. 이순신이 한산도에 머문 것은 그해 7월부터 1597년 2월까지 3년 7개월간이었다. 원균의 후임 경상우수사로는 배설(裵楔)이 왔다.

그 동안 육상의 전황은 어떠했던가. 개전 초 관군이 조총을 앞세운 왜군의 공격에 싸움다운 싸움 한 번 변변히 못한 채 여지없이 패퇴를 거듭할 때 경상도에서 홍의장군 곽재우(郭再祐)가 가장 먼저 의병을 일으킨데 이어 조헌(趙憲)·영규대사(靈圭大師)·김덕령(金德齡)·고경명(高敬命)·김천일(金千鎰)·서산대사(西山大師)·사명대사(四溟大師) 등이 의병과 승군을 일으켜 관군과 합동으로, 또는 단독작전을 감행하여 각지에서 왜군들을 괴롭혔다. 또한 조선의 구원 요청을 받은 명에서도 원병을 보내 이여송(李如松)이 4만여 군사를 이끌고 압록강을 넘어 조선군과 함께 평양을 수복했다.

한편 경상좌병사 박진(朴晉)은 이장손(李長孫)이 발명한 오늘날의 박격포와 같은 비격진천뢰(飛擊震天雷)의 위력에 힘입어 경주성을 탈환하고 왜군을 서생포로 쫓았으며, 진주목사 김시민(金時敏)도 결사적 항전으로 진주성대첩을, 또한 도원수 권율(權慄)은 1만여 군사로 3만여 왜군을 격퇴하는 행주대첩(幸州大捷)을 기록하기도 했다.

본래 왜군의 전략은 서울을 함락한 뒤 고니시 유키나가(小西行長)는 평안도를, 가토 기요마사(加藤淸正)는 함경도를 점령하고, 수군은 서해를 거슬러 올라가 조선 전역을 석권하는 것이었으나, 바다의 이순신과 육지의 의병의 활약으로 진로가 막히고 보급로가 끊겨버려 전황은 지리멸렬, 교착상태에 빠지고 말았다.

이때 등장한 사기꾼이 심유경(沈惟敬)이었다. 그는 명의 유격장군이라는 벼락감투를 쓰고 조선으로 건너와 명군과 왜군 진영을 오가며 강화협상을 진행시켜 선조 26년(1593년)에 일단 왜군들을 남쪽으로 철군시켰으나, 이는 사기가 저하된 왜군에게 다시 힘을 길러주는 기회만 제공한 셈이 되었다. 조선군 장수와 의병장들은 분노했으나 자력으로 왜군을 격퇴할 힘이 없었고, 무능한 정부가 요청한 명군은 대국 군이라는 자만심에서 조선의 대신과 장병들을 우습게 여기는 것은 물론 일부 지역에서는 왜군에 못지않게 잔악한 만행을 저지르는 형편이었다.

이순신은 비록 부산포해전에서 100여 척의 왜선을 격파했으나 부산과 대마도를 잇는 해상로를 완전히 차단, 침략해온 왜적을 단 한 놈도 살려서 돌려보내지 않겠다는 당초의 목적을 달성하지 못해 마음이 매우 편치 못했다. 그러나 그는 한산도에서 군량을 마련하고 무기를 제조하고 전함을 건조하며 군사를 조련하는 등 언제 어디서 벌어질지 모를 싸움에 잠시도 준비를 게을리하지 않았다.

이순신은 동서고금을 통틀어 첫손 꼽히는 명장이면서도 문장이 뛰어난 시인이었고 말이 없으면서도 다정다감한 인격자였다. 그는 한산도에 운주당(運籌堂)을 짓고 여기에서 기거하면서 장수는 물론 하급 병사라도 좋은 계책이 있거나 하소연할 일이 있으면 언제라도 찾아오게 하였다. 또한 여기서 나라의 운명을 걱정하는 비감 어린 시도 많이 읊었다. 삼도수군통제사라는 수군 최고위직에 있으면서도 병사들과 똑같은 생활을 했다. 또한 군율은 엄히 시행하되 부하가 전사하면 친자식을 잃은 듯 슬퍼하며 친히 장사지내주니 장병과 백성 모두가 친부모를 따르듯 하였다. 이처럼 불철주야로 장병들과 함께 나라를 걱정하며 적을 물리칠 일에만 전념하던 이순신이었건만 마침내 또 다시 악운이 찾아왔다.

정유재란이 일어나던 선조 30년(1597년) 초, 일본의 첩자 요시라(要時羅)가 경상좌병사 김응서(金應瑞)를 찾아왔다. 그는 가토 기요마사와 사이가 나쁜 고니시 유키나가의 계책이라면서 본국에 돌아갔던 가토가 아무 날 어디로 오는데 조선 수군으로 하여금 지키고 있다가 치면 죽일 수 있으리라고 했다. 이것은 이순신이 지키고 있는 한 바다를 건너 조선을 침공할 수 없다고 판단한 일본군의 간계였으나 병법의 병자도 모르는 무능한 장수와 대신들은 이 말을 그대로 믿었다. 김응서는 도원수 권율에게 보고하고 조정은 이순신에게 나아가 공격하라는 명령을 내렸다. 참으로 어처구니없는 일이었다. 권율이 몸소 한산도에 와서 명령을 하달했다.

이순신은 적의 간계라는 사실을 간파했으나 조정의 명령을 거역할 수 없어서 대군을 출동시키는 대신 우선 척후선을 보내 적의 동태를 정찰토록 했다. 적의 함정에 빠지지 않기 위해서였다. 첫 번째 계략에 실패한 왜군은 다시 요시라를 김응서에게 보내 "이순신이 바다를 막지 않는 사이에 가토가 조선에 상륙했다"고 이간책을 썼다. 그런데 가토가 바다를 건너온 것은 권율이 이순신에게 명령을 하달하기 이미 1주일 전이었다.

당시 조정은 왜란으로 나라가 망하기 직전에 이르렀음에도 동서로 갈라진 당쟁은 전란 중에도 그칠 줄 몰랐고, 영악한 임금은 오늘은 동인의 손을 들어줬다가 내일은 서인의 손을 들어줬다 하면서 자신의 왕권안보에만 관심을 쏟았다. 그런데 이순신이 흉계에 빠질 무렵에는 원균과 가까운 서인들의 발언권이 더욱 강했다. 어전회의 때마다 서인들은 이순신을 모함하는 반면 원균을 천거하기에 갖은 애를 썼다. 그런 중에 마침 결정적인 호재가 생긴 것이었다.

그해 2월 6일 이순신은 난리가 나면 도망이나 치고 공론이나 일삼는 대신들의 아우성에 따라 해임되고 '조정을 속이고 적을 치지 않았다' 는 죄목을 뒤집어쓰고 서울로 잡혀 올라가게 되었다. 그는 후임자인 원균에게 군사·무기·군량 등을 정확히 인계하고 그 달 26일 돼지우리 같은 남거에 실려 수많은 백성과 군사가 비통하게 울부짖는 가운데 서울로 끌려갔다. 그리고 의금부에 갇혀 모진 고문을 당했다.

판중추부사 정탁(鄭琢)이 극력 나서서 고문만은 하지 말 것을 하소하고, 이에 앞서 도체찰사 이원익(李元翼)도 글을 올려 '왜군이 가장 두려워하는 것은 우리 수군이며 이순신을 바꿔서는 안 되며, 원균을 보내서도 안 된다' 고 상소했다. 또한 이덕형(李德馨)도 구명을 호소했고, 이순신의 심복인 정경달(丁景達)은 죽음을 무릅쓰고 '장군을 죽이면 나라가 망한다' 는 상소문을 올렸다.

가까스로 죽음을 면한 이순신이 풀려난 것은 4월 1일. 그러나 무죄로 방면된 것은 아니었다. 두 번째로 백의종군하라는 명령이 떨어졌다. 무등병으로 강등당한 그는 권율의 원수부(元帥府)에 소속되어 금부도사에게 끌려 원수부가 있던 합천군 초계로 내려갔다. 도중에 아산에 들러 선친의 산소에 절을 올리고 다시 길을 떠났는데, 순천에 피란갔던 83세의 노모 변씨가 아들이 잡혀갔다는 소식을 듣고 배를 타고 올라오다가 세상을 떴다는 비보가 왔다. 참으로 무심한 하늘이었다. 비통한 심정으로 시신을 집으로 모셨으나 금부도사의 재촉에 장례도 치르지 못하고 장대비가 쏟아지는 가운데 합천으로 떠났다.

그때의 심경을 이순신은 『난중일기』에서 이렇게 표현했다.

나라에 충성을 바치려 했건만 이미 죄를 얻었고, 어버이에게 효도를 다하려 했건만 어버이마저 먼저 가버리셨구나. ……오호라! 천지간에 나 같은 운명이 또 있으랴. 차라리 일찍 죽는 것만도 못하구나.

당시 그의 나이 53세였다. 6월 8일 초계에 당도한 이순신은 도원수 권율에게 신고했다.

한편 수군통제사로 부임한 원균은 이순신이 아끼던 역전의 장수들을 대부분 갈아치우고 자신의 뜻에 맹종하는 자들을 그 자리에 앉히는가 하면, 군비는 허술히 하는 대신 운주당에 들어앉아 주색에만 빠졌다. 부하들은 이런 모습을 보고 이구동성으로 "적을 만나면 도망치는 수밖에 없다!"고 탄식했다. 이순신이 잡혀가자 왜장들도 "이순신이 없어졌으니 이젠 아무 걱정이 없다!"고 좋아하면서 잔치까지 벌였다.

6월 하순, 그래도 조선 수군에 대한 두려움이 남아 있던 왜군은 또다시 이중간첩 요시라를 김응서에게 보내 후속부대가 곧 바다를 건너오니 조선 수군이 지키고 있다가 공격하면 성공할 것이라는 밀서를 전했다.

첩보를 보고 받은 도체찰사 이원익은 도원수 권율과 상의하여 수군의 출동을 명령했다. 왜군의 똑같은 간계에 세 차례나 넘어간 셈이었다. 명령을 받은 원균은 먼저 육군이 안골포와 가덕도의 왜군을 무찌른 뒤 수륙연합작전을 펴서 부산을 쳐야 한다면서 좀처럼 함대를 출동시키지 않았다. 여러 차례 독촉을 받고서야 마지못해 함대를 끌고나갔다가 6월 18일에 작은 전투에서 패하고 말았다. 패보를 받은 권율이 분노하여 원균을 사천까지 호출하여 곤장을 치면서 재출동을 명했다. 한산도로 돌아온 원균은 할 수 없이 전함 200여 척을 이끌고 출동했다.

7월 4일 한산도를 출발한 함대는 5일 칠천량을 지나 6일은 옥포에서 묵고 7일에 다대포를 거쳐 부산포로 향했다. 그런데 절영도에 이르니 1천여 척의 적의 대선단이 숨어 있었다. 그리고 우리 함대를 보자 후퇴를 거듭했다. 유인 작전이었다. 적이 후퇴하자 원균은 승기를 잡았다는 생각에서 돌격명령을 내렸다. 그런데 풍랑이 거칠어지자 한산도에서부터 4일간이나 제대로 먹지도 자지도 못하고 배를 저어온 군사들인지라 싸움이 될 턱이 없었다. 일부는 울산 서생포까지 밀려가 적군에게 격파당하고 원균은 남은 전선을 수습하여 가덕도로 후퇴했지만 벌써 왜군들이 배후를 지키고 있다가 사정없이 공격을 퍼부었다. 원균은 다시 칠천량으로 후퇴했다.

원균이 지휘하는 조선 수군이 형편없다고 생각한 왜군은 7월 14일 거제도까지 쫓아와 이튿날 밤 칠천량에서 총공격을 퍼부었다. 이 싸움에서 역전의 용장 이억기를 비롯하여 충청수사 최호 등이 전사했다. 다만 배설만이 전선 12척을 이끌고 탈출에 성공, 한산도에 이르자 모두 도망치게 한 뒤 군량과 무기들을 불태우고 전라도로 도망쳤다.

이로써 이순신이 피땀으로 육성해온 막강한 수군은 하루아침에 전멸당해 버렸다. 수군이 전멸하자 바다는 왜군의 독무대가 되었고 전라도도 더 이상 안전할 수 없었다. 사천 · 하동 · 구례에 이어 남원 · 전주까지 함락당하고 말았다. 위기를 의식한 명나라도 급히 구원군을 증파하고 조선군도 왜군의 북상을 저지하기 위해 총력을 기울였으나 전쟁의 주도권은 다시 왜군에게 넘어가는 듯했다.

칠천량패전을 계기로 조선 수군이 거의 전멸당하고 또다시 위기를 맞자 도원수 권율은 이순신을 찾아와 어떻게 했으면 좋겠는가 탄식을 연발했다. 이순신은 자신이 직접 남해안을 돌아본 뒤 방책을 강구하기로 하고 군관 9명과 함께 길을 떠났다. 초계를 출발해 합천 · 산청 · 진주를 거쳐 남해 노량에서 살아남은 옛 부하들을 만나 패전시의 상황을 듣고 7월 23일에는 권율에게 보고서를 올렸다. 그때 이순신은 수군의 전멸에 대한 충격과 노독이 겹쳐 병세가 위중한 지경에 이르렀다.

한편 그 전날 원균의 패전과 수군의 전멸, 왜군의 북상을 보고받은 선조는 급히 어전회의를 열었는데 당쟁과 탁상공론으로 나날을 보내고 위급하면 도망치는 재주밖에 없는 위인들인지라 뾰족한 대책이 나올 턱이 만무했다. 이튿날 선조는 병조판서 이항복(李恒福)과 형조판서 김명원(金命元)의 진언을 받아들여 한때는 죽이려했고 지금은 백의종군하고 있는 이순신, 상중의 이순신을 다시 전라좌수사 겸 삼도수군통제사로 임명했다. 이순신이 이 교서를 받은 것은 8월 3일인데, 거기에는 임명장이라기보다는 사과라고 할 수 있는 이런 대목이 있었다.

지난번 경의 직책을 갈고 죄를 씌운 것은 사람의 지혜가 모자란 탓이었거니와 그리하여 오늘과 같은 패전의 욕을 당한 것이니 무슨 할 말이 있으랴. 무슨 할 말이 있으랴!

벼슬은 예전대로 돌아왔으나 피땀 흘려 육성한 강병과 함대는 간 곳 없었다. 오로지 그에게는 9명의 장교와 그보다 적은 6명의 병사가 있을 뿐이었으니 그야말로 무에서 유를 창조하라는 불가능한 명령이나 마찬가지였다. 하지만 이순신은 불가능을 가능으로 변화시킨 민족의 구세주였다.

약 15일간의 위험한 강행군 끝에 12척의 부서지고 남은 전선과 120명의 군사를 모은 이순신은 수군이 너무나 미약하니 육군으로 종군하라는 조정의 엉뚱한 명령을 받았다. 이에 대해 이순신은 "적이 임진년부터 5, 6년간 감히 전라·충청도를 침범하지 못한 것은 오로지 수군이 길목을 지키고 있었기 때문입니다. 아직도 신에게 12척의 배가 있으니 죽을 각오로 싸울 따름입니다."라는 장계를 올렸다.

12척의 군함 같지도 않은 군함에 1척의 전선을 더 구해 가까스로 수군의 모양을 갖춘 이순신은 8월 29일 진도 벽파진으로 이동, 진도와 해남간의 물목인 명량해협(鳴梁海峽) - 울돌목을 최후의 방어선으로 삼고 작전을 구상했다. 그런데 전부터 겁이 많던 경상우수사 배설이 도망치는 사건이 일어났다. 이어서 적 함대가 나타났다는 정찰보고가 들어왔다. 전에는 왜선을 찾아다니며 격멸하던 조선 수군이었으나 이제는 기다렸다가 싸워야하는 형편이었다. 군사들도 전같은 강병이 아니라 죽음을 두려워하는 약졸이 많았다. 이래저래 최악의 상황이었다.

이순신은 적군이 틀림없이 몰려올 것을 예측, 울돌목의 물길을 조사하는 등 방비책을 강구했다. 9월 14일, 적선 200여 척이 나타났다는 급보가 왔다. 다음날 본진을 해남 우수영으로 이동한 뒤 이순신은 부하 장령들을 모아 이렇게 유시했다.

"병법에 이르기를 죽기를 각오하고 싸우면 산다고 하였다. 또, 한 사람이 길목을 잘 지키면 천 명도 당할 수 있다는 말이 있다. 지금 우리의 형세가 이와 같다. 제장이 조금이라도 군령을 어기면 군율대로 시행할 것이니 작은 잘못도 용서치 않을 것이다!"

그야말로 필사적인 결의였다.

그해 음력 9월 16일 명량해협에서는 동서고금을 통해 전무후무한 대 혈전이 벌어졌다. 왜적이 133척의 대함대인 반면 조선 수군은 겨우 13척, 게다가 전멸하다시피 대패한 뒤라 장수나 군사들이나 겁을 먹고 제대로 싸우려고 하지 않았다. 이순신은 겹겹이 포위한 적선 사이를 뚫고 손수 활을 쏘고 기를 흔들며 독전했다. "안위야! 네가 군율에 죽겠느냐? 도망치면 살 줄 아느냐?" "김응함아! 너는 중군으로 대장을 구하지 않으니 네 죄를 어찌 면할 것이냐? 당장 싸워서 우선 공을 세워야 하리라!" 이같은 악전고투 끝에 마침내 대장선을 비롯한 왜선 31척을 격파하고 나머지는 먼 바다로 격퇴시킬 수 있었다. 이것이 세계 해전사상 유례없는 승리인 명량대첩이다. 이 기적적인 승리로 정유재란은 또다시 전기를 마련하게 된다.

싸움이 끝난 뒤, 일시 고군산군도로 진을 옮긴 이순신은 격전의 피로가 쌓여 여러 날을 앓았는데, 설상가상으로 아산 본가에서 21세의 막내아들 면이 왜군과 싸우다 전사하고 본가가 잿더미가 되었다는 비보가 왔다. 이순신은 병상에서도 일기에 이렇게 썼다.

하늘이 어찌 이리도 박정한가! 간장이 찢어지는구나! 내가 죽고 네가 살아야 하거늘. 슬프다. 내 아들아! 너는 나를 버리고 어디로 갔느냐? 나는 누구를 의지해 살아야 한단 말이냐? 네 형과 아우와 어미가 살아 있기에 아직은 연명할 수밖에 없다만 마음은 죽고 형체만 남은 듯하구나!

세 아들 중 가장 믿음직했던 막내를 잃은 그의 가슴은 비통이 극에 달했지만 나라와 겨레를 위해서는 그래도 계속 싸워야만 했다. 10월에 목포 근처 고하도로 본영을 옮겼다가 이듬해인 1598년 2월에는 다시 완도 고금도로 이진했다. 이때는 군사도 8천여 명으로 늘어났고 전선도 여러 척 마련해 다시 제해권을 장악할 수 있게 되었다.

그런데 명나라에서 구원군으로 온 수군제독 진린(陳璘)이 새로운 골칫거리였다. 그는 대국 장수라는 자만심에다 욕심도 많고 포악하여 조선 사람은 짐승처럼 취급하여 비위에 거슬리면 목을 매어 질질 끌고 다니기를 재미삼아 했다. 이순신은 이런 진린을 무마하여 전공이 있으면 그에게 돌리고 결국은 그를 감복시켜 명나라 수군의 지휘권도 장악했다. 이순신의 고매한 인품과 탁월한 지휘력과 넓은 학식이 이 무지막지한 중국 장수까지 감복시켜 나중에는 강간과 약탈을 일삼는 자기 부하의 처벌권까지 넘겨주니 명나라 수군도 이순신을 무서워하기에 이르렀다.

그해 8월 18일 전쟁을 일으킨 원흉 도요토미 히데요시가 죽자 왜군도 철수할 수밖에 없었다. 고니시 유키나가에게 뇌물을 받은 진린은 그렇지 않아도 싸우기 싫은데 잘됐다면서 길을 터주자고 했으나 이순신이 허락할 리 없었다. 철천지원수 왜적을 단 한 놈도 살려서 보내지 않겠다는 것이 그의 굳은 결의였다. 뇌물을 받은 진린은 대국 장수의 말을 듣지 않는다고 칼까지 빼들고 길길이 날뛰었으나 이순신은 요지부동이었다.

결국 진린이 몰래 터준 틈을 타 적선 한 척이 빠져나가 구원을 요청하여 왜선 300여 척이 남해 노량 앞바다에 몰려들었다. 첩보를 입수한 이순신이 출동하니 진린도 마지못해 따라왔다. 11월 19일 새벽, 노량바다에서 최후의 대결전이 벌어졌다. "이 적들을 물리치면 죽어도 여한이 없으니 도와주소서!" 이순신은 전투에 앞서 하늘에 기도를 올리고 함대의 앞장에 서서 적선 200여 척을 격침하고 관음포로 도주하는 남은 적선을 추격했다.

도망칠 물길이 막히자 왜군은 최후의 발악을 했다. 이순신과 진린이 번갈아가며 구원하는 일방 적선을 한 척 한 척 격침시키는 순간 홀연히 날아온 유탄 한 발이 이순신의 왼쪽 가슴, 심장 부근에 박혔다. 치명상을 당한 그는 좌우의 부축을 받으면서도 전투를 걱정했다. 그는 맏아들 회와 조카 완에게 일렀다. "방패로 내 앞을 가려라." "싸움이 급하다. 내가 죽더라도 알리지 말라." 그리고 곧 숨을 거두었다.

전투가 대승으로 끝난 뒤 장군이 전사했다는 소식이 온 배와 군사들에게 전해지자 바다는 온통 통곡성으로 울렁거렸다. 조선군은 물론 진린을 비롯한 명나라 장수와 군사들도 울었다. 선조 31년(1598년) 양력 12월 16일, 장군의 나이 그때 54세였다.

노량대첩의 보고를 받은 선조는 이를 믿지 못했다. 유성룡을 쫓아냈는데 이순신이 또 승리를 거뒀다고?

"수병이 대첩을 거두었다는 말은 과장인 듯하다."

이에 한음(漢陰) 이덕형(李德馨)이 그것은 사실이라고 말했다. 선조는 이순신의 승전을 믿고 싶지 않았던 것이다.

그의 영구는 우선 남해 노량 현재의 충렬사 자리에 잠시 안치되었다가 곧 본진이 있던 고금도로 옮겨졌다. 그리고 다시 향리인 아산으로 운구되었다. 이듬해 2월 11일 아산에 당도한 영구는 금성산 밑에 장사지냈다가 16년 뒤 현재의 자리인 어라산 기슭으로 천장했다. 1604년(선조 37년) 이순신에게는 선무 1등공신에 좌의정 겸 덕풍부원군이 추증되었고, 1643년(인조 21년)에는 충무라고 시호되었으며, 다시 1793년(정조 17년)에는 영의정으로 가증되었다. 하지만 그런 것이 다 무슨 소용이랴!

현충사는 공이 순국한지 108년 뒤인 1706년(숙종 32년)에 건립되어 그 이듬해 숙종의 친필 현판이 사액되었다. 그 뒤 200여 년간 추모의 향화가 끊이지 않다가 일제강점기에는 헐릴 위기에 빠지기도 했다. 이에 1932년 충무공유적보존위원회가 앞장서 사당을 재건하고 영정을 봉안했으며, 1945년 광복 이후 해마다 4월 28일 공의 탄신일에 제향을 올리고 있다.

1956년 아산시 음봉면 삼거리 공의 묘소가 사적 제112호로 지정된데 이어, 1967년에는 현충사도 정화 · 단장하고 성역화되어 사적 제155호로 지정되었다.

곽재우

임진왜란 때 최초로 의병 일으킨 홍의장군

망우당(忘憂堂) 곽재우(郭再祐)는 본명이나 아호보다도 홍의장군(紅衣將軍)이란 별호로 더욱 널리 알려진 당대의 쾌남아였다. 그는 임진왜란이 일어나기 전까지는 벼슬길에 나아가지 않고 초야에 묻혀 있다가 왜란이 일어나자 재산을 털어 의병을 일으켰으며, 뛰어난 전략과 빼어난 용병술, 탁월한 리더십으로 상승의 신화를 길이 남겼다.

이름 없는 시골 선비로서 시와 술과 낚시로 세월을 낚던 곽재우가 분연히 떨쳐 일어나 가재를 풀어 의병을 모으고, 붉은 옷 입고 백마를 타고 서릿발 같은 장검을 휘두르며 왜적을 무찌르기 시작한 것은 선조 25년(1592년) 4월 22일, 임진왜란이 일어난 지 열흘째 되는 날이었다.

경남 의령군 유곡면 세간리는 홍의장군 곽재우의 출생지이며, 그가 집 앞 정자나무 현고수(懸鼓樹)에 북을 매달아 놓고 울리며 임진왜란 최초의 민간 유격대 – 게릴라부대를 창설한 곳이다. 또한 의령군 남강 기슭 정암진은 낙동강을 거슬러 올라와 경상도를 짓밟고 전라도로 휩쓸어갈 야욕으로 물밀 듯 쳐들어온 왜군을 여지없이 쳐부순 빛나는 싸움터. 그리하여 '바다에는 이순신이 있었고 땅에는 홍의장군이 있었다'는 전설을 낳은 역사의 현장이다.

'의병은 싸울 뿐이지 뽐내지 않는다'며 필승의 전략으로 백전백승하던 유격전의 명장 홍의장군 곽재우는 조정의 포상이나 명성을 탐내지도 않았다. 전란이 끝나자 '하늘이 내린 붉은 옷(天降紅衣)'의 장군은 붉은 옷을 벗고 장검도 버렸다. 여러 차례 내려준 벼슬도 끝끝내 마다한 채 망우당을 짓고 이 풍진 세상의 온갖 잡사를 잊으려고 했다.

망우당은 시와 서, 거문고와 낚시를 즐기며 유유자적 도사·신선의 길을 찾았다. 400년 전의 대장부 곽재우는 그렇게 한세상을 살아 넘겼고 지금은 경북 대구시 달성군 구지면 구지산 기슭에서 망우(忘憂)의 적막을 누리며 말없이 누워 있다.

의령 충익사는 망우당 곽재우 장군의 공적을 기리기 위해 1978년 12월 22일에 정화공사를 마친 곳으로 국난극복과 민족정신 함양의 역사 교육장이다. 의령읍 중동 남산 기슭 7천여 평의 대지 위에 조성된 충익사는 의병탑과 충의문·홍의문·충익사·충의각·기념관 등 여러 건물로 이루어져 있는데, 의병탑은 27m의 화강암 석탑으로서 홍의장군 곽재우를 비롯한 18명의 장수를 상징한 18개의 고리를 두 개의 기둥이 받치고 선 모양이다. 충익사는 홍의장군 곽재우와 17장령, 수많은 휘하 무명 의병 용사의 위패를 봉안한 사당이다. 또 충의각에는 18장수의 명판을 걸어 놓았으며, 기념관에는 홍의장군의 기마상과 전적도 및 보물 제671호로 지정된 장검·은안장·돌벼루·쇠도장·갓끈 등 망우당의 유물을 전시하고 있다.

정암의 정(鼎)은 '세 발 달린 솥'이니 곧 세 개의 돌이 다리처럼 떠받치고 있는 솥바위를 가리킨다. 그 옛날 홍의장군이 백마에 올라 왜군을 무찌르던 전방지휘소 정암나루 북쪽 벼랑 위에는 의병루가 세워져 있고, 그 아래 의병들이 장애물을 설치해 강을 건너려는 왜군을 무찌른 솥바위가 물에 반쯤 잠긴 채 그 날의 승전보를 소리 없이 증명해 주는 듯하다.

곽재우가 첫 싸움에 거느린 부하는 10명이라고 기록에 전한다.

곽재우는 명종 7년(1552년) 8월 28일에 현풍 곽씨(玄風郭氏)로 의주목사와 황해감사를 지낸 정암(定庵) 곽월(郭越)과 진주 강씨(晋州姜氏) 사이의 셋째 아들로 태어났다. 자는 계수(季綏)였고 아버지가 처가살이하던 유곡면 세간리 외가에서 태어날 때 위로는 재희(再禧)와 재록(再祿) 두 형이 있었다. 3세 때 어머니가 돌아가자 부친은 김해 허씨(金海許氏)와 재혼하여 재지(再祉)와 재기(再祺) 두 이복 아우를 더 보았다. 그 밖에도 재우에게는 두 누이가 더 있었다. 『망우집(忘憂集)』의 연보에 따르면 곽재우는 타고난 자질과 인품이 호매하고 기상이 침착하였으며, 눈을 똑바로 뜨고 사람을 쏘아보면 번쩍번쩍 광채가 빛나 마주 쳐다볼 수 없었으므로 사람들마다 기이하게 여겼다고 한다. 곽재우는 8세 때부터 글공부를 시작했다. 아버지가 세운 세간천 위 용연정에서 두 형과 함께 아버지로부터 글을 배웠다. 그리하여 14세 때까지는 사서오경을 떼고, 15세에는 자굴산 보리사에 들어가 유학의 경전 외에도 병법서를 비롯한 수많은 책을 읽고 공부했다.

그는 또 어렸을 때 남명(南冥) 조식(曺植)의 문하에서 주자학을 배웠고, 이 때 그의 눈에 들어 남명의 외손녀사위가 되었다. 즉, 곽재우가 16세에 결혼한 부인 상산 김씨(商山金氏)는 부제학을 지낸 김언필(金彦弼)의 손녀요 만호 김행(金行)의 딸이며 이 김행의 장인이 바로 남명 조식이었다. 19세에 이르기까지 곽재우는 사서오경과 제자백가를 두루 익혀 학문의 깊이를 더한데 이어 말타기와 활쏘기, 그리고 『손자』 『오자』 『육도』 『삼략』같은 병서까지 널리 익혀 문무겸전의 재사로 성장했다.

벼슬살이에 나아갈 뜻이 없었던 곽재우는 부모의 뜻을 어기지 못해 34세 되던 해에 마지못해 과거를 보았다. 그리하여 별시 정시에 2등으로 합격했으나 답안지에 임금의 비위에 거슬리는 대목이 있다 하여 며칠 뒤에 무효가 되었다. 이듬해 8월에 아버지가 돌아갔다. 임종 시 곽월은 자신이 입던 정3품 당상관의 조복을 셋째 아들인 재우에게 주며 "우리 가문을 이을 자는 반드시 너"라고 한 뒤에 눈을 감았다고 한다. 하지만 삼년상을 마친 재우는 벼슬길에 나아갈 뜻을 버리고 41세 되던 해 임진왜란이 일어날 때까지 낙동강과 남강의 합류처인 기강 가에 집을 짓고 낚시와 술과 시로 유유자적하며 세월을 보냈다. 초야에 은둔해 한세상 시름을 잊고자 했던 것이다. 그러나 세월은 그를 내버려두지 않았다.

그해 4월 14일 부산포에 상륙한 왜적은 부산진첨사 정발(鄭撥)과 동래부사 송상현(宋象賢)의 저항을 받은 것밖에는 싸움다운 싸움 한번 없이 양산·밀양·대구·상주를 거쳐 문경새재로 무인지경을 가듯 북상했다. 적침을 가장 먼저 당했고 가장 많은 적군이 오랫동안 주둔했던 경상도의 사정은 어땠나. 유성룡의 『징비록』을 보면 경상감사 김수(金睟)는 진주에서 왜란 소식을 듣고 동래로 가다가 적이 파죽지세로 밀어닥친다고 하자 도망치며 각 고을에 전령을 보내 '다들 재주껏 산속으로 숨으라'고 하였다.

그런 판국이었으므로 가만히 엎드려 있다가는 경상도민 뿐만 아니라 온 조선 백성이 어육이 되고 멸종의 재앙을 당할 절체절명의 위기였다. 이대로 있을 수는 없다. 관군이 없으니 나라도 믿을 게 못되고 내 발로 일어서서 내 손으로 싸우자, 싸우다 죽더라도 맞서 싸워야겠다, 의병은 그렇게 해서 일어나게 되었다.

곽재우가 처음 의병을 일으키던 4월 22일 왜장 모리 요시모토가 이끄는 3만 왜군이 김해·창원을 함락하고 칠원을 거쳐 영산·창녕·현풍으로 육박해 들어올 무렵이었다. 이노(李魯)의 『용사일기(龍蛇日記)』와 이긍익(李肯翊)의 『연려실기술(練藜室記述)』 등에 의하면 곽재우는 처음에 머슴 10여 명을 거느리고 이불을 찢어 깃발을 만들고 붉은 관복을 입고 스스로 '하늘에서 내린 붉은 옷의 장수'라는 뜻으로 천강홍의대장군이라 일컬으며 집 앞 정자나무에 큰 북을 매달아 치며 사람들을 불러 모았다. 그리고 가산을 정리하여 곳간을 열어 마음대로 가져가게 했는데 의병 모집에 얼마나 열심이었는지 자기 옷을 벗어 의병에게 입히고, 처자의 옷을 벗겨서는 의병의 처자들에게 나누어 입힐 정도였다. 재산을 모두 흩어 군사를 모으고 장차 죽을 일에 나서려 하자 아내 김씨 부인이 참지 못하고 나서서 말렸다.

"여보 영감! 이게 다 어떻게 모은 재산인데 다 없애고 쓸데없는 일을 만들어 죽을라캅니꺼?"

곽재우가 아내의 말에 얼마나 화가 났는지 칼을 빼어 들고 금방이라도 베어 죽일 듯이 펄펄 뛰었다고 한다.

"여편네가 무슨 말이 많노? 다시는 그따위 소리 말거래이! 한번만 더 나서서 장부가 하는 일에 이러쿵저러쿵 입방아를 찧어싸면 내 가만 안 둘끼구마!"

마을 사람들을 마당 가득히 불러 모은 곽재우는 이렇게 소리쳐 말했다.

"모두 들어보소! 왜구들이 쳐들어와 난리가 났단 말은 다들 들어서 알고 있을끼요. 감사니 목사니 병사니 현감이니 하는 벼슬하는 인간들은 마카 도망쳐 버리고 군졸들도 한 사람 남지 않았으니 이대로 있다가는 우리네 부모 처자가 죄다 왜놈들 손아귀에 들어가고 말끼요. 앉아서 죽기를 기다리기보다는 한 가지로 마음먹고 저기 저 앞강에 진치고 지키기만 한다면 우리 마을은 꼭 보전을 할 수 있을 끼니까, 모두 일어나 한마음으로 싸우자 그 말이요!"

하지만 나이 40이 넘도록 출세도 못하면서 마냥 술이나 마시고 강에 나가 낚시질이나 하고 풍월이나 홍얼홍얼 읊조리던 무능한(?) 양반 곽재우가 아무리 쌀과 옷을 나누어주고 호소해도 사람들은 "저 양반이 갑자기 왜 저러노? 미쳤는갑다!" 하면서 얼른 호응하려 하지 않았다. 그저 이래도 좋고 저래도 좋다고 생각하던 천한 머슴 열 명만 삽과 괭이, 낫이나 몽둥이를 들고 따라나설 뿐이었다.

이래선 안 되겠구나. 곽재우는 평소부터 눈여겨보며 친분을 맺어온 지략과 담력 있는 사람들을 일일이 찾아다니며 설득하여 수십 명을 모아 일단 규모는 작지만 한 무리를 이루는 데 성공했다. 그래도 성이 차지 않은 곽재우는 부자로 살고 있어 하인이 수십 명이나 되는 매형 허언심(許彦深)의 집으로 찾아갔다. 매형에게 사리를 들어 부탁하면 수많은 양식과 머슴들을 얻을 수 있으리라는 생각에서였는데, 부자로 살고 있지만 인색했던 매형은 일언지하에 거절하며 오히려 미친 지랄 그만두라고 삿대질을 했다. 곽재우의 성질에 한번 내디딘 발길을 그냥 되짚고 물러설 턱이 없었다.

"나라가 결딴나고 고을이 잿더미가 될 판국에 어찌 혼자만 편히 잘 살겠단 말이고? 누나고 매형이고 그렇다면 남남이대이! 대의를 위해선 인정사정 볼 것 없는기라!"

그러고 나서 거느라고 간 장정들을 시켜 매형 부부와 외아들을 끌어내다 목을 치려고 하니, "아이고, 재우야! 니 와 이카노? 니 하자는 대로 하꾸마. 우리 외아들이나 살려도고!" 하고 사시나무 떨듯하며 애걸복걸 사정사정을 할 수밖에 없었다. 그래서 매형 허언심은 재산과 머슴들을 다 바치고 그 자신도 곽재우 의병대의 전군향(典軍餉)이란 직임으로 휘하 17장령의 한 사람이 되었다.

처음부터 의병에 가담하여 선봉장으로 큰 활약을 한 심대승(沈大承 : 沈大升 : 沈大昇)이 곽재우에게 큰 힘이 되었고, 개전 초 도망쳐 흩어졌던 영남의 패잔병들도 수십 명씩 모여들어 차츰 부대의 진용을 이루면서 의병은 활기를 띄기 시작했다. 게다가 첫 전투인 거름강싸움에서 승리를 거두자 그의 군세는 눈덩이처럼 불어나게 되었다. 임진왜란 개전 이래 관군과 의병 통틀어 첫 승리인 거름강싸움은 곽재우부대의 신출귀몰한 유격전의 첫 승리이기도 했다. 비록 소규모였지만 첫 싸움에서의 승리는 그 파급 효과가 컸다.

의병을 일으킨 지 보름이 채 못 된 그 해 5월 4일, 왜군의 척후선 3척이 남강을 거슬러 올라온다는 보고를 받은 홍의장군은 선봉장 심대승을 비롯하여 힘깨나 쓰는 날쌘 군사 10여 명을 거느리고 거름강으로 달려갔다. 강 언덕 갈 대밭에 궁수들을 매복시키고 강 속 물길 목에 통나무와 밧줄 따위로 장애물을 설치한 홍의장군은 적선이 거기에 걸려 빠져나오려고 머뭇거리자 "쏴라!" 하고 벽력같이 소리쳤다. 화살에 마구 꿰뚫려 비명을 지르며 쓰러지고 물에 빠지는 왜병들, 무적의 신무기라고 자랑하는 조총을 쏠 새도 없이 3척의 적선은 격침되고 왜병들은 고기밥으로 사라지고 말았다.

"봤제? 왜놈들이라케도 하나 겁낼 게 없는기라. 이렇게 떨어져서 안 보이는 데서 싸우니 왜놈들 조총이고 긴 칼이고 무슨 걱정이노? 그제?"

환호성을 올리는 부하들을 돌아보고 홍의장군은 회심의 미소를 지었다. 이틀이 지난 5월 6일, 이번에는 11척의 왜적 선단이 나타났다는 보고가 들어왔다. 제대로 먹지도 입지도 못하고 변변한 무기를 손에 잡은 것도 아니건만 이미 한 차례 승전의 희열을 맛보았기에 이번에는 누구 하나 겁내지 않고 힘껏 싸웠다. 그리고 또다시 승리의 환호성을 힘차게 울렸다. 이순신 장군이 임진왜란 최초의 해전인 옥포해전에서 26척, 합포해전에서 5척의 적함을 격침시키기 하루 전의 일이었다.

곽재우가 거름강싸움에서 왜놈들을 신나게 무찔렀다는 소식이 퍼져나가자 사람들의 생각은 달라지기 시작했다. 곽재우가 발광할 줄 알았더니 그게 아니었구나. 우리도 싸워서 이길 수 있구나. 산 속에 도망쳐 숨었던 청장년들이 무더기로 산을 내려와 홍의장군의 깃발 아래로 몰려들었다. 처음에 시골 친구와 머슴 10명으로 출발한 홍의장군의 의병부대는 거름강싸움의 승리를 계기로 20명, 50명, 수백 명으로 불어나 급기야는 2천여 명을 헤아리는 대부대로 커지기에 이르렀다.

홍의장군은 부하들을 머슴이든 양반이든 차별하지 않고 정성을 다한 온정으로 대했으며, 싸움터에서는 앞장서서 돌격하고 신출귀몰하는 지략과 전술로 승리를 거두니 누구 하나 죽기를 각오하고 따르지 않는 사람이 없었다. 그는 일신의 영달을 위해 전공을 과시하지 않았다. 처음부터 부하들을 엄히 단속하여 적의 머리 베는 짓을 못하게 하였다.

"우리가 의병이 된 것은 오로지 나라를 위하여 고을을 지키기 위해 적을 무찌르려 함이지 왜놈의 머리를 바쳐 공을 세우고 상을 받고자 함이 아니다!"

그의 부대에는 제법 높은 벼슬까지 지낸 사람도 적지 않았고 자기 고을에서는 내로라하는 호걸도 많았지만 누구 하나 거병 당시 무명의 시골 선비에 불과하던 곽재우의 지휘에 반발하거나 이탈하지 않았다. 그만큼 그의 통솔력은 탁월했고 그의 인품과 인격은 감화력이 컸다.

정암진전투는 홍의장군의 의병 활동 가운데 가장 빛나는 승리를 안겨 준 싸움이었다. 그해 6월 6일, 지난 달 하순 함안을 점령한 고바야카와 다카가게 휘하의 왜군 2만여 명이 의령을 공격하려고 정암진에 이르러 도하작전을 시도했다. 경상도를 맡은 왜장은 모리 요시토모였고, 전라도를 맡은 자가 고바야카와였는데, 이순신의 무적함대에 연전연패 당함으로써 전라도 해안으로의 상륙이 좌절되자 육로로 바꿔 함안·의령·달성·함양으로 하여 전라도를 침범할 계획이었던 것이다.

선봉장은 고바야카와의 심복인 안국사(安國寺)의 왜승 헤케이였다. 헤케이는 자칭 전라감사라고 큰소리치며 군사를 이끌고 정암진에 당도했으나 물이 깊고 진창이어서 바로 도강할 수 없었다. 그래서 사로잡은 조선 사람들로 하여금 마른 데만 골라서 깃발을 꽂아 표를 해 놓고 다음날 강을 건너려고 하였다. 이런 사실들을 정찰병의 보고로 손바닥 들여다보듯 환하게 알고 있던 홍의장군은 그날 밤 군사들을 시켜 깃발을 모조리 뽑아서 진창에다가 옮겨 꽂게 하고, 강물 속에는 전과 같이 장애물을 설치하고, 강 언덕과 강변 갈대숲 여기저기에 궁노수들을 매복시켰다.

날이 밝자 과연 왜병들은 강가로 줄지어 몰려나왔다. 그러고 깃발을 따라

강을 건너려다가 모조리 진창에 빠져 허우적거리며 아우성을 쳤다. 이때, 정암진 벼랑 위에 붉은 전포 입고 백마에 높이 앉은 장수 한 사람이 나타나더니 장검을 휘두르며 무섭게 고함쳤다. "쏴라! 한 놈도 놓치면 안 된다!" 비 오듯 화살이 날고 여기저기에서 왜군이 비명을 올리며 거꾸러졌다.

복병에 의해 돌격하던 선발대가 거의 전멸하고 말자 왜군은 우세한 머릿수를 믿고 인해전술로 한꺼번에 밀어닥쳤다. 홍의장군의 전술은 어디까지나 유격전. 그는 무모하게 우세한 적과 맞서려 하지 않았다. 장군은 복병을 후퇴시킨 다음 이곳저곳 산등성이와 골짜기 속에 군사들을 매복시키고 나서 자기처럼 키 크고 날쌘 부하 10여 명을 뽑아 홍의에 백마 탄 가짜 홍의장군을 만들어 똑같이 '天降紅衣大將軍'이라 고 쓴 대장기를 지니게 하여 여러 길목을 지키게 했다. 그리고 스스로 돌격대장이 되어 한 떼의 군사를 거느리고 이제 막 강을 건넌 적군을 향해 돌격해 닥치는 대로 죽였다.

그러다가 말머리를 돌려 후퇴하니 그제야 제정신으로 돌아온 왜병들이 고래고래 악을 쓰고 조총을 쏘며 마구 쫓아오기 시작했다. 그런데, 한참을 쫓아가다 보니까 이게 웬 조화 속인가! 여기에도 홍의장군, 저기에도 홍의장군, 백마의 홍의장군이 갑자기 열 명도 넘게 늘어나 어지럽게 칼춤을 추고 돌아가는 게 아닌가. 우리가 조선 의병대장 의 복병계에 넘어가 사지(死地)에 빠졌구나! 놀란 왜병들이 이번에는 등을 돌리고 방금 건너온 강변을 향해 죽자사자 내빼기 시작했으나, 홍의장군의 명령에 따라 1천여 명의 의병부대가 일시에 몰려나와 왜군을 마구 잡아 죽이니 이 싸움에서 왜군은 숱하게 맞아 죽고 빠져 죽고 전멸하다시피 했다. 그렇게 해서 왜군은 그 다음부터 붉은 옷 입은 장수만 만나면 '하늘에서 내려온 신장(神將)님이 나타났다!'며 도망치기에 바빴다고 한다.

정암진전투에서 대패한 헤케이는 남강도하작전을 단념한 채 낙동강을 거슬러 올라가기 시작했고, 홍의장군도 대안에서 마주보고 따라 올라가며 유격

작전으로 크고 작은 전과를 숱하게 올렸다. 그리하여 왜군은 경상도를 우회하여 전라도를 침범할 계획을 버릴 수밖에 없었으니, 그것은 오로지 바다의 이순신과 육지의 곽재우 덕분이었다.

선조 30년(1597년) 정유재란이 일어났을 때 곽재우는 경상좌방어사로 창녕의 화왕산성에서 적을 맞았다. 사적 제80호로 지정된 화왕산성은 신라 때 쌓은 고성으로서 산정에 오르면 멀리 고령·합천·의령·함안·창녕이 한눈에 들어오는 전략적 요충지이다. 현풍에서 석문산성을 쌓고 있던 곽재우는 왜군 재침의 급보를 받자 이내 밀양·양산·창녕·현풍 네 고을의 군사와 백성들을 거느리고 7월 21일에 화왕산성으로 들어갔다. 성벽을 수축한 곽재우는 장작과 섶을 무더기로 쌓아 성이 함락될 경우 다 함께 불을 질러 죽기를 결의하고 적을 기다렸다.

곽재우가 유격전에서 수성전으로 전법을 바꾼 것은 이제는 무기와 군량 확보가 어려운 의병대장으로서 싸우는 것이 아니라 정규군 총사령관으로 휘하 장병들을 지휘해 적의 대군과 싸워야 했기 때문이었으며, 또한 강성한 적세에 비해 약한 군세로는 맞서는 것보다 굳게 지키는 것이 유리하다는 판단에서였다. 이윽고 적장 가운데서도 가장 흉포하다는 가토 기요마사가 수만 대군을 이끌고 산성 아래 이르렀는데 온 산과 들을 덮은 적군의 기치창검을 내려다보고도 장군은 바위처럼 태연자약했다.

"왜놈들 가운데도 병서를 읽고 군사 쓰는 법을 아는 자가 있다면 감히 우리 성에 달려들지는 못할끼구마!"

과연, 가토는 하루 낮 하룻밤을 동정만 살피다가 그냥 군사를 물려 우회하고 말았다. 만세 소리가 온 성중에 우렁차게 울려 퍼졌고, 곽재우는 성문을 열고 짓쳐나가 적의 후미를 공격해 많은 왜군을 죽였다.

다음 달인 8월 29일 곽재우는 계모 허씨가 성안에서 운명하자 관복을 벗고 상여를 모시고 산성을 내려와 장례를 마친 후 강원도 울진으로 가 삼년상을 치렀다.

　상중에도 임금이 여러 차례 경상우방어사와 경상좌병사 등 벼슬을 주며 불렀으나 '임금이 마땅히 잘못을 깨닫고 뉘우치고 분발하여 어진 이를 가까이 하고 간사한 자를 멀리하여 동이니 서니 하는 조정 붕당을 없애지 않으면 장차 나라가 더욱 위험할 것'이란 상소를 올리고 벼슬을 헌신짝처럼 벗어 던졌다. 그렇게 저렇게 괘씸죄에 걸린 곽재우는 임금이 내린 벼슬을 마음대로 버렸다는 죄목으로 전라도 영암 땅에서 꼬박 2년간 귀양살이를 했다. 벼슬을 끝끝내 마다한 것은 백해무익한 당쟁의 소용돌이에 말려들어 개죽음을 당하기 싫어서였다.

　귀양살이에서 풀려난 곽재우는 창녕군 길곡면 창암리 비슬산 기슭에 망우정을 짓고 은거했으니 그의 자호 망우당은 여기에서 비롯된 것이다. 그때부터 곽재우는 뜬구름같이 무상한 세상의 온갖 잡사를 잊고 신선이 되어 오래 산다는 양생법(養生法)의 하나인 도인법(導引法)을 행하며 이승의 번외와 오욕을 죄다 잊으려고 했다.

　그는 산중에 은둔한 이후 10여 년간 한 톨의 쌀도 먹지 않고 누가 억지로 권하면 마지못해 잠깐 숟가락을 댔다가 이내 귀와 코로 토해버렸다는 얘기가 『일월록』과 『연려실기술』 등에 전해온다. 그가 양식을 삼은 것은 솔잎을 씹어 조그맣게 뭉친 송화가루 한 알을 먹었을 뿐이었다. 그런데도 죽을 때까지 몸이 가볍고 건강하였다고 전한다.

　왜란이 끝난 뒤 임금 선조가 여러 번 불렀으나 대부분의 벼슬을 사양했으며, 1608년 광해군이 즉위하여 2년째 될 때 왕의 간청에 못 이겨 잠깐 상경했다가 함경감사 겸 병사·수사 및 함흥부사로 발령받았지만 모두 부임도 하지 않고 사직했고, 그 뒤에도 전라병사니 뭐니 하는 벼슬자리도 죄다 마다했다. 그리고 다섯 아들에게도 모두 벼슬살이를 하지 말도록 타이르며 이런 시를 읊었다.

부귀영화를 버리고 운산에 누웠으니
근심을 잊어서 몸은 절로 한가하네.
예부터 신선이란 없다고들 하건만
오로지 마음으로 깨우친 순간 신선이 되는구나.

강호 초야에 이름 없이 묻혀 있다가 국난을 당하자 가장 먼저 의병을 일으켜 나라를 구한 불패의 천강홍의장군은 다시 산야로 돌아가 지상의 신선으로 조용히 여생을 보냈다. 그가 진정으로 온갖 근심·걱정·슬픔을 여의고 천수 66세로 우화등선(羽化登仙)한 것은 광해군 9년(1617년) 4월 10일 망우정에서였다.

그날 갑자기 하늘에서 크게 천둥 벼락이 치고 비가 쏟아져 망우정이 한 차례 진동하더니 문을 열자 이상한 향기가 방안에 가득 차 있었고 홍의장군 곽재우는 이미 이 세상 사람이 아니었다.

생전에 그 숱한 공신의 반열에도 끼지 못한 곽재우에게 숙종 35년(1709년)에 자헌대부 병조판서 겸 지의금부사가 추증되고 충익(忠翼)이란 공신 호가 내렸지만, 이미 신선으로 우화등선한 망우당에게 그런 것이 죄다 무슨 소용이 있었으랴.

정조

조선의 문예부흥기 이끈 문화군주

　동서고금을 막론하고 국가의 지상과제는 부국강병(富國强兵)과 국리민복(國利民福)이다. 부국강병과 국리민복은 무엇보다도 국가지도자의 리더십에 성패가 달려 있다. 이는 최고지도자의 칭호가 제왕이 되었든 대통령이나 수상이 되었든 만고불변의 원칙이다.

　역사의 주체에 대해 몇몇 지도자나 영웅호걸이 아니라 이름 없는 수많은 백성이라는 이른바 민중사관이란 게 있기는 하지만, 왕조시대건 민주화시대건 출중한 민족적 지도자에 의해 국가의 역사가 이어져왔다는 사실을 우리는 잘 알고 있다.

　이는 무엇을 뜻하는가. 백성의 힘이 아무리 강하더라도 그 힘을 하나로 결집시켜 목표를 향해 전진하는 지도자의 탁월한 리더십 없이는 국가의 성장과 발전이 이루어질 수 없다는 반증이다. 우리는 역사를 통해 최고지도자의 리더십이 출중한가, 아니면 용렬한가에 따라 수많은 나라의 명운이 좌우되었다는 사실을 잘 알고 있다.

최근 우리나라는 정치 · 경제 · 사회 · 외교 · 문화 등 거의 전 분야에 걸쳐 비상한 난국에 처했다. 그 가운데 가장 시급한 당면문제가 북한 핵실험 소동이다. 2006년부터 본격화한 이 문제가 단순히 소동으로 끝날지, 아니면 대폭발의 재앙으로 끝날지 아무도 앞날을 점칠 수 없고, 언제 어떤 식으로 돌변할지 아무도 모르므로 한반도 평화를 위협하는 가장 급박한 요소다. 따라서 이를 둘러싼 주변 각국 지도자의 리더십이 비상한 관심 속에서 세계의 이목을 모으고 있다.

국가 최고지도자는 무슨 경우에도 정책의 실패를 야당이나 언론의 탓으로 돌려서는 안 된다. 우리 형편이 그처럼 한가하지도 않다. 국운이 걸린 중대한 분기점에, 기로에 서 있는 것이다. 입에서 나오는 대로 아무 말이나 마구 할 때가 아니다. 최고지도자는 언행언동이 보통 사람들보다 백배 천배 더 신중해야 한다. 그런 까닭에 비상한 시기일수록 역사에서 교훈을 찾지 않으면 안 된다고 강조하는 것이다.

국민의 대표로서 나라를 이끌어가는 일은 누구를 흉내 내거나 연습한다고 되는 것이 결코 아니다. 타고난 자질이 비범해야만 하고, 국민 누구나 진심으로 믿고 따를 수 있는 출중한 리더십으로 신뢰감을 심어줄 수 있어야 한다. 그것이 우리 모두가 바라는 이 시대의 리더십이다. 더군다나 지금 우리나라 경제는 성장이니 분배니 하는 차원이 아니라 빈사상태의 위기에 빠져들고 있어 매우 걱정스럽다. 국가경제도 위기지만 피폐해진 민생경제가 더욱 문제다. 더 늦기 전에 원인과 해법을, 돌파구를 찾아야 한다. 난치를 지나 불치의 나락으로 굴러 떨어지기 전에 비상한 처방을 내놓아야 한다. 어지러운 정치가 경제의 발목을 잡는 이런 현상을 언제까지나 정권을 지지하지 않는 국민의 탓, 비판언론의 탓, 야당의 탓, 앞선 정권의 탓, 국제정세의 탓으로 돌릴 수는 없다.

이제 두 번 다시 위정자가 독선과 아집으로 나라를 그릇된 길로 이끌게 해서는 안 된다. 그것은 우리 국민 모두의 몫이다. 또다시 역사의 교훈을 강조하는 것도 그런 까닭이다. 무슨 교훈을 찾을 것인가. 실사구시(實事求是)의 정신을 되새겨야 한다. 누구에게 배우는 것이 좋을까. 조선왕조의 문예부흥기를 이끈 중흥조 정조대왕(正祖大王)에게 배우는 것이 좋다.

정조는 조선 후기 사회전환기에 기존의 질서를 유지하면서 급변하는 시대적 요구에 부응하기 위한 과감한 개혁정책을 펼쳤다. 그렇다고 해서 정조가 개혁을 빌미로 온갖 여론을 무시한 채 터무니없이 제 고집만 옳다고 밀어붙인 것은 아니었다.

훌륭한 군주의 자질을 갖춘 데다 당대의 어떤 학자에 비해도 손색없는 학문적 소양을 지닌 정조는 기존의 정부조직 외에 별도로 규장각(奎章閣)이라는 새 기구를 설치하고 새로운 학문사상으로 부각된 북학(北學)을 적극적으로 수용했다. 그것이 바로 실사구시 정신이다.

실사구시란 당시 청나라 고증학자들이 내세운 학문방식으로 사실에 입각해 진리를 탐구하려는 과학적 학문태도였다. 청나라 초기의 고증학자들이 공리공론을 일삼던 송·명의 주관적 학풍을 배격해 객관적이며 귀납법적 과학정신을 내세운 것이었다. 이처럼 관념론적 성리학을 극복하고 미래지향적인 실용주의 실학으로 사상적 재무장을 한 것이었다.

그 결과 이익(李瀷)·이가환(李家煥)·이중환(李重煥)·안정복(安鼎福)·정약용(丁若鏞) 같은 경세치용학파(經世致用學派), 홍대용(洪大容)·박지원(朴趾源)·박제가(朴齊家)·이덕무(李德懋)·김정희(金正喜)·박규수(朴珪壽) 같은 이용후생학파(利用厚生學派)의 출중한 실학자들이 나타나 지행합일(知行合一)의 실사구시 이론을 만개할 수 있었다.

정조는 무슨 일이든 말부터 앞세우지 않고 세밀히 분석 검토한 뒤 계획을 세워 실천에 옮겼다. 그는 뒷감당도 제대로 못하면서 매사에 큰소리를 내는 법이 없었고 반드시 학문적 뒷받침을 구해 일의 앞뒤를 미리 살폈으며, 그렇게 결정된 정책은 꾸준히 추진했다. 그런 정치 스타일이 가장 잘 반영된 것이 규장각이었다. 규장각은 본래 역대 임금의 어제·어필을 봉안하고 수만 권의 서적을 수집·편찬해 표면은 왕실도서관이나 실상은 학술과 문화의 중심이었고, 인재 양성의 요람이었다. 규장각은 관료의 기강쇄신, 인재의 배양, 통치 보좌의 기능과 역할을 맡아 세종(世宗) 때의 집현전, 성종(成宗) 때의 홍문관 이상 가는 개혁의 산실 노릇을 했다.

정조는 모든 정파를 망라한 인재를 규장각 각신(閣臣)으로 선발했으며 당하관 중 37세 이하의 우수인재를 초계문신(抄啓文臣)으로 발탁해 국가의 동량으로 양성했으니 근래의 명분 없는 자기사람심기나 신세갚기식, 또는 회전문인사니 코드맞추기식 인사니 하는 것과는 천지차이가 있었다.

정조는 또 외척을 제거하고 규장각을 중심으로 한 학문정치를 펼친 데 이어 노론·소론·남인·북인을 차별하지 않고 탁월한 인재를 골고루 등용하는 탕평책을 씀으로써 보수·중도·개혁의 대연합을 이끌어냈다. 여기에는 그 어떤 권모술수도 없었다. 이어서 정조는 신분제도의 개혁을 단행해 서얼을 등용하고 노비추쇄법(奴婢推刷法)을 폐지하는 등 사회적 변화를 수용함으로써 사회적 통합을 시도했다. 또한 공직사회의 중단 없는 기강쇄신을 위해 재위 24년간 역대 어느 왕보다도 많은 기록인 60회에 걸친 암행어사를 파견하기도 했다.

정조시대의 실학은 이런 정치·경제·제도적 개혁과 안정의 바탕 위에서 화려하게 피어날 수 있었으며 그렇게 해서 세종대왕의 치세 이후 조선왕조 최고의 화려한 문예부흥기를 이룩할 수 있었던 것이다.

조선왕조의 르네상스를 이룩한 개혁군주 정조, 그러나 그는 그에 앞서서 보기 드문 효자였다. 그의 부친이 바로 유명한 사도세자(思悼世子), 부왕 영조(英祖)의 눈 밖에 나서 뒤주에 갇혀 비참하게 목숨을 빼앗긴 사도세자였다.

정조는 1776년 3월 10일 할아버지 영조가 재위 52년 만에 죽자 경희궁 숭정문에서 조선왕조 제22대 임금으로 즉위했다. 『정조실록』의 기록이다.

왕은 영종(영조) 28년(1752년) 9월 22일 창경궁 경춘전에서 탄생하였다. 처음 장헌세자(莊獻世子 : 사도세자)가 신룡(神龍)이 구슬을 안고 침실로 들어오는 꿈을 꾸고서, 꿈을 깬 다음에 손수 꿈속에서 본 대로 그림을 그려 궁중 벽에 걸어 놓았었다. 탄생하면서 영특한 음성이 큰 종이 울리듯 하므로 궁중 안의 사람들이 모두 놀랐는데, 영종이 친림하여 보고서 매우 기뻐하며 혜빈(惠嬪 : 혜경궁 홍씨)에게 하교하기를, "이 아이는 너무도 나를 닮았다. 이런 아이를 얻었으니 종사가 근심이 없게 되지 않겠느냐?" 하고, 그날로 원손(元孫)으로 호를 정하였다.

정조는 영조 35년(1759년) 2월에 왕세손으로 책립되었고, 영조 38년(1762년) 2월에 가례(嘉禮)를 거행하니 빈(嬪)은 청풍 김씨(淸風金氏), 청원부원군 김시묵(金時默)의 딸이다.

그해 5월에 장헌세자가 죽어 7월에 동궁으로 칭했고, 영조 40년(1764년) 2월에 효장세자(孝莊世子)의 후사로 삼아 종통(宗統)을 이어받도록 했다. 그리고 영조 51년(1775년) 12월에 대리청정을 하다가 영조가 죽자 그 뒤를 이어 즉위했다.

정조는 돌잔치 때 돌상에서 맨 처음 붓과 먹을 만지고 책을 펼쳐 읽는 시늉을 했다고 한다. 그리고 실제로 어려서부터 책읽기를 좋아했다고 전한다. 그는 세손 시절에 자기만의 독서실을 마련하여 수많은 책을 읽었으니 요즘 말로 한다면 못 말리는 독서광이었다. 그는 또 천성이 검소하여 화려한 겉꾸밈을 싫어했고, 무슨 일이든 꼼꼼히 살핀 다음에 행동으로 옮겼다.

아버지 사도세자가 비참한 죽임을 당할 때 정조는 불과 열한 살 철부지 어린아이였다. 그러나 철부지라 하더라도 열한 살이면 무슨 일이 있었는지 평생 기억할 수 있는 나이이다. 더군다나 그 사건이 아버지가 참혹하게 목숨을 빼앗긴 사건이고, 그것도 할아버지의 명령에 따른 일이라면 더욱 그렇지 않겠는가. 따라서 정조의 일생을 이야기할 때에 아버지 사도세자의 비극적 죽음을 살펴보지 않을 수 없다.

사도세자의 이름은 선(瑄). 영조 11년(1735년) 1월 11일에 태어났다. 어머니는 영조의 후궁 영빈 이씨(暎嬪李氏) 선희궁(宣禧宮). 불과 아홉 살에 왕세자로 봉했던 첫아들 효장세자를 잃은 지 6년 만의 경사였다. 영조는 이 귀한 아들이 첫돌을 맞자 왕세자로 책봉하고, 열 살이 되던 영조 20년(1744년)에는 홍봉한(洪鳳漢)의 딸을 세자빈으로 짝지어주었으니 이 동갑내기 세자빈이 바로 뒷날 저 유명한 『한중록(閑中錄)』을 남긴 혜경궁 홍씨(惠慶宮洪氏)이다.

사도세자는 어려서부터 천성이 너그럽고 그림그리기와 글씨쓰기를 좋아했다고 한다. 또 점점 자라면서는 장난감 창검으로 군사놀이를 즐겼다고 한다. 그러나 10여 세가 되면서부터는 학문보다는 검술과 궁술 연마를 더 좋아했다고 전한다. 그렇게 궁중에서만 자라다가 15세가 되던 영조 25년(1749년)부터 부왕의 명령에 따라 대리청정을 하게 되었다. 겉으로는 영조가 몸이 불편해 정양을 해야 한다는 것이었지만 실상은 영조가 필생의 과업인 탕평정치를 세자에게 일찍부터 익히게 하려는 목적이었다고 한다. 그러나 이 대리청정이 화근이 되어 인생을 참극으로 마치게 될 줄은 아무도 몰랐다.

사도세자가 대리청정을 맡을 때 있었던 중요한 사건은 세금수취제도를 개혁한 균역법(均役法) 시행과 소론의 강경파를 숙청한 이른바 을해옥사(乙亥獄事)였다. 사도세자는 노론과 소론이 격렬히 맞서던 당시 소론 쪽에 가까운 편이었다. 그런데 그의 장인인 홍봉한과 처삼촌 홍인한(洪麟漢) 등은 반대당인 노론의 핵심인물이었다. 여기에 비극의 싹이 숨어 있었다. 설상가상으로 부인인 세자빈 혜경궁 홍씨도 남편인 사도세자의 편을 들지 않고 친정아버지인 홍봉한과 노론의 편을 들었다. 따라서 이들 부부 사이는 자연히 나빠질 수밖에 없었다.

혜경궁 홍씨의 『한중록』은 시아버지 영조와 남편 사도세자의 사이가 갈라진 원인으로 두 부자의 성격이 정반대였다고 썼다. 영조는 세심하고 민첩한 데 반해 사도세자는 소심하고 과묵했다는 것이다. 이를테면 부왕의 하문에 세자는 한 번도 시원시원하게 대답을 하지 못해 영조가 늘 답답해했다는 것이다.

그러나 세자의 대리청정 기간 중에도 중요한 국사는 대부분 비변사의 논의를 거쳐 처리했으며, 또 그보다 더 중요한 정치적 사안은 영조가 직접 처결했으므로 큰 문제가 없었다. 그렇게 3, 4년이 지났다. 그러다가 영조 24년(1758년) 겨울에 사도세자는 당론을 잘못 처리했다고 하여 영조의 노여움을 사서 홍역을 앓는 상태에서 빙판 위에 꿇어앉아 석고대죄 하는 사태가 벌어졌다.

영조는 세자가 자신의 탕평책을 무시하는 것으로 오해해 양위소동을 벌이는 등 세자를 미워하기 시작했고, 사도세자는 나름대로 부왕의 오해를 풀기 위해 여러 차례 석고대죄를 하던 끝에 마침내 심신의 균형을 잃어버리고 말았다. 그렇게 심화된 홧병이 결국은 정신질환으로 이어지게 되었는데, 부자 간의 사이는 더욱 악화되기만 했다.

아들에 대한 미움을 참을 수 없었던 영조는 재위 34년(1758년)에 세자폐위의 전교까지 내렸는데, 이는 당시 도승지였던 채제공(蔡濟恭)의 간곡한 만류로 중도에 없었던 일이 되었다. 그러나 영조 38년(1762년) 봄에 세자의 평안도여행이 빌미가 되어 마침내 끔찍한 뒤주사건이 벌어지고 말았다. 이는 나경언(羅景彦)이란 자의 고변에서 촉발되었다. 『영조실록』을 비롯한 사료들은 나경언의 고변 내용을 모두 삭제했지만 영조가 세자에게 직접 사실 확인한 정황으로 미루어볼 때 세자가 사람들을 마구 죽였다, 비구니를 궁 안으로 불러들였다, 시전상인의 재물을 빌려 쓰고 갚지 않았다, 몰래 평안도 여행을 다녀왔다는 등으로 알려졌다.

이에 앞서 정조와 사도세자는 경종(景宗)의 석연치 않은 죽음을 둘러싸고도 미묘한 긴장상태가 지속되고 있었다. 영조가 이복형 경종의 왕세제 때 일어난 신임사화(辛壬士禍)가 빌미였다. 숙종(肅宗)의 후궁 장희빈(張禧嬪) 소생인 경종은 하초가 부실해서 후사가 없었다. 이에 이복동생 연잉군(영조)을 왕세제로 책봉해서 왕위를 물려주려고 했다. 이 일은 김창집·이건명·이이명·조태래 등 노론 4대신이 주도했다. 이때 소론들은 시기상조론을 내세워 이를 반대하고 노론 4대신을 무고하여 몰락시킨 것이 신임사화였다.

그러한 우여곡절 끝에 등극한 영조는 신임사화를 주동한 소론을 모두 쫓아내고 당시 자신을 위하다가 숙청당한 노론의 의리를 두둔한 입장이었다. 그리고 당쟁의 폐해를 없애기 위해 탕평책을 쓰긴 했으나 아무래도 전일의 의리를 잊을 수 없어 노론 쪽으로 좀 더 기운 것도 사실이었다.

그러자 위기를 절감한 소론 쪽에서 반격의 무기로 들고 나선 것이 이른바 '경종독살설'이었다. 사도세자는 어려서부터 궁녀들에게 이런 이야기를 듣고 경종독살설에 깊은 관심을 품고 있었던 것으로 보인다. 그러므로 영조와 사도세자 간에는 매우 깊은 골이 패여 있었던 셈이다. 사도세자는 사람을 죽인 사실은 인정했으나 나머지는 모두 부인했다. 영조의 세자에 대한 불신과 증오는 갈수록 심화되어갔다. 특히 사람을 마구 죽인 것은 임금 자격이 없는 것이고, 몰래 평안도를 다녀온 것은 쿠데타를 위한 정지작업이라고 보았다. 영조는 결국 사도세자가 왕위를 물려줄 그릇이 아니라는 결론을 내리고 말았다.

이른바 뒤주사건으로 죽임을 당하기 전에 사도세자는 무슨 예감이 들었던지 세자빈에게 이렇게 말했다고 『한중록』은 전한다.

"(부왕께서) 나는 폐하고 세손은 효장세자의 양자로 삼으면 어찌할거나."

그런데, 사도세자의 예감대로 그가 죽은 뒤 일은 그렇게 돌아갔다.

영조와 사도세자 부자간의 사이가 악화된 데에는 세자의 장인인 홍봉한과 처삼촌인 홍인한 등이 주축이 된 노론들의 이간질과 음해공작도 큰 역할을 했다. 여기에 부인인 세자빈 홍씨까지 남편보다는 친정집과 노론의 편을 들고 나섰으니 당시 사도세자의 처지야 말로 사면초가 그대로였다.

영조 38년(1762년) 음력 윤 5월 13일. 영조는 사도세자를 폐위시키고 자살할 것을 명했다. 신하들이 극력 만류하자 영조는 쌀뒤주에 가둬버렸다. 그렇게 하여 사도세자는 뒤주에 갇힌 지 7일 만인 5월 21일에 굶어 죽고 말았다. 이것이 이른바 임오화변(壬午禍變) – 뒤주사건의 전말이다. 그렇게 외아들을 죽인 영조는 이렇게 말했다.

"내 어찌 30년 가까운 부자간의 인연을 생각하지 않겠는가."

그리고 사도세자라고 시호하고 직접 장례절차를 지시했다. 또 영조는 나중에 세손에게 이렇게 유시했다고 사서는 전한다.

"부자간의 정은 정으로 남기고, 의리는 의리대로 지켜야 하느니라."

사도세자는 조선왕조가 대한제국이 된 뒤인 광무 3년(1899년)에 장조의황제(莊祖懿皇帝)로 추숭되었다. 사도세자의 비극은 널리 알려진 바이므로 이 정도로 소개하고, 『한중록』에 관해 잠깐 언급하고 넘어간다. 혜경궁 홍씨의 『한중록』은 정조 19년(1795년) 홍씨의 환갑 때 친정조카의 요청으로 쓴 것인데, 순조 원년(1801년)과 그 이듬해, 또 1805년 등 세 차례에 걸쳐 고쳐 쓴 것이다. 그 동안 한글로 된 궁중문학의 대표적 걸작으로 평가받았지만 그 내용은 남편보다 시집과 노론의 편을 들어 사실을 적지 않게 은폐 왜곡했다는 재평가를 받고 있다.

그렇게 아버지 사도세자를 잃은 정조는 두 달 뒤인 그해 7월에 동궁이 되었지만 그의 즉위도 순탄치는 않았다. 뒷날 왕세손이 즉위하면 사도세자를 죽음으로 몰고 간 참혹한 사건의 추궁을 벗어날 수 없다고 여긴 노론 일파 때문이었다.

노론 핵심들은 후환이 두려운 나머지 기회만 있으면 왕세손을 제거하려고 했다. 허수아비 임금으로 내세울 왕족은 또 있었던 것이다.

영조 51년(1775년) 정월에 나이 80이 넘어 노약한 임금이 왕세손에게 대리청정을 시키려고 하자 노론들은 이른바 '삼불필지설(三不必知說)'을 내세워 대리청정을 반대했다. 그것은 '동궁은 노론이니 소론이니 하는 것을 알 필요가 없고, 이조판서니 병조판서니 하는 것도 알 필요가 없으며, 조정의 일도 알 필요가 없다'는 어처구니없는, 그야말로 오로지 반대를 위한 반대였다.

정조는 1776년 3월 5일에 무서운 할아버지 영조가 재위 52년, 향년 83세로 죽자 닷새 뒤에 그 뒤를 이어 조선왕조 제22대 임금으로 즉위하여 마침내 조선의 문예부흥시대를 개막했다. 당시 그의 나이 25세였다. 하지만 처음부터 그의 개혁정치가 순탄하게 시작된 것은 아니었다. 노론들의 집요한 증오 때문이었다.

정조는 즉위 즉시 뒤주사건의 책임을 물어 홍봉한과 홍인한 형제, 정후겸 등 노론 탕평당을 일소하고 숙의 문씨와 문성국 남매를 처벌했으며, 정순왕후 김씨 일가 등 외척을 제거했다. 그러자 궁지에 몰린 탕평당은 국왕암살기도로 맞대응했다. 조선왕조 300년 사상 전무후무한 국왕암살기도였다. 노론인 홍계희의 손자 홍상범이 궁궐 안으로 자객을 보내 정조의 암살을 시도했던 것이다. 이것이 실패하자 이번에는 홍계희의 8촌인 홍계능이 아들 홍신해와 조카 홍이해 등과 반란을 모의했으나 이 역시 사전에 발각되어 실패로 돌아갔다. 은전군을 추대하려던 이 역모사건에는 정조의 생모 혜경궁 홍씨의 친동생, 그러니까 외삼촌 홍낙임도 관련이 되었다. 정조는 은전군을 자결토록 하고 주동자 23명을 사형에 처했다. 그러나 홍낙임은 모친을 고려해 유배형에 처했다.

그런데 이 대목에서 홍국영(洪國榮)을 언급하고 넘어갈 필요가 있다. 홍국영은 25세에 과거에 급제한 수재였다. 그는 정조가 왕세손 시절 동궁을 보좌하는 춘방(春坊) - 세자시강원 사서로 임명되어 이후 여러 차례 생명의 위협을 무릅쓰고 정조를 보호한 공로가 있었다. 또한 정조의 즉위 직후에도 신변 보호와 더불어 탕평당과 외척을 제거하는데 앞장서서 정조의 두터운 신임을 얻었다. 그런데 홍국영은 욕심이 지나쳐 자신의 공로와 국왕의 신임을 과신한 나머지 오만방자한 천성을 드러내기 시작했다.

그에게 밉보인 신하들을 마구 내쫓고 노론의 우두머리가 되려고 했으며, 자신의 누이동생을 정조의 후궁으로 들여보내 외척이 되어 세도를 잡으려고 했다. 그러나 그의 야망은 오래 가지 못했다. 정조 3년(1779년) 9월 홍국영에 대한 탄핵상소가 잇따르자 정조는 미련 없이 그를 조정에서 내쫓아버렸다. 그리고 재산을 몰수한 뒤 도성출입까지 금해버렸다. 이런 사건들을 거쳐 정조 즉위 초의 혼란은 점차 가라앉았다. 정조는 비로소 자신이 품어오던 새 정치를 펼칠 수 있었다.

그러면 조선의 문예부흥기를 이룩했던 정조의 치세를 살펴본다. 가장 먼저 손꼽을 것이 규장각을 통한 통치이다. 정조는 본래부터 학문을 사랑하고, 또 해박한 지식을 지닌 사람이었다. 왕세손 시절에는 '모든 것이 있는 움집'이란 뜻의 개유와(皆有窩)란 도서실을 만들어 수많은 책을 수집해 밤낮으로 읽어 학문이 넓고 깊은 경지에 들었으며, 또 문장력도 탁월했다. 규장각은 8개월간의 준비 끝에 즉위 이듬해인 정조 1년(1776년) 9월에 설치했다.

규장각은 세종 때의 집현전, 성종 때의 홍문관과 같은 성격이지만 정조는 이를 문화와 정치의 공간으로 활용했다. 처음에는 역대 임금의 어제 · 어필을 정리하여 모시고, 각종 서적의 수집과 편찬의 기능을 목적으로 설립했다. 정조는 여기에 청나라로부터 사들인 수만 권의 장서를 채워 우수한 인재들을 양성하고 교육하는 기구로 이용했다. 따라서 규장각은 겉으로는 왕립도서관이지만 속으로는 학술과 정치, 나아가 개혁정책의 산실로 활용되었던 것이다.

규장각의 관제는 제조(提調) 아래 제학(提學) · 직제학(直提學) · 직각(直

閣) · 대교(待敎) 등이 있었고, 정조 3년에는 내규장각에 검서관(檢書官) 4명을 두었다. 또 정조 6년에는 강화도에 외규장각을 설치했다. 규장각의 인적 구성은 크게 각신과 초계문신과 검서관 등으로 나눌 수 있다. 각신은 학식과 덕망을 겸비한 인재는 노론 · 소론 · 남인 · 북인 등 정파와 인맥을 가리지 않고 발탁하여 정조의 개혁정책을 보좌하게 한 사람들이다. 초계문신은 당하관 이하 문신 가운데 37세 미만인 우수한 인재를 등용하여 재교육을 실시하여 더 크게 쓰려는 사람들이다. 이들은 규장각에서 재교육을 받고 매월 시험을 치렀는데, 탈락자들은 재시험을 보도록 하여 자질향상을 도모했다.

정조 5년(1781년)에 16명이 첫 선발된 초계문신은 정조 24년(1800년)까지 10회에 걸쳐 모두 138명이 배출되었다. 이들은 규장각에서 학업을 마치면 바로 암행어사로 각도에 파견되었다. 검서관은 규장각의 일반 사무직인데 모두 서자 출신이란 점이 특징이다. 박제가와 이덕무 등 서자 출신이면서도 당대의 실학자들이 대표적 인물이다.

정조는 또 즉위 직후부터 재위 21년까지 도합 80여 만 자에 이르는 새 활자를 주조하여 내규장각에 비치하고 『증보문헌비고』 146권과 『국조보감』 등 많은 책을 간행하여 우리 후손들에게 자랑스럽고 귀중한 문화유산으로 남겨주었다. 하지만 정조 사후 순조조에 들어서면서 규장각이 배출한 인재 대부분이 조정에서 축출되고 규장각은 간신히 명맥만 유지하게 된다.

정조는 천성이 소탈하고 검박한 사람이었다. 성품은 세심한 편이었다. 따라서 정치도 사태의 본질부터 세밀하게 분석하고 검토한 뒤 대처방안을 강구하여 하나하나 소리 없이 실천에 옮기는 군주였다. 그러니까 근래 어떤 지도자들처럼 입만 열면 거짓말을 밥 먹듯이 하거나 앞뒤 가리지 않고 막말을 쏟아내는 사람들과는 질적으로 달랐다.

이러한 출중한 자질의 군주였던 만큼 정조의 치세에서 실학이 발전할 수 있었던 것이다. 실학은 정치적 · 경제적 · 사회적 변화에 부응하기 위한 새로운 학문사상이었다. 기존의 성리학이 해결할 수 없는 시대적 변화를 수용하기 위한 학문이었다.

영·정조대의 실학자들은 대체로 세 부류로 나눌 수 있으니 경세치용학파, 이용후생학파, 고증학파 등이다. 이들은 이중환·안정복·정약용 등 경학·역사·어문 등을 주로 연구하거나, 청나라의 제도를 연구하고 상업을 장려한 홍대용·박제가·박지원 등 북학파 학자들, 객관적·과학적 학문연구 방식을 강조한 고증학파의 추사 김정희 등이 대표적 인물이다. 여기에서 홍대용의 명언 한 가지를 소개한다.

"하늘에서 보면 화이(華夷)의 구별은 있을 수 없다. 법이 좋고 제도가 아름다우면 아무리 오랑캐라 할지라도 떳떳이 스승으로 삼아야 한다."

정조는 정파와 신분보다는 능력 위주로 인재를 선발하여 박제가·이덕무·유득공·서이수 같은 서자들도 규장각 검서관으로 특채했다. 또 초계문신 정약용에게 청나라에서 구해온『고금도서집성』가운데 서양인 테렌스가 지은『기기도설(奇器圖說)』이란 책을 주며 무거운 물건을 쉽게 들어 올리는 방법을 연구토록 지시했다. 정약용은 이에 도르래를 이용한 기중기 제조법을 설계하여 수원성 축조 시 막대한 경비와 인력과 시간을 절감할 수 있었다. 이런 것이 실학이었다.

그러나 이처럼 정조가 물심양면의 후원을 아끼지 않고 양성한 실학파 인재 대부분은 정조 사후 안동 김씨 보수정권 아래서 대부분 쫓겨나고 말았다. 정약용만 해도 천주교를 믿는 서학파로 몰려 머나먼 전남 강진 다산초당에서 18년이란 오랜 유배생활을 한 것은 유명한 사실이다.

영조는 당쟁의 폐해를 절감하고 노론과 소론을 아우르는 탕평책을 썼으나, 이는 파벌을 배제한 인재의 발탁과 적재적소 인사를 위하기보다는 권력 상호 간의 견제에 더 무게가 실린 것이었다.

그러나 정조는 군주에 대한 의리에 앞서서 일체의 정파를 배제한 진정한 탕평정치를 펼치려고 노력했다. 그의 탕평에 관한 의지와 집념이 얼마나 깊었는가 하면 자신의 거실을 '탕탕평평실'이라고 이름붙일 정도였다. 영조의 탕평책이 완론탕평(緩論蕩平)으로 불린 반면 정조의 탕평은 '시비를 엄하게 가린다'는 뜻에서 준론탕평(峻論蕩平)이라고도 부른다.

정조는 먼저 영조 때 폐지된 이조전랑권을 부활시켜 신하들의 언로를 보장했다. 당시 조정은 노론계 청명파, 소론계 준론파, 남인계 청남파 등 3개 정파가 있었다. 김종수를 대표로 하는 청명파는 외척을 배제하고 사림정치의 근본을 강조하는 원칙적 보수파였다. 서명선을 비롯한 준론파는 오로지 탕평정책의 원칙을 강조하는 중도파였다. 채제공을 중심으로 한 청남파는 노론을 견제하며 개혁을 추구하는 진보파였다.

정조는 이들 3대 계파의 대연합으로 연정을 이끌어냈다. 정조 12년 채제공이 우의정으로 발탁됨에 따라 조정은 노론인 김치인이 영의정, 소론인 이성원이 좌의정에 자리잡아 3당 연립정권의 면모를 갖추게 되었다. 정조는 이 연정을 지휘하여 금난전권 혁파, 수원성 축조 등 개혁정책을 펼쳐나갔다. 정조가 탕평정치를 무난히 펼칠 수 있었던 뒤에는 그의 훌륭한 자질과 탁월한 리더십이 있었음은 두말할 나위도 없다., 만일 정조가 당장의 이익이나 성급한 성공을 위해 권모술수나 부리는 소인배였다면 어림도 없는 일이었다.

이렇게 탕평책으로 사회지도층을 개혁의 전면에 내세운 정조는 본격적으로 사회·경제 개혁 작업에 나섰다. 가장 먼저 실시한 것이 신분제의 개선을 통한 사회개혁이었다. 정조는 이른바 서얼금고제(庶孽禁錮制)를 철폐하여 서자도 벼슬길에 오를 길을 열어주었다. 중앙에서뿐 아니라 지방에서도 우두머리 구실아치인 좌수(座首)를 제외한 향임(鄕任)에 서자의 임명을 허용했으며, 군부대인 장용영(壯勇營)에서도 서자는 물론 중인도 받아들였다.

또한 노비추쇄법을 폐지해 사회적 화합을 도모했다. 물론 이로 인해 급격한 변화는 없었지만, 조선왕조 개국 초에 40%에 이르던 노비계급이 정조대에는 10％대로 떨어졌다는 연구 결과를 보아도 잘 알 수 있다. 이는 결국 신분제 붕괴의 서막이나 마찬가지였다. 이는 양반만이 사람이 아니라 중인 이하 노비도 사람이라는 의식을 확대시킨 계기가 되었다.

정조는 1791년에 이른바 신해통공을 통해 자유경쟁 시장체제의 막을 열었다. 채제공의 건의를 받아들여 실시한 이 조치는 육의전을 제외한 시전(市廛) 상인의 사상(私商) 규제와 매점매석 등 금난전권의 특혜를 철폐함으로써 결과적으로 중소 상인과 영세 자영업자들이 부를 축적할 수 있는 계기가 되었다.

정조는 또 서민을 위한 임금답게 조선왕조 사상 가장 많은 암행어사를 파견하여 민심을 파악하고 민생을 보살핀 현군이었다. 기록에 따르면 정조 재위 24년간 60회에 걸쳐 암행어사를 파견한 것으로 나타났다. 이는 6개월에 한 차례 꼴이었다. 뿐만 아니라 정조 자신도 왕위에 있는 동안 60여 회나 민정시찰을 나선 것으로 알려졌다.

정조의 치세는 조선왕조의 르네상스를 이룩한 황금기였다. 생활수준의 향상과 문화적 욕구 확산과 맞물려 이 시대에는 탁월한 재능을 지닌 수많은 예술가가 나타나 눈부신 활약상을 보였다. 여기에는 규장각이 많은 서적을 간행하여 문화 활동을 장려한 데 힘입은 바도 컸다. 불후의 걸작인 박지원의 『열하일기(熱河日記)』, 박제가의 『북학의(北學議)』를 비롯하여 이규경의 『오주연문장전산고(五洲衍文長箋散稿)』 등이 저술되었으며, 독서인구가 늘면서 대중문학 활동도 활발해져 『춘향전』『흥부전』 같은 소설이 간행되고 대여점도 등장했다.

또한 신재효(申在孝) 같은 중인 출신의 재능 있는 사람이 나타나 서민의 애환을 담은 판소리의 수집과 정리에 힘을 쏟기도 했다. 그리고 김홍도(金弘道)·신윤복(申潤福)·김득신(金得臣)과 정선(鄭歚) 같은 탁월한 재능의 화가들도 이 시기에 활약했다. 이러한 서민예술의 발전은 그 동안 양반층에만 국한되다시피 하던 문화적 욕구를 서민층까지 확산시켜 결과적으로는 모든 백성의 의식수준을 근대적 시민의식 수준으로 이끌어가는 계기가 되었다.

정조가 국왕이기 이전에 효심이 지극한 효자라는 사실을 모르는 사람은 없을 것이다. 유네스코 지정 세계문화유산으로 등록된 수원 화성이 정조의 지극한 효심에서 비롯된 업적이라는 사실도 유명하다. 정조가 오랜 숙원사업이던 아버지 사도세자의 묘인 영우원의 이전을 추진한 것은 재위 13년(1789년)이었다.

정조는 즉위 뒤에도 해마다 사도세자의 묘를 참배하며 추모의 눈물을 비오듯 뿌렸는데, 그동안 자신의 뜻대로 이장도 못한 것은 오로지 할아버지 영조의 유시 때문이었다. 영조가 "너는 왕위에 오른 뒤에도 사도세자건에 대해서는 절대로 관여하지 말라"고 엄명을 내렸던 것이다. 또한 영조의 명령에 따라 정조는 사도세자의 아들이 아니라 일찍 죽은 큰아버지인 효장세자의 양자로 입적하여 왕위를 이었으므로 사도세자에 대한 추모조차 뜻대로 할 수 없었던 것이다.

수원 화산에 천장을 결정한 정조는 작업과정을 일일이 살펴보며 몸소 지휘하여 불과 3개월 만에 현륭원 조성공사를 완료했다. 그리고 인근의 용주사를 중건하여 사도세자의 명복을 비는 원찰로 삼고 자주 능행을 했다. 기록이 전하는 정조의 능행차는 모두 15회라고 한다. 현륭원은 사도세자가 장조로 추존된 이후 융릉(隆陵)으로 개칭되어 오늘에 이르고 있다.

한편, 사도세자묘의 이장과정에서는 경강상인들이 한강에 배다리를 놓아 영구를 건너게 했으며, 서울에서 수원으로 가는 신작로도 닦았다. 전에는 사당과 과천을 거쳐 수원으로 통하던 길을 금천 – 안양 – 군포 – 지지대고개를 거쳐 수원으로 통하는 새 길을 닦았던 것이다. 여기에는 과천을 거쳐 수원으로 가는 길에 사도세자를 죽음으로 몰고 간 사람 가운데 한 명인 김상로의 형 김약로의 무덤이 내려다보이는 게 싫었기 때문이라고 한다. 또 지지대고개란 명칭도 정조가 사도세자 묘를 참배하고 돌아오는 길에 차마 발길이 떨어지지 않아 자주 멈춰 뒤돌아본 고사에서 비롯되었다고 한다.

이처럼 현륭원을 조성한 정조는 5년 뒤인 재위 17년(1793년)에는 수원에 신도시를 건설하기 위한 대역사에 착수한다. 수원성을 축조한 처음의 목적은 나중에 왕위를 아들에게 물려주고 상왕으로 물러난 뒤 어머니 혜경궁 홍씨를 모시고 사도세자 묘 곁에서 여생을 보내기 위함이었다는 것이다. 그러나 정조의 이와 같은 애틋한 바람은 죽은 뒤에야 이루어지게 된다.

정조는 화성이 건설된 뒤 인근에 저수지를 건설하고 농지를 조성하여 농민들이 정착토록 했으며, 또 서울에서 상인들을 불러 모아 상업 활동을 하도록 하는 등 신도시 건설에 다각도로 신경을 썼다. 그리하여 오늘의 경기도청소재지 수원은 보잘것없는 소읍에서 일약 인구 100만의 대도시로 성장할 수 있었던 것이다. 순조 1년(1801년) 9월에 간행된『화성성역의궤』는 바로 이 화성 축성사업을 정리한 책이다.

무슨 일이든지 작용에는 반작용이 따르는 법이다. 정조가 이처럼 재위 24년 동안 쉴 새 없이 국리민복을 위해 개혁정치를 추구하는 동안 음지에 숨어서 숨죽이고 있던 노론의 강경파인 벽파(?派)는 호시탐탐 반격의 기회만 엿보고 있었다. 그들은 막대한 국고를 쏟아부어 거국적으로 벌이는 현륭원 조성과 화성 축성에 강력하게 반발하고 나섰다. 사실 벽파가 위기를 느낀 것은 화성 축조 자체보다는 반대당인 남인의 득세에 있었다. 정조는 남인의 우두머리인 채제공에게 화성 축성의 총책임을 맡겼고, 또 장차 남인 가운데서 걸출한 인재인 정약용 등을 재상으로 발탁할 의중을 드러냈던 것이다.

정조는 재위 24년(1800년) 5월에 신하들에게 앞으로 국정은 새 도시 수원을 중심으로, 또 남인을 중용하여 개혁정치를 계속 추진하리라는 요지의 구상을 밝혔다. 이를 계기로 정조와 벽파 간의 긴장은 갈수록 높아졌다. 그리하여 20여 년 간 지속되어온 탕평의 기조마저 흔들리기에 이르렀다. 그렇게 태풍 전야의 고요와도 같은 소리 없는 긴장의 골이 깊어가고 있을 때 아무도 예기치 못한 의외의 사태가 벌어졌다. 정조가 갑자기 중병으로 자리에 드러누워 버린 것이었다.

정조는 오래 전부터 종기로 시달리고 있었다. 그것이 과도한 국정 탓인지 갈수록 심해지다가 그해(1800년) 6월 초순에 악성종양으로 악화되었던 것이다. 한 달도 못된 6월 하순에는 혼수상태에 빠져 결국 6월 28일에 허무하게도 세상을 뜨고 말았다. 재위 25년 만이요, 당시 그의 나이 한창 때인 49세였다.

그렇게 해서 조선왕조 500년 사상 세종대왕에 이어 가장 훌륭한 임금으로 칭송받던 개혁군주 정조의 시대는 막을 내렸다. 그리고 그의 갑작스러운 죽음으로 개혁의 완성은 물거품으로 돌아가 버렸다. 정조의 치세가 좀 더 오래 갔다면 조선의 근대화가 보다 일찍 왔을지도 모른다는 말도 있지만, 역사에서 가정은 아무 소용없는 노릇이니 더 말할 필요가 없겠다.

다만, 정조 사후 독살설이 있었다는 사실을 덧붙인다. 정조독살설의 근거는 정조가 종기의 악화로 급서할 정도로 체력이 허약하지 않았고, 노령도 아니었다는 점이다. 또 치료법인 연훈방에 들어간 수은이 치명적이었다는 설도 있으며, 이 연훈방을 건의한 인물이 벽파의 영수 심인지의 인척인 심인이라는 점이다. 그리고 더 있다. 국왕의 죽음에는 대비가 임종할 수 없다는 예법을 따르지 않고 정조와 정치적으로 라이벌 관계인 정순왕후 김씨가 홀로 임종했다는 점이다.

이런 정황증거를 들어 여러 사람이 정조는 독살 당했다고 여겼는데, 정약용도 그 가운데 한 사람이었다. 정약용은 자신의 문집『여유당전서(與猶堂全書)』에서 정조가 정순왕후를 포함한 벽파와의 권력투쟁에서 패배해 죽은 것으로 암시했다. 하지만 정조의 독살 여부는 아직까지 정확한 물증이 나온 것도 아니고, 또 이제 와서 아무도 분명히 단정 지을 수 있는 문제도 아니다.

정조는 생전에 원하던 대로 아버지 사도세자의 무덤인 현륭원 가까이 묻혔으니 그곳이 오늘의 화성 건릉(健陵)으로, 이 두 능을 합해 융건릉이라고 부른다. 경기도 화성시 태안읍 안녕리 산1 - 1번지의 융건릉은 사적 제206호로 지정되어 있다. 또 화성 성곽은 사적 제3호, 팔달문은 보물 제402호, 화서문은 제403호로 지정되어 있다. 또 성조의 효심이 깃든 화성행궁은 경기도기념물 제65호로 지정되어 있다.

정조 사후 왕조사는 어떻게 흘렀는가. 정조 이후 제23대 임금은 불과 11세의 철부지 순조(純祖)가 즉위했는데 임금이 너무 어려 정순왕후가 수렴청정을 했다. 정권을 장악한 정순왕후와 노론 벽파는 정적인 시파(時派)의 군사적 배경이던 장용영을 혁파하고, 신유박해(辛酉迫害)를 통해 천주교 신자와 정약용 · 이가환 등 300여 명을 숙청했으며, 정조의 이복동생으로 잠재적 정적인 은언군도 죽여 버렸다. 또 규장각 검서관 박제가를 제거하는 등 실학자들을 탄압하고 시파를 재기불능 상태로 만들었다.

그 뒤 안동 김씨 세도정치시대로 접어들어 왕권은 유명무실해졌고, 근대화를 향한 조선왕조의 발걸음은 더욱 느려질 수밖에 없었다.

그런 까닭에 국가의 발전을 위해서는 최고지도자의 출중한 자질과 탁월한 통솔력이 절실히 필요하다고 강조하는 것이다. 국가의 지상목표인 부국강병과 국리민복은 아무나 입으로만 떠들어서 이룩되는 것이 아니기 때문이다.

전봉준

민족의 파랑새가 된 동학혁명군 지도자

1894년 새봄은 전봉준(全琫準) 장군이 동학농민혁명군을 이끌고 '제폭구민(除暴救民) · 보국안민(輔國安民)'의 깃발을 높이 올리고 죽창을 힘차게 치켜든 역사의 계절이다.

'인내천(人乃天)' – 사람이 곧 하늘이다! 봉건 압제에 맞서 살아남는 길은 오직 이 길뿐. 썩은 세상 둘러엎고 새 세상을 만들어야 하겠다!' 항쟁의 횃불을 높이 든 전봉준의 동학혁명군은 민족 근세사를 크나큰 파도처럼 사나운 태풍처럼 휩쓸어갔다.

120년 전 그날 농민들의 피맺힌 분노의 함성을 싣고 괴롭게 허리 틀어 달리던 동진강 줄기는 오늘도 호남 벌 너른 들판을 적시며 곡창의 젖줄로 흘러가고, 항쟁의 메아리가 들불처럼 번져가던 그 벌판에는 동학의 후예들이 여전히 호미질 · 쟁기질로 끈질긴 삶을 이어가고 있다. 승리의 함성 우렁차던 황토재 마루에는 동학혁명기념탑이 탐관오리의 등판을 노리던 죽창인 양 불끈 솟구쳐 있고, 농민들의 원한이 골수에 사무쳤던 만석보(萬石洑) 옛터며, 말목장터, 봉기를 모의하던 죽산마을과 농민군이 노도처럼 일렁대며 절규하던 부안·백산·정읍·고부·전주·공주……. 머무는 곳마다 민족의 파랑새 녹두장군의 발자취를 더듬어 홀로 떠난 나그네의 가슴은 뜨겁게 달아올랐다.

새야 새야 파랑새야
녹두밭에 앉지마라.
녹두꽃이 떨어지면
청포장수 울고간다.

파랑새는 '팔왕새'라, 팔왕(八王)은 온전 전(全)의 파자(破字)이니 곧 백성들의 희망을 두 날개에 실은 파랑새 녹두장군 전봉준을 가리킴이다. 전봉준은 황토의 아들이었다. 이 땅에 하늘이 열리고 민족사가 시작된 이래 최대의 민중 자주 민권운동인 갑오동학농민혁명의 횃불을 높이 든 출중한 리더십의 영도자였다.

우리가 부정과 불의와 허위를 미워하고 정의와 진실을 사랑하며, 억압에 맞서 자유를 지키려는 까닭이 어디에 있는가. 다 같은 인간으로 이 땅에 태어나서 사람답게 살자는 것밖에 달리 무엇이겠는가. 이 땅의 진정한 주인인 백성을 사람으로 여기지 않고 탐학과 수탈의 대상으로만 여기는 봉건 압제에 맞서서 살아남는 길은 결사 항쟁뿐이었고, 서민 대중은 백성의 영웅 – 참다운 농민의 지도자가 필요했다.

황토재는 전북 정읍시 덕천면 하학리 산 11번지 일대 해발 35.5m에 지나지 않는 야트막한 야산이지만 등성이에 올라서면 고개 아래로 하학리, 두승산(443m)에서 천태산(195m)으로 뻗어 나온 연봉 아래 상학리며, 멀리 12km 떨어진 부안 백산(47m)까지 마을과 길과 벌판이 한눈에 굽어보이는 전략적 요충지이다. 황토재 마루턱에는 1963년 10월 3일에 세운 높이 8m의 동학농민혁명기념탑이 우뚝 서 있다. 황토현전적지는 1981년 11월 28일에 사적 제295호로 지정되었고, 경내에 전봉준 사당과 기념관, 동상 등이 있다.

정읍시 이평면 장내리 조소(鳥巢)마을에는 전봉준이 살던 옛집이 복원되어 있는데, 1981년 11월 28일에 사적 제293호로 지정된 바 있다. 1970년 당시 정읍군에서 매입하여 1974년에 기둥을 갈고 원형으로 복원공사를 할 때 '무인(戊寅) 2월 26일'로 기록된 상량문이 나왔다. 무인년은 1878년 고종 15년, 전봉준이 23세 때이니 적어도 이 집에서 23세 되던 해 봄부터 갑오년 – 1894년 1월 10일(양력 2월 15일) 거사할 때까지 17년간을 살았다는 이야기가 된다.

정읍시 이평면 팔선리의 만석보는 지금 옛터만 남았지만 농민들의 원한이 골수에 사무쳐 고부민중항쟁의 기폭제가 되었던 역사의 현장이다. 본래 만석보는 광산보(光山洑) 또는 예동보(豫洞洑)라 하여 내장산에서 정읍을 감돌아 흘러내려 동진강과 합류하는 정읍천 하류에 있었는데, 탐관오리의 대병사가 되다시피 한 조병갑(趙秉甲)이 고부군수로 부임하기가 무섭게 이 보 아래 정읍천과 태인천이 합치는 지점에 새로운 보를 막고 마구잡이로 보세(洑稅)를 긁어 들였던 것이다. 이 동진강 제방 위에도 1973년에 동학혁명기념사업회가 세운 지방기념물 33호 만석보유지비(萬石洑遺址碑)가 서 있다.

전봉준이 41년에 걸친 일생 가운데 몸을 일으켜 세상에 드러낸 것은 최후의 1년에 지나지 않았고, 스스로 남겨 놓은 기록조차 없으므로 그의 발자취를 추적하기란 쉬운 일이 아니다.

그가 태어난 해도 나중 체포되어 신문 받을 때에 자신의 나이가 41세라고 한 점을 토대로 역산하여 1855년(철종 6년)으로 추정한 것이다. 또한 출생지도 분명하지 않아 여러 설이 있다. 오지영의 『동학사(東學史)』에는 고창현 덕정면 당촌이라 했고, 최현식의 『갑오동학혁명사』에는 정읍군 산외면 동곡리 지금실이라고 했으며, 장봉선의 『전봉준실기』에는 전주 태생이라 했고, 김상기의 『동학과 동학란』에는 고부군 궁동면 양교리라고 하는 등 종잡을 수가 없는데, 신복룡은 『전봉준의 생애와 사상』이라는 저서를 통해 정읍군 덕천면 시목리가 가장 믿을 만한 곳이라 주장했다.

전봉준의 가계는 '천안전씨대동보'에 따르면 아버지 형호(亨鎬, 字 亨祿)와 어머니 광산 김씨(光山金氏) 사이에 태어났으며 항렬명은 영준(泳準), 자는 명숙(明淑), 호는 해몽(海夢), 봉준은 어렸을 적 이름으로 되어 있다. 전봉준은 23세 때까지는 여러 곳으로 옮겨 다니며 살다가 조소마을에 정착한 듯하다. 그는 어려서부터 담력과 재기가 넘치고 기상이 활달하였으나, 유난히 키가 작았고 성인이 되어서도 5척 단구에 지나지 않아 '녹두'라는 별명을 얻게 되었다고 한다.

항쟁에 나서기까지 녹두장군은 무엇으로 생업을 삼았을까. 공초(供草)에는 '선비로써 업을 삼았다(以士爲業)'고 하고, "고부에 있을 때 동학을 가르치지 않았는가?"하는 물음에 "나는 훈도(訓導)로서 소년들을 가르쳤으나 동학을 가르친 일은 없다."고 대답한 것으로 미루어보아 농사를 지은 것 같지는 않으며 마을 훈장을 한 것이 맞는 듯하다. 또 전해오는 말에 따르면 지관(地官) 노릇도 했다고 한다.

전봉준은 조소리에서 훈장 노릇을 할 때까지는 동학에 입교하지 않았을지 모르나 고부에서 1차 거사 후 무장(茂長)으로 내려가 손화중과 제휴하면서 동학에 입도, 접주가 되었을 것이다. 시골 선비로 40고개를 바라보던 전봉준으로 하여금 몸을 일으켜 울부짖게 만든 까닭은 무엇이었을까. 그 해답은 조병갑과의 숙명적 만남에서 찾을 수 있을 것이다.

조병갑이 고부군수로 부임한 것은 1892년 1월이었는데 그는 썩어빠진 왕조 말기의 벼슬아치답게 탐욕의 화신 같은 위인이었다. 만경평야 기름진 들판 가운데서도 노른자 같은 고부군수로 부임하자마자 얼굴에 철판을 깐 채 수단 방법을 가리지 않고 탐학과 착취와 수탈로 백성의 고혈을 짜내기 시작했다.

아무리 심한 가뭄에도 끄떡없는 만석보가 있었음에도 불구하고 그 아래 엄동설한에 노임 한 푼 주지 않고 강제로 사람들을 동원해 새로운 보를 쌓았는 가 하면 보세로 700여 섬을 거둬들여 더러운 배를 불렸다. 그리고 세금을 받지 않겠다고 속여 묵은 땅을 개간하게 한 다음 가을걷이를 하자 약속을 어기고 과중한 징세를 했으며, 군내의 돈푼깨나 있는 사람들은 모조리 잡아들여 볼기를 치며 부모에 불효하고 동기간 불목하고 근친상간을 했느니 투전판을 벌였느니 하는 갖가지 죄명을 뒤집어씌워 2만 냥이나 수탈했다.

뿐만 아니라 태인군수를 지낸 제 아비의 공덕비를 세운답시고 1천 냥을 긁어모아 꿀꺽 삼킨 것 하며, 갖가지 못된 꾀를 짜내 토색질과 가렴주구로 날가는 줄을 몰랐으니 군민들의 원성은 하늘에 사무쳤다. 전봉준의 아버지 전창혁(全彰赫, 족보의 全亨鎬)은 조소마을에서 오늘날 이장에 해당되는 소임에 있었는데 강직하고 의협심 있는 사람이었다. 조병갑의 학정에 견디다 못한 전창혁은 동네 유지 김도삼(金道三)·정익서(鄭益瑞)와 함께 관아로 찾아가 조병갑에게 그 간의 실정을 낱낱이 들어 지적하고 시정을 요구했다.

하지만 조병갑이 눈 하나 깜빡할 위인인가. 죽지 않을 만큼 매질을 퍼부어 세 사람은 하옥하고 나머지 백성도 두들겨 패서 내쫓아 버렸는데, 곧 이어 전라감영까지 끌려가 죽도록 매만 맞고 돌아온 전창혁은 조병갑에게 또 한 차례 초주검이 되도록 매타작을 당하고 풀려나 다시는 자신의 두 다리로 일어설 수가 없었다. 1893년 6월 23일의 일이었다.

그렇게 가렴주구를 일삼던 조병갑은 그해 11월 30일자로 익산군수로 전임발령이 났지만 아직도 노다지를 다 캐내지 못했음인지 고부 고을을 뜨고 싶은 생각이 털끝만큼도 없었다. 그래서 직속상관인 전라감사 김문현(金文鉉)에게 달려가 뇌물을 바치고 유임운동을 하니 똑같이 썩어빠진 벼슬아치들이라 김문현이 이리저리 힘을 써서 마침내 조병갑은 그 이듬해 1월 고부군수로 눌러 앉게 되었다. 그 소식을 들은 고부군민들의 심정은 참으로 미칠 지경이었을 것이다.

고부에서 남쪽으로 2km 떨어진 신중리 대뫼(竹山)마을은 갑오년 정월 봉기의 진원지. 마을 입구에 1968년에 봉기를 모의한 후손들이 세운 동학혁명모의탑이 서 있다.

　그해(1893년) 11월, 전봉준은 마침내 몸을 일으켰다. 탐학을 자행하는 철면피 조병갑을 그대로 둘 수는 없었다. 그는 마을사람 40여 명과 함께 다시 한 번 관아에 찾아가 선치(善治)를 호소했으나 돌아오는 대답은 여전히 몽둥이 찜질뿐이었다. 병갑이 이놈을 그냥 둬서는 안 되겠구나! 백성이 있고서야 나라도 있고, 임금도 대신도 벼슬아치도 있는 법이지, 제 백성을 등치고 간 빼먹으려는 이따위 썩어빠진 놈들은 싹 쓸어버려야겠다! 이제 남은 길은 백성의 힘을 보여주는 일밖에는 없었다. 전봉준은 대뫼마을에 사는 송두호(宋斗浩)의 집에 사람들을 모아 논의 끝에 거사키로 작정하고 다음과 같은 결의문을 작성했다.

　첫째, 고부성을 격파하고 군수 조병갑을 효수한다. 둘째, 군기창과 화약고를 점령한다. 셋째, 군수에게 아부하여 인민을 침어한 탐리를 격징한다. 넷째, 전주영을 함락하고 서울로 직향한다.

　그리고 모의에 동참한 20여 명의 이름을 사발처럼 둥그렇게 연명하여 각지에 밀파했는데, 1968년 송두호의 후손 집에서 발견된 이 사발통문 원본은 영구보존 한다면서 동학혁명모의탑을 세울 때 탑 밑에 파묻었다고 한다. 귀중한 역사적 문서를 그렇게 보관하다니, 어이없기도 하려니와 안타깝기 그지없는 노릇이다.

　그 다음 달에 고부사람 60여 명이 모여 다시 한 번 관아로 몰려갔다. 놀라운 사실은 11월 30일자로 전임 발령이 났음에도 불구하고 철면피 조병갑이 그때까지 고부를 떠나지 않은 채 토색질을 계속하고 있었고, 순박하고 선량한, 그래서 어리석은 백성들은 그를 상대로 여전히 민생고를 호소했다는 점이다. 그러나 저러나 사람 같지도 않은 조병갑은 사람들을 또다시 무지막지하게 두들겨 패서 내쫓아 버리고 보란 듯이 새해(1894년) 1월 9일자로 연임이 되어 그대로 사또자리에 뭉개고 앉아버렸다.

전봉준은 조병갑이 재도임하는 정월 초아흐레 새벽을 거사 일시로 잡고 사람들을 그날 아침 배들평 말목장터 삼거리에 있는 감나무 밑에 모이도록 했다. 그 전날 8일 밤 300여 명의 장정을 거느린 전봉준은 주산리 최경선(崔景善)의 집을 출발해 12km 떨어진 말목장터로 달려갔다. 그런데 가장 문제되는 것이 무기였다. 낫·도끼·식칼·몽둥이를 든 사람들도 있었으나 대부분이 빈손이었으므로 전봉준은 머릿수로 무기의 약세를 보충하고자 했다.

이튿날 배들평 인근 10여 마을의 풍물놀이패를 동원해 중심지 되는 예동에 걸군(乞軍 : 농악)을 소집하니 수천 군중이 모여들었다. 시뻘건 모닥불이 여기저기서 타오르는 속에 당산굿이 절정에 다다르고 있었다. 이때 수백 명을 거느리고 나타난 전봉준은 부하들로 주위를 빙 둘러싸게 하고 "어린이와 부녀자, 노약자를 제외하고 이곳을 떠나는 자는 모두 죽음을 면치 못하리라!" 하고 소리치게 했다. 그러고 힘찬 목소리로 탐관오리 조병갑의 죄상을 하나하나 규탄하고 우리가 살아남기 위해서는 힘을 합쳐 조병갑을 몰아낼 수밖에 없다고 역설했다. 수천 군중이 열광적 환호성으로 호응했음은 두말할 나위도 없다.

1894년 1월 10일 새벽 말목장터를 출발한 농민군 - 전봉준부대는 아침녘에 고부에 당도해 성난 파도로 일렁대며 관아를 들이쳤으나 만인의 적 조병갑은 간밤에 이미 도망치고 없었다. 농민군은 옥을 부수고 무고하게 갇힌 죄수들을 풀어준 다음 무기고를 열어 무장을 갖추고 일단 말목장터까지 다시 물러났다. 그들은 원한 서린 만석보를 헐어 없애려고 달려들었지만 추위에 얼어붙어 헐리지가 않았다.

전봉준은 농민군을 이끌고 조병갑이 수탈한 쌀 4천 섬을 쌓아둔 심미산으로 달려가 뫼안(山內)의 쌀을 굶주린 백성에게 나누어주고 호남창의대장 명의로 다음과 같은 내용의 격문을 사방에 띄웠다.

우리가 일어난 것은 안으로는 탐학한 관리의 머리를 베고 밖으로는 횡포한 강적의 무리를 구축하고자 함이다. 양반과 부호에게 고통 받는 민중, 방백·수령 밑에서 굴욕 받는 소리(小吏)들은 조금도 주저 말고 일어서라……

심미산은 오늘의 부안군 백산. 그때 백산을 점령한 동학군이 일어서면 산이 하얗게 보이고 앉으면 죽창 때문에 산이 파랗게 보였다하여 '서면 백산(白山), 앉으면 죽산(竹山)'이란 말이 생겨났다.

고부는 그렇게 전봉준부대의 손에 들어갔지만 파면당한 조병갑의 후임으로 부임한 박원명(朴源明)은 현명하고 너그러운 사람이었으므로 전봉준도 더 이상 사태를 악화시키지 않기로 하여 일단 농민군을 해산하고 각자 생업으로 돌아가도록 했다. 하지만 상황은 엉뚱한 데서 불이 붙어 걷잡을 수 없이 번져 가게 되었다. 문제의 인물은 안핵사 이용태(李容泰)였다. 박원명이 유능하여 이번 고부사건을 불문에 붙이고 백성을 잘 어루만져 평온을 되찾는가 했는데 그 다음 달인 2월 15일 안핵사로 임명된 장흥부사 이용태가 역졸 800명을 거느리고 고부에 들어오자 사정은 달라졌던 것이다.

이용태는 신임 군수 박원명에게 고부민란의 주모자를 찾아내라고 위협하는 한편, 역졸들을 풀어 마을마다 뒤지고 다니며 마구 재산을 약탈하고 부녀자를 겁탈하는가 하면 닥치는 대로 구타하고 집을 불태우고 사람들을 고기 꿰듯 얽어매어 붙잡아갔다. 특히 이용태는 고부민란의 가담자 중 동학교도가 많다는 점에 유의하여 동학도는 모조리 체포하라고 명령, 그 집을 불태우고 본인이 없으면 처자까지 붙잡아 살육을 자행했다.

고부는 또다시 아비규환의 수라장이 되었고, 전봉준은 제폭구민을 위해 다시 일어서야만 했다. 그는 호남 각지에 궐기를 호소하는 통문을 보내 동학 제2세 교주 해월(海月) 최시형(崔時亨)의 탄신일인 3월 21일(양력 4월 22일)을 기해 백산으로 모이게 했다. 백산에 모인 농민군은 전봉준을 대장에, 무장의 접주 손화중(孫化仲)과 태인의 김개남(金開南)을 총관령에, 금구의 김덕명(金德明)과 고창의 오시영을 총참모에, 태인의 최경선을 영솔장에, 송희옥(宋喜玉)과 정백현(鄭伯賢)을 비서로 정하고 대오를 정비했다. 이때 동학군세는 8천여 명에 이르렀다.

전봉준은 흰 바탕에 '동도대장(東徒大將)'이라 쓴 큰 기를 대장기로 삼고 '제폭구민 보국안민'의 기치를 높이 들어 4개 항의 결의문을 발표한 바, 첫째 사람과 물건을 다치지 않는다, 둘째 충효를 다해 세상을 구하고 백성을 편케 한다, 셋째 왜놈을 몰아내고 성도(聖道)를 밝힌다, 넷째 군사를 이끌고 서울로 올라가 권세가들을 모두 잡아 죽인다 등이었다.

한편 정부는 백산기포(白山起包)를 보고받자 4월 2일에 잔인무도하고 무지막지한 이용태를 파면하고 홍계훈(洪啓薰)을 양호초토사로 임명, 경군(京軍) 600명을 딸려 파견키로 했다. 그런데 그 다음날 전라감사 김문현은 감영군과 보부상부대 2천여 명을 우영관 이경호(李景鎬)로 하여금 지휘토록 하여 백산으로 출동시켰다.

4월 6일(양력 5월 10일) 밤, 태인과 부안과 백산 배들평 너른 들판을 메우며 휩쓸고 내려온 동학군과 두승산 너머 고부로부터 올라온 관군은 황토재에서 처절한 싸움을 벌였다. 동학군과 관군 양 진영의 거리는 1.5km. 그날 밤 관군은 동학군을 오합지졸이라 얕보고 야습을 감행했으나 전봉준의 매복계에 걸려 결정적 참패를 당하고 궤주하고 만다. 이 싸움에서 관군은 영관 이경호 이하 482명, 보부상 162명이 전사했고 동학군은 6명이 죽었을 뿐이다.

황토재에서 관군을 크게 물리친 동학군은 승세를 타고 정읍·흥덕·고창·무장으로 무인지경을 가듯 휩쓸고 내려가며 옥에 갇힌 동학교도들을 풀어주고 무기들을 접수하고 탐관오리를 징치했다. 무장에서 사흘을 머문 다음 동학군은 4월 12일(양력 5월 16일)에 영광, 16일에 함평, 18일에 무안, 그 이튿날 나주까지 점령했는데 이때 군세는 1만여 명으로 불어났다.

전봉준은 나주에서 주력부대를 이끌고 북상, 4월 23일(양력 5월 27일) 장성 황룡촌에서 초토사 홍계훈의 별동대인 이학승(李學承)부대 300명의 기습을 받았으나 이학승 이하 다수를 죽이고 많은 무기를 노획했다. 그리고 이튿날 장성을 출발, 노령갈재 험한 고갯길을 넘어 다시 정읍을 거치고 원평을 지나 계속 북진, 4월 27일에는 전주성 외곽에 진을 쳤다. 이때 전라감사 김문현은 4월 18일자로 파면 당했으나 후임 김학진(金鶴鎭)이 아직 도임하기 전에 혼쭐이 빠지고 말았다. 이 전주성 함락이야말로 동학군의 기세가 절정에 달한 시기였고, 녹두장군 전봉준의 일생에서도 가장 빛나는 한때였다.

이후 12일 동안 호남의 웅도 전주성을 점거한 동학군은 전후 수차에 걸쳐 성 밖 완산(完山)에 포진한 홍계훈의 관군과 일진일퇴의 공방전을 벌였다. 하지만 싸움이 거듭되면 될수록 늘어나는 것은 쌍방의 무고한 인명 피해뿐, 아무 편에도 득이 될 수는 없었다. 게다가 무능한 조정에서 청국 군대까지 불러들이려 한다는 소식을 듣자 전봉준은 무모하고 무의미한 유혈 소모전을 끝내리라 작정하고 관군과 화약(和約)을 맺기에 이르렀다.

호남이 동학의 관할 아래 들어온 8월 초순. 전봉준은 군대를 해산하고 20명의 부하만 거느린 채 고부 옛 집으로 돌아왔는데, 이미 집은 불타고 부서져 살 수가 없었다. 그는 옛날에 살던 태인 평사리 동곡마을로 들어갔다. 그 동안의 숱한 전투로 인한 상처를 치료하기 위함이었다. 또한 동곡마을 이웃 지금실에는 시집간 큰딸이 살고 있기도 했다. 동곡에서 휴식을 취하며 전봉준은 오씨(吳氏)라는 과부를 후처로 맞아 오랜만에 평화로운 가정의 맛을 누리는가 했다. 하지만 어지러운 세상은 그를 그대로 내버려두지 않았다.

전봉준이 평사리에 머무는 동안 정세는 갈수록 악화되어 일본군이 인천에 상륙하여 서울에 입성했고, 대궐까지 범하는 지경에 이르렀다는 소식이 날아들어 그를 괴롭혔다. 또한 남원의 김개남이 여러 차례 사람을 보내 나라를 구하기 위해 다시 일어서자고 권하는가 하면, 며느리 중전 민씨에 의해 권좌에서 밀려나 있던 대원군(大院君)으로부터도 밀사가 찾아와 천하를 바로잡자는 의사를 전해왔다.

10월 7일, 마침내 전봉준은 심복들을 거느리고 평사리를 떠나 이틀 뒤 김개남과 약속한 삼례에 이르렀는데, 그곳에는 이미 김개남 외에도 동학교주 최시형이 손병희(孫秉熙)·이용구(李容九) 같은 북접(北接)의 간부들을 이끌고 도착하여 기다리고 있었다. 뿐만 아니라 지난 날 봉기 때의 동학군 4천여 명이 운집하여 진격 명령만 기다리고 있어 매우 긴박한 분위기였다.

10월 10일과 11일 이틀간 남·북접 수뇌부는 화전(和戰) 양자택일의 열띤 격론을 벌였으나 대세는 주전론 쪽으로 기울어 교주 최시형도 어쩔 수 없었다. 제1차 진격 목표는 공주. 동학군은 총사령관에 또다시 녹두장군 전봉준을 동도창의대장으로 추대하고 기치창검을 번쩍이며 삼례를 출발, 북쪽으로 진격했다. 동학군은 1만여 대군으로 불어났는데, 소식을 듣고 전라도·충청도 각지에서 호응하여 일어난 동학군 총 군세는 11만 5천 명에 달했다.

동학군이 공주성을 공격하기 시작한 것은 10월 22일(양력 11월 19일). 전봉준은 1만여 대군이면 공주쯤이야 능히 점령할 것으로 여겼으나 단 하루의 시간을 허비한 것이 천추의 한이었으니, 그 전날 신식무기로 완전무장한 일본군과 관군이 먼저 도착해 만반의 태세를 갖추고 있었던 것이다.

전후 7일간에 걸친 공주 우금치(牛禁峙) 공방전은 40여 차례의 접전으로 시산혈해의 지옥도를 이루었다. 새 시대 새 세상을 열고야 말리라는 동학교의 신앙심을 내건 '오만 년 수운대의(五萬年受運大義)'의 깃발을 힘차게 펄럭이고, 천주의 조화 가호를 빌며 어깨마다 '궁궁을을(弓弓乙乙)'의 부적을 붙인 동학군은 군가 대신 '시천주조화정 영세불망만사지(侍天主造化定 永世不忘 萬事知)'의 주문을 소리 높이 외며 돌격했으나 한 번 시운(時運)을 잃으니 영웅도 이미 어쩔 도리가 없었다. 이 우금치 싸움에서 1만여 병력은 3천 명으로 줄어들고, 다시 500으로 줄어드니, 이로써 동학의 죽창은 마침내 부러지고 말았다.

충남 공주시 이인면 이인리에서 공주시내로 넘어가는 우금치를 막 넘어서면 길 왼편 봉황산 마루턱에 1973년 11월 11일에 세운 동학혁명군위령탑이 그때 숨진 수만 동학군의 원혼을 말없이 위로해주고 있다. 백제의 고도 공주를 한눈에 내려다보며 서 있는 위령탑은 팔각기둥 중간 부분이 붉은 벽돌로 되어 있다. 이는 동학군이 대의를 위해 뿌린 핏빛을 상징하는 것이다. 또한 탑이 고개 정상에서 공주 쪽으로 200m쯤 아래로 넘어가 세워진 것은 이 고개를 끝내 살아서 싸우고 이겨서 넘지 못한 동학군의 한을 풀어주고자 해서였다고 한다.

전봉준은 소수의 패잔병을 이끌고 후퇴, 일본군경과 관군의 추격을 받으며 금구에서의 접전을 마지막으로 단신으로 노령갈재를 넘었다. 그 해 11월 28일, 날개 부러진 파랑새 전봉준은 지친 몸과 마음을 이끌고 장성의 입암산성으로 들어갔으나 신분이 노출되어 닷새 뒤엔 다시 도망치지 않을 수 없었다.

12월 2일(양력 12월 28일), 지난밤을 백양사(白羊寺)에서 묵은 전봉준은 서울로 올라가고자 하여 우선 김개남이 피신하고 있다는 태인 산내면으로 가던 도중 순창군 쌍치면 피로리에서 옛 부하 김경천(金京天 : 敬天)을 만났는데 그는 배신자였다. 김경천의 밀고로 전봉준은 생포되어 순창을 거쳐 담양의 일본군에게 인계되었다. 그리고 나주·전주를 거쳐 12월 18일에 서울로 압송되었다. 짚둥우리 같은 들것에 실린 모습을 찍은 전봉준의 사진은 붙잡힐 때 담장을 뛰어넘어 달아나려다가 황금에 눈먼 마을 청년이 휘두른 몽둥이에 맞아 다리가 부러졌기 때문이었다.

서울의 일본영사관 감방에 갇힌 전봉준은 이듬해 3월 10일까지 다섯 차례나 심문을 당했는데 조금도 비굴한 기색을 보이지 않고 당당하게 임했다. 변호사를 대라는 권유에도 "구차한 삶을 위해 활로를 구하는 것은 내 본뜻이 아니다"라면서 거절했다. 옥중에서 전봉준은 다음과 같은 시 한 수를 남겼다.

때가 오면 천지도 힘을 합하건만
운이 다하매 영웅도 어쩔 길 없구나
백성을 사랑한 정의 뿐 아무 잘못이 없건만
나라 위한 붉은 마음 그 누가 알아주랴!
(時來天地皆同力
運去英雄不自謀
愛民正義我無失
愛國丹心誰有知)

1895년 3월 29일 사형이 선고된 전봉준은 그날로 즉시 서대문형무소에서 형이 집행되었는데, 처형 직전 민중의 파랑새 전봉준이 남긴 마지막 한마디는 "나를 죽이고자 할진대 종로 네거리에서 목을 베어 오고 가는 사람들에게 내 피를 뿌려 주기 바라노라!"였다.

삼천리강토에 북소리 한 번 크게 울려 잠자던 민중을 일깨우려 했던 전봉준, 왕조 말기 수탈과 압제에 신음하는 백성을 구하고, 외세의 침략에 맞서 민족의 자주독립을 쟁취하려던 녹두장군 전봉준은 끝내 신천지 새 나라가 열리는 것을 보지 못한 채 짧지만 한 많은 일생의 막을 내리고 말았다. 하지만 그의 탁월한 리더십, 출중한 리더십, 위대한 정신은 영원불멸토록 우리네 가슴속에 살아남아 겨레의 파랑새로 추앙받고 있다.

홍범도

항일독립전쟁에서 전설을 남긴 '백두산 호랑이'

홍대장 가는 길에 일월이 명랑한데

왜적군대 가는 길에 눈과 비가 내린다.

에헤야 에헤야 에헤 에헤 에헤야

왜적군대 막 쓰러진다.

홍범도(洪範圖) 장군님은 동산리에서

왜적수사대 열한 놈을 몰살시켰다.

에헤야 에헤야 에헤 에헤야

왜적군대가 막 쓰러진다.

홍범도가 종횡무진으로 일본 군경을 무찌르던 1910년대 함경도 지방에서는 이런 노래가 유행가처럼 불렸다. 홍범도는 우리나라 독립전쟁사에서 빼놓을 수 없는 전설적 명장이다. 그는 일본군이 '비장군(飛將軍)' 이라고 부를 정도로 신출귀몰한 유격전술을 구사했고, 기민한 전술로써 일본군을 연파하여 당시 함경도 주민들로부터 '축지법을 쓰는 장수'라고 소문나기도 했다.

가난한 집 출신으로 고아로 자라 머슴 일도 하고, 하층 노동자와 농민, 포수 노릇도 하고, 한글도 겨우 깨우친 홍범도였다. 그러나 그는 독립군이 되어서는 천성적으로 대담한 용기와 민첩성, 탁월한 전술과 출중한 리더십을 발휘하여 열악한 환경 속에서도 일본군과의 전투에서 놀라운 전과를 올려 세상을 놀라게 했다.

이처럼 구국전선에 앞장선 불후의 애국자였으나 그의 만년은 너무나 불행하여 후인들의 가슴을 저리게 한다.

홍범도는 1868년(고종 5년) 음력 8월 27일 평양 외성 서문(보통문) 안 문열사 앞마을에서 가난한 농부 홍윤식(洪允植)의 아들로 태어났다. 성명불상의 어머니는 그를 낳고 7일 만에 세상을 떠났다.

갓난아이인 홍범도는 아버지가 동냥젖을 구걸하다시피 하여 길러야 했다. 그 아버지도 범도가 아홉 살 때에는 가난에 지친 나머지 죽어버려 범도는 고아가 되었다. 그때부터 범도는 역시 가난한 농부였던 숙부 집에서 자라야 했다.

홍범도가 태어난 그해에 일본에서는 도쿠가와막부(德川幕府)를 타도한 메이지유신(明治維新)이 일어나 천황친정제가 시작되었으며, 이른바 정한론(征韓論)이 대두되기도 했다.

또 미국 군함 세난도어호가 대동강 하류에 나타나 1866년에 격침된 미국 상선 제너럴셔먼호의 생존자를 수색하면서 통상을 요구하기도 했다. 또 홍범도가 세 살 때인 1871년에는 미국군이 강화도에 침입했다가 격퇴되는 신미양요(辛未洋擾)가 일어났고, 열네 살 때인 1882년에는 서울에서 임오군란(壬午軍亂)이 일어나 대원군(大院君)이 집권했으나 청군이 출동하여 대원군을 청으로 잡아가고 민씨 일족이 재집권했다. 원세개(袁世凱)를 사령관으로 한 청군은 조선에 주둔하면서 조선 내정을 간섭하기 시작했다.

조선의 군대도 개편되었다. 1881년 4월 별기군 창설에 이어 12월에는 5군영 체제에서 무위영과 장어영 양군 체제로 개편되었다. 그러나 1883년과 1884년 청군 주둔 시 이 양 군영 체제는 청식군제로 변경하여 전·후·좌·우영과 친군별영 등 5군영으로 바뀌어 1888년까지 유지되었다.

그동안 숙부 집에서 농사일도 거들고 머슴 노릇도 하면서 자라는 동안 홍범도는 어느덧 체격이 늠름한 15세 장부로 성장하였다. 그해 1883년에 평양감영에서 신병을 모집했다. 홍범도는 여기에 응모했으나 나이가 두 살이 모자랐다. 그러나 범도는 나이에 비해 몸집이 크고 힘이 셌으므로 군인이 되고 싶었다. 얼마 뒤에 군영에서 나팔수를 모집하는데 범도는 나이를 두 살 올려 열일곱 살이라고 속이고 마침내 입대할 수 있었다. 그렇게 해서 평양감영 우영 제1대 나팔수로 근무하게 되었다. 군인이 된 범도는 나팔만이 아니라 사격술도 배웠다. 부대는 그가 입대한 뒤 친군 서영으로 개편하여 범도는 4년간 근무했다.

구한말의 군대는 기강이 문란했다. 또 무능하고 부패했다. 특히 군교들은 사리사욕에 눈이 어두웠고, 병정들에 대한 처우는 형편없었다. 어느 날 범도는 부패한 어느 군교와 시비가 붙어 그를 구타하고 달아나버렸다. 4년간의 군대 생활은 그것으로 끝이었다. 그 뒤 홍범도는 이리저리 떠돌다가 황해도 수안군 천곡이란 곳에서 제지소 직공으로 들어가서 일하게 되었다. 그런데 제지소 주인이 동학 수안군 간부였다. 그 자가 노임도 주지 않고 동학에 입교할 것을 강요했다. 그래서 제지공 생활 3년 만에 또 주인을 때려눕히고 도망쳤다.

또 다시 여기저기 떠돌다가 금강산 신계사에 들어가 부목하니 노릇을 하다가 지담대사(止潭大師)의 행자가 되었다. 지담대사는 홍범도에게 임진왜란 때 금강산에서 승병을 일으킨 서산대사(西山大師)와 사명대사(四溟大師) 이야기, 이율곡(李栗谷)과 유성룡(柳成龍)과 이순신(李舜臣) 이야기, 곽재우(郭再祐)와 김덕령(金德齡) 같은 의병장들의 이야기를 들려주었다. 그렇게 의병의 전통을 이야기하면서 은연중에 항일의식을 불어넣어 주었다.

그러는 가운데 1892년(고종 29년)이 되었다. 홍범도는 우연히 이웃 절의 젊은 비구니인 단양 이씨(丹陽李氏)를 알게 되었다. 두 사람은 이내 눈이 맞아 사랑하는 사이가 되었다. 그러다 보니 이씨가 임신을 하게 되고, 두 사람은 절을 떠나 이씨의 고향인 함경도 북청으로 찾아가기로 했다. 두 사람이 길을 떠나 북청을 향해 가다가 그만 도중에 싸움에 휘말리는 바람에 서로 헤어지고 말았다.

5년이 지난 1897년(고종 34년), 홍범도는 북청으로 가서 이리저리 수소문 끝에 마침내 단양 이씨를 찾아내어 다시 만나게 되었다. 그 사이에 부인 이옥녀(李玉女)는 아들 양순(良純)을 낳아 기르고 있었다. 북청군 안산면 노은리 처가에 정착한 홍범도는 이곳에서 농사와 사냥을 하면서 8~9년간을 편하게 살았다. 이때가 홍범도의 일생에서 가장 행복했던 시절이었다. 홍범도는 뛰어난 사냥 실력과 너그러운 인품에 여러 사람의 신망을 받아 그곳에서 조직된 안산사포계(安山社砲契)의 대장으로 추대되었다. 1898년에는 둘째아들 용환(龍煥)을 보았다.

그 사이에 조선 침략을 위한 일제의 마수는 시시각각 뻗어오고 있었다. 1904년 노일전쟁 승리의 여세를 몰아 일제는 한일의정서를 강제로 체결했고, 1905년에는 이른바 을사보호조약(乙巳保護條約)을 강제로 체결하여 대한제국의 외교권을 강탈해갔다. 또 1907년에는 이른바 정미7조약으로 일본인들을 조선 정부 각부의 차관으로 임명했고, 군대를 강제로 해산했다. 이에 따라 전국 각지에서 의병들이 일어나 일본 군경과 치열한 전투를 벌였다.

한편, 함경도 지방에서는 1904년부터 항일의병운동이 일어나고 있었다. 1905년에는 함북 무산의 포수들이 의병을 일으켜 부령 · 회령 등지에서 항일 투쟁을 벌였고, 군대 강제 해산에 이어 1907년 9월 3일에 공표한 이른바

'총포 및 화약류 단속법'에 따른 무기 강제 환수는 의병전쟁에 불을 당겼다. 홍범도도 의병을 일으켜 일제와 싸울 결심을 굳혔다. 그는 안산사포계를 중심으로 의병을 조직했다.

홍범도는 1907년 11월 15일 70여 명의 포수와 광산노동자 등을 이끌고 의병전쟁에 뛰어들었다. 처음에는 같은 포수 출신 차도선(車道善)과 공동으로 부대를 지휘했다. 11월 16일 홍범도 부대는 먼저 일제의 앞잡이인 안평면장 주도익(朱道翼)을 처형하고, 이어서 11월 19일에는 안산면장 이쾌년(李快年)・봉국(鳳國) 부자를 총살형으로 처단했다. 11월 20일에는 안산 거주 일진회원 5명 등 친일분자들을 처단했다.

11월 22일부터는 본격적인 항일 무력투쟁을 시작했다. 이틀간 벌어진 후치령전투에서 일본 군경 9명을 사살하고 그들의 무기인 신식 소총을 노획하는 전과를 거뒀다. 후치령전투 결과가 여러 곳으로 퍼지면서 포수와 농민, 해산 군인과 광산근로자 등이 의병에 자원하여 홍범도부대는 곧 300여 명으로 늘어났다. 11월 25일에 세 시간에 걸쳐 벌어진 전투에서는 일본군 30여 명을 사살하거나 부상시키는 큰 전과를 올렸는데, 이 전투에서는 막 16세가 된 맏아들 양순이 첫 출전했다.

1907년 한 해도 다 저물어가는 12월 29일에 홍범도는 삼수성을 공격하여 일본군을 몰아내고 친일 군수를 효수한 뒤 다수의 군수물자를 노획했다. 그렇게 해서 처음에는 화승총 몇 자루에 불과하던 무기를 차츰 일제 신식 소총으로 보강했다.

해가 바뀌어 1908년 1월 10일. 홍범도는 갑산읍을 공격하여 친일파를 처단하고 일제의 여러 하부 기관에 타격을 입혔다. 이때부터 일본 군경은 홍범도를 가리켜 '비장군(飛將軍)' 즉 '나는 장군'이라고 부르며 두려워했다. 그의 나이 40세 때였다. 뒷날 홍범도의 휘하에 있던 사람들은 이렇게 그를 회상했다.

"홍범도는 비교적 냉정했지만 남의 슬픔에는 동정적이었다. 보통 때는 낮은 목소리로 조용조용히, 그리고 다정스럽게 얘기했지만 일처리에는 매우 엄격하고 과감했다."

그렇게 리더십이 출중했으므로 홍범도가 의병들의 구심점이 될 수 있었던 것이다. 또 홍범도는 건장한 체격에 팔자수염을 길러 보기에도 위풍이 당당했다.

1908년 1월 10일 갑산 공격을 시작으로 1월 22일에는 단천, 2월 2일에는 북청 금창, 2월 10일에는 장항리, 2월 16일에는 북청 거산, 2월 21일에는 갑산 세곡 등을 숨 돌릴 새도 없이 공격하여 일본 군경들에게 타격을 입혔다. 일제는 무력행사만이 능사가 아니라는 판단에서 귀순공작을 벌이기 시작했다. 여기에 처음부터 의병투쟁을 함께 하던 차도선이 넘어가는 일이 벌어졌다. 그런데 그해 3월 20일에 일본 군경은 홍범도의 처가를 습격하여 부인 이씨와 두 아들을 붙잡아가서 억류하며 일면 회유, 일면 고문을 자행했다. 그 바람에 부인 이씨가 죽고 말았다.

4월부터 5월까지 삼수 · 갑산 · 함흥 등지를 공격하던 홍범도는 6월에는 노희태(盧熙泰)의 의병과 연합부대를 꾸려 함흥의 일본군수비대를 공격했다. 이 전투로 맏아들 양순이 전사했다. 그해 11월에 홍범도는 국내에서의 활동이 여의치 않아 만주를 거쳐 연해주로 망명하기로 결심하고 부하 40여 명을 거느리고 두만강을 넘었다. 그리하여 1909년 1월 초에 노령(露領) 우수리스크에 도착했다. 그때 그의 휘하에는 둘째아들 용환과 3명의 참모가 있을 뿐이었다.

필자가 만주 땅의 항일전적지를 답사한 때는 광복 50주년이던 1995년 7월이었다. 처음으로 중국을 찾아 민족의 영산 백두산을 참관하고, 자랑스러운 조상의 나라 고조선 · 부여 · 고구려 · 발해의 유적들을 둘러본 뒤였다. 14박 15일의 짧은 일정 탓에 충분한 시간과 정신적 여유를 가지고 여러 곳을 일일이 답사할 수 없었던 것이 아쉬움으로 남지만 청산리 · 봉오동 · 용정 · 하얼빈 같은 항일 독립운동의 역사적 현장을 내 발로 찾아가 내 눈으로 보고 내 손으로 사진 찍을 수 있었던 것은 그나마 큰 행운이었다.

간도를 비롯한 만주 땅은 수많은 애국지사와 독립군이 조국 광복을 위해 끈질긴 항일운동, 피어린 무장투쟁을 벌이던 빛나는 역사의 현장이다. 간도는 처음에는 백두산 북서쪽, 두만강 북동쪽, 오늘의 중국 길림성의 연길시와 용정시 등 연변조선족자치주 일대를 가리켰지만 나중에는 백두산 북서쪽 집안 · 임강 · 장백 지방의 서간도, 두만강 하류 동쪽 건너 도문 · 훈춘 지방의 북간도로 범위가 넓어졌다.

이 지역은 본래 고조선의 강역이었고, 부여 · 고구려 · 발해의 옛터였으며, 발해 이후에는 여진족의 본거지가 되었다가 19세기 후반부터 우리나라 사람들이 다시 건너가 살기 시작했다. 간도는 이처럼 엄연한 우리 땅이었으나 1909년 9월의 이른바 간도조약에 따라 일제가 제멋대로 청국에 넘겨주었다. 이는 1905년 역시 강압적으로 체결한 을사조약으로 대한제국의 외교권을 강탈한 일제가 남만철도(南滿鐵道) 부설권, 무순탄광 개발권 등을 대가로 간도를 청국에게 넘겨주었기 때문이다.

당시 국자가(局子家)로 불리던 연길을 비롯하여 간도 땅에는 중국인이 약 2만 8천 명인데 비해 한국인은 그 세 배에 이르는 8만 3천 명이나 살고 있었다. 조선총독부의 집계에 따르면 경술국치(庚戌國恥) 직후인 1910년 9월부터 이듬해 11월까지 남부여대(男負女戴)하여 북간도로 망명한 동포만 해도 1만 7천 753명에 이르렀다.

1910년 8월 29일. 백성에게만 범처럼 무서웠고 외세에는 무기력하고 무능력했던 임금과 대신들에 의해 나라가 망하자 문약한 지식인 대부분은 저항다운 저항 한 번 못해보고 죽은 고기가 물결에 떠 흘러가듯 시대의 흐름에 둥둥 떠내려갔다. 하지만 안중근을 비롯하여 홍범도 · 김좌진 · 윤봉길(尹奉吉) · 이봉창(李奉昌) 같은 참된 민족의 영웅이 나타나 빼앗긴 나라를 되찾고자 피어린

투쟁을 벌이다가 고귀한 목숨을 바쳤다.

　간도를 비롯한 만주 전역과 노령 연해주 등지에서 본격적으로 항일 무장투쟁이 벌어진 것은 1910년 전후, 국내에서 항일 의병전쟁이 실패로 돌아간 뒤 잔존 무장세력 대부분이 만주로 건너가 독립군을 조직하고 항일투쟁에 나섰던 것이다. 흑룡강성의 성도 하얼빈은 대한의병중장 안중근 의사가 침략의 원흉 이토 히로부미(伊藤博文)를 민족의 이름으로 처단한 역사의 현장이다. 1909년 10월 26일 아침 하얼빈역 플랫폼에서 울려 퍼진 네 발의 총성은 아시아는 물론 전 세계에 대한 남아의 용장(勇壯)한 기개를 한껏 떨친 일대 쾌거였다.

　국치 이전 수백 명의 의병을 이끌고 두만강을 넘나들며 일본 군경과 치열한 접전을 벌이던 안중근은 1909년에 이토가 하얼빈에 온다는 정보를 입수하자 민족의 원수를 손수 처단하기로 결의했다. 안 의사는 10월 21일 동지 우덕순(禹德淳) · 유동하(劉東夏) 등과 블라디보스토크를 출발, 하얼빈에 도착하여 그날이 오기를 기다렸다.

　10월 26일 아침 9시 30분께 이토가 탄 특별열차가 플랫폼으로 들어와 멎고, 이토가 열차에서 내려 마중 나온 러시아 대신과 의장대를 사열한 뒤 각국 영사들과 악수를 나누는 모습이 보였다. 그 순간 권총을 뽑아들고 뛰쳐나온 안 의사는 이토에게 네 발의 총탄을 발사했다. 첫 발이 이토의 앞가슴에, 제2탄은 옆가슴에, 제3탄은 배를 관통했다. 의거가 성공하자 안 의사는 "대한 독립만세!"를 세 번 외치고 태연하게 러시아 헌병에게 붙잡혔다.

　하얼빈역에서 300미터쯤 떨어진 동청(東淸) 철도국 건물로 끌려간 안 의사는 "나는 대한의병 참모중장으로서 조국의 독립과 동양의 평화를 위해 적장을 총살, 응징했다."고 당당히 진술했다. 러시아군으로부터 일본영사관으로 넘겨진 안 의사는 그 뒤 200여 일 간 여순감옥에서 고초를 당하다가 이듬해인 1910년 3월 26일 조국에 고귀한 목숨을 바쳤다. 당시 꽃다운 나이 31세였다.

　하얼빈역에는 안중근 연구가인 하얼빈 중급 한국어학교장 겸 흑룡강성 조

선학연구회 부회장인 이병철(李炳哲) 씨의 안내를 받았다. 하얼빈역은 현대
식으로 변해 그 옛날 모습을 찾을 수 없었다. 귀빈대합실을 거쳐 플랫폼으로
나가면서 이병철 씨가 말했다.

"이 대합실이 바로 그날 안 의사가 일본인들 틈에 섞여 플랫폼으로 들어가
던 개찰구였습니다. 역사와 대합실을 비롯한 지금 건물이 모두 신축된 것이
고 플랫폼도 여러 차례의 공사로 옛 모습이 모두 사라졌지요."

안중근 의사의 유해는 아직도 찾지 못했지만 그의 순국 88년 만이며 대한
민국 정부수립 50주년인 1998년 8월 15일에 안 의사가 수감되었던 여순감
옥 동 수감동 앞뜰에 추모비가 세워졌다.

그렇게 하얼빈역을 떠나는데 만감이 교차했다. 선열들은 나라를 되찾기 위
해 피눈물을 흘리고 목숨 바쳐 싸웠건만 그동안 우리 못난 후손들은 무엇을
어찌했던가. 안중근 의사의 시신은커녕 무덤도 찾지 못했고, 그저 남북으로
갈라진 채 싸움질만 되풀이하고 있지 않은가.

북쪽은 70년간 김일성 · 김정일 · 김정은 3대 세습으로 인민들을 거의
다 굶겨죽이다시피 하고 있고, 남쪽도 일제 잔재를 청산하지 못해 독립투사
의 자손들은 생계도 제대로 잇지 못한 반면 일왕에게 충성을 맹세했던 자들
이 대통령도 하고 국무총리도 하고 장관 · 국회의원도 하면서 떵떵거리고
호의호식하지 않았던가.

한편, 연변조선족자치주 인민정부 소재지인 연길에서 남쪽으로 고개 하나
를 넘으면 해란강 줄기를 중심으로 용정에 이르는 넓은 두도평야가 펼쳐진
다. 오늘날 만주 지방의 논농사는 모두 우리 선조들의 손으로 시작되었다. 구
한말부터 악랄한 일제의 수탈과 마수를 피해 남부여대하여 백두산 줄기를 타
넘고 두만강을 건너온 조선 농민들이 피눈물과 비지땀을 흘리며 황무지를 개
척하여 논농사 밭농사로 끈질긴 한겨레의 생명력을 이어왔던 것이다.

'일송정 푸른 솔'과 '한 줄기 해란강'의 노랫말로 이름난 '선구자'의 고향

용정(龍井)은 간도 지방에서 우리 백성이 가장 먼저 이주한 곳으로 처음엔 '용두레촌'이라고 불렀다. 당시 일본영사관이었던 용정시 인민정부 건물에서 멀지않은 시내에 용정 지명이 유래된 용두레 우물과, 수많은 애국지사를 배출한 민족교육의 요람 서전서숙(瑞甸書塾)과, 윤동주(尹東柱)·송몽규(宋夢圭) 등이 다니던 광명중학(光明中學) 옛터가 남아 있다. 현재 서전서숙은 용정소학교, 광명중학은 용정중학교로 변했고, 용정중학 교정에는 윤동주의 '서시(序詩)'를 새긴 시비가 서 있다.

봉오동은 본래 세종 때 김종서(金宗瑞) 장군이 여진족을 몰아내고 개척했던 6진 중 최북단에 위치한 함북 온성 유원진에서 두만강 바로 건너편이다. 항일 독립전쟁에서 불굴의 신화를 남긴 대한독립군 사령관 홍범도가 안무(安武)의 국민군, 최진동(崔振東)의 군무도독부 등 약 700명의 병력을 이끌고 1920년 6월 7일 일본군 대 부대를 여지없이 무찔러 독립전쟁 초유의 대승을 거둔 빛나는 역사의 현장이다.

홍범도가 거느린 400여 명의 대한독립군 근거지는 본래 연길현 명월구였다. 봉오동전투는 전날인 6월 6일에 벌어진 삼둔자전투(三屯子戰鬪)가 서전이었다. 국치 전해인 1909년 1월에 노령에 도착한 홍범도는 이후 러시아에서 만주를 거쳐 국내 진공을 시도했고, 유인석(柳麟錫)·이범윤(李範允)과 힘을 합치기도 했다.

1914년 제1차 세계대전이 일어났다. 러시아는 일본과 동맹을 맺고 일본의 요구에 따라 노령의 한국독립군을 탄압하기 시작했다. 1915년부터 1917년 러시아혁명이 일어나 소비에트정권이 수립될 때까지 홍범도는 농사와 사냥으로 세월을 보냈다.

1919년 3.1운동이 일어나자 국내외 항일운동은 더욱 치열하게 벌어지기 시작했다. 부대 명칭을 대한독립군으로 정한 홍범도는 다시 최진동의 군무도독부, 안무의 대한국민회와 연합하여 1920년 5월 28일 대한북로독군부를 설립하고 병력을 화룡현 봉오동으로 집결시켰다.

1920년 6월 4일. 독립군 소부대가 두만강을 건너 함북 종성 강양동의 일본군 순찰소대를 습격했다. 이에 일본군 소대가 독립군을 토벌하다는 명목으로 삼둔자의 조선인 마을을 침범했다. 함북 나남의 일본군 19사단도 야스카와(安川) 소좌를 대장으로 한 대대 규모의 월강추격대를 조직하여 두만강을 건넜다. 일본군은 무고한 양민을 마구 학살하는 등 갖은 만행을 저지르다가 삼둔자에서 독립군의 공격을 받아 타격을 입으면서도 계속 봉오동으로 쳐들어왔다.

봉오동은 계곡 양쪽으로 우뚝우뚝 산봉우리들이 솟구치고 한가운데로 강물이 흐르는 길이 10km의 천연의 요새. 입구에서 골짜기 끝까지 30~60호씩 세 개의 마을이 있었다. 홍범도는 주민들을 모두 산 속으로 대피시킨 뒤 요충마다 독립군을 매복시켰다. 그리하여 우세한 병력과 화력을 믿고 무모하게 쳐들어온 일본군을 철저하게 섬멸해버렸다. 6월 7일 네 시간 동안 치열하게 벌어진 이 봉오동전투에서 일본군은 300여 명의 사상자를 내는 일대 참패를 기록, 이른바 '무적황군(無敵皇軍)'의 허상을 여실히 드러냈다.

상전벽해(桑田碧海)라, 독립전쟁사를 빛낸 봉오동전투의 현장은 이제 거대한 저수지로 변해 그날의 모습은 찾을 길이 없다. 다만 용맹한 홍범도부대 독립군들이 매복했다가 일본군에게 분노의 불벼락을 퍼붓던 산봉우리 윗부분만이 저수지 양쪽으로 삐죽삐죽 솟아서 그날의 혈전을 말없이 전해주고 있다.

봉오동 계곡 물을 가둔 봉오수고(鳳梧水庫) 저수지는 남쪽으로 6km 떨어진 도문시의 상수원으로 쓰이고, 지금은 대도시로 변한 도문시 또한 봉오동전투 당시에는 초라한 시골 마을 회막동이었다.

봉오동전투에 이어 독립전쟁사상 최대의 승첩을 거둔 싸움이 청산리전투였다. 청산리전투는 홍범도의 대한독립군, 김좌진(金佐鎭)의 북로군정서, 안무의 국민군 등 약 2천 명의 독립군 연합부대가 1920년 10월 21일부터 6일간 두만강 상류 무산 북쪽 50km 지점, 용정 서쪽 20km 지점인 화룡현 이도구와 삼도구 일대인 청산리 어랑촌과 백운평, 봉밀구 등지에서 일본군 5천여 대병력을 섬멸한 통쾌한 대첩이었다. 봉오동전투에서 대승을 거둔 홍범도의 대한독립군은 7월에는 노두구전투를 치르고, 8월에는 장백산맥 밀림지대에서 장기전을 펼치기 위해 안도현과 화룡현의 접경인 이도구 어랑촌에 이르렀다. 그런데 둘째아들 용환이 8월에 일본 경찰에게 체포되었다.

9월 말에 안무의 국민군이 합류했고, 10월에는 김좌진의 북로군정서도 본거지인 왕청현 서대파구를 떠나 연길현 노두구를 경유하여 삼도구에 포진함으로써 독립군 연합부대의 총병력은 2천 명을 헤아리게 되었다. 봉오동에서 참패한 일본군은 조선 주둔 19사단과 20사단의 2개 연대 병력을 주력으로 하여 아즈마 마사히코(東正彦) 소장이 이끄는 5천여 명의 대부대를 파견, 독립군을 토벌한다는 구실로 1만여 명의 무고한 조선인을 학살하는 이른바 간도참변의 만행을 저지르며 청산리로 추격하여 10월 17일부터 작전에 들어갔다.

일본군은 독립군에 비해 3배에 가까운 우세한 병력에 기관총과 야포 등 중무기까지 갖추었으나 신출귀몰, 용감무쌍한 홍범도 · 김좌진 · 안무의 연합부대는 10월 21일부터 10월 26일까지 대소 10여 차에 걸쳐 벌인 청산리 백운평 어랑촌 및 천수평 전투에서 적군 연대장 1명, 대대장 2명을 포함한 1천 200여 명을 죽이고 2천여 명에게 중경상을 입히는 청사에 길이 빛날 대첩을 거두었다.

홍범도는 청산리전투에서 허벅지에 총상을 입으면서 용감히 싸워 적을 물리쳤다. 이때 홍범도의 나이 53세였다. 봉오동전투 직후 홍범도를 만난 적이 있는 홍상표(洪相杓)는 『간도독립운동소사』에서 이렇게 회고했다.

홍범도 장군은 50여 세 가량의 중키쯤 되는 뚱뚱한 몸집에 철홍색 얼굴이 빛나는 장군이었다. 그는 언제나 계급장도 없는 일개 졸병과 같은 차림을 하고 있었으며,

지휘도나 권총을 차지 않았고 장총 두 자루를 휴대하였다. 그는 일상 이렇게 말했다. "지휘도나 권총을 왜 차는가? 제 동료나 죽이는데 쓰는 것이지. 이런 장총이라야 왜놈을 죽여." 그는 이렇게 말할 때면 버릇처럼 장총을 어루만지는 섯이었다. 그의 부관의 밀에 의하면 장군의 신품 38식 총은 봉오골전투에서 노획한 전리품인데 장군이 친히 골라서 두 자루를 가진 것이라고 한다. 그의 사격술은 유명하여 빈 병을 높이 던져 놓고 좌우로 마음대로 명중시켰다고 한다.

홍범도의 사격 솜씨는 신기(神技)였다. 북간도의 어느 마을 사람들이 그의 백발백중하는 사격 솜씨를 한 번 보고 싶어 했다. 그러자 그는 약 30미터 떨어진 말뚝에 빈 병을 주둥이를 앞으로 해서 눕혀놓았다. 술이 얼큰하게 오른 홍 장군은 한 손으로 러시아제 연발총을 들어 어깨에 붙이자마자 발사했다. 총알이 병의 주둥이로 들어가 바닥을 꿰뚫었다. 사람들이 "한 번 더!"하고 외치자 한 번 더 쐈다. 이번에도 그대로 명중이었다.

청산리대첩 이후 독립군은 소만국경지대인 밀산으로 이동했다. 참패에 이어 독립군까지 놓쳐버린 일제는 이에 분격하여 화룡현과 연길현 등지의 한인 거주 마을들을 습격하여 무고한 양민들을 마구 학살했다. 밀산으로 이동한 독립군은 대한독립군단으로 조직을 재정비하여 총재에 서일(徐一), 부총재에 홍범도 · 김좌진 · 조성환을, 사령관에 이장녕을 각각 선임했다.

이들은 1921년 3월에 다시 이동하여 노령 연해주와 흑룡주 일대에서 활약하던 문창범(文昌範) · 한창해(韓滄海)의 도움으로 우수리강 건너 이만에 도착했다. 1921년 4월 중순에 대한독립단은 당시 흑룡강성 일대를 장악하고 있던 공산 세력으로부터 항일공동전선 구축의 제의를 받았다. 이에 김좌진과 이범석(李範奭) 등 북로군정서 부대는 다시 만주로 돌아가고, 홍범도와 이청천(李靑天) · 안무 등은 알렉세예프스크(자유시)로 이동했다. 여기서 독립군은 그해 6월 28일에 이른바 '자유시참변' 을 당했다.

자유시참변 이후 홍범도는 휘하 병력 300명을 이끌고 이르쿠츠크로 이동해 여기에서 소련 적군 제5군 직속 한인여단으로 개편, 제1대대장을 맡았다.

1922년 1월 홍범도는 한인 무장 세력의 대표 자격으로 모스크바에서 열린 동방피압박민족대회에 참석하고, 2월에는 레닌을 만나 그로부터 모젤 권총 한 자루와 금화 100루블을 선물로 받았다. 그러나 4월에 레닌이 은퇴하고 스탈린이 집권하면서 사정은 변했다. 적군(赤軍)의 고려인 배제정책이 노골화되면서 홍범도는 군복을 벗었다. 1923년 9월이었다. 제대한 홍범도는 나이 많은 독립군들과 함께 이만 근처에서 농사를 지으면서 항일투쟁에 대비했다.

1926년에는 과부 이인복을 만나 재혼했고, 1937년까지 주로 집단농장에서 농사를 지었다. 그러다가 1937년 9월에 스탈린의 한인 강제 이주정책에 따라 연해주를 떠나 중앙아시아의 카자흐스탄 크즐오르다로 강제 이주되었다. 1938년 4월에 홍범도는 이미 70세 노인이었다.

크즐오르다에서 홍범도는 고려극장의 수위 생활을 했으며, 조국 광복을 이태 앞둔 1943년 10월 25일 75세를 일기로 파란만장했던 일생의 막을 내렸다. 1982년 카자흐스탄의 한글신문 '레닌기치' 기자들과 한인들이 크즐오르다 중앙공동묘역으로 이장하였고, 1984년에는 묘지에 반신상이, 1989년에는 만년에 거주하던 크즐오르다 집 근처의 거리를 '홍범도거리'로 명명하였다.

1962년 3월 1일 대한민국 정부는 건국훈장 대통령장을 추서하였다.

● 책을 마치며

역사를 지켜야 민족이 산다

중국이 우리 역사 왜곡과 강탈을 멈출 줄 모르고 있다. 일본의 역사 왜곡이 식민 지배를 정당화하려는 것이라면 중국의 역사 왜곡과 강탈은 중화제국주의 · 역사패권주의에서 비롯됐다. 몽골 · 티베트 · 신장의 역사를 강탈한 것처럼 한국고대사를 중국의 변방사로 둔갑시켜 우리 민족사를 말살하려는 매우 불순한 의도를 가지고 있다.

요하 유역과 발해만, 만주는 고조선문명의 발상지요 한민족사의 요람이었다. 고조선에 이어 부여 · 고구려 · 발해가 차례로 일어난 우리 고대사의 중심지였다.

역사적 사실이 분명함에도 불구하고 중국은 고구려사 · 발해사 강탈도 모자라 이제는 동북아 고대문명 전체를 중국사의 일부로 편입시키려는 문명사의 강탈행위를 공공연히 자행하고 있다.

중국은 동북공정에 이어 탐원공정을 통해 우리 고대사의 뿌리인 요하문명을 중국사에 편입시키는 불순한 의도를 노골화하고 있다. 탐원공정은 중국의 신화시대를 역사시대로 편입하는 단대공정에 이어 중국문명의 기원을 추적하는 작업이다. 중국은 이 공정을 통해 '고구려 민족은 기원전 1600~1300년에 은상씨족(殷商氏族)에서 분리됐다'는 터무니없는 주장을 하고 나섰다. 고구려가 중국 고대국가인 하(夏)·상(商：殷)·주(周) 3국의 하나인 상에서 갈라져나왔다는 어처구니없는 궤변이다.

중국은 어찌하여 이런 역사 왜곡의 망발을 자행하는가. 그동안 중국사의 시작은 황하 유역의 신석기·청동기 문화, 즉 황하문명설이 주류로 자리잡아왔었다. 그러나 최근 요하 유역에서 그보다 이른 서기전 7000~1500년의 신석기·청동기 유적이 대거 발굴되었는데, 빗살무늬토기·비파형동검·돌널무덤 등 한국고대사의 특징인 유물유적이 대거 출토되었다. 특히 중국학계와 정부로 하여금 위기를 느끼게 한 것은 기원전 1700~1100년대의 은허(殷墟)보다 훨씬 오래전의 갑골문(甲骨文)이 이 지역에서 출토된 사실이다. 이는 결국 고조선의 요하문명이 중국의 황하문명보다 앞섰다는 움직일 수 없는 반증이 되기 때문이다.

결국 중국은 단대공정·동북공정·탐원공정을 통해 고구려와 발해사뿐 아니라 고조선사, 즉 한국문명의 기원까지 강탈하려고 나서서 이제는 '중국문명은 황하문명뿐 아니라 요하 유역의 동북문명이 합쳐진 것'이라는 해괴한 논리를 전개하기에 이른 것이다.

중국인들의 비뚤어진 한국역사관은 뿌리가 깊다. 중국인들에겐 '한국이 조공을 바치고 책봉을 받았던 속국'이었다는 인식이 머릿속 깊이 박혀 있다. 고대에 조공과 책봉이 일종의 외교관계였다는 사실은 안중에 없다.

사정이 이럼에도 우리 정부와 사학계의 대책은 없는 것과 같다. 고구려와 발해사에 이어 고조선사까지 중국의 변방사가 되고, 단군왕검(檀君王儉)·동명성왕(東明聖王)·온조대왕(溫祚大王)·근초고대왕(近肖古大王)·광개토태왕(廣開土太王)·을지문덕(乙支文德)·연개소문(淵蓋蘇文)·계백(階伯)·장보고(張保皐)·대조영(大祚榮)·왕건(王建) 등 민족사의 걸출한 영웅호걸이 모두 중국인으로 둔갑해도 괜찮다는 말인가.

아직도 실증주의의 탈을 쓰고 일제 식민사관과 중화 사대사관에서 벗어나지 못한 일부 사학자들은 중국의 역사 왜곡과 탈취 기도에 말 한마디 제대로 못하고 있으니 한심하기 그지없다. 또 아직도 한국사의 영역이 압록강·두만강 이남에 국한된다느니, 이제 민족이란 개념에서 벗어나야 한다느니, 요동지방의 역사는 요동사로 따로 정리하자느니 하는 어처구니없는 소리를 내뱉는, 민족적 자존심도 주체성도 없는 일부 사학자가 여전히 강단에서 활개 치는 사실도 참으로 개탄스럽다. 학문에는 국경이 없지만 학자에게는 국적이 있다.

근래 들어 중국이 만리장성의 길이를 계속 늘이고 있는 것도 우리나라 고대사를 탈취하려는 역사공정의 연장이다. 그동안 만리장성은 하북성 진황도시의 산해관에서 감숙성 가욕관까지 이어진 것으로 알려져 왔다. 그런데 이런 통설을 뒤집고 만리장성 동단을 산해관이 아니라 압록강 하구인 요녕성 단동시 호산이라고 주장하고 나선 것이다. 호산산성은 고구려의 박작성으로 비정되는 곳이다. 중국은 호산산성을 만리장성의 기점으로 만들기 위해 산성을 중국식으로 증축하고, 역사박물관을 신축하면서 기존의 고구려시대 박작성 유적을 대거 훼손한 것으로 알려졌다.

그런데 중국은 이것도 모자라 최근에는 단동보다 훨씬 동쪽인 길림성 통화현에서 만리장성 유적을 발견했다는 주장을 내놓고 있다. 고구려의 초기 수도 졸본성과 국내성 코앞까지 만리장성이 늘어서 있었다는 황당무계한 헛소리다. 이뿐만이 아니다. '중국역사지도집'은 만리장성 동단을 한반도 내륙으로 그려놓았다. 또 웬만한 박물관 지도에도 만리장성 동단을 황해도로 그려놓고 있으니 이처럼 터무니없는 일도 없다. 이런 사태의 밑바닥에는 이런 빌미를 준 사람이 있었기 때문이다. 광복 이후 신채호(申采浩)와 정인보(鄭寅普)가 없으니 사학계의 태두 자리를 차지하고 단군과 고조선도 부정하고 황해도 수안을 만리장성 동단이라고 망발을 늘어 놓던 식민사학자와 그 제자들이다.

중국이 이처럼 끊임없이 만리장성 동단을 늘이는 저의는 결국 고조선 · 부여 · 고구려 · 발해의 영토였던 요서 · 요동 · 만주가 모두 중국의 영토이고, 이 땅에 세워졌던 나라는 모두가 '중국 변방 소수민족의 지방정권'이란 날조된 궤변 망언을 강조하려는 데 있다. 중국의 우리 고대사 왜곡과 탈취 기도는 거의 편집광적이다. 고구려 · 발해사 왜곡도 모자라 이제는 고조선 · 부여사까지 중국사에 편입시키려 하고 있다. 동북아 고대문명 전체를 중국사의 일부로 둔갑시키려는 것이다.

필자가 여러 모로 생각해보건대 중국이 이토록 집요하게 황당무계한 역사 왜곡과 날조를 자행하는 근본 원인은 중국사의 뿌리가 한국사보다도 짧기 때문이라는 결론에 이르렀다.

또 중국이 고대사 왜곡 날조와 탈취에 집착하는 데에는 중국사를 돌이켜볼 때 한족(漢族)의 역사는 별 볼일 없었기 때문이라고 생각한다. 한족이 세운 나라는 한(漢), 그리고 동진(東晉) 이후 송(宋)과 명(明) 정도에 불과하다. 그래서 원나라 역사가 중국사의 일부라면서 몽골의 영웅 칭기즈칸을 중국인으로 둔갑시킨 게 아닌가. 수나라 양씨와 당나라 이씨도 원래 한족이 아니라 조상이 선비족(鮮卑族) 탁발씨(拓拔氏)였다.

중국이 자기 땅에 있던 나라의 역사가 모두 중국사라고 강변하는데 우리라고 해서 중국사의 뿌리는 고조선사라고 당당히 주장하지 못할 것도 없다. 고조선의 발해만 · 요하문명이야 말로 황하문명보다 천년 이상이나 앞선 고대문명이 아닌가.

중원을 차지했던 원나라의 몽골족, 요나라의 거란족, 금나라와 청나라의 여진족의 뿌리도 거슬러 올라가 보면 모두가 단군조선의 거수국 – 제후국이었다. 그렇다! 따라서 우리도 요 · 금 · 원 · 청의 역사는 고조선 역사의 연장이고, 대한민국의 역사라고 당당히 주장할 수 있는 것이다.

혹시 중국은 북한 김일성·김정일·김정은 3대 세습정권이 무너지면 연고권을 주장하여 군대를 진주하거나 주둔시키거나, 아니면 아예 지방정권이나 괴뢰정권을 세우려는 것이 아닐까.

중국이 동북공정이니 서남공정이니 탐원공정이니 하면서 중국사 정비에 열을 올리는 이유는 소수민족의 봉기로 중국이 다시 남북조시대나 5호16국 시대처럼 분열되는 것을 두려워하기 때문인지도 모른다. 티베트와 신장에서는 쉴 새 없이 독립운동을 벌이고 있지 않은가. 하지만 천리와 순리를 거역하면 개인이든 국가든 결말이 좋을 수가 없다. 현재 중국의 영토 안에 있던 나라가 모두 중국의 지방정권이고 중국사의 일부란 중국 일부 사학자의 궤변망동은 역사공부를 다시 해야 할 수준 이하의 망발이다.

고구려의 경우만 해도 그렇다. 고구려가 과연 중국에 조공을 바치고 책봉을 바치던 지방정권이었던가. 고구려는 서기전 37년부터 서기 668년까지 28왕 705년을 유지했다. 그동안 중국 땅에는 후한부터 당까지 무려 33개 나라가 저마다 황제국을 자처했는데, 200년 이상 지탱한 나라는 단 하나도 없었다. 가장 오래 간 나라가 196년을 유지한 후한이요, 그 다음이 103년인 동진이다. 심지어는 왕이 1명뿐인 남북조시대의 동위나, 겨우 7년 만에 망한 후량 같은 하루살이제국도 수두룩했다. 중국 역사상 가장 많은 영웅호걸이 등장했다는 위·오·촉 삼국의 임금이 모두 11명에 60년도 가지 못했다. 또 신라와 합세해 고구려를 멸망시킨 당도 20대 290년을 이어갔을 뿐이다. 고구려가 '속국' 으로 있던 705년 동안 중국에선 33개 나라의 흥망이 무상했다. 이처럼 어처구니없는 '본국' 이 어찌 있단 말인가! 사실(史實)이 이럼에도 중국 관변학자들은 입만 열면 '고구려는 중국의 지방정권' 이라는 것이다.

결국 중국의 역사 왜곡·날조의 밑바닥에는 중국이 천하의 중심이고, 주변국은 모두 동이(東夷)·서융(西戎)·남만(南蠻)·북적(北狄) 오랑캐라는 오만방자한 중화사상과 역사패권주의가 여전히 존재하기 때문이다. 이에 대해 경계심을 늦춰서는 안 되겠다. 이제라도 늦지 않았다. 중국과의 역사전쟁에서 계속 밀리지 않기 위해서는 역사교육을 강화하는 길밖에는 없다. 지금 영어교육에 기울이는 열성의 절반이라도 역사교육에 쏟아보라. 모국어도 제대로 배우기 전에 영어는 무슨 터무니없는 짓거리인가! 제 나라 말과 제 나라 역사부터 가르쳐야 한다!

우리 사학자들은 이제 융통성 없는 아집을 버려야 한다. 사서에 안 나온다고 무조건 무시하고 깔아뭉개지 말고, 전설이나 구전설화에 불과하더라도 진취적이며 적극적인 자세로 망각의 세월 깊이 파묻힌 역사의 진실을 발굴하고 연구하는 것이 마땅하다. 다시 강조하지만 학문에는 국경이 없지만 학자에게는 조국이 있다.

동북아역사재단 정도로는 안 된다. 한중고대사를 제대로 연구할 기구를 만들고 인력과 예산을 확보하여 국가 생존전략 차원에서 중국의 역사 왜곡과 탈취에 대처해야 한다. 그렇지 않으면 언젠가는 정말로 중국의 지방정권으로 전락할지 모른다. 역사를 지키는 민족에게 미래가 있다.

2014년 10월
平海居士 黃源甲

● 참고 문헌

『삼국사기』김부식, 고전연구실 역 / 신서원 / 2000년

『삼국사기』김부식, 이재호 역 / 솔출판사 / 1997년

『삼국유사』일연, 이재호 역 / 솔출판사 / 1997년

『삼국유사』일연, 이상호 역 / 까치 / 1999년

『단기고사』대야발, 고동영 역 / 한뿌리 / 1986년

『규원사화』북애자, 고동영 역 / 한뿌리 / 1986년

『한단고기』임승국 역주 / 정신세계사 / 1986년

『동명왕편 · 제왕운기』이규보 · 이승휴, 박두포 역 / 을유문화사 / 1974년

『손자병법』손자, 김광수 역주 / 책세상 / 1999년

『후한서』범엽 / 중국 북경 중화서국 / 1995년

『수서』장손무기 · 위징 외 / 중국 북경 중화서국 / 1995년

『구당서』장소원 / 중국 북경 중화서국 / 1975년

『신당서』구양수 / 중국 북경 중화서국 / 1975년

『자치통감』 사마광 / 중국 북경 중화서국 / 1992년

『일본서기』 전용신 역 / 일지사 / 1989년

『고사기』 노성환 역주 / 예전사 / 1987년

『동사』 허목 / 박영사 / 1979년

『고조선은 대륙의 지배자였다』 이덕일 · 김병기 /역사의아침 / 2006년

『우리가 배운 고조선은 가짜다』 김운회 / 역사의아침 / 2012년

『화랑세기』 김대문, 이종욱 역주해 / 소나무 / 1999년

『고려사』 김종서 · 정인지 외 / 고전연구실 역 / 신서원 / 2001년

『조선왕조실록』 / 국사편찬위원회 /

『국역 연려실기술』 이긍익 / 민족문화추진회 / 1968년

『국역 신증동국여지승람』 민족문화추진회 / 1989년

『조선상고사』 신채호 / 일신서적출판사 / 1988년

『연개소문전』 신채호 / 범우사 / 1997년

『조선사연구초』 신채호 / 범우사 / 1997년

『한국고대사』 문정창 / 백문당 / 1979년

『조선고대사』 북한 사회과학원 역사연구소 / 1989년

『고조선연구』 윤내현 / 일지사 / 1994년

『한국열국사연구』 윤내현 / 지식산업사 / 1998년

『인간 단군을 찾아서』 최태영 / 학고재 / 2000년

『한국고대사를 생각한다』 최태영 / 눈빛 / 2002년

『인물로 본 한국고대사』 천관우 / 정음문화사 / 1982년

『금문의 비밀』 김대성 / 컬처라인 / 2002년

『민족신화와 건국영웅들』 임재해 / 천재교육 / 1995년

『인물한국사』 박우사 / 1965년

『이야기 인물한국사』 이현희 / 청아출판사 / 1995년

『길 따라 발 따라』 김성한 / 사회발전연구소 / 1983년

『겨레를 빛낸 사람들』 이현종 / 문현각 / 1981년

『한국역사인물 뒤집어읽기』 김재영 외 / 인물과사상사 / 2000년

『조선명인전』 이은직, 정종훈 역 / 일빛 / 1989년

『다물, 그 역사와의 약속』 강기준 / 다물 / 1997년

『한국역사기행』 한국고대사문제연구소 / 형설출판사 / 1994년

『유성룡』 이덕일 / 역사의아침 / 2012년

『한국고대사, 그 의문과 진실』 이도학 / 김영사 / 2000년

『새로 쓰는 조선인물실록』 소준섭 / 자작나무 / 1996년

『역사를 바꾼 이인자들』 송은명 / 시아출판사 / 2003년

『제왕들의 책사』 신연우 외 / 생각하는백성 / 2001년

『책사와 모사』 이경채 / 생각하는백성 / 2003년

『한민족 대외정벌기』 박선식 / 청년정신 / 2000년

『선인들의 난국이겨내기』 박선식 / 불빛미디어 / 1998년

『인물로 본 한국영토사』 양태진 / 다물 / 1996년

『우리나라 다시 본다』 김덕형 / 창작시대 / 2000년

『한국역사 속의 전쟁』 한국역사연구회 / 청년사 / 1997년

『전쟁과 역사 – 삼국편』 임용한 / 혜안 / 2001년

『10세기 인물열전』 부경역사연구소 / 푸른역사 / 2002년

『궁예 · 진훤 · 왕건과 열정의 시대』 이도학 / 김영사 / 2000년

『고구려고고학』 최무장 / 민음사 / 1995년

『고구려제국사』 서병국 / 혜안 / 1997년

『고구려역사유적답사』 서길수 / 사계절 / 1998년

『고구려 700년의 수수께끼』 이덕일 / 대산출판사 / 2000년

『고구려의 발견』 김용만 / 바다 / 2000년

『인물로 보는 고구려사』 김용만 / 창해 / 2001년

『고구려, 전쟁의 나라』 서영교 / 글항아리 / 2007년

『한권으로 읽는 고구려왕조실록』 박영규 / 웅진닷컴 / 1997년

『발해고』 유득공, 송기호 역 / 홍익출판사 / 2000년

『발해를 찾아서』 송기호 / 솔출판사 / 1993년

『발해, 발해인』 서병국 / 도서출판 일념 / 1990년

『발해사』 북한 사회과학원 역사연구소 / 한마당 / 1989년

『백제사』 문정창 / 인간사 / 1988년

『백제사』 신형식 / 이화여대 출판부 / 1992년

『새로 쓰는 백제사』 이도학 / 푸른역사 / 1997년

『한권으로 읽는 백제왕조실록』 박영규 / 웅진닷컴 / 2000년

『천년의 왕국 신라』 김기홍 / 창작과비평사 / 2000년

『화랑세기로 본 신라인 이야기』 이종욱 / 김영사 / 2000년

『화랑세기, 또 하나의 신라』 김태식 / 김영사 / 2002년

『한권으로 읽는 신라왕조실록』 박영규 / 웅진닷컴 / 2001년

『우리 역사의 여왕들』 조범환 / 책세상 / 2000년

『조선통사』 북한 사회과학원 역사연구소 / 오월 / 1988년

『인물로 읽는 고려사』 정성희 / 청아출판사 / 2000년

『인물로 보는 고려사』 송은명 / 시아출판사 / 2003년

『고려사열전』 한충희 역주 / 계명대학교 출판부 / 2001년

『고려 500년, 의문과 진실』 김창현 외 / 김영사 / 2001년

『한권으로 읽는 고려왕조실록』 박영규 / 들녘 / 2000년

『한권으로 정리한 조선왕조사』 윤태영 외 / 청아출판사 / 1997년

『난중일기』 이순신 / 민음사 / 2010년

『임진왜란 해전사』 이민웅 / 청어람미디어 / 2004년

『징비록』 유성룡, 이민수 역 / 을유문화사 / 1970년

『조선의 인물 뒤집어읽기』 김재영 / 삼인 / 1998년

『인물로 보는 조선사』 김형광 / 시아출판사 / 2002년

『대쥬신을 찾아서』 김운회 / 해냄 / 2006년

『한국사 그들이 숨긴 진실』 이덕일 / 역사의아침 / 2009년

『한국사가 죽어야 나라가 산다』 이주한 / 역사의아침 / 2013년

『엉터리 사학자 가짜 고대사』 김상태 / 책보세 / 2012년

『홍범도의 독립전쟁』 장세윤 / 역사공간 / 2007년

『역사인물기행』 황원갑 / 한국일보사 / 1988년

『민족사의 고향을 찾아서』 황원갑 / 혜안 / 1998년